경찰관직무집행법
이론과 판례

박 형 식 저

도서출판 진영사

경찰관직무집행법 이론과 판례

박형식 저

2024년 06월 18일 초판 인쇄
2024년 06월 21일 초판 발행

발행인: 박진영
발행처: 도서출판 진영사
인천광역시 부평구 주부토로 236 인천테크노밸리 U1 지식산업센터 B동 1507호
전화 : 032)505-4207
팩스 : 032)505-4206
E-mail : 0183734207@hanmail.net
신고번호 : 제2007-000001호(2007.01.19.)

ISBN: 978-89-6541-656-2 93350
값: 28,000원

인 사 말

경찰관직무집행법은 경찰관이 업무수행을 하는데 있어서 가장 중요한 법이라고 할 수 있다. 우선 경찰이 해야 할 일이 무엇이고, 어떠한 절차와 방법으로 직무를 수행해야 하는가에 대해서 규정하고 있다. 그러나 경찰관이 실제 현실에서 부딪치는 다양한 문제들은 법조문과는 상당히 차이가 있을 수밖에 없다. 예를 들어, 집안에서 소란을 피워서 주변에 있는 주민들이 시끄러워서 못 살겠다는 신고를 받고 현장에 출동하면, 소란을 피우는 사람은 경찰이 가도 문도 열어주지 않고 계속해서 소란을 피우는 것이다. 이럴 때 어떻게 다처해야 할지 정말 난감하다. 실제 판례에서는 이 경우 경찰관이 전기를 차단하니까 문도 열어주지 않던 피의자가 문을 열고 나와서 처벌을 할 수 있었다. 그러나 이 경우 전기를 차단하는 것이 적법한가가 문제되어 법원의 판단을 받게 된 것이었다. 이 경우 경찰관의 판단은 정당하다고 판결을 받았다. 그리고 그러한 조치를 취하는 것은 당시의 사정을 기준으로 판단해야 한다고 법원은 판결했다. 정말 현명한 판단이라고 생각한다.

사실 그런데 이러한 막무가내식의 억지를 부리는 사람들은 너무나도 많다. 더군다나 술이 만취되어 난동을 부리거나 자기주장만 하면서 시비를 하는 사람들은 현장에 있는 경찰관들을 난처하게 만드는 경우가 많다. 이러한 경우에 어떻게 해야 할 것인가? 당연히 경찰관들은 솔로몬과 같은 지혜로 현명하게 사건을 처리해야 하지만 한 두건도 아니고 매일 수많은 사건에 시달리다보면 몸과 마음이 지치게 되어 있다.

따라서 이러한 골치 아픈 사건들을 현명하게 처리하기 위해서는 경찰활동의 지침이 되는 경찰관직무집행법을 심도 있게 공부할 필요가 있다. 아울러 이러한 법률을 근거로 하여 실제 일어난 사건에 대한 판례를 알아볼 필요가 있다. 사람들의 성격이 다 다르고 사는 지역이나 환경도 다르지만 큰 틀에서 보면 인간사는 세상 어느 정도 비슷한 면도 많이 있다. 따라서 경찰관들이 흔히 하는 말 중에 "어려울 때일수록 원칙대로 하면 된다."라는 말이 있다. 여기서 말하는 원칙이 경찰관직무집행법과 판례이다. 평소에 반복해서 검토해서 업무를 수행하는데 많은 도움이 되었으면 감사하겠습니다.

2024.6.12.

만인산 기슭에서 저자

목 차

I

서 설

Ⅰ. 서설

경찰관직무집행법은 경찰관이 국민에 대한 생명·신체·재산의 보호, 범죄의 예방, 공안의 유지, 기타 법령집행등의 직무를 충실히 수행하도록 하기 위하여 필요한 사항을 정하려는 것이다.

특히 경찰관은 수상한 거동 기타 주위의 사정을 합리적으로 판단하여 죄를 범하였거나 범하려고 하고 있다고 의심할 만한 상당한 이유가 있는 자 또는 이미 행하여진 범죄 또는 행하여지려고 하는 범죄에 관하여 그 사실을 안다고 인정되는 자를 정지시켜 질문할 수 있도록 하였다.

그리고 경찰관은 인명 또는 신체에 위해를 미치거나 재산에 중대한 손해를 끼칠 우려가 있는 천재·사변·공작물의 손괴 등의 사태가 발생할 때에는 경고·피난 등의 필요한 조치를 할 수 있도록 하였다.

또한 경찰관은 범죄행위가 목전에 행하여지려고 하는 것을 인정한 때에는 그 예방을 위하여 관계자에 필요한 경고를 발하거나 그 행위를 제지할 수 있도록 하였다.

아울러 경찰관은 범인의 체포, 도주의 방지, 자기 또는 타인의 생명, 신체에 대한 방호, 공무집행에 대한 항거를 억제하기 위하여 필요하다고 인정되는 상당한 이유가 있을 때에는 그 사태를 합리적으로 판단하여 필요한 한도 내에서 무기를 사용할 수 있도록 하였다.

경찰관직무집행법은 1953.12.14. 제정 이후 현재까지 총26차례에 걸쳐 개정이 되었다.

제1차 개정은 현행 경찰관직무집행법이 전후 일본의 경찰관직무집행법을 직역한 것으로서 현재 우리나라의 실정에 맞지 아니할 뿐 아니라, 치안수요의 급증에 따라 법적근거 없이 사실상 수행하고 있는 제경찰작용이 다양한 바, 현 실정에 맞도록 명문화하여 경찰관의 직무집행에 합리성과 합법성을 보장하려는 것이다.

제2차 개정은 각종 불법집회 및 시위진압을 위하여 최루탄이 사용되고 있는 바, 이를 남용할 경우 국민의 생명·신체와 재산 및 공공시설에 현저한 위해발생의 소지가 있으므로 최루탄의 사용요건 등을 규정하여 그 피해를 예방하려는 것이었다.

제24차 개정은 현행법상 경찰공무원의 직무 수행 과정에서 경과실로 인해 발생한 사고에 대하여 형을 감면할 수 있는 근거가 미비하여 경찰관이 직무 집행에 소극적으로 임하고 있다는 지적이 제기되고 있는바, 살인 또는 상해 · 폭행의 죄, 아동학대범죄 등으로 타인의 생명 · 신체에 대한 위해 발생의 우려가 명백하고 긴급한 상황에서 경찰관이 그 위해를 예방 · 진압하는 등의 과정에서 타인에게 피해가 발생한 경우, 그 경찰관의 직무수행이 불가피하고 필요한 최소한의 범위에서 이루어졌으며 고의 또는 중대한 과실이 없는 경우에는 그 정상을 참작하여 형을 감경하거나 면제할 수 있도록 하려는 것이다.

제26차 개정은 거짓 또는 부정한 방법으로 수령한 손실보상금의 환수 주체에 해양경찰청장과 지방해양경찰청장을 추가하고, 손실보상금 지급 후 손실보상심의위원회로부터 심사자료와 결과를 보고받는 대상에 해양경찰위원회를 추가하며, 범인검거 공로자 등에 대한 보상금 지급 및 환수 주체에 해양경찰청장, 지방해양경찰청장 및 해양경찰서장을 추가한 것이었다.

Ⅱ

총 칙

Ⅱ. 제1조 총칙

제1조(목적)
① 이 법은 국민의 자유와 권리 및 모든 개인이 가지는 불가침의 기본적 인권을 보호하고 사회공공의 질서를 유지하기 위한 경찰관(경찰공무원만 해당한다. 이하 같다)의 직무 수행에 필요한 사항을 규정함을 목적으로 한다.

② 이 법에 규정된 경찰관의 직권은 그 직무 수행에 필요한 최소한도에서 행사되어야 하며 남용되어서는 아니 된다.

1. 필요최소한의 원칙

1) 비례의 원칙(과잉금지의 원칙) : 행정주체가 구체적인 행정목적을 실현함에 있어서 그 목적 실현과 수단사이에 합리적인 비례관계가 유지되어야 한다는 것을 말한다.
2) 적합성 원칙 : 행정작용은 그 목적달성에 적합한 수단이어야 한다.
3) 필요성 원칙 : 최소침해의 원칙이라고 하는 데 당해 행정목적을 달성하기 위한 선택 가능한 많은 수단 중에서 그 상대방과 일반국밍네 대해 필요최소한도로 침익적인 수단을 선택해야 한다는 원칙을 말한다.
4) 상당성 원칙 : 적합성과 필요성의 원칙이 충족된 경우에도 당해 행정작용으로 인해서 침해된 사익과 그로 인해서 얻어지는 공익사이에는 합리적인 비례관계가 있어야 한다는 원칙이다.

2. 판례

1) 판례 1

대법원 2022. 11. 30. 선고 2016다26662, 26679, 26686 판결

【판시사항】

[1] 경찰관이 불법적인 농성을 진압하는 과정에서 특정한 경찰장비를 필요한 최소한의 범위를 넘어 관계 법령에서 정한 통상의 용법과 달리 사용함으로써 타인의 생명·신체에 위해를 가한 경우, 그 직무수행은 위법하다고 보아야 하는지 여부(원칙적 적극)

및 이때 상대방이 그로 인한 생명·신체에 대한 위해를 면하기 위하여 직접적으로 대항하는 과정에서 경찰장비를 손상시킨 경우, 정당방위에 해당하는지 여부(적극)

[2] 산업별 노조인 갑 노동조합의 지부가 조합원들을 각 거점에 배치하고 새총, 볼트, 화염병 등을 소지한 채 공장 점거파업을 계속하자 경찰이 점거파업을 진압하기 위하여 헬기에서 조합원들이 있던 공장 옥상을 향하여 다량의 최루액을 살포하거나 공장 옥상으로부터 30~100m 고도로 제자리 비행을 하여 조합원들을 헬기 하강풍에 노출되게 하였고, 그 과정에서 헬기가 새총으로 발사된 볼트 등의 이물질에 맞아 손상된 사안에서, 헬기를 위와 같은 방법으로 사용하여 불법적인 농성을 진압하는 것은 경찰장비를 위법하게 사용함으로써 적법한 직무수행의 범위를 벗어났다고 볼 여지가 있는데도, 갑 노동조합 등에 대하여 헬기의 손상에 관한 손해배상책임이 성립한다고 본 원심판단에 심리미진 등의 잘못이 있다고 한 사례

[3] 불법행위로 인한 손해배상사건에서 피해자에게 손해의 발생이나 확대에 관하여 과실이 있거나 가해자의 책임을 제한할 사유가 있는 경우, 배상책임의 범위를 정할 때 이를 참작하여야 하는지 여부(적극) / 이때 책임제한에 관한 사실인정이나 비율을 정하는 것이 사실심의 전권사항인지 여부(원칙적 적극) 및 그 한계

[4] 불법행위로 인한 손해배상책임을 지우기 위한 요건으로서 위법한 행위와 손해 사이에 상당인과관계가 있는지 판단하는 방법 / 민법 제393조에서 정한 '통상손해' 및 '특별한 사정으로 인한 손해'의 의미

[5] 영업용 물건이 손괴되어 수리를 위하여 필요한 기간 동안 그 물건에 의한 영업을 할 수 없었던 경우, 영업을 계속하였더라면 얻을 수 있었던 수익상실이 통상손해에 해당하는지 여부(원칙적 적극) 및 영업용 물건을 손괴함으로써 그 물건을 이용하여 얻을 수 있었던 영업수익이 상실될 수 있다는 사정을 가해자가 통상적으로 예견할 수 없었던 경우에도 위 손해가 통상손해에 해당하는지 여부(소극)

[6] 산업별 노조인 갑 노동조합의 지부가 조합원들을 각 거점에 배치하고 새총, 볼트, 화염병 등을 소지한 채 공장 점거파업을 계속하자 국가가 을 주식회사로부터 기중기를 임차하여 점거파업 진압 현장에 투입하였고, 진압작전 수행 중 기중기가 손상

될 경우 이를 수리하고 운휴보상을 하기로 한다는 내용의 약정을 하였는데, 위 기중기는 경찰병력을 옥상으로 이동시키는 것뿐만 아니라 장애물 제거, 조합원들에 대한 위협 및 화력소모를 위한 목적으로 사용되었고, 그 과정에서 조합원들이 이에 대항하여 새총으로 볼트를 발사하거나 화염병을 투척하는 등으로 인하여 기중기가 손상된 사안에서, 원심이 기중기 손상으로 인한 수리비 상당액의 배상에 관한 갑 노동조합 등의 책임을 80%로 제한한 것은 형평의 원칙에 비추어 현저히 불합리하고, 기중기 손상으로 인한 휴업손해 상당의 손해가 통상손해에 해당한다거나 갑 노동조합 등이 그러한 손해의 발생을 예견할 수 있다고 보아 갑 노동조합 등이 위 손해를 배상하여야 한다고 본 원심판단에 법리오해의 잘못이 있다고 한 사례

【판결요지】

[1] 구 경찰관 직무집행법(2014. 5. 20. 법률 제12600호로 개정되기 전의 것, 이하 '구 경찰관 직무집행법'이라 한다) 제1조 제2항은 "이 법에 규정된 경찰관의 직권은 그 직무수행에 필요한 최소한도 내에서 행사되어야 하며 이를 남용하여서는 아니 된다."라고 규정하여 경찰비례의 원칙을 명시적으로 선언하고 있다. 이는 경찰행정 영역에서의 헌법상 과잉금지원칙을 표현한 것으로서, 공공의 안녕과 질서유지라는 공익목적과 이를 실현하기 위하여 개인의 권리나 재산을 침해하는 수단 사이에는 합리적인 비례관계가 있어야 한다는 의미를 갖는다.

경찰관이 구체적 상황에 비추어 인적·물적 능력의 범위 내에서 적절한 조치라는 판단에 따라 범죄의 진압 및 수사에 관한 직무를 수행한 경우에는 그러한 직무수행이 객관적 정당성을 상실하여 현저하게 불합리한 것으로 인정되지 않는 한 이를 위법하다고 할 수는 없다. 한편 불법적인 농성 진압의 경우 진압의 필요성, 농성의 태양 및 장소의 상황 등에서 예측되는 피해 발생의 구체적 위험성의 내용 등에 비추어 볼 때 농성 진압을 계속 수행할 것인지 여부 및 그 방법 등이 현저히 합리성을 결하여 위법하다고 평가할 수 있는 때에 그 직무집행이 법령을 위반한 것이라고 할 수 있다.

구 경찰관 직무집행법 제10조 제3항은 "경찰장비를 임의로 개조하거나 임의의 장비를 부착하여 통상의 용법과 달리 사용함으로써 타인의 생명·신체에 위해를 주어서는 아니 된다."라고 정하고, 구 경찰장비의 사용기준 등에 관한 규정(2014. 11. 19. 대통령령 제

25733호로 개정되기 전의 것) 제3조는 "경찰장비는 통상의 용법에 따라 필요한 최소한의 범위 안에서 사용하여야 한다."라고 정하고 있는바, 위 조항에서 말하는 경찰장비는 '인명 또는 신체에 위해를 가할 수 있는 경찰장비(이하 '위해성 경찰장비'라 한다)'를 뜻한다(위 규정 제2조 참조). 위 규정들은 경찰비례의 원칙에 따라 경찰관의 직무수행 중 경찰장비의 사용 여부, 용도, 방법 및 범위에 관하여 재량의 한계를 정한 것이라 할 수 있고, 특히 위해성 경찰장비는 그 사용의 위험성과 기본권 보호 필요성에 비추어 볼 때 본래의 사용방법에 따라 지정된 용도로 사용되어야 하며 다른 용도나 방법으로 사용하기 위해서는 반드시 법령에 근거가 있어야 한다.

위와 같은 경찰관의 직무수행 및 경찰장비의 사용과 관련한 재량의 범위 및 한계를 고려해 보면, 불법적인 농성을 진압하는 방법 및 그 과정에서 어떤 경찰장비를 사용할 것인지는 구체적 상황과 예측되는 피해 발생의 구체적 위험성의 내용 등에 비추어 경찰관이 재량의 범위 내에서 정할 수 있다. 그러나 그 직무수행 중 특정한 경찰장비를 필요한 최소한의 범위를 넘어 관계 법령에서 정한 통상의 용법과 달리 사용함으로써 타인의 생명·신체에 위해를 가하였다면, 불법적인 농성의 진압을 위하여 그러한 방법으로라도 해당 경찰장비를 사용할 필요가 있고 그로 인하여 발생할 우려가 있는 타인의 생명·신체에 대한 위해의 정도가 통상적으로 예견되는 범위 내에 있다는 등의 특별한 사정이 없는 한 그 직무수행은 위법하다고 보아야 한다. 나아가 경찰관이 농성 진압의 과정에서 경찰장비를 위법하게 사용함으로써 그 직무수행이 적법한 범위를 벗어난 것으로 볼 수밖에 없다면, 상대방이 그로 인한 생명·신체에 대한 위해를 면하기 위하여 직접적으로 대항하는 과정에서 경찰장비를 손상시켰더라도 이는 위법한 공무집행으로 인한 신체에 대한 현재의 부당한 침해에서 벗어나기 위한 행위로서 정당방위에 해당한다.

[2] 산업별 노조인 갑 노동조합의 지부가 조합원들을 각 거점에 배치하고 새총, 볼트, 화염병 등을 소지한 채 공장 점거파업을 계속하자 경찰이 점거파업을 진압하기 위하여 헬기에서 조합원들이 있던 공장 옥상을 향하여 다량의 최루액을 살포하거나 공장 옥상으로부터 30~100m 고도로 제자리 비행을 하여 조합원들을 헬기 하강풍에 노출되게 하였고, 그 과정에서 헬기가 새총으로 발사된 볼트 등의 이물질에 맞아 손상된 사안에서, 구 경찰항공 운영규칙(2010. 6. 30. 경찰청훈령 제595호로 개정되기 전의 것) 제18조와 경찰장비의 사용 여부, 용도, 방법 및 범위에 관한 구 경찰관 직무집행법(2014. 5. 20. 법률 제12600호로 개정되기 전의 것, 이하 '구

경찰관 직무집행법'이라 한다) 및 구 경찰장비의 사용기준 등에 관한 규정(2014. 11. 19. 대통령령 제25733호 위해성 경찰장비의 사용기준 등에 관한 규정으로 개정되기 전의 것, 이하 '구 경찰장비사용규정'이라 한다)의 내용을 종합해 보면, 의도적으로 헬기를 낮은 고도에서 제자리 비행하여 옥외에서 농성 중인 사람을 상대로 직접 하강풍에 노출시키는 것은 경찰장비를 통상의 용법과 달리 사용함으로써 타인의 생명·신체에 위해를 주는 행위라고 볼 수 있으며, 또한 위해성 경찰장비인 최루제는 관련 법령에서 정한 발사 장치를 통해 사용되어야 하고, 구 경찰관 직무집행법 및 구 경찰장비사용규정은 최루제를 헬기를 이용하여 공중에서 살포할 수 있다는 규정을 두고 있지 않으므로, 헬기를 위와 같은 방법으로 사용하여 불법적인 농성을 진압하는 것은 경찰장비를 위법하게 사용함으로써 적법한 직무수행의 범위를 벗어났다고 볼 여지가 있는데도, 갑 노동조합 등에 대하여 헬기의 손상에 관한 손해배상책임이 성립한다고 본 원심판단에 심리미진 등의 잘못이 있다고 한 사례.

[3] 불법행위로 인한 손해배상사건에서 피해자에게 손해의 발생이나 확대에 관하여 과실이 있거나 가해자의 책임을 제한할 사유가 있는 경우에는 배상책임의 범위를 정함에 있어서 당연히 이를 참작하여야 하고, 나아가 책임제한의 비율을 정할 때에는 손해의 공평 부담이라는 제도의 취지에 비추어 손해 발생과 관련된 모든 상황이 충분히 고려되어야 하며, 책임제한에 관한 사실인정이나 비율을 정하는 것이 사실심의 전권사항이라고 하더라도 형평의 원칙에 비추어 현저히 불합리하여서는 안 된다.

[4] 불법행위로 인한 손해배상책임을 지우려면 위법한 행위와 원고가 입은 손해 사이에 상당인과관계가 있어야 하고, 상당인과관계의 유무는 결과 발생의 개연성, 위법행위의 태양 및 피침해이익의 성질 등을 종합적으로 고려하여 판단하여야 한다. 한편 민법 제763조에 따라 불법행위로 인한 손해배상에 준용되는 민법 제393조 제1항은 "채무불이행으로 인한 손해배상은 통상의 손해를 그 한도로 한다."라고 정하고, 제2항은 "특별한 사정으로 인한 손해는 채무자가 이를 알았거나 알 수 있었을 때에 한하여 배상의 책임이 있다."라고 정하고 있다. 제1항의 통상손해는 특별한 사정이 없는 한 그 종류의 채무불이행이 있으면 사회일반의 거래관념 또는 사회일반의 경험칙에 비추어 통상 발생하는 것으로 생각되는 범위의 손해를 말하고, 제2항의 특별한 사정으로 인한 손해는 당사자들의 개별적, 구체적 사정에 따른 손해를 말한다.

[5] 일반적으로 영업용 물건이 손괴된 경우 수리를 위하여 필요한 기간 동안 그 물건에 의한 영업을 할 수 없었던 경우에는 영업을 계속하였더라면 얻을 수 있었던 수익상실은 통상손해에 해당한다. 그러나 위법한 가해행위로 인하여 영업용 물건이 손괴되었더라도 위법행위의 태양, 물건이 사용 및 손괴된 경위 등에 비추어 볼 때 가해자가 그것이 영업용 물건으로서 이를 손괴함으로써 그 물건을 이용하여 얻을 수 있었던 영업수익이 상실될 수 있다는 사정을 통상적으로 예견할 수 없었다면 그러한 경우까지도 위 손해가 통상손해에 해당한다고 보기는 어렵다.

[6] 산업별 노조인 갑 노동조합의 지부가 조합원들을 각 거점에 배치하고 새총, 볼트, 화염병 등을 소지한 채 공장 점거파업을 계속하자 국가가 을 주식회사로부터 기중기를 임차하여 점거파업 진압 현장에 투입하였고, 진압작전 수행 중 기중기가 손상될 경우 이를 수리하고 운휴보상을 하기로 한다는 내용의 약정을 하였는데, 위 기중기는 경찰병력을 옥상으로 이동시키는 것뿐만 아니라 장애물 제거, 조합원들에 대한 위협 및 화력소모를 위한 목적으로 사용되었고, 그 과정에서 조합원들이 이에 대항하여 새총으로 볼트를 발사하거나 화염병을 투척하는 등으로 인하여 기중기가 손상된 사안에서, 국가가 진압작전 과정에서 조합원들의 기중기에 대한 공격을 적극적으로 유도하였다고 볼 여지가 있고 그러한 대항행위로 인하여 기중기가 손상될 수 있음을 충분히 예상할 수 있었다고 볼 수 있으므로, 진압작전 중 기중기가 손상되는 것은 국가 스스로가 감수한 위험이라고 할 수 있고, 또한 기중기를 위와 같이 용법을 벗어난 방법으로 사용하였다면 그 손상에 관한 국가의 책임도 적지 않다고 볼 수 있는데도, 원심이 기중기 손상으로 인한 수리비 상당액의 배상에 관한 갑 노동조합 등의 책임을 80%로 제한한 것은 형평의 원칙에 비추어 현저히 불합리하고, 한편 시위진압을 위한 공권력의 행사는 국가작용이고, 시위에 참여하는 사람들로서는 시위진압에 사용되는 장비가 외관상 영업용 물건임이 명확하지 않는 한 통상적으로 국가가 보유하는 장비가 시위진압에 사용될 것으로 예견한다고 볼 수 있는데, 갑 노동조합 등으로서는 국가가 시위진압이라는 공권력을 행사하는 과정에서 사용한 기중기가 민간업체로부터 임차한 것이고, 기중기를 이용한 위와 같은 진압행위에 대항하여 이를 손상시킨 경우에 그 기중기가 영업용 물건에 해당하여 기중기 소유자인 민간업체가 이를 영업에 이용하여 얻을 수 있었던 수익을 상실하게 되는 손해가 발생하고 그러한 손해를 자신들이 부담하게 될 것을 예견하였으리라고 인정하기는 어렵운데도, 기중기 손상으로 인한 휴업손해 상당의 손해가 통상손해에 해당

한다거나 갑 노동조합 등이 그러한 손해의 발생을 예견할 수 있다고 보아 갑 노동조합 등이 위 손해를 배상하여야 한다고 본 원심판단에 법리오해의 잘못이 있다고 한 사례.

【이 유】

구 「경찰관 직무집행법」(2014. 5. 20. 법률 제12600호로 개정되기 전의 것, 이하 '구 경찰관 직무집행법'이라 한다) 제1조 제2항은 "이 법에 규정된 경찰관의 직권은 그 직무수행에 필요한 최소한도 내에서 행사되어야 하며 이를 남용하여서는 아니 된다."라고 규정하여 경찰비례의 원칙을 명시적으로 선언하고 있다. 이는 경찰행정 영역에서의 헌법상 과잉금지원칙을 표현한 것으로서, 공공의 안녕과 질서유지라는 공익목적과 이를 실현하기 위하여 개인의 권리나 재산을 침해하는 수단 사이에는 합리적인 비례관계가 있어야 한다는 의미를 갖는다(대법원 2021. 11. 11. 선고 2018다288631 판결 참조).

경찰관이 구체적 상황에 비추어 그 인적·물적 능력의 범위 내에서 적절한 조치라는 판단에 따라 범죄의 진압 및 수사에 관한 직무를 수행한 경우에는 그러한 직무수행이 객관적 정당성을 상실하여 현저하게 불합리한 것으로 인정되지 않는 한 이를 위법하다고 할 수는 없다. 한편 불법적인 농성 진압의 경우 그 진압의 필요성, 농성의 태양 및 장소의 상황 등에서 예측되는 피해 발생의 구체적 위험성의 내용 등에 비추어 볼 때 농성 진압을 계속 수행할 것인지 여부 및 그 방법 등이 현저히 합리성을 결하여 위법하다고 평가할 수 있는 때에 그 직무집행이 법령을 위반한 것이라고 할 수 있다(대법원 2010. 11. 11. 선고 2010도7621 판결 참조).

구 경찰관 직무집행법 제10조 제3항은 "경찰장비를 임의로 개조하거나 임의의 장비를 부착하여 통상의 용법과 달리 사용함으로써 타인의 생명·신체에 위해를 주어서는 아니 된다."라고 정하고, 구 「경찰장비의 사용기준 등에 관한 규정」(2014. 11. 19. 대통령령 제25733호로 개정되기 전의 것, 이하 '구 경찰장비사용규정'이라 한다) 제3조는 "경찰장비는 통상의 용법에 따라 필요한 최소한의 범위 안에서 사용하여야 한다."라고 정하고 있는바, 위 조항에서 말하는 경찰장비는 '인명 또는 신체에 위해를 가할 수 있는 경찰장비(이하 '위해성 경찰장비'라 한다)'를 뜻한다(위 규정 제2조 참조). 위 규정들은 경찰비례의 원칙에 따라 경찰관의 직무수행 중 경찰장비의 사용 여부, 용도, 방법 및 범위에 관하여 재량의 한계를 정한 것이라 할 수 있고, 특히 위해성 경찰장비는 그 사용의 위험성과 기본권 보호 필요성에 비추어 볼 때 본래의 사용방법에 따라 지정된 용도로 사용되어야 하며 다른 용도나 방법으로 사용하기 위해서는 반드시 법령에 근거가 있어야 한다(헌법재판소 2018. 5. 31. 선고 2015헌마476 전원재판부 결정 참조).

위와 같은 경찰관의 직무수행 및 경찰장비의 사용과 관련한 재량의 범위 및 한계를 고려해 보면, 불법적인 농성을 진압하는 방법 및 그 과정에서 어떤 경찰장비를 사용할 것인지는 구체적 상황과 예측되는 피해 발생의 구체적 위험성의 내용 등에 비추어 경찰관이 그 재량의 범위 내에서 정할 수 있다. 그러나 그 직무수행 중 특정한 경찰장비를 필요한 최소한의 범위를 넘어 관계 법령에서 정한 통상의 용법과 달리 사용함으로써 타인의 생명·신체에 위해를 가하였다면, 불법적인 농성의 진압을 위하여 그러한 방법으로라도 해당 경찰장비를 사용할 필요가 있고 그로 인하여 발생할 우려가 있는 타인의 생명·신체에 대한 위해의 정도가 통상적으로 예견되는 범위 내에 있다는 등의 특별한 사정이 없는 한 그 직무수행은 위법하다고 보아야 한다. 나아가 경찰관이 농성 진압의 과정에서 경찰장비를 위법하게 사용함으로써 그 직무수행이 적법한 범위를 벗어난 것으로 볼 수밖에 없다면, 상대방이 그로 인한 생명·신체에 대한 위해를 면하기 위하여 직접적으로 대항하는 과정에서 그 경찰장비를 손상시켰더라도 이는 위법한 공무집행으로 인한 신체에 대한 현재의 부당한 침해에서 벗어나기 위한 행위로서 정당방위에 해당한다.

2) 판례 2

대법원 2012. 9. 13. 선고 2010도6203 판결

【판시사항】

[1] 불심검문의 적법 요건 및 그 내용

[2] 검문 중이던 경찰관들이, 자전거를 이용한 날치기 사건 범인과 흡사한 인상착의의 피고인이 자전거를 타고 다가오는 것을 발견하고 정지를 요구하였으나 멈추지 않아, 앞을 가로막고 검문에 협조해 달라고 하였음에도 불응하고 그대로 전진하자, 따라가서 재차 앞을 막고 검문에 응하라고 요구하였는데, 이에 피고인이 경찰관들의

멱살을 잡아 밀치는 등 항의하여 공무집행방해 등으로 기소된 사안에서, 경찰관들의 행위는 적법한 불심검문에 해당한다고 보아야 하는데도, 이와 달리 보아 피고인에게 무죄를 선고한 원심판결에 법리오해의 위법이 있다고 한 사례

【판결요지】

[1] 경찰관직무집행법(이하 '법'이라 한다)의 목적, 법 제1조 제1항, 제2항, 제3조 제1항, 제2항, 제3항, 제7항의 규정 내용 및 체계 등을 종합하면, 경찰관은 법 제3조 제1항에 규정된 대상자에게 질문을 하기 위하여 범행의 경중, 범행과의 관련성, 상황의 긴박성, 혐의의 정도, 질문의 필요성 등에 비추어 목적 달성에 필요한 최소한의 범위 내에서 사회통념상 용인될 수 있는 상당한 방법으로 대상자를 정지시킬 수 있고 질문에 수반하여 흉기의 소지 여부도 조사할 수 있다.

[2] 검문 중이던 경찰관들이, 자전거를 이용한 날치기 사건 범인과 흡사한 인상착의의 피고인이 자전거를 타고 다가오는 것을 발견하고 정지를 요구하였으나 멈추지 않아, 앞을 가로막고 소속과 성명을 고지한 후 검문에 협조해 달라는 취지로 말하였음에도 불응하고 그대로 전진하자, 따라가서 재차 앞을 막고 검문에 응하라고 요구하였는데, 이에 피고인이 경찰관들의 멱살을 잡아 밀치거나 욕설을 하는 등 항의하여 공무집행방해 등으로 기소된 사안에서, 범행의 경중, 범행과의 관련성, 상황의 긴박성, 혐의의 정도, 질문의 필요성 등에 비추어 경찰관들은 목적 달성에 필요한 최소한의 범위 내에서 사회통념상 용인될 수 있는 상당한 방법을 통하여 경찰관직무집행법 제3조 제1항에 규정된 자에 대해 의심되는 사항을 질문하기 위하여 정지시킨 것으로 보아야 하는데도, 이와 달리 경찰관들의 불심검문이 위법하다고 보아 피고인에게 무죄를 선고한 원심판결에 불심검문의 내용과 한계에 관한 법리오해의 위법이 있다고 한 사례.

【이 유】

1. 경찰관직무집행법(이하 '법'이라고만 한다) 제1조는 제1항에서 "이 법은 국민의 자유와 권리의 보호 및 사회공공의 질서유지를 위한 경찰관(국가경찰공무원에 한한다. 이하 같다)의 직무수행에 필요한 사항을 규정함을 목적으로 한다."고 규정하고, 제2

항에서 "이 법에 규정된 경찰관의 직권은 그 직무수행에 필요한 최소한도 내에서 행사되어야 하며 이를 남용하여서는 아니된다."고 규정하고 있다. 한편 법 제3조는 제1항에서 "경찰관은 수상한 거동 기타 주위의 사정을 합리적으로 판단하여 어떠한 죄를 범하였거나 범하려 하고 있다고 의심할 만한 상당한 이유가 있는 자 또는 이미 행하여진 범죄나 행하여지려고 하는 범죄행위에 관하여 그 사실을 안다고 인정되는 자를 정지시켜 질문할 수 있다."고 규정하고, 제2항에서 "그 장소에서 제1항의 질문을 하는 것이 당해인에게 불리하거나 교통의 방해가 된다고 인정되는 때에는 질문하기 위하여 부근의 경찰서·지구대·파출소 또는 출장소(이하 "경찰관서"라 하되, 지방해양경찰관서를 포함한다)에 동행할 것을 요구할 수 있다. 이 경우 당해인은 경찰관의 동행요구를 거절할 수 있다."고 규정하고 있으며, 제3항에서 "경찰관은 제1항에 규정된 자에 대하여 질문을 할 때에 흉기의 소지 여부를 조사할 수 있다."고 규정하고, 제7항에서 " 제1항 내지 제3항의 경우에 당해인은 형사소송에 관한 법률에 의하지 아니하고는 신체를 구속당하지 아니하며, 그 의사에 반하여 답변을 강요당하지 아니한다."고 규정하고 있다.

3) 판례 3

대법원 2018. 12. 13. 선고 2016도19417 판결

【판시사항】

[1] 경찰관 직무집행법 제6조에 따른 경찰관의 제지 조치가 적법한 직무집행으로 평가되기 위한 요건 및 경찰관의 제지 조치가 적법한지 판단하는 기준

[2] 주거지에서 음악 소리를 크게 내거나 큰 소리로 떠들어 이웃을 시끄럽게 하는 행위가 경범죄 처벌법상 경범죄에 해당하는지 여부(적극) / 경찰관이 경찰관 직무집행법에 따라 경범죄에 해당하는 행위를 예방·진압·수사하고, 필요한 경우 제지할 수 있는지 여부(적극)

[3] 피고인은 평소 집에서 심한 고성과 욕설, 시끄러운 음악 소리 등으로 이웃 주민들로부터 수회에 걸쳐 112신고가 있어 왔던 사람인데, 피고인의 집이 소란스럽다는

112신고를 받고 출동한 경찰관 갑, 을이 인터폰으로 문을 열어달라고 하였으나 욕설을 하였고, 경찰관들이 피고인을 만나기 위해 전기차단기를 내리자 화가 나 식칼을 들고 나와 욕설을 하면서 경찰관들을 향해 찌를 듯이 협박함으로써 갑, 을의 112신고 업무 처리에 관한 직무집행을 방해하였다고 하여 특수공무집행방해로 기소된 사안에서, 공소사실을 무죄로 판단한 원심판결에 필요한 심리를 다하지 않은 채 논리와 경험의 법칙에 반하여 자유심증주의의 한계를 벗어나거나 경찰관 직무집행법의 해석과 적용, 공무집행의 적법성 등에 관한 법리를 오해한 잘못이 있다고 한 사례

【판결요지】

[1] 경찰관 직무집행법은 경찰관이 국민의 자유와 권리를 보호하고 사회공공의 질서를 유지하기 위하여 직무 수행에 필요한 사항을 정하면서 경찰관의 직권은 직무 수행에 필요한 최소한도에서 행사되어야 한다고 정하고 있다(제1조). 경찰관 직무집행법 제2조는 경찰관 직무의 범위로 국민의 생명·신체·재산의 보호(제1호), 범죄의 예방·진압·수사(제2호), 범죄피해자 보호(제2호의2), 공공의 안녕과 질서 유지(제7호)를 포함하고 있다.

경찰관 직무집행법 제6조는 "경찰관은 범죄행위가 목전에 행하여지려고 하고 있다고 인정될 때에는 이를 예방하기 위하여 관계인에게 필요한 경고를 하고, 그 행위로 인하여 사람의 생명·신체에 위해를 끼치거나 재산에 중대한 손해를 끼칠 우려가 있어 긴급한 경우에는 그 행위를 제지할 수 있다."라고 정하고 있다. 위 조항 중 경찰관의 제지에 관한 부분은 범죄 예방을 위한 경찰 행정상 즉시강제, 즉 눈앞의 급박한 경찰상 장해를 제거할 필요가 있고 의무를 명할 시간적 여유가 없거나 의무를 명하는 방법으로는 그 목적을 달성하기 어려운 상황에서 의무불이행을 전제로 하지 않고 경찰이 직접 실력을 행사하여 경찰상 필요한 상태를 실현하는 권력적 사실행위에 관한 근거조항이다. 경찰관 직무집행법 제6조에 따른 경찰관의 제지 조치가 적법한 직무집행으로 평가되기 위해서는, 형사처벌의 대상이 되는 행위가 눈앞에서 막 이루어지려고 하는 것이 객관적으로 인정될 수 있는 상황이고, 그 행위를 당장 제지하지 않으면 곧 인명·신체에 위해를 미치거나 재산에 중대한 손해를 끼칠 우려가 있는 상황이어서, 직접 제지하는 방법 외에는 위와 같은 결과를 막을 수 없는 절박한 사태이어야 한다. 다만 경찰관의 제지 조치가 적법한지는 제지 조치

당시의 구체적 상황을 기초로 판단하여야 하고 사후적으로 순수한 객관적 기준에서 판단할 것은 아니다.

[2] 주거지에서 음악 소리를 크게 내거나 큰 소리로 떠들어 이웃을 시끄럽게 하는 행위는 경범죄 처벌법 제3조 제1항 제21호에서 경범죄로 정한 '인근소란 등'에 해당한다. 경찰관은 경찰관 직무집행법에 따라 경범죄에 해당하는 행위를 예방·진압·수사하고, 필요한 경우 제지할 수 있다.

[3] 피고인은 평소 집에서 심한 고성과 욕설, 시끄러운 음악 소리 등으로 이웃 주민들로부터 수회에 걸쳐 112신고가 있어 왔던 사람인데, 피고인의 집이 소란스럽다는 112신고를 받고 출동한 경찰관 갑, 을이 인터폰으로 문을 열어달라고 하였으나 욕설을 하였고, 경찰관들이 피고인을 만나기 위해 전기차단기를 내리자 화가 나 식칼(전체 길이 약 37cm, 칼날 길이 약 24cm)을 들고 나와 욕설을 하면서 경찰관들을 향해 찌를 듯이 협박함으로써 갑, 을의 112신고 업무 처리에 관한 직무집행을 방해하였다고 하여 특수공무집행방해로 기소된 사안에서, 피고인이 자정에 가까운 한밤중에 음악을 크게 켜놓거나 소리를 지른 것은 경범죄 처벌법 제3조 제1항 제21호에서 금지하는 인근소란행위에 해당하고, 그로 인하여 인근 주민들이 잠을 이루지 못하게 될 수 있으며, 갑과 을이 112신고를 받고 출동하여 눈앞에서 벌어지고 있는 범죄행위를 막고 주민들의 피해를 예방하기 위해 피고인을 만나려 하였으나 피고인은 문조차 열어주지 않고 소란행위를 멈추지 않았던 상황이라면 피고인의 행위를 제지하고 수사하는 것은 경찰관의 직무상 권한이자 의무라고 볼 수 있으므로, 위와 같은 상황에서 갑과 을이 피고인의 집으로 통하는 전기를 일시적으로 차단한 것은 피고인을 집 밖으로 나오도록 유도한 것으로서, 피고인의 범죄행위를 진압·예방하고 수사하기 위해 필요하고도 적절한 조치로 보이고, 경찰관 직무집행법 제1조의 목적에 맞게 제2조의 직무 범위 내에서 제6조에서 정한 즉시강제의 요건을 충족한 적법한 직무집행으로 볼 여지가 있다는 이유로, 이와 달리 보아 공소사실을 무죄로 판단한 원심판결에 필요한 심리를 다하지 않은 채 논리와 경험의 법칙에 반하여 자유심증주의의 한계를 벗어나거나 경찰관 직무집행법의 해석과 적용, 공무집행의 적법성 등에 관한 법리를 오해한 잘못이 있다고 한 사례.

【이 유】

경찰관 직무집행법은 경찰관이 국민의 자유와 권리를 보호하고 사회공공의 질서를 유지하기 위하여 직무 수행에 필요한 사항을 정하면서 경찰관의 직권은 직무 수행에 필요한 최소한도에서 행사되어야 한다고 정하고 있다(제1조). 경찰관 직무집행법 제2조는 경찰관 직무의 범위로 국민의 생명·신체·재산의 보호(제1호), 범죄의 예방·진압·수사(제2호), 범죄피해자 보호(제2호의2), 공공의 안녕과 질서 유지(제7호)를 포함하고 있다.

경찰관 직무집행법 제6조는 "경찰관은 범죄행위가 목전에 행하여지려고 하고 있다고 인정될 때에는 이를 예방하기 위하여 관계인에게 필요한 경고를 하고, 그 행위로 인하여 사람의 생명·신체에 위해를 끼치거나 재산에 중대한 손해를 끼칠 우려가 있어 긴급한 경우에는 그 행위를 제지할 수 있다."라고 정하고 있다. 위 조항 중 경찰관의 제지에 관한 부분은 범죄 예방을 위한 경찰 행정상 즉시강제, 즉 눈앞의 급박한 경찰상 장해를 제거할 필요가 있고 의무를 명할 시간적 여유가 없거나 의무를 명하는 방법으로는 그 목적을 달성하기 어려운 상황에서 의무불이행을 전제로 하지 않고 경찰이 직접 실력을 행사하여 경찰상 필요한 상태를 실현하는 권력적 사실행위에 관한 근거조항이다. 경찰관 직무집행법 제6조에 따른 경찰관의 제지 조치가 적법한 직무집행으로 평가되기 위해서는, 형사처벌의 대상이 되는 행위가 눈앞에서 막 이루어지려고 하는 것이 객관적으로 인정될 수 있는 상황이고, 그 행위를 당장 제지하지 않으면 곧 인명·신체에 위해를 미치거나 재산에 중대한 손해를 끼칠 우려가 있는 상황이어서, 직접 제지하는 방법 외에는 위와 같은 결과를 막을 수 없는 절박한 사태이어야 한다. 다만 경찰관의 제지 조치가 적법한지는 제지 조치 당시의 구체적 상황을 기초로 판단하여야 하고 사후적으로 순수한 객관적 기준에서 판단할 것은 아니다(대법원 2013. 6. 13. 선고 2012도9937 판결 등 참조).

주거지에서 음악 소리를 크게 내거나 큰 소리로 떠들어 이웃을 시끄럽게 하는 행위는 경범죄 처벌법 제3조 제1항 제21호에서 경범죄로 정한 '인근소란 등'에 해당한다. 경찰관은 경찰관 직무집행법에 따라 경범죄에 해당하는 행위를 예방·진압·수사하고, 필요한 경우 제지할 수 있다.

III

제2조 직무범위

Ⅲ. 제2조 직무범위

제2조(직무의 범위) 경찰관은 다음 각 호의 직무를 수행한다.
1. 국민의 생명 · 신체 및 재산의 보호
2. 범죄의 예방 · 진압 및 수사
2의2. 범죄피해자 보호
3. 경비, 주요 인사(人士) 경호 및 대간첩 · 대테러 작전 수행
4. 공공안녕에 대한 위험의 예방과 대응을 위한 정보의 수집 · 작성 및 배포
5. 교통 단속과 교통 위해(危害)의 방지
6. 외국 정부기관 및 국제기구와의 국제협력
7. 그 밖에 공공의 안녕과 질서 유지

1. 공공의 안녕과 질서유지

공공의 안녕이란 ① 국가의 법질서가 침해받지 아니하고 ② 국가적 공동체의 존속과 기능이 방해받지 아니하며 ③ 개인의 생명·신체·재산·명예 등의 법익에 대한 침해가 없이 정상적으로 작동하는 상태이다.

공공의 질서란 통상적인 사회적 인식 및 윤리의식에 비추어 사회의 건전한 공동체 생활을 위하여 불가결한 것으로 인정되는 불문규범으로서 공동체적 가치의 총체이다.

2. 판례

1) 판례 1

대법원 1998. 5. 8. 선고 97다54482 판결

【판시사항】

[1] 주취운전을 적발한 경찰관이 주취운전의 계속을 막기 위하여 취할 수 있는 조치 내용

[2] 단속경찰관의 주취운전자에 대한 권한 불행사가 직무상 위법행위에 해당하는지 여부(한정 적극)

[3] 음주운전으로 적발된 주취운전자가 도로 밖으로 차량을 이동하겠다며 단속경찰관으로부터 보관중이던 차량열쇠를 반환받아 몰래 차량을 운전하여 가던 중 사고를 일으킨 경우, 국가배상책임을 인정한 사례

【판결요지】

[1] 주취 상태에서의 운전은 도로교통법 제41조의 규정에 의하여 금지되어 있는 범죄행위임이 명백하고 그로 인하여 자기 또는 타인의 생명이나 신체에 위해를 미칠 위험이 큰 점을 감안하면, 주취운전을 적발한 경찰관이 주취운전의 계속을 막기 위하여 취할 수 있는 조치로는, 단순히 주취운전의 계속을 금지하는 명령 이외에 다른 사람으로 하여금 대신하여 운전하게 하거나 당해 주취운전자가 임의로 제출한 차량열쇠를 일시 보관하면서 가족에게 연락하여 주취운전자와 자동차를 인수하게 하거나 또는 주취 상태에서 벗어난 후 다시 운전하게 하며 그 주취 정도가 심한 경우에 경찰관서에 일시 보호하는 것 등을 들 수 있고, 한편 주취운전이라는 범죄행위로 당해 음주운전자를 구속·체포하지 아니한 경우에도 필요하다면 그 차량열쇠는 범행 중 또는 범행 직후의 범죄장소에서의 압수로서 형사소송법 제216조 제3항에 의하여 영장 없이 이를 압수할 수 있다.

[2] 경찰관의 주취운전자에 대한 권한 행사가 관계 법률의 규정 형식상 경찰관의 재량에 맡겨져 있다고 하더라도, 그러한 권한을 행사하지 아니한 것이 구체적인 상황하

에서 현저하게 합리성을 잃어 사회적 타당성이 없는 경우에는 경찰관의 직무상 의무를 위배한 것으로서 위법하게 된다.

[3] 음주운전으로 적발된 주취운전자가 도로 밖으로 차량을 이동하겠다며 단속경찰관으로부터 보관중이던 차량열쇠를 반환받아 몰래 차량을 운전하여 가던 중 사고를 일으킨 경우, 국가배상책임을 인정한 사례.

【이유】

주취 상태에서의 운전은 도로교통법 제41조의 규정에 의하여 금지되어 있는 범죄행위임이 명백하고 그로 인하여 자기 또는 타인의 생명이나 신체에 위해를 미칠 위험이 큰 점을 감안하면, 주취운전을 적발한 경찰관이 주취운전의 계속을 막기 위하여 취할 수 있는 조치로는, 단순히 주취운전의 계속을 금지하는 명령 이외에 다른 사람으로 하여금 대신하여 운전하게 하거나 당해 주취운전자가 임의로 제출한 차량열쇠를 일시 보관하면서 가족에게 연락하여 주취운전자와 자동차를 인수하게 하거나 또는 주취 상태에서 벗어난 후 다시 운전하게 하며 그 주취 정도가 심한 경우에 경찰관서에 일시 보호하는 것 등을 들 수 있고, 한편 주취운전이라는 범죄행위로 당해 음주운전자를 구속·체포하지 아니한 경우에도 필요하다면 그 차량열쇠는 범행 중 또는 범행 직후의 범죄장소에서의 압수로서 형사소송법 제216조 제3항에 의하여 영장 없이 이를 압수할 수 있다 할 것이다. 이와 같은 경찰관의 주취운전자에 대한 권한 행사가 관계 법률의 규정 형식상 경찰관의 재량에 맡겨져 있다고 하더라도, 그러한 권한을 행사하지 아니한 것이 구체적인 상황하에서 현저하게 합리성을 잃어 사회적 타당성이 없는 경우에는 경찰관의 직무상 의무를 위배한 것으로서 위법하게 된다고 할 것이다.

2) 판례 2

대법원 2012. 8. 17. 선고 2011도10451 판결

[1] 협박죄에서 '협박'의 의미와 판단 기준 및 제3자의 법익을 침해하겠다는 내용의 해악 고지가 피해자 본인에 대한 협박죄를 구성하는 경우

[2] 피고인이 공중전화를 이용하여 경찰서에 여러 차례 전화를 걸어 전화를 받은 각 경

찰관에게 경찰서 관할구역 내에 있는 갑 정당의 당사를 폭파하겠다는 말을 한 사안에서, 피고인의 행위가 각 경찰관에 대한 협박죄를 구성한다고 본 원심판결에 협박죄에 관한 법리오해의 위법이 있다고 한 사례

【판결요지】

[1] 형법 제283조에서 정하는 협박죄의 성립에 요구되는 '협박'이라고 함은 일반적으로 그 상대방이 된 사람으로 하여금 공포심을 일으키기에 충분한 정도의 해악을 고지하는 것으로서, 그러한 해악의 고지에 해당하는지 여부는 행위자와 상대방의 성향, 고지 당시의 주변 상황, 행위자와 상대방 사이의 관계·지위, 그 친숙의 정도 등 행위 전후의 여러 사정을 종합하여 판단되어야 한다. 한편 여기서의 '해악'이란 법익을 침해하는 것을 가리키는데, 그 해악이 반드시 피해자 본인이 아니라 그 친족 그 밖의 제3자의 법익을 침해하는 것을 내용으로 하더라도 피해자 본인과 제3자가 밀접한 관계에 있어서 그 해악의 내용이 피해자 본인에게 공포심을 일으킬 만한 것이라면 협박죄가 성립할 수 있다.

[2] 피고인이 혼자 술을 마시던 중 갑 정당이 국회에서 예산안을 강행처리하였다는 것에 화가 나서 공중전화를 이용하여 경찰서에 여러 차례 전화를 걸어 전화를 받은 각 경찰관에게 경찰서 관할구역 내에 있는 갑 정당의 당사를 폭파하겠다는 말을 한 사안에서, 피고인은 갑 정당에 관한 해악을 고지한 것이므로 각 경찰관 개인에 관한 해악을 고지하였다고 할 수 없고, 다른 특별한 사정이 없는 한 일반적으로 갑 정당에 대한 해악의 고지가 각 경찰관 개인에게 공포심을 일으킬 만큼 서로 밀접한 관계에 있다고 보기 어려운데도, 이와 달리 피고인의 행위가 각 경찰관에 대한 협박죄를 구성한다고 본 원심판결에 협박죄에 관한 법리오해의 위법이 있다고 한 사례.

【이 유】

1. 형법 제283조에서 정하는 협박죄의 성립에 요구되는 '협박'이라고 함은 일반적으로 그 상대방이 된 사람으로 하여금 공포심을 일으키기에 충분한 정도의 해악을 고지하는 것으로서, 그러한 해악의 고지에 해당하는지 여부는 행위자와 상대방의 성향, 고지 당시의 주변 상황, 행위자와 상대방 사이의 관계·지위, 그 친숙의 정도 등 행위

전후의 여러 사정을 종합하여 판단되어야 한다 (대법원 2007. 9. 28. 선고 2007도606 전원합의체 판결 등 참조). 한편 여기서의 '해악'이란 법익을 침해하는 것을 가리키는데, 그 해악이 반드시 피해자 본인이 아니라 그 친족 그 밖의 제3자의 법익을 침해하는 것을 내용으로 하더라도 피해자 본인과 제3자가 밀접한 관계에 있어서 그 해악의 내용이 피해자 본인에게 공포심을 일으킬 만한 것이라면 협박죄가 성립할 수 있다(대법원 2010. 7. 15. 선고 2010도1017 판결 등 참조).

2. 원심은 그 판시와 같은 사실을 인정한 다음 피고인이 경찰서에 전화를 걸어 경찰관에게 수원시에 있는 공소외 정당(그 후 ○○○당으로 당명이 변경되었다. 이하 ' 공소외 정당'이라고 한다) 경기도당 당사를 폭파하겠다고 말한 행위는 고지한 해악의 내용과 고지의 방법, 태도 등에 비추어 공공의 안녕과 질서유지의 임무를 수행하는 경찰관의 입장에서 명백한 장난을 넘어서 실현가능성이 있다고 생각할 수 있을 정도에 이르렀다고 하여 협박죄를 인정하였다.

3. 그러나 원심의 위와 같은 판단은 아래와 같은 이유로 수긍하기 어렵다.

기록에 의하면, 피고인은 혼자서 술을 마시던 중 공소외 정당이 국회에서 예산안을 강행처리하였다는 것에 화가 나서 공중전화를 이용하여 수원중부경찰서 지령실에 여러 차례에 걸쳐 전화를 한 사실, 그리하여 피고인은 전화를 할 때마다 위 지령실에서 근무하면서 그 전화를 받은 각 경찰관에게 위 경찰서의 관할구역 내에 있는 공소외 정당 경기도당 당사를 폭파하겠다는 말을 한 사실을 알 수 있다.

그렇다면 피고인은 공소외 정당에 관한 해악을 고지한 것으로서 이 사건 공소사실에서 피해자로 일컫고 있는 각 경찰관 개인에 관한 해악을 고지하였다고 할 수 없다. 그리고 이들 경찰관은 수원중부경찰서 지령실에서 근무하던 공무원으로서, 그들이 공공의 안녕과 질서유지의 임무를 수행하고 있어서 피고인의 행위가 직무상 그에 따른 경비조치 등을 불필요하게 취하도록 하는 결과를 초래한다고 하더라도, 그것이 사안에 따라 공무집행방해 등의 죄책에 해당하는 경우가 있을 수 있음은 별론으로 하고, 다른 특별한 사정이 없는 한 일반적으로 공소외 정당에 대한 해악의 고지가 그들 개인에게 공포심을 일으킬 만큼 그와 밀접한 관계에 있다고 보기는 어렵다.

그럼에도 그 판시와 같은 사정만으로 피고인의 행위가 위 각 경찰관에 대한 협박죄를 구성한다고 보아 이 사건 각 공소사실을 유죄로 인정한 원심판결에는 협박죄에 관한 법리를 오해하여 판결에 영향을 미친 위법이 있다고 할 것이다. 이 점을 지적하는 상고취지는 타당하다.

3) 판례 3

대법원 1996. 10. 25. 선고 95다45927 판결

【판시사항】

[1] 경찰관의 긴급구호권 불행사로 인한 국가배상책임 성립 요건

[2] 정신질환자인 세입자에 의해 살해당한 집주인의 유족이 정신질환자의 평소 행동에 대한 사법경찰관리의 수사 미개시 및 긴급구호권 불행사를 이유로 제기한 국가배상청구를 배척한 사례

【판결요지】

[1] 긴급구호권한과 같은 경찰관의 조치권한은 일반적으로 경찰관의 전문적 판단에 기한 합리적인 재량에 위임되어 있는 것이나, 그렇다고 하더라도 구체적 상황하에서 경찰관에게 그러한 조치권한을 부여한 취지와 목적에 비추어 볼 때 그 불행사가 현저하게 불합리하다고 인정되는 경우에는, 그러한 불행사는 법령에 위반하는 행위에 해당하게 되어 국가배상법상의 다른 요건이 충족되는 한, 국가는 그로 인하여 피해를 입은 자에 대하여 국가배상책임을 부담한다.

[2] 정신질환자의 평소 행동에 포함된 범죄 내용이 경미하거나 범죄라고 볼 수 없는 비정상적 행동에 그치고 그 거동 기타 주위의 사정을 합리적으로 판단하여 보더라도 정신질환자에 의한 집주인 살인범행에 앞서 그 구체적 위험이 객관적으로 존재하고 있었다고 보기 어려운 경우, 경찰관이 그때그때의 상황에 따라 그 정신질환자를 훈방하거나 일시 정신병원에 입원시키는 등 경찰관직무집행법의 규정에 의한 긴급구호조치를 취하였고, 정신질환자가 퇴원하자 정신병원에서의 장기 입원치료를 받는

데 도움이 되도록 생활보호대상자 지정의뢰를 하는 등 그 나름대로의 조치를 취한 이상, 더 나아가 경찰관들이 정신질환자의 살인범행 가능성을 막을 수 있을 만한 다른 조치를 취하지 아니하였거나 입건·수사하지 아니하였다고 하여 이를 법령에 위반하는 행위에 해당한다고 볼 수 없다는 이유로, 사법경찰관리의 수사 미개시 및 긴급구호권 불행사를 이유로 제기한 국가배상청구를 배척한 사례.

【이 유】

1. 기록과 관계 증거에 비추어 보면 원심의 사실인정은 옳은 것으로 여겨지고, 거기에 소론과 같이 증거판단을 잘못하고 채증법칙을 위배하거나 심리를 미진하여 사실을 오인한 위법이 있다고 할 수 없다. 이 점을 다투는 논지는 이유가 없다.

2. 사법경찰관리는 검사의 지휘를 받아 수사를 할 책무가 있으므로 범죄의 혐의가 인정되면 친고죄나 반의사불벌죄와 같은 경우를 제외하고는 피해자의 처벌희망의사의 유무에 불구하고 수사를 개시함이 원칙이다.

그러나 경찰은 범죄의 예방, 진압 및 수사와 함께 국민의 생명, 신체 및 재산의 보호 등과 기타 공공의 안녕과 질서유지도 직무로 하고 있고 그 직무의 원활한 수행을 위하여 법령에 의하여 여러 가지 권한이 부여되어 있으므로, 구체적인 직무를 수행하는 경찰관으로서는 범죄수사뿐만 아니라 범죄의 예방 및 공공의 안녕과 질서유지를 위하여서도 제반 상황에 대응하여 자신에게 부여된 여러 권한을 적절하게 행사하여 필요한 조치를 취할 수 있는 것이며, 그러한 권한의 하나로서 경찰관직무집행법 제4조 제1항, 제7항은, 경찰관은 수상한 거동 기타 주위의 사정을 합리적으로 판단하여 정신착란 등으로 인하여 자기 또는 타인의 생명, 신체와 재산에 위해를 미칠 우려가 있는 자임이 명백하고 응급의 구호를 요한다고 믿을 만한 상당한 이유가 있는 자를 발견한 때에는, 보건의료기관 등에 응급구호를 요청하거나 24시간의 범위 내에서 경찰관서에 보호하는 등 적당한 조치를 취할 수 있다는 내용으로 경찰관의 긴급구호 내지 보호조치의 권한을 규정하고 있다.

그러므로 이 사건에서 원심이 확정한 바와 같이, 피해자인 소외 1 등으로부터 그 집 지하방에 세들어 사는 소외 2가 정신질환자로서 비정상적인 행동을 하고 이를 제지하는 위 피해자에 대하여 죽여버린다고 고함을 치는 등 소란을 부린다고 여러 차례에 걸쳐 신고를 받고서, 관할 파출소의 경찰관들이 위 소외 2를 연행하여 입건, 수사하지 아니하고 뚜렷한 죄목이 없다고 훈방하거나 정신병원에 잠시 입원조치하여 위 소외 2로 하여금 다시 집에 돌아올 수 있게 하였다고 할지라도, 위 소외 2의 행동에 포함된 범죄내용이 경미하거나 범죄라고 볼 수 없는 비정상적 행동에 그치고 그 거동 기타 주위의 사정을 합리적으로 판단하여 볼 때, 위 소외 2가 경찰관직무집행법의 규정에 해당하여 응급의 구호를 요한다고 믿을 만한 상당한 이유가 있다고 보아 위 경찰관들이 위 소외 2에 대하여 훈방하였다가 위 경찰관직무집행법의 규정에 의한 긴급구호조치를 취하였을 뿐 입건, 수사하지 아니하였다는 것만으로 이를 법령에 위반하는 행위에 해당한다고 할 수는 없을 것이다.

그리고 위 긴급구호권한과 같은 경찰관의 조치권한은 일반적으로 경찰관의 전문적 판단에 기한 합리적인 재량에 위임되어 있는 것이나, 그렇다고 하더라도 구체적 상황하에서 경찰관에게 이러한 조치권한을 부여한 취지와 목적에 비추어 볼 때 그 불행사가 현저하게 불합리하다고 인정되는 경우에는, 이러한 불행사는 법령에 위반하는 행위에 해당하게 되어, 국가배상법상의 다른 요건이 충족되는 한, 국가는 이로 인하여 피해를 입은 자에 대하여 국가배상책임을 지게 되는 것이지만, 정신병원에의 장기입원이나 사회로부터의 장기격리와 같은 조치는 위 경찰관직무집행법의 규정이 정한 경찰관의 권한을 넘는 것이고, 그 밖에 기록에 비추어 보아도 달리 위 소외 2에 의한 범행가능성을 차단하기 위하여 취할 수 있는 적당한 방법이 없는데다가, 원심이 확정한 사실관계에 의하면, 위 소외 2가 이 사건 살인범행에 앞서 위 피해자의 집에서 나가기까지 그에 의하여 원심 판시 피해자들의 생명침해에 대한 구체적 위험이 객관적으로 존재하고 있었다고 보기 어렵고, 위 파출소의 경찰관들이 그러한 위험을 알았거나 알 수 있었다고 할 수도 없으며, 이러한 사정은 위 소외 2가 위 소외 3의 집에서 나간 후 다시 위 피해자의 집에 찾아오기까지도 그대로 유지된 것으로 보여지는바, 이러한 구체적 상황하에서 원심이 확정한 바와 같이 관할 파출소의 경찰관들이 위 피해자의 신고에 따라 위 소외 2를 데려가 정신병원에 입원시키는 등 위 경찰관직무집행법의 규정이 정한 긴급구호 등의 조치를 취하고, 그가 퇴원하자 그로 하여금 정신병원에 입원하여 장기치료를 받는 데 도움이 되도록 생활보호대상자 지정의뢰를 하는 등 그 나름대로의 조치를 취한 이상, 더 나아가 위 경찰관들이 위 소외 2에 의한 범행가능성을 막을 수 있을 만한 다른 조치를 취하지 못하였다고 하더라도, 이를 현저하게 불합리한 긴급구호권한 불행사로서 법령에 위반된다고 하기는 어렵다 고 할 것이다.

한편 원심이 확정한 사실관계 하에서는, 위 소외 2에게 법률이 정한 구속사유 내지 보호구속사유가 있다거나 나아가 그가 법원에서 실형 또는 치료감호를 선고받아 이 사건 살인범행이 저질러질 즈음에 원심 판시 피해자들과 격리되어 있었을 것이라고 인정하기 어려우므로, 위 경찰관들이 위 소외 2를 입건, 수사하지 아니한 것과 원심 판시 피해자들의 사망이라는 결과와의 사이에 인과관계가 있다고 할 수도 없다.

4) 판례 4

대법원 2022. 7. 14. 선고 2017다290538 판결

【판시사항】

[1] 공무원의 부작위를 이유로 국가배상책임을 인정하기 위한 요건 및 그중 '법령 위반'의 의미 / 관련 공무원에 대하여 작위의무를 명하는 법령 규정이 없는 경우, 공무원의 부작위를 이유로 국가배상책임을 인정할 것인지 판단하는 기준

[2] 경찰관에게 부여된 권한의 불행사가 현저하게 불합리하다고 인정되는 경우, 직무상의 의무를 위반한 것으로서 위법한지 여부(적극)

[3] 보호관찰관이 위치추적 전자장치 피부착자의 재범 방지에 유효한 실질적인 조치를 하지 아니한 것이 현저하게 불합리하다고 인정되는 경우, 직무상의 의무를 위반한 것으로서 위법한지 여부(적극)

[4] 다수의 성폭력범죄로 여러 차례 처벌을 받은 뒤 위치추적 전자장치를 부착하고 보호관찰을 받고 있던 갑이 을을 강간하였고, 그로부터 13일 후 병을 강간하려다 살해하였는데, 병의 유족들이 경찰관과 보호관찰관의 위법한 직무수행을 이유로 국가를 상대로 손해배상을 구한 사안에서, 경찰관과 보호관찰관의 직무수행이 객관적 정당성을 결여하지 않아 위법하지 않다고 본 원심판단에 법리오해의 잘못이 있다고 한 사례

[판결요지]

[1] 공무원의 부작위를 이유로 국가배상책임을 인정하기 위해서는 공무원의 작위로 국가배상책임을 인정하는 경우와 마찬가지로 '공무원이 직무를 집행하면서 고의 또는 과실로 법령을 위반하여 타인에게 손해를 입힌 때'라는 국가배상법 제2조 제1항의 요건이 충족되어야 한다. 여기서 '법령 위반'이란 엄격하게 형식적 의미의 법령에 명시적으로 공무원의 작위의무가 규정되어 있는데도 이를 위반하는 경우만을 의미하는 것은 아니고, 인권존중·권력남용금지·신의성실과 같이 공무원으로서 마땅히 지켜야 할 준칙이나 규범을 지키지 않고 위반한 경우를 포함하여 널리 객관적인 정당성이 없는 행위를 한 경우를 포함한다. 따라서 국민의 생명·신체·재산 등에 관하여 절박하고 중대한 위험상태가 발생하였거나 발생할 우려가 있어서 국민의 생명·신체·재산 등을 보호하는 것을 본래적 사명으로 하는 국가가 초법규적, 일차적으로 그 위험 배제에 나서지 않으면 국민의 생명·신체·재산 등을 보호할 수 없는 경우에는 형식적 의미의 법령에 근거가 없더라도 국가나 관련 공무원에 대하여 그러한 위험을 배제할 작위의무를 인정할 수 있다. 공무원의 부작위를 이유로 국가배상책임을 인정할 것인지가 문제 되는 경우에 관련 공무원에 대하여 작위의무를 명하는 법령 규정이 없다면 공무원의 부작위로 침해된 국민의 법익 또는 국민에게 발생한 손해가 어느 정도 심각하고 절박한 것인지, 관련 공무원이 그와 같은 결과를 예견하여 결과를 회피하기 위한 조치를 취할 가능성이 있는지 등을 종합적으로 고려하여 판단하여야 한다.

[2] 경찰은 범죄의 예방, 진압 및 수사와 함께 국민의 생명, 신체 및 재산의 보호 기타 공공의 안녕과 질서유지를 직무로 하고 직무의 원활한 수행을 위하여 경찰관 직무집행법, 형사소송법 등 관계 법령에 의하여 여러 가지 권한이 부여되어 있다. 구체적인 직무를 수행하는 경찰관으로서는 여러 상황에 대응하여 자신에게 부여된 여러 가지 권한을 적절하게 행사하여 필요한 조치를 취할 수 있고, 그러한 권한은 일반적으로 경찰관의 전문적 판단에 기한 합리적인 재량에 위임되어 있는 것이다. 그러나 구체적인 사정에서 경찰관이 권한을 행사하여 필요한 조치를 하지 아니하는 것이 현저하게 불합리하다고 인정되는 경우 그러한 권한의 불행사는 직무상의 의무를 위반한 것으로 위법하다.

[3] 보호관찰관의 위치추적 전자장치(이하 '전자장치'라고 한다) 피부착자에 대한 지도·감독과 원호 업무는 재범의 위험성이 매우 높은 전자장치 피부착자가 재범으로 나아가지 않게 함으로써 건전한 사회복귀를 촉진하고 일반 국민이 전자장치 피부착자의 재범에 따른 피해를 입지 않도록 하는 데 중요한 역할을 한다. 구체적인 상황에서 전자장치 피부착자에 대한 지도·감독이나 원호 업무를 어떻게 수행할 것인지는 원칙적으로 보호관찰관의 전문적, 합리적 재량에 위임되었지만, 전자장치 피부착자의 재범을 효과적으로 방지하기 위해서는 전자장치 피부착자의 성향이나 환경 및 개별 관찰 결과에 맞추어 재범 방지에 유효한 실질적인 조치를 선택하여 적극적으로 수행하여야 한다. 만약 보호관찰관이 이러한 조치를 하지 아니한 것이 현저하게 불합리하다면 직무상의 의무를 위반한 것이어서 위법하다고 보아야 한다.

[4] 다수의 성폭력범죄로 여러 차례 처벌을 받은 뒤 위치추적 전자장치를 부착하고 보호관찰을 받고 있던 갑이 을을 강간하였고(이하 '직전 범행'이라고 한다), 그로부터 13일 후 병을 강간하려다 살해하였는데, 병의 유족들이 경찰관과 보호관찰관의 위법한 직무수행을 이유로 국가를 상대로 손해배상을 구한 사안에서, 직전 범행의 수사를 담당하던 경찰관이 직전 범행의 특수성과 위험성을 고려하지 않은 채 통상적인 조치만 하였을 뿐 전자장치 위치정보를 수사에 활용하지 않은 것과 보호관찰관이 갑의 높은 재범의 위험성과 반사회성을 인식하였음에도 적극적 대면조치 등 이를 억제할 실질적인 조치를 하지 않은 것은 범죄를 예방하고 재범을 억지하여 사회를 방위하기 위해서 이들에게 부여된 권한과 직무를 목적과 취지에 맞게 수행하지 않았거나 소홀히 수행하였던 것이고, 이는 국민의 생명·신체에 관하여 절박하고 중대한 위험상태가 발생할 우려가 있어 그 위험 배제에 나서지 않으면 이를 보호할 수 없는 상황에서 그러한 위험을 배제할 공무원의 작위의무를 위반한 것으로 인정될 여지가 있으며, 위와 같은 경찰관과 보호관찰관의 직무상 의무 위반은 병의 사망 사이에서 상당인과관계를 인정할 여지가 큰데도, 경찰관과 보호관찰관의 직무수행이 객관적 정당성을 결여하지 않아 위법하지 않다고 본 원심판단에 법리오해의 잘못이 있다고 한 사례.

[이 유]

공무원의 부작위를 이유로 국가배상책임을 인정하기 위해서는 공무원의 작위로 국가배상책임을 인정하는 경우와 마찬가지로 '공무원이 직무를 집행하면서 고의 또는 과실로 법령을 위반하여 타인에게 손해를 입힌 때'라는 국가배상법 제2조 제1항의 요건이 충족되어야 한다. 여기서 '법령 위반'이란 엄격하게 형식적 의미의 법령에 명시적으로 공무원의 작위의무가 규정되어 있는데도 이를 위반하는 경우만을 의미하는 것은 아니고, 인권존중·권력남용금지·신의성실과 같이 공무원으로서 마땅히 지켜야 할 준칙이나 규범을 지키지 않고 위반한 경우를 포함하여 널리 객관적인 정당성이 없는 행위를 한 경우를 포함한다. 따라서 국민의 생명·신체·재산 등에 관하여 절박하고 중대한 위험상태가 발생하였거나 발생할 우려가 있어서 국민의 생명·신체·재산 등을 보호하는 것을 본래적 사명으로 하는 국가가 초법규적, 일차적으로 그 위험 배제에 나서지 않으면 국민의 생명·신체·재산 등을 보호할 수 없는 경우에는 형식적 의미의 법령에 근거가 없더라도 국가나 관련 공무원에 대하여 그러한 위험을 배제할 작위의무를 인정할 수 있다. 공무원의 부작위를 이유로 국가배상책임을 인정할 것인지 여부가 문제 되는 경우에 관련 공무원에 대하여 작위의무를 명하는 법령 규정이 없다면 공무원의 부작위로 침해된 국민의 법익 또는 국민에게 발생한 손해가 어느 정도 심각하고 절박한 것인지, 관련 공무원이 그와 같은 결과를 예견하여 결과를 회피하기 위한 조치를 취할 가능성이 있는지 등을 종합적으로 고려하여 판단하여야 한다

경찰은 범죄의 예방, 진압 및 수사와 함께 국민의 생명, 신체 및 재산의 보호 기타 공공의 안녕과 질서유지를 직무로 하고 직무의 원활한 수행을 위하여 경찰관 직무집행법, 형사소송법 등 관계 법령에 의하여 여러 가지 권한이 부여되어 있다. 구체적인 직무를 수행하는 경찰관으로서는 여러 상황에 대응하여 자신에게 부여된 여러 가지 권한을 적절하게 행사하여 필요한 조치를 취할 수 있고, 그러한 권한은 일반적으로 경찰관의 전문적 판단에 기한 합리적인 재량에 위임되어 있는 것이다. 그러나 구체적인 사정에서 경찰관이 권한을 행사하여 필요한 조치를 하지 아니하는 것이 현저하게 불합리하다고 인정되는 경우 그러한 권한의 불행사는 직무상의 의무를 위반한 것으로 위법하다

보호관찰관의 전자장치 피부착자에 대한 지도·감독과 원호 업무는 재범의 위험성이 매우 높은 전자장치 피부착자가 재범으로 나아가지 않게 함으로써 건전한 사회복귀를 촉진

하고 일반 국민이 전자장치 피부착자의 재범에 따른 피해를 입지 않도록 하는 데 중요한 역할을 한다. 구체적인 상황에서 전자장치 피부착자에 대한 지도·감독이나 원호 업무를 어떻게 수행할 것인지는 원칙적으로 보호관찰관의 전문적, 합리적 재량에 위임되었지만, 전자장치 피부착자의 재범을 효과적으로 방지하기 위해서는 전자장치 피부착자의 성향이나 환경 및 개별 관찰 결과에 맞추어 재범 방지에 유효한 실질적인 조치를 선택하여 적극적으로 수행하여야 한다. 만약 보호관찰관이 이러한 조치를 하지 아니한 것이 현저하게 불합리하다면 직무상의 의무를 위반한 것이어서 위법하다고 보아야 한다.

Ⅳ

제3조 불심검문

Ⅳ. 제3조 불심검문

제3조(불심검문) ① 경찰관은 다음 각 호의 어느 하나에 해당하는 사람을 정지시켜 질문할 수 있다.

1. 수상한 행동이나 그 밖의 주위 사정을 합리적으로 판단하여 볼 때 어떠한 죄를 범하였거나 범하려 하고 있다고 의심할 만한 상당한 이유가 있는 사람

2. 이미 행하여진 범죄나 행하여지려고 하는 범죄행위에 관한 사실을 안다고 인정되는 사람

② 경찰관은 제1항에 따라 같은 항 각 호의 사람을 정지시킨 장소에서 질문을 하는 것이 그 사람에게 불리하거나 교통에 방해가 된다고 인정될 때에는 질문을 하기 위하여 가까운 경찰서 · 지구대 · 파출소 또는 출장소(지방해양경찰관서를 포함하며, 이하 "경찰관서"라 한다)로 동행할 것을 요구할 수 있다. 이 경우 동행을 요구받은 사람은 그 요구를 거절할 수 있다. 〈개정 2014. 11. 19., 2017. 7. 26.〉

③ 경찰관은 제1항 각 호의 어느 하나에 해당하는 사람에게 질문을 할 때에 그 사람이 흉기를 가지고 있는지를 조사할 수 있다.

④ 경찰관은 제1항이나 제2항에 따라 질문을 하거나 동행을 요구할 경우 자신의 신분을 표시하는 증표를 제시하면서 소속과 성명을 밝히고 질문이나 동행의 목적과 이유를 설명하여야 하며, 동행을 요구하는 경우에는 동행 장소를 밝혀야 한다.

⑤ 경찰관은 제2항에 따라 동행한 사람의 가족이나 친지 등에게 동행한 경찰관의 신분, 동행 장소, 동행 목적과 이유를 알리거나 본인으로 하여금 즉시 연락할 수 있는 기회를 주어야 하며, 변호인의 도움을 받을 권리가 있음을 알려야 한다.

⑥ 경찰관은 제2항에 따라 동행한 사람을 6시간을 초과하여 경찰관서에 머물게 할 수 없다.

⑦ 제1항부터 제3항까지의 규정에 따라 질문을 받거나 동행을 요구받은 사람은 형사소송에 관한 법률에 따르지 아니하고는 신체를 구속당하지 아니하며, 그 의사에 반하여 답변을 강요당하지 아니한다.

1. 불심검문

불심검문이란 경찰관이 거동이 수상한 자를 발견한 때에 이를 정지시켜 질문하는 것을 말한다(경찰청, 2013: 27).

2. 판례

1) 판례 1

대법원 2014. 2. 27. 선고 2011도13999 판결

【판시사항】

경찰관이 불심검문 대상자 해당 여부를 판단하는 기준 및 불심검문의 적법 요건과 내용

【판결요지】

경찰관직무집행법(이하 '법'이라고 한다)의 목적, 법 제1조 제1항, 제2항, 제3조 제1항, 제2항, 제3항, 제7항의 내용 및 체계 등을 종합하면, 경찰관이 법 제3조 제1항에 규정된 대상자(이하 '불심검문 대상자'라 한다) 해당 여부를 판단할 때에는 불심검문 당시의 구체적 상황은 물론 사전에 얻은 정보나 전문적 지식 등에 기초하여 불심검문 대상자인지를 객관적·합리적인 기준에 따라 판단하여야 하나, 반드시 불심검문 대상자에게 형사소송법상 체포나 구속에 이를 정도의 혐의가 있을 것을 요한다고 할 수는 없다. 그리고 경찰관은 불심검문 대상자에게 질문을 하기 위하여 범행의 경중, 범행과의 관련성, 상황의 긴박성, 혐의의 정도, 질문의 필요성 등에 비추어 목적 달성에 필요한 최소한의 범위 내에서 사회통념상 용인될 수 있는 상당한 방법으로 대상자를 정지시킬 수 있고 질문에 수반하여 흉기의 소지 여부도 조사할 수 있다.

【이 유】

법의 목적, 규정 내용 및 체계 등을 종합하면, 경찰관이 법 제3조 제1항에 규정된 대상자(이하 '불심검문 대상자'라 한다) 해당 여부를 판단함에 있어서는 불심검문 당시의 구체적 상황은 물론 사전에 얻은 정보나 전문적 지식 등에 기초하여 불심검문 대상자인지 여부를 객관적·합리적인 기준에 따라 판단하여야 할 것이나, 반드시 불심검문 대상자에게 형사소송법상 체포나 구속에 이를 정도의 혐의가 있을 것을 요한다고 할 수는 없다. 그리고 경찰관은 불심검문 대상자에게 질문을 하기 위하여 범행의 경중, 범행과의 관련성, 상황의 긴박성, 혐의의 정도, 질문의 필요성 등에 비추어 그 목적 달성에 필요한 최소한의 범위 내에서 사회통념상 용인될 수 있는 상당한 방법으로 그 대상자를 정지시킬 수 있고

질문에 수반하여 흉기의 소지 여부도 조사할 수 있다(대법원 2012. 9. 13. 선고 2010도6203 판결 참조).

경찰관들이 피고인을 불심검문 대상자로 삼은 조치는 피고인에 대한 불심검문 당시의 구체적 상황과 자신들의 사전 지식 및 경험칙에 기초하여 객관적·합리적 판단과정을 거쳐 이루어진 것으로서, 가사 피고인의 인상착의가 미리 입수된 용의자에 대한 인상착의와 일부 일치하지 않는 부분이 있다고 하더라도 그것만으로 경찰관들이 피고인을 불심검문 대상자로 삼은 조치가 위법하다고 볼 수는 없다.

경찰관들이 피고인을 정지시켜 질문을 하기 위하여 추적하는 행위도 그것이 범행의 경중, 범행과의 관련성, 상황의 긴박성, 혐의의 정도, 질문의 필요성 등에 비추어 그 목적 달성에 필요한 최소한의 범위 내에서 사회통념상 용인될 수 있는 상당한 방법으로 이루어진 것이라면 허용된다

2) 판례 2

대법원 2014. 12. 11. 선고 2014도7976 판결

【판시사항】

경찰관이 신분증을 제시하지 않고 불심검문을 하였으나, 검문하는 사람이 경찰관이고 검문하는 이유가 범죄행위에 관한 것임을 피고인이 알고 있었던 경우, 그 불심검문이 위법한 공무집행인지 여부(소극)

【판결요지】

경찰관직무집행법(이하 '법'이라 한다) 제3조 제4항은 경찰관이 불심검문을 하고자 할 때에는 자신의 신분을 표시하는 증표를 제시하여야 한다고 규정하고, 경찰관직무집행법 시행령 제5조는 위 법에서 규정한 신분을 표시하는 증표는 경찰관의 공무원증이라고 규정하고 있는데, 불심검문을 하게 된 경위, 불심검문 당시의 현장상황과 검문을 하는 경찰관들의 복장, 피고인이 공무원증 제시나 신분 확인을 요구하였는지 여부 등을 종합적으로 고려하여, 검문하는 사람이 경찰관이고 검문하는 이유가 범죄행위에 관한 것임을 피고인이 충분히 알고 있었다고 보이는 경우에는 신분증을 제시하지 않았다고 하여 그 불심검문

이 위법한 공무집행이라고 할 수 없다.

【이 유】

법 제1조는 제1항에서 “이 법은 국민의 자유와 권리의 보호 및 사회공공의 질서유지를 위한 경찰관(국가경찰공무원에 한한다. 이하 같다)의 직무수행에 필요한 사항을 규정함을 목적으로 한다”고 규정하고, 법 제3조는 제1항에서 “경찰관은 수상한 거동 기타 주위의 사정을 합리적으로 판단하여 어떠한 죄를 범하였거나 범하려 하고 있다고 의심할 만한 상당한 이유가 있는 자 또는 이미 행하여진 범죄나 행하여지려고 하는 범죄행위에 관하여 그 사실을 안다고 인정되는 자를 정지시켜 질문할 수 있다”고 규정하고, 제3항에서 “경찰관은 제1항에 규정된 자에 대하여 질문을 할 때에 흉기의 소지 여부를 조사할 수 있다”고 규정하고 있다.

위와 같은 법의 목적, 규정 내용 및 체계 등을 종합하면, 경찰관이 법 제3조 제1항에 규정된 대상자 해당 여부를 판단함에 있어 불심검문 당시의 구체적 상황은 물론 사전에 얻은 정보나 전문적 지식 등에 기초하여 불심검문 대상자인지 여부를 객관적·합리적인 기준에 따라 판단하여야 할 것이나, 반드시 불심검문 대상자에게 형사소송법상 체포나 구속에 이를 정도의 혐의가 있을 것을 요한다고 할 수는 없고, 경찰관은 불심검문 대상자에게 질문하기 위하여 범행의 경중, 범행과의 관련성, 상황의 긴박성, 혐의의 정도, 질문의 필요성 등에 비추어 그 목적 달성에 필요한 최소한의 범위에서 사회통념상 용인될 수 있는 상당한 방법으로 그 대상자를 정지시킬 수 있다고 할 것이다(대법원 2012. 9. 13. 선고 2010도6203 판결, 대법원 2014. 2. 27. 선고 2011도13999 판결 등 참조).

한편, 법 제3조 제4항은 경찰관이 불심검문을 하고자 할 때에는 자신의 신분을 표시하는 증표를 제시하여야 한다고 규정하고, 법 시행령 제5조는 위 법 소정의 신분을 표시하는 증표는 경찰관의 공무원증이라고 규정하고 있는바, 불심검문을 하게 된 경위, 불심검문 당시의 현장상황과 검문을 하는 경찰관들의 복장, 피고인이 공무원증 제시나 신분 확인을 요구하였는지 여부 등을 종합적으로 고려하여, 검문하는 사람이 경찰관이고 검문하는 이유가 범죄행위에 관한 것임을 피고인이 충분히 알고 있었다고 보이는 경우에는 신분증을 제시하지 않았다고 하여 그 불심검문이 위법한 공무집행이라고 할 수 없다.

당시 출동한 공소외 1, 2는 경찰 정복차림이었고, 피고인이 위 경찰관들에게 신분증 제시 등을 요구한 적도 없으며, 욕설을 하며 바깥으로 나가려고 하다가 제지하는 위 경찰관들을 폭행한 사실을 알 수 있는바, 이러한 사정을 앞서 본 법리에 비추어 보면, 당시 피고인은 위 공소외 1 등이 경찰관이고 검문하는 이유가 자신에 관한 범죄행위 때문임을 모두 알고 있었다고 보이므로, 이러한 상황에서 위 경찰관들이 피고인에게 신분증을 제시하거나 그 소속 등을 밝히지 않았다고 하여 그 불심검문이 위법한 공무집행이라고 볼 수 없다.

3) 판례 3

대법원 2011. 5. 26. 선고 2011도3682 판결

【판시사항】

[1] 현행범인을 체포하기 위하여 '체포의 필요성'이 있어야 하는지 여부(적극) 및 현행범인 체포 요건을 갖추지 못하여 위법한 체포에 해당하는지의 판단 기준

[2] 공무집행방해죄에서 '적법한 공무집행'의 의미 및 현행범인이 경찰관의 불법한 체포를 면하려고 반항하는 과정에서 경찰관에게 상해를 가한 경우 '정당방위'의 성립 여부(적극)

[3] 피고인이 경찰관의 불심검문을 받아 운전면허증을 교부한 후 경찰관에게 큰 소리로 욕설을 하였는데, 경찰관이 피고인을 모욕죄의 현행범으로 체포하려고 하자 피고인이 반항하면서 경찰관에게 상해를 가한 사안에서, 위 행위가 정당방위에 해당한다는 이유로, 피고인에 대한 '상해' 및 '공무집행방해'의 공소사실을 무죄로 인정한 원심판단을 수긍한 사례

【판결요지】

[1] 현행범인은 누구든지 영장 없이 체포할 수 있는데(형사소송법 제212조), 현행범인으로 체포하기 위하여는 행위의 가벌성, 범죄의 현행성·시간적 접착성, 범인·범죄의 명백성 이외에 체포의 필요성 즉, 도망 또는 증거인멸의 염려가 있어야 하고, 이러한 요건을 갖추지 못한 현행범인 체포는 법적 근거에 의하지 아니한 영장 없는

체포로서 위법한 체포에 해당한다. 여기서 현행범인 체포의 요건을 갖추었는지는 체포 당시 상황을 기초로 판단하여야 하고, 이에 관한 검사나 사법경찰관 등 수사 주체의 판단에는 상당한 재량 여지가 있으나, 체포 당시 상황으로 보아도 요건 충족 여부에 관한 검사나 사법경찰관 등의 판단이 경험칙에 비추어 현저히 합리성을 잃은 경우에는 그 체포는 위법하다고 보아야 한다.

[2] 형법 제136조가 규정하는 공무집행방해죄는 공무원의 직무집행이 적법한 경우에 한하여 성립하고, 여기서 적법한 공무집행은 그 행위가 공무원의 추상적 권한에 속할 뿐 아니라 구체적 직무집행에 관한 법률상 요건과 방식을 갖춘 경우를 가리킨다. 경찰관이 현행범인 체포 요건을 갖추지 못하였는데도 실력으로 현행범인을 체포하려고 하였다면 적법한 공무집행이라고 할 수 없고, 현행범인 체포행위가 적법한 공무집행을 벗어나 불법인 것으로 볼 수밖에 없다면, 현행범이 체포를 면하려고 반항하는 과정에서 경찰관에게 상해를 가한 것은 불법체포로 인한 신체에 대한 현재의 부당한 침해에서 벗어나기 위한 행위로서 정당방위에 해당하여 위법성이 조각된다.

[3] 피고인이 경찰관의 불심검문을 받아 운전면허증을 교부한 후 경찰관에게 큰 소리로 욕설을 하였는데, 경찰관이 모욕죄의 현행범으로 체포하겠다고 고지한 후 피고인의 오른쪽 어깨를 붙잡자 반항하면서 경찰관에게 상해를 가한 사안에서, 피고인은 경찰관의 불심검문에 응하여 이미 운전면허증을 교부한 상태이고, 경찰관뿐 아니라 인근 주민도 욕설을 직접 들었으므로, 피고인이 도망하거나 증거를 인멸할 염려가 있다고 보기는 어렵고, 피고인의 모욕 범행은 불심검문에 항의하는 과정에서 저지른 일시적, 우발적인 행위로서 사안 자체가 경미할 뿐 아니라, 피해자인 경찰관이 범행현장에서 즉시 범인을 체포할 급박한 사정이 있다고 보기도 어려우므로, 경찰관이 피고인을 체포한 행위는 적법한 공무집행이라고 볼 수 없고, 피고인이 체포를 면하려고 반항하는 과정에서 상해를 가한 것은 불법체포로 인한 신체에 대한 현재의 부당한 침해에서 벗어나기 위한 행위로서 정당방위에 해당한다는 이유로, 피고인에 대한 상해 및 공무집행방해의 공소사실을 무죄로 인정한 원심판단을 수긍한 사례.

【이 유】

현행범인은 누구든지 영장 없이 체포할 수 있다(형사소송법 제212조). 현행범인으로 체포하기 위하여는 행위의 가벌성, 범죄의 현행성·시간적 접착성, 범인·범죄의 명백성 이외에 체포의 필요성 즉, 도망 또는 증거인멸의 염려가 있어야 하고, 이러한 요건을 갖추지 못한 현행범인 체포는 법적 근거에 의하지 아니한 영장 없는 체포로서 위법한 체포에 해당한다 (대법원 1999. 1. 26. 선고 98도3029 판결 등 참조). 여기서 현행범인 체포의 요건을 갖추었는지 여부는 체포 당시의 상황을 기초로 판단하여야 하고, 이에 관한 검사나 사법경찰관 등 수사주체의 판단에는 상당한 재량의 여지가 있다고 할 것이나, 체포 당시의 상황으로 보아서도 그 요건의 충족 여부에 관한 검사나 사법경찰관 등의 판단이 경험칙에 비추어 현저히 합리성을 잃은 경우에는 그 체포는 위법하다고 보아야 한다(대법원 2002. 6. 11. 선고 2000도5701 판결, 대법원 2002. 12. 10. 선고 2002도4227 판결 등 참조).

한편 형법 제136조가 규정하는 공무집행방해죄는 공무원의 직무집행이 적법한 경우에 한하여 성립하고, 여기서 적법한 공무집행은 그 행위가 공무원의 추상적 권한에 속할 뿐 아니라 구체적 직무집행에 관한 법률상 요건과 방식을 갖춘 경우를 가리킨다. 경찰관이 현행범인 체포의 요건을 갖추지 못하였음에도 실력으로 현행범인을 체포하려고 하였다면 적법한 공무집행이라고 할 수 없고, 현행범인 체포행위가 적법한 공무집행을 벗어나 불법하게 체포한 것으로 볼 수밖에 없다면, 현행범이 그 체포를 면하려고 반항하는 과정에서 경찰관에게 상해를 가한 것은 불법체포로 인한 신체에 대한 현재의 부당한 침해에서 벗어나기 위한 행위로서 정당방위에 해당하여 위법성이 조각된다 (대법원 2006. 9. 8. 선고 2006도148 판결, 대법원 2006. 11. 23. 선고 2006도2732 판결 등 참조).

원심판결 이유 및 기록에 의하면, 피고인은 2009. 9. 6. 01:45경 서울 마포구 서교동 (이하 생략) 빌라 주차장에서 술에 취한 상태에서 전화를 걸다가 인근 지역을 순찰하던 경찰관인 공소외 1, 2로부터 불심검문을 받게 되자 공소외 2에게 자신의 운전면허증을 교부한 사실, 공소외 2가 피고인의 신분조회를 위하여 순찰차로 걸어간 사이에, 피고인은 위 불심검문에 항의하면서 공소외 1에게 큰 소리로 욕설을 한 사실, 이에 공소외 1은 피고인에게 모욕죄의 현행범으로 체포하겠다고 고지한 후 피고인의 오른쪽 어깨를 붙잡았고, 피고인은 이에 강하게 반항하면서 공소사실 기재와 같이 공소외 1에게 상해를 가한 사실 등을 알 수 있다.

위 사실관계에 의하면, 공소외 1이 피고인을 현행범인으로 체포할 당시 피고인이 이 사건 모욕 범행을 실행 중이거나 실행행위를 종료한 직후에 있었다고 하더라도, 피고인은 공소외 1, 2의 불심검문에 응하여 이미 운전면허증을 교부한 상태이고, 공소외 1뿐 아니라 인근 주민도 피고인의 욕설을 직접 들었으므로, 피고인이 도망하거나 증거를 인멸할 염려가 있다고 보기는 어려울 것이다. 또한 피고인의 이 사건 모욕 범행은 불심검문에 항의하는 과정에서 저지른 일시적, 우발적인 행위로서 사안 자체가 경미할 뿐 아니라, 고소를 통하여 검사 등 수사 주체의 객관적 판단을 받지도 아니한 채 피해자인 경찰관이 범행현장에서 즉시 범인을 체포할 급박한 사정이 있다고 보기도 어렵다.

따라서 공소외 1이 피고인을 체포한 행위는 현행범인 체포의 요건을 갖추지 못하여 적법한 공무집행이라고 볼 수 없으므로 공무집행방해죄의 구성요건을 충족하지 아니하고, 피고인이 그 체포를 면하려고 반항하는 과정에서 공소외 1에게 상해를 가한 것은 불법체포로 인한 신체에 대한 현재의 부당한 침해에서 벗어나기 위한 행위로서 정당방위에 해당하여 위법성이 조각된다.

4) 판례 4

대법원 1972. 10. 31. 선고 72도2005 판결

【판시사항】

경찰관이 피고인에게 임의동행을 요구하다가 거절당하자 무리하게도 잡아끄는 등 강제로 인치하려고만 하였을 뿐 현행범으로 체포할 요건도 갖추지 않았거니와 현행범으로 체포하려고 한 것도 아닌 것이니 적법한 공무집행행위가 있었다고 볼 수 없다.

【판결요지】

경찰관이 피고인에게 임의동행을 요구하다가 거절당하자 무리하게도 잡아끄는 등 강제로 인치하려고만 하였을 뿐 현행범으로 체포할 요건도 갖추지 않았거니와 현행범으로 체포하려고 한 것도 아닌 것이니 적법한 공무집행행위가 있었다고 볼 수 없다.

【이 유】

원판결이 채택한 1심증인 공소외 1의 증언을 비롯하여 일건 기록상의 제반증거에 의하면 경찰관 공소외 1은 피고인이 피해자 공소외 2를 구타하고 있다는 신고를 받고 현장에 갔었는데 싸움은 이미 끝나고 피해자는 없고하여 피고인에게 불심검문을 하고 경찰관서까지 임의 동행을 요구하였으나 피고인이 거절하므로 피고인을 잡아 끄는 등 강제로 인치하려 하므로 서로 밀치다가 피고인이 폭행을 가하기에 이른 것이고 경찰관 공소외 1이 당시 피고인을 현행범으로 취급할 요건도 인정되지 아니한다고 한 원판시 사실인정을 그대로 인정할 수 있다 할 것이고 채증법칙을 위배하여 사실을 오인한 잘못있다 할 수 없다. 그렇다면 경찰관 공소외 1은 본건에 있어 피고인에 대하여 임의 동행을 요구하다가 거절당하자 무리하게도 피고인을 잡아 끄는 등 강제로 인치하려고만 하였을 뿐 피고인을 현행범으로 체포할 요건도 갖추어 지지 않았거니와 현행범으로 체포하려 한 것도 아닌 것이니 적법한 공무집행 행위가 있었다고 볼 수 없고 따라서 피고인이 공소외 1의 현행범 체포의 공무집행을 방해하였다는 공소사실은 그 증명이 없음에 귀착된다는 취지에서 피고인에 대하여 무죄를 선고한 것이라고 볼 수 있는 원판결에 소론이 지적하는 바와 같은 법리오해의 위법있다고도 볼 수 없다.

V

제4조 보호조치

V. 제4조 보호조치

제4조(보호조치 등) ① 경찰관은 수상한 행동이나 그 밖의 주위 사정을 합리적으로 판단해 볼 때 다음 각 호의 어느 하나에 해당하는 것이 명백하고 응급구호가 필요하다고 믿을 만한 상당한 이유가 있는 사람(이하 "구호대상자"라 한다)을 발견하였을 때에는 보건의료기관이나 공공구호기관에 긴급구호를 요청하거나 경찰관서에 보호하는 등 적절한 조치를 할 수 있다.

1. 정신착란을 일으키거나 술에 취하여 자신 또는 다른 사람의 생명 · 신체 · 재산에 위해를 끼칠 우려가 있는 사람
2. 자살을 시도하는 사람
3. 미아, 병자, 부상자 등으로서 적당한 보호자가 없으며 응급구호가 필요하다고 인정되는 사람. 다만, 본인이 구호를 거절하는 경우는 제외한다.

② 제1항에 따라 긴급구호를 요청받은 보건의료기관이나 공공구호기관은 정당한 이유 없이 긴급구호를 거절할 수 없다.

③ 경찰관은 제1항의 조치를 하는 경우에 구호대상자가 휴대하고 있는 무기 · 흉기 등 위험을 일으킬 수 있는 것으로 인정되는 물건을 경찰관서에 임시로 영치(領置)하여 놓을 수 있다.

④ 경찰관은 제1항의 조치를 하였을 때에는 지체 없이 구호대상자의 가족, 친지 또는 그 밖의 연고자에게 그 사실을 알려야 하며, 연고자가 발견되지 아니할 때에는 구호대상자를 적당한 공공보건의료기관이나 공공구호기관에 즉시 인계하여야 한다.

⑤ 경찰관은 제4항에 따라 구호대상자를 공공보건의료기관이나 공공구호기관에 인계하였을 때에는 즉시 그 사실을 소속 경찰서장이나 해양경찰서장에게 보고하여야 한다. 〈개정 2014. 11. 19., 2017. 7. 26.〉

⑥ 제5항에 따라 보고를 받은 소속 경찰서장이나 해양경찰서장은 대통령령으로 정하는 바에 따라 구호대상자를 인계한 사실을 지체 없이 해당 공공보건의료기관 또는 공공구호기관의 장 및 그 감독행정청에 통보하여야 한다. 〈개정 2014. 11. 19., 2017. 7. 26.〉

⑦ 제1항에 따라 구호대상자를 경찰관서에서 보호하는 기간은 24시간을 초과할 수 없고, 제3항에 따라 물건을 경찰관서에 임시로 영치하는 기간은 10일을 초과할 수 없다.

1. 보호조치

보호조치는 자기 또는 타인의 생명·신체와 재산에 위해를 미칠 우려가 있는 자에 대해 그 위해를 방지하기 위하여 잠정적으로 신체의 자유를 제한하여 보호하는 조치를 말한다. 보호조치는 경찰상 즉시강제에 해당하는 것으로, 신체의 자유에 대한 제한을 수반하므로 엄격한 요건과 절차 하에 행해져야 한다.(경찰청, 2013: 45)

2. 판례

1) 판례 1

대법원 2012. 12. 13. 선고 2012도11162 판결

【판시사항】

[1] 경찰관직무집행법 제4조 제1항에서 정한 '술에 취한 상태'의 의미 및 위 조항에 따른 경찰관의 보호조치를 필요로 하는 피구호자에 해당하는지 판단하는 기준

[2] 경찰관직무집행법 제4조 제1항에 따른 보호조치 요건이 갖추어지지 않았음에도 경찰관이 범죄수사를 목적으로 피의자에 해당하는 사람을 위 조항의 피구호자로 삼아 의사에 반하여 경찰관서에 데려간 경우, 위법한 체포에 해당하는지 여부

[3] 음주측정을 위하여 운전자를 강제로 연행할 때 준수하여야 하는 절차를 위반한 경우 위법한 체포에 해당하는지 여부(적극) 및 위법한 체포 상태에서 이루어진 음주측정요구에 불응한 행위를 음주측정거부에 관한 도로교통법 위반죄로 처벌할 수 있는지 여부(소극)

[4] 화물차 운전자인 피고인이 경찰의 음주단속에 불응하고 도주하였다가 다른 차량에 막혀 더 이상 진행하지 못하게 되자 운전석에서 내려 다시 도주하려다 경찰관에게 검거되어 지구대로 보호조치된 후 음주측정요구를 거부하였다고 하여 도로교통법 위반(음주측정거부)으로 기소된 사안에서, 제반 사정을 종합할 때 피고인을 지구대로 데려간 행위를 적법한 보호조치라고 할 수 없고, 그와 같이 위법한 체포 상태에서 이루어진 음주측정요구에 불응하였다고 하여 음주측정거부에 관한 도로교통법 위반죄로 처벌할 수는 없는데도, 이와 달리 보아 유죄를 선고한 원심판결에 법리오해 등 위법이 있다고 한 사례

【판결요지】

[1] 경찰관직무집행법 제4조 제1항 제1호(이하 '이 사건 조항'이라 한다)에서 규정하는 술에 취한 상태로 인하여 자기 또는 타인의 생명·신체와 재산에 위해를 미칠 우려

가 있는 피구호자에 대한 보호조치는 경찰 행정상 즉시강제에 해당하므로, 그 조치가 불가피한 최소한도 내에서만 행사되도록 발동·행사 요건을 신중하고 엄격하게 해석하여야 한다. 따라서 이 사건 조항의 '술에 취한 상태'란 피구호자가 술에 만취하여 정상적인 판단능력이나 의사능력을 상실할 정도에 이른 것을 말하고, 이 사건 조항에 따른 보호조치를 필요로 하는 피구호자에 해당하는지는 구체적인 상황을 고려하여 경찰관 평균인을 기준으로 판단하되, 그 판단은 보호조치의 취지와 목적에 비추어 현저하게 불합리하여서는 아니 되며, 피구호자의 가족 등에게 피구호자를 인계할 수 있다면 특별한 사정이 없는 한 경찰관서에서 피구호자를 보호하는 것은 허용되지 않는다.

[2] 경찰관직무집행법 제4조 제1항 제1호(이하 '이 사건 조항'이라 한다)의 보호조치 요건이 갖추어지지 않았음에도, 경찰관이 실제로는 범죄수사를 목적으로 피의자에 해당하는 사람을 이 사건 조항의 피구호자로 삼아 그의 의사에 반하여 경찰관서에 데려간 행위는, 달리 현행범체포나 임의동행 등의 적법 요건을 갖추었다고 볼 사정이 없다면, 위법한 체포에 해당한다고 보아야 한다.

[3] 교통안전과 위험방지를 위한 필요가 없음에도 주취운전을 하였다고 인정할 만한 상당한 이유가 있다는 이유만으로 이루어지는 음주측정은 이미 행하여진 주취운전이라는 범죄행위에 대한 증거 수집을 위한 수사절차로서 의미를 가지는데, 도로교통법상 규정들이 음주측정을 위한 강제처분의 근거가 될 수 없으므로 위와 같은 음주측정을 위하여 운전자를 강제로 연행하기 위해서는 수사상 강제처분에 관한 형사소송법상 절차에 따라야 하고, 이러한 절차를 무시한 채 이루어진 강제연행은 위법한 체포에 해당한다. 이와 같은 위법한 체포 상태에서 음주측정요구가 이루어진 경우, 음주측정요구를 위한 위법한 체포와 그에 이은 음주측정요구는 주취운전이라는 범죄행위에 대한 증거 수집을 위하여 연속하여 이루어진 것으로서 개별적으로 적법 여부를 평가하는 것은 적절하지 않으므로 일련의 과정을 전체적으로 보아 위법한 음주측정요구가 있었던 것으로 볼 수밖에 없고, 운전자가 주취운전을 하였다고 인정할 만한 상당한 이유가 있다 하더라도 운전자에게 경찰공무원의 이와 같은 위법한 음주측정요구까지 응할 의무가 있다고 보아 이를 강제하는 것은 부당하므로 그에 불응하였다고 하여 음주측정거부에 관한 도로교통법 위반죄로 처벌할 수 없다.

[4] 화물차 운전자인 피고인이 경찰의 음주단속에 불응하고 도주하였다가 다른 차량에 막혀 더 이상 진행하지 못하게 되자 운전석에서 내려 다시 도주하려다 경찰관에게 검거되어 지구대로 보호조치된 후 2회에 걸쳐 음주측정요구를 거부하였다고 하여 도로교통법 위반(음주측정거부)으로 기소된 사안에서, 당시 피고인이 술에 취한 상태이기는 하였으나 술에 만취하여 정상적인 판단능력이나 의사능력을 상실할 정도에 있었다고 보기 어려운 점, 당시 상황에 비추어 평균적인 경찰관으로서는 피고인이 경찰관직무집행법 제4조 제1항 제1호(이하 '이 사건 조항'이라 한다)의 보호조치를 필요로 하는 상태에 있었다고 판단하지 않았을 것으로 보이는 점, 경찰관이 피고인에 대하여 이 사건 조항에 따른 보호조치를 하고자 하였다면, 당시 옆에 있었던 피고인 처(처)에게 피고인을 인계하였어야 하는데도, 피고인 처의 의사에 반하여 지구대로 데려간 점 등 제반 사정을 종합할 때, 경찰관이 피고인과 피고인 처의 의사에 반하여 피고인을 지구대로 데려간 행위를 적법한 보호조치라고 할 수 없고, 나아가 달리 적법 요건을 갖추었다고 볼 자료가 없는 이상 경찰관이 피고인을 지구대로 데려간 행위는 위법한 체포에 해당하므로, 그와 같이 위법한 체포 상태에서 이루어진 경찰관의 음주측정요구도 위법하다고 볼 수밖에 없어 그에 불응하였다고 하여 피고인을 음주측정거부에 관한 도로교통법 위반죄로 처벌할 수는 없는데도, 이와 달리 보아 유죄를 선고한 원심판결에 이 사건 조항의 보호조치에 관한 법리를 오해하여 위법한 체포상태에서의 도로교통법 위반(음주측정거부)죄 성립에 관한 판단을 그르친 위법이 있다고 한 사례.

【이 유】

1. 공용물건손상, 도로교통법 위반(무면허운전)의 점에 대하여

피고인은 원심판결의 공용물건손상, 도로교통법 위반(무면허운전) 부분에 대하여도 상고하였으나, 상고장에 이유의 기재가 없고 상고이유서에도 이에 대한 불복이유의 기재를 찾아볼 수 없다.

2. 상고이유(상고이유서 제출기간이 경과한 후에 제출된 상고이유보충서의 기재는 상고이유를 보충하는 범위 내에서)를 판단한다.

가. 도로교통법 위반(음주측정거부), 공무집행방해의 점에 대하여

경찰관직무집행법 제4조 제1항 제1호(이하 '이 사건 조항'이라 한다)에서 규정하는 술에 취한 상태로 인하여 자기 또는 타인의 생명·신체와 재산에 위해를 미칠 우려가 있는 피구호자에 대한 보호조치는 경찰 행정상 즉시강제에 해당하므로, 그 조치가 불가피한 최소한도 내에서만 행사되도록 그 발동·행사 요건을 신중하고 엄격하게 해석하여야 한다 (대법원 2008. 11. 13. 선고 2007도9794 판결 등 참조). 따라서 이 사건 조항의 술에 취한 상태라 함은 피구호자가 술에 만취하여 정상적인 판단능력이나 의사능력을 상실할 정도에 이른 것을 말하고, 이 사건 조항에 따른 보호조치를 필요로 하는 피구호자에 해당하는지는 구체적인 상황을 고려하여 경찰관 평균인을 기준으로 판단하되, 그 판단은 보호조치의 취지와 목적에 비추어 현저하게 불합리하여서는 아니 되며, 피구호자의 가족 등에게 피구호자를 인계할 수 있다면 특별한 사정이 없는 한 경찰관서에서 피구호자를 보호하는 것은 허용되지 않는다. 한편 이 사건 조항의 보호조치 요건이 갖추어지지 않았음에도, 경찰관이 실제로는 범죄수사를 목적으로 피의자에 해당하는 사람을 이 사건 조항의 피구호자로 삼아 그의 의사에 반하여 경찰관서에 데려간 행위는, 달리 현행범체포나 임의동행 등의 적법 요건을 갖추었다고 볼 사정이 없다면, 위법한 체포에 해당한다고 보아야 한다.

교통안전과 위험방지를 위한 필요가 없음에도 주취운전을 하였다고 인정할 만한 상당한 이유가 있다는 이유만으로 이루어지는 음주측정은 이미 행하여진 주취운전이라는 범죄행위에 대한 증거 수집을 위한 수사절차로서의 의미를 가지는 것인데, 도로교통법상의 규정들이 음주측정을 위한 강제처분의 근거가 될 수 없으므로 위와 같은 음주측정을 위하여 당해 운전자를 강제로 연행하기 위해서는 수사상의 강제처분에 관한 형사소송법상의 절차에 따라야 하고, 이러한 절차를 무시한 채 이루어진 강제연행은 위법한 체포에 해당한다. 이와 같은 위법한 체포 상태에서 음주측정요구가 이루어진 경우, 음주측정요구를 위한 위법한 체포와 그에 이은 음주측정요구는 주취운전이라는 범죄행위에 대한 증거 수집을 위하여 연속하여 이루어진 것으로서 개별적으로 그 적법 여부를 평가하는 것은 적절하지 않으므로 그 일련의 과정을 전체적으로 보아 위법한 음주측정요구가 있었던 것으로 볼 수밖에 없고, 운전자가 주취운전을 하였다고 인정할 만한 상당한 이유가 있다 하더라도 그 운전자에게 경찰공무원의 이와 같은 위법한 음주측정요구에 대해서까지 그에 응할 의무가 있다고 보아 이를 강제하는 것은 부당하므로 그에 불응하였다고 하여 음주측정거부에 관한 도로교통법 위반죄로 처벌할 수 없다(대법원 2006. 11. 9. 선고 2004도8404

판결 등 참조).

2) 판례 2

대법원 1999. 4. 23. 선고 98다41377 판결

【판시사항】

[1] 법령 위반에 관하여 구체적인 이유 기재가 없는 상고이유서의 적부(부적법)

[2] 긴급구속절차를 밟음이 없이 영장집행을 위한 편의를 위해 피의자를 경찰서 보호실에 유치하는 것의 위법 여부(위법)

[3] 생명침해 아닌 불법행위의 경우에도 불법행위 피해자의 부모가 그 정신적 고통에 관한 위자료를 청구할 수 있는지 여부(적극)

[4] 타인의 불법행위로 부당하게 신체를 구금당한 피해자의 부모가 그 정신적 고통에 대하여 위자료를 청구할 수 있다고 본 사례

[5] 불법행위로 입은 정신적 고통에 대한 위자료 수액 결정이 사실심 법원의 직권에 속하는 재량 사항인지 여부(적극)

【판결요지】

[1] 상고법원은 상고이유에 의하여 불복신청한 한도 내에서만 조사·판단할 수 있으므로, 상고이유서에는 상고이유를 특정하여 원심판결의 어떤 점이 법령에 어떻게 위반되었는지에 관하여 구체적이고도 명시적인 이유의 설시가 있어야 할 것이므로, 상고인이 제출한 상고이유서에 위와 같은 구체적이고도 명시적인 이유의 설시가 없는 때에는 상고이유서를 제출하지 않은 것으로 취급할 수밖에 없다.

[2] 경찰서에 설치되어 있는 보호실은 영장대기자나 즉결대기자 등의 도주 방지와 경찰 업무의 편의 등을 위한 수용시설로서 사실상 설치, 운영되고 있으나 이러한 보호실

은 그 시설 및 구조에 있어 통상 철창으로 된 방으로 되어 있어 그 안에 대기하고 있는 사람들이나 그 가족들의 출입이 제한되는 등 일단 그 장소에 유치되는 사람은 그 의사에 기하지 아니하고 일정 장소에 구금되는 결과가 되므로, 경찰관직무집행법상 정신착란자, 주취자, 자살기도자 등 응급의 구호를 요하는 자를 24시간을 초과하지 아니하는 범위 내에서 경찰관서에 보호조치할 수 있는 시설로 제한적으로 운영되는 경우를 제외하고는 구속영장을 발부받음이 없이 피의자를 보호실에 유치함은 영장주의에 위배되는 위법한 구금이므로, 긴급구속절차를 밟음이 없이 영장집행을 위한 편의를 위해 보호실에 유치하는 것은 불법구금에 해당한다.

[3] 민법 제752조는 생명침해의 경우에 있어서의 위자료 청구권자를 열거 규정하고 있으나 이는 예시적 열거 규정이라고 할 것이므로 생명침해 아닌 불법행위의 경우에도 불법행위 피해자의 부모는 그 정신적 고통에 관한 입증을 함으로써 일반 원칙인 같은 법 제750조, 제751조에 의하여 위자료를 청구할 수 있다고 해석하여야 한다.

[4] 일반적으로 타인의 불법행위로 부당하게 신체를 구금당한 피해자의 직계존속은 특별한 사정이 없는 한 경험칙상 정신적 고통을 받았다 할 것이므로 특별한 사정이 없는 경우 피해자의 부모도 그 정신적 고통에 대하여 위자료를 청구할 수 있다고 한 사례.

[5] 불법행위로 입은 정신적 고통에 대한 위자료 액수에 관하여는 사실심 법원이 제반 사정을 참작하여 그 직권에 속하는 재량에 의하여 이를 확정할 수 있다.

【이 유】

상고법원은 상고이유에 의하여 불복신청한 한도 내에서만 조사·판단할 수 있으므로, 상고이유서에는 상고이유를 특정하여 원심판결의 어떤 점이 법령에 어떻게 위반되었는지에 관하여 구체적이고도 명시적인 이유의 설시가 있어야 할 것이므로, 상고인이 제출한 상고이유서에 위와 같은 구체적이고도 명시적인 이유의 설시가 없는 때에는 상고이유서를 제출하지 않은 것으로 취급할 수밖에 없다

경찰서에 설치되어 있는 보호실은 영장대기자나 즉결대기자 등의 도주 방지와 경찰업무의 편의 등을 위한 수용시설로서 사실상 설치, 운영되고 있으나 이러한 보호실은 그 시

설 및 구조에 있어 통상 철창으로 된 방으로 되어 있어 그 안에 대기하고 있는 사람들이나 그 가족들의 출입이 제한되는 등 일단 그 장소에 유치되는 사람은 그 의사에 기하지 아니하고 일정 장소에 구금되는 결과가 되므로, 경찰관직무집행법상 정신착란자, 주취자, 자살기도자 등 응급의 구호를 요하는 자를 24시간을 초과하지 아니하는 범위 내에서 경찰관서에 보호조치할 수 있는 시설로 제한적으로 운영되는 경우(경찰관직무집행법 제4조 제1항, 제7항)를 제외하고는 구속영장을 발부받음이 없이 피의자를 보호실에 유치함은 영장주의에 위배되는 위법한 구금이므로(대법원 1995. 5. 26. 선고 94다37226 판결, 1994. 3. 11. 선고 93도958 판결 등 참조), 긴급구속절차를 밟음이 없이 영장집행을 위한 편의를 위해 보호실에 유치하는 것은 불법구금에 해당하고 불법구금된 자로서는 신체의 자유를 박탈당하는 실질적인 손해를 입었다고 할 것이다.

민법 제752조는 생명침해의 경우에 있어서의 위자료 청구권자를 열거 규정하고 있으나 이는 예시적 열거 규정이라고 할 것이므로 생명침해 아닌 불법행위의 경우에도 불법행위 피해자의 부모는 그 정신적 고통에 관한 입증을 함으로써 일반 원칙인 같은 법 제750조, 제751조에 의하여 위자료를 청구할 수 있다고 해석하여야 할 것이다(대법원 1965. 5. 25. 선고 65다292 판결, 1978. 1. 17. 선고 77다1942 판결 등 참조).

일반적으로 타인의 불법행위로 부당하게 신체를 구금당한 피해자의 직계존속은 특별한 사정이 없는 한 경험칙상 정신적 고통을 받았다 할 것이므로 기록상 특별한 사정을 찾아볼 수 없는 이 사건에 있어서 선정자 1의 부모인 선정자 2(이하 선정자 2라고 한다), 원고도 그 정신적 고통에 대하여 위자료를 청구할 수 있다.

이와 같은 취지에서 선정자 2, 원고에 대한 위자료청구를 인정한 원심의 인정과 판단은 정당하고, 거기에 피고의 부대상고이유의 주장과 같은 채증법칙 위배, 경험칙 위배, 심리미진으로 인한 사실오인의 위법이 없다.

3) 판례 3

대법원 1994. 3. 11. 선고 93도958 판결

【판시사항】

가. 구속영장을 교부받음이 없이 피의자를 보호실에 유치함이 적법한 공무수행인지 여부

나. 현행범의 체포 및 긴급체포 당시의 이유고지의무

다. 경찰관직무집행법상 경찰관서에 보호조치하는 경우의 통지의무

【판결요지】

가. 경찰서에 설치되어 있는 보호실은 영장대기자나 즉결대기자 등의 도주방지와 경찰업무의 편의 등을 위한 수용시설로서 사실상 설치, 운영되고 있으나 현행법상 그 설치근거나 운영 및 규제에 관한 법령의 규정이 없고, 이러한 보호실은 그 시설 및 구조에 있어 통상 철창으로 된 방으로 되어 있어 그 안에 대기하고 있는 사람들이나 그 가족들이 출입이 제한되는 등 일단 그 장소에 유치되는 사람은 그 의사에 기하지 아니하고 일정장소에 구금되는 결과가 되므로, 경찰관직무집행법상 정신착란자, 주취자, 자살기도자 등 응급의 구호를 요하는 자를 24시간을 초과하지 아니하는 범위내에서 경찰관서에 보호조치할 수 있는 시설로 제한적으로 운영되는 경우를 제외하고는 구속영장을 발부받음이 없이 피의자를 보호실에 유치함은 영장주의에 위배되는 위법한 구금으로서 적법한 공무수행이라고 볼 수 없다.

나. 피의자를 구속영장 없이 현행범으로 체포하든지 긴급구속하기 위하여는 체포 또는 긴급구속 당시에 헌법 및 형사소송법에 규정된바와 같이 피의자에 대하여 범죄사실의 요지, 체포 또는 구속의 이유와 변호인을 선임할 수 있음을 말하고 변명할 기회를 준 후가 아니면 체포 또는 긴급구속할 수 없다.

다. 경찰관직무집행법 제4조 제1항, 제4항에 의하면 경찰관은 수상한 거동 기타 주위의 사정을 합리적으로 판단하여 술취한 상태로 인하여 자기 또는 타인의 생명, 신체와 재산에 위해를 미칠 우려가 있는 자에 해당함이 명백하며 응급의 구호를 요한다고 믿을만한 상당한 이유가 있는 자를 발견한 때에는 24시간을 초과하지 아니하는 범위 내에서 동인을 경찰관서에 보호하는 등 적절한 조치를 취할 수 있으나, 이 경우에도 경찰관이 이러한 조치를 한 때에는 지체 없이 이를 피구호자의 가족, 친지 기타의 연고자에게 그 사실을 통지하여야 한다.

【이 유】

경찰서에 설치되어 있는 보호실은 영장대기자나 즉결대기자 등의 도주방지와 경찰업무의 편의 등을 위한 수용시설로서 사실상 설치, 운영되고 있으나 현행법상 그 설치근거나 운영 및 규제에 관한 법령의 규정이 없고, 이러한 보호실은 그 시설 및 구조에 있어 통상 철창으로 된 방으로 되어 있어 그 안에 대기하고 있는 사람들이나 그 가족들의 출입이 제한되는등 일단 그 장소에 유치되는 사람은 그 의사에 기하지 아니하고 일정장소에 구금되는 결과가 되므로(당원 1971.3.9. 선고 70도2406 판결; 1985.7.29. 고지 85모16 결정 등 참조), 경찰관직무집행법상 정신착란자, 주취자, 자살기도자 등 응급의 구호를 요하는 자를 24시간을 초과하지 아니하는 범위 내에서 경찰관서에 보호조치할 수 있는 시설로 제한적으로 운영되는 경우(경찰관직무집행법 제4조 제1항, 제7항)를 제외하고는 구속영장을 발부받음이 없이 피의자를 보호실에 유치함은 영장주의에 위배되는 위법한 구금으로서 적법한 공무수행이라고 볼 수 없다 할 것이다.

돌이켜 이 사건을 보건대, 피고인을 보호실에 유치함에 있어 구속영장에 의하지 아니하였음은 기록상 자명하고, 피의자를 구속영장 없이 현행범으로 체포하든지 긴급구속하기 위하여는(헌법 제12조 제3항 단서, 형사소송법 제212조, 제206조), 체포 또는 긴급구속 당시에 헌법 및 형사소송법에 규정된 바와같이 피의자에 대하여 범죄사실의 요지, 체포 또는 구속의 이유와 변호인을 선임할 수 있음을 말하고 변명할 기회를 준 후가 아니면 체포 또는 긴급구속할 수 없다고 할 것인데(헌법 제12조 제5항, 형사소송법 제213조의2, 제209조, 제72조, 당원 1993.11.23. 선고 93다35155 판결 참조), 기록에 의하면 피고인이 피해자 경장 공소외 1을 구타하여 상해를 가한 범행으로 경찰서에 연행될 당시 이러한 절차가 준수되었다고 볼 아무런 자료가 없으므로 피고인을 적법하게 현행범으로 체포하거나 긴급구속한 것이라고 볼 수는 없고, 나아가 경찰관직무집행법 제4조 제1항, 제4항에 의하면 경찰관은 수상한 거동 기타 주위의 사정을 합리적으로 판단하여 술취한 상태로 인하여 자기 또는 타인의 생명, 신체와 재산에 위해를 미칠 우려가 있는 자에 해당함이 명백하며 응급의 구호를 요한다고 믿을만한 상당한 이유가 있는 자를 발견한 때에는 24시간을 초과하지 아니하는 범위 내에서 동인을 경찰관서에 보호하는 등 적절한 조치를 취할 수 있으나, 이 경우에도 경찰관이 이러한 조치를 한 때에는 지체없이 이를 피구호자의 가족, 친지 기타의 연고자에게 그 사실을 통지하도록 되어 있는바, 기록에 의하면 피고인이 이 사건 보호실에 유치될 당시 피고인이 위와 같은 응급의 구호를 요한다고 믿을만한 상당한 이유가 있었다든지, 피고인이 이 사건 보호실에 유치된 후 경찰관이 지체 없이 그 사실을 피고인의 가족 등에게 통지하였 따라서, 경찰관이 피고인을 이 사건 보호실에 유치한 것은 적법한 공무로 볼 수 없고, 피고인이 보호실의 유치에 항의하면서 나오려는 것을 위 순경 공소외 2 등이 제지할 적법한 권한도 없다 할 것이므로 원심이 이와 같은 취지에서 피고인에 대한 공무집행방해죄에 대하여 무죄를 선고한 것은 정당하고, 거기에 소론과 같은 법리오해의 위법이 있다고 할 수 없다.

4) 판례 4

대법원 1998. 2. 13. 선고 96다28578 판결

【판시사항】

[1] 구 윤락행위등방지법 소정의 '요보호여자'를 경찰서 보호실에 강제로 유치하는 것의 적부(소극)

[2] 경찰관이 구 윤락행위등방지법 소정의 '요보호여자'에 해당하지 않는 여자를 '요보호여자'에 해당한다고 보아 보호지도소측에서 신병을 인수해 갈 때까지 강제로 경찰서 보호실에 유치한 행위에 대하여 국가배상책임을 인정한 사례

【판결요지】

[1] 구 윤락행위등방지법(1995. 1. 15. 법률 제4911호로 전문 개정되기 전의 것) 및 같은법시행령(1995. 11. 30. 대통령령 제14816호로 전문 개정되기 전의 것) 등 관계 규정에 의하더라도 '요보호여자'에 대한 수용보호처분은 오로지 보호지도소측에서 할 수 있도록 되어 있고, 보호지도소에서 '요보호여자'를 수용할 때까지 경찰관서에서 '요보호여자'를 경찰서 보호실에 강제로 유치할 수 있는 아무런 근거 규정이 없을 뿐 아니라, 경찰관직무집행법 제4조 제1항, 제4항의 규정에 의하면 경찰서 보호실에의 유치는 정신착란자, 주취자, 자살기도자 등 응급의 구호를 요하는 자를 24시간을 초과하지 아니하는 범위 내에서 경찰관서에서 보호조치하기 위한 경우에만 제한적으로 허용될 뿐이라고 할 것이어서, 구 윤락행위등방지법 제7조 제1항 소정의 '요보호여자'에 해당한다 하더라도 그들을 경찰서 보호실에 유치하는 것은 영

장주의에 위배되는 위법한 구금에 해당한다.

[2] 경찰관이 구 윤락행위등방지법 소정의 '요보호여자'에 해당하지 않는 여자를 '요보호여자'에 해당한다고 보아 지도소측에서 신병을 인수해 갈 때까지 영장 없이 경찰서 보호실에 강제로 유치한 행위에 대하여, 영장주의의 적용이 배제되는 행정상의 즉시강제에 해당한다는 국가의 주장을 배척하고, 영장주의에 위배되는 위법한 구금에 해당할 뿐 아니라 '요보호여자'에 해당한다고 보아 수용보호를 의뢰한 데에도 과실이 있다고 보아 국가배상책임을 인정한 사례.

【이유】

원심판결 이유에 의하면, 원심은 거시 증거를 종합하여, 원고 1은 1992. 7. 30.경부터 소외 1이 경영하는 레스토랑에서 손님과 동석하여 술을 마시고 팁만을 받는 종업원으로 근무하여 왔으나 위 소외 1과 손님의 술시중은 들어도 윤락행위는 하지 않기로 다짐하고 근구를 시작하였고, 실제로도 이 사건 발생시까지 윤락행위를 하거나 기타 비행사건과 관련하여 조사를 받은 적이 없는 사실, 그런데 피고 산하 송파경찰서 소속 경장 소외 2는 1992. 9. 19. 밤에 관내 숙박업소에 대한 임검을 실시하던 중 위 레스토랑에서 종업원으로 근무중이던 소외인들이 윤락행위를 하는 것을 발견하고 그 날 24:00경 위 레스토랑을 찾아가 업주인 위 소외 1을 풍속영업의규제에관한법률위반 등으로 입건·조사하기 위하여 경찰서로 연행하면서 마침 위 레스토랑에서 손님과 동석하여 술을 마시고 있던 위 원고를 송파경찰서로 임의동행하여 간 사실, 위 경장 소외 2는 위 원고에 대하여 자술서를 작성하게 하는 한편 위 소외 1에 대한 풍속영업의규제에관한법률위반 등 사건의 참고인으로 조사를 한 다음 위 원고를 구 윤락행위등방지법(1995. 1. 5. 법률 제4911호로 전문 개정되기 전의 것) 제7조 제1항 소정의 '환경 또는 성행으로 보아 윤락행위를 하게 될 현저한 우려가 있는 요보호여자'에 해당한다고 판단하고 서울특별시가 설치·운영하는 서울시립여자기술원 동부보호지도소(이하 서울시립여자기술원이라고 한다)에 위 원고에 대한 수용보호를 의뢰하여 서울시립여자기술원측에서 위 원고의 신병을 인수하여 간 같은 달 21. 10:00경까지 위 원고를 강제로 경찰서 보호실에 유치하였으나 위 원고의 가족들에게 그러한 사실을 알리거나 위 원고로 하여금 가족에게 연락할 수 있는 기회를 부여하지 아니하였을 뿐만 아니라 위 원고에게도 서울시립여자기술원측에서 신병을 인수하기 직전에서야 수용보호의뢰 사실을 알린 사실, 위 경찰서의 보호실은 철창으로 된 방으로 되어 있어 그 장소에 유치되는 사람은 자유롭게 외부로 나갈 수 없도록 통제되고 있었던 사실을 인정한 다음 경찰관직무집행법 제4조 제1항, 제4항의 규정에 의하면 경찰서 보호실에의 유치는 정신착란자, 주취자, 자살기도자 등 응급의 구호를 요하는 자를 24시간을 초과하지 아니하는 범위 내에서 경찰관서에서 보호조치하기 위한 경우에만 제한적으로 허용될 뿐이라고 할 것이어서 비록 구 윤락행위등방지법 소정의 요보호여자에 해당한다 하더라도 그들을 경찰서 보호실에 유치하는 것은 영장주의에 위배되는 위법한 구금이라고 할 것이므로 위 경장 소외 2가 위 원고를 경찰서 보호실에 유치한 것은 불법구금행위로서 위법하다고 판단하였는바, 관련 법령의 취지에 비추어 보면 원심의 판단은 정당한 것으로 수긍이 가고, 거기에 소론과 같은 국가배상책임에 있어서의 위법 판단에 관한 법리오해의 위법이 있다고 볼 수 없다. 구 윤락행위등방지법 및 같은법시행령 등 관계 규정에 의하더라도 위 법 소정의 요보호여자에 대한 수용보호처분은 오로지 보호지도소측에서 할 수 있도록 되어 있고, 보호지도소에서 위 법 소정의 요보호여자를 수용할 때까지 경찰관서에서 요보호여자를 경찰서 보호실에 강제로 유치할 수 있는 아무런 근거 규정이 없을 뿐 아니라, 원심이 적법하게 확정한 바에 의하면 원고 1은 구 윤락행위등방지법 소정의 요보호여자에 해당하지도 아니하므로 위 경장 소외 2가 요보호여자에 해당하지도 않는 위 원고를 서울시립여자기술원측에서 신병을 인수하여 갈 때까지 경찰서 보호실에 강제로 유치한 것이 영장주의의 적용이 배제되는 행정상의 즉시강제에 해당하여 적법하다는 논지는 독자적인 견해로서 채용할 수 없다.

Ⅵ

제5조 위험발생의 방지

Ⅵ. 제5조 위험발생의 방지

제5조(위험 발생의 방지 등) ① 경찰관은 사람의 생명 또는 신체에 위해를 끼치거나 재산에 중대한 손해를 끼칠 우려가 있는 천재(天災), 사변(事變), 인공구조물의 파손이나 붕괴, 교통사고, 위험물의 폭발, 위험한 동물 등의 출현, 극도의 혼잡, 그 밖의 위험한 사태가 있을 때에는 다음 각 호의 조치를 할 수 있다.

1. 그 장소에 모인 사람, 사물(事物)의 관리자, 그 밖의 관계인에게 필요한 경고를 하는 것
2. 매우 긴급한 경우에는 위해를 입을 우려가 있는 사람을 필요한 한도에서 억류하거나 피난시키는 것
3. 그 장소에 있는 사람, 사물의 관리자, 그 밖의 관계인에게 위해를 방지하기 위하여 필요하다고 인정되는 조치를 하게 하거나 직접 그 조치를 하는 것

② 경찰관서의 장은 대간첩 작전의 수행이나 소요(騷擾) 사태의 진압을 위하여 필요하다고 인정되는 상당한 이유가 있을 때에는 대간첩 작전지역이나 경찰관서 · 무기고 등 국가중요시설에 대한 접근 또는 통행을 제한하거나 금지할 수 있다.

③ 경찰관은 제1항의 조치를 하였을 때에는 지체 없이 그 사실을 소속 경찰관서의 장에게 보고하여야 한다.

④ 제2항의 조치를 하거나 제3항의 보고를 받은 경찰관서의 장은 관계 기관의 협조를 구하는 등 적절한 조치를 하여야 한다.

1. 위험방지

1) 위험의 개념

경찰권은 공공의 안녕과 질서에 대한 위험을 방지하기 위해서 행사될 수 있다. 경찰관직무집행법상 위험이란 경찰권을 발동하는 경찰관이 주위의 상황을 합리적으로 판단하여 가까운 장래에 공공의 안녕 또는 질서에 대한 침해 내지 손해발생 가능성이 개개의 경우에 충분히 존재하는 상태를 의미한다. 즉, 위험은 공공이나 개인의 법익에 대한 침해 내지 손해가능성을 의미하며, 개인적 · 사회적 법익에 대한 침해상태가 이미 현실로 나타난 위해 또는 장애의 경우와 더불어 경찰개입의 전제조건이다.(조철옥, 2008)

2) 위험의 판단기준

경찰은 구체적인 사안이 경찰개입의 요건에 해당되는 위험인가를 정상적인 평균적 인간의 건전한 상식에 의해 판단해야 한다. 이러한 요건에 해당하는 위험은 위해의 가능성이 목전에 급박하고, 위해로 인간 법익침해의 정도가 중대하게 발생할 것으로 우려되며, 다른 방법으로 그 위험을 방지할 수 없는 상황을 말한다.(조철옥, 2008)

3) 위험의 종류

위험은 구체적 위험, 추상적 위험, 위험혐의 등으로 구분할 수 있다. 먼저 구체적 위험은 구체적 개개 사안에 관련되어 객관적·합리적으로 판단할 때, 가까운 장래에 손해발생의 충분한 가능성이 존재하는 경우를 말한다. 개별법적 또는 개괄적 수권조항에 의한 경찰의 권력적 작용은 구체적 위험을 제거하기 위한 경우에만 가능하다. 현실적으로 구체적 위험이 존재하면 경찰관직무집행법 제3조 불심검문부터 제10조의 4(무기사용)의 규정을 적용하여 필요한 조치를 취할 수 있다. 그리고 추상적 위험은 구체적 위험의 예상가능성을 의미한다. 경찰의 방범순찰이나 교통관리, 정보수집활동 등은 추상적 위험을 방지하기 위한 활동이다. 결과적으로 경찰의 개입은 구체적 위험뿐만 아니라 추상적 위험이 있을 때에도 가능하다.(조철옥, 2008) 또한 위험혐의는 위험이 있다고 판단할 근거를 가지고 있지만 그 근거가 불충분한 경우이다. 따라서 이 경우에는 위험의 존재여부가 명백해질 때까지 예비적 조치로 위험의 존재여부에 관하여 조사할 의무와 권한을 가진다.

하지만 최근에는 위험을 사전에 탐지·예방하고 이를 제거하기 위한 예방적 경찰활동이 행해지고 있다. 예방적 경찰활동이란 손해의 발생 또는 손해발생의 충분한 개연성이 인정되지 않는 단계에서 종교나 국가 등 특정의 표지에 기해 대상자를 색출하고 대상자의 협의에 관계없이 사전에 정보 수집을 행하는 경찰활동을 지칭한다.(백상진, 2015) 사실상 재난관리에 있어서도 구체적 위험이 있을 때까지 기다려서는 국민의 생명·신체·재산의 위험을 방지할 수 없는 경우가 많다. 따라서 현대사회에서의 각종 재난이나 사고로부터 위험을 방지하기 위해서는 위험 이전의 단계에서부터 예방적 경찰활동이 이루어져야 할 것이다(박형식, 2024: 5-6).

2. 판례

1) 판례 1

서울중앙지방법원 2016. 12. 9. 선고 2015노4239 판결

【주 문】

검사의 항소를 기각한다.

【이 유】

1. 항소이유의 요지

이 사건 집회장소 내의 플라스틱 무인 질서유지선은 서울△△△경찰서장(이하 '△△△경찰서장'이라고 한다)이 민주사회를 위한 변호사모임 노동위원회의 2013. 7. 25.자 집회(이하 '이 사건 집회'라고 한다) 이전에 경찰관직무집행법(이하 '경직법'이라고 한다)의 규정에 따라 적법하게 설치한 것으로, 법원의 옥외집회금지통고처분에 관한 집행정지결정이 있더라도 여전히 적법하다. △△△경찰서장은 이 사건 집회장소가 협소하여 위 경직법상의 질서유지선을 집회 및 시위에 관한 법률(이하 '집시법'이라고 한다)에 따른 질서유지선으로 사용하였는바, 이러한 플라스틱 무인 질서유지선의 설치와 경찰관들의 배치는 모두 집시법 또는 경직법 규정에 따른 것으로서 적법하다.

따라서 피고인들이 위 질서유지선을 제거하여 그 효용을 해친 행위를 위법한 공권력 행사에 대항하는 행위로서 정당방위에 해당한다고 볼 수 없고, 다른 집회참가자들과 함께 다중의 위력을 보여 적법하게 공무를 수행하던 경찰관 공소외 1, 공소외 2를 폭행한 행위 역시 특수공무집행방해죄를 구성한다.

그럼에도, 1심은 이와 다른 전제에서 피고인들에게 무죄를 선고하였는바, 1심 판결은 사실을 오인하거나 정당방위 등에 관한 법리를 오해한 위법이 있다.

2. 판 단

가. 이 사건 집회장소 내에 플라스틱 무인 질서유지선을 설치하고 경찰관을 배치한 조치의 적법성 인정 여부

1) 집시법에 따른 적법성 인정 여부

1심이 적법하게 인정한 사실 또는 사정들과 함께, 1심과 항소심이 적법하게 채택하여 조사한 증거들에 의하여 인정할 수 있는 다음과 같은 사정들을 더하여 보면, △△△경찰서장이 이 사건 집회장소 내에 플라스틱 무인 질서유지선을 설치하고 경찰관을 배치한 것이 집시법에 따른 조치로서 적법하다고 보기 어렵다.

가) 플라스틱 무인 질서유지선 설치에 관하여

① 집시법 제2조 제5호는 '집회 또는 시위의 장소나 행진 구간을 일정하게 구획하여 설정한 띠, 방책, 차선 등의 경계 표지'를 질서유지선으로 규정하고 있다. 이와 같은 문언내용에 의하더라도, 질서유지선은 '집회장소와 그 밖의 장소를 구획하는 경계표지'로서의 기능을 하여야 하는 것이지 집회장소 자체를 양분하거나 제한하는 기능을 할 수는 없다고 보아야 한다(집시법시행령 제13조 제1항 제1호는 질서유지선을 설정할 수 있는 사유의 하나로 '집회·시위의 장소를 한정할 필요가 있을 경우'를 예시하고 있으나, 이는 신고된 집회·시위의 장소 자체를 제한한다는 의미가 아니라 집회·시위가 종전에 신고된 집회·시위의 장소를 벗어나 확장되는 것을 막는다는 의미로 해석된다).

② 그런데 이 사건 플라스틱 무인 질서유지선은 화단과 시각장애인용 점자 보도블럭 사이, 즉 이 사건 집회장소 내부에 설치되어 집회장소를 양분하였으며, 집회장소와 그 외곽을 분리하는 경계표지로서의 역할을 하지 않았다. 경찰은 집회참가자들이 인도에서 차도로 밀려나는 것을 막기 위해 이 사건 집회장소와 차도의 경계 부근에 질서유지선을 설치할 수 있었고, 화단 뒤편과 덕수궁 돌담 사이에도 상당한 공간이 있었는바, 위 공간에 질서유지선을 설치하여 충분히 문화재 보호 목적을 달성할 수 있었다.

③ 민변 노동위원회는 2013. 7. 6.과 2013. 7. 11. △△△경찰서장에게 집회신고를 하면서 집회장소에 관한 사진과 도면을 첨부하여 집회장소의 경계를 명확히 하였고(공판기록 164, 172~174쪽), 더욱이 이 사건 집회는 '화단과 그 화단을 둘러싼 철제 출입통제선(일정한 간격을 두고 철제로 된 기둥이 세워져 있고 그 기둥이 가는 쇠사슬로 느슨하게 연결되어 있는 형태)과 시각장애인 점자 보도블럭 사이의 공간'에서 진행되었는바, 이미 위 화단과 보도블럭을 통해 자연스럽게 집회장소가 구획된 상태였다. 따라서 별도의 질서유지선을 사용하여 집회장소와 일반도로를 분리할 필요성

도 없었다.

나) 경찰관의 배치에 관하여

① 집시법 규정에 따르면, 집회 또는 시위의 주최자는 집회 또는 시위에 있어서 질서를 유지하여야 하고(제16조 제1항), 질서유지인은 주최자의 지시에 따라 집회 또는 시위 질서가 유지되도록 하여야 하며(제17조 제1항), 집회나 시위에 참가하는 자는 주최자 및 질서유지인의 질서유지를 위한 지시에 따라야 한다(제18조 제1항). 즉, 집시법은 주최자가 집회를 관리하고 질서유지인을 두어 집회참가자들로 하여금 주최자 및 질서유지인의 지시에 따르도록 하여, 국가권력의 개입 없이 집회의 주최자가 전체적인 책임을 부담하고 그 권한을 행사하도록 함으로써 집회의 자율성을 보장하고 있다.

② 다만, 집시법 제19조 제1항에 따르면, 정복을 착용한 경찰관은 집회주최자에게 알리고 집회장소에 출입할 수 있다. 그러나 이 경우에도 경찰관이 집회장소의 일부를 계속해서 점유하는 것은 사실상 집회의 목적 달성을 불가능하게 하는 것으로서 허용될 수 없다고 보아야 하고, 이는 '경찰관은 집회장소에 출입할 시 집회주최자에게 이를 알리고, 집회주최자는 경찰관의 이러한 직무집행에 협조하여야 한다'는 집시법 제19조 제1항, 제2항의 상호협력의무를 형해화한다는 점에 비추어 보아도 그렇다.

③ 이 사건 집회의 주최자는 민변 노동위원회로, 민변 노동위원회는 집회참가자 30여 명 가운데 공소외 3, 공소외 4, 피고인 1 세 명을 질서유지인으로 두고 있었고, 이 사건 집회의 형식 역시 행진이나 시위 없이 위원장 공소외 5의 강연과 집회의 형식으로 '대한문 앞 화단 조성의 위법성과 경찰력의 남용으로 집회의 자유가 침해되는 현실'을 시민들에게 알리는 것이었는바(공판기록 169~170쪽), 위 집회의 개최목적, 규모, 질서유지인의 수 등에 비추어 보면, 경찰력의 배치 없이도 민변 노동위원회 측에서 이 사건 집회를 충분히 관리할 수 있었을 것으로 보인다.

④ 또한, 이 사건 화단 앞에는 철제 출입통제선이 설치된 상태였고, 집회장소 인근에도 수십 명의 경찰관이 배치되는 등(이 사건 집회 영상에 의하면, 차도 근처에 주차된 경찰버스 부근에서도 수십 명의 경찰관이 대기하고 있었던 것으로 보인다) 동원된

경찰관의 수가 이 사건 집회에 참가한 사람들의 수를 상회하였던 것으로 보이는바 [△△△경찰서장 공소외 6도 서울고등법원 2015노2496호 사건 법정에 증인으로 출석하여 '당시 4개 중대 소속 경찰관들이 화단 앞에 배치되거나 대기하고 있었고, 경찰관의 수는 320명 정도 된다.'는 취지로 진술하였다(증인신문조서 23쪽)], 현장에 출동한 경찰관들로서는 집회장소 외곽에서 이 사건 집회의 상황을 지켜보다가 급박한 위험이 발생할 경우에 집회장소로 진입하여도 충분하였을 것으로 보인다.

⑤ 한편, 검사는 '경력이 질서유지선에 서 있을 경우 경력이 착용한 제복과 경력이 들고 있는 표시봉 등 질서유지선임을 표시하는 물건들이 질서유지선의 역할을 하게 되는바, 경력이 착용하거나 소지한 물건을 훼손한다면 이는 질서유지선의 침범에 해당하여 집시법 위반으로 처벌할 수 있다'는 취지로도 주장한다(항소이유서 29, 30쪽). 그러나 ㉠ 집시법이 질서유지선을 침해하는 범죄의 태양을 형법상 손괴죄에 준하여 규정하고 있는 점, ㉡ 경찰관들을 줄지어 세우는 방법으로 설치된 질서유지선에 대해 유형력을 행사하는 행위에 관하여는 공무집행방해죄 등으로 처벌하는 것이 가능한 점, ㉢ 형벌법규의 해석은 엄격하여야 하고 형벌법규의 의미를 피고인에게 불리한 방향으로 지나치게 확장해석하거나 유추해석하는 것은 죄형법정주의의 원칙에 어긋나는 것으로서 허용되지 않는 점 등에 비추어 보면, 집시법 상의 '질서유지선'은 유형적인 물건에 의하여 구현·설치된 경계표지를 의미하는 것이라고 봄이 상당하다. 따라서 사실상 질서유지선 설치의 목적으로 경찰관들을 줄지어 세우는 등의 방법으로 이른바 '유인 질서유지선'을 형성하더라도 이를 집시법상의 질서유지선이라고 볼 수는 없고, 경계표지를 구성하는 유형적인 물건을 경찰관들이 손으로 잡거나 몸으로 지탱하는 등의 방법으로 보조하는 경우에도, 그 질서유지선은 유형적인 물건에 의해 구현된 경계표지 자체이지 경찰관들을 유인 질서유지선이라고 볼 수는 없다.

2) 경직법에 따른 적법성 인정 여부

가) 관련 규정

경찰관직무집행법

제2조(직무의 범위) 경찰관은 다음 각 호의 직무를 수행한다.

1. 국민의 생명·신체 및 재산의 보호
2. 범죄의 예방·진압 및 수사
3. 경비, 주요 인사(인사) 경호 및 대간첩·대테러 작전 수행
4. 치안정보의 수집·작성 및 배포
5. 교통 단속과 교통 위해(위해)의 방지
6. 외국 정부기관 및 국제기구와의 국제협력
7. 그 밖에 공공의 안녕과 질서 유지

제5조(위험 발생의 방지 등) ① 경찰관은 사람의 생명 또는 신체에 위해를 끼치거나 재산에 중대한 손해를 끼칠 우려가 있는 천재, 사변, 인공구조물의 파손이나 붕괴, 교통사고, 위험물의 폭발, 위험한 동물 등의 출현, 극도의 혼잡, 그 밖의 위험한 사태가 있을 때에는 다음 각 호의 조치를 할 수 있다.

1. 그 장소에 모인 사람, 사물(사물)의 관리자, 그 밖의 관계인에게 필요한 경고를 하는 것
2. 매우 긴급한 경우에는 위해를 입을 우려가 있는 사람을 필요한 한도에서 억류하거나 피난시키는 것
3. 그 장소에 있는 사람, 사물의 관리자, 그 밖의 관계인에게 위해를 방지하기 위하여 필요하다고 인정되는 조치를 하게 하거나 직접 그 조치를 하는 것

제6조(범죄의 예방과 제지) 경찰관은 범죄행위가 목전에 행하여지려고 하고 있다고 인정될 때에는 이를 예방하기 위하여 관계인에게 필요한 경고를 하고, 그 행위로 인하여 사람의 생명·신체에 위해를 끼치거나 재산에 중대한 손해를 끼칠 우려가 있는 긴급한 경우에는 그 행위를 제지할 수 있다.

제10조(경찰장비의 사용 등) ① 경찰관은 직무수행 중 경찰장비를 사용할 수 있다. 다만, 사람의 생명이나 신체에 위해를 끼칠 수 있는 경찰장비를 사용할 때에는 필요한 안전교육과 안전검사를 받은 후 사용하여야 한다.

나) 관련 법리

경찰관직무집행법 제6조 제1항 중 경찰관의 제지에 관한 부분은 범죄의 예방을 위한

경찰 행정상 즉시강제에 관한 근거 조항이다. 행정상 즉시강제는 그 본질상 행정 목적 달성을 위하여 불가피한 한도 내에서 예외적으로 허용되는 것이므로, 위 조항에 의한 경찰관의 제지 조치 역시 그러한 조치가 불가피한 최소한도 내에서만 행사되도록 그 발동·행사 요건을 신중하고 엄격하게 해석하여야 한다. 그러한 해석·적용의 범위 내에서만 우리 헌법상 신체의 자유 등 기본권 보장 조항과 그 정신 및 해석 원칙에 합치될 수 있다(대법원 2008. 11. 13. 선고 2007도9794 판결주1) 참조). 그리고 이와 같은 법리는 경찰관이 경직법 제5조 제1항에 따른 조치를 하는 경우에도 그대로 적용된다.

다) 이 사건에 관한 판단

1심과 항소심이 적법하게 채택하여 조사한 증거들에 의하여 인정되는 다음과 같은 사정들을 종합하면, 이 사건 집회 당시, 집회장소 내에 무인 질서유지선을 설치하거나 경찰관을 배치하여야 할 필요가 있을 정도로 급박한 경찰상의 장해가 있었다고 보기 어렵다. 따라서 위 무인 질서유지선의 설치와 경찰관의 배치가 경직법 규정에 따른 것으로서 적법하다고 보기 어렵다.

① 서울 중구청은 2013. 4. 4. 이 사건 집회장소에 ○○○ 대책위 관계자들이 설치한 천막 2동을 불법건축물이라는 이유로 철거하였는데, ○○○ 대책위 관계자들은 이에 항의하여 위 장소에서 집회를 개최하면서 천막 재설치, 화단 진입, 경찰관과의 대치 등을 반복하였다. 그러나 위 ○○○ 대책위 관계자들이 2013. 5. 말경 이후에도 화단에 진입하거나 문화재를 훼손하려는 시도를 하였다고 볼만한 증거가 없고, 특히 이 사건 집회 당일에 '집회참가자들의 이 사건 화단 또는 문화재의 훼손 등의 행위가 눈앞에서 이루어지려고 하는 것이 객관적으로 인정되고, 그 행위를 당장 제지하지 않으면 곧 이 사건 화단 또는 문화재에 중대한 손해를 끼칠 우려가 있는 상황'이 발생하였다고 보기도 어렵다.

② 이 사건 집회의 주최자인 민변 노동위원회는 이 사건 집회장소를 점거하며 경찰과 갈등을 빚었던 ○○○ 대책위와는 구별되는 별개의 단체로, 이 사건 집회는 민변 노동위원회가 단독으로 개최한 것으로서 위 집회에 ○○○ 대책위 관계자들이 공식적으로 참여한 사실도 없었다[피고인 2 역시 이 사건 집회 참석의 경위에 관하여 '제가 주최 측이 아니어서 밖에 있다가, "상황이 이건 아니다"라는 생각이 들어 참여하

기로 마음을 먹었던 것으로 기억한다.'라고 진술하였다(수사기록 265쪽)].

③ 민변 노동위원회는 이 사건 집회 전날인 2013. 7. 24.에도 같은 취지의 집회를 개최하였는데, 위 집회의 참가자들 역시 화단에 난입하거나 문화재를 훼손하지 않았다. 또한, 이 사건 집회는 위원장 공소외 5의 강연과 집회의 형식으로 '대한문 앞 화단 조성의 위법성과 경찰력의 남용으로 집회의 자유가 침해되는 현실을 시민들에게 알리는 것'을 그 개최목적으로 하였는바, 검사가 주장하는 바와 같이 위 집회에서 범죄가 발생할 개연성이 있어 이를 예방할 필요성이 있었다고 보기도 어렵다.

④ 더욱이 앞서 본 바와 같이 집시법은 주최자, 질서유지인, 집회참가자들의 역할분담을 통해 집회의 자율성을 최대한 보장하고 있는바, 집회 질서가 혼란스럽게 되기는 커녕 집회가 시작하기도 전에 경찰이 미리 집회 장소에 진입하여 장소의 일부를 점유하는 것은 집회참가자들의 자율적 질서를 침해하는 것으로서 특별한 사정이 없는 한 허용되지 않는다고 보아야 한다.

나. 피고인들의 집시법위반죄 성립 여부

1) 관련 법리

자기 또는 타인의 법익에 대한 현재의 부당한 침해를 방어하기 위한 행위로서 상당한 이유가 있는 경우 형법 제21조 제1항에 정한 정당방위에 해당하여 위법성이 없다. 형법 제21조 소정의 정당방위가 성립하려면 침해행위에 의하여 침해되는 법익의 종류, 정도, 침해의 방법, 침해행위의 완급과 방위행위에 의하여 침해될 법익의 종류, 정도 등 일체의 구체적 사정들을 참작하여 방위행위가 사회적으로 상당한 것이어야 한다(대법원 1992. 12. 22. 선고 92도2540 판결 등 참조).

2) 이 사건에 관한 판단

이 사건 집회장소 내에 플라스틱 무인 질서유지선을 설치한 것이 적법하다고 볼 수 없음은 앞서 본 바와 같은바, 1심과 항소심이 적법하게 채택하여 조사한 증거들에 의하여 인정할 수 있는 아래와 같은 사정들에 비추어 보면, 피고인들이 질서유지선을 임의로 치워 그 효용을 해하였다고 하더라도 이는 정당방위에 해당하므로 위법성이 조각된다. 같은 취지에서 이 부분 공소사실을 무죄로 판단한 1심의 판단은 정당하고, 검사의 이 부분 사실오인 또는 법리오해 주장은 받아들이지 않는다.

① 앞서 본 바와 같이 이 사건 집회장소 내에 질서유지선을 설정하고 경찰관을 배치한 것이 집시법 제13조에 따른 적법한 질서유지선의 설치라고 볼 수 없고, 이는 헌법상 보장되는 피고인들과 집회참가자들의 집회의 자유를 부당하게 침해하는 행위에 해당한다. 또한, 위 질서유지선의 설치로 집회장소가 양분되고 현수막 등을 통한 의사표현이 제한되는 등 집회의 목적이 실현 불가능한 상태에 이르게 되었는바, 그 법익 침해의 정도 역시 작지 않다.

② △△△경찰서장은 서울행정법원으로부터 2013. 7. 12.자 옥외집회제한통보처분의 효력을 본안판결 선고 시까지 정지한다는 내용의 집행정지 결정을 받았음에도 위 집회장소 내에 질서유지선을 설정하고 경찰관을 계속하여 배치하였다.

③ 민변 노동위원회 위원장 공소외 5는 집회가 시작된 이후 경찰관들을 향해 수차례 질서유지선의 철거 및 경찰병력의 퇴거를 요구하였고(공판기록 327쪽), 그럼에도 경찰관들이 이에 응하지 않자, 피고인들을 비롯한 이 사건 집회참가자들은 이 사건 질서유지선을 집회장소 밖으로 제거하였다.

④ 한편, 집시법 제13조 제1항은 '집회 및 시위의 보호와 공공의 질서유지'를 위하여 필요한 경우에는 질서유지선을 설정할 수 있도록 함으로써, 질서유지선 설정에 관하여 그 요건 자체를 매우 추상적으로 규정하고 있고, 위와 같은 질서유지선의 설치로 인해 집회가 제한되거나 금지되는 것과 같은 결과가 초래될 수 있음에도 집시법은 이에 대한 이의신청 절차를 규정하고 있지 않다. 이와 같은 상황에서 피고인들은 공소외 5의 구두경고 이후 무인 질서유지선을 집회장소 밖으로 임의로 치워냈는바, 피고인들이 위 행위에 이르게 된 경위, 행위 방법, 침해되는 법익의 종류 및 정도 등에 비추어 보면, 피고인들의 위 행위는 집회의 자유의 침해에 대항하는 것으로서 사회적으로 상당하다고 볼 수 있다.

다. 피고인들의 특수공무집행방해죄 성립 여부

1) 관련 법리

형법 제136조가 정하는 공무집행방해죄는 공무원의 직무집행이 적법한 경우에 한하여 성립하는 것으로, 이러한 적법성이 결여된 직무행위를 하는 공무원에게 대항하여 폭행이나 협박을 가하였더라도 이를 공무집행방해죄로 다스릴 수는 없다. 이때 '적법한 공무집행'이란 그 행위가 공무원의 추상적 권한에 속할 뿐 아니라 구체적 직무집행에 관한 법률상 요건과 방식을 갖춘 경우를 가리킨다(대법원 2011. 4. 28. 선고 2007도7514 판결 등 참조).

2) 이 사건에 관한 판단

앞서 본 바와 같이 이 사건 질서유지선은 집시법 또는 경직법에 따라 적법하게 설정된 것이라고 볼 수 없고, 그 설정경위나 형태 등에 비추어 볼 때 집회의 자유를 현저하게 침해한 것으로서 그 위법의 정도도 가볍지 않다. 이와 같이 위법하게 설정된 질서유지선을 계속 고수하려던 피해 경찰관 공소외 1, 공소외 2의 행위는 형법적으로 보호하여야 할 필요가 있는 공무집행에 해당한다고 볼 수 없으므로, 적법성이 결여된 직무행위를 하는 피해 경찰관들에게 대항하여 피고인들이 유형력을 행사하였다고 하더라도 이를 들어 공무집행방해죄가 성립한다고 볼 수는 없다.

구 집회 및 시위에 관한 법률(2007. 5. 11. 법률 제8424호로 개정되기 전의 것)에 의하여 금지되어 그 주최 또는 참가행위가 형사처벌의 대상이 되는 위법한 집회·시위가 장차 특정지역에서 개최될 것이 예상된다고 하더라도, 이와 시간적·장소적으로 근접하지 않은 다른 지역에서 그 집회·시위에 참가하기 위하여 출발 또는 이동하는 행위를 함부로 제지하는 것은 경찰관직무집행법 제6조 제1항의 행정상 즉시강제인 경찰관의 제지의 범위를 명백히 넘어 허용될 수 없다고 본 사례.

2) 판례 2

대법원 2018. 12. 13. 선고 2016도19417 판결

【판시사항】

[1] 경찰관 직무집행법 제6조에 따른 경찰관의 제지 조치가 적법한 직무집행으로 평가되기 위한 요건 및 경찰관의 제지 조치가 적법한지 판단하는 기준

[2] 주거지에서 음악 소리를 크게 내거나 큰 소리로 떠들어 이웃을 시끄럽게 하는 행위가 경범죄 처벌법상 경범죄에 해당하는지 여부(적극) / 경찰관이 경찰관 직무집행법에 따라 경범죄에 해당하는 행위를 예방·진압·수사하고, 필요한 경우 제지할 수 있는지 여부(적극)

[3] 피고인은 평소 집에서 심한 고성과 욕설, 시끄러운 음악 소리 등으로 이웃 주민들로부터 수회에 걸쳐 112신고가 있어 왔던 사람인데, 피고인의 집이 소란스럽다는 112신고를 받고 출동한 경찰관 갑, 을이 인터폰으로 문을 열어달라고 하였으나 욕설을 하였고, 경찰관들이 피고인을 만나기 위해 전기차단기를 내리자 화가 나 식칼을 들고 나와 욕설을 하면서 경찰관들을 향해 찌를 듯이 협박함으로써 갑, 을의 112신고 업무 처리에 관한 직무집행을 방해하였다고 하여 특수공무집행방해로 기소된 사안에서, 공소사실을 무죄로 판단한 원심판결에 필요한 심리를 다하지 않은 채 논리와 경험의 법칙에 반하여 자유심증주의의 한계를 벗어나거나 경찰관 직무집행법의 해석과 적용, 공무집행의 적법성 등에 관한 법리를 오해한 잘못이 있다고 한 사례

【판결요지】

[1] 경찰관 직무집행법은 경찰관이 국민의 자유와 권리를 보호하고 사회공공의 질서를 유지하기 위하여 직무 수행에 필요한 사항을 정하면서 경찰관의 직권은 직무 수행에 필요한 최소한도에서 행사되어야 한다고 정하고 있다(제1조). 경찰관 직무집행법 제2조는 경찰관 직무의 범위로 국민의 생명·신체·재산의 보호(제1호), 범죄의 예방·진압·수사(제2호), 범죄피해자 보호(제2호의2), 공공의 안녕과 질서 유지(제7호)를 포함하고 있다.

경찰관 직무집행법 제6조는 "경찰관은 범죄행위가 목전에 행하여지려고 하고 있다고 인정될 때에는 이를 예방하기 위하여 관계인에게 필요한 경고를 하고, 그 행위로 인하여

사람의 생명·신체에 위해를 끼치거나 재산에 중대한 손해를 끼칠 우려가 있어 긴급한 경우에는 그 행위를 제지할 수 있다."라고 정하고 있다. 위 조항 중 경찰관의 제지에 관한 부분은 범죄 예방을 위한 경찰 행정상 즉시강제, 즉 눈앞의 급박한 경찰상 장해를 제거할 필요가 있고 의무를 명할 시간적 여유가 없거나 의무를 명하는 방법으로는 그 목적을 달성하기 어려운 상황에서 의무불이행을 전제로 하지 않고 경찰이 직접 실력을 행사하여 경찰상 필요한 상태를 실현하는 권력적 사실행위에 관한 근거조항이다. 경찰관 직무집행법 제6조에 따른 경찰관의 제지 조치가 적법한 직무집행으로 평가되기 위해서는, 형사처벌의 대상이 되는 행위가 눈앞에서 막 이루어지려고 하는 것이 객관적으로 인정될 수 있는 상황이고, 그 행위를 당장 제지하지 않으면 곧 인명·신체에 위해를 미치거나 재산에 중대한 손해를 끼칠 우려가 있는 상황이어서, 직접 제지하는 방법 외에는 위와 같은 결과를 막을 수 없는 절박한 사태이어야 한다. 다만 경찰관의 제지 조치가 적법한지는 제지 조치 당시의 구체적 상황을 기초로 판단하여야 하고 사후적으로 순수한 객관적 기준에서 판단할 것은 아니다.

[2] 주거지에서 음악 소리를 크게 내거나 큰 소리로 떠들어 이웃을 시끄럽게 하는 행위는 경범죄 처벌법 제3조 제1항 제21호에서 경범죄로 정한 '인근소란 등'에 해당한다. 경찰관은 경찰관 직무집행법에 따라 경범죄에 해당하는 행위를 예방·진압·수사하고, 필요한 경우 제지할 수 있다.

[3] 피고인은 평소 집에서 심한 고성과 욕설, 시끄러운 음악 소리 등으로 이웃 주민들로부터 수회에 걸쳐 112신고가 있어 왔던 사람인데, 피고인의 집이 소란스럽다는 112신고를 받고 출동한 경찰관 갑, 을이 인터폰으로 문을 열어달라고 하였으나 욕설을 하였고, 경찰관들이 피고인을 만나기 위해 전기차단기를 내리자 화가 나 식칼(전체 길이 약 37cm, 칼날 길이 약 24cm)을 들고 나와 욕설을 하면서 경찰관들을 향해 찌를 듯이 협박함으로써 갑, 을의 112신고 업무 처리에 관한 직무집행을 방해하였다고 하여 특수공무집행방해로 기소된 사안에서, 피고인이 자정에 가까운 한밤중에 음악을 크게 켜놓거나 소리를 지른 것은 경범죄 처벌법 제3조 제1항 제21호에서 금지하는 인근소란행위에 해당하고, 그로 인하여 인근 주민들이 잠을 이루지 못하게 될 수 있으며, 갑과 을이 112신고를 받고 출동하여 눈앞에서 벌어지고 있는 범죄행위를 막고 주민들의 피해를 예방하기 위해 피고인을 만나려 하였으나 피고인은 문조차 열어주지 않고 소란행위를 멈추지 않았던 상황이라면 피고인의 행위를

제지하고 수사하는 것은 경찰관의 직무상 권한이자 의무라고 볼 수 있으므로, 위와 같은 상황에서 갑과 을이 피고인의 집으로 통하는 전기를 일시적으로 차단한 것은 피고인을 집 밖으로 나오도록 유도한 것으로서, 피고인의 범죄행위를 진압·예방하고 수사하기 위해 필요하고도 적절한 조치로 보이고, 경찰관 직무집행법 제1조의 목적에 맞게 제2조의 직무 범위 내에서 제6조에서 정한 즉시강제의 요건을 충족한 적법한 직무집행으로 볼 여지가 있다는 이유로, 이와 달리 보아 공소사실을 무죄로 판단한 원심판결에 필요한 심리를 다하지 않은 채 논리와 경험의 법칙에 반하여 자유심증주의의 한계를 벗어나거나 경찰관 직무집행법의 해석과 적용, 공무집행의 적법성 등에 관한 법리를 오해한 잘못이 있다고 한 사례.

【이 유】

1. 공소사실 요지

피고인은 평소 집에서 심한 고성과 욕설, 시끄러운 음악 소리 등으로 이웃 주민들로부터 수회에 걸쳐 112신고가 있어 왔던 사람이다.

피고인은 2016. 6. 8. 23:40경 부산 부산진구 (주소 생략), ○○○○○빌라 △△△호에서 이웃 주민으로부터 '△△△호에서 난리가 났다.'는 112신고를 받고 출동한 부산진경찰서 □□지구대 소속 경위 공소외 1과 순경 공소외 2가 인터폰으로 소란스럽다는 신고를 받고 왔으니 문을 열어달라고 하였으나, "야, 씨발놈아, 개새끼야, 꺼져라."라고 욕설을 하고 경찰관들이 피고인을 만나기 위해 전기차단기를 내리자 화가 나 위험한 물건인 식칼(전체 길이 약 37cm, 칼날 길이 약 24cm)을 들고 나와 경찰관들에게 "야이, 씨발새끼야, 빨리 불 안키나, 이 씹새끼들이 죽어 볼래? 불 안키면 다 죽여버린다."라고 하면서 식칼로 경찰관들을 향해 찌를 듯이 협박하였다.

이로써 피고인은 경찰관인 공소외 1과 공소외 2의 112신고 업무 처리에 관한 정당한 직무집행을 방해하였다.

2. 원심 판단

원심은, 다음과 같은 이유로 이 사건 공소사실이 합리적 의심의 여지없이 증명되었다고 보기 어렵다면서 제1심판결을 파기하고 피고인에게 무죄를 선고하였다.

공소사실과 달리 경찰관들은 피고인의 집에 가기 전에 사전 고지 없이 전기를 차단한 것으로 보인다. 검사는 경찰관들의 직무집행에 관한 근거법령으로 경찰관 직무집행법 제4조 제1항, 제6조 등을 들고 있으나, 피고인은 법 제4조 제1항에서 정한 구호대상자가 아니고, 피고인의 행위는 소음을 발생시킨 것에 불과한 점 등에 비추어 당시 상황이 경찰관 직무집행법 제6조에서 정한 '사람의 생명 또는 신체에 위해를 끼칠 우려가 있는 긴급한 경우'에 해당한다고 보이지 않는다. 경찰관들의 단전 조치는 범죄행위의 예방을 위한 경고라고 볼 수도 없고, 구체적 직무집행에 관한 법률상 요건과 방식을 갖추지 못한 것으로서 적법한 직무집행으로 볼 수 없다.

피고인이 식칼을 들고 출입문 밖으로 나오게 된 것은 경찰관들의 단전 조치에 항의하러 나오면서 우연히 들고 있었던 것으로 보이고, 공소외 1의 진술만으로 피고인이 경찰관들을 협박하기 위해 식칼을 휘둘렀다고 단정하기 어렵다.

3. 대법원 판단

가. 경찰관 직무집행법은 경찰관이 국민의 자유와 권리를 보호하고 사회공공의 질서를 유지하기 위하여 직무 수행에 필요한 사항을 정하면서 경찰관의 직권은 직무 수행에 필요한 최소한도에서 행사되어야 한다고 정하고 있다(제1조). 경찰관 직무집행법 제2조는 경찰관 직무의 범위로 국민의 생명·신체·재산의 보호(제1호), 범죄의 예방·진압·수사(제2호), 범죄피해자 보호(제2호의2), 공공의 안녕과 질서 유지(제7호)를 포함하고 있다.

경찰관 직무집행법 제6조는 "경찰관은 범죄행위가 목전에 행하여지려고 하고 있다고 인정될 때에는 이를 예방하기 위하여 관계인에게 필요한 경고를 하고, 그 행위로 인하여 사람의 생명·신체에 위해를 끼치거나 재산에 중대한 손해를 끼칠 우려가 있어 긴급한 경우에는 그 행위를 제지할 수 있다."라고 정하고 있다. 위 조항 중 경찰관의 제지에 관한 부분은 범죄 예방을 위한 경찰 행정상 즉시강제, 즉 눈앞의 급박한 경찰상 장해를 제거할 필요가 있고 의무를 명할 시간적 여유가 없거나 의무를 명하는 방법으로는 그 목적을 달성하기 어려운 상황에서 의무불이행을 전제로 하지 않고 경찰이 직접 실력을 행사하여 경찰상 필요한 상태를 실현하는 권력적 사실행위에 관한 근거조항이다. 경찰관 직무집행법 제6조에 따른 경찰관의 제지 조치가 적법한 직무집행으로 평가되기 위해서는, 형사처벌의 대상이 되는 행위가 눈앞에서 막 이루어지려고 하는 것이 객관적으로 인정될 수 있는 상황이고, 그 행위를 당장 제지하지 않으면 곧 인명·신체에 위해를 미치거나 재산에 중대한 손해를 끼칠 우려가 있는 상황이어서, 직접 제지하는 방법 외에는 위와 같은 결과를 막을 수 없는 절박한 사태이어야 한다. 다만 경찰관의 제지 조치가 적법한지는 제지 조치 당시의 구체적 상황을 기초로 판단하여야 하고 사후적으로 순수한 객관적 기준에서 판단할 것은 아니다(대법원 2013. 6. 13. 선고 2012도9937 판결 등 참조).

주거지에서 음악 소리를 크게 내거나 큰 소리로 떠들어 이웃을 시끄럽게 하는 행위는 경범죄 처벌법 제3조 제1항 제21호에서 경범죄로 정한 '인근소란 등'에 해당한다. 경찰관은 경찰관 직무집행법에 따라 경범죄에 해당하는 행위를 예방·진압·수사하고, 필요한 경우 제지할 수 있다.

원심이 공소외 1과 공소외 2의 직무집행이 위법하고 피고인이 위험한 물건을 휴대한 경우로 볼 수 없다면서 공소사실을 무죄로 판단한 것은 필요한 심리를 다하지 않은 채 논리와 경험의 법칙에 반하여 자유심증주의의 한계를 벗어나거나 경찰관 직무집행법의 해석과 적용, 공무집행의 적법성 등에 관한 법리를 오해하여 판결에 영향을 미친 잘못이 있다. 이를 지적하는 검사의 상고이유 주장은 정당하다.

3) 판례 3

대법원 1997. 7. 25. 선고 94다2480 판결

【판시사항】

[1] 국가배상책임의 성립요건으로서의 법령 위반의 의미

[2] 경찰관들의 시위진압에 대항하여 시위자들이 던진 화염병에 의하여 발생한 화재로 인하여 손해를 입은 주민의 국가배상청구를 인정한 원심판결을 파기한 사례

【판결요지】

[1] 국가배상책임은 공무원의 직무집행이 법령에 위반한 것임을 요건으로 하는 것으로서, 공무원의 직무집행이 법령이 정한 요건과 절차에 따라 이루어진 것이라면 특별한 사정이 없는 한 이는 법령에 적합한 것이고 그 과정에서 개인의 권리가 침해되는 일이 생긴다고 하여 그 법령 적합성이 곧바로 부정되는 것은 아니라고 할 것인바, 불법시위를 진압하는 경찰관들의 직무집행이 법령에 위반한 것이라고 하기 위하여는 그 시위진압이 불필요하거나 또는 불법시위의 태양 및 시위 장소의 상황 등에서 예측되는 피해 발생의 구체적 위험성의 내용에 비추어 시위진압의 계속 수행 내지 그 방법 등이 현저히 합리성을 결하여 이를 위법하다고 평가할 수 있는 경우이어야 한다.

[2] 경찰관들의 시위진압에 대항하여 시위자들이 던진 화염병에 의하여 발생한 화재로 인하여 손해를 입은 주민의 국가배상청구를 인정한 원심판결을 법리오해를 이유로 파기한 사례.

【이유】

원심판결 이유에 의하면 원심은, 원고 1, 원고 2는 경북대학교 북문에서 50여 m 떨어진 도로변에 위치한 이 사건 건물을 공유하고 있고 원고 3은 같은 건물 1층에서 동아약국이라는 상호로 의약품의 조제·판매업에 종사하고 있었던 사실, 1992. 7. 16. 15:00경 대구·경북지역의 대학생 300여 명이 위 대학교의 교정에 모여 불법집회를 개최하자 피고 산하의 경찰 당국은 대구지방경찰청 소속의 경찰기동대 2개 중대 및 1개 방범순찰대를 주변에 배치하고 위 북문 근처에도 전투경찰대원 약 30명을 미리 배치하여 두었지만 인근 주민들에게는 그러한 사실을 알려 주지 아니한 사실, 위와 같이 배치된 경찰관들은 위 대학교의 서문에서 화염병을 던지며 가두진출을 시도하는 대학생들을 저지하다가 그 날 18:20경 대학생 약 250여 명이 방향을 바꿔 위 북문으로 나와 위 동아약국 앞을 거쳐 그 곳으로부터 50여 m 떨어진 산격 3동 파출소 부근으로 진출하자 1개 기동중대 및 방범순찰대가 그 곳으로 가서 위 대학생 시위대와 대치하여 접전을 벌인 사실, 그러던 중 18:40경 위 시위대가 던진 화염병이 길바닥에 떨어지면서 화염병에서 흘러나온 신나에 불이 붙고 이어 위 동아약국의 창문 밖에 나와 있는 분리형 에어컨의 배수용 비닐호스에 인화되어 불이 창문으로 타들어가 유리창이 깨지고 에어컨이 폭발하면서 위 약국 안으로 불길이 번지자, 당시 위 약국 앞에 세워둔 승용차를 치우고 돌아온 원고 3이 이를 보고 불이 났다고 고함을 지르면서 시위를 진압 중이던 경찰관들에게 도움을 요청한 사실, 그러나 그들이 시위진압에 정신이 없어 즉시 진화를 해주지 못하고 지체하다가 한참 후 전투경찰대원 두 명이 휴대하고 있던 개인소화기를 들고 와 불길을 끄려고 위 약국의 정문 셔터를 열었으나 이미 위 약국 안에는 불길이 크게 번져 있었고 조금 후 위 파출소로부터 연락을 받고 도착한 소방차들이 진화작업을 벌였으나 결국 이 사건 건물과 위 약국의 재고 의약품 등이 모두 타버린 사실, 과거 시위진압 경찰관들은 위 대학교에서 있었던 여러 번의 시의를 진압할 때 시위 장소 앞 도로에 높이 3m, 길이 25m의 철재방호망을 설치하여 화염병 등이 위 방호망에 의하여 차단되게 하기도 하였으나 이 사건 화재 발생시에는 위와 같은 방호망을 설치하지 아니하였음은 물론 시민의 안위와 재산보호를 위한 별다른 조치를 취하지 아니한 사실, 위 대학교의 북문에서는 1991년도에 총 71회의 시위가 있었고 시위에 가담한 자의 수는 총 34,830명에 이르며 그 중 약 30회의 경우는 시위대가 돌과 화염병을 던졌으며, 1992년도에는 이 사건 시위까지 합하여 총 5회의 시위가 있었고 시위에 가담한 자의 수는 총 12,040명, 시위대가 던진 화염병은 총 6,000여 개가 넘었으며, 이 사건 시위 때도 시위대들이 위 북문에서 화염병 800여 개를 던진 사실 등을 각 인정한 다음, 경찰법 제3조, 경찰관직무집행법 제1조, 제2조의 각 규정에 의하면 국민의 생명, 신체 및 재산의 보호가 공공의 안녕질서유지와 함께 경찰관의 임무 내지 직무로 되어 있는 이상, 경찰은 국민의 재산에 중대한 손해를 끼칠 우려가 있는 천재, 사변, 위험물의 폭발을 비롯한 여러 가지 위험한 사태가 있을 때에는 이를 방지할 의무가 있다고 할 것이므로, 이 사건과 같은 시위가 발생하면 경찰로서는 불법시위를 저지함은 물론 시위대가 던진 화염병으로 말미암아 국민의 재산에 중대한 손해를 끼치지 아니하도록 하여야 할 의무가 있다고 할 것인데, 그 동안 위 대학교 북문 앞에서 벌어졌던 시위의 횟수, 양상 및 이 사건 당일 집회의 불법성 등을 고려하면 이 사건 당일에도 시위대가 위 북문 등에서 가두로 진출하여 화염병을 던질 것이고, 이러한 화염병에 의하여 주민의 재산에 화재가 발생할 가능성이 클 것이라는 것을 충분히 예상할 수 있었을 것이므로, 미리 인근 주민들에게 시위 가능성을 알려 그들로 하여금 건물의 창문이나 출입구를 막고 인화물질을 치우도록 하고 소화기도 준비시켜 화염병으로 인하여 일어날 수 있는 화재에 대비하여 적절한 자구 대책을 마련케 해야 하고, 경찰 스스로도 불이 나기 쉬운 곳에 방호망을 설치하거나 출동한 경찰의 일부로 하여금 땅에 떨어진 화염병에서 나온 불길이 주민의 재산으로 번져나가지 않도록 대비하면서 만약의 화재에 대비하여 소방서와도 긴밀히 협조하여 주변에 대기시킨다든지 하는 방법으로 화재가 발생하면 즉각 진화할 수 있는 조치를 취할 의무가 있다 할 것임에 불구하고, 이 사건에서 경찰은 시위진압에만 급급했지 시민의 재산보호에는 별다른 관심을 두지 아니하였던 탓으로, 시위 사실을 사전에 충분히 알고 있으면서도 주민들에게 그 사실을 미리 알려 주어서 대비하게 하지 아니하였고 스스로도 주민들의 신체나 재산을 보호하기 위한 아무런 조치를 취하지 아니한 중대한 과실을 저지른 것이라고 판단하여 원고들이 위 화재로 입은 재산상 손해에 대한 피고의 배상책임을 인정하였다.

경찰관은 공공의 안녕질서유지와 함께 국민의 생명, 신체 및 재산의 보호도 그 임무로 하고 있으므로 이 사건과 같은 불법시위가 발생하는 경우 공공의 안녕질서유지를 위해 이를 저지하는 한편, 그로 인하여 국민의 생명, 신체 및 재산에 대한 손해가 발생하지 않도록 적절한 조치를 취할 의무가 있음은 원심이 판시한 바와 같으나, 국가배상책임은 공무원의 직무집행이 법령에 위반한 것임을 요건으로 하는 것으로서, 공무원의 직무집행이 법령이 정한 요건과 절차에 따라 이루어진 것이라면 특별한 사정이 없는 한 이는 법령에 적합한 것이고 그 과정에서 개인의 권리가 침해되는 일이 생긴다고 하여 그 법령적합성이 곧바로 부정되는 것은 아니라고 할 것이며, 불법시위를 진압하는 경찰관들의 직무집행이 법령에 위반한 것이라고 하기 위하여는 그 시위진압이 불필요하거나 또는 불법시위의 태양 및 시위 장소의 상황 등에서 예측되는 피해 발생의 구체적 위험성의 내용에 비추어 시위진압의 계속 수행 내지 그 방법 등이 현저히 합리성을 결하여 이를 위법하다고 평가할 수 있는 경우이어야 할 것이다.

그런데 이 사건에서 원심이 인정한 바와 같이, 이 사건 건물이 위치한 위 대학교 북문 주위에서 이미 화염병이 사용된 수많은 불법시위가 벌어졌고 이 사건 당일에도 위 북문 근처에 전투경찰대원들이 배치되는 등 인근 주민으로서도 쉽게 불법시위를 예상할 수 있는 상황이었다면, 경찰관들이 원고 등에게 시위 가능성을 알려 대비하게 하지 않았음만을 탓할 수 없다 할 것이고, 위 시위의 진압에 나선 경찰관들이 비록 시위진압에 전력하느라 원고의 구호요청에 바로 응하지 못하고 지체되기는 하였지만 휴대 중이던 개인소화기로 진화를 시도하고 소방서에 연락하여 화재를 진화하게 하는 등 그 나름의 조치를 취하였으며, 평소 위 대학교에서의 시위가 대규모였고 그 시위 장소도 광범위하고 산발적인데다가 시위대가 한곳에 머무르지 않고 수시로 이동을 거듭하여 방호망과 같은 시설의 효용이 그다지 크다고 볼 수 없는 점 및 이 사건 발생 당시까지 위 대학교 부근에서 벌어진 학생시위로 인하여 주민의 재산에 화재가 발생한 적이 없는 점 등 원심의 인정과 기록에 나타난 사실관계 아래에서라면, 경찰 당국이 이 사건 시위의 과정에서 화염병의 사용을 예상할 수 있었는데도, 원심판시와 같이 시위 장소 부근에 화염병 차단을 위한 방호망을 설치하지 않았다거나, 출동한 경찰관들의 일부로 하여금 화염병이 어느 곳에 떨어지는지에 대하여 주의를 기울이게 하여 그 불길이 주민의 재산으로 번져나가지 않도록 막지 아니하였고, 만약의 화재에 대비하여 소방차를 주변에 대기시키지 않았다고 할지라도, 그러한 사정만으로 이 사건 시위진압을 위한 경찰관들의 직무집행이 그 시위의 태양 및 시위 장소의 상황 등에서 예측되는 피해 발생의 구체적 위험성의 내용에 비추어 시위진압의 방법 등이 현저히 합리성을 결한 것으로서 위법한 것이라고는 볼 수 없다 할 것이다.

4) 판례 4

대법원 2004. 3. 25. 선고 2003도3842 판결

【판시사항】

[1] 경찰관 무기사용의 요건 및 그 판단 방법

[2] 경찰관의 권총 사용이 허용범위를 벗어난 위법행위로서 정당방위에 해당하지 않는다고 판단한 원심판결을 파기한 사례

【이유】

1. 이 사건 공소사실의 요지

진주경찰서 동부파출소 소속 경찰관인 피고인은, 2001. 11. 27. 밤 동료 경찰관인 김종하와 함께 순찰차를 타고 동부파출소 관내를 순찰하던 중 진주경찰서 상황실로부터 공소외 1이 술병으로 타인을 찌른 사건이 상대파출소 관내에서 발생하였으니 이와 관련하여 상대파출소를 지원하라는 무선지령을 받고 상대파출소로 순찰차를 운전하여 가 공소외 1의 처인 공소외 2로부터 공소외 1이 현재 그의 주거인 진주시 상대동 소재 꽃집에 있다는 말을 듣고, 23:50경 공소외 2과 함께 위 꽃집 앞에 도착하여 김종하는 꽃집 주위에 있는 막대기를 들고 앞장 서고 피고인은 권총을 꺼내어 안전장치를 풀고 김종하의 뒤에 서서 따라 위 꽃집 안으로 걸어 들어가, 그 곳에 미리 와 있던 이웃 주민 심경보에게

" 공소외 1이 어디에 있느냐?"고 묻는 순간, 공소외 1이 세면장에서 나오면서 피고인과 김종하에게 "당신들 뭐야, 이 밤에 왜 왔어? 빨리 가!"라고 소리를 지르며 피고인과 김종하가 서 있는 곳으로 나오다가 이를 말리는 심경보와 몸싸움을 하므로, 그만둘 것을 종용하였음에도, 공소외 1이 계속하여 심경보와 몸싸움을 하다가 심경보를 바닥에 넘어뜨리고 출입문 쪽으로 달려나오며 김종하와 피고인을 밀어 넘어뜨리고 넘어진 김종하의 몸 위에 올라 타 김종하와 몸싸움을 하자, 피고인이 넘어져 있는 상태에서 소지하고 있던 권총으로 공포탄 1발을 발사하였음에도 공소외 1이 이에 굴복하지 아니하고 계속 김종하의 몸 위에서 김종하의 목을 누르는 등 김종하를 일어나지 못하게 하고 있는 것을 목격하였는바, 이러한 경우 총기를 소지한 경찰관으로서는 구체적인 사태를 합리적으로 판단하여 가급적 총기사용을 자제하여야 할 뿐만 아니라 가사 총기를 사용하더라도 그 상대방의 대퇴부 이하를 조준하여 발사하여야 할 업무상 주의의무가 있는데, 당시는 피고인과 김종하 2인이 현장에 출동하여 1명의 범인을 검거하는 상황이라 2인이 힘을 합하면 총기를 사용하지 않고도 공소외 1을 제압할 수 있고, 그렇지 않다고 하더라도 최소한 경찰관 2인의 힘이면 김종하가 권중헌의 몸 밑에 깔린 상황을 해소하고 함께 공소외 1에게 대항할 수 있으므로 총기를 사용하기 전에 먼저 권중헌에게 달려 들어 김종하가 일어날 수 있도록 도와 함께 공소외 1에게 대항할 궁리를 하여야 함에도, 공소외 1이 김종하의 몸 위에서 몸싸움하던 과정에 김종하의 허리춤에 손을 대는 것을 보고는 공소외 1이 김종하의 총을 꺼낼지도 모른다고 성급하게 생각하고 당황하여 위와 같은 조치를 먼저 취하지 아니하고 바로 공소외 1을 향하여 대퇴부 이하를 제대로 조준하지 못하고 권총을 발사한 과실로 인하여 탄환이 공소외 1의 흉부를 관통하게 하여 공소외 1으로 하여금 같은 해 12. 3. 08:55경 진주시 칠암동 90 소재 경상대학교병원에서 패혈증 등으로 사망하게 하였다.

2. 피고인의 주장

피해자 공소외 1은 진주시내 일반부 씨름대회에서 우승할 정도로 힘이 센 사람이어서 김종하나 피고인이 몸싸움을 통하여 공소외 1을 제압할 수 없었고, 공소외 1이 김종하를 넘어뜨린 상태에서 위에서 누르면서 김종하의 권총을 잡으려고 하고 있어서 피고인이 공소외 1에게 달려들어 김종하가 일어날 수 있도록 도와줄 수도 없는 위협적이고 급박한 상황이었기 때문에 권총을 발사할 수밖에 없었으며, 공소외 1이 김종하의 몸 위에 올라앉은 채로 위에서 누른 상태에서 몸을 움직이고 있었으므로 공소외 1의 대퇴부 이하를 조준하여 총을 발사하기도 어려운 상황이었는바, 피고인의 행위는 당시 상황으로 보아 정당방위에 해당한다.

3. 원심의 판단

원심은, 피고인이 현장으로 가기 전에 상대파출소에서 그 곳에 근무하는 경찰관 김재웅으로부터, '상대파출소장이 현장으로 오고 있으니 총기는 사용하지 말고 대치만 하고 있으라.'는 당부를 들은 사실, 당시 공소외 1은 공소외 2의 신고와는 달리 칼로 아들을 위협하는 등 인질극을 벌이고 있지 않았던 사실, 피해자가 아무런 무기나 흉기를 휴대하고 있지 않았던 사실, 현장에는 피고인과 김종하 등 경찰관 2명이 있는 데다가 공소외 2와 그녀의 연락을 받고 미리 와 있던 심경보가 있어 유사시 어느 정도의 도움을 줄 수 있었던 사실을 인정하였다.

이어서 원심은 피고인의 주장, 즉 공소외 1이 김종하가 허리 부위에 차고 있는 권총을 빼앗으려고 하였다는 주장에 대하여, 김종하는 공소외 1의 몸 밑에 깔린 상태에서 공소외 1과 몸싸움을 벌였으므로 공소외 1이 자신의 권총을 빼앗으려 하였는지에 관하여 가장 잘 알 수 있음에도 불구하고, 최초 경찰 진술시에는 권중헌의 손이 자신의 허리 부분에 닿으려고 했다는 등의 진술을 하지 않았고, 2회 조사시 그러한 내용을 피고인으로부터 들었다고 진술하였으며, 그 이후부터 공소외 1의 손이 권총을 차고 있는 허리 부위에 닿는 것을 느꼈다고 진술하는 등 진술에 일관성이 없으므로, 공소외 1이 김종하의 총기를 꺼내려 하였다는 피고인의 진술 및 김종하의 일부 진술은 그대로 믿기 어렵다는 이유로 이를 배척한 다음, 사정이 위와 같다면, 경찰관인 피고인이 공포탄 발사에서 나아가 근접한 거리에서 피해자의 몸을 향한 실탄 발사로 나아간 것은 사회통념상 총기 사용의 허용범위를 벗어난 것으로서 상당성을 결하였다고 봄이 상당하므로 정당방위에 해당하지 아니한다고 판단하여 이 사건 공소사실을 유죄로 인정한 제1심판결을 그대로 유지하였다.

4. 이 법원의 판단

경찰관직무집행법 제10조의4 제1항 에 의하면, 경찰관은 범인의 체포, 도주의 방지, 자기 또는 타인의 생명·신체에 대한 방호, 공무집행에 대한 항거의 억제를 위하여 필요하다고 인정되는 상당한 이유가 있을 때 그 사태를 합리적으로 판단하여 필요한 한도 내에서 무기를 사용할 수 있되, 다만 형법에 규정한 정당방위나 긴급피난에 해당하는 때, 사형·

무기 또는 장기 3년 이상의 징역이나 금고에 해당하는 죄를 범하거나 범하였다고 의심할 만한 충분한 이유가 있는 자가 경찰관의 직무집행에 대하여 항거하거나 도주하려고 할 때 또는 체포, 도주의 방지나 항거의 억제를 위하여 다른 수단이 없다고 인정되는 상당한 이유가 있는 때를 제외하고는 무기 사용으로 인하여 사람에게 위해를 주어서는 안된다고 규정하고 있고, 경찰관의 무기 사용이 위와 같은 요건을 충족하는지 여부는 범죄의 종류, 죄질, 피해법익의 경중, 위해의 급박성, 저항의 강약, 범인과 경찰관의 수, 무기의 종류, 무기 사용의 태양, 주변의 상황 등을 고려하여 사회통념상 상당하다고 평가되는지 여부에 따라 판단하여야 하고, 특히 사람에게 위해를 가할 위험성이 큰 권총의 사용에 있어서는 그 요건을 더욱 엄격하게 판단하여야 할 것임은 원심이 판시하고 있는 바와 같다.

그런데 기록에 의하면, 공소외 1의 처인 공소외 2은 진주경찰서 상대파출소에 찾아가 실내 근무자인 김재웅에게 "남편이 집에서 칼로 아들을 위협하고 있다."고 신고하면서 경찰관의 출동을 요청하여 피고인과 김종하 등 경찰관 2명과 함께 자신의 집인 위 꽃집으로 왔고, 한편 공소외 1은 피고인과 김종하가 위 꽃집으로 출동하기 직전인 2001. 11. 27. 23:20경 진주시 상대동 소재 '한잔드시게' 주점에서 후배인 정정교와 술을 마시던 중 공소외 1이 자신의 처인 공소외 2과 이혼해야 하겠다는 등의 말을 하고 위 정정교가 이혼을 만류하는 등 서로 이야기를 나누다가 공소외 1이 갑자기 맥주병을 깨뜨려 위 정정교의 목을 찔렀고, 신고를 받고 출동한 위 상대파출소 소속 경찰관인 강기수, 유용기가 위 정정교를 병원으로 후송하는 사이에 공소외 1은 위 주점 인근에 있는 자신의 집인 위 꽃집으로 도주한 사실, 그 후 공소외 2은 상대파출소에 찾아와 위에서 본 바와 같은 위급한 상황을 신고하면서 경찰관의 출동을 요청하였고, 본서 상황실의 지원지령에 따라 상대파출소에 도착한 인근 동부파출소 소속 경찰관 피고인과 김종하는 그 곳 근무자인 김재웅으로부터 공소외 1이 술집에서 맥주병을 깨 다른 사람의 목을 찌르고 현재 집으로 도주하여 칼로 아들을 위협하고 있으니 신속하게 출동하여 총은 쏘지 말고 대치만 하고 있으라고 당부하였고, 이에 피고인과 김종하는 순찰차에 공소외 2를 태워 위 꽃집으로 출동한 사실, 한편 공소외 1 가족과 평소 친하게 지내는 소외 심경보는 위 공소외 2가 휴대폰으로 "경보씨, 집에 한번 와 보세요."라는 말을 하고 전화를 끊어버리자 부부싸움을 하는 것으로 생각하고 즉시 위 꽃집으로 달려갔으나 전화를 한 위 공소외 2는 집에 없고 위 공소외 1 혼자서 꽃집 안쪽 끝의 세면장에서 양치질을 하고 있는 것을 보고 그대로 돌아오려고 할 때 피고인과 김종하가 같은 날 23:59경 위 꽃집에 도착한 사실, 이 때 김종하는 권총을 허리에 찬 채 나무막대기를 들고 먼저 들어가고 피고인은 권총을 빼어들고 그 뒤를 따라 꽃집 안으로 들어갔고, 김종하가 꽃집 안으로 들어가면서 위 심경보에게 "어떻게 된 겁니까?"라고 묻는 순간 공소외 1이 위 꽃집 안쪽 세면장에서 나오면서 "당신들 뭐야? 이 밤에 왜 왔어? 빨리 가!"라고 소리를 지르며 김종하와 피고인 쪽으로 달려들었고 위 심경보가 이를 제지하려고 하자 심경보를 간단히 넘어뜨린 후 위 김종하와 몸싸움을 하게 되었는데, 진주시 씨름대회에서 우승할 만큼 건장한 체구의 소유자였던 공소외 1은 이내 김종하로부터 나무막대기를 빼앗고 그를 뒤로 밀어붙여 피고인과 김종하가 거의 동시에 뒤로 넘어진 사실, 이어서 공소외 1은 김종하의 배 위에 올라탄 자세에서 그를 공격하였고 김종하는 공소외 1으로부터 빠져나오기 위하여 발버둥치고 있었으며, 피고인은 뒤로 넘어져 있다가 정신을 차리는 순간 공소외 1이 손으로 김종하의 목을 조이는 등 폭행하고 있는 것을 발견하고 이를 제지하기 위하여 넘어졌다가 일어나 앉은 자세로 공포탄 1발을 발사하여 공소외 1에게 경고를 하였지만 공소외 1은 김종하를 풀어주지 아니한 채 동일한 자세로 몸싸움을 계속한 사실, 이에 피고인은 공소외 1을 향하여 실탄 1발을 발사하였고 그 실탄은 공소외 1의 우측 흉부 하단 제9번 늑간 부위를 관통한 사실, 공소외 1은 총에 맞은 다음 김종하에 대한 압박을 풀고 꽃집 밖으로 나와 복부통증을 호소하면서 쓰러졌는데 나중에 확인하여 보니 공소외 1은 김종하 등과 격투를 할 당시 칼을 소지하지 않고 있었던 사실, 공소외 1은 즉시 병원에 후송되어 입원치료를 받았으나 간파열 등으로 인한 패혈증으로 2001. 12. 3. 사망한 사실을 알 수 있다.

사실관계가 위와 같다면, 상대파출소 근무자인 김재웅으로부터 ' 공소외 1이 술집에서 맥주병을 깨 다른 사람의 목을 찌르고 현재 자기집으로 도주하여 칼로 아들을 위협하고 있다.'는 상황을 고지받고 현장에 도착한 피고인으로서는, 공소외 1이 칼을 소지하고 있는 것으로 믿었고 또 그렇게 믿은 데에 정당한 이유가 있었다고 할 것이므로, 피고인과 김종하가 공소외 1과의 몸싸움에 밀려 함께 넘어진 상태에서 칼을 소지한 것으로 믿고 있었던 공소외 1과 다시 몸싸움을 벌인다는 것은 피고인 자신의 생명 또는 신체에 위해를 가져올 수도 있는 위험한 행동이라고 판단할 수밖에 없을 것이고, 따라서 피고인이 공포탄 1발을 발사하여 경고를 하였음에도 불구하고 공소외 1이 김종하의 몸 위에 올라탄 채 계속하여 김종하를 폭행하고 있었고, 또 그가 언제 소지하고 있었을 칼을 꺼내어 김종하나 피고인을 공격할지 알 수 없다고 피고인이 생각하고 있던 급박한 상황에서 김종하를 구출하기 위하여 공소외 1을 향하여 권총을 발사한 것이므로, 이러한 피고인의 권총 사용이, 경찰관직무집행법 제10조의4 제1항의 허용범위를 벗어난 위법한 행위라거나 피고인에게 업무상과실치사의 죄책을 지울만한 행위라고 선뜻 단정할 수는 없다(다만 민사상으로 공무원인 피고인의 위와 같은 행위에 관하여 국가가 국가배상책임을 질 것인지 여부는 이와 별도의 관점에서 검토되어야 할 것이며, 이 점은 별론으로 한다).

그럼에도 불구하고, 원심은 이와 달리 피고인이 공소외 1을 향하여 실탄을 발사한 행위가 경찰관의 무기 사용의 허용범위를 벗어난 위법행위라고 판단하였으니, 거기에는 경찰관직무집행법 제10조의4 제1항 소정의 경찰관 무기 사용의 허용범위 및 정당방위 등에 관한 법리를 오해하여 판결에 영향을 미친 위법이 있다.

VII

제6조 범죄의 예방과 제지

Ⅶ. 제6조 범죄의 예방과 제지

제6조(범죄의 예방과 제지) 경찰관은 범죄행위가 목전(目前)에 행하여지려고 하고 있다고 인정될 때에는 이를 예방하기 위하여 관계인에게 필요한 경고를 하고, 그 행위로 인하여 사람의 생명·신체에 위해를 끼치거나 재산에 중대한 손해를 끼칠 우려가 있는 긴급한 경우에는 그 행위를 제지할 수 있다.

1. 범죄의 예방과 제지

경찰관직무집행법 제2조 제1호는 경찰의 직무를 범죄의 예방·진압 및 수사로 규정하고 있는 바, 사회질서유지의 핵심적 주체인 경찰이 범죄를 사전에 예방하고, 진행중인 범죄를 제지하는 것은 당연한 직무에 속한다. 다만 범죄의 진압 및 수사와 관련된 절차는 형사소송법의 관련 절차를 따르면 되고, 이 법에서는 범죄의 예방과 관련하여 경찰상의 직접강제와 즉시강제를 규정하고 있다.

제6조의 '범죄의 예방과 제지'는 법에 규정된 불심검문, 임의동행, 범죄정보의 수집 등과 밀접한 관련이 있다. 그러나 불심검문 등이 범죄의 발생을 미여네 방지하거나 발생된 범죄를 발견하기 위한 일반적인 조치인 반면에 해당 조문은 바로 범죄가 발생하려는 절박한 사태에 직면하여 직접적으로 범죄를 제지하는 데에 그 의의가 있다. 또한 '범죄의 예방'이란 범죄행위의 실행 자체를 예방하는 것뿐만 아니라 범죄로 인한 피해의 발생을 예방하는 것도 포함한다고 볼 수 있으며, 이는 범죄예방이 국민에 대한 위해를 줄이는데 주안점을 두고 있기 때문이다(경찰청, 2013: 63).

2. 판례

1) 판례 1

서울남부지방법원 2012. 7. 19. 선고 2011노1816 판결

【주 문】

원심판결을 파기한다.

이 사건 공소사실 중 공소외 1, 5에 대한 각 공무집행방해의 점, 피해자 공소외 5에 대한 상해의 점 및 도로교통법위반(음주측정거부)의 점은 각 무죄.

【이 유】

1. 항소이유의 요지

가. 피고인(양형부당)

원심의 형(벌금 300만 원)이 너무 무겁다.

나. 검사

1) 사실오인 및 법리오해

가) 경찰관 공소외 1에 대한 공무집행방해의 점

경찰관 공소외 1, 3, 5가 피고인의 여자친구와 실랑이를 하는 행인을 향해 달려가는 피고인을 저지한 행위는 경찰관직무집행법 제2조 제6호, 제6조 제1항에 근거한 적법한 직무집행으로서 위와 같이 직무를 수행하던 경찰관 공소외 1을 폭행한 피고인의 행위는 공무집행방해의 구성요건을 충족한다.

나) 경찰관 공소외 5, 8에 대한 공무집행방해 및 피해자 공소외 5에 대한 상해의 점

경찰관 공소외 1의 현행범 체포는 위 가)항에서 본 바와 같이 피고인의 행위가 공무집행방해죄에 해당하고, 위 경찰관은 피고인에게 범죄사실, 체포이유 및 변호인선임권 등을 고지하였으며, 가사 고지하지 않았다고 하더라도 피고인이 외국인으로서 그 고지내용을 알아들을 수 없으므로 위 현행범체포 이후에 행하여지는 경찰관들의 직무집행이 형법상 보호될 수 없는 직무집행이라고 볼 수 없다.

다) 도로교통법위반(음주측정거부)의 점

경찰관 공소외 1의 현행범 체포는 적법하고, 가사 위 체포가 위법하다고 하더라도 이 사건은 음주측정요구를 위하여 체포한 상황이 아니라 공무집행방해 혐의로 체포되었던 것이므로 체포행위의 적법여부와 음주측정요구의 적법여부는 개별적으로 평가함이 상당하다.

2) 양형부당

위 원심의 형이 너무 가볍다.

2. 직권판단

검사는 당심에서 아래 제3의 가항 기재와 같은 내용으로 공소장변경허가신청을 하였고, 이 법원이 이를 허가함으로써 그 심판대상이 변경되었으므로 이 점에서 원심판결은 더 이상 유지될 수 없게 되었다.

그럼에도 불구하고 검사의 사실오인 및 법리오해 주장은 여전히 이 법원의 판단대상이 되므로 이하에서 항을 달리하여 살펴본다.

3. 검사의 사실오인 및 법리오해 주장에 관하여

가. 변경된 공소사실의 요지

1) 피고인은 2011. 7. 8. 02:00경 서울 영등포구 대림동 1050의 57에 있는 대림역 12번 출구 앞 도로에서 (차량번호 1 생략) 쏘나타 승용차를 후진하여 가던 중 남구로역 방면에서 신풍역 방명으로 진행하고 있던 공소외 2가 운전하는 (차량번호 2 생략) 택시를 들이받았다.

공소외 2가 사고 처리를 위해 112에 신고하자, 피고인은 경미한 사고인데 왜 신고를 하냐며 공소외 2에게 시비를 걸다가 공소외 2의 뺨을 때렸다.

신고를 받고 현장에 출동한 서울 영등포경찰서 대림파출소 소속 경사 공소외 1, 경장 공소외 3 등은 공소외 2와 피고인을 분리한 후 공소외 2로부터 사고내역과 함께 피고인이 공소외 2를 폭행하였다는 사실을 청취하였다.

경장 공소외 3은 피고인의 입에서 술 냄새가 나는 등 피고인이 술을 마시고 운전한 것으로 의심되자 음주감지기로 음주여부를 확인하고자 하였으나 피고인은 이를 거부하였다.

이에 경장 공소외 3과 경사 공소외 1이 피고인에게 음주운전에 의한 교통사고로 의심되니 교통사고조사반으로 함께 가자고 하였으나 피고인은 이를 거부하고 "잡아가려면 잡아가라"며 머리로 경사 공소외 1의 가슴을 2회 들이받았다.

그러다가 피고인은 계속된 경찰관의 설득에 응하여 순찰차에 탑승하려고 가던 중 피고인의 여자친구가 "당신들이 뭔데 목격자라고 하느냐"며 교통사고 목격자들과 말다툼을 하여 시비가 붙은 것을 보고는 갑자기 이들을 향해 달려가며 발길질을 하려 하였다.

피고인이 목격자들을 폭행하기 위해 달려가는 것으로 판단한 경장 공소외 3, 경사 공소외 1, 순경 공소외 5가 피고인의 팔을 붙잡고 제지하자 피고인은 반항하면서 발로 경사 공소외 1의 정강이를 1회 걷어찼다.

이로써 피고인은 공무원인 경찰관 공소외 1을 폭행하여 범죄수사 및 범죄예방에 관한 공소외 1의 정당한 직무집행을 방해하였다.

2) 피고인은 2011. 7. 8. 02:30경 위 1)항 장소에서 경사 공소외 1에 대한 공무집행방해로 현행범 체포되어 위 대림파출소에 인치 후 공무집행방해 및 음주운전 혐의 등에 대한 조사를 위해 순경 공소외 5(34세) 등과 함께 호송차량에 탑승하던 중 호송차량 유리창에 2~3회 가량 머리를 들이받고 위 공소외 5가 피고인을 호송차량에 태우자 갑자기 머리로 위 공소외 5의 안면을 들이받고, 서울 영등포구 서울영등포경찰서에 도착하여 교통사고조사계로 이동하던 중 또다시 머리로 위 공소외 5의 안면을 들이받았다.

이로써 피고인은 공무원인 경찰관 공소외 5의 현행범인 호송에 관한 공소외 5의 정당한 직무집행을 방해함과 동시에 피해자 공소외 5에게 약 2주간의 치료를 요하는 안면부 좌상을 가하였다.

3) 피고인은 2011. 7. 8. 03:08경 위 서울영등포경찰서 교통사고조사계에서 피고인이 1항과 같이 입에서 술 냄새가 나는 등 술에 취한 상태에서 운전하였다고 인정할만한 상당한 이유가 있어 경사 공소외 9로부터 그때부터 같은 날 03:43경까지 4회에 걸쳐 음주측정 요구를 받았으나 정당한 이유 없이 측정에 응하지 아니하였다.

4) 피고인은 2011. 7. 8. 04:00경 위 서울영등포경찰서 형사과 사무실 앞에서 위 경찰서 교통사고조사계 소속 경장 공소외 8(36세)과 함께 형사계 건물로 이동하던 중, 피고인의 어머니가 경찰서에 도착한 것을 확인하고 갑자기 이동하던 중, 갑자기 땅바닥에 주저앉아 자해를 하려 하였고, 이에 위 공소외 8이 자해 방지를 위해 피고인을 일으켜 세우려 하자 입으로 위 공소외 8의 왼쪽 무릎을 1회 깨물었다.

이로써 피고인은 공무원인 경찰관 공소외 8의 피고인의 신체를 보호하기 위한 정당한 직무집행을 방해함과 동시에 피해자 공소외 8에게 약 3주간의 치료를 요하는 좌슬관절부인간교상을 가하였다.

나. 기초사실

원심이 적법하게 채택하여 조사한 증거들에 의하면 다음과 같은 사실을 인정할 수 있다.

1) 피고인은 공소사실 기재 일시 · 장소에서 (차량번호 1 생략) 쏘나타 승용차를 운전하다가 공소외 2 운전의 (차량번호 2 생략) 택시를 들이받은 사고를 일으켰다.

2) 공소외 2가 사고처리를 하기 위하여 112에 신고하자, 피고인이 '사고가 경미한데 왜 경찰에 신고를 하느냐'고 항의하면서 피고인과 공소외 2 사이에 말다툼이 벌어졌다.

3) 112 신고를 받고 현장에 출동한 경찰관 공소외 1, 3은 피고인과 공소외 2를 격리한 후 이들로부터 사건 경위를 청취하는 한편 피고인에게 신분증의 제시를 요구하였고, 피고인은 경찰관 공소외 3에게 외국인등록증과 임시운전면허증을 교부하였다.

4) 경찰관 공소외 3은 피고인의 입에서 술냄새가 나자 피고인에게 음주감지기에 의한

음주측정을 요구하였고, 피고인이 이를 거부하자 피고인에게 '음주측정을 위하여 경찰서 교통사고조사반으로 함께 가자'고 하면서 임의동행을 요구하였다. 이 때 경찰관 공소외 3은 피고인에게 동행을 거부하거나 동행과정에서 언제든지 이탈할 수 있음을 고지하지 않았다.

5) 피고인은 경찰관 공소외 3의 임의동행 요구를 받고 순찰차에 타기 위하여 순찰차 쪽으로 가던 중 순찰차 인근 4-5m 지점에서 피고인의 여자친구가 성명불상의 남자 2명과 서로 말다툼을 하고 있는 것을 발견하고 그 쪽으로 뛰어가려고 하다가 차도와 인도의 경계턱에 발이 걸려 넘어졌다(공소외 1과 공소외 3은 피고인이 욕설을 하며 달려가고 행인들을 향해 발길질을 하면서 넘어졌다고 진술하였으나 공소외 5의 원심법정 진술에 의하면 위 각 진술은 믿기 어렵다).

6) 이에 경찰관 공소외 3과 공소외 5는 피고인을 뒤따라가 피고인의 두 팔을 잡고 피고인이 여자친구가 있는 쪽으로 가지 못하도록 제지하였고, 피고인은 여자친구가 있는 쪽으로 가기 위하여 경찰들의 팔을 뿌리치면서 거세게 저항하였다.

7) 경찰관들의 위와 같은 제지에도 불구하고 피고인은 여자친구가 있는 쪽으로 가기 위해서 경찰들의 팔을 뿌리치면서 거세게 저항을 하다가 경찰관 공소외 1의 정강이를 차게 되었고, 이에 경찰관 공소외 1은 피고인을 공무집행방해죄의 현행범으로 체포하였다.

8) 경찰관 공소외 1, 3, 5는 피고인을 수갑을 찬 상태로 순찰차에 태워 대림파출소로 데려갔다가, 다시 교통사고 및 음주운전 혐의 등에 대해 조사하기 위하여 영등포경찰서 교통사고조사계로 호송하기 위하여 피고인을 호송차량에 태웠으며, 피고인은 경찰관들의 위와 같은 행위에 저항하면서 위 가의 2)항 기재와 같이 머리로 경찰관 공소외 5의 안면을 들이받았다.

9) 피고인은 영등포경찰서 교통조사계에서 경찰관 공소외 9로부터 음주측정요구를 받았으나, 경찰관들이 자신을 때렸다고 하면서 위 음주측정요구에 불응하였다.

10) 그 후 피고인은 위 가의 1), 2)항 기재 공무집행방해 혐의에 대한 조사를 받기 위하여 영등포경찰서 형사계 건물로 이동하던 중 피고인을 붙들고 있는 경찰관과 함

게 바닥에 넘어졌고, 경찰관 공소외 8이 피고인을 붙잡아 일으켜 세우려 하자 입으로 공소외 8의 왼쪽 무릎을 1회 깨물었다.

다. 판단

1) 각 공무집행방해의 점 및 피해자 공소외 5에 상해의 점에 관하여

가) 일반론

형법 제136조가 규정하는 공무집행방해죄는 공무원의 직무집행이 적법한 경우에 한하여 성립하는 것이고, 여기서 적법한 공무집행이라 함은 그 행위가 공무원의 추상적 권한에 속할 뿐 아니라 구체적 직무집행에 관한 법률상 요건과 방식을 갖춘 경우를 가리키는 것이므로, 경찰관이 적법절차를 준수하지 아니한 채 실력으로 현행범인을 연행하려고 하였다면 적법한 공무집행이라고 할 수 없고, 현행범인이 그 경찰관에 대하여 이를 거부하는 방법으로써 폭행을 하였다고 하여 공무집행방해죄가 성립하는 것은 아니고(대법원 2000. 7. 4. 선고 99도4341 판결 등 참조), 현행범이 체포를 면하려고 반항하는 과정에서 경찰관에게 상해를 가한 것은 불법체포로 인한 신체에 대한 현재의 부당한 침해에서 벗어나기 위한 행위로서 정당방위에 해당하여 위법성이 조각된다(대법원 2011. 5. 26. 선고 2011도3682 판결 등 참조).

나) 경찰관 공소외 1에 대한 공무집행방해의 점

(1) 먼저 검사가 경찰관들이 여자친구와 실랑이를 하는 행인들을 향하여 달려가는 피고인을 붙잡은 행위가 경찰관직무집행법 제2조 제6호에 근거한 행위라고 주장하므로 이에 관하여 살펴본다.

경찰은 범죄의 예방, 진압 및 수사와 함께 국민의 생명, 신체 및 재산의 보호 등과 기타 공공의 안녕과 질서유지도 직무로 하고 있고, 그 직무의 원활한 수행을 위하여 경찰관직무집행법, 형사소송법 등 관계 법령에 의하여 여러 가지 권한이 부여되어 있으므로, 구체적인 직무를 수행하는 경찰관으로서는 제반 상황에 대응하여 자신에게 부여된 여러 가지 권한을 적절하게 행사하여 필요한 조치를 취할 수 있는 것이고, 그러한 권한은 일반적으로 경찰관의 전문적 판단에 기한 합리적인 재량에 위임되어 있는 것이다(대법원 2004. 9.

23. 선고 2003다49009 판결 등 참조).

위와 같은 법리와 경찰관직무집행법 제3조 내지 8조에 경찰관의 불심검문, 보호조치, 위험발생의 방지, 범죄의 예방과 제지, 위험방지를 위한 출입, 사실의 확인 등의 권한 및 이로 인하여 대인적 또는 대물적 강제조치를 취할 수 있는 요건과 권한이 명시되어 있고, 형사소송법 제199조 제1항은 "수사에 관하여는 그 목적을 달성하기 위하여 필요한 조사를 할 수 있다. 다만, 강제처분은 이 법률에 특별한 규정이 있는 경우에 한하며, 필요한 최소한도의 범위 안에서만 하여야 한다."고 규정하고 있는 점을 고려하면 위 경찰관직무집행법 제2조 제6호는 경찰관이 수행할 수 있는 직무의 목적에 해당하고 이를 위하여 대인적 또는 대물적 강제조치를 취하는 경우에는 경찰관직무집행법, 형사소송법 기타 관계 법령의 개별규정에 정한 요건을 충족하여야 할 것이다.

(2) 이 사건에 관하여 보건대, 경찰관 공소외 3은 피고인에게 음주측정을 위한 임의동행을 요구하면서 '동행을 거절하거나 동행과정에서 언제든지 이탈할 수 있음'을 피고인에게 고지하지 아니하였고, 순찰차로 이동하던 중 자신의 여자친구와 성명불상의 남자 2명이 서로 말다툼 하는 것을 발견한 피고인이 동행과정에서 이탈하여 그 쪽으로 가는 것을 제지하였는바, 이러한 일련의 과정을 전체적으로 보면 경찰관들이 피고인의 장소 이동을 물리적으로 저지한 것은 사실상의 강제 처분에 해당한다고 할 것이다.

(3) 경찰관의 위와 같은 제지행위는 형사소송법상 체포, 긴급체포, 현행범체포에 해당하지 아니함은 명백하므로, 경찰관직무집행법 제6조 제1항의 요건에 해당하는지 살펴본다.

경찰관직무집행법 제6조 제1항은 "경찰관은 범죄행위가 목전에 행하여지려고 하고 있다고 인정될 때에는 이를 예방하기 위하여 관계인에게 필요한 경고를 발하고, 그 행위로 인하여 인명·신체에 위해를 미치거나 재산에 중대한 손해를 끼칠 우려가 있어 긴급을 요하는 경우에는 그 행위를 제지할 수 있다."고 규정하고 있는데, 위 조항 중 경찰관의 제지에 관한 부분은 범죄의 예방을 위한 경찰 행정상 즉시강제 즉, 눈앞의 급박한 경찰상 장해를 제거하여야 할 필요가 있고 의무를 명할 시간적 여유가 없거나 의무를 명하는 방법으로는 그 목적을 달성하기 어려운 상황에서 의무불이행을 전제로 하지 아니하고 경찰이 직접 실력을 행사하여 경찰상 필요한 상태를 실현하는 권력적 사실행위에 관한 근거조항이다. 행정상 즉시강제는 그 본질상 행정 목적 달성을 위하여 불가피한 한도 내에서 예외적으로 허용되는 것이므로, 위 조항에 의한 경찰관의 제지 조치 역시 그러한 조치가 불가피한 최소한도 내에서만 행사되도록 그 발동 · 행사 요건을 신중하고 엄격하게 해석하여야 하고, 그러한 해석·적용의 범위 내에서만 우리 헌법상 신체의 자유 등 기본권 보장 조항과 그 정신 및 해석 원칙에 합치될 수 있다. 따라서 경찰관은 형사처벌의 대상이 되는 행위가 눈앞에서 막 이루어지려고 하는 것이 객관적으로 인정될 수 있는 상황이고, 그 행위를 당장 제지하지 않으면 곧 인명·신체에 위해를 미치거나 재산에 중대한 손해를 끼칠 우려가 있는 상황이어서, 직접 제지하는 방법 외에는 위와 같은 결과를 막을 수 없는 절박한 사태일 때에만 경찰관직무집행법 제6조 제1항에 의하여 적법하게 그 행위를 제지할 수 있고, 그 범위 내에서만 경찰관의 제지 조치가 적법한 직무집행으로 평가될 수 있는 것이다(대법원 2008. 11. 13. 선고 2007도9794 판결 등 참조).

그런데 이 사건에서는 피고인이 경찰관의 요구에 따라 순순히 순찰차에 탑승하던 도중 여자친구와 성명불상의 남자 2명이 말다툼을 하고 있는 것을 발견하고 그 쪽으로 뛰어가려고 하였음에 불과하므로 위와 같은 피고인의 행위를 가리켜 경찰관직무집행법 제6조 제1항에서 정하는 "범죄행위가 목전에 행하여지려고 하고 있는" 상황으로 보기는 어렵다. 따라서 경찰관들이 피고인이 장소 이동을 하지 못하도록 피고인을 제지한 것은 경찰관직무집행법 제6조 제1항 소정의 적법요건을 갖추었다고 볼 수 없다.

(4) 결국 경찰관들이 피고인을 제지한 행위는 법률상 아무런 근거 없이 행한 위법한 강제처분으로서 피고인이 위 가의 1)항 기재와 같이 경찰관 공소외 1을 폭행한 행위는 이에 대항하기 위한 행위로서 적법한 공무집행을 요건으로 하는 공무집행방해죄가 성립할 수 없다.

다) 경찰관 공소외 5, 8에 대한 각 공무집행방해의 점

(1) 경찰관 공소외 1의 현행범 체포의 적법성

다음과 같은 이유로 경찰관 공소외 1의 현행범 체포는 위법하다.

(가) 피고인의 경찰관 공소외 1에 대한 공무집행방해죄가 성립할 수 없음은 앞서 본 바와 같다.

(나) 또한 경찰관 공소외 1은 피고인을 공무집행방해죄의 현행범으로 체포할 때 이른바 범죄사실, 체포 이유 및 변호인 선임권 등을 고지하였다고 진술하고 있고, 경찰관 공소외 3도 이에 부합하는 진술을 하고 있으나, 위 현행범체포에 관한 현행범인체포서 와 변호인 선임권 등의 고지 확인서가 작성되지 않아 서류상 아무런 근거가 없어 위 각 진술을 믿기 어렵고 달리 경찰관 공소외 1이 현행범체포 시 위와 같은 고지를 하였다고 인정할 증거가 없다.

(다) 헌법 제12조 제1항에서는 "모든 국민은 신체의 자유를 가진다. 누구든지 법률에 의하지 아니하고는 체포·구속·압수·수색 또는 심문을 받지 아니하며, 법률과 적법한 절차에 의하지 아니하고는 처벌·보안처분 또는 강제노역을 받지 아니한다."고 헌법 제12조 제5항에서는 "누구든지 체포 또는 구속의 이유와 변호인의 조력을 받을 권리가 있음을 고지받지 아니하고는 체포 또는 구속을 당하지 아니한다."고 각 규정하고 있고 형사소송법 제213조의 2에서 준용하는 같은 법 제200조의 5에서는 "검사 또는 사법경찰관은 피의자를 체포하는 경우에는 피의사실의 요지, 체포의 이유와 변호인을 선임할 수 있음을 말하고 변명할 기회를 주어야 한다."고 규정하고 있으므로 이를 위반하여 경찰관이 피고인을 체포할 당시 변호인 선임권 등을 고지하지 않았다면 그 체포행위는 헌법과 실정법을 정면으로 위반한 행위로서 형법상 보호가치 있는 직무집행이라고 할 수 없다. 이 사건에서 경찰관들은 체포 당시 현장에서 피고인보다 우리말을 잘 이해하고 통역을 해 줄 수 있는 한국어 능력을 갖춘 피고인의 여자친구를 통하여 위 원칙을 고지할 수 있었고, 현장에서 고지할 수 없었다고 하더라도 파출소나 경찰서에서 통역인을 통하여 사후에라도 고지할 수 있었음에도 기록상 위와 같은 시도를 하였다는 증거가 전혀 없다.

(2) 이처럼 경찰관 공소외 1의 현행범 체포행위가 위법한 이상 피고인이 위와 같은 경찰관들의 위법한 체포에 대항하기 위하여 위 가의 2), 4)항 기재 행위를 하였다고 하더라도, 이 역시 공무집행방해죄가 성립하지 않는다(특히 경찰관 공소외 8에 대한 공무집행방해의 점과 관련하여 위 경찰관의 직무집행이 자해를 하는 피고인의 신체를 보호하려는 행위로서 적법한 공무집행으로 볼 수 있는지 문제되나 이 또한

결국 경찰관 공소외 1의 위법한 현행범 체포로 인하여 피고인의 신체적 자유가 제한된 상황에서 발생한 것이므로 위 직무집행만 적법하다고 볼 수 없다).

라) 피해자 공소외 5에 대한 상해의 점

피고인이 경찰관들에 의해 위법하게 체포되어 순찰차로 호송되는 과정 중에 그 체포에서 벗어나기 위하여 위 가의 2)항 기재와 같이 피해자 공소외 5에게 상해를 입혔다고 하더라도 이는 불법체포로 인한 신체에 대한 현재의 부당한 침해에서 벗어나기 위한 행위로서 정당방위에 해당하여 위법성이 조각된다고 할 것이다.

2) 도로교통법위반(음주측정거부)의 점

교통안전과 위험방지를 위한 필요가 없음에도 주취운전을 하였다고 인정할 만한 상당한 이유가 있다는 이유만으로 이루어지는 음주측정은 이미 행하여진 주취운전이라는 범죄행위에 대한 증거 수집을 위한 수사절차로서의 의미를 가지는 것인데, 도로교통법상의 규정들이 음주측정을 위한 강제처분의 근거가 될 수 없으므로 위와 같은 음주측정을 위하여 당해 운전자를 강제로 연행하기 위해서는 수사상의 강제처분에 관한 형사소송법상의 절차에 따라야 하고, 이러한 절차를 무시한 채 이루어진 강제연행은 위법한 체포에 해당한다. 이와 같은 위법한 체포 상태에서 음주측정요구가 이루어진 경우, 음주측정요구를 위한 위법한 체포와 그에 이은 음주측정요구는 주취운전이라는 범죄행위에 대한 증거 수집을 위하여 연속하여 이루어진 것으로서 개별적으로 그 적법 여부를 평가하는 것은 적절하지 않으므로 그 일련의 과정을 전체적으로 보아 위법한 음주측정요구가 있었던 것으로 볼 수밖에 없고, 운전자가 주취운전을 하였다고 인정할 만한 상당한 이유가 있다 하더라도 그 운전자에게 경찰공무원의 이와 같은 위법한 음주측정요구에 대해서까지 그에 응할 의무가 있다고 보아 이를 강제하는 것은 부당하므로 그에 불응하였다고 하여 음주측정거부에 관한 도로교통법 위반죄로 처벌할 수 없다(대법원 2006. 11. 9. 선고 2004도8404 판결 등 참조).

이 사건에 관하여 보건대, 앞서 살펴본 바와 같이 경찰관들이 음주측정을 위하여 피고인에게 임의동행을 요구하였고, 피고인이 동행과정에서 이탈하기 위하여 저항을 하는 과정 중에 공소사실 기재와 같은 행위를 하자, 피고인을 공무집행방해죄의 현행범으로 체포하여 경찰서로 호송을 한 후 음주측정요구를 하였던 점에 비추어 보면 위 경찰관들은 전체적으로 보아 음주운전 여부 조사 목적으로도 피고인을 체포한 것으로 볼 수 있고, 경찰관은 위와 같은 위법한 체포상태를 이용하여 피고인에게 음주측정을 요구한 것이다.

따라서 위와 같은 음주측정 요구는 절차적 적법성을 갖추지 못한 위법한 음주측정 요구이므로 이에 응하지 아니한 피고인의 행위는 도로교통법상의 음주측정거부죄에 해당하지 않는다

2) 판례 2

서울중앙지방법원 2017. 2. 9. 선고 2016나49312 판결

【전 문】

【원고, 항소인】 원고 1 외 5인 (소송대리인 변호사 조혜인)

【피고, 피항소인】 대한민국 외 1인

【주 문】

1. 제1심 판결 중 아래에서 지급을 명하는 부분에 해당하는 원고들 패소부분을 각 취소한다.

피고들은 각자 원고들에게 각 2,000,000원 및 이에 대하여 원고 1, 원고 2, 원고 3, 원고 4에게는 2013. 5. 29.부터, 원고 5, 원고 6에게는 2013. 6. 10.부터 각 2017. 2. 9.까지 연 5%, 각 그 다음날부터 다 갚는 날까지 연 15%의 각 비율로 계산한 금원을 지급하라.

2. 원고들의 피고들에 대한 나머지 항소를 각 기각한다.

3. 소송총비용 중 1/2은 원고들이, 나머지는 피고들이 각 부담한다.

4. 제1항의 금원지급부분은 가집행할 수 있다.

【이 유】

1. 인정사실

가. 사안의 배경

1) ○○자동차 주식회사(이하, '○○차'라고 한다)는 1990년대 말부터 시작된 경제위기로 경영상의 어려움을 겪다가 2009. 2. 6.경 회생절차가 개시되었다. ○○차 법정관리인은 2009. 4. 8.경 인력구조조정 등이 포함된 경영정상화 방안을 발표하고 근로자들을 상대로 희망퇴직, 정리해고를 실시하려 하였으나 ○○차 노조는 이를 반대하며 공장 점거 및 파업 등을 벌였다. 이후 ○○차 노사는 2009. 8. 6.경 향후 경영상태가 호전되면 희망퇴직 등을 한 근로자들을 복귀, 재채용하기로 하고 생계안정 등에 필요한 조치를 적극 추진키로 하는 등의 협상을 타결함으로써 위 파업은 종료되었다.

2) 그러나 ○○차가 어느 정도 회복 조짐을 보임에도 복직 등의 조치가 이루어지지 않고, 일련의 ○○차 파업 사태의 진행 과정에서 병사하거나 자살한 노조원 또는 그 가족의 수가 22명에 이르게 되자, 2012. 4. 5.경 서울 중구 (주소 생략)에 있는 대한문 앞 인도 상에 망인들을 추모하는 분향소용 천막이 설치되었다.

3) 2012. 4. 13.경 민주노총, 불교평화연대, 민주사회를 위한 변호사 모임, 천주교정의구현전국연합, 학술단체협의회 등이 참여하는 ○○차 희생자 범국민 추모위원회가 구성되었다가, 2012. 5. 19.경 개최된 '5. 19. 범국민대회' 집회 후 ○○차 희생자 추모와 해고자 복직을 위한 범국민대책위원회(이하, '○○차 대책위'라고 한다)로 확대되었고, 이후 ○○차 대책위는 대한문 앞 인도 상에 분향소와 농성 천막을 설치하고 집회·시위를 개최하여 왔다.

4) 위와 같은 집회 및 시위가 계속되던 중, 서울중구청장은 위 천막 등이 도로점용 허가를 받지 아니한 것이라는 이유로 자진철거를 요청하였고 ○○차 대책위가 이에 응하지 않자, 2013. 4. 4.경 행정대집행 절차를 진행하여 위 천막 등을 철거한 후 그

자리에 마사토를 깔고 회양목 60여 그루를 심은 후 소형 화분 약 500개를 비치하고 보호용 울타리를 설치한 화단(이하, '이 사건 화단'이라고 한다)을 조성하였다.

5) 이후 ○○차 대책위 회원들은 이 사건 화단 앞에 임시분향소를 설치하였다.

나. 2013. 5. 29.자 대한문 집회

1) ○○차 대책위 등 여러 단체로 구성된 "집회시위 제대로 모임"은 2013. 5. 29. 19:30경 서울 덕수궁 대한문 앞 인도에서 '시민의 집회 시위 권리 찾기 프로젝트 - 꽃보다 집회'(이하, '2013. 5. 29.자 대한문 집회'라고 한다)를 개최하기로 하였다. 위 집회에 대하여 신고된 내용은 아래와 같다.

○ 집회 명칭 : ○○차 정리해고 희생자 추모문화제
○ 개최목적 : 정리해고 희생자 추모와 ○○차 정리해고 문제해결 촉구를 위한 문화제 개최
○ 개최일시 : 2013. 5. 28. 0시 ~ 2013. 5. 29. 23시 59분
○ 개최장소 : 덕수궁 대한문 앞(정문 앞 수문장교대식 행사기간 제외) ~ 우측 10번째 가로수까지
○ 주최자 · 주관자 · 주최단체 대표자 : ○○자동차 문제 해결을 위한 전국범국민대책위원회

소외 1
○ 연락책임자 : 소외 2
○ 질서유지인 : 15명
○ 참가예정단체 : 민주노총, 사회운동단체, 시민
○ 참가예정인원 : 150명
○ 참고사항 : 평상시 70명이나 거리특강, 거리음악회 시 인원 150명, 낮에 상시 20명 대기

2) 원고 1은 천주교인권위원회 활동가, 원고 2는 불안정노동철폐연대의 활동가, 원고 3은 인권운동사랑방의 활동가, 원고 4는 인권운동공간 '△'의 활동가로서, 위 원고들은 당일 대한문 앞에서 집회를 준비하였다. 피고 2는 2011. 1. 14.경부터 ○○차 대

책위 등이 ○○차 희생자 추모와 해고자 복직을 위하여 대한문 부근에서 개최하여 온 집회 및 시위의 현장에서 경비업무를 수행한 남대문 경찰서 경비과장이다.

3) 집회 주최측은 집회장소로 신고한 대한문 앞부터 우측 10번째 가로수 사이에 있는 이 사건 화단 앞에서 집회를 진행하기로 하고, 2013. 5. 29. 19:28경 이 사건 화단 앞에 마이크를 설치하여 무대를 마련하고 그 무대를 바라보는 방향으로 의자를 배치한 후 화단 나무 사이에 '시민의 집회 시위 권리찾기 프로젝트 - 꽃보다 집회'라고 적힌 현수막을 설치하였다.

4) 그러자 피고 2의 지시를 받은 경찰기동대 약 30명은 19:35경 이 사건 화단 앞으로 들어와 일렬로 화단을 둘러쌌다. 피고 2는 집회참가들에게 이 사건 화단은 집회신고장소에 포함되지 않으며 화단 나무에 현수막을 거는 것은 신고된 장소를 벗어난 불법집회라고 방송하였다.

5) 경찰들이 무대를 준비하던 공간을 점거함에 따라 뒤쪽으로 밀려난 집회참가자들은 집회를 시작하기도 전에 경찰이 집회장소를 점거하는 것은 집회방해로서 부당하고 항의하며 물러날 것을 요구하였으나 피고 2 등 경찰이 응하지 않으면서 화단을 뒤에 두고 경찰과 집회참가자들이 서로 대치하는 상황이 발생하였다.

6) 당시 현장에는 집회참석자 약 150명이 있었다. 일부 집회참가자는 산발적으로 이 사건 화단 앞의 경찰들을 밀고 당기는 등 유형력을 행사하였고 일부 집회참가자는 경찰들을 향해 물총을 쏘았으나, 대부분 집회참가자들은 상황을 지켜보며 이 사건 화단 앞에 줄지어 서 있는 경찰과 주변에서 경찰을 지휘, 감독하던 피고 2에게 집회장소에서 나가라며 말로 항의하였다. 경찰은 20:09경 일부 집회참가자들이 밀고 당기거나 말로 항의하는 과정에서는 그 자리를 지키며 서 있는 정도로 소극적으로 대응하다가 일부 집회참가자가 경찰을 향해 물총을 쏘기 시작하자 물총을 쏘는 집회참가자를 향해 최루액을 분사하고, 물총 11개를 현장에서 압수하였다.

7) 피고 2는 20:07경 종결선언요청, 20:26경 자진해산요청, 20:35경 1차 해산명령, 20:42경 2차 해산명령, 20:57경 3차 해산명령을 방송하였다. 그 과정에서 집회참가자들은 이 사건 화단 부근에서 경찰의 대응을 비판하는 등의 발언 위주로 집회를

진행하다가 22:00경 집회를 종료하였다.

다. 2013. 5. 29.자 남대문경찰서 집회

1) 대한문 집회를 마친 원고 1, 원고 2, 원고 3, 원고 4 등 집회참가자 약 50명은 2013. 5. 20. 22:10경 대한문 집회에서의 경찰 대응에 항의하기 위한 집회를 남대문 경찰서 앞에서 개최하기로 하고, 22:25경 남대문경찰서 앞으로 이동하였다.

2) 집회참가자들은 대한문 집회에서 이용한 방송차량 1대를 경찰서의 비상통행로에 주차하고 경찰서 중앙계단 앞 인도에 모여 경찰의 집회방해행위를 규탄한다는 내용의 구호와 노래를 제창하며 집회를 진행하였다(이하, '2013. 5. 29.자 남대문 경찰서 집회'라고 한다). 당시 경찰은 비상통행로에 주차된 방송차량을 견인하려고 하였으나 집회참가자 2명은 방송차량 앞에 연좌하여 이를 제지하였다.

3) 피고 2는 22:27경 자진해산요청, 22:32경 1차 해산명령, 22:36경 2차 해산명령, 22:42경 3차 해산명령, 22:54경 4차 해산명령, 23:10경 5차 해산명령, 23:19경 6차 해산명령을 하였다.

4) 경찰이 해산명령 직후인 23:21경부터 23:50경까지 4차례에 걸쳐 집회현장에서 발생하는 소음을 측정한 결과, 집회 및 시위에 관한 법률 시행령 제14조, 별표 제2호의 확성기 등의 소음기준 70dB를 초과한 78.4dB, 77.9dB, 72.4dB, 77dB 등으로 각 측정되었다.

5) 집회참가자들은 2013. 5. 30. 01:15경 집회를 종료하고 해산하였다.

라. 2013. 6. 10.자 대한문 기자회견 및 집회

1) 서울 중구청장은 2013. 5. 30.경, 같은 해 6. 3.경 ○○차 대책위에 이 사건 화단 앞 인도상에 설치된 임시분향소를 자진 철거할 것을 명하였다.

2) 이에 ○○차 대책위가 불응하자 서울 중구청장은 2013. 6. 10. 09:18경부터 09:42경까지 중구청 직원 약 50명을 동원하여 임시분향소를 철거하는 행정대집행을 하였

고, ○○차 대책위 회원 약 30명이 현장에서 철거에 항의하였다.

3) 당시 현장에 있던 원고 5는 임시분향소 강제철거를 비판하는 기자회견을 11:00경 임시분향소가 있던 이 사건 화단 앞에서 개최한다고 예고하였다. 공익인권변호사모임 희망을 만드는 법 소속의 변호사인 원고 6도 위 기자회견을 듣기 위하여 11:00경 대한문 앞에 도착하였고, 연합뉴스 등 언론사 기자 30여명이 취재를 위해 참석하였다.

4) 피고 2는 원고 5가 이 사건 화단 앞에서 기자회견을 예정하고 있다는 정보를 취득하고 경찰 2개 중대를 이 사건 화단 앞 주변으로 집결시켜 대한문 앞부터 이 사건 화단 주변까지 여러 줄로 넓게 서 있도록 지시하며 ○○차 대책위 회원 등 참석자들의 접근을 차단할 것을 지시하였다.

5) 경찰은 10:18경 이 사건 화단 주변으로 앰프 1개가 담긴 여행용 가방을 옮기려는 것을 발견하고 이를 압수하였다가 현장에 있던 소외 3이 기자회견에 사용될 장비인데 압수의 근거가 무엇인지 항의하자, 10:25경 이를 반환하였다.

6) ○○차 대책위 회원 등 30여 명은 10:55경 피고 2에게 이 사건 화단 앞에서 기자회견을 할 예정이라고 하며 경찰들을 취재라인 밖으로 철수시킬 것을 요청하였으나 피고 2가 이에 응하지 않아 경찰과 밀고 당기는 상황이 발생하기도 하였다.

7) 기자회견을 듣기 위해 모인 참석자들은 피고 2에게 기자회견을 막는 것은 집회의 자유를 침해하는 것이니 기자회견 장소를 확보하여 달라는 요청과 항의를 계속하였으나 피고 2는 이에 응하지 않았다.

8) 원고 6을 포함한 참석자 약 30명은 이 사건 화단 앞에서 기자회견을 하는 것이 불가능하게 되자, 그 주변에서 피고 2 등 경찰들의 기자회견 방해행위와 임시분향소의 기습철거를 비판한다는 취지의 자유발언을 돌아가며 하는 항의집회를 시작하였다(이하, '2013. 6. 10.자 대한문 집회'라고 한다).

9) 그러자 피고 2는 11:00경 자진해산요청, 11:07경 1차 해산명령, 11:15경 2차 해산명령, 11:24경 3차 해산명령, 11:53경 4차 해산명령을 하였다.

[인정근거] 다툼 없는 사실, 갑 제1 내지 11호증, 을 제1 내지 22호증(가지번호 있는 것은 가지번호 포함)의 각 기재 내지 영상, 변론 전체의 취지

2. 2013. 5. 29.자 대한문 집회에 관한 판단

가. 당사자들의 주장

(1) 원고 1, 원고 2, 원고 3, 원고 4의 주장

피고 2의 지휘를 받은 경찰들은 법률적 근거 없이 집회장소인 이 사건 화단 앞 공간을 점거하고, 관련 법령의 요건을 갖추지 못한 상황에서 해산명령을 발하거나 최루액을 발사하는 등 물리력을 행사하여 집회의 자유를 침해하였으므로, 피고들은 이로 인하여 원고들이 입은 정신적 손해를 배상할 책임이 있다.

(2) 피고들의 주장

(가) 집회장소 점거에 대하여

○○차 대책위는 집회시위 제대로 모임의 구성단체로서 꽂보다 집회의 개최자는 ○○차 대책위 소외 1이므로, ○○차 대책위와 집회시위 제대로 모임은 상당히 밀접성이 있는 단체이다. 그런데 ○○차 대책위는 2013. 4. 4. 대한문 앞에 설치된 천막이 강제철거된 후에도 5차례 이상 화단으로 침입하여 공유재산인 화단을 훼손한 전력이 있었다. 이와 같은 ○○차 대책위의 대한문 앞 농성과 화단 훼손의 전력 등에 비추어 이 사건 5. 29.자 대한문 집회에서도 집회참가자들의 화단 훼손이 예상되는 상황에서 경찰은 집회참가자들의 화단 접근을 제한하고, 공공의 질서를 유지하기 위하여 화단 앞에 일렬로 서서 질서유지선을 설정한 것이다. 이와 같은 경찰권의 행사는 경찰관 직무집행법(이하, '경직법'이라고 한다) 제6조, 제2조와 집회 및 시위에 관한 법률(이하, '집시법'이라고 한다) 제13조 제1항, 동법 시행령 제13조 제1항 제4호 라.목 및 제6호에 근거한 것이다.

(나) 해산명령에 대하여

당시 집회참가자들은 화단 진입을 시도하며 이를 막기 위하여 소극적으로 팔짱을 끼고

서 있는 경찰관들을 밀거나 넘어뜨리고 물총을 쏘는 등 폭력을 행사하고 모욕하여 타인의 법익이나 공공의 안녕질서에 대하여 직접적이고 명백한 위험이 초래된 상황이었으므로, 피고 2의 해산명령은 집시법 제20조 제1항 제5호, 제16조 제4항 제2호에 근거한 적법한 경찰권의 행사이다.

(다) 최루액 분사에 대하여

피고 2 등 경찰은 집회참가자들이 몸싸움을 벌이는 것에 그치지 않고 물총을 이용하여 최루액으로 의심되는 액체를 쏘아대자 경찰들의 신체와 공공시설 안전에 현저한 위해의 발생을 억제하기 위하여 최루액 사용을 사전 경고한 후 최루액을 분사한 것이므로, 이는 경직법 제10조의3에 따른 적법한 경찰권의 행사이다.

나. 화단 앞 집회장소의 점거에 관한 판단

1) 경직법 제6조에 근거한 적법한 조치인지

경직법(2014. 5. 20. 법률 제12600호로 개정되기 전의 것) 제6조 제1항은 "경찰관은 범죄행위가 목전에 행하여지려고 하고 있다고 인정될 때에는 이를 예방하기 위하여 관계인에게 필요한 경고를 발하고, 그 행위로 인하여 인명·신체에 위해를 미치거나 재산에 중대한 손해를 끼칠 우려가 있어 긴급을 요하는 경우에는 그 행위를 제지할 수 있다"고 규정하고 있다. 위 조항 중 경찰관의 제지에 관한 부분은 범죄의 예방을 위한 경찰 행정상 즉시강제 즉, 눈앞의 급박한 경찰상 장해를 제거하여야 할 필요가 있고 의무를 명할 시간적 여유가 없거나 의무를 명하는 방법으로는 그 목적을 달성하기 어려운 상황에서 의무불이행을 전제로 하지 아니하고 경찰이 직접 실력을 행사하여 경찰상 필요한 상태를 실현하는 권력적 사실행위에 관한 근거조항이다. 행정상 즉시강제는 그 본질상 행정 목적 달성을 위하여 불가피한 한도 내에서 예외적으로 허용되는 것이므로, 위 조항에 의한 경찰관의 제지 조치 역시 그러한 조치가 불가피한 최소한도 내에서만 행사되도록 그 발동·행사 요건을 신중하고 엄격하게 해석하여야 하고, 그러한 해석·적용의 범위 내에서만 우리 헌법상 신체의 자유 등 기본권 보장 조항과 그 정신 및 해석 원칙에 합치될 수 있다(대법원 2008. 11. 13. 선고 2007도9794 판결 참조).

앞서 인정한 사실을 위 법리에 비추어 보면, 다음과 같은 이유에서 집회장소인 이 사건 화단 앞을 점거한 경찰의 행위는 경직법 제6조의 즉시강제의 요건을 충족하지 못하고 그 범위를 명백히 넘어서는 것이어서 적법한 경찰권의 행사였다고 볼 수 없다.

가) 2013. 5. 29.자 대한문 집회는 ○○차 대책위 외에도 여러 단체가 참여한 "집회시위 제대로 모임"이 ○○차 정리해고와 관련된 사망자 등을 추모하고, 집회 및 시위의 자유보장을 촉구하기 위하여 개최한 집회였다. 당시 집회 주최측은 집회를 준비하는 과정에서 집회현수막을 설치하기 위하여 이 사건 화단 안으로 잠시 들어간 것일 뿐이고, 집회 주최측이나 집회참가자들이 이 사건 화단을 훼손하기 위한 조직적인 준비나 시도를 한 사실이 없다. 따라서 2013. 5. 29.자 대한문 집회로 인해 화단 훼손 등 중대한 재산상 손해가 발생할 수 있는 긴급한 상황이었다고 볼 수 없고, 피고 2가 화단 앞에 경찰들을 배치한 조치가 급박한 경찰상 장해를 제거하기 위한 것이었다고 볼 수도 없다.

나) 이 사건 화단이 위치한 곳이 과거 ○○차 대책위가 설치한 분향소가 철거된 장소였다거나 분향소 철거 이후 ○○차 대책위 일부 회원들이 몇 차례 화단에 진입한 전력이 있었다는 사정은 즉시강제의 적법 요건인 눈앞의 급박한 경찰상 장해를 제거하여야 할 필요에 해당하지 않는다.

다) 집회의 목적, 내용과 집회의 장소는 밀접한 연관관계가 있기 때문에 집회의 장소에 대한 선택이 집회를 성과를 결정짓는 경우가 적지 않다. 집회장소가 바로 집회의 목적과 효과에 대하여 중요한 의미를 가지기 때문에, 누구나 '어떤 장소에서' 자신이 계획한 집회를 할 것인가를 원칙적으로 자유롭게 결정할 수 있어야만 집회의 자유가 비로소 효과적으로 보장된다(헌법재판소 2003. 10. 30. 선고 2000헌바67 결정 참조). 따라서 집회참가자들은 집회의 장소를 자유롭게 선택, 결정할 수 있고, 집회 장소를 제한하는 것은 집회의 자유를 제한하는 집회의 조건부 허용에 해당하므로, 경찰 등 공권력은 다른 중요한 법익을 보호하기 위하여 반드시 필요한 경우가 아니라면 집회의 장소를 제한할 수 없다.

라) 이 사건 화단 앞 공간은 ○○차 파업 사태의 진행 과정에서 병사하거나 자살한 노조원 등을 추모하는 분향소가 오랫동안 설치되어 있다가 행정대집행으로 강제철거된 곳이어서 ○○차 정리해고와 관련된 사망자를 추모하기 위한 집회의 목적과 밀

접한 관련이 있는 장소였고, 이에 따라 집회 주최측은 이 사건 화단 앞을 집회장소로 결정하고 마이크와 엠프를 설치하고 의자를 배치하는 등 집회를 개최하기 위한 준비를 한 것이므로, 피고 2가 집회의 가장 중요한 장소에 경찰들을 배치하여 이 사건 화단 앞 공간을 점거하여 집회의 자유를 제한한 것은 가사 그 목적이 화단의 훼손을 막기 위한 것이었다고 하더라도 불가피한 최소한도 내에서 예외적으로 행사되어야 하는 경직법 제6조 제1항의 즉시강제 요건을 갖추지 못한 것이다.

2) 경직법 제2조에 근거한 적법한 조치인지

가) 경직법 제2조는 경찰관에게 직무수행의무를 부과하는 전제로서 경찰관의 직무범위를 개괄적으로 한정하여 표시해 주는 조항인데, 이와 같은 조항을 이른바 '일반적 수권조항'이라 하여 국민의 기본권을 구체적으로 제한 또는 박탈하는 행위의 근거 조항으로 삼을 수는 없다. 우선 우리 헌법은 국민의 자유와 권리를 제한하는 경우 반드시 '법률'에 근거하도록 하였는데, 이는 조직법적 규정을 가리키는 것이 아니고 개별적 또는 구체적 사안에 적용할 작용법적 조항을 의미하는 것으로 보아야 한다. 또한 일반적 수권조항이라 하여 개별적, 구체적 기본권제한의 근거가 될 수 있다고 보는 것은 경찰작용에 관한 개별적 수권조항을 자세히 규정한 입법자의 의도에도 어긋나는 해석이다. 나아가, 국가기관의 조직에 관한 다른 법률에서도 임무 또는 직무에 관한 조항을 둔 예는 무수히 찾아볼 수 있으나 이를 가지고 구체적 기본권 제한의 근거로 삼는 사례는 찾아볼 수 없는데, 위와 같은 이유에도 불구하고 경직법 제2조가 기본권 제한의 일반적 수권조항에 해당한다고 보는 경우에는 명확성의 원칙 위반이라는 또 다른 위헌성을 피할 수 없으므로 결국 합헌적인 법률적 근거로 볼 수 없게 된다(헌법재판소 2011. 6. 30. 선고 2009헌마406 결정 등 참조). 따라서 경직법 제2조는 경찰들의 이 사건 화단 앞 점거행위에 대한 법률적 근거가 될 수 없다.

나) 가사 경직법 제2조를 경찰권 발동의 일반적 수권조항으로 보더라도, 일반적 수권조항은 개별적 수권조항이 없는 경우에만 보충적으로 적용된다고 봄이 타당하다고 할 것인바, 경직법은 제6조 등에서 범죄의 예방과 제지를 위하여 기본권을 제한할 수 있는 개별적 수권조항을 두고 있고, 나아가 집시법 제13조 등에서도 공공의 질서유지를 위하여 집회의 자유를 제한하는 개별적 수권조항을 두고 있으므로, 이와 같은

개별적 수권조항의 요건을 충족하지 못한 경찰권의 발동이 경직법 제2조에 따라 정당화된다고 보기 어렵다.

3) 판례 3

【주 문】

피고인은 무죄.

【이 유】

1. 공소사실

피고인은 서울지방변호사회 소속 변호사이다.

피고인은 2009. 6. 26. 10:30경부터 같은 날 11:25경까지 사이에 평택시 (주소 생략)에 있는 ○○자동차 △△공장 앞 버스정류장에서 공장을 불법점거하면서 퇴거에 불응하던 □□노조 ○○자동차 지부 조합원 공소외 1 등 6명이 기자회견 촬영 등을 이유로 공장 외부로 나오는 것을 발견한 경찰 대비 경력이 위 공소외 1 등의 신원 및 수배 여부 확인과 노조측과 사측의 격렬한 대립으로 인한 위험발생의 방지 및 범죄의 예방과 제지를 위해 상부의 지시를 기다리며 위 공소외 1 등 6명의 이동을 제한(고착관리)하고 있는 것을 보게 되었다.

그러자 피고인은 변호사 신분증을 보이며 경찰들이 위 공소외 1 등을 막고 있는 이유를 대라고 소리치면서 경찰 대비 경력인 ▽▽▽전경대 소속 공소외 2 상경, 공소외 3 상경 등에게 욕설을 하고, 양손으로 방패를 잡아당기는 한편, 발로 위 대비 경력이 들고 있는 방패를 걷어찼다. 피고인은 그 후 위 대비 경력 현장 책임자로부터 위 공소외 1 등이 퇴거불응죄의 현행범인으로 체포되었다는 고지를 받았음에도 불구하고 현행범 체포가 부당하다며 전경들이 들고 있던 방패를 잡아당기고 몸으로 방패를 밀었다.

이로써 피고인은 위 공소외 2에게 약 3주간의 치료를 요하는 우측견관절부염좌 등의 상해를, 위 공소외 3에게 약 6주간의 치료를 요하는 좌측수부제5수지중위지골기저부관절

내골절을 각 가함과 동시에 위 경찰관들의 현행범 체포에 관한 정당한 직무집행을 방해하였다.

2. 공소제기가 무효라는 주장에 대한 판단

가. 공소장일본주의 위반 여부에 대한 판단

(1) 변호인들의 주장

공소사실 중 '공장을 불법점거하면서 퇴거에 불응하던 □□노조 ○○자동차 지부 조합원 공소외 1 등 6명이 기자회견 촬영 등을 이유로 공장 외부로 나오는 것을 발견한 경찰대비 경력이 위 공소외 1 등의 신원 및 수배 여부 확인과 노조측과 사측의 격렬한 대립으로 인한 위험발생의 방지 및 범죄의 예방과 제지를 위해 상부의 지시를 기다리며 위 공소외 1 등 6명의 이동을 제한(고착관리)하고 있는 것을 보게 되었다'는 기재 가 있는데, 위 부분은 범죄의 일시, 장소와 방법 중 어디에도 해당되지 않는다. 검사는 공소외 1 등의 이동을 제한하고 있던 경력들의 동기 내지 내심의 사유에 불과한 사항을 장황하게 기재함으로써, 피고인의 경력들에 대한 공무집행방해 여부를 다투는 민감한 사안에서 경력들의 공무집행의 정당성을 예단하게 하는 서술방식을 사용하고 있다.

따라서, 위 기재 부분을 포함한 공소제기는 공소제기의 방식을 위반한 것이다.

(2) 판단

(가) 이 사건 공소사실에는 공무집행방해의 점이 포함되어 있는데, 형법 제136조가 규정하는 공무집행방해죄는 공무원의 직무집행이 적법한 경우에 한하여 성립하고, 여기서 적법한 공무집행은 그 행위가 공무원의 추상적 권한에 속할 뿐 아니라 구체적 직무집행에 관한 법률상 요건과 방식을 갖춘 경우를 가리킨다(대법원 2000. 7. 4. 선고 99도4341 판결 등 참조).

위 부분 공소사실 기재는 그 기재 자체로 보아, 공소외 1 등 6명의 이동을 제한(고착관리)한 공무집행의 내용과 경위 및 그 적법성의 근거, 공소외 1 등 6명을 퇴거불응죄의 현행범인으로 체포한 공무집행의 일부 내용과 경위 및 그 적법성의 근거에 대한 기재이므로, 전체적으로 형사소송법 제254조 제3항 제3호가 정하는 '공소사실'에 포함된다.

(나) 다만, 위 부분 공소사실 중 '공소외 1 등 6명이 기자회견 촬영 등을 이유로'라는 부분이 직접적으로 공무집행방해죄의 구성요건에 대한 기재인지 문제의 소지가 없는 것은 아니나, 공소장일본주의의 위배 여부는 공소사실로 기재된 범죄의 유형과 내용 등에 비추어 볼 때에 공소장에 첨부 또는 인용된 서류 기타 물건의 내용, 그리고 법령이 요구하는 사항 이외에 공소장에 기재된 사실이 법관에게 예단을 생기게 하여 법관이 범죄사실의 실체를 파악하는 데 장애가 될 수 있는지 여부를 기준으로 당해 사건에서 구체적으로 판단하여야 할 것인데(대법원 2009. 10. 22. 선고 2009도7436 판결 등 참조), 이 사건의 경우 위와 같은 기재는 법관에게 어떠한 예단을 생기게 하여 법관이 범죄사실의 실체를 파악하는 데 장애가 된다고 보이지 아니한다.

(다) 또한, 공소장일본주의 위배 여부에 대하여 피고인측으로부터 아무런 이의가 제기되지 아니하였고 법원 역시 범죄사실의 실체를 파악하는 데 지장이 없다고 판단하여 그대로 공판절차를 진행한 결과 증거조사절차가 마무리되어 법관의 심증형성이 이루어진 단계에서는 소송절차의 동적 안정성 및 소송경제의 이념 등에 비추어 볼 때 이제는 더 이상 공소장일본주의 위배를 주장하여 이미 진행된 소송절차의 효력을 다툴 수 없는데(대법원 2009. 10. 22. 선고 2009도7436 판결 등 참조), 이 사건의 경우 피고인과 변호인은 변론종결 이전까지 공소장일본주의 위배 여부에 대하여 아무런 주장을 하지 않고 있다가, 변론이 종결된 이후인 2011. 10. 13.에야 변호인들이 공소장일본주의 위배의 점을 기재한 변론요지서를 제출하였으므로, 이 점에 관한 변호인들의 주장은 어느 모로 보나 이유 없다.

(라) 따라서, 이에 관한 변호인들의 주장은 이유 없어 받아들이지 않는다.

나. 공무집행방해죄의 공소사실이 특정되지 않았다는 주장에 대한 판단

(1) 피고인과 변호인들의 주장

이 사건 공소사실을 보면, 피고인이 공소외 2와 공소외 3에게 폭행을 함으로써 이들 두 경력의 현행범 체포에 관한 직무집행을 방해하였다는 것인지, 아니면 막연히 사건 당시

조합원들에 대한 체포 업무에 종사하고 있던 모든 경력들의 현행범체포에 관한 직무집행을 방해하였다는 것인지 분명하게 구분하지 아니함으로써 공무집행방해의 대상을 특정하고 있지 않다.

(2) 판단

(가) 동일한 공무를 집행하는 여럿의 공무원에 대하여 폭행·협박 행위가 이루어진 경우에는 공무를 집행하는 공무원의 수에 따라 여럿의 공무집행방해죄가 성립한다(물론, 위와 같은 폭행·협박 행위가 동일한 장소에서 동일한 기회에 이루어진 것으로서 사회관념상 1개의 행위로 평가되는 경우에는 여럿의 공무집행방해죄는 상상적 경합의 관계에 있다고 할 것이다. 이상의 점에 대하여는 대법원 2009. 6. 25. 선고 2009도3505 판결, 대법원 1961. 9. 28. 선고 4294형상415 판결 등 참조).

(나) 따라서, 여럿의 공무원에 대한 공무집행방해죄 성립 여부가 문제되는 경우, 공무집행방해죄의 대상이 된 공무원에 대하여는, 법원이 심판의 대상을 한정하고 피고인이 방어권을 행사하기 위한 정도의 최소한의 기재가 필요하다.

(다) 이 사건의 경우, 공소사실 마지막 문단주1) 을 중심으로 하여 공소장에 기재된 공소사실의 전체적인 기재를 종합하면, 검사는 공소외 2와 공소외 3을 공무집행방해죄의 대상이 된 공무원들로 한정하고 이들의 공무집행이 방해된 것으로 특정하여 공소를 제기하였음이 분명하고주2) , 따라서 공무집행방해죄의 공소사실이 특정되지 아니하였다고 볼 수 없다.

(라) 따라서, 이에 관한 피고인과 변호인들의 주장은 이유 없어 받아들이지 않는다.

다. 상해죄의 공소사실이 특정되지 않았다는 주장에 대한 판단

(1) 피고인과 변호인들의 주장

공소사실에 피고인이 피해자들에게 가한 상해행위의 시점이 특정되어 있지 않아, 공소사실이 특정되지 아니하였다.

(2) 판단

(가) 공소장에는 피고인의 성명 기타 피고인을 특정할 수 있는 사항과 죄명, 공소사실, 적용법조를 기재하여야 하고 공소사실의 기재는 범죄의 일시, 장소, 방법 등 소인을 명시하여 사실을 특정할 수 있도록 하여야 함은, 공소의 제기는 법원에 대하여 심판의 대상을 한정하고 피고인에게 방어의 범위를 특정하여 그 방어권행사를 용이하게 하기 위하여 요구되는 것이므로, 형사소송법의 해석상 가능한 한 범죄의 일시, 장소, 방법은 명확하게 이를 특정할 수 있도록 기재하는 것이 바람직하다고 할 것이나, 이와 같은 요구는 비록 소인의 특정에 필요한 것이 아니라고 하더라도 심리의 편의와 피고인의 방어를 위하여 그 최소한의 기재를 요구하고 있는 것이라고 풀이할 수 있을 뿐만 아니라, 사실상 필요 이상의 엄격한 요구로 공소의 제기와 그 유지에 불필요한 장애를 초래할 수 있으므로, 범죄사실을 특정할 수 있는 한도 즉 일시는 이중기소나 시효에 저촉되지 않는 정도, 장소는 토지관할을 가늠할 수 있는 정도, 그리고 그 방법에 있어서는 범죄구성요건을 밝히는 정도 등으로 기재하면 족하다고 풀이 할 것이다(대법원 1984. 8. 14. 선고 84도1139 판결, 대법원 2001. 10. 26. 선고 2000도2968 판결, 대법원 2003. 1. 24. 선고 2002도6103 판결 등 참조)

(나) 이 사건의 경우를 살펴보면, 검사는 상해의 점에 대한 일시를 이중기소나 시효에 저촉되지 않는 정도로 특정하여 공소장에 기재하였음이 명확할 뿐 아니라, 현행범인 체포 고지 전후로 나누어 피고인의 피해자들에 대한 행위를 기재하고, 이러한 피고인의 일련의 행위로 인하여 피해자들이 상해를 입었다는 점을 분명히 기재하였음을 알 수 있다.

(다) 따라서, 상해행위의 시점이 특정되지 않아 공소사실이 특정되지 아니하였다는 피고인과 변호인들의 주장은 이유 없어 받아들이지 아니한다.

3. 범죄성립 여부에 대한 판단

가. 인정사실

증인들의 법정진술, 검사가 제출한 증거들, 변호인이 제출한 증거들, 검사가 제출한 CD(수사기록 제225쪽에 첨부된 것)의 영상 및 음향, 변호인이 제출한 CD(2010. 7. 23. 증 제2호로 제출한 것)의 영상 및 음향, 피고인의 법정진술 등을 종합하면 다음과 같은 사실을 인정할 수 있다.

(1) 피고인은 ◇◇◇◇◇ ◇◇ ◇◇◇ ◇◇(이하 '◇◇'이라 한다)의 노동위원회 위원장이다.

□□□□노동조합(이하 '□□노조'라고 한다) 위원장 공소외 19는 2009. 6. 22.경 ◇◇노동위원회에 '□□□□노동조합 ○○자동차지부 파업투쟁으로 인한 대량 연행자 발생시 신속한 변호사 접견이 이루어질 수 있도록 적절한 조치를 취해 줄 것을 부탁한다'는 내용의 요청주3) 을 하였다.

위 노동위원회는 2009. 6. 24. 수요모임을 하였는데, 그 모임에서는 '2009. 6. 26. 11:00경 평택 ○○자동차 공장 앞에서 다른 단체와 함께 ○○자동차 정리해고 문제의 올바른 해결을 위한 법률전문가 공동 기자회견을 진행하는 안건' 등에 대해 논의하였고주4), 그 무렵 위 노동위원회 소속 변호사들이 위 기자회견에 참석하기로 하였다.

(2) 공소외 1은 □□노조 ○○자동차지부 대외협력실장, 공소외 5는 같은 지부 대외협력부장인데, 이들은 쌀과 부식의 공장 내 반입을 위해 경찰들과 협의를 하는 창구 역할을 담당하고 있었다.

공소외 1과 공소외 5는 2009. 6. 26. 10:15경주5) 부식 반입 문제로 경찰들과 협의하기 위해 버스승하차장 문을 통해 ○○자동차 공장 밖 버스승하차장으로 나와 별지 사진 A 지점까지 걸어갔다. 공소외 1과 공소외 5는 전경대 지휘관주6) 으로부터 '다시 공장 안으로 들어가라. 안 그러면 공무집행방해로 체포하겠다'는 이야기를 듣고 약 5분 정도 경찰과 부식 문제로 언쟁을 하였는데, 어느 순간 전경대 지휘관의 지시에 따라 방패를 든 전경들이 공소외 1과 공소외 5를 둘러쌌다.

공소외 1은 위 지휘관에게 '왜 체포했느냐, 공무집행방해죄가 뭐냐'고 항의했지만, 지휘관은 아무런 말도 하지 않았다.

한편, 공소외 4는 □□노조 ○○자동차지부 조합원으로서 □□노조에 파견된 □□노조 교섭국장이었는데, 위 공소외 4는 사건 당시 ○○자동차 공장 안에 있다가 밖으로 나온 것이 아니라, ○○자동차 공장 밖에서 업무를 보던 중 ○○자동차 △△공장 앞 인도를 지나가고 있었다주7) .

공소외 4는 별지 사진 B지점 인도에서, 공소외 1과 공소외 5가 위와 같이 전경들에 의해 둘러싸이게 되는 장면을 목격하였고, 전경대원들에게 '체포이유가 뭐냐'고 물었다. 그러자 전경대 지휘관은 전경대원들에게 '저 사람 연행해'라고 지시하였고, 전경대원들이 공소외 4의 팔 부분을 잡아서 공소외 1과 공소외 5를 둘러싼 전경들 안(위 A 지점)으로 들어가게 하였다.

공소외 4는 위 전경대 지휘관에게 '연행사유가 뭐냐'고 물었지만, 전경대 지휘관을 비롯한 전경들은 아무런 대답을 하지 않았고, 공소외 4가 계속하여 체포이유가 무엇인지 알려달라고 수차례 요구하였지만, 전경대 지휘관과 전경들은 아무런 말을 하지 않았으며, 이러한 상태로 약 20분 동안 공소외 1, 공소외 5, 공소외 4는 전경대 대원들에게 둘러싸인 채 위 A 지점에 그대로 있었다.

공소외 1, 공소외 5, 공소외 4가 위와 같이 둘러싸인 때로부터 약 20분이 지난 후, 전경대원들은 지휘관의 지시에 따라 공소외 1, 공소외 5, 공소외 4를 둘러싼 채 정문방향으로 이동하여, 별지 사진 C 지점의 공소외 7, 공소외 8, 공소외 9가 전경대원들에 의해 둘러싸여진 곳으로 이동하였다주8) .

이때까지 전경대 지휘관, 전경들을 비롯한 어느 누구도 공소외 1, 공소외 5, 공소외 4에게 피의사실의 요지, 체포의 이유와 변호인을 선임할 수 있음을 말하지 않은 것은 물론, '왜 그들을 둘러싸고 있는 전경대원들 바깥으로 나가지 못하도록 막고 있는 것인지'에 대하여도 말한 바 없다.

(3) 공소외 7은 □□노조 ○○자동차지부 교육부장, 공소외 8은 위 지부 교선실장, 공소외 9는 위 지부 편집부장인데, 이들은 2009. 6. 26. 10:30경 ○○자동차 주식회사가 ○○자동차 공장 밖에서 11:00에 개최하는 기자회견을 취재하기 위해 버스승하차장 문을 통해 ○○자동차 공장 밖 버스승하차장으로 나와 별지 사진 C 지점까지

약 20 내지 30미터 정도 걸어갔다.

공소외 8과 공소외 7이 먼저 가고 있었는데, 방패를 든 전경대원들 약 18명은 공소외 11 중대장의 지시에 따라 위 두 명의 주위를 둘러싸 막아섰다(이 시점부터 공소외 7은 캠코더로 촬영하기 시작하였다. 변호인 제출 CD 00:00부터 시작됨). 지휘관급으로 보이는 경찰관주9) 은 '고착상태로 있어, 대기'라고 위 전경대원들에게 지시하였고, 전경대원들은 위 지시에 따라 방패를 들고 위 두 명을 마주보고 둘러싼 채 위 두명이 전경대원들 밖으로 나가지 못하도록 하고 있었다.

약 1분 정도 경과한 후 경찰관이 위 두 명에게 '어디 가시려고요?'라고 물었고, 공소외 8은 '11시에 있는 회사 기자회견에 가려고 한다'라고 답했다. 위 경찰관은 '잠깐만 기다려보세요. 정보과에서 오신다고 그랬거든요'라고 말했다. 공소외 8은 '3명만 나가면 된다'라고 말했고, 위 경찰관은 다시 '잠깐만 기다려보세요'라고 말했다.

이에 공소외 8이 '좀 풀어달라. 가두지 말고. 안 나가라면 안 나가니까 이거 좀 풀어달라. 막고 있는데 우리가 나갈꺼요? 안나갈거니까'라고 말했지만, 위 경찰관은 대답하지 않았고(변호인 제출 CD 1분 20초경까지), 오히려 위 두 명을 둘러싸고 있던 전경대원들의 숫자가 더 늘어났다.(위 CD 1분 30초부터 1분 57초 정도까지)

공소외 8이 위 경찰관에게 '오래 기다려야하는거요?'라고 물었고, 위 경찰관은 '조금만 기다리라'고 답했다(위 CD 1분 57초경).

전경대 지휘관이 전경들과 함께 공소외 9주10) 를 데리고 왔고, 공소외 9로 하여금 위 두 명이 있는 전경대원들 안으로 들어가게 하였다(위 CD 약 2분 26초까지).

위 지휘관의 지시에 따라 위와 같이 둘러싸고 있던 전경대원들의 숫자는 조금 줄어들었지만, 위 3명이 방패를 든 전경대원들에 의해 둘러싸여져 움직이지 못하고 있던 점에는 변함이 없었고, 이러한 상태는 약 10분 정도 계속되었다주11) .

이때까지 전경대 지휘관이나 전경들이 위 공소외 7, 공소외 8, 공소외 9에게 피의사실의 요지, 체포의 이유와 변호인을 선임할 수 있음을 말하지 않았다.

(4) 위 (2)에서 설시한 바와 같이 공소외 1, 공소외 5, 공소외 4를 둘러싸고 있던 전경대원들은 전경대 지휘관의 지시에 따라 위 3명을 에워싼 채 정문방향으로 이동하여 별지 사진 C 지점 즉, 공소외 7, 공소외 8, 공소외 9가 전경대원들에 의해 둘러싸여진 곳으로 이동하였고, 전경대원들은 전경대 지휘관의 지시에 따라, 방패를 들고 마주선 상태로 위 6명의 주위를 둘러쌌다(변호인 제출 CD 2분 27초경).

위 □□노조 조합원 6명 중 한 명이 전경대원들 너머에 있는 지휘관에게 '그늘로 가자'라고 요구하였고, 지휘관의 지시에 따라 전경대원들은 대형을 그대로 유지한 채 이동하여 별지 사진 D 지점까지 이동하였다. 이와 같이 이동할 때에도 전경대원들의 방향과 대형은 그대로였다.

위 6명이 D 지점까지 이동하여 위 6명 중 한 명이 전경대원들에게 '조금만 터줘. 바람 좀 들어오게'라고 말하였지만(위 CD 3분 10초경까지), 전경대원들의 대형은 그대로 유지되었다. 그 중 4명은 앉았고, 나머지 2명은 선 채로 있었는데, 그 공간은 위 6명 외에 다른 사람이 들어오기에는 어려운 정도의 공간이었다.

위 □□노조 조합원 6명 중 한 명이 전경대 너머로 안면이 있는 어떤 경찰관을 불렀고, 그 경찰관에게 '이게 뭐요? 자꾸 일을 크게 만드실거에요? 계란 문제 때문에 대화하고 있는데'라고 항의하였다.

그러던 중 피고인을 비롯한 다른 사람들이 위 6명이 위와 같이 둘러싸여 있는 광경을 목격하고 이들 쪽으로 다가왔고, 위 6명을 둘러싸고 있던 전경대원들 중 일부는 방향을 바꾸어 위 6명을 등지고 피고인을 비롯한 다른 사람들을 마주본 채 방패를 들고 서있기도 하였다(변호인 제출 CD 4분경).

전경대원들에 의해 둘러싸여 있던 공소외 4는 전경대원들 너머에 있는 공소외 11 중대장에게 '물어볼게요. 연행 이유가 뭐에요? 이유가 뭐냐고 이유가. 이유를 대줘야 할 거 아니야? 이 양반아 미란다 원칙을 이야기해줘야 할 거 아니야? 이유를 대보라고. 뭔데? 연행하는 이유가'라고 큰 소리로 강하게 항의하였다.

공소외 11 중대장은 이에 답변하지 아니한 채 '자 변호사님 빼고 나머지 정리해'라고 전경대원에게 지시하였고주12) , 이에 전경대원들은 피고인의 일행 및 다른 사람들을 방패로 막아섰다(변호인 제출 CD 4분 29초경까지, 검사 제출 CD 2번 파일 10초경).

이때 피고인은 공소외 11 중대장에게 '여기 왜 막고 있어요?'라고 물었고, 공소외 11 중대장은 '잠깐만요'라고 말하였을 뿐 다른 말을 하지 아니하였다(변호인 제출 CD 4분 30초경, 검사 제출 CD 2번 파일 38초경). 이에 공소외 4는 욕설을 하며 항의하기도 하였다.

피고인은 공소외 11 중대장에게 '여기 책임자입니까?'라고 물었고(변호인 제출 CD 4분 40초경, 검사 제출 CD 2번 파일 47초경), 공소외 11 중대장은 아무런 말을 하지 않았다. 이에 피고인이 다시 공소외 11 중대장에게 '여기 책임자 맞아요?'라고 재차 물었지만, 공소외 11 중대장은 아무런 말을 하지 않은 채 자리를 벗어났다(변호인 제출 CD 4분 55초경까지, 검사 제출 CD 2번 파일 55초경주13)).

이후에도 전경대원들은 위 □□노조 조합원 6명을 마찬가지로 둘러싸고 있었고, 전경대 지휘관을 비롯한 경찰은 위 6명과 피고인 누구에게도 피의사실의 요지, 체포의 이유와 변호인을 선임할 수 있음을 말하지 않았다.

(5) 위와 같이 피고인이 위 6명을 발견한 시점부터 약 10분 정도가 지나도록 아무런 체포 이유 고지가 이루어지지 않자, 피고인은 변호사 신분증을 손에 든 채 전경대원들에게 체포이유가 무엇인지 물어보았고, 이때 빨간색 모자를 쓴 전경대원은 피고인 앞을 가로막았다.

이에 피고인은 공소외 11 중대장에게 '체포 이유가 뭐야?', '체포감금할 때에는 미란다 원칙을 고지해야할 것 아니야?'라고 큰 소리로 강하게 항의하였고, 전경대원들에 의해 둘러싸여 있던 □□노조 조합원 중 공소외 4도 계속하여 체포 이유를 고지할 것을 요구하였다.

이때 어느 전경대원이 공소외 11 중대장에게 '중대장님 과장님이 부릅니다. 과장님이 기다립니다'라고 말하였고, 공소외 11 중대장은 피고인에게 '하겠습니다'라고 말하고는 자리를 벗어났다(검사 제출 CD 3번 파일 35초 무렵, 변호인 제출 CD 5분 59초 무렵).

피고인은 계속하여 '이유가 뭐야? 이유도 없이 사람을 이렇게 이 사람들아'라고 강하게 항의하였다. 공소외 11 중대장이 자리를 벗어나자 피고인, 공소외 15, 공소외 16 및 신분을 알 수 없는 사람들과 전경대원들이 대치하는 형국이 되었는데, 전경대원들은 방패를 앞에 든 채 일렬로 피고인과 그 일행들 및 신분을 알 수 없는 사람들을 막아섰다. 피고인은 계속하여 손에 신분증을 든 채로 체포 이유를 고지할 것을 요구했다(검사 제출 CD 3번 파일 1분경까지, 변호인 제출 CD 6분 25초경까지주14)).

피고인은 변호사 신분증을 오른손에 들고 오른손을 높이 올린 채로 다시 '피고인 변호사입니다. 여기 지휘자, 책임자는 여기 사람을 왜 체포하고 있는지 왜 감금하고 있는지 설명하세요. 이유를 제시하세요. 이유를 제시하지 못하면 당장 길을 여세요. 여기 있는 사람들 왜 잡고 있어요. 여기 책임자 어디 있어요'라고 말했다(감사 제출 CD 3번 파일 1분 50초경까지). 이에 아무런 대답이 없자, 피고인은 '다시 한번 얘기합니다. 나는 피고인 변호사입니다. 신분증 여기 있습니다. 뭐 때문에 사람들을 잡고 있습니까. 잡고 있는 이유가 뭡니까? 책임자 나오세요'라고 큰 소리로 항의하였다(검사 제출 CD 3번 파일 1분 50초경부터 2분 16초까지, 변호인 제출 CD 6분 26초경부터 6분 37초까지).

(6) 전경들과 전경대 지휘관들이 아무런 대답도 하지 않자, 피고인은 마주보고 있던 전경 한명의 방패를 세 차례 잡아당겼다(검사 제출 CD 2분 21초까지). 피고인은 계속하여 변호사 신분증을 높이 들고 체포 이유를 제시할 것을 큰 소리로 요구하였다. 전경들로부터 아무런 이야기가 없자 피고인은 다시 전경 두 명의 방패를 양 손에 잡고 가운데에 있는 전경의 방패를 발로 찼다(검사 제출 CD 3번 파일 2분 47초까지주15)). 이후로도 피고인은 전경대원들의 방패를 4회 정도 잡아당겼다(검사 제출 CD 3번 파일 3분 20초 무렵까지).

(7) 피고인은 전경대원들과의 대치상태에서 벗어나 차도를 건너 공소외 17 격대장이 있는 쪽으로 다가갔으나, 전경대원들이 피고인을 가로막았다. 썬글라스를 끼고 사복을 입은 경찰은 피고인에게 '회의중이니까. 비켜주세요. 조금만 기다리세요'라고 했고, 피고인은 계속하여 변호사 신분증을 손에 든 채 책임자가 나올 것을 요구했다. 피고인은 책임자와 이야기하겠다며 격대장이 있는 쪽으로 가려고 했고, 전경대원들은 피고인을 가로막았다. 피고인은 격대장이 있는 쪽으로 변호사 신분증을 내보이며, '이유를 얘기해야 할 것 아니냐'고 하다가, 전경대원들을 피해 격대장 앞으로 가서 변호사 신분증을 내보이며, 격대장에게 '왜 잡아두고 있는지' 물었다.

격대장은 자신이 3개 중대를 관할하는 격대장이라면서 '여기는 불법집회라고 지시를 받았고, 이 사람들이 나왔다가 다시 들어가게 하지 말라는 지시를 받았다. 그리고 안에서 집회 시위자로 보이는 사람들이 나왔을 때에는 반드시 고착을 시켜서 수배자인지 체포영장이 발부된 사람인지 확인을 한 후에 지휘를 받으라는 내용의 지휘를 받았다'고 이야기하였다.

피고인은 공장 안에 있는 것이 집회냐며 항의하다가, '저 사람들을 저렇게 오랫동안 잡고 있는 이유가 뭡니까. 이거는 분명히 체포감금이에요'라고 항의하였다.

그때 ☆☆경찰서 수사과장은 '자 됐습니다. ☆☆경찰서 수사과장입니다. 저분들은 퇴거불응죄로 해서 지금부로 우리 ☆☆경찰서로'라고 말하고, 경찰이 사용하는 은어주16) 로 어떠한 지시를 하였다(검사 제출 CD 3번 파일 7분 20초 무렵까지주17)).

(8) 공소외 11 중대장은 전경대원들에 의해 둘러싸여져 있는 □□노조 조합원 6명의 주변에 가서, 어깨에 걸고 있던 확성기와 핸드마이크를 이용하여 '퇴거불응죄로 현행범으로 체포합니다. 여러분은 변호인을 선임할 수 있고, 여러분에게 불리한 진술을 거부할 수 있습니다'라고 말하고, 전경대원들에게 '자 체포해서 정문쪽으로 데리고 가자. 봉조. 세 명씩 잡어'라고 지시하였다(변호인 제출 CD 9분 58초경까지, 검사 제출 CD 3번 파일 7분 59초경까지).

(9) 전경들이 □□노조 조합원들 중 3명의 양쪽 팔을 잡고 정문 쪽으로 데리고 가려 하자, 피고인은 다시 길을 건너와 연행되는 조합원 중 가장 앞에 있던 공소외 7에게 다가가며 공소외 7의 옆에 있던 공소외 11 중대장에게 '왜 잡아가, 왜 잡아가는거야'라고 항의하였다(검사 제출 CD 3번 파일 8분 20초경). 공소외 11 중대장은 '자 변호사 채증해'라고 하였고, 피고인은 변호사 신분증을 보이며 '이유가 뭐야'라고 항의하였다.

이때 빨간 모자를 쓴 전경대원이 방패를 왼팔에 끼운 채로 오른손으로 방패의 오른쪽 부분을 지지하며 피고인을 강하게 밀어냈고, 피고인은 이에 밀려 다섯 걸음 내지 여섯 걸음 정도 밀려났으며, 주변에 있던 사람들이 피고인과 위 전경대원 사이에 끼어들어 피고인을 도와주었다(검사 제출 CD 3번 파일 8분 29초경). 이후 피고인 주위로 전경대원들이 피고인쪽으로 다가왔고, 위 빨간 모자를 쓴 전경대원은 뒤로 빠져, 피고인과 그 일행 및 신원불상자들과 전경대원들이 일렬로 대치하는 형태가 되었다(검사 제출 CD 3번 파일 8분 46초경까지). 이때 공소외 11 중대장은 인도에서 노조원들 연행에 대해 지휘하고 있었는데, 그 위치는 피고인과 가까웠다(변호인 제출 CD 3번 파일 10분 40초경).

이후 전경대원들은 피고인을 방패로 밀어내었다(검사 제출 CD 3번 파일 8분 58초 무렵). 피고인은 전경대원 한 명의 방패를 왼쪽 어깨로 밀었지만 전경대원들이 방패를 조금씩 겹쳐서 잡은 상태로 대형을 유지하였기에 별다른 충격을 주지는 못했다(검사 제출 CD 3번 파일 9분 27초 무렵).

(10) 피고인은 인도 쪽으로 가기 위해 변호사신분증을 내보이며 파란색 방패를 든 전경 쪽으로 가려고 하였으나, 전경들에 막혀 진행하지 못하자, 길가에 주차된 승용차 옆에 있던 파란색 방패를 든 전경대원의 방패의 윗부분을 변호사 신분증을 들고 있는 오른손으로 잡고, 기자회견문을 들고 있던 왼손으로 다른 전경대원의 방패를 잡은 채, 양 손을 끌어내려 방패를 약 2초간 당기고 파란색 방패를 든 전경과 그 옆에 있는 전경들을 밀었다(검사 제출 CD 3번 파일 9분 47초경). 그 무렵 전경대원들은 □□노조 조합원 3명을 둘러싼 채 승합차 쪽으로 연행하다가 사복을 입은 경찰들에게 인계하였다(변호인 제출 CD 11분 42초경).

(11) 이후 전경들은 대형을 갖추어 피고인, 공소외 15, 공소외 16을 비롯한 사람들을 ○○자동차 공장 울타리 쪽으로 밀어내었다(검사 제출 CD 3번 파일 10분 51초경). 그 무렵 나머지 □□노조 조합원 3명도 승합차 쪽으로 연행되었다(변호인 제출 CD 13분 20초 무렵). 이러한 상태는 약 2분 30초간 지속되었고, 전경들의 압박이 풀어지자 밀려있던 사람들은 도로 쪽으로 나왔다(검사 제출 CD 3번 파일 13분 20초경).

이후 피고인은 '이게 퇴거불응이야? 이게 현행범이 되는거야?'라고 소리치며, 전경대 지휘관에게 항의하였다(검사 제출 CD 3번 파일 13분 20초경, 변호인 제출 CD 14분 35초경주18)).

이후 여러 사람들이 위 조합원들의 연행에 대해 항의하였고, 피고인은 공소외 11 중대장에게 항의하다가 전경대원들에 의해 앞뒤로 둘러싸이게 되었는데(검사 제출 CD 3번 파일 15분 22초경), '이유 설명 없이 왜 연행하는거야?'라고 항의하였다(검사 제출 CD 3번 파일 15분 27초경). 이후 피고인은 사복을 입은 경찰관들 사이에서 그 경찰관들과 실랑이를 하였다(검사 제출 CD 3번 파일 15분 47초경).

이후 전경들은 다시 피고인, 공소외 15를 비롯한 여러 사람들을 ○○자동차 길 건너편 주차장 울타리 쪽으로 강하게 밀어내었다(검사 제출 CD 3번 파일 16분 25초경). 이 상태로 피고인, 공소외 15, 공소외 16 등은 전경들과 한동안 대치하였다. 그 대치과정에서 피고인과 전경대원들 사이에 언쟁이 있었고, 피고인이 전경대원들에게 기자회견문 종이를 휘두르기는 하였으나, 그밖에 별다른 유형력을 행사하지는 않았다(검사 제출 CD 4번 파일 1분 50초경까지).

이후 전경들은 지휘관의 지휘에 따라 대치상태를 풀었다(변호인 제출 CD 21분 10초경).

(12) 한편, 기아자동차 소속 노조 조합원인 공소외 14는 위와 같은 일련의 일이 있은 후 ○○자동차 공장 밖으로 나왔다가, 전경대원들에게 둘러싸여진 채로 약 10분 정도 있었다.

피고인은 위 (11)까지의 일련의 일이 있고 난 이후 전경들과 별다른 충돌 없이 자신의 일행들과 이야기를 하고 있었는데, 공소외 7로부터 캠코더를 건네받아 현장을 촬영하던 공소외 12는 피고인 옆에 있던 공소외 18 노무사에게 다른 사람이 전경대원들에게 체포되어 있다고 알려주었다(변호인 제출 CD 23분 10초경).

피고인은 위 공소외 14가 있는 곳으로 가서 전경대원들에게 변호사 신분증을 내보이며 체포이유를 밝혀 줄 것을 요구하였고, 이후 공소외 11 중대장은 공소외 14에게 '퇴거불응죄의 현행범으로 체포하는 것이고, 변호사를 선임할 수 있다'고 이야기하였다(검사 제출 CD 5번 파일 0초경). 이에 피고인은 변호인 접견을 신청하였다(검사 제출 CD 5번 파일 10초경). 전경대원들은 공소외 14를 둘러싼 채 공소외 14를 승합차 쪽으로 연행하였고(변호인 제출 CD 25분 20초경), 공소외 14를 승합차에 태웠다(변호인 제출 CD 25분 25초경), 그 과정에서 피고인은 변호사 신분증을 높이 들고 공소외 11 중대장을 향해 다시 '접견을 요청합니다. 체포된 이 사람에 대해서 접견을 요청합니다'라고 수차 말하였다.

공소외 11 중대장은 별다른 말 없이 승합차 뒤쪽으로 이동하였다.

전경대원들이 승합차 앞쪽에서 피고인을 막아서게 되자, 승합차는 후진하였고(변호인 제출 CD 25분 55초경), 피고인은 승합차 뒤쪽으로 와서 변호사 신분증을 들고 공소외 11 중대장에게 '변호인을 선임할 수 있다고 고지했죠. 변호인 접견을 신청합니다'라고 말하였다(변호인 제출 CD 26분 4초경). 전경대원들은 피고인과 다른 사람들을 막아섰고, 공소외 11 중대장은 별다른 대답 없이 이동했다(변호인 제출 CD 26분 15초경).

피고인이 승합차 뒤쪽에서 승합차를 막아서자(검사 제출 CD 5번 파일 1분 29초경), 전경다원들은 피고인을 둘러싸 밀어냈고(변호인 제출 CD 26분 40초경), 그 과정에서 피고인을 비롯한 여러 사람들과 전경대원들간에 몸싸움이 벌어졌다(검사 제출 CD 5번 파일 1분 50초 무렵). 피고인은 다시 차량 뒤쪽으로 와서 승합차 뒤쪽으로 달려갔고, 그 과정에서 피고인을 막던 전경대원이 승합차 뒤쪽에 부딪혔다(변호인 제출 CD 27분 10초경). 피고인, 공소외 15와 전경대원들간에 몸싸움이 일어나자, 공소외 11 중대장은 피고인을 공무집행방해죄의 현행범인으로 체포할 것을 지시하였다(변호인 제출 CD 27분 17초경).

피고인은 전경대원들에게 양팔을 붙잡힌 채 체포되어 경찰승합차 쪽으로 연행되었고, 그 과정에서 이를 본 여러 사람들이 전경대원들에게 강하게 항의하며 전경대원들과 몸싸움이 일어났다(변호인 제출 CD 27분 무렵 이후, 검사 제출 CD 5번 파일 2분 30초 무렵 이후).

나. 법원의 심판 대상

(1) 공소사실이 현실적 심판의 대상이므로, 법원은 검사가 공소장에 기재한 공소사실에 한하여 심판할 수밖에 없다.

(2) 이 사건의 경우, 검사는 두 차례의 공소장변경을 통해 공소사실을 분명히 하였는데, 최종적으로 변경된 공소장의 기재에 의하면, 위 인정사실 (11)항 기재 사실에 이르기까지의 피고인의 행위에 대하여 공무집행방해죄와 상해죄로 공소제기하였음이 명백하다.

이러한 점은 첫 번째로 변경되었던 공소사실주19) 을 앞서 적시한 공소사실 기재와 같이 변경함으로써, "성명불상 노조원 1명(공소외 14를 의미한다)이 퇴거불응죄로 현행범체포되어 연행되는 것을 보고 현행범체포가 부당하다며 양손으로 전경들이 들고 있던 방패를 잡아당기고 몸으로 밀었다"는 부분을 공소사실에서 제외한 점에서 더욱 분명하게 드러난다.

(3) 따라서, 이 사건의 심판 범위는 피고인이 위 인정사실 (11)까지의 시점까지 피고인이 전경대원들의 방패를 잡아당기고 발로 방패를 걷어찬 행위, 몸으로 방패를 민 행위 등이 공무집행방해죄에 해당하는지, 위와 같은 행위로 공소외 2, 공소외 3에게 상해를 가했는지 여부에 국한되고, 위 인정사실 (12) 부분에 대하여는 심판의 범위가 미치지 아니한다주20) .

다. 공무집행방해죄의 성립 여부

(1) 형법 제136조가 규정하는 공무집행방해죄는 공무원의 직무집행이 적법한 경우에 한하여 성립하는 것이고, 여기서 적법한 공무집행이란 그 행위가 공무원의 추상적 권한에 속할 뿐 아니라 구체적 직무집행에 관한 법률상 요건과 방식을 갖춘 경우를 가리키는 것이므로(대법원 2000. 7. 4. 선고 99도4341 판결 등 참조), 이러한 적법성이 결여된 직무행위를 하는 공무원에게 대항하여 폭행이나 협박을 가하였다고 하더라도 이를 공무집행방해죄에 해당한다고 할 수는 없다(대법원 2005. 10. 28. 선고 2004도4731 판결 등 참조).

(2) 공소외 2, 공소외 3의 법률상의 지위를 살펴보면, 공소사실에서 말하고 있는 '경찰대비 경력인 ▽▽▽전경대 소속 공소외 2 상경과 공소외 3 상경'과 '전경들'이라고 하는 표현은, 법률적으로 전투경찰대설치법(2011. 5. 30. 법률 제10749호로 개정되기 전의 것)에 따라 임용된 전투경찰순경(편의상 이하 전경이라 한다), 그 중에서도 전투경찰대설치법 시행령(2009. 11. 23. 제21842호로 개정되기 전의 것) 제2조 제1항 제5호의 의무전투경찰순경을 말하는 것으로 보인다.

전투경찰순경의 권한에 대해 살펴보면, 전투경찰순경은 지휘관 등 상관의 명령에 따라 치안업무를 보조하는 역할을 수행하므로, 전경들이 전경대 지휘관의 명령에 따라 현행범체포에 관한 공무를 수행할 추상적인 권한은 있는 것으로 보인다.

(3) 먼저, 공소외 11 중대장이 위 인정사실 (8)항 기재와 같이 전경대원들에 의해 둘러 싸여져 있던 □□노조 조합원 6명에게 '퇴거불응죄로 현행범으로 체포합니다. 여러분은 변호인을 선임할 수 있고, 여러분에게 불리한 진술을 거부할 수 있습니다'라고 말하기 이전 시점의 직무집행의 적법성 여부에 대하여 살펴본다.

(가) 위 인정사실 (2) 내지 (7)항 기재와 같이 전경대원들이 방패를 들고 공소외 1, 공소외 5, 공소외 4, 공소외 7, 공소외 8, 공소외 9를 둘러싸서 이동할 수 없도록 제한한 행위의 법적 성질에 대하여, 검사는 경찰관직무집행법 제2조, 제5조 제1항, 제6조 제1항을 근거로 들어 적법한 공무집행이었다고 주장한다.

그러나, 다음과 같은 점에서 위 규정들은 위와 같은 행위의 근거규정이 될 수 없다.

① 경찰관직무집행법 제2조는 경찰관의 직무 범위에 대한 일반적 규정일 뿐이므로, 위 6명의 신체의 자유를 제한할만한 근거가 될 수 없다.

② 위 법 제5조 제1항에서 말하는 '천재, 사변, 공작물의 손괴, 교통사고, 위험물의 폭발, 광견·분마류의 출현, 극단한 혼잡 기타 위험한 사태'가 있었다고 볼 충분한 증거가 없다.

또한, 당시의 ○○자동차 점거 파업 사태를 극한한 혼잡 기타 위험한 사태에 해당한다고 볼지라도, 위 규정에 따라 할 수 있는 경찰관의 조치는 제1호의 '그 장소에 집합한 자, 사물의 관리자 기타 관계인에게 필요한 경고를 발하는 것', 제2호의 '특히 긴급을 요할 때에는 위해를 받을 우려가 있는 자를 필요한 한도 내에서 억류하거나 피난시키는 것', 제3호의 '그 장소에 있는 자, 사물의 관리자 기타 관계인에게 위해방지상 필요하다고 인정되는 조치를 하게 하거나 스스로 그 조치를 하는 것'에 국한된다고 할 것인데, 위 각 호 규정 중 이 사건의 경우와 같이 사람을 전경대원들로 하여금 둘러싸게 하여 움직일 수 없도록 할 수 있는 근거로 볼 수 있는 규정은 제2호 뿐이다.

그런데, 증거들을 통해 인정되는 사건 당시의 상황을 종합하면, 공소외 7, 공소외 8, 공소외 9가 ○○자동차 주최의 기자회견에 가서 취재를 한다고 하여 위해를 받을 우려가 있다고 인정할 수 없을 뿐 아니라, 이들을 억류하여야 할 특히 긴급한 사정이 있다고 할 수 인정할 충분한 증거가 없고, 이들을 30분 가량 전경대원들로 하여금 둘러싸게 하여 움직이지 못하게 하는 것이 필요한 한도 내의 범위라고 인정할 수도 없다주21) .

한편, 공소외 11 중대장에 대한 증인신문은 2010. 11. 19. 이미 이루어졌는데, 검사는 2011. 9. 6.에야 비로소 위와 같은 근거에 관한 의견서를 제출하면서, 공소외 11 중대장을 다시 증인으로 신청하였고, 증인으로 출석한 공소외 11 중대장은 사건 당일 ○○자동차 버스승하차장 맞은편 주차장 부근에 사측 직원들 수십 명이 있어 충돌이 우려되는 상황이었다고 증언하였으나, 증인 공소외 11은 당시 사측 직원들의 대체적인 인원이나 복장, 사측 직원들로 추정한 근거 등에 대하여 제대로 답변하지 못하고 막연히 많은 수의 사측 직원들이 있었다는 취지로만 증언하여 그 증언을 믿기 어렵다.

게다가, 공소외 1, 공소외 5의 경우에는 회사측의 기자회견에 가려고 하였던 것이 아니고, 버스승하차장 주차장에서 부식문제에 관해 협의하려 한 것뿐이었으며, 공소외 4 역시 그 부근을 지나가던 것뿐이었으므로, 이들이 어느 누구로부터 위해를 받을 상황은 아니었다.

③ 경찰관직무집행법 제6조 제1항에 따라, 경찰관은 범죄행위가 목전에 행하여지려고 하고 있다고 인정될 때에는 이를 예방하기 위하여 관계인에게 필요한 경고를 발하고, 그 행위로 인하여 인명·신체에 위해를 미치거나 재산에 중대한 손해를 끼칠 우려가 있어 긴급을 요하는 경우에는 그 행위를 제지할 수 있는 것이나, 이 사건의 경우 사건 당시 공소외 7, 공소외 8, 공소외 9, 공소외 1, 공소외 5, 공소외 4의 어떠한 범죄행위가 목전에 행하여지려고 하고 있고 그 행위로 인하여 인명·신체에 위해를 미치거나 재산에 중대한 손해를 끼칠 우려가 있어 긴급을 요한다는 사정이 있다는 점에 대한 증거가 없을 뿐 아니라, 위 6명을 둘러싸 이동을 제한하는 것이 어떠한 범죄행위를 제지하기 위한 것이라고 할 수도 없다.

(나) 이 사건에 있어, 전경대 지휘관이 전경들에게 지시하여 위 공소외 1 등 6명을 둘러싸게 된 경위 자체를 살펴보면, 애초에는 ○○자동차 점거 파업 사태와 관련하여 수배 여부와 체포영장 발부 여부를 확인하기 위한 불심검문의 의도였던 것으로 보인다.

그러나, 경찰관이 경찰관직무집행법 제3조에 따라 어떠한 죄를 범하였다고 의심할 만한 상당한 이유가 있는 자를 정지시켜 질문할 수 있다고 하더라도, 이때 경찰관은 당해인에게 자신의 신분을 표시하는 증표를 제시하면서 소속과 성명을 밝히고 그 목적과 이유를 설명하여야 하는데(제3조 제4항), 이러한 절차가 지켜지지 않았다.

또한, 경찰관은 위 규정에 따라 검문대상자를 정지시켜 질문을 할 수 있는데, 정지 여부를 명백하게 결정하지 못한 자에 대하여 경찰관이 일정한 거리를 따라가면서 말로써 직무질문에 협조하여 줄 것을 설득하는 것은 그 신체 이동의 자유에 제약을 가하지 않는 한 허용된다고 보아야 하나, 정지의 목적인 질문에 대답하는 것이 상대방의 임의에 맡겨져 있는 이상, 대상자의 신체를 잡거나 이동할 수 없도록 강제력을 사용하여 막는 등의 방법으로 대상자가 그 장소를 떠나지 못하도록 하는 것은 사실상 답변을 강요하는 것이 되므로 허용되지 않는다. 따라서, 이 사건의 경우 경찰관직무집행법 제3조도 적법성의 근거가 되지 못한다.

(다) ① 위 인정사실 (2) 내지 (7)항에서 인정한 바와 같은 전체적인 경위와 모습, ② 전경대원들이 공소외 1 등 6명을 방패로 둘러싸 이동하지 못하게 한 구체적인 모습과 전경대원들의 숫자, ③ 공소외 1, 공소외 5, 공소외 4가 전경대원들에 둘러싸인 채 이동하게 된 경위와 모습, ④ 공소외 1, 공소외 4, 공소외 8의 전경대 지휘관에 대한 체포이유 고지 등의 요구와 항의 및 그에 대한 전경대 지휘관과 전경대원들의 태도, ⑤ 위 공소외 1 등 6명이 전경들에 의해 둘러싸여 이동하지 못하는 상태에 있던 시간주22) , ⑥ 피고인의 체포이유 고지 요구에 대한 전경대 지휘관의 반응 등을 고려할 때, 전경대 지휘관의 지시에 따라 전경대원들이 공소외 1 등 6명을 인정사실 (2) 내지 (7)항 기재와 같이 방패로 둘러싸고 이동하지 못하게 가두어두고 있었던 것은 위 6명에 대한 사실상의 체포에 해당하고, 따라서 형사소송법이 정한 적법한 체포 요건과 체포 절차를 구비하여야만 적법성이 인정된다고 할 것이다.

그런데, 앞서 본 바와 같이 공소외 4는 ○○자동차 공장 안에서 나온 것이 아니므로 현행범인이 될 수 없음이 명백할 뿐 아니라, 전경대 지휘관이나 전경들을 비롯한 어느 누구도 공소외 1, 공소외 5, 공소외 4, 공소외 7, 공소외 8, 공소외 9에게 피의사실의 요지, 체포의 이유와 변호인을 선임할 수 있음을 말하고 변명할 기회를 주지 않았다는 것은 앞서 본 바와 같고, 위와 같은 절차를 준수하였다는 점을 인정할 증거가 없다.

(라) 검사는, 수배 여부와 체포영장발부 여부 등을 확인한 이후 위 인정사실 (8)항 기재

와 같이 공소외 11 중대장이 현행범으로 체포하는 이유와 변호인선임권을 고지하였으므로, 절차에 위법이 없다고 주장한다.

그러나 다음과 같은 점들을 고려할 때, 분명한 절차의 위법이 있다.

① 헌법 제12조 제5항 전문은 '누구든지 체포 또는 구속의 이유와 변호인의 조력을 받을 권리가 있음을 고지받지 아니하고는 체포 또는 구속을 당하지 아니한다.'는 원칙을 천명하고 있고, 형사소송법 제72조는 '피고인에 대하여 범죄사실의 요지, 구속의 이유와 변호인을 선임할 수 있음을 말하고 변명할 기회를 준 후가 아니면 구속할 수 없다.'고 규정하는 한편, 이 규정은 같은 법 제213조의2에 의하여 검사 또는 사법경찰관리가 현행범인을 체포하거나 일반인이 체포한 현행범인을 인도받는 경우에 준용되므로, 사법경찰관리가 현행범인으로 체포하는 경우에는 반드시 범죄사실의 요지, 구속의 이유와 변호인을 선임할 수 있음을 말하고 변명할 기회를 주어야 할 것임은 명백하고, 이와 같은 고지는 체포를 위한 실력행사에 들어가기 이전에 미리 하여야 하는 것이 원칙이나, 달아나는 피의자를 쫓아가 붙들거나 폭력으로 대항하는 피의자를 실력으로 제압하는 경우에는 붙들거나 제압하는 과정에서 하거나, 그것이 여의치 않은 경우에는 일단 붙들거나 제압한 후에 지체 없이 행하여야 한다(대법원 2007. 11. 29. 선고 2007도7961 판결, 대법원 2000. 7. 4. 선고 99도4341 판결 등 참조).

이 사건의 경우, 위 인정사실 (8)항 기재와 같이 공소외 11 중대장이 현행범으로 체포하는 이유와 변호인선임권을 고지한 시점은, 이미 공소외 1, 공소외 5, 공소외 4가 체포된 때로부터 약 40분 이상 경과한 이후, 공소외 7, 공소외 8, 공소외 9가 체포된 때로부터 약 30분 이상 경과한 이후이고, 위 6명이 체포 과정에서 달아나거나 폭력으로 대항하지 아니하였음이 분명하므로, 이러한 시점에서 체포이유와 변호인선임권을 고지하였다고 하여, 적법하게 체포이유와 변호인선임권을 고지한 것이라고 볼 수 없다.

② 또한 공소외 11 중대장은 위와 같은 고지 이후 공소외 1 등 6명에게 변명의 기회를 주지 아니한 채 바로 승합차 쪽으로 연행하려 하였으므로, 이 점에서도 적법한 절차를 지켰다고 할 수 없다(만일 공소외 4에게 변명의 기회를 주었다면, 공소외 4가 퇴거불응죄의 현행범인이 아니라는 점은 쉽게 확인할 수 있었을 것으로 보인다).

③ 검사는 대법원 2007. 11. 29. 선고 2007도7961 판결을 근거로 들고 있으나, 위 대법원 판결의 사안은, '경찰관들이 체포 대상자가 모텔에 투숙하였음을 확인한 후 도주나 자해우려를 이유로 방안으로 검거하러 들어가서 체포대상자의 이름을 부른 다음, 그 지명수배사실 및 범죄사실을 말하고 신분증 제시를 요구하였는데, 체포대상자가 타인의 운전면허증을 제시한 경우'이고, 이러한 경우에 경찰관으로서는 그 상대방이 체포대상자가 맞는지 여부를 확인한 후에 미란다 원칙을 고지하여야 하는 것이지 그 상대방을 확인하지 아니한 채로 일단 체포하면서 미란다 원칙을 고지할 것은 아니라고 판시한 사안이어서, 이 사건과는 사안을 달리한다(오히려 위 판결 전체의 취지는 위 ①과 같은 원칙을 분명히 밝히고 있다).

(다) 결국, 공소외 11 중대장이 위 인정사실 (8)항 기재와 같이 전경대원들에 의해 둘러싸여져 있던 □□노조 조합원 6명에게 '퇴거불응죄로 현행범으로 체포합니다. 여러분은 변호인을 선임할 수 있고, 여러분에게 불리한 진술을 거부할 수 있습니다'라고 말하기 이전에, 전경대 지휘관의 지시에 의해 전경대원들이 공소외 1, 공소외 5, 공소외 4를 약 40분 이상, 공소외 7, 공소외 8, 공소외 9를 약 30분 이상 체포한 행위는 위법한 공무집행이다.

(4) 공소외 11 중대장은 공소외 20 수사과장의 지시에 따라, 위 인정사실 (8) 기재와 같이 공소외 1 등 6명의 □□노조 조합원들에게 퇴거불응죄의 현행범으로 체포한다는 취지와 변호인선임권, 진술거부권을 고지하였는바, 이와 같은 고지를 한 이후 시점의 현행범체포행위는 그 이전의 행위와 별도로 적법한 공무집행으로 평가될 수 있는 것인지 여부에 대하여 살펴본다.

그러나, 다음과 같은 점들을 고려할 때, 위와 같은 고지 이후 이루어진 현행범체포행위 내지 연행행위 역시 위법하다.

(가) 위와 같은 고지는 공소외 1, 공소외 5, 공소외 4를 체포한 때로부터 약 40분 이상, 공소외 7, 공소외 8, 공소외 9를 체포한 때로부터 약 30분 이상이 경과한 이후에야 이루어진 것으로서, 그 때에 비로소 위 6명에 대하여 현행범인 체포의 절차를 밟았다고 하더라도 이는 체포 당시에 준수하였어야 할 절차를 뒤늦게 밟는 형식을 취한 것에 불과하다[대법원도 사법경찰관이 대상자를 수사관서까지 동행한 것이

사실상의 강제연행, 즉 불법체포에 해당한다면, 사법경찰관이 그로부터 6시간 상당(실제 사안은 6시간이 채 경과하지 않은 사안이다)이 경과한 이후에 비로소 긴급체포의 절차를 밟았다고 하더라도 이는 동행의 형식 아래 행해진 불법 체포에 기하여 사후적으로 취해진 것에 불과하므로, 그와 같은 긴급체포 또한 위법하다고 판시한 바 있다(대법원 2006. 7. 6. 선고 2005도6810 판결)].

(나) 체포된 사람들과 변호사인 피고인의 계속된 요구에도 불구하고 피의사실의 요지와 체포의 이유 등을 고지하지 아니한 이 사건의 불법체포의 위법성의 정도는, 사소한 절차상의 흠을 넘어 중대한 하자에 해당하고, 그와 같은 위법성은 사후적으로 취해진 긴급체포에도 그대로 승계된다고 할 것이므로, 불법체포에 기하여 사후적으로 취해진 현행범인 체포 역시 위법하다.

(다) 공소외 4는 ○○자동차 공장 안에서 밖으로 나온 것이 아니라, ○○자동차 공장 밖에서 업무를 보던 중 ○○자동차 △△공장 앞 인도를 지나가고 있었을 뿐이므로, 퇴거불응죄의 현행범인이 아님이 명백하다.

(라) 공소외 11 중대장은 공소외 1 등 6명에게 변명의 기회를 주지 않고, 이들을 바로 연행하였다.

(마) 위와 같은 고지 이후 이루어진 연행행위도 이전의 불법적인 체포행위의 연장선상에서 이루어진 것이어서, 전체적으로 보아 이전의 체포행위와 하나의 공무집행행위이다.

(5) 따라서, 전경대원들이 인정사실 (2) 내지 (10)항 기재와 같이 전경대 지휘관의 명령에 따라 공소외 1 등 □□노조 조합원 6명을 체포하여 연행한 행위는 위법한 직무집행이고, 피고인이 이러한 위법한 직무행위를 하는 전경대원들에게 대항하여 폭행을 가하였다고 하더라도 공무집행방해죄는 성립하지 아니한다주23) .

라. 상해죄의 성립여부

(1) 피고인이 공소외 2, 공소외 3에게 직접적으로 유형력을 행사하였는지 여부

피고인이 전경대원들에게 유형력을 행사한 행위들을 살펴보면, ① 피고인이 인정사실 (6)항 기재와 같이 전경대원들의 방패를 잡아당기고 발로 방패를 찬 행위, ② 피고인이 인정사실 (9), (10)항 기재와 같이 전경대원들의 방패를 잡아당기고 몸으로 방패를 민 행위로 나누어 볼 수 있다.

(가) 위 ① 시점에서 공소외 2, 공소외 3에 대한 유형력의 행사가 있었는지 여부

○ 공소외 2는 소위 호패로서 중대장을 보호하는 역할을 하면서 파란색 방패를 들고 있었는데, 인정사실 (6)항 기재 시점에 해당하는 검사 제출 CD의 영상을 살펴보면, 당시 공소외 2는 피고인과 대치하지 않고 있던 사실을 인정할 수 있고, 공소외 2의 법정진술을 살펴보아도, 인정사실 (6)항 기재 시점에 공소외 2는 피고인과 마주하고 있지 않았음을 인정할 수 있고, 공소외 2가 법정에서 증언하며 설명하고 있는 폭행 당시 상황도 인정사실 (9), (10)항 기재 상황에 대한 것임을 고려하면, 위 ① 시점에서 피고인이 공소외 2에게 직접적인 유형력을 행사하였다는 점을 인정할 증거가 없다.

○ 또한, 인정사실 (6)항 기재 시점에 해당하는 검사가 제출한 CD의 해당 부분 영상을 살펴보면, 피고인이 방패를 잡아당기는 등의 행위를 한 상대방은 3명 정도의 전경대원들인 것으로 보이고, 공소외 3의 법정진술을 살펴보면 공소외 3은 피고인으로부터 폭행을 당한 시점에 대해 전경대원들이 위 인정사실 (9)항 기재와 같이 위 공소외 1 등 6명을 연행하는 중에 피고인이 자신의 방패를 잡아당겼다고 진술하고 있을 뿐 그 이전 시점에 피고인이 자신의 방패를 잡아당겨 직접적인 폭행을 당했다는 취지는 아닌 점을 고려하면, 위 ① 시점에서 피고인이 공소외 3에게 직접적인 유형력을 행사하였다는 점을 인정할 증거가 없다.

(나) 위 ② 시점에서 공소외 2, 공소외 3에 대한 유형력의 행사가 있었는지 여부

○ 피고인은 인정사실 (10)항 기재와 같이 파란색 방패를 든 전경대원의 방패 윗부분을 잡은 채 방패를 끌어내리고 파란색 방패를 든 전경을 몸으로 민 사실이 인정되고, 증인 공소외 2의 법정진술과 검사가 제출한 CD의 해당부분을 종합하면, 피고인은 공소외 2의 방패를 잡아당기고 몸으로 공소외 2의 방패를 민 사실을 인정할 수 있다.

변호인은 공소외 2의 상해시점에 대한 진술이 위 인정사실 (6) 내지 (7) 시점에 대한 것

이라는 전제하에, 여러 정황들에 비추어볼 때 공소외 2의 증언은 믿을 수 없다고 주장하나, 공소외 2의 증언 내용을 자세히 살펴보면, 공소외 2는 '고착'의 개념에서 단순히 둘러싸고 있는 상태는 제외하고, 직접적인 신체적 접촉이 있는 경우만을 '고착'이라고 표현하면서 위 인정사실 (10) 기재 시점의 상해 사실에 대하여 진술하고 있는 것으로 보이고, 위 인정사실 (10)항 기재에 관한 검사 제출의 CD의 동영상도 증인 공소외 2의 진술에 부합한다.

○ 또한, 증인 공소외 3의 법정진술과 수사기관에서의 진술, 검사가 제출한 CD의 해당 부분 영상 등을 종합할 때, 위 인정사실 (9) 내지 (10)항 기재 시점에 피고인이 공소외 3의 방패 윗부분을 잡아당기고 흔든 사실을 인정할 수 있다.

변호인은 증인 공소외 3의 법정진술에서 상해시점에 대한 진술이 위 인정사실 (7)항 기재 시점에 대한 것임을 전제로, 정황들에 비추어 공소외 3의 증언은 믿을 수 없다고 주장하나, 공소외 3의 증언 내용을 자세히 살펴보면, 공소외 3은 □□노조 조합원들에 대한 연행시점 즉 위 인정사실 (9) 내지 (10)항 기재 시점에 상해를 입었다고 진술하고 있고, 공소외 3의 수사기관에서의 진술과 법정진술 등에 검사 제출 CD의 위 인정사실 해당 부분 영상을 종합하면, 위 CD 동영상에 명백히 촬영되지는 않았지만, 그러한 상황에서 피고인이 공소외 3의 방패 윗부분을 잡아당기고 흔들었다는 사실을 인정할 수 있다.

(2) 공소외 2, 공소외 3의 상해와 피고인의 유형력 행사 사이의 인과관계 여부

(가) 공소외 2의 상해와의 인과관계

증인 공소외 2의 법정진술과 공소외 2에 대한 상해진단서에 의하면, 공소외 2는 약 3주간의 치료가 필요한 우측 견관절부 염좌, 우측 족관절 염좌, 요추부 염좌의 상해를 입은 사실을 인정할 수 있다.

또한, 증인 공소외 2의 법정진술과 검사가 제출한 CD 중 위 인정사실 (9) 내지 (10)항 기재 시점 부분의 영상 등 증거들을 종합하여 인정되는 다음과 같은 점들 즉, ① 공소외 2는 법정에서 증언하면서 사건 당일 경찰에서 진술한 내용과 일관되게 당시 상황을 진술하고 있는 점, ② 그 증언내용을 살펴보면 피고인으로부터 상해를 입은 시점과 과정에 대해 분명하게 특정하여 진술하고 있는 점, ③ 공소외 2의 상해 시점에 대한 검사 제출의

CD 해당 부분 영상을 보면 공소외 2의 증언 내용과 일치할 뿐 아니라 그 영상에 나오는 공소외 2의 모습과 피고인의 행동을 보면 공소외 2가 당시 피고인의 행동으로 그와 같은 상해를 입었으리라고 보이는 점 등을 고려하면, 피고인의 위와 같은 행위로 인해 공소외 2는 피고인에게 밀리다가 뒤에 주차된 승용차에 하반신이 부딪힌 상태에서 방패가 들리면서 허리가 뒤로 꺾이고 그 상황에서 승용차의 타이어에 발목이 접혀져 위와 같은 상해를 입었다는 사실을 인정할 수 있다.

(나) 공소외 3의 상해와의 인과관계

증인 공소외 3의 법정진술과 공소외 3에 대한 상해진단서에 의하면 공소외 3은 약 6주간의 치료가 필요한 좌측 수부 제5수지 중위지골 기저부 관절내 골절의 상해를 입은 사실을 인정할 수 있다.

드한, 증인 공소외 3의 법정진술과 검사가 제출한 CD 중 위 인정사실 (9) 내지 (10)항 기재 시점 부분의 영상 등 증거들을 종합하여 인정되는 다음과 같은 점들 즉, ① 공소외 3은 법정에서 증언하면서 사건 당일 경찰에서 진술한 내용과 일관되게 당시 상황을 진술하고 있는 점, ② 그 증언내용을 살펴보면 피고인으로부터 상해를 입은 시점과 과정에 대해 분명하게 특정하여 진술하고 있는 점, ③ 공소외 3이 입은 상해는 왼쪽 새끼손가락 두 번째 마디 관절의 골절로서 그러한 상해를 입는 순간의 통증이 클 것으로 보이므로 피고인 이외의 다른 사람들과의 몸싸움이 있었던 시점과는 분명히 구별할 수 있는 것으로 보이는 점, ④ 공소외 3은 인정사실 (11)항 기재 시점 이후 손가락 부상으로 인해 뒤로 빠져 다른 사람들과의 추가적인 몸싸움에는 관여하지 않은 점, ⑤ 변호인은 방패의 구조와 관련하여, 이 법원의 2011. 9. 26.자 검증조서와 그에 첨부된 첨부사진 23, 24를 보면 손잡이의 하단 부분과 방패 사이의 간격이 약 8㎝인 것으로 확인되고 통상적인 사람의 손가락 길이를 고려할 때 증인 공소외 3의 법정진술 즉, '방패를 양손으로 잡는데 오른손은 주먹에 엄지를 올리고, 왼손은 엄지를 올리고 새끼손가락을 펴서 받쳐서 잡는다'는 진술은 믿을 수 없다고 주장하나, 네 번째 손가락을 구부려 손잡이를 잡고 새끼손가락을 펴게 되면, 네 번째 손가락의 접히는 부분 때문에 손잡이의 위치가 손과 새끼손가락 사이보다 약간 손 쪽으로 올라온 상태에 있게 되므로 새끼손가락의 길이가 8㎝에 이를 필요는 없다는 점에서 이러한 형태로 방패를 받쳐서 잡는다는 공소외 3의 진술을 수긍할만한 점, ⑥ 변호인은, 공소외 3의 진술과 같이 방패를 잡을 경우 방패 윗부분을 아래로 내리게 되면

손가락이 바깥으로 꺾일 수 없다고 주장하나, 새끼손가락으로 방패를 받쳐서 잡을 경우 새끼손가락의 손톱 반대쪽 즉, 손바닥 쪽이 방패에 닿는 형태로 받치게 되고, 그 상태에서 방패 윗부분을 아래로 강하게 내리게 되면 손잡이를 쥐고 있던 손이 손잡이 아래로 미끌어지면서 새끼손가락이 방패에 눌려 바깥쪽으로 꺾이게 된다는 것을 어렵지 않게 생각할 수 있는 점 등을 인정할 수 있고, 이러한 점들을 고려하면, 피고인이 공소외 3의 방패 윗부분을 잡아당기고 흔들어 방패가 위아래로 흔들렸고 그러한 과정에서 방패를 받치고 있던 왼쪽 새끼손가락이 꺾여 공소외 3이 위와 같은 상해를 입었다는 사실을 인정할 수 있다.

(3) 피고인의 행위의 위법성 여부에 대한 판단

(가) 형법 제136조가 규정하는 공무집행방해죄는 공무원의 직무집행이 적법한 경우에 한하여 성립하는 것이고, 여기서 적법한 공무집행이라고 함은 그 행위가 공무원의 추상적 권한에 속할 뿐 아니라 구체적 직무집행에 관한 법률상 요건과 방식을 갖춘 경우를 가리키는 것이며, 경찰관의 현행범 체포행위가 적법한 공무집행을 벗어나 불법하게 체포한 것으로 볼 수밖에 없다면, 현행범이 그 체포를 면하려고 반항하는 과정에서 경찰관에게 상해를 가한 것은 불법 체포로 인한 신체에 대한 현재의 부당한 침해에서 벗어나기 위한 행위로서 정당방위에 해당하여 위법성이 조각된다(대법원 2000. 7. 4. 선고 99도4341 판결 참조).

또한, 형법 제21조 제1항에 따르면, 자기의 법익 뿐 아니라 타인의 법익에 대한 현재의 부당한 침해를 방위하기 위한 행위의 경우에도 상당한 이유가 있는 때에는 정당방위에 해당하여 위법성이 조각되는 것이고, 이러한 점을 고려한다면 피고인이 위 공소외 1 등 □□노조 조합원 6명에 대한 불법 체포를 제지하는 과정에서 경찰관에게 상해를 가하였다고 하더라도 역시 마찬가지로 불법 체포로 인한 타인의 신체에 대한 현재의 부당한 침해를 방위하기 위한 행위로서 상당한 이유가 인정되는 한 정당방위에 해당하여 위법성이 조각된다고 보아야 한다(대법원은 2006. 9. 8. 선고 2006도148 판결에서, 검사가 참고인 조사를 받는 줄 알고 검찰청에 자진출석한 변호사사무실 사무장을 합리적 근거 없이 긴급체포하여 불법하게 체포하려고 한 경우, 변호사가 위 사무장에 대한 체포를 제지하는 과정에서 위 검사에게 상해를 가한 것은 이러한 불법체포로 인한 신체에 대한 현재의 부당한 침해에서 벗어나기 위한 행위로서 정당방위에 해당하여 위법성이 조각된다고 봄이 상당하다고 판시한 바 있다).

(나) 이 사건의 경우, ① 피고인은 인정사실 (1)항 기재와 같이 □□노조로부터 연행자 발생시 신속한 변호사 접견이 이루어질 수 있도록 요청을 받은 바 있는 점, ② 피고인은 기본적 인권을 옹호하고 사회정의를 실현함을 사명으로 하는 변호사인 점, ③ 피고인은 인정사실 (4)항 기재와 같이 공소외 11 중대장에게 체포이유를 물은 이후 인정사실 (5) 내지 (8)항 기재와 같이 전경대 지휘관들에게 위 공소외 1 등 6명에 대한 체포이유 고지를 요구하며 불법임을 누차 주장하였음에도 불구하고 전경대 지휘관과 전경들은 뒤늦게 퇴거불응죄의 현행범체포를 이유로 들어 위 공소외 1 등 6명을 경찰 승합차 쪽으로 연행하려고 한 점, ④ 피고인이 인정사실 (9)항 기재와 같이 공소외 11 중대장에게 항의하였으나 공소외 11 중대장은 별다른 조치를 취하지 아니하였고, 오히려 전경대원 중 한 명이 방패로 피고인을 강하게 밀어낸 점, ⑤ 이후 전경대원들 여러 명이 방패로 피고인을 밀어낸 점, ⑥ 피고인은 위 연행자들 쪽으로 가려고 시도하였으나 공소외 2 등을 비롯한 전경대원들에게 막히자 공소외 2와 공소외 3의 방패를 당기고 밀게 된 점, ⑦ 공소외 3이 입은 상해의 정도는 가볍다고 할 수 없지만, 이는 공소외 3이 방패를 잡는 특이한 습관주24) 에 기인한 것으로 보이고, 피고인이 공소외 2와 공소외 3에게 행한 유형력의 정도는 전경대원들의 유형력의 정도에 비해 크다고 보이지 않을 뿐 아니라, 이러한 유형력의 행사는 전경대원들의 유형력 행사에 저항하기 위한 것이었던 점, ⑧ 불법체포 및 연행 행위로 침해되는 법익은 6명의 신체의 자유로서 헌법상 중요하게 보호되는 법익일 뿐 아니라, 그 침해의 정도도 6명을 약 30분 내지 40분 이상 체포한 이후 6명의 양 팔을 잡은 채 연행하여 경찰 승합차에 태우려 했던 것인 점, ⑨ 이러한 연행행위는 당시 상황에서 예상하기 어려울 정도로 갑작스럽게 이루어진 점 등을 중심으로 하여, 침해되는 법익의 종류, 정도, 침해의 방법, 침해행위의 완급과 방위행위에 의하여 침해될 법익의 종류, 정도 등 일체의 구체적 사정들을 참작할 때, 피고인의 행위는 위 공소외 1 등 6명에 대한 불법 체포 및 연행행위를 제지하는 과정에서 위 6명의 신체의 자유에 대한 부당한 침해를 방위하기 위한 행위로서 사회적으로 상당한 것으로 인정된다.

(4) 결국, 피고인의 공소외 2, 공소외 3에 대한 상해행위는 정당방위에 해당하여 위법성이 조각된다.

4. 결론

이 사건 공소사실 중 공소외 2, 공소외 3에 대한 각 상해의 점에 관한 피고인의 행위는 형법 제21조 제1항의 정당방위에 대항하여 범죄로 되지 아니하므로 각 상해의 점에 대하여는 형사소송법 제325조 전단에 의하여 무죄를 선고하고, 각 공무집행방해의 점은 범죄의 증명이 없는 경우에 해당하므로 형사소송법 제325조 후단에 의하여 무죄를 선고하며, 형법 제58조 제2항에 따라 피고인에 대한 무죄판결의 요지를 공시한다.

VIII

제7조 위험방지를 위한 출입

Ⅷ. 제7조 위험방지를 위한 출입

제7조(위험 방지를 위한 출입) ① 경찰관은 제5조제1항 · 제2항 및 제6조에 따른 위험한 사태가 발생하여 사람의 생명 · 신체 또는 재산에 대한 위해가 임박한 때에 그 위해를 방지하거나 피해자를 구조하기 위하여 부득이하다고 인정하면 합리적으로 판단하여 필요한 한도에서 다른 사람의 토지 · 건물 · 배 또는 차에 출입할 수 있다.

② 흥행장(興行場), 여관, 음식점, 역, 그 밖에 많은 사람이 출입하는 장소의 관리자나 그에 준하는 관계인은 경찰관이 범죄나 사람의 생명 · 신체 · 재산에 대한 위해를 예방하기 위하여 해당 장소의 영업시간이나 해당 장소가 일반인에게 공개된 시간에 그 장소에 출입하겠다고 요구하면 정당한 이유 없이 그 요구를 거절할 수 없다.

③ 경찰관은 대간첩 작전 수행에 필요할 때에는 작전지역에서 제2항에 따른 장소를 검색할 수 있다.

④ 경찰관은 제1항부터 제3항까지의 규정에 따라 필요한 장소에 출입할 때에는 그 신분을 표시하는 증표를 제시하여야 하며, 함부로 관계인이 하는 정당한 업무를 방해해서는 아니 된다.

1. 위험방지를 위한 출입

경찰관직무집행법 제7조는 위해의 방지, 피해자의 구조와 대간첩작전의 수행을 위하여 경찰관이 일정한 요건 아래에서 일정한 장소에 출입할 수 있도록 규저왕고 있다.

본래 개인 주거의 불가침 보호는 헌법상의 기본권으로 보장되고 있으며, 이에 대한 침해는 원칙적으로 형사소송법상 수색영장에 의해서만 가능한 것이 원칙이다. 그러나 위 조항은 수사목적을 위한 것이 아니라 목전의 경찰상 장해를 제거한다는 경찰목적을 위한 작용이므로 수색영장을 필요로 하지 않는 것이다. 즉 주거의 불가침은 국민의 기본권 중의 하나이지만 개인의 주거 내에서 발생한 것이라 하더라도 인명·신체와 재산에 대한 위해 또는 중대한 손해가 일어나려고 할 때에는 경찰관이 그 예방조치를 취할 수 없다면 사회공공의 질서는 유지될 수 없기 때문이다(경찰청, 2013: 69).

2. 판례

1) 판례 1

대법원 1982. 3. 9. 선고 81도683 판결

【판시사항】

숙박업자가 숙박자 명단을 작성비치할 시기

【판결요지】

숙박업자가 투숙하는 숙박자의 짐을 운반하고 물수건 등을 가져다 준 후 숙박자가 여장을 풀고 안정되면 숙박자 명부를 작성하려고 하였다면 투숙 후 25분 이내에 숙박자 명부를 기재하지 아니하였다고 하여 정당한 이유없이 그 기재를 지체한 것이라고 할 수 없다.

【이 유】

숙박영업자에게 숙박자 명부의 작성 비치 의무를 부과한 숙박업법 제 6 조 제 1 항의 규정 취지는 관계공무원의 숙박업소에 대한 공중위생적인 견지에서의 단속과 범죄예방 등을 위한 임검의 편의를 위한 것이라 할 것이므로 숙박영업자는 위와 같은 단속이나 임검에 지장이 없을 정도로 숙박자가 투숙한 후 지체없이 숙박자 명부를 작성 비치할 의무가 있다 할 것인바, 원심판결이유에 의하면, 원심은 공소외 1 외 1 명이 1980.3.26. 20:10경 피고인 경영의 ○○여관에 투숙하였는데도 그날 21:00경 관내 경찰관으로부터 임검당할 때까지 숙박자 명부에 위 숙박자에 대한 소정 기재사항을 기재하지 아니하였다 하여 피고인을 숙박업법 제 6 조 제 1 항 위반으로 처단하였다.

그러나, 당시 동 여관을 임검한 경찰관인 제 1 심증인 공소외 2의 증언에 의하면, 동인은 그날 20:35경 자가용 승용차의 영업행위 적발을 위하여 동 여관에 이르러 동 여관 비치의 숙박자 명부를 제출받아 이를 가지고 동 여관 202호실에 용무를 마치고 나오다가 그 날 21:00경 동 여관 201호실을 임검하였더니 같은 호실의 숙박자 명부가 그때까지 작성되지 아니한 사실을 확인하고 피고인을 입건하였다고 함에 있으므로 피고인으로서는 경찰관에게 숙박자 명부를 제출한 그 날 20:35이후 위 임검시까지는 숙박자 명부에 위 숙박자에 관한 소정사항을 기재하기는 사실상 불가능하였다 할 것이므로 문제는 숙박자가 투숙한 그날 20:10부터 20:35까지 간에 숙박자 명부에 이를 기재하지 아니한 것이 위 법조의 규정에 위반하였다고 할 것인가에 있는바, 이 사건 기록에 의하면 피고인은 시종 위 숙박자가 투숙하자, 그 짐을 운반하고 물수건 등을 가져다 준 후 숙박자가 여장을 풀고 안정되면 곧 숙박자의 인적사항을 확인하여 숙박자 명부를 작성하려고 하는 참에 임검 경찰관이 숙박자 명부를 갖고 갔기 때문에 위 201호실의 숙박자 명부를 작성하지 못한 것이라고 변소하고 있고, 기록을 정사하여 보아도 피고인이 그 기재를 회피할 의사가 있다고도 보여지지 아니할 뿐 아니라 여관 등 숙박업소에서의 숙박자 명부를 기재하는 일반 관행이나 당시의 위 상항등을 참작할 때 위 공소외 1 등이 투숙한 후 25분 이내에 숙박자 명부를 기재하지 아니한 것을 가지고 정당한 이유없이 그 기재를 지체한 것으로는 인정할 수 없는데도 원심이 피고인의 위 소위를 같은 법 제6조 제 1 항 위반으로 의율한 것은 필경 이 점에 대한 심리를 미진하였거나 위 법조의 해석적용을 잘못하여 판결에 영향을 미친 위법이 있다 할 것이고, 이 점을 지적하는 상고 논지는 이유있다.

2) 판례 2

대법원 1994. 1. 11. 선고 93누22173 판결

【판시사항】

숙박업자가 알지 못하는 사이에 손님이 도박을 한 경우 공중위생법 제12조제2항 제1호 (다)목에 해당하는지 여부

【판결요지】

공중위생법 제12조 제2항 제1호 (다)목은 "숙박업자는 손님에게 도박 기타 사행행위를 하게 하거나 이를 하도록 내버려 두어서는 아니된다"고 규정하고 있는바, 숙박업자가 알지도 못하고 있는 상태에서 손님이 도박을 한 경우에는 숙박업자가 위 규정에 위반한 것으로 볼 수 없는 것이다.

【이 유】

공중위생법 제12조 제2항 제1호 다.목은 "숙박업자는 손님에게 도박 기타 사행행위를 하게 하거나 이를 하도록 내버려 두어서는 아니된다"고 규정하고 있는바, 숙박업자가 알지도 못하고 있는 상태에서 손님이 도박을 한 경우에는 숙박업자가 위 규정에 위반한 것으로 볼 수 없는 것이다.

따라서 소외인 등 4인이 원고가 숙박업을 하는 여관에서 도박을 하다가 임검을 나온 경찰관에게 적발되었다고 하더라도, 원고나 위 여관의 종업원이 손님들로 하여금 도박을 하게 하거나 그들이 도박을 하는 것을 알면서도 이를 하도록 내버려 두었음을 인정할 만한 증거가 없으므로, 원고가 위 규정을 위반하였음을 이유로 한 피고의 이 사건 영업정지처분은 위법한 것이라고 본 원심의 판단은 정당하고, 원심판결에 소론과 같이 법리를 오해한 위법이 있다고 볼 수 없으므로, 논지는 이유가 없다.

3) 판례 3

대법원 1982. 3. 9. 선고 81도683 판결

【판시사항】

숙박업자가 숙박자 명단을 작성비치할 시기

【판결요지】

숙박업자가 투숙하는 숙박자의 짐을 운반하고 물수건 등을 가져다 준 후 숙박자가 여장을 풀고 안정되면 숙박자 명부를 작성하려고 하였다면 투숙 후 25분 이내에 숙박자 명부를 기재하지 아니하였다고 하여 정당한 이유없이 그 기재를 지체한 것이라고 할 수 없다.

【주 문】

원심판결을 파기하고, 사건을 대구지방법원 합의부에 환송한다.

【이 유】

숙박영업자에게 숙박자 명부의 작성 비치 의무를 부과한 숙박업법 제 6 조 제 1 항의 규정 취지는 관계공무원의 숙박업소에 대한 공중위생적인 견지에서의 단속과 범죄예방 등을 위한 임검의 편의를 위한 것이라 할 것이므로 숙박영업자는 위와 같은 단속이나 임검에 지장이 없을 정도로 숙박자가 투숙한 후 지체없이 숙박자 명부를 작성 비치할 의무가 있다 할 것인바, 원심판결이유에 의하면, 원심은 공소외 1 외 1 명이 1980.3.26. 20:10경 피고인 경영의 ○○여관에 투숙하였는데도 그날 21:00경 관내 경찰관으로부터 임검당할 때까지 숙박자 명부에 위 숙박자에 대한 소정 기재사항을 기재하지 아니하였다 하여 피고인을 숙박업법 제 6 조 제 1 항 위반으로 처단하였다.

그러나, 당시 동 여관을 임검한 경찰관인 제 1 심증인 공소외 2의 증언에 의하면, 동인은 그날 20:35경 자가용 승용차의 영업행위 적발을 위하여 동 여관에 이르러 동 여관 비치의 숙박자 명부를 제출받아 이를 가지고 동 여관 202호실에 용무를 마치고 나오다가 그 날 21:00경 동 여관 201호실을 임검하였더니 같은 호실의 숙박자 명부가 그때까지 작성되지 아니한 사실을 확인하고 피고인을 입건하였다고 함에 있으므로 피고인으로서는 경찰관에게 숙박자 명부를 제출한 그 날 20:35이후 위 임검시까지는 숙박자 명부에 위 숙박자에 관한 소정사항을 기재하기는 사실상 불가능하였다 할 것이므로 문제는 숙박자가 투숙한 그날 20:10부터 20:35까지 간에 숙박자 명부에 이를 기재하지 아니한 것이 위 법조의 규정에 위반하였다고 할 것인가에 있는바, 이 사건 기록에 의하면 피고인은 시종 위 숙박자가 투숙하자, 그 짐을 운반하고 물수건 등을 가져다 준 후 숙박자가 여장을 풀고 안정되면 곧 숙박자의 인적사항을 확인하여 숙박자 명부를 작성하려고 하는 참에 임검 경찰관이 숙박자 명부를 갖고 갔기 때문에 위 201호실의 숙박자 명부를 작성하지 못한 것이라고 변소하고 있고, 기록을 정사하여 보아도 피고인이 그 기재를 회피할 의사가 있다고도 보여지지 아니할 뿐 아니라 여관 등 숙박업소에서의 숙박자 명부를 기재하는 일반 관행이나 당시의 위 상항등을 참작할 때 위 공소외 1 등이 투숙한 후 25분 이내에 숙박자 명부를 기재하지 아니한 것을 가지고 정당한 이유없이 그 기재를 지체한 것으로는 인정할 수 없는데도 원심이 피고인의 위 소위를 같은 법 제6조 제 1 항 위반으로 의율한 것은 필경 이 점에 대한 심리를 미진하였거나 위 법조의 해석적용을 잘못하여 판결에 영향을 미친 위법이 있다 할 것이고, 이 점을 지적하는 상고 논지는 이유있다.

IX

제8조 사실의 확인

Ⅸ. 제8조 사실의 확인

제8조(사실의 확인 등) ① 경찰관서의 장은 직무 수행에 필요하다고 인정되는 상당한 이유가 있을 때에는 국가기관이나 공사(公私) 단체 등에 직무 수행에 관련된 사실을 조회할 수 있다. 다만, 긴급한 경우에는 소속 경찰관으로 하여금 현장에 나가 해당 기관 또는 단체의 장의 협조를 받아 그 사실을 확인하게 할 수 있다.

② 경찰관은 다음 각 호의 직무를 수행하기 위하여 필요하면 관계인에게 출석하여야 하는 사유·일시 및 장소를 명확히 적은 출석 요구서를 보내 경찰관서에 출석할 것을 요구할 수 있다.

1. 미아를 인수할 보호자 확인

2. 유실물을 인수할 권리자 확인

3. 사고로 인한 사상자(死傷者) 확인

4. 행정처분을 위한 교통사고 조사에 필요한 사실 확인

1. 사실의 확인

경찰법과 경찰관직무집행법에 규정되어 있는 경찰관의 직무를 효과적으로 수행하기 위하여 필요한 사실을 확인하기 위하여 사실을 조회하거나 관계인의 출석을 요구할 수 있는 것이다. 비권력적 사실행위로써 강제집행이나 경찰벌의 대상이 되지 않는다.

사실조회란 사람이나 물건에 대하여 그 모양·상태 등 경찰정보의 수집을 위하여 필요한 사항을 물어보는 것인 바, 사실조회의 방법은 꼭 문서로 하여야 하는 것은 아니나 사실조회의 주체가 경찰관서의 장으로 되어 있으므로 실무상 경찰관서장 명의의 공문서로 행하는 것이 일반적이다.

직접확인은 긴급을 요하는 경우에 경찰관서장의 지시로 현장에 출장하여 당해 기관 또는 단체의 장의 협조를 얻어 그 사실을 확인하게 할 수 있는 것인 바, 경찰관서장의 지시는 꼭 구체적인 사건의 구체적인 지시를 필요로 하는 것이 아니고 일반적인 훈령의 형식으로도 가능하다고 하겠다. 협조는 그 기관의 장이나 단체장에게 알리고, 그 안내를 받는 것을 의미할 뿐이고, 동의를 요하는 것은 아니다. 또한 확인은 사람과 물건 등의 사물의

성상을 살피거나 각종 장부를 열람하는 것을 말한다(경찰청, 2013: 76-77).

2. 판례

1) 판례 1

대법원 1999. 11. 26. 선고 99도3963 판결

【판시사항】

승객이 놓고 내린 지하철의 전동차 바닥이나 선반 위에 있던 물건을 가지고 감으로써 성립하는 범죄(=점유이탈물횡령죄)

【판결요지】

승객이 놓고 내린 지하철의 전동차 바닥이나 선반 위에 있던 물건을 가지고 간 경우, 지하철의 승무원은 유실물법상 전동차의 관수자로서 승객이 잊고 내린 유실물을 교부받을 권능을 가질 뿐 전동차 안에 있는 승객의 물건을 점유한다고 할 수 없고, 그 유실물을 현실적으로 발견하지 않는 한 이에 대한 점유를 개시하였다고 할 수도 없으므로, 그 사이에 위와 같은 유실물을 발견하고 가져간 행위는 점유이탈물횡령죄에 해당함은 별론으로 하고 절도죄에 해당하지는 않는다.

【이유】

원심은, 피고인에 대한 이 사건 공소사실 중 피고인이 4회에 걸쳐서 지하철의 전동차 바닥 또는 선반 위에 있는 핸드폰, 소형가방 등을 가지고 가서 절취하였다는 점에 대하여, 지하철의 승무원은 유실물법상 전동차의 관수자로서 승객이 잊고 내린 유실물을 교부받을 권능을 가질 뿐 전동차 안에 있는 승객의 물건을 점유한다고 할 수 없고, 그 유실물을 현실적으로 발견하지 않는 한 이에 대한 점유를 개시하였다고 할 수도 없으므로, 그 사이에 피고인이 위와 같은 유실물을 발견하고 가져간 행위는 점유이탈물횡령죄에 해당함은 별론으로 하고 절도죄에 해당하지는 아니한다고 판단함으로써, 위 공소사실에 대하여 범죄로 되지 아니하거나 그 증명이 없다는 이유로 무죄를 선고한 제1심판결의 결론을 유지하고 검사의 항소를 기각하는 판결을 하였는바, 기록에 나타난 자료들을 살펴보면 그

와 같은 원심의 판단은 정당하고, 거기에 논지가 주장하는 바와 같이 절도죄에 있어서의 물건의 점유에 관한 법리를 오해한 위법이 있다고 할 수 없으며, 논지가 내세우고 있는 대법원 1988. 4. 25. 선고 88도409 판결은 이 사건과 구체적인 사실관계를 달리 하는 것이어서 인용하기에 적절하지 아니하다. 논지는 이유가 없다.

2) 판례 2

대법원 1993. 3. 16. 선고 92도3170 판결

【판시사항】

고속버스 승객이 차내에 있는 유실물을 가져 간 경우의 죄책(=점유이탈물횡령죄)

【판결요지】

고속버스 운전사는 고속버스의 관수자로서 차내에 있는 승객의 물건을 점유하는 것이 아니고 승객이 잊고 내린 유실물을 교부받을 권능을 가질 뿐이므로 유실물을 현실적으로 발견하지 않는 한 이에 대한 점유를 개시하였다고 할 수 없고, 그 사이에 다른 승객이 유실물을 발견하고 이를 가져 갔다면 절도에 해당하지 아니하고 점유이탈물횡령에 해당한다.

【이 유】

기록에 의하면, 고속버스의 운전사는 고속버스의 관수자(관수자)로서 차내에 있는 승객의 물건을 점유하는 것이 아니고, 승객이 잊고 내린 유실물은 이를 교부받을 권능을 가질 뿐이므로(유실물법 제10조 참조), 그 유실물을 현실적으로 발견하지 아니하는 한 이에 대한 점유를 개시하였다고 할 수 없고, 그 사이에 다른 승객이 유실물을 발견하고 이를 가져갔다면 이는 절도에 해당하지 아니하고 점유이탈물을 횡령한 경우에 해당한다고 보아야 할 것이다.

3) 판례 3

대법원 1996. 5. 10. 선고 95누12521 판결

【판시사항】

[1] 구 공직자윤리법 제8조 제6항의 조사의뢰의 의미

[2] 공직자윤리위원회가 열리는 날 오전에 출석요구서가 송달된 사정만으로 허위신고자에 대한 징계처분이 위법하게 되지 않는다고 본 사례

【판결요지】

[1] 공직자윤리위원회는 등록된 사항을 심사한 결과 허위등록의 혐의가 있다고 의심되는 등록의무자에 대하여는 기간을 정하여 법무부장관에게 조사를 의뢰하여야 한다고 한 구 공직자윤리법(1994. 3. 16. 법률 제4739호로 개정되기 전의 것) 제8조 제6항은, 허위등록의 혐의가 있다고 의심은 되나 국가의 수사력을 빌리지 아니하고는 그 내용을 확인할 수 없는 경우를 상정하여 만든 규정에 불과한 것이고, 위원회의 자체 조사결과 허위등록된 사실이 명백히 확인된 경우까지 조사를 의뢰하여야 한다는 취지는 아니다.

[2] 구 공직자윤리법은, 공직자윤리위원회는 등록의무자와 기타 관계인에 대하여 출석을 요구하고 진술을 받을 수 있다고 규정(제8조 제5항)하고 있을 뿐 특별히 진술청취를 위한 출석요구서의 송달기간에 관하여 규정하고 있지 아니하며, 또한 등록의무자가 위원회에서 정한 시각에 출석하여 출석요구서의 송달시각에 관하여 아무런 이의를 제기함이 없이, 미신고토지를 등록하지 아니한 것은 고의가 아닌 착오에 의한 것이었다고 해명하는 등 방어의 기회를 충분히 가졌다면, 같은 날 15 : 40에 국회의원회관 825호실에 출석하여 달라는 출석요구서를 당일 오전에 송달하였다는 사정만으로 허위신고자에 대한 징계처분이 위법하게 되는 것은 아니라고 본 사례.

【이유】

공직자윤리법(1994. 3. 16. 법률 제4739호로 개정되기 전의 것, 이하 같고 '법'이라고만 한다) 제8조 제1항, 제6항, 제7항, 제9조 제1항의 각 규정을 종합하여 보면, 공직자윤리위원회(이하 '위원회'라고 한다)는 등록된 사항을 심사한 결과 허위등록의 혐의가 있다고 의심되는 등록의무자에 대하여는 기간을 정하여 법무부장관에게 조사를 의뢰하여야

한다고 한 법 제8조 제6항은, 허위등록의 혐의가 있다고 의심은 되나 국가의 수사력을 빌리지 아니하고는 그 내용을 확인할 수 없는 경우를 상정하여 만든 규정에 불과한 것이고, 위원회의 자체 조사결과 허위등록한 사실이 명백히 확인된 경우까지 조사를 의뢰하여야 한다는 취지는 아니라고 보아야 할 것이다.

같은 취지의 원심 판단은 옳고, 거기에 상고이유로서 주장하는 바와 같은 법리오해 등의 위법이 있다고 할 수 없다. 논지는 이유가 없다.

제2점에 대하여

원심판결 이유에 의하면 원심은, 그 거시증거에 의하여, 피고는 1993. 12. 7. 오전에 원고에게 재산등록사항에 관한 진술청취를 위하여 같은 날 15 : 40에 국회의원회관 825호실에 출석하여 달라는 출석요구서를 그날 오전에 송달하였고, 이에 따라 원고는 위 시각에 출석하여 이 사건 미신고토지의 등록누락에 관한 사항을 진술한 사실을 인정한 후, 법은 위원회는 등록의무자와 기타 관계인에 대하여 출석을 요구하고 진술을 받을 수 있다고 규정(제8조 제5항)하고 있을 뿐, 특별히 진술청취를 위한 출석요구서의 송달기간에 관하여 규정하지 아니하였고, 또한 원고가 위원회에서 정한 시각에 출석하여 위와 같은 출석요구서의 송달시각에 관하여 아무런 이의를 제기함이 없이 이 사건 미신고토지를 등록하지 아니한 것은 고의가 아닌 착오에 의한 것이었다고 해명하는 등 방어의 기회를 충분히 가졌다고 보여지는 점에 비추어 보면, 피고가 원고에게 위와 같이 출석요구서를 송달하였다는 사정만으로 이 사건 처분이 위법하게 되는 것은 아니라고 판단 하였는바, 기록과 관계 법령에 비추어 보면 원심의 위와 같은 인정·판단은 정당한 것으로 수긍이 가고, 거기에 법 제8조 제5항의 해석에 관한 법리오해의 위법이 있다고 할 수 없다. 논지 역시 이유가 없다.

제3점에 대하여

기록에 의하면, 피고는 이 사건 처분을 함에 있어서 법 제8조의2 제1항 제1호 소정의 "경고 및 시정조치"를 하는 것임을 명백히 표시하였을 뿐만 아니라, "부동산을 신고하지 아니함"을 이유로 이 사건 처분을 하는 것임을 명시함으로써 그 이유를 밝혔다고 보아야 할 것인바, 법이 그 이상의 근거나 이유를 명시할 것을 요구하고 있지 아니하는 이상 이 사건 처분에 무슨 내용상의 하자나 이유불비의 위법이 있다고 할 수 없다. 논지는 모두 이유 없다.

제4점에 대하여

원심판결 이유를 기록에 비추어 살펴보면, 원심이 원고가 이 사건 미신고토지를 고의로 누락한 것이라고 판시함에 있어서 거친 사실인정 및 판단은 정당한 것으로 수긍이 가고, 거기에 상고이유에서 주장하는 바와 같이 심리미진이나 채증법칙 위배로 인한 사실오인의 위법이 있다고 할 수 없다

4) 판례 4

대법원 2010. 5. 13. 선고 2010도1386 판결

【판시사항】

[1] 공직선거법 제268조 제1항 단서에 정한 공소시효 기간의 해석 및 위 단서에서 정한 '범인이 도피한 때'의 의미

[2] 담당경찰관이 공직선거법 위반의 혐의사실을 고지하고 출석을 요구하는 전화통화와 출석요구서를 발송한 후, 체포영장을 발부받은 다음 4회에 걸쳐 피고인의 주거지 주변에서 밤과 낮을 번갈아 가며 잠복근무하고 집주인에게 탐문하는 등 검거·추적을 위한 직접적인 조치를 취하였음에도 피고인을 체포할 수 없었던 사안에서, 그 이후 피고인이 새로운 주소지로 전입신고를 함과 동시에 임대차계약서에 확정일자를 받고 주민등록증을 새로이 발급받은 사정 등을 이유로 도피의사 또는 도피상태를 단정할 수 없다고 한 원심판단에 법리오해 등의 위법이 있다고 한 사례

【판결요지】

[1] 공직선거법 제268조 제1항의 규정 형식 및 내용에 비추어 보면, 위 조항 단서의 사유가 발생한 경우 공소시효는 당해 선거일 후 3년(선거일 후에 행하여진 범죄는 그 행위가 있는 날부터 3년)을 경과함으로써 완성된다고 해석함이 상당하고, 위 단서

소정의 '범인이 도피한 때'에 해당하기 위해서는 범인이 주관적으로 수사기관의 검거·추적으로부터 벗어나려는 도피의사가 있어야 하고, 객관적으로 수사기관의 검거·추적이 불가능한 도피상태에 있어야 한다. 이때 도피의사는 수사기관의 검거·추적으로부터 벗어남으로써 수사, 재판 및 형의 집행 등 형사사법의 작용을 곤란 또는 불가능하게 한다는 인식으로 족하고, 궁극적으로 형사처분을 면할 목적이나 공소시효를 도과시키려는 목적을 필요로 하는 것은 아니다. 그리고 도피상태는 소재가 분명하더라도 검거·추적이 불가능한 경우를 포함하지만, 단순히 수사기관의 소환에 응하지 않고 있을 뿐 검거·추적이 가능한 경우에는 도피상태라고 볼 수 없다.

[2] 담당경찰관이 공직선거법 위반의 혐의사실을 고지하고 출석을 요구하는 전화통화와 출석요구서를 발송한 후, 체포영장을 발부받아 4회에 걸쳐 피고인의 주거지 주변에서 밤과 낮을 번갈아 가며 잠복근무하고 집주인에게 탐문하는 등 검거·추적을 위한 직접적인 조치를 취하였음에도 피고인을 체포할 수 없었던 사안에서, 위와 같은 경우 피고인은 객관적으로 수사기관의 검거·추적이 불가능한 도피상태라고 평가함이 상당하고, 그 이후 피고인이 새로운 주소지로 전입신고를 함과 동시에 임대차계약서에 확정일자를 받고 주민등록증을 새로이 발급받은 사정이 있다고 하더라도 그 전에 이미 도피의사로 도피상태에 있어 공직선거법 제268조 제1항의 단서에 정한 '범인이 도피한 때'의 요건을 충족하였다면 공소시효의 기간은 3년이 된다고 하여, 이와 달리 피고인의 도피의사 또는 도피상태를 단정할 수 없다고 한 원심판단에 법리오해 등의 위법이 있다고 한 사례.

【이 유】

1. 공직선거법 제268조 제1항은 "이 법에 규정한 죄의 공소시효는 당해 선거일후 6월(선거일후에 행하여진 범죄는 그 행위가 있는 날부터 6월)을 경과함으로써 완성한다. 다만, 범인이 도피한 때나 범인이 공범 또는 범죄의 증명에 필요한 참고인을 도피시킨 때에는 그 기간은 3년으로 한다"고 규정하고 있는바, 위 조항의 규정 형식 및 내용에 비추어 보면, 위 조항 단서의 사유가 발생한 경우 공소시효는 당해 선거일후 3년(선거일후에 행하여진 범죄는 그 행위가 있는 날부터 3년)을 경과함으로써 완성된다고 해석함이 상당하다.

그리고 공직선거법 제268조 제1항 단서 소정의 '범인이 도피한 때'에 해당하기 위해서는 범인이 주관적으로 수사기관의 검거·추적으로부터 벗어나려는 도피의사가 있어야 하고, 객관적으로 수사기관의 검거·추적이 불가능한 도피상태에 있어야 한다. 이때 도피의사는 수사기관의 검거·추적으로부터 벗어남으로써 수사, 재판 및 형의 집행 등 형사사법의 작용을 곤란 또는 불가능하게 한다는 인식으로 족하고, 궁극적으로 형사처분을 면할 목적이나 공소시효를 도과시키려는 목적을 필요로 하는 것은 아니라고 할 것이다. 그리고 도피상태는 소재가 분명하더라도 검거·추적이 불가능한 경우를 포함하지만 단순히 수사기관의 소환에 응하지 않고 있을 뿐 검거·추적이 가능한 경우에는 도피상태라고 볼 수 없다.

2. 원심판결 이유와 원심이 적법하게 조사한 증거 등에 의하면, 이 사건의 담당경찰관인 공소외 1은 2007. 11. 2.경 피고인의 휴대폰(번호 1 생략)으로 연락하여 피고인이 이 사건 공소사실과 같이 수회에 걸쳐 인터넷에 글을 올린 사실을 확인하고 그 사건 조사를 위하여 피고인에게 출석을 요구하였으나 피고인은 출석하지 않은 사실, 담당경찰관은 출석요구를 위하여 피고인에게 2007. 11. 5. 및 같은 달 19. 우편으로 출석요구서를 발송하였으나 폐문부재로 반송되었고, 2007. 11. 6., 같은 달 13., 같은 달 19.에 피고인의 휴대폰(번호 1 생략, 번호 2 생략)으로 수회 통화를 시도하였으나 불통된 사실, 다른 담당경찰관인 공소외 2가 이 사건 공소사실로 1차 체포영장이 발부된 후인 2007. 12. 4. 17:00부터 같은 날 23:00경까지, 같은 달 6. 19:00부터 23:00경까지, 같은 달 7. 15:00부터 18:00경까지, 2차 체포영장이 발부된 이후인 2007. 12. 28. 14:00부터 19:00경까지 피고인의 주거지인 서울 송파구 (이하 상세주소 생략) 주변에서 4회에 걸쳐 잠복수사를 하였으나 피고인이 들어오지 않아 체포하지 못한 사실, 담당경찰관 공소외 2가 2007. 12. 7.경 피고인 주거지 집주인을 탐문수사하여 피고인의 소재를 파악하였는데 피고인이 위 주거지에 살고 있으나 요즘 얼굴을 보지 못하였다는 답변을 들었고 피고인과 최초 통화하였던 휴대폰(번호 1 생략)으로 수회 통화 시도하였으나 전화를 받지 않다가 전원을 꺼놓은 것으로 확인한 사실, 피고인은 2008. 1. 14.경 위 공소외 2의 출석요구 전화를 받고도 "선거도 끝나고 별거 아닌데 왜 그러냐, 현재 일 때문에 지방에 있으며 나중에 시간이 나면 출석하겠다"면서 전화를 끊은 사실, 위 공소외 2는 피고인이 출석할 의사가 없다고 판단하여 피고인에 대하여 지명수배를 하고 2008. 1. 22. 사건을 검찰로 송치하였고, 검사는 기소중지 처분을 한 사실, 피고인은 2009. 5. 27. 불심검문을 통해 지명수배된 사실이 밝혀져 체포된 사실을 알 수 있는바, 담당경찰관이 혐의

사실을 고지하고 출석을 요구하는 전화통화와 출석요구서를 발송하는데 그치지 않고 체포영장을 발부받은 다음 4회에 걸쳐 피고인의 주거지 주변에서 밤과 낮을 번갈아 가며 잠복근무하고 집주인에게 탐문하는 등 검거·추적을 위한 직접적인 조치를 취하였음에도 피고인을 체포할 수 없었다면 객관적으로 수사기관의 검거·추적이 불가능한 도피상태라고 평가함이 상당하다.

3. 피고인이 도피의사를 부인하는 경우에는, 이러한 주관적 요소로 되는 사실은 사물의 성질상 주관적 의사와 상당한 관련성이 있는 간접사실 또는 정황사실을 증명하는 방법에 의하여 이를 입증할 수밖에 없다고 할 것이다.

원심판결 이유와 원심이 적법하게 조사한 증거 등에 의하면, 피고인은 2007. 1.경부터 서울 강남구 역삼동 소재 공소외 3 주식회사에서 하는 부동산관련 강의를 듣기 위하여 위 주거지로 전입신고를 마치고 거주하였는데 그 후 강의를 하는 회사가 변경되어 2007. 11. 23.부터 2008. 1. 18.까지 서울 강남구 논현동 소재 공소외 4 주식회사에서 수강을 마쳤고, 2007. 11. 말경부터 대리운전을 하였기 때문에 이 사건 담당경찰관의 연락을 받지 못하였다고 주장하는바, 피고인의 진술에 의하더라도 피고인은 위 강의를 듣기 위하여 위 주거지에 거주하면서 이 사건 공소사실 기재 글을 게시하였다는 것인데, 이 사건 공소사실 기재 글을 게시할 당시와 생활이 달라지지 않은 2007. 11. 말경까지 수회에 걸친 전화통화와 출석요구서 발송에도 불구하고 연락이 되지 않았고, 2007. 11. 말경부터 대리운전을 하였다고는 하나 그 무렵 이후 경찰관이 체포영장을 받아 4회에 걸쳐 밤과 낮을 번갈아 가며 잠복근무를 하였음에도 피고인을 체포할 수 없었으며, 집주인도 요즘 피고인의 얼굴을 보지 못했다고 하는 사정에 비추어, 피고인은 2007. 11. 2.경 담당경찰관으로부터 혐의사실을 고지받고 출석요구를 받은 때부터 종전의 주거지를 이탈하였거나 종전과는 다른 양상으로 거주하여 온 것으로 봄이 상당하다.

피고인이 2008. 3. 28. '수원시 영통구 (이하 상세주소 생략)'로 전입신고를 함과 동시에 임대차계약서에 확정일자를 받고 수원시장 명의의 주민등록증까지 새로이 발급받은 사정이 있다고 하더라도, 그전에 이미 도피의사로 도피상태에 있어 공직선거법 제268조 제1항 단서 소정의 '범인이 도피한 때' 요건을 충족하였다면 이로써 공소시효의 기간은 3년이 된다고 할 것이다. 또한 경찰이 피고인에 대하여 2차 체포영장을 발부받고 지명수배 조치를 취한 다음 사건을 검찰에 송치하고 검찰이 기소중지 처분을 하였다면, 그 무렵에

도피의사가 있었는지 여부를 판단하면 족하고 그 후에 추가적인 조치를 취하였는지 여부는 도피의사를 판단할 직접적인 정황은 아니라고 할 것이다.

한편, 피고인 스스로 자진하여 수사기관에 출석하였는지 여부는 도피의사를 확정하는 주요한 정황이 될 수 있을 터인데, 담당경찰관이 2007. 11. 2. 처음 통화를 하면서 혐의 내용을 알려주었고 2008. 1. 14. 마지막 통화를 하면서 출석요구하였으며 이때 적어도 출석하지 않으면 체포영장이 발부되거나 지명수배될 수 있다는 사실은 알려주었다고 보는 것이 합당한데(원심은, 담당경찰관 공소외 2가 2008. 1. 15. 작성한 수사보고서에 체포영장이 발부된 사실을 고지하였다는 기재가 없다는 점을 지적하고 있으나, 공소외 2의 증언에 의하면 적어도 체포영장이 발부되거나 지명수배될 수 있다는 사실은 알려주었다고 보는 것이 경험칙에 부합한다), 피고인이 체포영장이 발부되거나 지명수배될 수 있다는 사실을 고지받고 또 2개월 이상에 걸쳐 출석요구를 받아 사건이 무마되지 않으리라는 것을 알았다고 보여지는 상황에서도 스스로 수사기관에 출석하지 않고 최종 출석통보를 받은 2008. 1. 14.로부터 1년 4개월 이상이 지난 2009. 5. 27. 불심검문으로 체포되었다면, 도피의사를 추단하는 정황이 될 수 있다.

위와 같은 여러 정황을 앞서 본 법리에 비추어 보면, 피고인이 담당경찰관으로부터 최종 출석통보를 받은 무렵 단순히 수사기관의 소환에 응하지 않는 것을 넘어서 수사기관의 검거·추적으로부터 벗어남으로써 수사, 재판 및 형의 집행 등 형사사법의 작용을 곤란 또는 불가능하게 한다는 인식이 있었다고 볼 여지가 충분하다.

4. 그런데도 원심이 판시와 같은 사정만을 들어 피고인에게 도피의사가 있었다거나 또는 피고인이 도피상태에 있었다고 단정할 수 없다고 판단한 데에는 공직선거법 제268조 제1항 단서 소정의 공소시효 기간에 관한 법리를 오해하여 필요한 심리를 다하지 아니함으로써 판결 결과에 영향을 미친 위법이 있다고 할 것이다.

또한, 제1심은 이 사건 공소는 공소시효가 완성된 후에 제기된 것으로서 공소제기의 절차가 법률의 규정에 위반되어 무효인 때에 해당한다는 이유로 형사소송법 제327조 제2호에 따라 공소를 기각하였고, 원심은 이러한 제1심의 판단을 그대로 유지하였는바, 형사소송법 제326조 제3호에 의하면 '공소의 시효가 완성되었을 때'에는 판결로써 면소의 선고를 하여야 하므로, 이 점에서도 원심판결은 파기를 면할 수 없고, 형사소송법 제393조에 의하여 원심판결 및 제1심판결을 모두 파기한다

X

제8조의2 정보의 수집 등

X. 제8조의2 정보의 수집 등

제8조의2(정보의 수집 등) ① 경찰관은 범죄 · 재난 · 공공갈등 등 공공안녕에 대한 위험의 예방과 대응을 위한 정보의 수집 · 작성 · 배포와 이에 수반되는 사실의 확인을 할 수 있다.

② 제1항에 따른 정보의 구체적인 범위와 처리 기준, 정보의 수집 · 작성 · 배포에 수반되는 사실의 확인 절차와 한계는 대통령령으로 정한다.

1. 정보의 수집

최근 경찰 개혁의 일환으로 인권보호의 중요성이 증대되고 있고, 이에 따라 경찰청은 인권교육의 실시, 범죄피해자 보호, 인권위원회 및 인권침해 사건 진상조사단의 운영 등 인권보호를 위한 많은 노력을 기울이고 있으나, 현행법상 경찰의 인권보호에 대한 표현이 명시되어 있지 않다.

한편, 현행법은 경찰관의 직무 중 하나로 치안정보의 수집 · 작성 및 배포를 규정하고 있으나 "치안정보"의 개념이 모호하여 이를 근거로 경찰이 자의적으로 광범위한 정보 수집활동을 할 수 있다는 우려가 계속되어 왔다.

이에 경찰관의 인권보호 의무를 법률에 명시하여 인권을 존중하는 경찰 활동을 정립하는 한편, 현행법상 "치안정보"의 개념을 "공공안녕에 대한 위험의 예방과 대응을 위한 정보"로 수정하고, 경찰관이 수집 · 작성 · 배포와 이에 수반되는 사실의 확인을 할 수 있는 정보의 범위 및 처리 기준 등을 대통령령으로 구체적으로 정할 수 있는 위임 근거를 마련하려는 것이다.

2. 판례

1) 판례 1

서울고법 1971. 9. 9. 선고 71노454 제2형사부판결 : 상고

【판시사항】

경찰의 강연내용에 대한 비밀녹음행위에 항거하여 경찰관에게 상해를 가한 경우가 정당행위에 해당되는지의 여부

【판결요지】

경찰이 공개된 집회에서 강연내용을 녹음하는 것은 경찰의 임무중의 하나인 경찰정보수집 활동의 일환으로 하는 적법행위라 할 것이므로 위와 같은 비밀녹음이 국민이 가지는 언론집회의 자유에 대하여 어느 정도의 심리적 압박을 가져온다 하더라도 이와 같은 자유의 속박은 질서유지와 공공복리를 위하여 수인하여야 할 임무가 있는 것으로 이러한 국가기관의 적법행위에 대한 직접적인 저항은 인정할 수 없고, 또 그에 대하여 상해를 가한 것은 이러한 저항수단에 있어서도 그 상당성을 잃었다고 할 것이니 이를 정당행위라고는 볼 수 없다.

【이 유】

△△△의원들이 강연을 하고 있는 우파레극장 영사실에서 문을 잠그고 김포경찰서 소속 경찰관들이 사복차림으로 위 강연내용을 은밀히 녹음하고 있었던 것은 논지와 같고 경찰의 위와 같은 녹음방법은 공연한 의구심을 갖게하는 점에서 바람직한 일은 못되나 그러나 경찰이 공개된 집회에서의 강연내용을 녹음을 하는 것은 경찰의 임무중의 하나인 경찰정보수집활동의 일환으로 하는 적법행위라 할 것이므로 위와 같은 비밀녹음이 국민이 가지는 언론 집회의 자유에 대하여 어느정도의 심리적 압박을 가져온다 하더라도 위와 같은 정도의 자유의 속박은 질서유지와 공공복리를 위하여 수인하여야 할 의무가 있는 것으로 이러한 국가기관의 적법행위에 대한 직접적인 저항은 인정할 수 없는 것이며, 한편 피고인들은 위 우파레극장 영사실에 누군가가 들어가 있음을 발견하고, 수상하게 생각한 나머지 문이 잠긴 그 영사실문을 부수고 들어가 본즉, 사복을 입은 사람들이 은밀히 녹음을 하고 있음을 발견하여 동인들의 신분을 추궁한 끝에 김포경찰서 소속 경찰관들임이 밝혀졌음에도 불구하고, 이를 전혀 외면한채 그곳에 있는 기물을 부수고 녹음기를 탈취하고 동 경찰관들을 밀치고 때리면서 신분을 확인한다는 구실하에 강제로 끌고다녀 전치 7일 내지 10일을 요하는 안면부 등 타박상을 입힌 사실을 인정할 수 있으므로, 피고인들의 위 소위는 논지가 지적하는 것처럼 비밀녹음을 한 경찰관들의 신분과 그 목적등 진상을 알고저 함이라고는 볼 수 없고 경찰이 ○○○후보에 대한 강연내용을 비밀녹음하므로서 ○○○의 언론집회의 자유에 제한을 가하는 것이라고 믿고 이에 대한 항거로 저질렀음이 이러한 저항수단에 있어서도 그 상당성을 잃었다고 할 것이니 피고인들의 위 소위를 가르켜 정당행위라고는 볼 수 없다.

2) 판례 2

대법원 2012. 7. 12. 선고 2010두7048 판결

【판시사항】

공공기관의 정보공개에 관한 법률 제9조 제1항 제4호에서 '수사'에 관한 사항으로서 공개될 경우 직무수행을 현저히 곤란하게 한다고 인정할 만한 상당한 이유가 있는 정보를 비공개대상정보의 하나로 규정한 취지와 그에 해당하는 정보 및 수사기록 중 의견서 등이 비공개대상정보에 해당하기 위한 요건

【이 유】

원심판결 이유에 의하면, 원심은 그 채택 증거들을 종합하여 판시와 같은 사실을 인정한 다음, 이 사건 거부처분은 2008. 11. 26. 행하여져 다음 날인 2008. 11. 27. 원고에게 통지되었는데, 원고는 즉시 피고에게 이의신청을 하여 2008. 12. 5. 이의신청기각결정을 받았던 점, 원고는 이 사건 청구취지에서 2008. 11. 27.자 이의신청기각결정의 취소를 구한다고 하면서도 그 청구원인으로 이의신청기각결정의 위법사유가 아닌 이 사건 거부처분의 위법사유를 주장하고 있는 점 등에 비추어 보면, 비록 원고가 이의신청기각결정의 취소를 구하고 있다고 하더라도 그 취지는 2008. 11. 26.자로 행해진 이 사건 거부처분의 취소를 구하는 것으로 선해할 수 있다고 판단하였다.

기록에 비추어 보면, 원심의 위와 같은 판단은 정당하다. 거기에 이 부분 상고이유와 같은 취소소송의 대상에 관한 법리오해의 위법이 없다.

2. 상고이유 제2점에 대하여

공공기관의 정보공개에 관한 법률(이하 '정보공개법'이라 한다) 제9조 제1항 제4호는 '수사'에 관한 사항으로서 공개될 경우 그 직무수행을 현저히 곤란하게 한다고 인정할 만한 상당한 이유가 있는 정보를 비공개대상정보의 하나로 규정하고 있다. 그 취지는 수사의 방법 및 절차 등이 공개되어 수사기관의 직무수행에 현저한 곤란을 초래할 위험을 막고자 하는 것으로서, 수사기록 중의 의견서, 보고문서, 메모, 법률검토, 내사자료 등(이하

'의견서 등'이라 한다)이 이에 해당한다고 할 수 있으나 (헌법재판소 1997. 11. 27. 선고 94헌마60 전원재판부 결정, 대법원 2003. 12. 26. 선고 2002두1342 판결 등 참조), 공개청구대상인 정보가 의견서 등에 해당한다고 하여 곧바로 정보공개법 제9조 제1항 제4호에 규정된 비공개대상정보라고 볼 것은 아니고, 의견서 등의 실질적인 내용을 구체적으로 살펴 수사의 방법 및 절차 등이 공개됨으로써 수사기관의 직무수행을 현저히 곤란하게 한다고 인정할 만한 상당한 이유가 있어야만 위 비공개대상정보에 해당한다고 봄이 타당하다.

원심판결 이유에 의하면, 원심은 그 채택 증거들을 종합하여 판시와 같은 사실을 인정한 다음, 이 사건 정보 중 개인 인적사항 부분을 제외한 나머지 부분인 범죄사실, 적용법조, 증거관계, 고소인 및 피고소인의 진술, 수사결과 및 의견 등은 비록 그것이 수사기록 중의 의견서, 법률검토 등에 해당하여 수사에 관한 사항에 포함되는 것이기는 하나, 원고는 관련사건의 고소인으로서 그 권리구제를 위하여 경찰의 송치의견서의 내용을 알 필요성이 큰 반면 그 정보의 내용, 수집경로 등이 노출되어 향후 범죄의 예방이나 정보수집, 수사활동 등에 영향을 미치는 경우로 보기 어려운 점 등에 비추어 보면, 위 정보가 공개될 경우 피고의 직무수행을 현저히 곤란하게 하거나 피의자의 인권 및 공익 목적을 해하는 결과를 야기한다고 인정하기 어렵다는 이유를 들어 이 사건 정보 중 개인 인적사항 부분을 제외한 나머지 부분은 정보공개법 제9조 제1항 제4호의 비공개대상정보에 해당하지 아니한다고 판단하였다.

위 법리와 기록에 비추어 보면, 원심의 위와 같은 판단은 정당하다. 거기에 이 부분 상고이유와 같은 정보공개법 제9조 제1항 제4호에 규정된 비공개대상정보에 관한 법리오해의 위법이 없다.

3) 판례 3

서울행법 2004. 2. 3. 선고 2002구합24499 판결

【판시사항】

[1] 당초의 정보공개거부처분사유인 공공기관의정보공개에관한법률 제7조 제1항 제2호, 제4호, 제3호, 제6호 본문의 사유는 소송 계속중 추가된 같은 항 제1호의 사유

와 기본적 사실관계의 동일성이 인정되지 않으므로 그 추가는 허용되지 아니한다고 한 사례

[2] KAL 858 비행기 폭파 사건과 관련된 정보 중 외교관계 등 국가의 중대한 이익을 해할 우려가 있거나 검거된 남파 간첩들의 안전을 현저히 해할 우려가 있는 등의 정보를 제외한 나머지 정보는 원칙적으로 공개거부사유에 해당되지 않는다고 한 사례

【판결요지】

[1] 당초의 정보공개거부처분사유인 공공기관의정보공개에관한법률 제7조 제1항 제2호, 제4호, 제3호, 제6호 본문의 사유는 소송계속중 추가된 같은 항 제1호의 사유와 기본적 사실관계의 동일성이 인정되지 않으므로 그 추가는 허용되지 아니한다고 한 사례.

[2] KAL 858 비행기 폭파 사건과 관련된 정보 중 외교관계 등 국가의 중대한 이익을 해할 우려가 있거나 검거된 남파 간첩들의 안전을 현저히 해할 우려가 있는 등의 정보를 제외한 나머지 정보는 원칙적으로 공개거부사유에 해당되지 않는다고 한 사례.

【이 유】

1. 처분의 경위

가. 대한항공 소속의 KAL 858 비행기가 1987. 11. 28. 23:27경(현지시각 기준, 이하 시각은 현지 기준으로 한다) 승무원 20명과 승객 95명을 태우고 이라크 바그다드 공항을 출발하여 같은 달 29. 3:40경 경유지인 아랍에미리트의 아부다비 공항을 이륙한 다음 태국 방콕으로 비행하던 중 같은 달 29. 8:05경(한국시각으로 14:05경) 미얀마 근해 안다만 해역 상공에서 폭발 추락함으로써 탑승객 전원이 사망하는 사고(이하 '이 사건 사고'라 한다)가 발생하였다.

나. 국가안전기획부(1999년 1월 국가정보원으로 개칭하였다. 이하 그대로 '국가안전기획부'라 한다)는 이 사건 사고가 발생하자 바레인국을 비롯한 관련국들의 공조수사와 검거된 남파간첩들에 대한 과거의 수사자료 등을 통해 북한공작원들인 김현희와

김승일이 일본인 부녀 사이로 위장하고 함께 1987. 11. 28. 23:00경 바그다드 공항에서 KAL 858 비행기에 탑승한 다음 액체폭약을 사용한 폭파용 트랜지스터 라디오를 탑승 무렵으로부터 9시간 후 폭발하도록 장치한 다음 비닐쇼핑백에 넣어 선반에 올려놓은 후 경유지인 아부다비 공항에서 위 폭파용 트랜지스터 라디오를 그대로 둔 채 비행기에서 내려 KAL 858 비행기를 폭발시킨 것으로 결론짓고 서울중앙지방검찰청에 88년 형제81168호로 위 사건을 송치하였다.

다. 서울중앙지방검창청 소속 검사는 김현희를 국가보안법위반 등의 혐의로 기소하였고, 서울형사지방법원(1995. 3. 1. 서울지방법원으로 조직 개편, 이하 '서울지방법원'이라 한다)은 김현희에 대한 89고합123호 국가보안법위반등 사건에서 1989. 4. 25. 김현희가 국가안전기획부의 수사 내용대로 KAL 858 비행기를 폭파한 것으로 보아 이러한 범죄사실 등에 대하여 사형을 선고하였으며, 김현희의 항소 및 상고에 대하여 서울고등법원(89노1475호)은 1989. 7. 22. 항소를, 대법원(89도1670호)은 1990. 3. 27. 상고를 각 기각하는 판결을 선고하였다.

라. 이 사건 사고로 인한 사망자들의 유족은 수사기록에 첨부된 사진의 인물 중 김현희라고 지목된 이는 김현희가 아닐 뿐 아니라 김현희가 진술하고 있는 이 사건 범행에 이르게 된 여정 중 상당 부분이 허위로 드러나는 등 이 사건 사고에 의문점이 많다고 주장하여 왔으며, 일부 종교 단체 및 언론에서도 이에 관하여 꾸준히 의문을 제기하여 오기도 하였다

다. 이에 원고는 2002. 3. 21. 피고에 대하여 별지 제1목록 기재 정보에 대하여 정보공개청구를 하였고, 이에 대하여 피고는 2002. 4. 13. 별지 제1목록 기재 정보 중 수사기록 가운데 김현희에 대한 피의자신문조서와 김현희 작성의 진술서 및 반성문, 참고인들의 진술서 및 이들에 대한 진술조서 그리고 각 탄원서 및 진정서는 인적사항 등 사생활과 밀접하게 관련되어 있고, 의견서, 사건인지 동행보고, 압수조서 및 압수목록, 수사보고, 압수수색영장, 사체부검의뢰, 검시조서, 사체처리지휘품신 및 전산자료 등 범죄수사와 관련된 것들은 수사과정에서 작성된 내부문서들로 수사기밀이나 수사기법 또는 공공의 이익과 관련된 것들이고, 공판기록 가운데 공판조서 및 통역인 신문조서 등 공판서류들은 피고인 및 증인들의 인적사항 등 사생활과 밀접하게 관련되어 있고, 공소장, 증거목록, 증인신청서 및 공소장변경신청서 등도

역시 피고인의 인적사항 및 관계자들의 명예나 인격과 관련된 내용이거나 검찰의 공소 유지와 관련된 것들이며, 항소장, 반성문, 항소이유서, 변론요지서, 상고장, 상고이유서 등은 피고인 변명과 관련된 것으로서 피고인 등의 명예나 인격과 관련된 정보로서, 공공기관의정보공개에관한법률(이하 '정보공개법'이라 한다) 제7조 제1항 제2호, 제3호, 제4호, 제6호 본문 소정의 비공개대상정보에 해당한다는 이유로 그 공개를 전부 거부하였다.

바. 한편, 원고는 이 사건 소송계속중인 2004. 1. 10. 피고가 별지 제1목록 기재 정보 전체에 관하여 한 거부처분 가운데 별지 제2목록 기재 정보(이하 '이 사건 각 정보'라 한다)에 관한 부분(이하 '이 사건 거부처분'이라 한다)에 대하여만 그 취소를 구하는 것으로 청구취지를 감축하였다.

[증거] 당사자 사이에 다툼이 없거나 갑 제1호증, 갑 제7호증의 1 내지 4, 갑 제8호증의 1, 2, 갑 제9호증, 갑 제12호증, 을 제1호증, 을 제2호증의 각 기재, 변론의 전취지

2. 이 사건 거부처분의 적법 여부

가. 당사자의 주장

(1) 피고의 주장

피고는, 이 사건 각 정보가 아래에서 보는 바와 같은 이유로 정보공개법 제7조 제1항 제1호, 제2호, 제3호, 제4호, 제6호 본문 소정의 비공개대상정보에 해당하므로, 이 사건 거부처분은 적법하다고 주장한다.

(가) 정보공개법 제7조 제1항 제1호 소정의 비공개대상정보에 해당한다.

형사소송법 제47조에서 공판개정 전 소송서류의 비공개 원칙을 천명하는 한편, 그 제35조에서 소송계속중의 관계 서류 또는 증거물에 대한 변호인의 열람·등사권을, 그 제45조에서 재판서 또는 재판을 기재한 조서에 대한 피고인 기타 소송관계인의 등·초본 교부청구권을, 그 제55조에서 공판조서에 대한 피고인의 열람·등사청구권을, 그 제185조에서 증거보전 관련 서류 및 증거물에 대한 검사, 피고인, 피의자, 변호인의 열람·등사청구권을

각 규정하고 있고, 형사소송법 제198조는 수사관계자에게 비밀엄수의무를 부과하고 있으며, 형법 제126조는 수사관계자가 공판청구 전에 피의사실을 공표한 경우 형사처벌하도록 규정하고 있는바, 위 각 규정에 비추어 형사소송법 및 형법은 수사기록을 비공개대상정보로 삼고 있어 정보공개법 제7조 제1항 제1호에서 말하는 '다른 법률'에 해당한다고 할 것이므로, 이 사건 각 정보 중 수사기록 부분은 정보공개법 제7조 제1항 제1호 소정의 비공개대상정보인 '다른 법률에 의하여 비밀로 유지되거나 비공개사항으로 규정된 정보'에 해당한다.

(나) 정보공개법 제7조 제1항 제2호, 제4호 소정의 각 비공개대상정보에 해당한다.

이 사건 각 정보에는 대한민국의 체제를 위협하기 위해 북한의 지령에 의해 발생한 이 사건 사고를 수사하기 위하여 남파간첩에 대한 정보를 수집·활용하는 등의 대공(대공) 관련 수사기밀이나 수사기법에 관한 것은 물론 외국, 특히 일본 경찰의 비밀문서도 포함되어 있어 이러한 정보들이 공개될 경우 앞으로 외국과의 공조수사 등에 있어 상호신뢰관계를 손상시킬 우려가 있으므로, 이 사건 각 정보 중 이러한 부분은 정보공개법 제7조 제1항 제2호 소정의 비공개대상정보인 '공개될 경우 국가안전보장·국방·통일·외교관계 등 국가의 중대한 이익을 해할 우려가 있다고 인정되는 정보' 또는 제4호 소정의 비공개대상정보인 '진행중인 재판에 관련된 정보와 범죄의 예방, 수사 등에 관한 사항으로서 공개될 경우 그 직무수행을 현저히 곤란하게 할 만한 상당한 이유가 있는 정보'에 각 해당한다.

(다) 정보공개법 제7조 제1항 제3호 소정의 비공개대상정보에 해당한다.

또한, 이 사건 각 정보에는 이 사건 사고의 범인인 김현희는 물론 남파간첩들에 대한 주민등록번호, 주거 및 직업 등은 물론 그들의 범죄행위에 대한 것이 구체적으로 포함되어 있어 이러한 정보들은 정보공개법 제7조 제1항 제3호 소정의 비공개대상정보인 '공개될 경우 국민의 생명·신체 및 재산의 보호 기타 공공의 안전과 이익을 현저히 해할 우려가 있다고 인정되는 정보'에 해당한다.

(라) 정보공개법 제7조 제1항 제6호 본문 소정의 비공개대상정보에 해당한다.

이 사건 각 정보에는 피의자 내지 피고인과 증인 등 사건관계인들의 이름, 주민등록번호, 주소, 전화번호 등 특정인을 식별할 수 있는 개인에 관한 정보가 포함되어 있으므로,

이 사건 각 정보 중 이러한 부분은 정보공개법 제7조 제1항 제6호 본문 소정의 비공개대상정보인 '당해 정보에 포함되어 있는 이름·주민등록번호 등에 의하여 특정인을 식별할 수 있는 개인에 관한 정보'에 해당한다.

(2) 원고의 주장

(가) 원고는, 이 사건 각 정보가 아래에서 보는 바와 같은 이유로 정보공개법 제7조 제1항 제2호, 제3호, 제4호, 제6호 본문 소정의 비공개대상정보에 해당하지 아니하므로 이 사건 거부처분은 위법하다고 주장한다.

① 정보공개법 제7조 제1항 제2호 소정의 비공개대상정보에 해당한다는 피고의 주장에 대하여

이 사건 각 정보는 대한민국의 체제를 위협하기 위해 북한의 지령에 의해 김현희가 이 사건 범행을 저질렀다는 내용을 담고 있으나, 오히려 이러한 내용을 공개함으로써 북한 집단의 반인륜성을 폭로할 수 있고, 또 공개를 거부할 정도의 수사기밀이나 수사기법이 담겨 있지도 않으므로, 이를 공개한다 하여 국가안전보장·외교관계 등 국가의 중대한 이익을 해할 우려가 있거나 범죄의 예방, 수사 등에 관한 사항으로서 공개될 경우 그 직무수행을 현저히 곤란하게 할 만하다고 인정되지 아니하므로 이는 정보공개법 제7조 제1항 제2호, 제4호 소정의 비공개대상정보에 해당하지 아니한다.

② 정보공개법 제7조 제1항 제3호 소정의 비공개대상정보에 해당한다는 피고의 주장에 대하여

이 사건 각 정보 중 김현희, 김승일에 대한 개인 정보로는 생년월일과 북한에서의 행적과 이 사건 범행에 관련된 것 정도에 불과하고 또 김현희 스스로 수기를 통하여 공작원으로서의 훈련과정을 공개하였으며, 별지 제2목록 기재 참고인들을 제외한 나머지 참고인들의 성명, 주민등록번호 등 인적사항을 공개한다 하여 개인의 명예, 인격 및 사생활을 해한다고는 볼 수 없으므로 이는 정보공개법 제7조 제1항 제3호 소정의 비공개대상정보에 해당하지 아니한다.

③ 정보공개법 제7조 제1항 제6호 본문 소정의 비공개대상정보에 해당한다는 피고의

주장에 대하여

이 사건 각 정보에는 김현희의 이름, 북한에서의 원적, 본적, 주거, 연령, 직업 등 특정인을 식별할 수 있는 개인에 관한 정보는 물론 김승일의 연령 등이 포함되어 있으나 김승일은 이미 사망하였을 뿐 아니라 김현희 역시 수기를 통하거나 언론을 통하여 그에 관한 인적사항이 상당 부분 공개되었으므로 이 사건 각 정보 중 이러한 부분은 정보공개법 제7조 제1항 제6호 본문 소정의 비공개대상정보에 해당하지 아니한다.

그렇지 않다 하더라도 이 사건 사고에 대한 광범위한 의문이 일고 있는 상황에서 반인륜적 범죄에 대한 사건에 관한 기록을 공개하여 국민들에게 그 진실을 밝혀야 한다는 공익을 위하여 이 사건 각 정보를 공개하는 것이 필요하다고 할 것이므로, 이 사건 각 정보 중 이러한 부분은 정보공개법 제7조 제1항 제6호 단서 소정의 '공개하는 것이 공익을 위하여 필요하다고 인정되는 정보'에 해당하여 비공개대상정보에서 제외된다.

(나) 또한 원고는, 가사 이 사건 각 정보 중에 정보공개법 제7조 제1항 각 호 소정의 비공개대상정보가 혼재되어 있다고 하더라도, 비공개사유에 해당하는지 여부 등을 구체적·개별적으로 확인·검토한 후 그 중 비공개대상정보에 해당하지 아니하는 정보는 일부라도 공개하여야 함에도, 그러지 아니하고 만연히 이 사건 각 정보 전체의 공개를 거부한 이 사건 거부처분은 비공개대상정보가 아닌 정보에 관하여 공개를 거부한 부분에 관한 한 위법하다고 주장한다.

나. 관련 법령

별지 관련 법령 기재와 같다.

다. 판 단

(1) 정보공개의 원칙

헌법 제21조 소정의 언론의 자유, 즉 표현의 자유는 전통적으로는 사상 또는 의견의 자유로운 표명과 그것을 전파할 자유를 의미하는 것으로서, 사상 또는 의견의 자유로운 표명은 자유로운 의사의 형성을 전제로 하고, 자유로운 의사의 형성은 정보에의 접근이 충분히 보장됨으로써만 가능한 것이며, 그러한 의미에서 정보에의 접근·수집·처리의 자유, 즉 '알권리'는 표현의 자유와 표리일체의 관계에 있고, 자유권적 성질과 청구권적 성질을 공유하는 것이다(헌법재판소 1991. 5. 13. 선고 90헌마133 결정 참조).

이와 같이 국민의 '알권리'는 헌법에 의하여 직접 보장되는 권리이고, 그 구체적 실현을 위하여 제정된 정보공개법 역시 제3조에서 공공기관이 보유·관리하는 정보를 원칙적으로 공개하도록 규정하고 있으므로, 국민으로부터 보유·관리하는 정보에 대한 공개를 요구받은 공공기관으로서는 정보공개법 제7조 제1항 각 호 소정의 비공개사유에 해당하지 않는 한 이를 공개하여야 할 것인바, 만약 이를 거부하는 경우라 할지라도 청구대상이 된 서류의 내용을 구체적으로 확인·검토하여 그 침해되는 법익이나 기본권, 그리고 정보공개법 제7조 제1항 각 호 소정의 비공개사유 해당 여부 등을 주장·입증하여야 하며, 그에 이르지 아니한 채 개괄적인 사유만을 들어 공개를 거부하는 것은 허용되지 아니한다고 할 것이다(대법원 1999. 9. 21. 선고 98두3426 판결 등 참조).

(2) 처분사유 추가의 허용 여부

피고는 이 사건 소송계속중에, 이 사건 각 정보가 정보공개법 제7조 제1항 제1호 소정의 비공개대상정보인 '다른 법률 또는 법률에 의한 명령에 의하여 비밀로 유지되거나 비공개사항으로 규정된 정보'에 해당하므로 이를 공개하지 아니할 수 있다는 취지로 이 사건 각 거부처분의 처분사유를 추가하였다.

그러나 행정처분의 취소를 구하는 항고소송에 있어서, 처분청은 당초 처분의 근거로 삼은 사유와 기본적 사실관계가 동일성이 있다고 인정되는 한도 내에서만 다른 사유를 추가하거나 변경할 수 있을 뿐, 기본적 사실관계와 동일성이 인정되지 않는 별개의 사실을 들어 처분사유로 주장함은 허용되지 아니하고, 여기서 기본적 사실관계의 동일성 유무는 처분사유를 법률적으로 평가하기 이전의 구체적인 사실에 착안하여 그 기초가 되는 사회적 사실관계가 기본적인 점에서 동일한지 여부에 따라 결정되는 것인바, 이 사건에 있어서 당초의 처분사유인 이 사건 각 정보가 정보공개법 제7조 제1항 제2호, 제4호, 제3호, 제6호 본문 소정의 비공개대상정보에 해당한다는 것과 이 사건 소송계속중에 추가한 처분사유인 이 사건 각 정보가 정보공개법 제7조 제1항 제1호 소정의 비공개대상정보에 해당한다는 것은 그 기초가 되는 사회적 사실관계가 기본적인 점에서 동일하다고 할 수 없으므로, 위와 같은 처분사유의 추가는 허용되지 아니한다.

따라서 이 사건 각 정보가 정보공개법 제7조 제1항 제1호 소정의 비공개대상정보에 해당하는지의 여부에 관하여는 살피지 아니하고, 이 사건 각 정보가 정보공개법 제7조 제1항 제2호, 제3호, 제4호, 제6호 본문 소정의 비공개대상정보에 해당하는지의 여부에 관하여만 이하에서 차례로 살피기로 한다.

(3) 정보공개법 제7조 제1항 제2호, 제4호 소정의 비공개정보에 해당하는지의 여부

이 법원이 비공개로 이 사건 각 정보를 열람·심사한 결과 및 변론의 전취지에 의하면, 이 사건 각 정보에는 인터폴 동경 사무국장이 인터폴 서울 사무국장에게 일본 내 북한공작원에 대한 정보를 담고 있는 일본경찰 수사결과 회보서라는 제목의 정보와 국가안전기획부 소속 사법경찰관이 이러한 정보를 토대로 일본 내 북한공작원에 관한 여러 자료를 첨부하여 작성한 수사보고의 정보 즉, 별지 제3목록 기재 정보가 포함되어 있는 사실, 위 정보에는 아직 검거되지 아니한 일본 내 북한공작원의 인적사항, 공작 활동 및 가족관계 등이 포함되어 있을 뿐 아니라 인터폴 동경 사무국장이 일본 내 북한공작원과 관련한 자료에 관하여 무기한 비밀을 요구하고 있는 사실을 인정할 수 있는바, 위 인정 사실에 의하면, 위 정보가 외부로 공개될 경우에는 검거되지 아니한 일본 내 북한공작원에 대한 일본 사법당국의 수사권에 지장을 초래할 뿐 아니라 한일 사법당국의 긴밀한 수사공조관계 및 상호신뢰관계가 심히 훼손되어 국가의 중대한 이익을 해할 우려가 있다고 봄이 상당하다.

따라서 별지 제3목록 기재 정보는 정보공개법 제7조 제1항 제2호 소정의 비공개대상정보에 해당한다고 할 것이다.

한편, 이 법원이 비공개로 이 사건 각 정보를 열람·심사한 결과에 의하면, 피고가 정보공개법 제7조 제1항 제2호, 제4호 소정의 비공개대상정보에 해당한다고 하면서 공개를 거부한 이 사건 각 정보 중 별지 제3목록 기재 정보를 제외한 나머지에는 김현희에 대한 국가안전기획부 소속 사법경찰관 작성의 의견서로서 이 사건 사고에 이르게 된 범행 경위, 압수물 목록, 사망한 김승일에 대한 사체부검의뢰 등 서체처리에 관한 자료 및 부검결과, 바레인국 경찰 작성의 이 사건 사고에 대한 수사자료 등, 검거된 남파 간첩에 대한 수자 자료, KAL 858 비행기의 제원 및 이 사건 사고로 인한 사망자 명단 등에 관한 정보

가 들어 있는 사실을 알 수 있는바, 이러한 정보들은 개인 내지 개인 소유물에 관한 것이거나 과거의 단순한 수사자료에 불과한 것으로서 김승일은 이미 사망하였고, 김현희 역시 수기를 통하거나 언론을 통하여 그에 관한 인적사항이 상당 부분 공개되었으며, 또 외국 사법당국 작성의 수사자료 역시 이 사건 사고에 관한 것으로서 공개된다 하더라도 외국과의 외교관계 내지 사법공조에 있어 지장을 초래한다고 보기는 어려운 점, 가사 위 정보가 공개됨으로써 국가안전보장·외교관계 등에 다소간 영향을 미칠 수 있다고 하더라도 이로써 입게 될지도 모르는 국가적 손실보다 이 사건 사고와 관련하여 남아 있는 광범위한 의문에 대한 진상을 밝혀 국민적 의혹과 불신을 해소시킴으로써 얻을 수 있는 공익이 훨씬 더 크다고 보이는 점에, 앞서 본 정보공개청구권의 성질 및 정보공개법의 입법목적 등을 종합하여 보면, 위 정보가 공개될 경우 국가의 중대한 이익을 해할 우려가 있다고 인정되지는 아니하므로, 별지 제3목록 기재 정보를 제외한 나머지 이 사건 각 정보는 정보공개법 제7조 제1항 제2호 소정의 비공개정보에 해당하지 아니한다고 할 것이다.

또한, 김현희에 대한 이 사건 사고에 관한 국가보안법위반등 사건은 1990. 3. 27. 대법원에서 상고가 기각된 사실은 앞서 본 바와 같은바, 이 사건 각 정보가 '진행중인 재판에 관련된 정보'라고 할 수는 없다.

그리고 위에서 본 바와 같은 정보공개청구권의 성질 및 정보공개법의 입법목적, 규정방식에 비추어 보면, 정보공개법 제7조 제1항 제4호에서 비공개대상으로 규정한 '범죄의 예방, 수사 등에 관한 사항으로서 공개될 경우 그 직무수행을 현저히 곤란하게 하는 정보'란 당해 정보가 공개될 경우 정보원, 정보수집기법 등 정보수집경로와 방법이 노출되어 장차 범죄 관련 정보를 수집하는 것이 현저하게 곤란해지거나, 그 불법행위의 방식이 정보누출을 피하여 지능화되고 은밀해지게 되어, 향후 범죄의 예방 및 수사업무를 수행함에 있어 직접적이고 구체적으로 장애를 줄 위험성이 있고, 그 정도가 현저한 경우에 한한다고 할 것인데, 앞서 본 바에 의하면, 이 사건 각 정보는 검거된 남파 간첩에 대한 수자 자료 등으로 구성되어 있으며, 이러한 정보가 그 정보수집과정에 공개되어서는 안 되는 은밀한 정보원이 존재한다거나 특수한 정보수집경로를 거친 것이 아닐 뿐 아니라 위 정보들이 공개된다고 하여 향후 남파간첩들의 범행이 지능화되고 은밀해져 그에 대한 피고의 정보수집활동을 현저하게 곤란하게 한다고 볼 수도 없으므로, 결국 이 사건 각 정보는 정보공개법 제7조 제1항 제4호 소정의 비공개대상정보에도 해당하지 아니한다고 할 것이다.

(4) 정보공개법 제7조 제1항 제3호의 비공개대상정보에 해당하는지의 여부

이 법원이 비공개로 이 사건 각 정보를 열람·심사한 결과 및 변론의 전취지에 의하면, 이 사건 각 정보에는 김현희가 남파간첩들이 사용한 극약 앰플과 동일한 것을 사용하였는지, 소지하고 있는 조선노동당원증이 위조된 것은 아닌지 등을 확인하기 위하여 검거된 이로서 현재 생존하고 있는 남파간첩들을 상대로 조사한 진술서와 진술조서 및 이들 진술자들을 대상자로 하여 사진 등의 관련 자료를 첨부한 한 수사보고의 정보 즉, 별지 제4목록 기재 정보가 포함되어 있는데, 위 정보에는 검거된 남파 간첩들의 성명, 주민등록번호, 연령, 생년월일, 주거, 본적, 원적, 직업, 형 집행 내용 등 특정인을 식별할 수 있는 자료는 물론 그에 관한 과거의 신분에 관한 내용이 담겨 있는 사실을 인정할 수 있는바, 위 인정 사실에 의하면, 위 정보가 외부로 공개될 경우에는 수감중이거나 사회활동을 하고 있는 검거된 남파 간첩들의 신상이 알려짐으로써 이들의 생명·신체 등의 안전을 현저히 해할 우려가 있다고 봄이 상당하다.

다라서 별지 제4목록 기재 정보는 정보공개법 제7조 제1항 제3호 소정의 비공개대상정보에 해당한다고 할 것이다.

한편, 이 법원이 비공개로 이 사건 각 정보를 열람·심사한 결과에 의하면, 피고가 정보공개법 제7조 제1항 제3호 소정의 비공개대상정보에 해당한다고 하면서 공개를 거부한 이 사건 각 정보 중 별지 제3목록 기재 정보를 제외한 나머지에는 김현희에 대한 피의자신문조서와 김현희 작성의 진술서 및 반성문, 탄원서 및 진정서, 김현희에 대한 국가안전기획부 소속 사법경찰관 작성의 의견서로서 이 사건 사고에 이르게 된 범행 경위, 압수물목록, 사망한 김승일에 대한 사체부검의뢰 등 서체처리에 관한 자료 및 부검결과, 바레인국 경찰 작성의 이 사건 사고에 대한 수사자료 등, 검거된 남파 간첩에 대한 수자 자료, KAL 858 비행기의 제원 및 이 사건 사고로 인한 사망자 명단, 공판조서 등 공판서류, 공소장, 증거목록, 증인신청서, 공소장변경신청서, 항소장, 항소이유서, 변론요지서, 상소장, 상고이유서 등이 포함되어 있는 사실을 알 수 있는바, 한편 위 각 증거와 갑 제5호증의 1, 2, 갑 제6호증의 1 내지 3, 갑 제12호증의 각 기재에 의하면, 이러한 정보들 중 김현희, 김승일에 대한 부분은 원고가 판결문과 부검감정서 등의 사본을 가지고 있을 뿐 아니라 김승일은 이미 사망하였고, 김현희에 부분 역시 스스로 수기를 통하거나 언론을 통하여 그에 관한 인적사항이 상당 부분 공개된 사실, 김현희, 김승일에 대한 부분을 제외한

나머지의 경우 수사보고 대상자로서 이미 사망한 경우도 있고, 증인신청서 내지 증인신문조서는 이 사건 사고의 실체를 밝히기 위해 객관적 사실의 진위 여부를 조사하기 위한 것이 주된 내용으로 되어 있는 사실을 인정할 수 있으므로, 이러한 사정에 비추어 보면, 비록 이러한 자료에 이름·주민등록번호, 전화번호 등의 정보가 포함되어 있다 하더라도 이는 특정인을 식별할 수 있는 개인에 관한 정보로서 정보공개법 제7조 제1항 제3호 소정의 비공개대상정보에 해당함은 별론으로 하고, 정보공개법 제7조 제1항 제3호 소정의 '공개될 경우 국민의 생명·신체 및 재산의 보호 기타 공공의 안전과 이익을 현저히 해할 우려가 있다고 인정되는 정보'에는 해당하지 않는다 할 것이다.

(5) 정보공개법 제7조 제1항 제6호 소정의 비공개대상정보에 해당하는지의 여부

이 법원이 비공개로 이 사건 각 정보를 열람·심사한 결과에 의하면, 이 사건 각 정보 중 증인신청서 및 증인신문조서와 통역인신문조서 등에서 그 대상자들과 통역인들의 성명, 주민등록번호, 주거, 직업, 생년월일, 전화번호 등에 의하여, 김현희에 대한 피의자신문조서 및 김현희 작성의 진술서 등에서 김현희의 성명(가명 포함)은 물론 연령, 생년월일, 북한에서의 원적, 본적, 주거, 학력, 가족관계, 한국 내 주소 등에 의하여, 그 외 수사보고 등에서 김승일과 사망한 남파 간첩의 성명, 생년월일 등에 의하여, 각종 탄원서 및 진성서에서 성명과 주소, 전화번호 등에 의하여 각 특정인을 식별할 수 있는 개인의 정보가 기재되어 있는 사실을 인정할 수 있는바, 이와 같은 개인의 정보는 원칙적으로 정보공개법 제7조 제1항 제6호 본문 소정의 비공개대상정보라 할 것이나, 그 중 이 사건 사고의 범인들인 김현희와 김승일의 성명은 이미 널리 알려졌고, 사망한 남파 간첩의 경우 원래 생활 근거지가 북한인 점 등에 비추어 보면 이를 굳이 비공개대상으로 삼을 이유가 없어 비공개대상에서 제외하기로 하고, 그 외 달리 위에서 본 원고 주장의 여러 사정을 감안한다 하더라도, 위 개인의 정보 중 정보공개법 제7조 제1항 제6호 단서 소정의 '공개하는 것이 공익을 위하여 필요하다.'고 인정되어 비공개대상에서 제외할 만한 정보는 보이지 아니한다.

4) 판례 4

대구고법 1985. 8. 12. 선고 85노740 제2형사부판결 : 상고

【판시사항】

구 국가보안법(1960.6.10. 법률 제549호) 제3조 제1호의 국가기밀과 동법 제2조 및 형법 제98조 제1항의 국가기밀의 차이

【판결요지】

구 국가보안법(1960.6.10. 법률 제549호) 제3조 제1호와 동법 제2조는 그 법정형을 달리하고 있으므로 위 제3조 제1호에서 말하는 국가기밀과 위 제2조, 형법 제98조 제1항이 뜻하는 국가기밀과는 그 기밀의 중요성과 가치의 정도에 차이가 있는 것으로 보아 전자에 있어서의 국가기밀은 후자에 있어서의 국가기밀보다 고도의 국가기밀을 뜻하는 것으로 해석함이 상당하다.

【이 유】

피고인 및 그 변호인의 항소이유 요지의 첫째점은, 피고인은 1970.7.경 부산 남성해운 소속 외항선 (명칭 생략)호의 견습갑판원으로 승선하여 일본국 요꼬하마항에 입항하여 처음으로 셋째형 공소외 1을 만나서 일본국 사이다마현 우라와시에 있는 동인의 집에 동행하여 비로소 동인이 반국가단체인 재일조선인 총연합회(이하 조총련이라고 함)의 같은시 지부 간부로 활동하고 있는 것을 알게 되었는데 동인은 처음 만난 피고인에게 우리나라를 비방하고 북괴의 우월성을 찬양하면서 공산주의교육학습에 참여하도록 권유함에 분노를 느껴 귀국하자 즉시 자형인 공소외 2를 통하여 당시 중앙정보부 부산분실 수사관 공소외 3에 공소외 1을 만난 경위등을 신고하여 이를 계기로 하여 동 분실 수사관 공소외 4로부터 공소외 1과 계속 접선하여 조총련에 관한 대공정보를 수집하여 보고하라는 지시를 받고 그에 따라 그후부터는 공소외 1을 만날 때마다 동인의 북괴선전 및 공산주의 교육학습에 동조하는 척 가장하여 동인의 신임을 얻은 결과, 동인으로부터 피고인이 승선하는 (명칭 생략)호편으로 북괴간첩 1명을 우리나라에 잠입시켜 달라는 부탁을 받고 위 사실을 공소외 4에게 보고하고 계속하여 그의 지시에 따라 공소외 1의 간첩잠입공작을 협조할 수 있는 것처럼 가장 협조한 끝에 결국 1971.4.24. (명칭 생략)호편으로 북괴간첩인 공소외 5를 데리고 들어와서 체포하는 실적까지 올리면서 1973.경까지 중앙정보부 부산분실의 대일공작원으로 종사하다가 늑막염이 발병하여 외항선을 더 이상 탈 수 없는 처지가 되어

위 공작원의 일을 그만두게 되었으며 1975.6.경 건강이 회복되어 다시 대일외항선원으로 근무하던중 전축등을 밀수입하려 한 관세법위반 사실이 적발되어 같은해 11.7 부산지방법원에서 징역 1년에 2년간의 집행유예의 선고를 받고 5년간은 외항선에 승선할 수 없게 되었지만 공소외 4 수사관과 같이 근무했던 공소외 6 수사관을 우연히 만나게 되어 그의 도움으로 외항선 선원수첩을 재발급받아 국가보위부 부산분실의 대공업무에 협조하기로 하고 1980.7.경부터 천해호에 승선하여 1983.6. 제3도남호에 승선하였다가 관세법위반죄로 구속되기까지 수차례에 걸쳐 일본국으로 항해하면서 공소외 1로부터 조총련에 관한 대공정보를 빼내기 위하여 다시 그와 여러차례 접촉한 것이고, 1981.9.14.경 일본어에 능숙한 피고인을 밀수조직원으로 활용할려는 공소외 7의 꾐에 빠져 일본국으로 밀항하여 갔다가 같은해 11.14.까지 오오사까에 있는 동인의 점포에서 기거하면서 밀수품을 구입하여 포장하는 등의 일을 도와주었고 그후 같은달 21일까지 아이찌현에 있는 큰형 공소외 8의 집에 기거하던 중 공소외 7의 밀수조직원인 일본인 요시다에게 요청하여 동인의 밀수선을 이용하여 삼천포항에 밀입국한 것이고 위 밀항으로 일본국에 체류하는 동안 공소외 1을 전혀 만난 사실이 없음에도 불구하고 원심은 검사의 피고인에 대한 피의자신문조서의 진술내용과 피고인이 밀수한 녹용을 빼돌렸음에 앙심을 품고 있는 공소외 7과 공소외 9등의 허위진술만을 믿고, 대공수사관 등의 지시에 따라 공소외 1과 접선하고 밀수의 목적으로 일본국에 밀항한 피고인의 행위를 두고 오히려 피고인이 외항선원으로 가장하고 더구나 밀항까지 하여 반국가단체구성원인 공소외 1등과 회합하고 그들의 지령을 받아 원심판시와 같은 국가기밀을 탐지하는 등의 간첩행위를 하고 이를 누설하기 위하여 반국가단체의 이익이 된다는 정을 알면서 그들과 회합, 통신하였다는 등의 본건 국가보안법위반죄를 범하였다고 인정하였으니 원심판결에는 판결에 영향을 미친 사실오인의 위법이 있다는 것이고 둘째점은, 원심이 피고인에 대하여 선고한 형의 양정은 너무 무거워서 부당하다는 것이다.

한편, 감사의 항소이유의 요지는 오히려 원심이 피고인에 대하여 선고한 형의 양정은 너무 가벼워서 부당하다는데 있다.

먼저 피고인의 항소이유 첫째점에 관하여 살펴보건대, 원심이 적법하게 채택한 여러증거들을 본건기록에 비추어 검토하여 보면, 원심이 판시한 본건 국가보안법위반의 범죄사실을 충분히 인정할 수 있으니(원심증인 공소외 3, 당심증인 공소외 4, 10의 각 진술내용에 의하면 피고인이 외항선원으로 근무하면서 1970.7.경부터 1972.경까지와 1980.3.경부터 1981.4.경까지 사이에 대공수사기관인 공소외 4등의 재일조총련에 관한 대공정보수집에 협조한 사실이 엿보이나 위 각 진술에 의하더라도 피고인은 위 정보수집에 협조하는 정도의 신분에 있었음에 불과하고 원심판시와 같은 국가기밀을 탐지, 수집하여 이를 공소외 1등에게 누설할 수 있는 정도의 지위에 있었다고 보여지지 아니하고, 또한 당심의 마산지방검찰청 84형13414 형사기록검증조서의 기재내용과 원심증인 공소외 8 및 당심증인 공소외 11의 각 진술에 의하면, 피고인은 공소외 7과 같이 일본국으로 밀항하여 녹용등을 밀수입하기 위하여 공소외 7의 점포에서 동인이 그 판매처를 물색하기 위하여 우리나라에 입국하여 피고인의 처를 찾아온 1981.10.20.경까지 기거한 사실과 큰형 공소외 8 집에서 같은달에 일주일간 기거한 사실은 인정되나 위 각 사실만으로는 공소사실에 부합하는 검사의 피고인에 대한 피의자신문조서의 진술기재나 원심 및 당심증인 공소외 7과 원심증인 공소외 9등의 각 진술등을 믿을 수 없다고 할 수 없다 하겠다), 피고인의 위 항소이유는 받아들일 것이 못된다 할 것이다.

다음 피고인 및 검사의 양형부당에 관한 항소이유의 판단에 앞서 직권으로 살피건대, 원심은 피고인이 그 판시의 제1항 내지 제5항의 국가기밀을 탐지, 수집한 행위에 관하여 행위시법인 구 국가보안법(법률 제549조) 제3조 제1호로 의율하고 있으나 동법 제2조는 형법 제98조 제1항의 행위를 한 자를 처벌하는 것으로 규정하고 있고 그 형은 사형, 무기징역 또는 7년 이상의 유기징역이고 위 제3조 제1호의 형은 사형 또는 무기징역이라 규정하여 그 법정형을 달리하고 있으므로 위 제3조 제1호에서 말하는 국가기밀과 위 제2조, 형법 제98조 제1항이 뜻하는 국가기밀과는 그 기밀의 중요성과 가치의 정도에 차이가 있는 것으로 보아 전자에 있어서의 국가기밀은 후자에 있어서의 국가기밀보다 고도의 국가기밀을 뜻하는 것으로 해석함이 상당하다 할 것인바(대법원 1974.7.26. 선고 74도1477 판결 참조), 본건 기록에 비추어 검토하여 보면, 원심판시 제1항 내지 제5항의 국가기밀은 피고인이 일반에 공개된 것이 아닌 특정사항을 탐지, 수집한 것이 아니고 일반인 누구나 용이하게 볼 수 있고 알 수 있게 노출되어 있는 정도의 것을 피고인이 이를 탐지, 수집한 것으로서 그 중요성과 가치의 정도는 위 제3조 제1호의 국가기밀에 해당되지 아니한다 할 것이므로 이점에 관하여 구 국가보안법 제2조, 형법 제98조 제1항을 적용하지 아니하고 동법 제3조 제1호를 적용한 원심판결에는 구 국가보안법 제3조 제1호와 동법 제2조, 형법 제98조 제1항의 국가기밀에 관한 법리를 오해한 위법이 있다 할 것이고, 또한 원심이 피고인이 1981.11.25. 밀입국하였다고 유죄로 인정한 출입국관리법위반의 점은 행위시인 구 출입국관리법(법률 제3044호) 제93조 제1항에 의하면 사무소장의 고

발이 없는 한 검사는 공소를 제기할 수 없는 것으로 규정되어 있고, 일건기록을 정사하여도 위 사무소장의 피고인의 위 출입국관리법위반의 점에 대한 적법한 고발이 있었음이 인정되지 아니하는 본건에 있어 이점에 관한 검사의 공소제기는 형사소송법 제327조 제2호 소정의 공소제기의 절차가 법률의 규정에 위반하여 무효인 때에 해당하여 공소기각의 판결을 하여야 함에 불구하고 원심은 이를 간과하고 출입국관리법위반의 점을 유죄로 인정한 위법을 저질렀다고 할 것이므로, 위와 같은 원심판결의 위법사유만으로도 원심판결은 유지될 수 없어 파기하여야 할 것이므로, 당원은 피고인 및 검사의 양형부당에 관한 각 항소이유의 판단을 생략하고 형사소송법 제364조 제2항에 의하여 직권으로 원심판결을 파기하고 변론을 거쳐 다음과 같이 판결한다.

【범죄사실】

피고인은 1975.11.7. 부산지방법원에서 관세법위반죄로 징역 1년에 집행유예 2년을 선고받은 바 있고, 1983.12.7. 대구지방법원에서 관세법위반죄로 징역 10월에 집행유예 2년을 선고받아 현재 그 집행유예 기간중에 있는 자로서, 1942.11.25. 삼천포에서 4남 3녀중 막내로 출생, 국민학교 2학년을 중퇴하고 1952.8. 망 공소외 12를 따라 일본국으로 밀항하여 일본국 아이찌껭 비자이시에 있는 큰형 공소외 8의 집에서 기거하면서 국민학교 2학년에 편입, 1959.3. 중학교를 졸업한 뒤 공소외 8의 방직공장일을 도와주다가 1960.5.30. 귀국 본적지로 전입하여 노동, 공원, 대일화물선의 항선원등을 거쳐 현재 일정한 직업이 없이 지내오던 자인바, 북한괴뢰집단은 정부를 참칭 국헌을 문란하고 국가를 변란할 목적으로 불법 구성된 반국가단체이고, 재일조선인 총연합회는 북한괴뢰집단의 지령하에 구성된 반국가단체로서 북괴의 대남공작 활동의 거점으로 이용되고 있으며 그의 셋째형 공소외 1은 조총련의 열성 간부로 활동하고 있는 사실을 알고 있었음에도 불구하고 1970.8.5. 및 같은달 하순경 2차에 걸쳐 부산 남성해운 소속 대일화물선 (명칭 생략)호의 견습선원으로 승선 일본국에 입항함을 기화로 당시 사이다마껭 남부지부 우라와시 분회장직에 있던 공소외 1과 만나 일본국 사이다마껭 오오미야시 이하불상 소재 동인의 집으로 안내되어 동인으로부터, 나는 조총련 사이다마껭 남부지부 우라와시 분회장으로 조국통일 사업에 이바지 하고 있다. 지금 남조선은 미국과 일본 기타 외국의 빚을 많이 지고 있어 그 빚을 청산하려면 남조선의 땅덩어리를 다 팔아도 못 갚을 것이다. 북조선은 실업자가 없고 없는 사람, 있는 사람 구별없이 평등하게 잘 살고 있으며 돈 없는 사람도 나라에서 무상으로 공부를 가르쳐 주고 있는데 남조선에서는 돈 없는 사람은 아무리 머리가 좋아도 공부를 할 수가 없다. 남조선혁명은 남조선사람 스스로가 투쟁을 하여 이룩해야 한다. 우리들은 남조선에 있는 미군을 하루빨리 몰아내고 조국통일을 이룩해야 한다. 우리들은 남조선 혁명을 위하여 투쟁해야 할 것이다라는 내용의 북괴우월성에 대한 사상교육을 받고 동인의 권유로 김일성 항일투쟁기, 북괴 선전용 화보, 막스, 레닌의 철학등을 읽고 동인의 선전에 감화되어 김일성은 위대한 지도자이고 북한사회주의사회는 살기 좋은 곳이라는 망상에 빠진 나머지 북괴의 대남공작활동에 참여하기로 결의하고 반국가단체의 이익이 된다는 것을 알고도 그들과 연락, 금품을 수수하거나 그들의 지령사항을 수행할 목적으로,

제1. 1970.8. 하순 체일시에 공소외 1로부터,

선원중에 절친한 친구를 접촉하여 그들의 성분을 파악하고 동조자를 많이 만들어 두어라. 부산항의 지형 및 주요시설물의 배치상황, 선박입출항상황, 부산항의 경비상황을 파악하여 보고하라 라는 등의 지령을 받고 귀국하여 1970.9.초순 일자불상경 부산 제2부두에서 위 배에 승하선함을 기화로 부산항을 출입하면서, 부산, 여수간 뱃머리에 여객선으로는 갑성호, 원양호, (명칭 생략)호, 금양호등이 있고 배의 크기는 약 150톤 가량이며 여객선은 매일 오전 8시 및 오후 8시 2회 출항 성포, 충무, 삼천포, 하동을 경유 여수에 도착하는데 소요시간은 8시간이다. 부산부두에는 1,2,3,4부두 외곽에 철조망으로 보세구역을 설치하고 있으며 1-4부두 정문의 출입 및 경비상황은 1개 정문에 세관원 7-8명이 1개조로 2교대 근무하여 출입자를 검문 검색하고 보세구역내를 순찰하고 있다. 여수 뱃머리의 경비는 경찰과 헌병이 합동 근무하여 여객선의 출찰구에서 승객들을 검문 검색하여 주민등록증을 일일이 대조확인한다. 부산 중부경찰서 항만파출소는 제1부두의 정문우측에 위치하고 소장은 경위 공소외 13이며 직원 5-6명이 근무하고 있다. 부산부두의 창고는 제1부두에서부터 제4부두까지 철조망안 보세구역내에 있고 그 크기는 폭 20미터, 길이 40미터인데 2개 합쳐 80미터정도 된다라는 등의 국가기밀을 탐지, 수집하여 간첩하고,

제2. 1970.9. 초순 (명칭 생략)호편으로 도일하여 공소외 1의 소개로 북괴대남공작지도원 허명불상을 소개받고 동인에게 전항의 기밀을 보고한 다음 동인으로부터 북괴우월성에 관한 사상교육을 받고 투쟁결의를 밝힌 후 동인으로부터, 부산세관 출입선박의 써치사항과 부산항 출입시 검문 검색상황을 파악하라. 부산시내의 군부대 및 경찰관서의 위치, 병력, 임무등을 파악하라. 고향친구등 현실에 불만을 가지고 있는 사림들을 접촉, 유

대를 강화하고 유사시 협조할 수 있도록 많이 사귀어 놓아라. 다음 일본에 입국시 꼭 도장을 가지고 오라 라는 지령을 받고 귀국하여 부산일원을 다니면서, 부산항의 외항선의 입항절차는 부산검역소 직원 2명이 승선검역을 마친 후 법무부 부산 출입국관리사무소 직원 2명, 부산시경 의사, 경찰 2명등이 거의 동시에 승선하면서 선원명단 및 신원을 확인하고 이어 세관원 5,6명이 승선 배내부 및 화물등을 일일이 확인한다. 부산시 부산진구 서면을 지나 초읍동 방향으로 1킬로미터 정도 지나 우측에 미군 하야리아 부대가 있는데 미군의 보습 수송부대이다. 부산시 동래구 연산동에 국군 군수기지사령부가 있는데 육군의 보급관계를 맡고 있고 정문에 보초 2명이 경비하고 있다. 영도경찰서는 부산시 중구 대교동쪽에서 영도다리를 건너 우측 10미터 가량에 소재하고 있다. 부산 중부경찰서는 부산시 중구 대창동에 위치하는데 항만근처의 사건관할도 모두 중부경찰서에서 처리한다. 중앙정보부 부산지부는 중구 영주동 영선고개 정상 메리놀병원에서 영주동 방향으로 약 100미터 거리에 있는데 반목재 반스라브에 2층 건물이고 정문에 간판은 없고 수위실이 있는데 사복입은 1명이 경비근무를 하고 있다. 부산 제1부두 입구에 있는 세관건물내에 검역소가 있다라는 등의 국가기밀을 탐지, 수집하여 간첩하고,

제3. 1970.9. 하순 도일하여 공소외 1에게 전항의 기밀을 보고한 다음 조총련 사하다마찡 간부 3명을 소개받고 동인등과 함께 "남반부 해방을 위하여 함께 투쟁하자"는 결의를 다지고 금품을 받아 귀국하였다가 1970.10. 초순 다시 도일하여 북괴대남 공작지도원 허 명불상명과 접선하여 김일성에 대한 충성서약을 한 다음 동인으로부터 남조선해방을 위하여 적극 활동하라는 지령과 공작금 2만엥을 받고 귀국하였다가 1972.1.하순 도일하여 공소외 1로부터 선전자료가 될만한 빈민가의 사진을 찍어오라는 등의 지령을 받았고, 1972.5. 중순 도일하여 공소외 1로부터 남조선 시민들의 참상을 게재하는데 사용할 빈민촌 판자집의 사진을 찍어오라, 남조선의 여관이용법을 알아오라는 등의 지령과 공작금 2만엥을 받고 귀국하여 1972.5.중순 일자불상경 부산역등지를 다니면서, 서울, 부산간 운행되는 열차를 특급으로 무궁화호가 있는데 약 6시간이 소요되며 나머지 열차는 무궁화보다는 하급으로 운행시간도 많이 걸리고 열차공안원이 승무하여 검문 검색을 하고 있다. 서울가는 고속버스는 매시간마다 출발하는데 소요시간은 5시간 50분 정도 이다. 여수 뱃머리 우측 약 100미터 거리에 제주도를 운항하는 부두가 새로 건설되어 약 1,000톤급의 도라지호, 평택호가 교대로 매일 오후 7시 출항한다. 부산 제1부두에는 최근에 세관감시선과 해경경비정이 각 1척씩 항시 대기한다라는 국가기밀을 탐지, 수집하여 간첩하고,

제4. 1972.12. 하순 도일하여 공소외 1과 만나 그의 새로 얻은 처인 정씨라는 곰보여인을 소개받아 새형수 정씨는 조총련계 국민하교 교사이고 장인은 공소외 14로 조총련 아이찌껭의 본부위원장으로 일하고 있고 공소외 1은 일본국 사이다마껭, 아이찌껭 등지로 주소를 옮겨가며 조총련 아이찌껭 비자이자부 이찌노미야 분회장 및 사이다마껭 남부지부 우라와시 분회장직에 있으면서 조총련 거물급 간부인 장인과 함께 대남공작사업에 관여하고 있다는 사실을 알았음에도 공소외 1에게 전항에서 수집한 기밀과 부산, 여수 뱃머리에는 빈민촌이 없어져 사진을 찍을 수 없다는 사실과 주점의 요금, 여관의 이용법, 임검상황등을 보고하고 귀국한 후 삼천포시 일원의 해안경비상황을 탐지할 목적으로 1976.4.하순 일자불상 10:00경 삼천포시 벌리동 거주 친구인 공소외 15등과 같이 삼천포시 향촌동 신항부락 소재 진널 끝에 낚시를 하러가서, 동 소의 정경초소에는 정견 7,8명이 근무하고 있다. 동 초소 바로 옆에 탐조등이 설치되어 있다라는 등의 국가기밀을 탐지, 수집하여 간첩하고,

제5. 1980.1.부터 같은해 3. 초순 일자불살경까지의 사이에 거의 매일같이 삼천포시 향촌동 소재 구멍바위낚시터, 중바위낚시터, 하향개낚시터, 선수도낚시터 등으로 낚시를 하러 다니면서, 선수도와 창선사이 전경 빠지선에 전경 7,8명이 승선 검문을 하고 있다. 경남 고성군 하이면 군호에 삼천포 화력발전소 공사가 진행중인데 외국인 기술자 20명 정도가 기술지도를 하고 있고 그들은 현재는 여관에 있으나 앞으로 선구동과 동동사이에 아파트를 지어줄 것이고 부두도 10만톤짜리 선박이 접안할 수 있도록 만든다. 삼천포시 수산업자는 멸치와 쥐치어가 잡히지 않고 독수대가 형성되어 고기도 안 잡히고 양식장도 망할 판이라 어민들의 불평이 많다라는 등의 국가기밀을 탐지, 수집하여 간첩하고,

제6. 1980.3. 하순 일자불상 18:00경 천경해운 소속 천해호의 3갑판원으로 승선 부산항을 출항하여 같은달 하순 일자불상 12:00경 일본국 나고야항에 도착 입항수속을 마친 후 같은날 14:00경 동항 보세구역내에 있는 공중전화로 공소외 1에게 전화하여 동인에게 "사업은 추진중에 있으나 현재 승선중인 천해호가 마약사건에 관련되어 상륙이 금지되어 있어 만날 수가 없다. 앞으로 상륙이 금지되어 있지 않는 선박으로 옮겨타면 그때 자세히 보고하겠다"라고 말하고 동인으로부터 "잘 알았다 너무 서두르지 말고 기회를 보아 상륙이 가능한 배로 옮겨타고 계속 과업수행을 위하여 노력하여 주기 바란다"라는 내용의 지시를 받아 반국가단체의 이익이 된다는 정을 알면서 그 구성원인 동인과 통신하고,

제7. 1980.7. 초순 일자불상 17:30경 천경해운 소속 천양호의 3갑판원으로 승성 부산항을 출항하여 같은달 초순 일자불상 08:00경 일본국오오사끼항에 도착 입항수속을 마친 후 같은날 09:00경 동항 보세구역내에 있는 공중전화를 이용하여 공소외 1과 연락, 같은 날 12:00경 오오사까시내 우메다역 대합실에서 동인을 만나 그 곳으로부터 약 200미터 떨어진 오오사까시 기다꾸우메다2쪼메 신대판 비루내 에이 완(A1)케키집으로 안내된 후 동인으로부터, 앞으로 일본에 오면 다방이나 안전한 장소를 선정하여 그 곳에서 전화를 하면 내가 나오지 않고 다른 사람을 보내겠다, 이유는 남반부 특공대들이 나를 미행하고 있기 때문에 위험성이 많아 나는 나올 수가 없다. 접선방법은 다방을 지정하여 주면 약속시간에 성냥갑을 세워놓고 있는 남자가 있으면 네가 접근하여 실례하지만 야마다쇼끼씨(공소외 1의 일본이름)를 아느냐고 묻고 그쪽에서 당신이 피고인이 냐고 하면 안심하고 접선, 그사람으로부터 지시를 받으면 된다라는 지시와 함께 그간의 활동상황을 보고하라는 지시를 받고 위 제5항에서 수집, 탐지한 기밀을 보고한 뒤 동인으로부터, 삼천포 경찰서의 위치와 해안초소의 위치 및 경비상황, 삼천포화력발전소의 시설규모, 총발전량, 외국인기술자 현황, 사천비행장의 시설규모, 병력, 보유기종, 삼천포해안 경비정의 경비상황, 삼천포항에 출입하는 여객선 현황등을 파악하고, 조총련 선전화보에 사용할 것이니 충무, 거제, 성포,삼천포해안 및 여수 뱃머리등의 판자집, 토담집의 사진을 찍어오고, 반정부데모를 하다가 제적되었거나 구속되었다가 석방된 학생등 현정부에 불평이 많은 혁명가의 명단을 파악하라 라는 지령을 받는 등 반국가단체의 이익이 된다는 정을 알면서 그 구성원인 동인과 회합하고,

제8. 1980.8. 중순 일자불상 15:00경 위 천양호의 선원으로 승선하여 부산항을 출항하여 같은달 중순 일자불상 08:00경 일본국 오오사까항에 도착 입항수속을 마치고 같은날 10:00경 동항 보세구역내에 있는 공중전화로 공소외 1에게 전화하여 동인으로부터 "지금도 남조선 특공대가 미행하고 있어 위험하니 당분간 접선을 피하고 너도 활동에 각별히 주의하라"고 지시받아 반국가단체의 이익이 된다는 정을 알면서 그 구성원인 동인과 통신하고,

제9. 1980.9. 초순 일자불상 17:30경 위 천양호의 선원으로 승선하여 부산항을 출항하여 그 무렵 일본국 오오사까항에 도착, 동항보세구역내에 설치된 공중전화로 공소외 1에게 전화하여 "네가 승선하고 있는 천양호는 밀수 및 마약사건에 관련되어 회사측으로부터 선원들의 상륙이 금지되어 있어 만날 수가 없으니 전화로 사업보고 및 지시를 받는 것이

좋겠다"라고 동인으로부터 "전화는 듣는 사람이 많고 보안이 어려우니 다음에 접선하기로 하자"라는 지시를 받는등 반국가단체의 이익이 된다는 정을 알면서 그 구성원인 동인과 통신하고,

제10. 1980.9. 중순 일자불상 17:00경 위 천양호의 선원으로 승선하여 부산항을 출항하여 그 무렵 일본국 오오사끼항에 도착, 동항 보세구역내에 있는 공중전화로 공소외 1에게 전화하여 동인으로부터 현재 승선중인 선박의 재원, 운항구간, 선적화물내역, 부산항 입출항시 임검사항 등에 대하여 말하라는 지시를 받고, 승선중인 선박은 부산시 중앙동 소재 천경해운 소속의 천양호로 600톤급이다. 부산 제2부두와 일본 오오사까항 간을 정기 운항하는 화물선이다. 적재화물은 주로 잡화로서 한국에는 의류, 합판등이 주종이고 일콘에서는 기계류를 싣고 간다. 부산 입항시의 임검은 세관원, 경찰, 법무부 출입국관리 사무소 직원들이 합동으로 실시하는데 상당히 까다롭고 엄격하다라고 보고하는등 반국가단체의 이익이 된다는 정을 알면서 그 구성원인 동인과 통신하고,

제11. 1980.10. 초순 일자불상 16:00경 위 천양호의 선원으로 승선하여 부산항을 출항 그 무렵 일본국 오오사까항에 도착, 동항 보세구역내에 있는 공중전화로 공소외 1에게 전화하여 "천양호로 오오사까에 입항하였지만 상륙이 금지되어 있어 상륙할 수가 없다"고 보고하고 동인으로부터 "일본에 오게 되면 자주 연락하고 먼저 말한 사업을 정확하게 파악하고 다음날 만날 때까지 대기하라"고 지시를 받아 반국가단체의 이익이 된다는 정을 알면서 그 구성원인 동인과 통신하고,

제12. 1980.12. 초순 일자불상 18:00경 위 천양호의 선원으로 승선하여 부산항을 출항 그 무렵 일본국 오오사까항에 도착 동항 보세구역내에 있는 공중전화로 공소외 1에게 전화하여 "전에 부산 누나집으로 연락을 하도록 되어 있는 박선생이라는 사람으로부터 전혀 연락이 없으니 어떻게 된 것이냐"고 묻자 동인이 "아직까지 마땅한 사람을 물색하지 못하여 보내지 못하였고 지금도 물색중이니 계속 연락을 유지하고 기다리라"는 지시를 받는 등 반국가단체의 이익이 된다는 정을 알면서 그 구성원인 동인과 통신하고,

제13. 1981.2. 하순 일자불상 18:00경 위 천양호의 선원으로 승선하여 부산항을 출항 그 무렵 일본국 오오사끼항에 도착, 동항 보세구역내에서 공중전화로 공소외 1에게 전화하고 위 전화를 받고 그곳으로 찾아온 동인과 보세창고 뒤쪽에서 만나 동인으로부터 "전

날 지시한 과업은 어떻게 되었느냐"는 질문을 받고 "부산항에 체류중에 수시로 현지답사를 하여 확인중이다, 삼천포 방면은 아직 가볼 시간이 없어 확인을 하지 못하였는데 앞으로 형편이 되면 그곳에도 가서 알아 놓겠다"라는 대답하고 동인으로부터 "잘 알았다, 과업을 적극 추진하여 다음에 보고하라. 연락을 수시로 하라"는 지시를 받는 등 반국가단체의 이익이 된다는 정을 알면서 그 구성원인 동인과 화합하고,

제14. 1981.4. 초순 일자불상 16:00경 위 천양호의 선원으로 승선하여 부산항을 출항 그 무렵 일본국 오오사까항에 도착, 동항 보세구역내에 설치된 공중전화로 공소외 1에게 전화하여 동인으로부터 "광주사태 이후 최근 남조선 정세가 어떻게 돌아사느야"라는 질문에 "광주사태 이후 현재까지도 정세가 매우 혼란한 실정이고 부산항에도 수배학생이나 광주사태 주동자등 애국청년들의 해외탈출을 막기 위하여 검문 검색이 극심하다"고 보고하고 동인으로부터 "이렇게 세상이 어수선할 때는 각별히 유의, 몸조심하고 전화연락만 계속 유지하자"는 지시를 받는등 반국가단체의 이익이 된다는 정을 알면서 그 구성원인 동인과 통신하고,

제15. 공소외 1로부터 위 제7항에서 지령받은 국가기밀을 탐지를 수행할 목적으로 1981.4.10. 10:00경 부산시 부산진구 범2동 소재 시외버스터미널에서 삼천포행 시외버스를 타고 삼천포시에 가면서, 사천비행장은 사천읍 수석동 도로우측에 있는데 활주로가 진주쪽으로 많이 확장되어 이로 인하여 국도가 우회 개통되었으며 최신예 전투기가 배치되어 있고 비행장 담의 내부에 있는 망루에 군인이 배치되어 경비근무를 하고 있다, 삼천포시 입구 속칭 새고개에 동좌동 검문소가 있는데 경찰관 2명, 전경 2명이 근무하며 왕래하는 차량을 정지시키고 일일이 검문 검색을 하고 있다. 삼천포시 동금동 로타리 좌측면에 동부파출소가 있는데 경찰 6,7명이 근무하고 있다. 삼천포시 잠수기조합 뒷편에 팔포어선 통제소가 있고 경찰 1명, 전경 1명이 근무하며 입출항하는 어선을 일일이 통제하며 해안경비를 하고 있다. 팔포어선 통제소 동쪽 2키로 지점에 진널해안초소가 있으며 전경 7,8명이 근무하고 장비로는 초소 바로옆에 대형 써치라이트가 있고 개인 화기로는 앰16(M 16)소총을 휴대하고 있다라는등 국가기밀을 탐지, 수집하고, 1981.4.11. 13:00경 삼천포시 거주 피고인의 친구인 공소외 16, 17등과 같이 경남 고성군 하이면 군호개에 낚시를 하러가서 그 앞에 건설중인 삼천포 화력발전소를 관찰하고 공소외 17에게 물어 확인하고 낚시를 마치고 돌아오면서, 삼천포 화력발전소는 동양최대의 화력발전소로서 85년말에 완공예정이고 석탄을 이용 발전하는데 석탄을 수송하기 위하여 동해안에 10만

톤급 배가 접안할 수 있는 부두도 함께 건설한다. 삼천포시 동금동 소재 삼천포경찰서는 콘크리트 2층 건물이고 정문에 전경 2명이 경비근무하고 있고 직원은 약 150명 정도이다. 삼천포경찰서 우측 약 50미터 지점에 삼천포소방서가 있고 소방차 4대가 대기하고 있다. 삼천포시 서동 소재 수협 앞 선착장 끝에 서부 임검소가 있어 경찰, 전경 각 2명이 배치되어 주야 선박임검 및 해안경비를 하고 있다. 삼천포시 선구동 삼천포 세관이 있고 세관직원은 5,6명 정도 근무하며 동인들은 출입항하는 외항선박에 대하여 검색을 하고 동 항구는 일본을 왕래하고 있는 활어선이 주로 입항하고 있다. 삼천포시 서금동에 있던 마산지방해운항만청 삼천포출장소가 삼천포시 향촌동에 신항만이 건설되자 그곳으로 이전하였고 동 항만선척장에는 일본으로 수출되는 고령토를 일본선박에 선적하고 있다라는 등의 국가기밀을 탐지, 수집하고, 1981.4.12. 10:00경 삼천포시 서동 소재 여객선 부두를 전전하면서 객선부두 좌측해안에 경찰의 해안경비정 흑산호와 무궁화호가 정박중인데 경찰 전경이 승선 근무중이고 흑산호는 30만톤급으로 약 10여명이 승선하고 선수에 기관포가 설치되어 있고 무궁화호는 5톤급으로 약 5~6명이 승선 근무중이며 역시 선수에 기관포가 설치되어 있고 주간에는 그곳에 정박하고 야간에만 해상 경계근무를 하고 있다. 동 여객부두는 부산, 여수간을 운항하는 관광여객선 엔젤호가 경유하고 삼천포에서 사량도를 60톤급인 창성호가 1일 1회 운항하고 있다라는 등의 국가기밀을 탐지, 수집하고 1981.8.하순 일자불상 15:00경 부산시 동구 초량동 소재 남도장여관에서 친구인 공소외 9를 만나 동인에게 "너는 남해안에 많이 다니고 있으니 남해안에 대하여 환히 알 터이니 고기사러 갈 때에 데리고 가달라"로 부탁하면서 동인에게 삼천포경찰서 직원현황과 새고개검문소에 관한 사실을 물어 동인으로부터 최근 삼천포경찰서의 직원이 늘었다. 새고개검문소는 경찰과 전경이 검문을 하고 있는데 남양 묘충사 있는 곳을 경유하여 실안동을 경유하면 검문을 당하지 않아도 된다라는 등의 국가기밀을 듣고서 이를 탐지, 수집하고, 1981.8.하순 일자불상 12:00경 삼천포시에 성묘차 들러 삼천포와 남해군 창선간을 운항하는 친구 공소외 18의 금남호에 승선 출항함을 기화로, 삼천포에서 창선방향으로 약 1.5킬로미터 지점 해상에 해상검문소인 빠지선이 있는데 전경 7,8명이 근무하고 있고 그곳을 운항하는 선박에 대하여 검문 검색을 하고 있다. 남해군 창선면 단항리 금남호 선착장에 단항검문소가 있는데 경찰 1명이 상주하여 승객들에 대한 검문 검색을 하고 있고 동 검문소 후편 언덕위에 전경초소가 있는데 전경 10여명이 근무하고 있고 동 초소 밑에 써치라이트가 설치되어 야간에 삼천포와 창선사이 해안을 탐조 경비근무를 하고 있다라는 등의 국가기밀을 탐지, 수집하는 등으로 간첩하고,

제16. 1981.9.13. 공소외 7과 함께 아래의 제25항의 기재와 같이 일본으로 밀항하여 같은달 14.부터 같은해 11.1.까지 공소외 7의 집과 일본국 아이찌껭 비자이시 오노부 나까지마 소재 피고인의 큰형 공소외 8의 집에 은신하고 있으면서 공소외 1과 수차 전화연락을 취한 후 같은해 11.1. 14:00경 공소외 8의 집을 방문한 공소외 1과 동행하여 일본국 시즈오까껭 오가시끼 1064의 16 소재 동인의 집으로 안내되어 동인으로부터, 그동안 수고가 많았다 밀항선을 타고 온 일은 참 잘한 일이다. 상부에서도 너의 열성적인 활동을 기대하고 있다라는 칭찬을 받고 선전화보에 자료로 사용할려고 지시한 부산 빈민촌의 사진을 찍어 왔으냐는 질문에 "지금은 전부 철거되어 없어 찍어오지 못하였다"라고 답하고 동인으로부터, 우리는 하루빨리 통일과업을 달성해야 하고 통일을 앞당기기 위하여는 혁명과업을 더 열심히 하여야 한다. 남조선을 해방시켜 조국통일이 되는 날 우리도 영웅대접을 받을 수 있다라는 등의 사상교육을 받은 후 그로부터 약 3일간에 걸쳐서 김일성선집, 조선화보, 김일성항일투쟁기, 막스, 레닌의 이론 등의 책자를 탐독하여 사상무장을 굳히는 학습을 하고 동인으로부터, 북조선은 의류, 주택, 생활용품 등이 무상으로 지급되므로 먹고 사는 걱정이 없고 빈부의 차이가 없다. 북조선은 국민학교부터 고등학교까지는 무료이고 공부만 잘하면 대학까지 돈 없이도 공부할 수 있다. 김일성수령은 혁명가의 가정에서 태어나 어렸을 때부터 고무 새총으로 일본현병의 눈을 쏘아 멀게 하는 등 우리나라를 독립시켜준 민족의 영웅이다. 북조선은 공업이 발달하여 모든 기계, 생활필수품을 자급자족하고 외국에 수출도 하고 있다. 남조선 신문은 한문을 쓰는데 대하여 북조선의 노동신문은 한글로만 되어 있는데 이것은 민족의 주체성이 확고한 증거이다. 남조선은 88올림픽을 미제국주의자놈들이 돈으로 올림픽위원들을 매수하여 서울로 유치하였다. 남조선은 외국빚이 많아 땅을 다 팔아도 못갚을 형편인데 무슨 돈으로 올림픽을 개최하겠는가 이는 인민의 피를 빨아먹는 것이다. 미제국주의 앞잡이인 군사독재자 공소외 19는 노동자, 농민을 착취하고 있어 연일 학생데모가 일어나고 있다. 자본주의는 노동자, 농민을 착취, 부익부 빈익빈 현상이 조성되어 필연적으로 멸망하게 되고 모든 인민이 평등하게 살 수 있는 공산주의가 전인류를 해방시키게 된다라는 등의 북괴의 우월성에 대한 사상교육을 받고 같은달 5. 16:00경 동인으로부터 중앙에 있는 분들이 올 것이니 준비를 하여두라는 지시를 받고 대기하던 중 동인의 안내로 동 가를 방문한 김명불상 35세 가량의 여자, 윤명불상 45세 가량의 남자, 성명불상 37세 가량의 남자등 3명을 소개받고 위 김명불상 여인으로부터 "조동무의 혁명과업 수행에 적극적인 참여는 잘 알고 있다. 열성적인 투쟁에 격려를 보낸다. 이번 방문을 진심으로 환영한다"라는 내용의 격려를 받은 후 남조선의 정세를 묻는 동녀에게, 남조선 전○○정권은 미제국주의자의 꼭두각시로 내정을 일일이 간섭받고 있다. 집권층의 독재와 부정부패로 인민은 도탄에 헤매고 이로 인하여 노동자, 농민, 학생, 지식층의 불만이 고조되어 연일 학생데모가 일고 있다. 북조선은 탁월하신 김일성 수령의 영도로 남조선보다 모든 것이 우월하고 모든 인민이 평등하게 잘 살고 있으니 하루속히 남북통일이 이룩되어야 한다라고 말하며 동 윤명불상으로부터 사상적으로 잘 무장이 되어 있다고 칭찬을 받는등 동인들로부터 사상 심사를 받고, 같은달 6. 13:00경 공소외 1의 집에서 위 김명불상 여인과 윤명불상, 공소외 1등 4명이 앉은 자리에서 그 동안의 과업수행 사항을 보고하라는 지시를 받고 위 제15항의 기재와 같이 수집, 탐지한 기밀을 보고하고 동 김명불상자가 조동무는 밀항으로일본에 왔는데 남조선에는 어떻게 갈 것이냐고 질문하자 일본국 입국시 타고 온 밀선의 선주를 알고 있어 그 사람을 통하여 갈것이라고 대답하여 동 김명불상자로부터 "조동무의 영웅적인 활동에 당의 이름으로 치하하며 앞으로 계속 열성적인 활동을 기대한다"고 결의하고 같은달 10.13:00경 공소외 1의 집을 방문한 위 김명불상 여인, 윤명불상 지도원등의 방문을 받은 자리에서 위 김명불상자 지도원으로부터, 북조선 인민공화국은 김일성수령 영도로 공업이 발달되어 군수품 및 생활필수품등도 자급자족하고 외국에 수출도 하고 있다. 조국 북조선은 재일동포들에게 교육비를 지원하여 학교도 세워주고 무상으로 공부도 시켜준다. 남조선의 큰 건물은 대부분 관공서이지만 평양시내 중심가에 노동자의 아파트가 있고 모든 인민이 평등하게 잘 사는 지상 천국이다. 북조선은 사회보장제도가 잘되어 직장이 보장되고 실업자가 없고 모두 자기집을 가지고 잘 살고 있다. 김일성 주석님은 막스나 레닌에 버금가는 이론가로 북조선 전인민이 존경하고 충성을 다하고 있다. 남조선 전 00괴로 정권은 미제국주의자들의 꼭두각시로 그들이 남조선을 강점하고 있어 조국통일이 되지 않는다. 전 ○○정권은 총칼로 정권을 잡은 군사독재자로 노동자, 농민을 착취하고 선량한 인민이나 학생들을 마구잡아넣고 있다. 중동에서 외화를 벌어들인다고 하지만 이는 노동자를 착취하는 것이다. 남조선은 외국빚이 많기로 세계에서 제3위이고 이 빚을 갚을 능력이 없다라는 등의 북괴우월성에 대한 사상교육을 받고 윤명불상자로부터, 자본주의는 자본가나 노동자를 착취하기 때문에 자본가는 더욱 잘 살게 되지만 노동자는 갈수록 어렵게 살 수 밖에 없다. 사회주의는 모든 인민에게 골고루 배분이 되기 때문에 빈부의 격차가 없이 평등하게 잘 살수 있다. 자본주의는 노동자, 농민등의 착취로만 발전하게 되므로 이로 인한 자체의 모순으로 필연적으로 멸망하게 되고 노동자, 농민이 주체가 되는 사회주의 국가가 오게 된다. 사회주의 제도하에서 통일이 되어야 사유재산이 없어 국민경제가 발달하고 평등하게 잘 살수 있는 국가가 건설된다라는 등의 사회주의 우월성에 대한 사상교육을 받고, 같은달 11. 13:00경 공소외 1의 집에 방문한 위 김명불상 여자지도원 및 윤명불상

지도원의 방문을 받은 자리에서 위 김명불상 지도원으로부터 "조동지는 형집에 있으면서 학습을 열심히 한 것으로 알고 있는데 학습내용을 설명하여 보라"는 지시를 받고 앞서 기재한 김일성 선집등의 교재로 학습하겠다고 대답하고 동 김명불상으로부터 어떤 방법으로 활동하겠느냐는 질문을 받자, 동창이나 친지, 동료, 외항선원들의 신망을 받아 깊이 유대관계를 맺은 후 북한의 발전상을 은근히 선전하는 방법으로 동조세력을 규합하겠다. 울산지역공단 및 경남 동해안지방의 중요공장, 부산의 중요시설 및 경비상황을 파악하겠다. 군사시설 및 중요한 관공서 위치 및 여론 등을 수집하겠다. 절대로 서둘지 않고 서서히 활동하겠다고 말하고 위 윤명불상으로부터 앞으로 연락은 어떻게 하겠느냐는 질문을 받고, 외항선으로 다니는 것이 합리적이고 일본에 와서는 서신, 전화로 하여도 무방하다고 본다. 만일 외항선으로 종사치 못할 때는 거의 연락할 수 없고 특히 동료선원으로 하여금 일본에 기항시 탁송토록 하는 방법도 가능하다고 본다. 위급할 때는 밀항도피할 생각을 가지도 있다라고 답하고 같은달 15. 13:00경 공소외 1의 집을 방문한 위 김명불상, 윤명불상 등과 같이 앉은 자리에서 위 김명불상으로부터, 조선민주주의 인민공화국은 김일성 수령님의 탁월한 영도로 공업이 발달하고 무기 및 생활필수품등 자급자족하고 있고 모든 인민은 빈부의 차이없이 잘 살고 있다. 북조선은 교육도 무상으로 병이 나도 무료로 치료를 하여 주는등 지상의 낙원이다. 남조선은 미제국주의자의 꼭두각시로 그들로부터 경제적인 침략과 수탈로 인민들이 굶주림에 시달리고 헐벗고 있다, 현 남조선 정권은 군사독재 정권으로 국민을 탄압 억압하고 있다, 우리는 도탄에서 고생하는 남조선 인민들을 하루빨리 해방시키기 위하여 더 적극적으로 투쟁하여야 한다. 동지의 학습태도와 견고한 사상무장에 찬사를 보내며 앞으로의 큰 성과를 기대한다. 동지의 열렬한 혁명과업을 위한 투쟁은 남조선의 해방을 앞당기게 되는 것이니 영광스러운 그날이 올 때까지 어떠한 고생이라도 참고 투쟁하여 주기 바란다. 앞으로 과업보고나 연락등은 형인 조동무를 통하여 형의 지시대로 활동하여 주기 바란다라는 북괴우월성에 대한 사상교육을 반복적으로 받음과 동시에 지시사항을 받은 후에 동인으로부터 어떠한 방법으로 남조선에 입국하겠느냐는 질문을 받자 "전에도 말한 바와 같이 밀수를 하고 있는 일본인 선주를 알고 있으니 그를 통하여 밀입국하겠다"라고 대답하고 동 김명불상으로부터, 모든 경비는 형 조동무를 통하여 전달하겠으니 빠른 시일안에 남조선에 가도록 하라. 가족이나 친척, 승선시 동료선원등 누구나에게 모든 것을 절대로 말하지 말고 보안에 유의하라. 꼭 필요한 사항이 있을 때 외에는 가능한 한 연락을 지양하되 모든 연락은 형 조동무를 통하고 지시를 받도록 하라. 어떠한 어려운 일을 당하더라도 생명을 걸고 비밀을 유지해야 한다. 사상무장을 게을리 하지 말고 남조선이 해방되는 날의 영광을 위하여 참고 투쟁하여 주기 바란다. 국제전화나 편지는 도청되거나 검열당한 우려가 있으니 절대로 삼가도록 하라. 외항선원으로 승선, 일본을 왕래하면서 접촉한는 것이 가장 좋은 방법이다. 신변에 위급한 사항이 발생하였을 때는 전화나 서신으로 연락하고 밀항으로 도피하는 것이 최선이다. 친구, 동창, 동료선원 등 신망이 있고 활동성이 있는 사람을 장기간 접촉하면서 신임과 도움을 주어 은연중 북항의 우월성을 말하여 많이 포섭하라, 경남 및 동해안 지방의 중공업체의 시설, 생산품규모, 경비사항, 부산 및 경남지방의 중공업체의 중요시설, 경비상황, 군주둔상황, 각종 여론 등을 수집하라 라는 지시를 받고 동인등의 안내로 동소에서 약 200미터 떨어진 옥호불상 외식집에서 생선회와 맥주를 마시면서 동 김명불상 여자지도원으로부터 "남조선 혁명을 앞당기기 위하여 열렬한 투쟁을 합시다"라고 결의를 하고 같은달 17. 20:00경 공소외 1의 집에서 동인으로부터, 우리 집에 오래 있게 되면 남조선 기관원들에게 노출될 우려가 있으니 큰형 공소외 8의 집에 가서 있으라, 그동안 학습이나 교육을 받다 알겠지만 통일되는 것은 시간문제이다. 언행에 각별히 유의하여 실수없도록 추진하고 귀국하면 전화로 잘 도착되었다고만 하면 된다. 외항선원으로 다시 승선, 일본을 왕래토록 한다라는 등의 지시를 받고 공작금으로 일화 30만엥을 교부받아 반국가단체의 이익이 된다는 정을 알면서 그 구성원들과 회합함과 아울러 금품을 수수하고,

제17. 1981.12. 초순 일자불상 11:00경 부산시 중구 영주2동 534 소재 피고인의 집에서 공소외 1에게 국제전화를 걸어 "무사히 도착하였다"고 안착신호를 보내고 동인으로부터 배는 언제 타게 되느냐는 질문에 현재 노력중에 있다고 대화하는 등으로 반국가 단체의 이익이 된다는 정을 알면서 그 구성원인 동인과 통신하고,

제18. 위 제17항에서 지령받은 부산 일원의 국가기밀탐지를 수행할 목적으로 1982.4. 중순 일자불상 11:00경 부산시 부산진구 전포동 소재 피고인의 처가에 가면서, 부산시 부산진구 범천1동 범냇골 로타리에서 우측방향으로 약 1킬로미터 지점에 육군차량 재생창이 있고 부대주위는 철조망을 높이치고 각 모서리에 망루를 세워 그 속으로 군인이 무장을 하고 경계하며 정문에는 입초 2명이 주야간 교대근무를 하고 동 부대는 육군에서 사용하던 중고차량을 재생하는 작업을 하고 있다라는 국가기밀을 탐지 수집하고, 1982.6. 중순 일자불상 13:00경 부산시 동래구 수안동 소재 1번가 양복점을 하는 친구 공소외 20의 집에 버스를 타고 가면서, 부산시 부산진구 양정동 소재 철도굴다리옆 우측에 육군 15헌병대가 있고 정문에는 헌병이 보초를 서면서 출입자의 신원확인 및 경계를 하고 있고 동 헌병대는 부산지역을 관할하고 있다. 동 헌병대에서 동래쪽으로 약 1킬로미터 떨어진

좌측지점 옛 육군 군수기지사령부 자리에 육군부대가 있는데 2미터 가량 높이의 브로크 담을 쌓았고 정문에는 군인이 보초근무 및 경계를 하고 있다라는 등의 국가기밀을 탐지 수집하고, 1982.7. 중순 일자불상 14:00경 피고인의 고향친구인 공소외 20 등과 같이 자가용편으로 수영비행장 부근을 통과 해운대 동백섬을 다녀오면서 해운대 못미쳐 수영만 옆에 있는 수영비행장은 종전에는 대한항공 여객기가 주로 이착륙하였으나 현재는 군용비행장으로 군수송기와 연락기 등의 기지로 사용되고 있고, 동 비행장 정문에서 우측 뒷편에 넓은 공지가 있는데 현재 방위병 훈련장으로 사용되고 있다라는 등의 국가기밀을 탐지, 수집하는 등으로 간첩하고,

제19. 1982.12.9. 21:00경 부산 흥아해운소속 제3도남호의 3갑판원으로 승성, 포항항을 출항하여 같은해 12.11. 03:40경 일본국 후꾸야마항에 도착 같은달 12. 07:00경 동항 보세구역내에 있는 공중전화를 이용하여 공소외 1에게 "도남호의 선원으로 승선, 일본에 왔다"라고 전하고 동인으로부터 "거리가 멀어 찾아갈 시간이 없으니 다음 도일시 만나기로 하고 정신자세를 똑바로 하고 과업수행에 전념토록 하라"는 지시를 받는등 반국가단체의 이익이 된다는 정을 알면서 그 구성원인 동인과 통신하고,

제20. 1982.12.31. 14:00경 위 도남호의 선원으로 승선, 울산항을 출항하여 1983.1.7 일본국 요꼬하마항에 도착 같은날 20:00경 동항 보세구역내에 있는 공중전화로 공소외 1에게 전화하여 동인으로부터 "조직사업관계로 나갈 수 없으니 다음에 만나기로 하고 과업수행에 충실하고 언행에 주의하여 실수하는 일이 없도록 하라"라는 지시를 받고 "최선을 다하겠다"라고 답변하는등 반국가단체의 이익이 된다는 정을 알면서 구성원인 동인과 통신하고,

제21. 1983.2.13. 09:00경 위 도남호의 선원으로 승선, 포항항을 출발하여 같은달 17. 01:50경 일본국 도오꾜오만 오다이바항에 도착 같은날 17:00경 동항 보세구역내에 있는 공중전화로 공소외 1에게 전화하여 동인으로부터 "최근 남조선 특공대들이 감시가 심하여 접선은 곤란하다, 이런 시기에는 활동을 중지하는 것이 좋을 것이고 각별히 주의하라. 간부들과 상의 만날 수 있도록 조치할 것이니 그때까지 기다리라"라는 지시를 받는 등 반국가단체의 이익이 된다는 정을 알면서 그 구성원인 동인과 통신하고,

제22. 1982.3.6. 21:00경 위 도남호의 선원으로 승선, 부산항을 출항하여 같은달

13.01:00경 일본국 후나바시항에 도착 같은날 17:30경 동항 보세구역내에 설치된 공중전화로 공소외 1에게 전화하여 동인으로부터 "너의 신변에는 이상이 없느냐, 남조선 특공대들의 감시가 더 심해지고 있다. 적당한 시기를 택하여 만나도록 할 것이니 일본에 오면 꼭 연락을 취하도록 하라"는 지시를 받고 "앞으로 활동에 각별히 주의하겠다"라고 말하는 등 반국가단체의 이익이 된다는 정을 알면서 그 구성원인 동인과 통신하고,

제23. 1983.3.26.11:00경 위 도남호의 선원으로 승선, 포항항을 출항하여 같은달 29. 10:20경 일본국 후나바시항에 도착 같은날 12:00경 동항 보세구역내에 있는 공중전화로 공소외 1에게 전화를 걸어 동인으로부터 "만날 것을 재촉하지 말라, 주변실정으로 보아 만날 시기가 아니다. 당분간은 일본에 오더라도 연락을 중지하도록 하고 6월중에나 만나도록 하겠으니 6월초에 연락토록 하라"라는 지시를 받는등 반국가단체의 이익이 된다는 정을 알면서 구성원인 동인과 통신하고,

제24. 1983.5.31. 15:30경 위 도남호의 선원으로 승선, 울산항을 출항하여 같은해 6.7. 12:30경 일본국 후나바시항에 도착 같은날 14:00경 보세구역내에 있는 공중전화로 공소외 1에게 전화하여 같은달 8.15. 15:00경 후나바시 국철대합실에서 동인을 만나 동 대합실 2층 상호불상 다방으로 안내되어 동인으로부터 "그간 남조선 특공대로부터 미행을 당하는 것 같아 만나지 않았다 그동안의 사업보고를 하라"는 지시를 받고 위 제18항의 기재와 같이 수집, 탐지한 기밀을 보고하고 동인의 포항제철의 규모 및 생산제품에 관한 물음에 대하여, 포항제철에서는 평면철판과 코일등 여러종류의 철강제품이 생산되고 시설규모가 방대하다. 현대중공업은 정문을 중심으로 브로크담에 상당한 거리를 두고 망루가 설치되어 주야간 경비를 하고 있고 정문에서 출입자를 통제하는데 출입이 까다롭다라고 대답하고 동인으로부터 현대중공업과 포항제철의 시설규모, 생산제품, 경비상황을 자세히 알아오라, 부산항의 해안경비상황과 해경정, 세관감시선의 경계사항을 확인하라 라는 지령을 받는등 반국가단체의 이익이 된다는 정을 알면서 그 구성원인 동인과 회합하고,

XI

제8조의3 국제협력

XI. 제8조의3 국제협력

제8조의3(국제협력) 경찰청장 또는 해양경찰청장은 이 법에 따른 경찰관의 직무수행을 위하여 외국 정부기관, 국제기구 등과 자료 교환, 국제협력 활동 등을 할 수 있다.

1. 국제협력

수사 및 재판과 관련한 국제협력에 대해서는 「국제형사사법공조법」에 구체적인 규정이 마련되어 있으나, 그 이외의 위험방지 또는 예방경찰 작용에 있어서의 국제협력에 대해서는 근거 규정이 마련되어 있지 않아 경찰의 업무수행에 어려움이 있고, "대테러 작전" 역시 국가경찰작용으로 수행하고 있으나 법문상 이에 대한 명확한 근거 조항이 없으므로 대테러 작전 수행 및 국제협력 관련 규정을 경찰관의 직무범위에 추가하고, 국제협력을 위한 개별적 수권조항을 마련하는 등 현행 경찰작용의 법적 근거를 명확히 하기 위한 것이다.

2. 판례

1) 판례 1

서울중앙지방법원 2016. 12. 9. 선고 2015노4239 판결

【이 유】

1. 항소이유의 요지

이 사건 집회장소 내의 플라스틱 무인 질서유지선은 서울△△△경찰서장(이하 '△△△경찰서장'이라고 한다)이 민주사회를 위한 변호사모임 노동위원회의 2013. 7. 25.자 집회(이하 '이 사건 집회'라고 한다) 이전에 경찰관직무집행법(이하 '경직법'이라고 한다)의 규정에 따라 적법하게 설치한 것으로, 법원의 옥외집회금지통고처분에 관한 집행정지결정이 있더라도 여전히 적법하다. △△△경찰서장은 이 사건 집회장소가 협소하여 위 경직법상의 질서유지선을 집회 및 시위에 관한 법률(이하 '집시법'이라고 한다)에 따른 질서유지선으로 사용하였는바, 이러한 플라스틱 무인 질서유지선의 설치와 경찰관들의 배치는 모두 집시법 또는 경직법 규정에 따른 것으로서 적법하다.

따라서 피고인들이 위 질서유지선을 제거하여 그 효용을 해친 행위를 위법한 공권력 행사에 대항하는 행위로서 정당방위에 해당한다고 볼 수 없고, 다른 집회참가자들과 함께 다중의 위력을 보여 적법하게 공무를 수행하던 경찰관 공소외 1, 공소외 2를 폭행한 행위 역시 특수공무집행방해죄를 구성한다.

그럼에도, 1심은 이와 다른 전제에서 피고인들에게 무죄를 선고하였는바, 1심 판결은 사실을 오인하거나 정당방위 등에 관한 법리를 오해한 위법이 있다.

2. 판 단

가. 이 사건 집회장소 내에 플라스틱 무인 질서유지선을 설치하고 경찰관을 배치한 조치의 적법성 인정 여부

1) 집시법에 따른 적법성 인정 여부

1심이 적법하게 인정한 사실 또는 사정들과 함께, 1심과 항소심이 적법하게 채택하여 조사한 증거들에 의하여 인정할 수 있는 다음과 같은 사정들을 더하여 보면, △△△경찰서장이 이 사건 집회장소 내에 플라스틱 무인 질서유지선을 설치하고 경찰관을 배치한 것이 집시법에 따른 조치로서 적법하다고 보기 어렵다.

가) 플라스틱 무인 질서유지선 설치에 관하여

① 집시법 제2조 제5호는 '집회 또는 시위의 장소나 행진 구간을 일정하게 구획하여 설정한 띠, 방책, 차선 등의 경계 표지'를 질서유지선으로 규정하고 있다. 이와 같은 문언내용에 의하더라도, 질서유지선은 '집회장소와 그 밖의 장소를 구획하는 경계 표지'로서의 기능을 하여야 하는 것이지 집회장소 자체를 양분하거나 제한하는 기능을 할 수는 없다고 보아야 한다(집시법시행령 제13조 제1항 제1호는 질서유지선을 설정할 수 있는 사유의 하나로 '집회·시위의 장소를 한정할 필요가 있을 경우'를 예시하고 있으나, 이는 신고된 집회·시위의 장소 자체를 제한한다는 의미가 아니라 집회·시위가 종전에 신고된 집회·시위의 장소를 벗어나 확장되는 것을 막는다는 의미로 해석된다).

② 그런데 이 사건 플라스틱 무인 질서유지선은 화단과 시각장애인용 점자 보도블럭 사이, 즉 이 사건 집회장소 내부에 설치되어 집회장소를 양분하였으며, 집회장소와 그 외곽을 분리하는 경계표지로서의 역할을 하지 않았다. 경찰은 집회참가자들이 인도에서 차도로 밀려나는 것을 막기 위해 이 사건 집회장소와 차도의 경계 부근에 질서유지선을 설치할 수 있었고, 화단 뒤편과 덕수궁 돌담 사이에도 상당한 공간이 있었는바, 위 공간에 질서유지선을 설치하여 충분히 문화재 보호 목적을 달성할 수 있었다.

③ 민변 노동위원회는 2013. 7. 6.과 2013. 7. 11. △△△경찰서장에게 집회신고를 하면서 집회장소에 관한 사진과 도면을 첨부하여 집회장소의 경계를 명확히 하였고(공판기록 164, 172~174쪽), 더욱이 이 사건 집회는 '화단과 그 화단을 둘러싼 철제 출입통제선(일정한 간격을 두고 철제로 된 기둥이 세워져 있고 그 기둥이 가는 쇠사슬로 느슨하게 연결되어 있는 형태)과 시각장애인 점자 보도블럭 사이의 공간'에서 진행되었는바, 이미 위 화단과 보도블럭을 통해 자연스럽게 집회장소가 구획된 상태였다. 따라서 별도의 질서유지선을 사용하여 집회장소와 일반도로를 분리할 필요성도 없었다.

나) 경찰관의 배치에 관하여

① 집시법 규정에 따르면, 집회 또는 시위의 주최자는 집회 또는 시위에 있어서 질서를 유지하여야 하고(제16조 제1항), 질서유지인은 주최자의 지시에 따라 집회 또는 시위 질서가 유지되도록 하여야 하며(제17조 제1항), 집회나 시위에 참가하는 자는 주최자 및 질서유지인의 질서유지를 위한 지시에 따라야 한다(제18조 제1항). 즉, 집시법은 주최자가 집회를 관리하고 질서유지인을 두어 집회참가자들로 하여금 주최자 및 질서유지인의 지시에 따르도록 하여, 국가권력의 개입 없이 집회의 주최자가 전체적인 책임을 부담하고 그 권한을 행사하도록 함으로써 집회의 자율성을 보장하고 있다.

② 다만, 집시법 제19조 제1항에 따르면, 정복을 착용한 경찰관은 집회주최자에게 알리고 집회장소에 출입할 수 있다. 그러나 이 경우에도 경찰관이 집회장소의 일부를 계속해서 점유하는 것은 사실상 집회의 목적 달성을 불가능하게 하는 것으로서 허용될 수 없다고 보아야 하고, 이는 '경찰관은 집회장소에 출입할 시 집회주최자에게 이를

알리고, 집회주최자는 경찰관의 이러한 직무집행에 협조하여야 한다'는 집시법 제19조 제1항, 제2항의 상호협력의무를 형해화한다는 점에 비추어 보아도 그렇다.

③ 이 사건 집회의 주최자는 민변 노동위원회로, 민변 노동위원회는 집회참가자 30여 명 가운데 공소외 3, 공소외 4, 피고인 1 세 명을 질서유지인으로 두고 있었고, 이 사건 집회의 형식 역시 행진이나 시위 없이 위원장 공소외 5의 강연과 집회의 형식으로 '대한문 앞 화단 조성의 위법성과 경찰력의 남용으로 집회의 자유가 침해되는 현실'을 시민들에게 알리는 것이었는바(공판기록 169~170쪽), 위 집회의 개최목적, 규모, 질서유지인의 수 등에 비추어 보면, 경찰력의 배치 없이도 민변 노동위원회 측에서 이 사건 집회를 충분히 관리할 수 있었을 것으로 보인다.

④ 또한, 이 사건 화단 앞에는 철제 출입통제선이 설치된 상태였고, 집회장소 인근에도 수십 명의 경찰관이 배치되는 등(이 사건 집회 영상에 의하면, 차도 근처에 주차된 경찰버스 부근에서도 수십 명의 경찰관이 대기하고 있었던 것으로 보인다) 동원된 경찰관의 수가 이 사건 집회에 참가한 사람들의 수를 상회하였던 것으로 보이는바[△△△경찰서장 공소외 6도 서울고등법원 2015노2496호 사건 법정에 증인으로 출석하여 '당시 4개 중대 소속 경찰관들이 화단 앞에 배치되거나 대기하고 있었고, 경찰관의 수는 320명 정도 된다.'는 취지로 진술하였다(증인신문조서 23쪽)], 현장에 출동한 경찰관들로서는 집회장소 외곽에서 이 사건 집회의 상황을 지켜보다가 급박한 위험이 발생할 경우에 집회장소로 진입하여도 충분하였을 것으로 보인다.

⑤ 한편, 검사는 '경력이 질서유지선에 서 있을 경우 경력이 착용한 제복과 경력이 들고 있는 표시봉 등 질서유지선임을 표시하는 물건들이 질서유지선의 역할을 하게 되는바, 경력이 착용하거나 소지한 물건을 훼손한다면 이는 질서유지선의 침범에 해당하여 집시법 위반으로 처벌할 수 있다'는 취지로도 주장한다(항소이유서 29, 30쪽). 그러나 ㉠ 집시법이 질서유지선을 침해하는 범죄의 태양을 형법상 손괴죄에 준하여 규정하고 있는 점, ㉡ 경찰관들을 줄지어 세우는 방법으로 설치된 질서유지선에 대해 유형력을 행사하는 행위에 관하여는 공무집행방해죄 등으로 처벌하는 것이 가능한 점, ㉢ 형벌법규의 해석은 엄격하여야 하고 형벌법규의 의미를 피고인에게 불리한 방향으로 지나치게 확장해석하거나 유추해석하는 것은 죄형법정주의의 원칙에 어긋나는 것으로서 허용되지 않는 점 등에 비추어 보면, 집시법 상의 '질서유지선'은

유형적인 물건에 의하여 구현·설치된 경계표지를 의미하는 것이라고 봄이 상당하다. 따라서 사실상 질서유지선 설치의 목적으로 경찰관들을 줄지어 세우는 등의 방법으로 이른바 '유인 질서유지선'을 형성하더라도 이를 집시법상의 질서유지선이라고 볼 수는 없고, 경계표지를 구성하는 유형적인 물건을 경찰관들이 손으로 잡거나 몸으로 지탱하는 등의 방법으로 보조하는 경우에도, 그 질서유지선은 유형적인 물건에 의해 구현된 경계표지 자체이지 경찰관들을 유인 질서유지선이라고 볼 수는 없다.

2) 경직법에 따른 적법성 인정 여부

가) 관련 규정

경찰관직무집행법

제2조(직무의 범위) 경찰관은 다음 각 호의 직무를 수행한다.

1. 국민의 생명·신체 및 재산의 보호
2. 범죄의 예방·진압 및 수사
3. 경비, 주요 인사(인사) 경호 및 대간첩·대테러 작전 수행
4. 치안정보의 수집·작성 및 배포
5. 교통 단속과 교통 위해(위해)의 방지
6. 외국 정부기관 및 국제기구와의 국제협력
7. 그 밖에 공공의 안녕과 질서 유지

제5조(위험 발생의 방지 등) ① 경찰관은 사람의 생명 또는 신체에 위해를 끼치거나 재산에 중대한 손해를 끼칠 우려가 있는 천재, 사변, 인공구조물의 파손이나 붕괴, 교통사고, 위험물의 폭발, 위험한 동물 등의 출현, 극도의 혼잡, 그 밖의 위험한 사태가 있을 때에는 다음 각 호의 조치를 할 수 있다.

1. 그 장소에 모인 사람, 사물(사물)의 관리자, 그 밖의 관계인에게 필요한 경고를 하는 것
2. 매우 긴급한 경우에는 위해를 입을 우려가 있는 사람을 필요한 한도에서 억류하거나 피난시키는 것
3. 그 장소에 있는 사람, 사물의 관리자, 그 밖의 관계인에게 위해를 방지하기 위하

여 필요하다고 인정되는 조치를 하게 하거나 직접 그 조치를 하는 것

제6조(범죄의 예방과 제지) 경찰관은 범죄행위가 목전에 행하여지려고 하고 있다고 인정될 때에는 이를 예방하기 위하여 관계인에게 필요한 경고를 하고, 그 행위로 인하여 사람의 생명·신체에 위해를 끼치거나 재산에 중대한 손해를 끼칠 우려가 있는 긴급한 경우에는 그 행위를 제지할 수 있다.

제10조(경찰장비의 사용 등) ① 경찰관은 직무수행 중 경찰장비를 사용할 수 있다. 다만, 사람의 생명이나 신체에 위해를 끼칠 수 있는 경찰장비를 사용할 때에는 필요한 안전교육과 안전검사를 받은 후 사용하여야 한다.

나) 관련 법리

경찰관직무집행법 제6조 제1항 중 경찰관의 제지에 관한 부분은 범죄의 예방을 위한 경찰 행정상 즉시강제에 관한 근거 조항이다. 행정상 즉시강제는 그 본질상 행정 목적 달성을 위하여 불가피한 한도 내에서 예외적으로 허용되는 것이므로, 위 조항에 의한 경찰관의 제지 조치 역시 그러한 조치가 불가피한 최소한도 내에서만 행사되도록 그 발동·행사 요건을 신중하고 엄격하게 해석하여야 한다. 그러한 해석·적용의 범위 내에서만 우리 헌법상 신체의 자유 등 기본권 보장 조항과 그 정신 및 해석 원칙에 합치될 수 있다(대법원 2008. 11. 13. 선고 2007도9794 판결주1) 참조). 그리고 이와 같은 법리는 경찰관이 경직법 제5조 제1항에 따른 조치를 하는 경우에도 그대로 적용된다.

다) 이 사건에 관한 판단

1심과 항소심이 적법하게 채택하여 조사한 증거들에 의하여 인정되는 다음과 같은 사정들을 종합하면, 이 사건 집회 당시, 집회장소 내에 무인 질서유지선을 설치하거나 경찰관을 배치하여야 할 필요가 있을 정도로 급박한 경찰상의 장해가 있었다고 보기 어렵다. 따라서 위 무인 질서유지선의 설치와 경찰관의 배치가 경직법 규정에 따른 것으로서 적법하다고 보기 어렵다.

① 서울 중구청은 2013. 4. 4. 이 사건 집회장소에 ○○○ 대책위 관계자들이 설치한 천막 2동을 불법건축물이라는 이유로 철거하였는데, ○○○ 대책위 관계자들은 이에

항의하여 위 장소에서 집회를 개최하면서 천막 재설치, 화단 진입, 경찰관과의 대치 등을 반복하였다. 그러나 위 ○○○ 대책위 관계자들이 2013. 5. 말경 이후에도 화단에 진입하거나 문화재를 훼손하려는 시도를 하였다고 볼만한 증거가 없고, 특히 이 사건 집회 당일에 '집회참가자들의 이 사건 화단 또는 문화재의 훼손 등의 행위가 눈앞에서 이루어지려고 하는 것이 객관적으로 인정되고, 그 행위를 당장 제지하지 않으면 곧 이 사건 화단 또는 문화재에 중대한 손해를 끼칠 우려가 있는 상황'이 발생하였다고 보기도 어렵다.

② 이 사건 집회의 주최자인 민변 노동위원회는 이 사건 집회장소를 점거하며 경찰과 갈등을 빚었던 ○○○ 대책위와는 구별되는 별개의 단체로, 이 사건 집회는 민변 노동위원회가 단독으로 개최한 것으로서 위 집회에 ○○○ 대책위 관계자들이 공식적으로 참여한 사실도 없었다[피고인 2 역시 이 사건 집회 참석의 경위에 관하여 '제가 주최 측이 아니어서 밖에 있다가, "상황이 이건 아니다"라는 생각이 들어 참여하기로 마음을 먹었던 것으로 기억한다.'라고 진술하였다(수사기록 265쪽)].

③ 민변 노동위원회는 이 사건 집회 전날인 2013. 7. 24.에도 같은 취지의 집회를 개최하였는데, 위 집회의 참가자들 역시 화단에 난입하거나 문화재를 훼손하지 않았다. 또한, 이 사건 집회는 위원장 공소외 5의 강연과 집회의 형식으로 '대한문 앞 화단 조성의 위법성과 경찰력의 남용으로 집회의 자유가 침해되는 현실을 시민들에게 알리는 것'을 그 개최목적으로 하였는바, 검사가 주장하는 바와 같이 위 집회에서 범죄가 발생할 개연성이 있어 이를 예방할 필요성이 있었다고 보기도 어렵다.

④ 더욱이 앞서 본 바와 같이 집시법은 주최자, 질서유지인, 집회참가자들의 역할분담을 통해 집회의 자율성을 최대한 보장하고 있는바, 집회 질서가 혼란스럽게 되기는 커녕 집회가 시작하기도 전에 경찰이 미리 집회 장소에 진입하여 장소의 일부를 점유하는 것은 집회참가자들의 자율적 질서를 침해하는 것으로서 특별한 사정이 없는 한 허용되지 않는다고 보아야 한다.

나. 피고인들의 집시법위반죄 성립 여부

1) 관련 법리

자기 또는 타인의 법익에 대한 현재의 부당한 침해를 방어하기 위한 행위로서 상당한 이유가 있는 경우 형법 제21조 제1항에 정한 정당방위에 해당하여 위법성이 없다. 형법 제21조 소정의 정당방위가 성립하려면 침해행위에 의하여 침해되는 법익의 종류, 정도, 침해의 방법, 침해행위의 완급과 방위행위에 의하여 침해될 법익의 종류, 정도 등 일체의 구체적 사정들을 참작하여 방위행위가 사회적으로 상당한 것이어야 한다(대법원 1992. 12. 22. 선고 92도2540 판결 등 참조).

2) 이 사건에 관한 판단

이 사건 집회장소 내에 플라스틱 무인 질서유지선을 설치한 것이 적법하다고 볼 수 없음은 앞서 본 바와 같은바, 1심과 항소심이 적법하게 채택하여 조사한 증거들에 의하여 인정할 수 있는 아래와 같은 사정들에 비추어 보면, 피고인들이 질서유지선을 임의로 치워 그 효용을 해하였다고 하더라도 이는 정당방위에 해당하므로 위법성이 조각된다. 같은 취지에서 이 부분 공소사실을 무죄로 판단한 1심의 판단은 정당하고, 검사의 이 부분 사실오인 또는 법리오해 주장은 받아들이지 않는다.

① 앞서 본 바와 같이 이 사건 집회장소 내에 질서유지선을 설정하고 경찰관을 배치한 것이 집시법 제13조에 따른 적법한 질서유지선의 설치라고 볼 수 없고, 이는 헌법상 보장되는 피고인들과 집회참가자들의 집회의 자유를 부당하게 침해하는 행위에 해당한다. 또한, 위 질서유지선의 설치로 집회장소가 양분되고 현수막 등을 통한 의사표현이 제한되는 등 집회의 목적이 실현 불가능한 상태에 이르게 되었는바, 그 법익 침해의 정도 역시 작지 않다.

② △△△경찰서장은 서울행정법원으로부터 2013. 7. 12.자 옥외집회제한통보처분의 효력을 본안판결 선고 시까지 정지한다는 내용의 집행정지 결정을 받았음에도 위 집회장소 내에 질서유지선을 설정하고 경찰관을 계속하여 배치하였다.

③ 민변 노동위원회 위원장 공소외 5는 집회가 시작된 이후 경찰관들을 향해 수차례 질

서유지선의 철거 및 경찰병력의 퇴거를 요구하였고(공판기록 327쪽), 그럼에도 경찰관들이 이에 응하지 않자, 피고인들을 비롯한 이 사건 집회참가자들은 이 사건 질서유지선을 집회장소 밖으로 제거하였다.

④ 한편, 집시법 제13조 제1항은 '집회 및 시위의 보호와 공공의 질서유지'를 위하여 필요한 경우에는 질서유지선을 설정할 수 있도록 함으로써, 질서유지선 설정에 관하여 그 요건 자체를 매우 추상적으로 규정하고 있고, 위와 같은 질서유지선의 설치로 인해 집회가 제한되거나 금지되는 것과 같은 결과가 초래될 수 있음에도 집시법은 이에 대한 이의신청 절차를 규정하고 있지 않다. 이와 같은 상황에서 피고인들은 공소외 5의 구두경고 이후 무인 질서유지선을 집회장소 밖으로 임의로 치워냈는바, 피고인들이 위 행위에 이르게 된 경위, 행위 방법, 침해되는 법익의 종류 및 정도 등에 비추어 보면, 피고인들의 위 행위는 집회의 자유의 침해에 대항하는 것으로서 사회적으로 상당하다고 볼 수 있다.

다. 피고인들의 특수공무집행방해죄 성립 여부

1) 관련 법리

형법 제136조가 정하는 공무집행방해죄는 공무원의 직무집행이 적법한 경우에 한하여 성립하는 것으로, 이러한 적법성이 결여된 직무행위를 하는 공무원에게 대항하여 폭행이나 협박을 가하였더라도 이를 공무집행방해죄로 다스릴 수는 없다. 이때 '적법한 공무집행'이란 그 행위가 공무원의 추상적 권한에 속할 뿐 아니라 구체적 직무집행에 관한 법률상 요건과 방식을 갖춘 경우를 가리킨다(대법원 2011. 4. 28. 선고 2007도7514 판결 등 참조).

2) 이 사건에 관한 판단

앞서 본 바와 같이 이 사건 질서유지선은 집시법 또는 경직법에 따라 적법하게 설정된 것이라고 볼 수 없고, 그 설정경위나 형태 등에 비추어 볼 때 집회의 자유를 현저하게 침해한 것으로서 그 위법의 정도도 가볍지 않다. 이와 같이 위법하게 설정된 질서유지선을 계속 고수하려던 피해 경찰관 공소외 1, 공소외 2의 행위는 형법적으로 보호하여야 할 필요가 있는 공무집행에 해당한다고 볼 수 없으므로, 적법성이 결여된 직무행위를 하는 피해 경찰관들에게 대항하여 피고인들이 유형력을 행사하였다고 하더라도 이를 들어 공무집행방해죄가 성립한다고 볼 수는 없다

2) 판례 2

서울고법 2006. 7. 27.자 2006토1 결정

【판시사항】

[1] 대한민국이 베트남사회주의공화국에 대하여 범죄인을 인도할 의무가 있는지 여부를 판단함에 있어서 '대한민국과 베트남사회주의공화국 간의 범죄인인도조약'과 범죄인인도법의 적용 순위

[2] 범죄인인도절차에서 정치범죄의 개념 및 그 해당 여부의 판단 기준

[3] '대한민국과 베트남사회주의공화국 간의 범죄인인도조약' 제3조 제1항에서 말하는 "정치적 성격을 갖는 범죄"의 의미

[4] 베트남사회주의공화국의 범죄인인도청구에 따른 인도심사청구의 대상범죄가 폭발물을 이용한 범죄의 예비·음모라는 일반범죄와 청구국의 정치질서에 반대하는 정치범죄가 결합된 상대적 정치범죄로서, '대한민국과 베트남사회주의공화국 간의 범죄인인도조약' 제3조 제1항에 정한 '정치적 성격을 갖는 범죄'에 해당할 경우, 범죄인을 청구국에 인도하는 것이 위 인도조약에 위배되는지 여부(적극)

[5] 폭탄테러행위의 억제를 위한 국제협약과 국제연합 안전보장이사회의 2001. 9. 28. 자 1373호 결의가 '대한민국과 베트남사회주의공화국 간의 범죄인인도조약' 제3조 제2항 (나)목에 정한 '양 당사국이 모두 당사자인 다자간 국제협정'에 해당하는지 여부(소극)

[6] 베트남이 공산화된 후 미국에서 A정부의 주요 직책을 역임하면서 베트남 지역의 공산정권 타도 등을 목적으로 베트남 지역 내에서 테러행위를 감행하기 위하여 폭약이나 뇌관을 구입, 제조, 운반하도록 지시하였다는 등의 범죄사실로 베트남사회주

의공화국으로부터 범죄인인도청구를 받은 범죄인에 대한 인도심사청구 사건에서, 위 대상범죄가 정치적 성격을 갖는 범죄이고, 달리 범죄인을 인도하여야 할 예외사유도 존재하지 아니한다고 하여 범죄인인도청구를 허가하지 아니한 사례

【결정요지】

[1] 대한민국과 베트남사회주의공화국 사이에 2003. 9. 15. 체결하여 2005. 4. 19. 발효된 '대한민국과 베트남사회주의공화국 간의 범죄인인도조약'은 국회의 비준을 거친 조약으로서 법률과 동일한 효력을 가지는 것이고, 따라서 대한민국이 베트남사회주의공화국에 대하여 범죄인을 인도할 의무가 있는지 여부를 판단함에 있어서는 신법 우선의 원칙, 특별법 우선의 원칙 등 법률해석의 일반원칙에 의하여 위 인도조약이 범죄인인도법에 우선하여 적용되어야 한다.

[2] 범죄인인도절차에서의 정치범죄는 해당 국가의 정치질서에 반대하는 행위와 그와 같은 목적을 위하여 저지른 일반범죄, 즉 강학상 절대적 정치범죄와 상대적 정치범죄를 의미하고, 그 해당 여부를 판단함에 있어서는 범죄자의 동기, 목적 등의 주관적 심리요소와 피해법익이 국가적 내지 정치적 조직질서의 파괴에 해당하는지 여부 등 객관적 요소를 고려하여야 한다.

[3] '대한민국과 베트남사회주의공화국 간의 범죄인인도조약' 제3조 제1항에서 말하는 "정치적 성격을 갖는 범죄"라 함은 범죄인인도법 제8조 제1항에서 정하는 "정치적 성격을 지닌 범죄이거나 그와 관련된 범죄"와 같은 의미로서 순수 정치범죄 뿐 아니라 상대적 정치범죄까지 아우르는 개념으로 해석함이 상당하다.

[4] 베트남사회주의공화국의 범죄인인도청구에 따른 인도심사청구의 대상범죄가 폭발물을 이용한 범죄의 예비·음모라는 일반범죄와 청구국의 정치질서에 반대하는 정치범죄가 결합된 상대적 정치범죄로서, '대한민국과 베트남사회주의공화국 간의 범죄인인도조약' 제3조 제1항에 정한 '정치적 성격을 갖는 범죄'에 해당할 경우, 특별히 위 인도조약상 예외사유에 해당한다는 사정이 없는 한 범죄인을 청구국에 인도하는 것은 위 인도조약에 위배된다.

[5] 폭탄테러행위의 억제를 위한 국제협약과 국제연합 안전보장이사회의 2001. 9. 28.자 1373호 결의는 '대한민국과 베트남사회주의공화국 간의 범죄인인도조약' 제3조 제2항 (나)목에 정한 '양 당사국이 모두 당사자인 다자간 국제협정'에 해당하지 않는다.

[6] 베트남이 공산화된 후 미국에서 A정부(B정부)의 주요 직책을 역임하면서 베트남 지역의 공산정권 타도 등을 목적으로 베트남 지역 내에서 테러행위를 감행하기 위하여 폭약이나 뇌관을 구입, 제조, 운반하도록 지시하였다는 등의 범죄사실로 베트남 사회주의공화국으로부터 범죄인인도청구를 받은 범죄인에 대한 인도심사청구 사건에서, 위 대상범죄가 정치적 성격을 갖는 범죄이고, 달리 범죄인을 인도하여야 할 예외사유도 존재하지 아니한다고 하여 범죄인인도청구를 허가하지 아니한 사례.

【이 유】

1. 이 사건 청구의 요지

청구인은 2006. 6. 1. 청구국으로부터 범죄인에 대한 인도청구가 있음을 이유로 범죄인인도법 제11조 내지 제13조의 규정에 의하여 범죄인의 인도허가 여부에 관한 심사를 청구하였다.

2. 인도심사청구의 대상 범죄사실과 적용법규

가. 범죄사실의 요지

범죄인은 1950년 베트남 빈딘에서 출생하여 부모를 따라 미국에 들어가 생활하다가 1992년 금융사기 범죄를 저지르기 위해서 Vinamoto Company의 임원(Executive Director) 신분으로 베트남으로 입국한 후 1995. 4. 30. A정부를 조직하여 자신을 내각총리로 자칭한 후 베트남 사회주의공화국 전복을 획책하고 있는 자인바,

(1) (가) 1999. 3. 12.부터 1999. 3. 16.까지 위 조직의 조직원인 F, G, H 등에게 테러 훈련을 받기 위해 캄보디아에서 태국으로 이동하도록 지시하고, 1999. 3. 25. 상기 테러집단은 베트남에 대한 테러행위를 자행하기 위해 베트남에 입국한 후

1999. 4. 18. 밤부터 1999. 4. 19. 아침 사이 테러공격을 기도하고, 반베트남 선전물 12,000부, 사이공 괴뢰정권 깃발 29개, 풍선 65개, 상기 깃발과 풍선을 띄우기 위한 실 뭉치 25개 등을 운반하였으며, 캄보디아에서 베트남으로 이동하는 과정에서 G는 I, J, K 등이 테러공격을 위해 베트남에 입국하도록 회유하고, 캄보디아에서 베트남으로 입국하고자 했던 L, M H, K와 합류하기 위해서 Tay Ninh 지방을 통해 베트남으로 불법 입국하면서 1kg의 폭약, 뇌관 3개와 지연신관을 1999. 4. 16. 운반하고, F는 상기 테러집단이 사이공 괴뢰정권의 깃발을 배포하고, 반베트남 선전물을 유포하며, Nguyen Hue Street에 소재한 호치민 대통령 동상 근처의 공공장소를 공격하도록 지시하고, N, O, K은 테러공격을 위해 폭탄 3개를 제조했으나, 이들의 테러계획을 이행하지 못하고, P, Q, H는 베트남에서 캄보디아로 출국하고,

(나) 1999. 3. 21.일부터 1999. 3. 26.까지 범죄인, O는 R, S, T, U, V 등 테러 조직원들을 캄보디아에서 태국으로 입국시켜 베트남에서 폭탄 테러 공격 감행을 위해 폭약 사용 방법을 전수받고, 반베트남 선전물을 유포하고, 1999. 3. 28. 위 테러집단은 베트남에 불법 입국하여 테러를 자행하려 하였으나, 테러공격이 자행되기 전 베트남 경찰에 의해 발각되어 체포되어 미수에 그치고,

(다) 1999. 4. 15. 범죄인, W는 X, Y에게 폭약 4개(약 0.1㎏), 뇌관 2개와 지연신관을 운반하도록 지시하고, 위 물건들을 호치민 대통령 동상 근처(호치민시, Thong Nhay Palace, Tao Dan park, Nguyen Due Street)에서 폭탄테러에 이용될 예정이었으나, X와 Y는 베트남의 An Giang과 Dong Thap 지역이 캄보디아와 접한 국경 지역에서 체포되는 바람에 미수에 그치고,

(라) 1999. 4. 21. Z, AA(가명 AB)는 AC(가명 AD)와 AE에게 호치민 대통령 동상 근처(호치민시, Thong Nhay Palace, Tao Dan park, Nguyen Due Street)에서 폭탄 테러 공격을 감행하기 위해, 폭약 4개(각 1kg), 뇌관 2개, 신관 지연을 베트남에 운반하도록 지시했으나 두 사람이 베트남의 An Giang과 Dong Thap 지역이 캄보디아와 접한 국경 지역에서 체포되는 바람에 미수에 그치고,

(마) 1999. 8. 19.부터 1999. 6. 22.까지 범죄인은 AF, AG에게 베트남에 불법 입국하

여 폭탄 테러 공격을 감행하도록 지시했으나, 상기 2인은 작전 수행 전에 체포되어 미수에 그치고,

(바) 1999. 7. 19. 범죄인, W는 AH가 5개의 가방에 나누어 담겨진 20kg의 폭약 파우더를 구입하도록 지시하고, AH의 공범은 AH에게 뇌관 20개를 주었으며, 그 후 범죄인은 X, Y에게 Cao Tho 지역, 호치민시 호치민 대통령 동상이 위치한 지역에서 폭탄 테러 공격을 감행하는 데 사용될 3.5kg의 폭약을 운반하도록 지시했으나, 이들은 테러공격을 감행하기 전 체포되어 미수에 그치고,

(사) 1999. 11. 15. 범죄인, W는 AI를 베트남에 보내 테러공작원들을 모집하라고 지시하고, 베트남에 입국하는 길에 AI는 AJ와 접촉했으며, 그에게 테러 행위를 위한 베트남 입국을 권유했으나, 이들은 폭탄테러 공격을 위해 BD, Ninh Kieu의 호치민 대통령 동상이 세워져 있는 지역을 조사하던 중 모두 체포되고,

(아) 1999. 12. 22. 범죄인, W는 AK, AL, AM에게 베트남에 불법 입국하도록 지시하고, 이들은 폭약 960g, 뇌관 2개와 지연신관을 이용하여 설날에 Can Tao지역과 호치민시에서 테러공격을 감행하기 위해 상기 물건을 베트남으로 운반했으나, 이들은 테러공격 감행 전 체포되어 미수에 그치고,

(자) 2000. 1. 30.부터 2000. 2. 14.까지 범죄인과 공범들은 폭약 13㎏, 뇌관 15개, 8개 부분으로 나뉜 지연신관(각 부분은 20㎝)을 0.1m 구입하고, AN은 AO(가명 AP)에게 Ninh Kleu에서의 테러 목적으로 폭약 0.5㎏, 뇌관 10개, 지연 신관 0.5개를 베트남으로 가져오도록 지시하고(호치민시 방송국, 우체국, BD 테러 공격 목적), 범죄인은 AQ, AR, AS, AO(가명 AT), AU, AV, AW, AN을 폭약, 폭약 원격조정기 2개, 반베트남 선전물 144부를 운반하여 베트남에 입국하도록 지시하고(AX 5.5kg), AO 5kg, AR 0.5kg 폭약 운반), AV, AW, AN은 폭탄 3개를 제조하여 두 개의 조로 나뉘어 폭탄을 장치했으나 체포되는 바람에 미수에 그치고,

(차) 2000. 3. 범죄인과 공범들은 AY, AZ를 베트남으로 보내서 Hoa Hoa교 창시자인 Huynh Phu So의 서거 기념일인 2000. 3. 29.과 3. 30.에 지뢰와 휘발유를 이용하여 테러 공격을 감행하도록 지시하고, 테러 목적은 Hoa Hoa교인들이 베트남

정부에 항거하도록 선동하기 위해서였으나 BA는 BB와 접촉하지 못했고, 수류탄도 받지 못해 테러계획은 무산되고 두 사람은 체포되는 바람에 미수에 그치고,

(카) 2000. 4. 18. 범죄인과 공범들은 AZ를 태국에서 베트남으로 보내고, BC는 가스탱크를 구입하여 공공건물, 학교 등을 폭파하도록 지시받았으며, BD와 BE는 호치민시에서 시민들이 통일 기념일과 국제 노동절을 맞아 기념행사를 벌이는 2000. 5. 1. 폭탄 테러 공격을 자행하도록 지시받았으나, 발각 체포되어 미수에 그치고,

(타) 2000. 7. 22. 범죄인은 당시 미국에 있던 BF를 베트남으로 보내 테러공격을 감행하도록 했으나, BF는 2000. 8. 17. 체포되어 미수에 그치는 등,

1999. 3. 12.부터 2000. 7. 22.까지 공범들에게 폭약 총 47.98㎏, 뇌관 총 44개와 지연신관을 캄보디아에서 구입하도록 지시하고, 사람들을 베트남에 보내어 테러를 감행하도록 12차례 지시했으며, 폭약 총 23.46㎏, 뇌관 19개와 지연 신관을 구입하여 테러를 감행하도록 6차례 지시하고,

(2) 2001. 6. BG에게 태국 주재 베트남 대사관을 조사하도록 지시하고, BG과 BH는 대사관 조사결과를 범죄인에게 보고하였으며, 범죄인은 BG에게 대사관으로 잠입해 대사관 보안 관련 정보를 수집하도록 지시했으나 BG는 체포되는 것을 우려하여 지시를 따르지 않겠다고 거부하여 다른 테러공작원에게 지시를 내리도록 요청하고, BG와 BH는 태국 여성 댄서 1명을 고용, 대사관에 잠입하도록 지시하려 했으나, 댄서가 약속 장소에 나타나지 않아 계획은 무산되고, 그 후 범죄인은 BH와 BI에게 태국 주재 베트남대사관을 대상으로 테러를 감행하도록 지시하고, BH는 폭약, 석유, 휴대폰 2대, 포장지를 구입하여, 폭탄 2개(휴대폰을 원격 조종기로 이용하여 폭발)를 제조하고, 2001. 6. 19. BH는 핸드백 2개에 폭탄 2개를 넣어 운반했으며, BI는 다른 차량으로 이동하고, BH는 상기 핸드백 중 1개를 대사관에 던지고, BI는 휴대폰을 이용하여 폭탄을 폭파시키려 했으나, 폭탄은 뇌관 조립 과정상의 문제로 인해 터지지 않아 미수에 그쳤다.

나. 이 사건 인도심사청구의 적용법규

(1) 이 사건 인도심사청구에서의 주요 쟁점은 대한민국이 범죄인을 청구국에 인도하여

야 할 국제법상의 의무가 있는지, 아니면 이 사건 대상 범죄가 정치범죄로서 정치범 불인도의 원칙에 따라 범죄인을 청구국에 인도하여서는 아니 되는 것인지 여부이다.

이 점에 관하여는 국내법으로서 1988. 8. 5. 공포되어 시행되고 있는 범죄인인도법과 조약으로서 대한민국과 청구국 사이에 2003. 9. 15. 체결하여 2005. 4. 19. 발효된 "대한민국과 베트남사회주의공화국 간의 범죄인인도조약(이하 '이 사건 인도조약'이라 한다)"에 관련 규정이 있는데, 우리나라 헌법은 "헌법에 의하여 체결·공포된 조약과 일반적으로 승인된 국제법규는 국내법과 같은 효력을 가진다."고 규정하고 있고(헌법 제6조 제1항), 이러한 헌법 규정 아래에서는 국회의 동의를 요하는 조약은 법률과 동일한 효력을, 국회의 동의를 요하지 않는 조약은 대통령령과 같은 효력을 인정하는 것이라고 해석함이 타당하므로, 이 사건 인도조약은 국회의 비준을 거친 조약으로서 법률과 동일한 효력을 가지는 것이라 할 것이고, 따라서 대한민국이 청구국에 대하여 범죄인을 인도할 의무가 있는지 여부를 판단함에 있어서는 신법 우선의 원칙, 특별법 우선의 원칙 등 법률해석의 일반원칙에 의하여 이 사건 인도조약이 범죄인인도법에 우선하여 적용되어야 한다.

(2) 이 사건 인도조약에 의하면, 양 당사국은 인도대상범죄에 대한 기소, 재판 또는 형의 집행을 위하여 자국의 영역에서 발견되고 타방 당사국에 의하여 청구되는 자를 이 사건 인도조약의 규정에 따라 타방 당사국에 인도하여야 할 의무가 있고(이 사건 인도조약 제1조), 인도대상범죄는 인도청구시 양 당사국의 법에 의하여 최소 1년 이상의 자유형이나 그 이상의 중형으로 처벌할 수 있는 범죄로 정하고 있는데(이 사건 인도조약 제2조 제1항), 기록에 의하면, 이 사건 인도심사청구의 대상 범죄사실은 청구국의 형법 제84조(테러리즘)에 의하여 징역 2년 이상 20년 이하의 징역, 무기징역 또는 사형에 처할 수 있는 범죄인 사실을 인정할 수 있고, 한편 대상 범죄사실은 대한민국 형법 제120조 제1항, 제119조 제3항, 제1항의 규정에 의한 폭발물 사용 예비·음모죄 또는 총포·도검·화약류 등 단속법 제70조 제2항, 제1항 제2호, 제71조 제1호, 제12조 제1항에 규정된 범죄에 해당하므로, 결국 대상 범죄사실은 이 사건 인도조약상 양 당사국의 법에 의하여 최소 1년 이상의 자유형이나 그 이상의 중형으로 처벌할 수 있는 범죄로서 인도대상범죄에 해당한다.

3. 인도허가 여부에 관한 판단

가. 절대적 인도거절사유에 해당하는지 여부

(1) 범죄인 및 변호인의 주장

범죄인 및 변호인은 이 사건 인도심사청구 범죄사실이 인도대상범죄에 해당한다 하더라도 그 범죄는 이 사건 인도조약상 절대적 거절사유인 정치적 성격을 갖는 범죄이므로 범죄인에 대한 인도를 허가하여서는 아니 된다고 주장하므로, 과연 이 사건 인도대상범죄가 정치적 성격을 갖는 범죄로서 이 사건 인도조약에 의하여 범죄인에 대한 인도를 거절하여야 할 것인지 여부에 관하여 살펴본다.

(2) 정치범 불인도의 원칙

(가) 본래 중세에 이르기까지 국제사회에서의 범죄인 인도 제도는 선린국가 간의 정치범죄인의 인도를 주된 내용으로 하고 있었으나, 18세기 프랑스 혁명 이후 다양한 정치체제가 등장하고 근대 인권사상이 발달함에 따라 정치범 불인도의 원칙이 발전되기 시작하였고, 벨기에가 1834년 범죄인인도법에 처음으로 정치범 불인도의 원칙을 도입한 이래 지금은 세계 대부분의 국가가 국내법과 조약에 정치범 불인도의 원칙을 규정함으로써 이는 국제법상의 기본원칙으로 확립되었다.

(나) 이 사건 인도조약은 물론 범죄인인도법에서도 정치범에 대하여 "정치적 성격을 갖는 범죄"라거나 "정치적 성격을 지닌 범죄이거나 그와 관련된 범죄"라고만 규정할 뿐 정치범죄의 정의와 범위에 관하여는 아무런 규정을 두지 않아 정치범죄의 의미와 범위는 위 각 규정의 내용에 근거하여 합리적으로 해석할 수밖에 없다.

일반적으로 국제법 학자들이 범죄인 인도절차에 있어 정치범죄의 개념을 "자연범죄의 경우와 마찬가지로 반사회적(반사회적) 또는 반공서양속적(반공서량속적)인 것으로서 국가가 제정해 놓은 구성요건에 해당하는 위법, 유책한 것이지만, 국가권력 담당자에게 반대하더라도 국민 다수의 잠재적인 정의감정 또는 국민 일부의 도덕적 감정에는 합치하는 범죄"라고 정의하거나, "특정 국가의 기본적 정치질서를 교란, 파괴할 목적을 가지고 보통법상의 중대범죄 이외의 방법으로 형벌 법령에 위반하여 그 법익을 침해하거나 침해할 위험을 가지고 있는 모든 행위"라고 정의하고 있는 바와 같이, 정치범죄는 해당 국가의 정치질서에 반대하는 행위와 그와 같은 목적을 위하여 저지른 일반범죄, 즉 강학상 절대적 정치범죄와 상대적 정치범죄를 의미한다고 볼 것이고, 그 해당 여부를 판단함에 있어서는 범죄자의 동기, 목적 등의 주관적 심리요소와 피해법익이 국가적 내지 정치적 조직질서의 파괴에 해당하는지 여부 등 객관적 요소를 고려하여야 할 것이다.

다만, 이와 같은 정치범 불인도의 원칙은 본래부터 절대적인 것이 아니고 범죄인 인도조약 체결 당사국 간의 합의에 의하여 제한될 수 있는 것이며, 특히 최근에 이르러서는 특정한 범죄 유형에 관하여는 다자간 국제조약을 통하여 위 원칙이 완화 또는 제한되는 경향이 뚜렷한데, 이러한 예외가 인정되는 국제범죄의 유형으로는 인류에 반하는 범죄, 집단살해, 전쟁범죄, 해적행위, 항공기 납치행위, 노예·인신매매 기타 부녀 및 아동 거래행위, 국제마약거래, 고문, 폭탄 테러행위 등이 주로 열거되고 있다.

(3) 이 사건 인도조약상 "정치적 성격을 갖는 범죄"의 의미

이 사건 인도조약 제3조 제1항 (가)목은 "인도청구되는 범죄가 정치적 성격을 갖는 범죄라고 피청구국이 결정하는 경우에는 범죄인 인도가 허용되지 아니 한다."고 규정하고 있을 뿐, 따로 "정치적 성격을 갖는 범죄"의 의미에 관하여 정의하고 있지 않은 채 전적으로 피청구국이 결정하여야 할 사항으로 유보하고 있다.

그런데 절대적 인도거절사유에 관한 이 사건 인도조약의 규정 형식에 관하여 보면, 우선 제3조 제1항 (가)목에 위와 같이 정치적 성격을 갖는 범죄에 관하여는 범죄인 인도가 허용되지 않는다는 원칙을 선언한 다음, 제2항에서 "국가원수 또는 그 가족구성원의 생명에 대한 침해행위나 그 미수행위 또는 그들의 신체에 대한 공격행위{(가)목}", "양 당사국이 모두 당사자인 다자간 국제협정에 의하여 당사국이 관할권을 행사하거나 범죄인을 인도할 의무가 있는 범죄{(나)목}"의 경우에는 정치범 불인도의 원칙을 규정한 제1항 (가)목의 규정을 적용하지 않는다는 예외를 규정하고 있다.

한편, 범죄인인도법도 이 사건 인도조약과 마찬가지로 제8조 제1항에서 "인도범죄가 정치적 성격을 지닌 범죄이거나 그와 관련된 범죄인 경우에는 범죄인을 인도하여서는 아니 된다."고 규정한 후, "국가원수·정부수반 또는 그 가족의 생명·신체를 침해하거나 위협

하는 범죄", "다자간 조약에 의하여 대한민국이 범죄인에 대하여 재판권을 행사하거나 범죄인을 인도할 의무를 부담하고 있는 범죄", "다수인의 생명·신체를 침해·위협하거나 이에 대한 위험을 야기하는 범죄"를 정치범 인도거절의 예외사유로 열거하고 있다.

위와 같은 이 사건 인도조약 및 범죄인인도법의 규정 형식에다가 앞에서 본 정치범 불인도 원칙의 발전 과정 및 최근의 제한 경향, 정치범죄의 개념 및 유형 등에 비추어 보면, 이 사건 인도조약 제3조 제1항에서 말하는 "정치적 성격을 갖는 범죄"라 함은 범죄인인도법 제8조 제1항 소정의 "정치적 성격을 지닌 범죄이거나 그와 관련된 범죄"와 같은 의미로서 순수 정치범죄뿐 아니라 상대적 정치범죄까지 아우르는 개념으로 해석함이 상당하고, 이렇게 해석하는 것이 같은 조 제2항에서 예외사유를 열거하는 취지와도 부합한다.

(4) 이 사건 인도대상범죄가 정치적 성격을 갖는 범죄인지 여부

(가) 범죄인 인도의 대상 범죄가 정치적 성격을 갖는 범죄, 즉 정치범죄에 해당하는지 여부는 범죄행위에 있어서 범죄인의 동기, 목적, 기타 주관적 심리요소와 피해법익이 국가적 내지 정치적 조직질서의 파괴인지 여부와 같은 객관적 요소는 물론, 범죄인이 속한 조직의 정치적 성격과 견해, 위 조직의 활동 내용과 범죄인의 역할, 범행의 구체적인 경위 등의 제반 사정을 종합하여 판단하여야 함은 앞서 본 바와 같다.

(나) 우선, 이 사건 인도심사청구 범죄사실에 관하여 보면, 대상 범죄사실은 범죄인이 1995. 4. 30. A정부를 조직하여 자신을 내각총리로 자칭한 후 청구국의 전복을 꾀하고 있다고 전제하고, 범죄인이 이러한 목적을 달성하기 위하여 베트남 지역 내에서 테러행위를 감행하기 위하여 폭약 또는 뇌관을 구입, 제조, 운반하도록 지시함과 아울러 청구국에 반대하는 내용의 깃발, 유인물, 풍선 등을 게양, 살포하기 위하여 운반하도록 지시하였다는 것이다.

나아가 기록에 의하면, 대상 범죄사실에서 언급되고 있는 A정부는 B정부를 지칭하는 것으로 보이는데, 이는 1995. 4. 30. 미국 캘리포니아주 가든 그로브(Garden Grove)시에서 청구국의 정치질서를 반대하는 조직들이 연합하여 결성한 자칭 망명정부기구로 현재의 베트남 지역에 있는 공산정권을 타도하고 시장경제 제도와 자유선거를 근간으로 하

는 자유민주주의 정부의 수립을 목적으로 하는 정치기구인 사실, 범죄인은 BJ 베트남 빈딘(Binh Dinh)에서 태어난 자로 1975. 4. 베트남이 공산화되자 특공대를 조직하여 공산정권에 대항하여 투쟁하다가 1982년경 베트남을 탈출하여 미국으로 건너간 이후 지금까지 미국에 거주하고 있는 미국 영주권자로서, B정부의 수립에 참여한 이래 2003년에 이르기까지 위 정부의 국무장관(Secretary of State), 수상(Prime Minister)을 역임하였으며, 그 후 위 정부와 관련된 베트남 BK의 당수(Secretary General)로 선출되어 지금까지 재직하고 있는 사실을 인정할 수 있다.

(다) 또한, 이 사건 인도심사청구의 대상 범죄는 그 자체에 의하더라도 대부분 폭발물 사용의 대상이 사람인지 시설인지조차 특정되지 않은 것으로 범죄인인도법이 규정하고 있는 "다수인의 생명·신체를 침해·위협하거나 이에 대한 위험을 야기하는 범죄"로 평가하기에 어려움이 있을 뿐더러, 대부분의 범죄사실은 실제로 폭발물이 사용되지 않은 채 예비·음모 단계에서 적발되어 시설이나 사람에 대한 어떠한 피해도 발생하지 않았다는 것으로서 오늘날 정치범 불인도 원칙에 대한 완화 내지 예외로 되는 범죄에 해당되는지 여부에 대하여도 강한 의심이 든다.

(라) 이상과 같은 이 사건 인도심사청구의 대상 범죄사실의 내용과 성격 및 위 인정 사실에서 볼 수 있는 사정들, 기타 이 사건 기록 및 심문 결과를 통하여 드러난 이 사건 범죄의 동기, 목적, 범행의 경위 및 내용, 피해법익의 내용 및 피해의 정도, 범죄인 및 범죄인이 속한 정치조직의 성격과 정치적 견해, 범죄인의 활동 내용 및 범행 가담 정도 등을 종합하여 보면, 이 사건 인도대상범죄는 폭발물을 이용한 범죄의 예비·음모라는 일반범죄와 청구국의 정치질서에 반대하는 정치범죄가 결합된 상대적 정치범죄라 할 것이고, 이는 앞서 본 바와 같이 이 사건 인도조약 제3조 제1항 소정의 "정치적 성격을 갖는 범죄"에 해당하는 것이므로, 특별히 이 사건 인도조약상 예외사유에 해당한다는 사정이 없는 한 범죄인을 청구국에 인도하는 것은 이 사건 인도조약에 위배된다.

나. 절대적 인도거절의 예외사유에 해당하는지 여부

(1) 청구인의 주장

이에 대하여 청구인은 이 사건 인도심사청구 대상 범죄는 아래와 같이 "폭탄테러행위의 억제를 위한 국제협약" 또는 "국제연합 안전보장이사회의 2001. 9. 28.자 1373호 결의" 등의 국제협정에 의하여 대한민국이 이 사건 인도조약에 의하여 범죄인을 인도할 의무가 있는 경우에 해당할 뿐 아니라, 범죄인인도법 제8조 제1항 제3호의 예외사유에 해당하여 범죄인을 인도하여야 할 경우에도 해당하므로, 어느 모로 보더라도 이 사건 범죄인에 대한 인도를 허가하여야 한다고 주장하므로 이에 관하여 살펴본다.

(2) 이 사건 인도조약 제3조 제2항 (나)목에 해당하는지 여부

(가) 이 사건 인도조약 제3조 제2항 (나)목의 규정 내용

앞서 본 바와 같이 이 사건 인도조약은 "양 당사국이 모두 당사자인 다자간 국제협정에 의하여 당사국이 관할권을 행사하거나 범죄인을 인도할 의무가 있는 범죄"를 정치범 불인도의 원칙을 규정한 이 사건 인도조약 제3조 제1항의 예외사유로 규정하고 있다.

이는 범죄인인도법 제8조 제1항 제2호가 "다자간 조약에 의하여 대한민국이 범죄인에 대한 재판권을 행사하거나 범죄인을 인도할 의무를 부담하고 있는 범죄"를 정치범 불인도 원칙의 예외로 규정하고 있는 것과 같은 취지로서 인륜에 반하는 국제범죄 및 국제테러범죄에 관하여 정치범 불인도의 원칙을 제한하고자 하는 국제사회의 요청에 부합하는 내용이라 할 것이다. 다만, 이 사건 인도조약은 "양 당사국이 모두 당사자인 다자간 국제협정"이라고 명시함으로써 적용되는 조약의 범위를 범죄인인도법보다 좁게 규정하고 있다.

(나) 폭탄테러행위의 억제를 위한 국제협약

폭탄테러행위의 억제를 위한 국제협약은 1998. 1. 12. 국제연합에서 체결된 다자간 조약으로서 조약 성립 후 가입을 희망하는 국가의 일방적 행위에 의하여 조약가입이 허용되는 이른바 개방조약이다.

위 조약은 그동안 확산되어 온 폭발물을 이용한 테러행위를 방지하고 테러범죄행위자를 기소, 처벌하기 위한 효과적이고 실행 가능한 조치를 고안, 채택하기 위한 국가 간의 국제협력을 제고하기 위하여 제안된 것으로서, 폭발성 장치 또는 기타 치명적 장치를 위법하고 고의적으로 전달·배치·방출·폭발시키거나 그러한 범죄에 공범으로 참가하는 행위를 대상 범죄에 포함시키고 있으며(위 국제협약 제2조), 이러한 범죄들은 범죄인 인도 또는 사법공조를 위하여 정치적 범죄, 정치적 범죄와 관련되는 범죄 또는 정치적 동기에 의하여 발생한 범죄로 간주하지 않는다고 규정하고 있다(위 국제협약 제11조).

나아가 이 사건 범죄인 인도심사청구의 양 당사국인 대한민국과 청구국이 위 조약에 가입한 당사자인지 여부에 관하여 보건대, 기록에 의하면, 대한민국은 2004. 2. 9. 국회의 비준 동의를 거쳐 같은 해 2. 17. 비준서를 국제연합 사무총장에게 기탁함으로써 위 조약에 가입하였지만, 청구국은 아직 위 조약에 가입하지 않아 당사자가 아닌 사실을 인정할 수 있는바, 이에 따르면 위 조약은 이 사건 인도조약 제3조 제2항 (나)목 소정의 "양 당사국이 모두 당사자인 다자간 국제협정"에는 해당하지 않는다 할 것이고, 결국 위 조약을 근거로 범죄인에 대한 인도를 허가할 수는 없다.

(다) 국제연합 안전보장이사회의 2001. 9. 28.자 1373호 결의

국제연합 안전보장이사회는 2001. 9. 28. 1373호 결의(UN Security Council Resolution 1373)를 채택하였는데, 이 결의는 2001. 9. 11. 미국 뉴욕, 워싱턴 D.C., 펜실베니아 등지에서 일어난 이른바 '9·11 테러'를 강력히 비난함과 아울러 회원국들에게 테러 관련 국제협약의 완전한 이행과 테러행위의 예방 및 근절을 위한 국제적인 공조를 촉구하고자 채택된 것으로서 대한민국과 청구국은 모두 위 결의에 서명함으로써 위 결의의 당사자가 되었다.

일반적으로 국제연합 등 국제조직의 결의는 어느 국가의 정부 행위가 아니라 국제조직 그 자체의 행위에 불과한 것으로서 그 국제조직을 구성하는 국가 사이의 합의의 형식을 갖춘 것은 아니고, 따라서 국제법의 법원(법원)으로도 인정되지 않는다. 그러나 국제연합 헌장은 회원국이 안전보장이사회의 결정을 수락하고 이행할 것을 동의하는 것으로 규정하고 있고(국제연합 헌장 제25조), 국제연합 헌장 제7장 중 제41조(외교관계의 단절 등 비군사적 방법에 의한 대응조치에 관한 규정임) 및 제42조(군사적 방법에 의한 대응조치

에 관한 규정임)에 의한 안전보장이사회의 결정은 모든 회원국에 대한 구속력이 있는 것(binding decision)으로 인정되고 있다.

따라서 위 1373호 결의가 이 사건 인도조약 제3조 제2항 (나)목 소정의 "다자간 국제협정"에 해당하는 것인지 여부에 관하여 본다. 기록에 의하면, 위 결의는 국제연합 회원국들에게 국제연합 헌장 제7장에 의한 조치를 요구하는 것으로서 회원국들에 대하여 구속력이 있는 것으로 보이나, 다자간 국제협정에 있어서는 이를 체결함에 있어서 협정 체결의 제안, 초안의 작성, 본문의 채택 등에 있어 일정한 절차 및 요건을 준수하여야 하고, 각 가입국의 국내 비준절차를 거쳐야 할 필요도 있으며, 특정 조약의 당사자가 되려고 하는 국가에게는 특수 사정을 고려하여 조약 당사자가 되는 조건으로 당해 조약의 적용을 제한하거나 또는 일부 배제한다는 일방적인 의사표시, 즉 조약의 유보(reservation)를 할 수 있는 권한이 부여되어 있고, 조약의 효력이 발생한 이후에는 이를 국제연합사무국에 등록하여 일정한 효력을 발생시키는 등의 절차 및 효력발생에 있어서 여러 가지 요건과 제한이 요구되는 것임에 반하여, 국제연합 안전보장이사회의 결의는 일정한 경우에 회원국들에 대하여 구속력이 있다고는 하나, 다자간 국제협정에서 요구되는, 앞서 본 바와 같은 절차 및 효력 발생에 관한 요건이나 제한이 그대로 적용되는 것이 아니어서 이를 다자간 국제협정과 동일한 것으로 볼 수 없다. 따라서 아무래도 국제연합 안전보장이사회의 위 1373호 결의는 이 사건 인도조약 제3조 제2호 (나)목 소정의 "다자간 국제협정"에 해당한다고 할 수는 없다.

더 나아가 국제연합 안전보장이사회 1373호 결의의 내용 중 테러행위자의 처벌에 관한 부분을 살펴보면, 모든 회원국들은 ① 테러행위에 대한 자금제공이나 지원과 관련된 수사나 형사 절차와 관련하여 서로 최대한 협조하여야 할 것을 결정(decides)하고[위 결의 제2항 (f)], ② 국제법과 국내법에 의거하여 정보를 교환하고 테러행위의 발생을 예방하기 위하여 행정 분야 및 사법 분야에서 공조할 것[위 결의 제3항 (b)], ③ 테러공격을 예방 및 억제하고 테러행위를 저지르는 자에 대한 조치를 취하기 위하여 특별히 양자협약이나 다자협약을 통해 협조할 것[위 결의 제3항 (c)], ④ 1999. 12. 9.자 테러자금조달 억제에 관한 국제협약을 포함한 테러리즘에 관련된 국제협약이나 의정서에 가능한 빠른 시일 내에 가입할 것[위 결의 제3항 (d)], ⑤ 국제법에 의거하여, 테러행위를 자행, 조직, 조장한 자에 대하여 난민의 지위가 악용되지 않도록 보장하고, 정치적 동기가 있다는 주장이 테러혐의자의 인도요청의 거부 근거로 인정되지 않도록 보장할 것[위 결의 제3항 (g)]을 요구(calls upon)한다는 것 등을 결의하고 있을 뿐이다.

결국, 위 1373호 결의의 내용에 따르면, 안전보장이사회는 위 결의를 통하여 국제연합의 모든 회원국들에게 테러행위의 방지 및 처벌에 관한 국제적인 공조를 요구하는 것일 뿐 회원국들에게 테러행위자에 대한 구체적인 재판권의 행사나 범죄인 인도의 의무를 부과하는 것은 아니라 할 것이고, 오히려 각 회원국들에게 테러행위의 방지 및 처벌에 관한 각종 국제협약과 의정서에 가입함으로써 이를 통하여 구체적으로 테러행위자에 대한 처벌과 범죄인 인도에 관한 국제적인 규약에 동참하거나, "국제법에 의거하여" 테러혐의자가 정치적 동기가 있다는 주장에 근거하여 범죄인 인도 요청을 거부하지 않을 것 등을 촉구하고 있을 뿐이다.

이상에서 살펴본 바와 같이 국제연합 안전보장이사회 1373호 결의는 다자간 국제협정으로서의 절차적, 실체적 요건을 갖추지 못하였을 뿐 아니라, 그 결의의 내용도 각 회원국들에 대하여 범죄인 인도에 관한 구체적인 의무를 부과하는 것이 아니므로, 결국 위 결의는 이 사건 인도조약 제3조 제2항 (나)목 소정의 다자간 국제협정에 해당하지는 않는다 할 것이다.

(라) 소결론

따라서 이 사건 범죄는 다자간 국제협정에 의하여 대한민국이 범죄인을 인도할 의무가 있는 경우에 해당한다는 청구인의 주장은 이유 없다.

(3) 범죄인인도법 제8조 제1항 제3호가 적용되는지 여부

앞서 본 바와 같이 범죄인인도법 제8조 제1항 제3호는 정치범 불인도의 원칙의 예외로서 "다수인의 생명·신체를 침해·위협하거나 이에 대한 위험을 야기하는 범죄"를 정치범 인도거절의 예외사유 중의 하나로 열거하고 있는 데 반하여 이 사건 인도조약은 이를 예외사유 중의 하나로 열거하지 않고 있으므로, 과연 이 사건에 있어 위 범죄인인도법의 규정이 적용될 수 있는지 여부에 관하여 살펴본다.

앞서 본 대로 범죄인인도법에 우선하여 이 사건 인도조약의 규정이 이 사건 범죄인 인도심사청구에 적용되어야 할 뿐더러, 범죄인인도법 제3조의2는 "범죄인 인도에 관하여

인도조약에 이 법과 다른 규정이 있는 경우에는 그 규정에 따른다."고 명시적으로 규정하고 있는바, 이에 따르면 이 사건에 있어서는 범죄인인도법 제8조 제1항 제3호가 적용되지 않는다고 봄이 상당하다.

3) 판례 3

수원지법 2018. 2. 13. 선고 2017구합67316 판결

【판시사항】

이란이슬람공화국 국적의 갑이 단기종합(C-3) 체류자격으로 대한민국에 입국한 후 약 13년을 불법체류하던 중 강제퇴거명령을 받고 외국인보호소에 보호되어 있다가 '대한민국 체류 중 이슬람교에서 기독교로 개종하여 종교적 박해를 받을 우려가 있다'는 사유로 난민인정을 신청하였으나 외국인보호소장이 난민불인정결정통지를 한 사안에서, 갑이 이란으로 귀국하면 이란 정부에 의하여 기독교 개종자라는 이유로 박해를 받을 충분한 근거 있는 공포가 있다고 보는 것이 타당하므로 난민법 제2조 제1호에서 정한 난민에 해당한다고 한 사례

【판결요지】

이란이슬람공화국 국적의 갑이 단기종합(C-3) 체류자격으로 대한민국에 입국한 후 약 13년을 불법체류하던 중 강제퇴거명령을 받고 외국인보호소에 보호되어 있다가 '대한민국 체류 중 이슬람교에서 기독교로 개종하여 종교적 박해를 받을 우려가 있다'는 사유로 난민인정을 신청하였으나 외국인보호소장이 난민불인정결정통지를 한 사안에서, 갑이 체류기간 연장을 위하여 난민신청을 한 것이 아닌지 동기가 의심되기는 하나 개종으로 인한 자신과 가족들에 대한 이란 정부의 탄압, 난민인정 여부의 불확실성 등을 고려하여 실제로 개종을 하였더라도 신변의 위험성을 감소시키기 위하여 난민신청을 미루었던 것으로 볼 수도 있으므로 그러한 사정만으로 갑의 개종사실에 대한 진술의 신빙성을 부정하기는 어려운 점, 갑이 기독교 교회 교인으로 등록 후 세례를 받고 상당한 기간 동안 신앙생활을 지속하였으며 이란인들을 자신의 집으로 불러 기독교를 소개하거나 노방전도 등을 통해 다수의 이란인들을 교회로 데려오는 등 적극적인 종교활동을 한 점, 이란인이 단순히 기독교로 개종하는 것에 그치지 아니하고 적극적인 포교활동까지 나아갈 경우 이란 정부

에 의해 임의적인 체포와 심문을 당할 우려가 있고 신체적·정신적 고문에 노출될 것으로 보이는 점 등에 비추어, 갑이 이란으로 귀국하면 이란 정부에 의하여 기독교 개종자라는 이유로 박해를 받을 충분한 근거 있는 공포가 있다고 보는 것이 타당하므로 난민법 제2조 제1호에서 정한 난민에 해당한다고 한 사례.

【이 유】

1. 처분의 경위

가. 원고는 이란이슬람공화국(이하 '이란'이라 한다) 국적의 외국인으로 2000. 10. 15. 단기종합(C-3) 체류자격으로 대한민국에 입국하였다.

나. 원고는 체류기간 만료일인 2000. 11. 14.을 도과하여 불법체류하였고, 불법체류자 자진신고기간 중인 2002. 5. 22. 자진 출국의사를 밝혀 2003. 10. 15.까지 출국준비기간을 부여받고 출국명령을 받았다.

다. 원고는 불법체류자 합법화조치를 통해 2003. 10. 16. 비전문취업(E-9) 체류자격을 부여받고 체류하였으나, 체류기간 만료일인 2005. 2. 13.을 도과하여 불법체류하였다.

라. 이후 원고는 불법체류 혐의로 적발되어 2016. 8. 19. 강제퇴거명령을 받고 화성외국인보호소에 보호되어 있던 중, 2016. 8. 30. 피고에게 대한민국 체류 중 이슬람교에서 기독교로 개종하여 이란에서 종교적 박해를 받을 우려가 있다는 사유로 난민인정을 신청하였다.

마. 피고는 2017. 2. 15. 원고에 대하여 다음과 같은 이유로 원고에게는 '박해를 받게 될 것이라는 충분히 근거 있는 공포'가 있다고 보기 어렵다는 내용의 난민불인정결정통지(이하 '이 사건 처분'이라 한다)를 하였다.

■ 이유(갑 제1호증)

○ 기독교 개종 이후 세 차례나 이란 대사관과 이란 정부 및 고향마을에 기독교 개종사실이 알려졌다고 주장하면서도 그동안 난민신청 기회가 충분히 있었음에도 불법체

류자로 단속된 이후에야 난민신청을 한 점

○ 일반 신도로서 예배와 성경공부 등 교회 활동에만 참여하였을 뿐 적극적이고 공개적으로 전도활동을 한 적이 없고, 본국의 가족들도 원고의 기독교 개종에 대해 재개종을 요구하거나 반대하지 않고 인정하는 점

○ 개종 이후 이란 대사관에 여권 갱신을 위해 방문하였으나 기독교 개종과 관련하여 어떠한 불이익이나 문제도 발생하지 않은 점

○ 소속 교회나 난민에 관한 정보를 알고 있는 지인이 원고에게 난민신청을 권유하거나 안내하지 않은 점

○ 이란에서 기독교 개종이 정부의 탄압 대상인 것은 사실이나 대중에게 적극적으로 전도활동을 하지 않는 한 교육·경제활동에 다소간 차별이 있더라도 난민협약상 박해라고 부를 수 있을 수준의 중대한 인권침해에 해당한다고 보기 어려운 점

바. 원고는 이에 불복하여 2017. 3. 13. 법무부장관에게 이의신청을 제기하였고, 법무부장관은 2017. 6. 8. 기각 결정을 하였다.

[인정 근거] 다툼 없는 사실, 갑 제1, 2, 3호증, 을 제1 내지 4, 6, 7호증 각 기재, 변론 전체의 취지

2. 이 사건 처분의 적법 여부

가. 원고의 주장

다음과 같은 사정을 고려하면, 원고에게는 이란에 돌아가면 '박해를 받게 될 것이라는 충분히 근거 있는 공포'가 있다고 할 것인바, 이와 다른 전제에서 피고가 한 이 사건 처분은 위법하다.

1) 원고는 아버지와 함께 이란에서 슈퍼마켓을 운영하다가 2000. 10. 15. 슈퍼마켓에서 판매할 물건을 구입하러 대한민국에 입국하였는데, 이후 체류기간이 만료되었음에도 노동자로 일하면서 생활하였고, 다리를 크게 다쳐 입원해 있던 중 이란인 친구인 소외 1(영문 이름 2 생략)을 통해 ○○교회를 알게 되었으며 세례를 받았다.

2) 이후 소외 1이 2010. 1. 26. 사망하여 기독교식으로 장례를 치렀고, 그의 가족들은 기독교 개종자라는 이유로 그의 시신을 수령하기를 거부하였으며, 대사관에서도 이

를 알고 있어 이란으로 운구하는 것이 불가능하였고, 한편 원고는 소외 1의 사망보험금을 그의 가족들에게 전달(갑 제11, 12호증)하는 과정에서 대한민국 내에 이란인들에게 원고가 ○○교회에 다니고 있다는 사실이 소문이 났고, 이후 원고의 이란 집에 종교를 감시하는 정보국 직원이 찾아와 조사를 하기도 하였다(을 제5호증).

3) 원고는 ○○교회의 예배나 행정적인 일을 돕는 것은 물론 전도활동도 활발하게 하였고, 이를 통해 3명의 이란인을 개종시키고 세례 받게 하였는데, 그중 소외 2(영문 이름 3 생략)는 2010. 9. 5. 세례를 받은 후 이란으로 강제퇴거 되었고, 이란에 입국한 이후 2015. 7. 25. 이란의 경찰당국에서 구타로 사망하였으며(갑 제10호증), 소외 3(영문 이름 4 생략)과 그의 배우자 및 딸은 2012. 8. 12. 세례를 받고 같은 달 17일 이란으로 출국하였는데, 그의 딸은 이란으로 돌아간 이후 신앙생활이 불가능하여 터키로 피신하였고(갑 제9호증), ○○교회는 이란 정부에서 주목하고 있는 교회로서 출입하는 이란인들의 정보를 관리하고 있다.

4) 원고는 주한 이란 대사관에서 여권을 2번 갱신하였으나 원고가 그 당시 난민신청을 하지 아니한 상태였기에 담당자가 추가확인을 하지는 않았을 뿐이고, 이란에 있는 가족들에게 원고의 개종사실을 알리고 전도하였으며, 이란 대사관과 협조관계를 잘 유지하던 소외 4(영문 이름 5 생략)는 원고를 잘 알고 있었는데, 최근 이란으로 갔다가 다시 대한민국으로 돌아왔다.

5) 원고는 난민사유가 체재 중에 발생하였고, 원고의 구금가능성, 이란 정부의 기독교에 대한 태도의 변경 기대, 원고 본인과 가족들에 대한 영향 등으로 인하여 난민신청이 지연된 것이고, 원고가 이란으로 강제퇴거될 경우 공항 도착 시부터 조사를 받게 되어 박해를 받게 될 가능성이 매우 크며, 이란 정부가 기독교 개종자에 대하여 박해를 한다는 국가정황은 국제기구의 보고서 등에 의하더라도 분명하다.

나. 관계 법령

[별지] 관계 법령 기재와 같다.

다. 인정 사실

1) 입국 및 난민신청의 경위 등

가) 원고는 (생년월일 생략) 이란의 길란 반다르 안잘리(Gilan Bandar Anzali)에서 태어났고, 아버지와 남동생, 여동생은 현재 이란에 거주하고 있다(어머니는 2004. 1. 19. 사망함).

나) 원고는 아버지와 함께 이란에서 슈퍼마켓을 운영하다가 대한민국 입국을 위해 3,500,000토만(Toman, 약 110만 원)을 빌려 2000. 10. 15. 단기종합(C-3) 체류자격으로 대한민국에 입국한 후 약 13년을 불법체류하던 중, 강제퇴거명령을 받고 보호되어 있다가 2016. 8. 30. 난민인정신청을 하였다.

2) 국적국인 이란의 기독교 탄압 등

가) 미합중국 국제종교자유위원회의 2016년 연례보고서(갑 제13호증)는 이란의 종교의 자유에 관하여 '이란 정부의 종교의 자유의 상황이 계속해서 악화되었는데, 기독교 개종자 등에 대해서는 특히 그러하고, 2010년 이후 550명 이상의 기독교인을 체포하고, 2016. 2. 현재 약 90명의 기독교인이 종교적 신념과 활동으로 감옥에 갇혀 있거나 재판을 기다리고 있다.'라고 평가하였다.

나) 영국 내무부(Home Office)의 2014년 국가 정보와 지침(Country Information and Guidance, 을 제9, 10호증)은 이란의 기독교인과 기독교 개종에 관하여 '이슬람교에서 기독교로 개종한 자는 변절자로 고려되어 이란 내의 형법에 의해 처벌받기 때문에 이란 정부로부터 위해의 위협을 직면하고, 타인에게 활동적으로 복음을 전도하고 개종활동에 연루되어 있는 자들은 이란 내에서 박해의 실제적인 위협에 놓일 것이고, 그들에게 비호를 부여하는 것이 적절할 것이다.'라고 평가한다.

다) 유엔난민기구(United Nations High Commissioner for Refugees)에 대한 2017. 7. 3.자 사실조회 요청 결과(갑 제20호증)에 의하면, 이슬람의 율법(Sharia law)은 무슬림에게 개종할 권리를 인정하지 않고, 이슬람교에서 개종한 기독교인들이 주목할 가능성이 큰 종교활동 등을 하였을 경우 귀환 시 박해의 위협에 놓이게 되며, 기독교인이 이란으로 귀국하여 기독교 교회 예배에 참석하고 전도활동을 할 경우, 임의적인 체포와 심문을 당할 우려가 있고, 구금 도중 책임자들이 정보 혹은

자백을 받아내기 위하여 신체적·정신적 고문에 노출되는 것이 보편적이고, 2016년 적어도 193명의 기독교인들이 체포되거나 투옥되어 있는 것으로 나타난다.

라) 법무부의 2013년 이란에 대한 국가정황자료집(을 제12호증)은 통상적으로 이슬람에서 기독교로 개종한 경우 대학입학이나 여권발급 등에서 불이익을 받을 수 있으나, 현실적으로는 새로운 신앙생활을 영위할 수 있는 것으로 보이고(주일예배 참석 가능 등), 다만 적극적으로 대중에게 포교하고 전도를 할 경우 심각한 탄압을 받을 수 있다고 서술한다.

3) 원고의 대한민국 체재 중 활동 등

가) 원고는 이란인 친구인 소외 1의 소개로 ○○교회를 알게 되어 2006. 4. 30. ○○교회 교인으로 등록하였고, 2010. 2. 7. ○○교회에서 세례를 받았다.

나) 원고는 한국에 있는 이란인들을 집으로 불러 식사를 대접하고 신앙을 소개하거나 노방전도 등을 통해 다수의 이란인들을 ○○교회 이란팀으로 데려오는 등 적극적인 종교활동을 하였고, 특히 2010. 9. 5. 소외 2, 2012. 8. 12. 소외 3 등을 전도해서 세례를 받게 하였다.

다) ○○교회의 2017년 가을호 회지(갑 제24호증)에는 원고에 대한 기독교 활동 관련 인터뷰 내용 및 사진, 국내 봉사활동 사진 등이 수록되어 있다.

라) ○○교회에서 외국인선교부 이란팀에서 집사로 일하고 있는 증인 소외 5는 이 법정에서 다음과 같이 증언하였고, 같은 교회 교인들도 원고의 기독교 신앙의 진정성을 탄원(갑 제23호증)하고 있다.

■ 증인 소외 5의 증언

문: 증인은 원고를 언제부터 알게 되었나요.

답: 제가 2010년 가을, 이란팀에서 봉사하면서 그때 처음 알게 되었습니다.

문: 증인이 옆에서 지켜본 원고의 신앙에 대해서 말해주세요.

답: 제가 8년 동안 이란팀에서 봉사하고 있는데, 지금까지 변함없이 신실한 신앙을 유지하고 있는 참으로 한국 사람으로서도 굉장히 본받을 만한 신앙을 가지고 있다고

생각합니다. 특히 저희 교회가 동대문에 위치해 있는데 화성에서 대중교통을 이용하더라도 2시간이 걸리는 거리를 매주 빠짐없이 참석할 정도로 굉장히 열심인 신앙이었습니다.

문: 원고가 초청해서 교리를 이란 사람들에게 전하거나 했던 것을 보내거나 알려 준 것이 언제 무렵인지 아는가요.

답: 제가 이란 (팀)에서 봉사할 때부터 종종 보아왔고, 저도 두 번 정도 직접 집으로 초대를 받아서 이야기를 나눈 적도 있습니다.

문: 그때 어떤 일이 있었는지 설명해 줄 수 있나요.

답: 생활 이런 것들을 나누고, 신앙생활 이런 것도 나누고 기도 제목을 나누고 그렇게 했습니다.

문: 그 자리에 참석했던 이란 사람들은 원고가 전도를 한 사람인가요 아니면 교회에 같이 비슷한 시기에 온 사람인가요.

답: 전도한 사람도 있고, 같은 시기에 온 사람도 있습니다.

문: 증인은 원고가 길거리에서 사람들에게 노방전도를 한 것을 보거나 들은 적이 있나요.

답: 초창기에는 대사관의 감시가 소홀할 때는 봉사자들과 같이 교회 인근에 노방전도를 가끔 나갔고, 대사관의 감시가 심하다고 판단될 때는 그런 부분을 자제했습니다. (생략)

문: 증인은 노방전도를 통해서 이란 사람들을 교회에 데려온 것을 보거나 들은 적이 있나요.

답: 예, 그렇습니다. 특히 소외 2라는 사람하고 소외 3, 근래에는 소외 6이라는 사람도 있었고, 또한 소외 7이라는 사람도 근래에 2명을 전도한 사실이 있습니다.

문: 증인이 보기에 원고는 이란인 전도활동에 열심이었나요.

답: 기준에 따라 조금 다를 수는 있겠지만 제가 봤을 때는 굉장히 열심이었다고 봅니다. 사실 한국사람도 전도하기가 쉽지 않습니다. 저도 30년 가까이 신앙생활을 했지만 직접적으로 전도하는 사례는 없을 만큼 부끄러운 일인데, 원고는 여러 사람을 직접 전도했다는 사실만으로 굉장히 큰 활동이라고 볼 수 있습니다.

문: 원고가 기독교로 개종하고 전도활동을 열심히 한 사실은 한국에 있는 이란인들에게 알려져 있나요.

답: 그렇게 볼 수 있습니다.

문: 왜 그런가요.

답: 주로 많은 전도를 하고 있으니까 이란인들도 충분히 인식할 수 있을 것이라고 봅니다.

문: 이란 대사관 사람들이 마음을 먹으면 원고가 기독교로 개종하고 전도를 하면서 생활하고 있다는 것을 충분히 알 수 있다는 것이지요.
답: 그렇게 판단할 수 있습니다.

[인정 근거] 다툼 없는 사실, 갑 제4 내지 7, 9, 10, 13, 20, 23, 24호증, 을 제1, 5, 9, 10, 12호증(가지번호 포함)의 각 기재 및 영상, 증인 소외 5의 증언, 변론 전체의 취지

라. 판단

1) 난민법 제1조, 제2조 제1호, 「난민의 지위에 관한 1951년 협약」(이하 '난민협약'이라 한다) 제1조, 「난민의 지위에 관한 1967년 의정서」제1조의 규정을 종합하여 보면, 법무부장관은 인종, 종교, 국적, 특정 사회집단의 구성원 신분 또는 정치적 의견을 이유로 박해를 받을 충분한 근거 있는 공포로 인해 국적국의 보호를 받을 수 없거나 국적국의 보호를 원하지 않는 외국인 또는 그러한 공포로 인하여 대한민국에 입국하기 전에 거주한 국가로 돌아갈 수 없거나 돌아가기를 원하지 아니하는 무국적자인 외국인에 대하여 그 신청이 있는 경우 난민협약이 정하는 난민으로 인정하여야 한다. 이때 그 외국인이 받을 '박해'라 함은 '생명, 신체 또는 자유에 대한 위협을 비롯하여 인간의 본질적 존엄성에 대한 중대한 침해나 차별을 야기하는 행위'라고 할 수 있다.

나아가 박해를 받을 '충분한 근거 있는 공포'가 있음은 난민인정의 신청을 하는 외국인이 증명하여야 할 것이나, 난민의 특수한 사정을 고려하여 그 외국인에게 객관적인 증거에 의하여 주장사실 전체를 증명하도록 요구할 수는 없고 그 진술에 일관성과 설득력이 있고, 입국 경로, 입국 후 난민신청까지의 기간, 난민신청 경위, 국적국의 상황, 주관적으로 느끼는 공포의 정도, 신청인이 거주하던 지역의 정치·사회·문화적 환경, 그 지역의 통상인이 같은 상황에서 느끼는 공포의 정도 등에 비추어 전체적인 진술의 신빙성에 의하여 그 주장사실을 인정하는 것이 합리적인 경우에는 그 증명이 있다고 할 것이다(대법원 2008. 7. 24. 선고 2007두3930 판결, 대법원 2017. 7. 11. 선고 2016두56080 판결, 대법원 2017. 12. 5. 선고 2016두42913 판결 참조).

그리고 난민은 국적국을 떠난 후 거주국에서 정치적 의견을 표명하는 것과 같은 행동의

결과로서 '박해를 받을 충분한 근거 있는 공포'가 발생한 경우에도 인정될 수 있는 것이고, 난민으로 보호받기 위해 박해의 원인을 제공하였다고 하여 달리 볼 것은 아니다(대법원 2008. 7. 24. 선고 2007두19539 판결, 대법원 2017. 3. 9. 선고 2013두16852 판결 참조).

2) 위 인정 사실 및 앞서 든 각 증거에 의하면 알 수 있는 다음의 각 사정에 비추어 볼 때, 원고에게는 이란으로 귀국하면 이란 정부에 의하여 기독교 개종자라는 이유로 박해를 받을 충분한 근거 있는 공포가 있다고 봄이 상당하므로, 원고는 난민법 제2조 제1호 소정의 난민에 해당된다고 할 것인바, 피고가 이와 다른 전제에서 원고에 대하여 한 이 사건 처분은 위법하다.

① 원고는 대한민국에 입국한 후 약 13년을 불법체류하던 중 강제퇴거명령을 받고 보호되어 있다가 난민인정신청을 하여 체류기간 연장을 위하여 난민신청을 한 것이 아닌지 그 동기가 의심되기는 하나, 원고가 국내 입국 후 기독교로 개종하였음을 사유로 한 체재 중 난민신청자인 점이 고려되어야 할 것이고, 개종으로 인한 자신과 가족들에 대한 이란 정부의 탄압, 난민인정 여부의 불확실성 등을 고려하여, 실제로 개종을 하였더라도 신변의 위험성을 감소시키기 위하여 난민신청을 미루었던 것으로 볼 수도 있으므로, 그러한 사정만으로 원고의 개종사실에 대한 진술의 신빙성을 부정하기는 어렵다.

② 오히려 원고는 이란인 친구인 소외 1의 소개로 ○○교회를 알게 되어 2006. 4. 30. ○○교회 교인으로 등록하였고, 2010. 2. 7. ○○교회에서 세례를 받았는데, 상당한 기간 동안 신앙생활을 지속하였고, 이란인들을 자신의 집으로 불러 기독교를 소개하거나 노방전도 등을 통해 다수의 이란인들을 ○○교회로 데려오는 등 적극적인 종교활동을 하였고, 특히 소외 2, 소외 3 등을 전도해서 기독교로 개종시키기고 세례를 받게 하였다.

③ 또한 ○○교회의 2017년 가을호 회지에는 원고에 대한 기독교 활동 관련 인터뷰 내용 및 사진, 국내 봉사활동 사진 등이 수록되기도 하였는데, 이 사건 처분 이후에도 지속적으로 종교활동을 하고 있는 것으로 보이고, ○○교회 집사인 소외 5와 같은 교회 교인들은 원고의 기독교 신앙의 진정성을 탄원하고 있는바, 이상과 같은 정황

을 종합하면, 원고는 외부적으로 적극적인 종교활동을 하여 원고의 신앙생활이 상당히 객관적으로 공표된 것으로 보인다.

④ 그런데 미합중국 국제종교자유위원회의 2016년 연례보고서, 영국 내무부의 2014년 국가 정보와 지침, 유엔난민기구에 대한 사실조회 결과, 법무부의 2013년 이란에 대한 국가정황자료집 등을 종합하여 보면, 이란인이 단순히 기독교로 개종하는 것에 그치지 아니하고 적극적인 포교활동까지 나아갈 경우, 이란 정부에 의해 임의적인 체포와 심문을 당할 우려가 있고, 신체적·정신적 고문에 노출될 것으로 보인다.

⑤ 종교를 공개할 경우 국가로부터 차별을 당할 수 있으므로 스스로 자신의 종교를 숨기기로 결심하는 것만으로는 난민협약에서 말하는 박해에 해당되지 않는다고 할 것이나(서울고등법원 2018. 1. 18. 선고 2017누74803 판결 참조), 원고의 경우 적극적인 기독교 포교활동을 하여 그 활동이 외부적으로 상당히 공개되었으므로, 원고가 이란으로 강제퇴거될 경우 신체적·정신적 위해에 노출 위험에 직면할 것으로 보인다.

XII

제9조 유치장

XII. 제9조 유치장

법률에서 정한 절차에 따라 체포 · 구속된 사람 또는 신체의 자유를 제한하는 판결이나 처분을 받은 사람을 수용하기 위하여 경찰서와 해양경찰서에 유치장을 둔다

1. 유치장

유치장은 법률이 정한 절차에 따라 구속되거나 신체의 자유를 제한하는 판결 또는 처분을 받은 자를 수용하기 위하여 경찰서에 설치한 시설을 말한다.

종전에는 경찰관직무집행법에 본 규정이 없어 유치장의 설치근거로 행형법 제68조로 보았으나, 그렇게 되면 '형사피의자 또는 형사피고인으로서 구속영장의 집행을 받은 자의 수용에 관한 사항을 정함을 목적'으로 하는 행형법의 취지에 따라 구속되지 않은 사람의 수용에 대한 근거가 없었다. 그러나 본 규정에 의하여 비로서 구속된 피의자뿐만 아니라 신체의 자유를 제한하는 판결(예를 들어 보호감호 판결, 즉결심판에서의 구류판결 등)과 신체의 자유를 제한하는 처분(긴급체포, 현행범 체포, 구인 등)을 받은 사람에 대한 유치장 입감의 근거가 생기게 된 것이다(경찰청, 2013: 82).

2. 판례

1) 판례

대법원 2001. 10. 26. 선고 2001다51466 판결

【판시사항】

[1] 유치장 수용자에 대한 신체검사가 허용되는 범위

[2] 유치장에 수용된 피의자에 대한 알몸신체검사가 신체검사의 허용 범위를 일탈하여 위법하다고 한 사례

【판결요지】

[1] 행형법에서 유치장에 수용되는 피체포자에 대한 신체검사를 허용하는 것은 유치의 목적을 달성하고, 수용자의 자살, 자해 등의 사고를 미연에 방지하며, 유치장 내의 질서를 유지하기 위한 것인 점에 비추어 보면, 이러한 신체검사는 무제한적으로 허용되는 것이 아니라 위와 같은 목적 달성을 위하여 필요한 최소한도의 범위 내에서 또한 수용자의 명예나 수치심을 포함한 기본권이 부당하게 침해되는 일이 없도록 충분히 배려한 상당한 방법으로 행하여져야만 할 것이고, 특히 수용자의 옷을 전부 벗긴 상태에서 앉았다 일어서기를 반복하게 하는 것과 같은 방법의 신체검사는 수용자의 명예나 수치심을 심하게 손상하므로 수용자가 신체의 은밀한 부위에 흉기 등 반입이나 소지가 금지된 물품을 은닉하고 있어서 다른 방법(외부로부터의 관찰, 촉진에 의한 검사, 겉옷을 벗고 가운 등을 걸치게 한 상태에서 속옷을 벗어서 제출하게 하는 등)으로는 은닉한 물품을 찾아내기 어렵다고 볼 만한 합리적인 이유가 있는 경우에 한하여 허용된다고 할 것이다.

[2] 수용자들이 공직선거및선거부정방지법상 배포가 금지된 인쇄물을 배포한 혐의로 현행범으로 체포된 여자들로서, 체포될 당시 신체의 은밀한 부위에 흉기 등 반입 또는 소지가 금지되어 있는 물품을 은닉하고 있었을 가능성은 극히 낮았다고 할 것이고, 그 후 변호인 접견시 변호인이나 다른 피의자들로부터 흉기 등을 건네 받을 수도 있었다고 의심할 만한 상황이 발생하였기는 하나, 변호인 접견절차 및 접견실의 구조 등에 비추어, 가사 수용자들이 흉기 등을 건네 받았다고 하더라도 유치장에 다시 수감되기 전에 이를 신체의 은밀한 부위에 은닉할 수 있었을 가능성은 극히 낮다고 할 것이어서, 신체검사 당시 다른 방법으로는 은닉한 물품을 찾아내기 어렵다고 볼 만한 합리적인 이유가 있었다고 할 수 없으므로, 수용자들의 옷을 전부 벗긴 상태에서 앉았다 일어서기를 반복하게 한 신체검사는 그 한계를 일탈한 위법한 것이라고 한 사례.

【이유】

1. 원심이 적법하게 인정한 사실관계는 다음과 같다.

가. 원고들은 2000. 3. 20. 00:20경 성남시 중원구 성남동 소재 주택가 도로에서 '민주노총은 금년도 실시되는 국회의원 선거에서 성남시 중원구에서 출마하는 민주노동당 후보를 지지하기로 했다.'는 내용의 인쇄물을 일반인을 상대로 배포한 혐의로 공직선거및선거부정방지법위반죄의 현행범으로 체포되어 성남남부경찰서에서 피의자로서 조사를 받았다.

나. 위 경찰서 소속 여자 경찰공무원인 박현옥 순경은 같은 날 04:30경 원고들을 유치장에 유치하기 위하여 위 경찰서에 내에 있는 신체검사실에서 원고들의 신체를 검사하려고 하였으나, 원고들은 "아무런 죄도 없고 보호실로 가야 되는데 왜 유치장으로 가느냐."고 항의하며 신체검사를 완강히 거부하였다. 위와 같이 원고들의 거부로 시간이 지체되자 박현옥은 "집에 갓난아이가 있어 신체검사를 마치고 들어가야 하니 협조하라."고 이야기를 하자, 원고들은 그제서야 팬티를 제외하고 속옷과 허리띠를 스스로 벗었고 그에 따라 박현옥은 속옷 사이로 손을 넣는 방법으로 간단하게 신체검사를 마쳤다.

다. 원고들은 같은 날 13:00경 경찰공무원이 지켜보는 가운데 다른 피의자들과 함께 변호인 접견실(당시 원고들을 포함하여 7-8명의 피의자들이 있었는데 위 접견실은 그와 같은 인원이 서있기에도 비좁은 공간이었다)에서 변호인을 접견하였는데, 당시 원고 2은 유치장에 수감됨에 따라 다음날부터 시행되는 중간고사를 볼 수 없게 되자 친구와 통화하기 위하여 변호인으로부터 휴대폰을 빌려 사용하려다 경찰공무원에게 제지를 당하였다. 그 후, 원고들은 변호인 접견을 마치고 다시 유치장으로 수감되는 과정에서 같은 경찰서 소속 여자 경찰공무원인 이은오 순경으로부터 신체검사를 위해 웃옷을 모두 벗고 아랫도리옷을 속옷과 함께 무릎까지 내리라는 요구를 받았으나, 그러한 방법의 신체검사는 불필요하며 더구나 변호인 접견을 마치고 재입감되는 경우에도 다시 신체검사를 받는 것은 부당하다고 항의하면서 이를 거부하였다. 그러자 이은오는 신체검사의 필요성과 이유 및 근거에 대하여 설명한 뒤 유치장관리책임자인 수사1계장 정성천 경위로 하여금 다시 원고들에게 피의자호송규칙 등을 설명하게 하면서 위와 같은 신체검사에 협조할 것을 요청하였다.

라. 결국, 원고들은 같은 날 오후경 안에서 시정이 가능한 밀폐된 장소인 신체검사실에서, 한 사람씩 검사를 받겠느냐는 이은오의 제의에 따르지 아니하고 함께 이은오의 지시에 따라 뒤로 돌아서서 등을 보이고 속옷과 상의를 겨드랑이까지 올리고 하의를 무릎까지 내린 상태에서 앉았다 일어서기를 3회 가량 실시하는 방법으로 신체검사(이하 '이 사건 신체검사'라 한다)를 받았다.

마. 이 사건 당시까지 위 남부경찰서 소속 여자 경찰공무원들은 매월 5번 이상씩 형사피의자를 유치장에 수감하거나 재수감하는 경우 위 라.항 기재와 같은 방법으로 신체검사를 하여 왔고, 남자 피의자들 또한 동일한 방법으로 신체검사를 받아 왔는데, 대부분의 피의자들은 이에 대하여 이의를 제기하거나 거부한 사실이 없었다.

2. 상고이유 제3점에 대하여

원심판결 이유를 기록에 의하여 살펴보면, 이 사건 신체검사의 경위에 관한 원심의 위와 같은 사실인정은 수긍이 가고, 거기에 주장과 같은 채증법칙에 어긋나거나 법리를 오해한 위법이 없다.

3. 상고이유 제1점에 대하여

이 사건 신체검사 당시 시행되던 구 행형법(1999. 12. 28. 법률 제6038호로 개정되기 전의 것)은 "수용자로서 교도소 등에 신입하는 자에 대하여는 신체·의류를 검사하고 지문을 채취하며 사진을 촬영하여야 하고(제10조 제1항), 수용중의 자에 대하여도 당해 소장이 필요하다고 인정할 경우에는 신체, 의류를 검사하고 지문을 채취하며 사진을 촬영할 수 있으며(같은 조 제2항), 여자인 수용자의 신체 및 의류에 대한 검사는 여자인 교도관이 하여야 하고(같은 조 제3항), 경찰관서에 설치된 유치장은 미결수용실에 준한다(제68조)."고 규정하고, 경찰관직무집행법은 "경찰서 및 지방해양경찰관서에 법률이 정한 절차에 따라 체포·구속되거나 신체의 자유를 제한하는 판결 또는 처분을 받은 자를 수용하기 위하여 유치장을 둔다(제9조)."고 규정하고 있는바, 이 사건 신체검사는 증거수집을 목적으로 하는 수사의 강제처분인 수색 내지 검색의 일종으로서 행하여진 것이 아니라 현행범으로 체포되어 유치장에 수용중인 원고들에 대하여 위 행형법 등에 근거하여 행하여진 것이고,

이 사건 신체검사 당시 유치장관리책임자인 수사1계장 정성천 경위가 원고들에 대한 신체검사가 필요하다고 인정한 사실은 앞에서 본 바와 같으므로, 이 사건 신체검사가 법적인 근거 없이 행하여진 것이라는 원고들의 주장을 배척한 원심의 조치는 결론에 있어서 수긍이 가고, 거기에 주장과 같은 판결에 영향을 미친 법리오해의 위법이 없다.

4. 상고이유 제2점에 대하여

가. 원심판결 이유에 의하면, 원심은 이 사건 신체검사 방법의 위법 내지 부당성 여부에 관하여 피의자유치및호송규칙(경찰청 훈령 제258호, 이하 위 '호송규칙'이라고 한다)에 의하면, 간수자가 피의자를 유치함에 있어서는 그 신체에 흉기 등의 은닉 소지 여부를 철저히 검사하여야 하고(제8조 제1항), 간수자가 피의자의 신체를 검사함에 있어서는 두발을 비롯한 신체의 각 부분과 의복 및 양말의 속까지 면밀한 검사를 실시하여 흉기는 물론 독극물, 성냥, 담배가루 등을 은닉, 소지하는 일이 없도록 하여야 한다(제8조 제2항)고 규정되어 있는바, 위 인정 사실과 같이 위 경찰서에서는 여자 경찰관들이 매달 5회 이상 모든 여자 피의자들에 대하여 이 사건 신체검사와 같은 방법으로 신체검사를 하여 왔으며 남자 피의자들에 대하여도 동일한 방법으로 신체검사를 하여 온 점 및 여자 경찰관인 이은오가 위 호송규칙에 따라 혼자 안에서 시정이 가능한 밀폐된 장소인 신체검사실에서 원고들을 뒤로 돌아서게 하여 등을 보이고 스스로 속옷을 포함한 상, 하의를 겨드랑이와 무릎까지 탈의한 상태에서 3회 정도 앉았다 일어서기를 반복하게 하였다 하여 이를 이례적인 방법이라거나 원고들에게 참기 힘든 모욕을 주는 신체검사라고 볼 수는 없고(앉았다 일어서기를 3회 정도 반복하여 실시한 이유는 몸에 부착하거나 소지한 흉기 등 소지품의 유무를 검사하기 위한 것으로 보여진다), 다른 피의자들과 달리 원고들에게만 재입감시 신체검사를 하지 말아야 한다거나 옷을 입은 상태에서 옷 위로 신체검사를 하여야 한다는 특별한 사유가 없는 이상, 이 사건 신체검사가 그 방법 등에 비추어 위법 또는 부당하다고 할 수 없다고 판단하였다.

나. 그러나 위 호송규칙은 경찰청장이 관련 행정기관 및 그 직원에 대하여 그 직무권한 행사의 지침을 발한 행정조직 내부에 있어서의 행정명령의 성질을 가지는 것에 불과하고 법규명령의 성질을 가진 것이라고는 볼 수 없으므로, 이에 따른 처분이라고 하여 당연히 적법한 처분이라고는 할 수 없고, 또한 위법하거나 부당한 공권력의

행사가 오랜 기간 반복되어 왔고 그 동안에 그에 대한 이의가 없었다고 하여 그 공권력 행사가 적법하거나 정당한 것으로 되는 것도 아니므로, 이 사건 신체검사의 방법이 적법한지 여부는 근거법령인 행형법의 규정과 취지에 따라 별도로 판단되어야 할 것인바, 행형법에서 유치장에 수용되는 피체포자에 대한 신체검사를 허용하는 것은 유치의 목적을 달성하고, 수용자의 자살, 자해 등의 사고를 미연에 방지하며, 유치장 내의 질서를 유지하기 위한 것인 점에 비추어 보면, 이러한 신체검사는 무제한적으로 허용되는 것이 아니라 위와 같은 목적 달성을 위하여 필요한 최소한도의 범위 내에서 또한 수용자의 명예나 수치심을 포함한 기본권이 부당하게 침해되는 일이 없도록 충분히 배려한 상당한 방법으로 행하여져야만 할 것이고, 특히 수용자의 옷을 전부 벗긴 상태에서 앉았다 일어서기를 반복하게 하는 것과 같은 방법의 신체검사는 수용자의 명예나 수치심을 심하게 손상하므로 수용자가 신체의 은밀한 부위에 흉기 등 반입이나 소지가 금지된 물품을 은닉하고 있어서 다른 방법(외부로부터의 관찰, 촉진에 의한 검사, 겉옷을 벗고 가운 등을 걸치게 한 상태에서 속옷을 벗어서 제출하게 하는 등의 방법을 생각할 수 있다)으로는 은닉한 물품을 찾아내기 어렵다고 볼 만한 합리적인 이유가 있는 경우에 한하여 허용된다고 할 것이다.

다. 이 사건에 있어서 보건대, 원고들이 공직선거및선거부정방지법상 배포가 금지된 인쇄물을 배포한 혐의로 현행범으로 체포된 여자들인 사실은 앞에서 본 바와 같으므로, 원고들이 체포될 당시 신체의 은밀한 부위에 흉기 등 반입 또는 소지가 금지되어 있는 물품을 은닉하고 있었을 가능성은 극히 낮았다고 할 것이고, 그 후 변호인 접견시 원고 2이 변호인으로부터 휴대폰을 빌려 사용하려다 경찰공무원에게 제지를 당하였고 변호인 접견실이 비좁고 원고들이 다른 피의자들과 함께 접견을 한 점에 비추어 원고들이 변호인뿐 아니라 다른 피의자들로부터 흉기 등을 건네 받을 수도 있었다고 의심할 만한 상황에 있었다고 할 수는 있을 것이나, 기록에 나타난 변호인 접견절차 및 접견실의 구조 등(피의자유치및호송규칙 제34조, 제36조, 제37조는 "변호인과의 접견시에는 경찰관이 입회하지는 않지만 도주, 자해, 통모방지 기타 필요한 조치를 위하여 가시거리에서 감시하여야 한다."고 규정하고 있고, 원고 신은경이 변호인으로부터 휴대폰을 빌려 사용하려다 경찰공무원에게 제지를 당한 점에 비추어 볼 때, 이 사건 변호인 접견시에도 경찰공무원이 가시거리에서 감시하고 있었던 것으로 인정된다)에 비추어 보면, 가사 원고들이 흉기 등을 건네 받았다고 하더라도 유치장에 다시 수감되기 전에 이를 신체의 은밀한 부위에 은닉할 수 있었을 가능성은 극히 낮다고 할 것이어서, 이 사건 신체검사 당시 다른 방법으로는 은닉한 물품을 찾아내기 어렵다고 볼 만한 합리적인 이유가 있었다고 할 수 없을 것이므로, 이 사건 신체검사는 그 한계를 일탈한 위법한 것이라고 할 것이고, 따라서 원심판결에는 유치장 수용자에 대한 신체검사의 허용범위에 관한 법리를 오해하거나 채증법칙에 위배함으로써 판결에 영향을 미친 위법이 있다 할 것이다.

2) 판례 2

대법원 2013. 5. 9. 선고 2013다200438 판결

【판시사항】

[1] 국가배상책임에서 '법령 위반'의 의미

[2] '행정목적을 달성하기 위한 수단'의 과잉금지 원칙상 한계

[3] 여자 경찰관들이 미국산 쇠고기 수입반대 촛불집회에 참석하였다가 현행범인으로 체포된 여자들인 갑 등에 대하여 유치장 입감을 위한 신체검사를 하면서 브래지어 탈의를 요구하여 제출받은 사안에서, 위 조치는 갑 등의 자살 예방을 위해 필요한 최소한도의 범위 내에서 이루어지거나 갑 등의 기본권이 부당하게 침해되는 일이 없도록 충분히 배려한 상당한 방법으로 이루어진 것이 아니므로 위법하다고 본 원심판단을 정당하다고 한 사례

【이 유】

1. 상고이유 제1점에 대하여

국가배상책임에서 공무원의 가해행위는 법령에 위반한 것이어야 하고, 법령 위반이라 함은 엄격한 의미의 법령 위반뿐만 아니라 인권존중, 권력남용금지, 신의성실, 공서양속 등의 위반도 포함하여 널리 그 행위가 객관적인 정당성을 결여하고 있음을 의미한다(대법원 2009. 12. 24. 선고 2009다70180 판결 등 참조).「피의자 유치 및 호송규칙」(2009.

8. 31. 경찰청 훈령 제563호로 개정되기 전의 것, 이하 '이 사건 호송규칙'이라 한다)은 경찰청장이 관련 행정기관 및 그 직원에 대하여 그 직무권한행사의 지침을 발한 행정조직 내부에서의 행정명령의 성질을 가지는 것에 불과하고 법규명령의 성질을 가진 것이라고는 볼 수 없으므로, 이에 따른 처분이라고 하여 당연히 적법한 처분이라고는 할 수 없고, 또한 위법하거나 부당한 공권력의 행사가 오랜 기간 반복되어 왔고 그 동안에 그에 대한 이의가 없었다고 하여 그 공권력 행사가 적법하거나 정당한 것으로 되는 것도 아니다(대법원 2001. 10. 26. 선고 2001다51466 판결 등 참조). 그리고 과잉금지의 원칙상 행정목적을 달성하기 위한 수단은 목적달성에 유효·적절하고 또한 가능한 한 최소침해를 가져오는 것이어야 하며 아울러 그 수단의 도입으로 인한 침해가 의도하는 공익을 능가하여서는 아니 된다(대법원 2008. 11. 27. 선고 2008다11993 판결 등 참조).

원심판결 이유에 의하면, 원심은 미국산 쇠고기 수입반대 촛불집회에 참석하였다가 현행범인으로 체포된 원고들에 대하여 피고 소속 여자 경찰관들이 유치장 입감을 위한 신체검사를 하면서 원고들에게 브래지어 탈의를 요구하여 이를 제출받는 이 사건 조치를 한 사실 등을 인정한 다음, 그 판시와 같은 사정, 즉 브래지어가 자살이나 자해에 이용될 수 있음을 이유로 유치인으로부터 이를 제출받도록 규정한 경찰업무편람은 법규명령이라고 볼 수 없는 점, 행정명령에 불과한 이 사건 호송규칙도 유치인에게 불필요한 고통과 수치심을 주지 아니하려는 취지에서 신체검사의 유형을 세분화하고 있는 것으로 보이는데, 브래지어를 자살에 공용될 우려가 있는 물건으로 보고 언제든지 이를 제출받도록 한다면 그와 같은 취지를 몰각시킬 우려가 있는 점, 법무부 소속 교정시설 내 여성 수용자의 경우 1인당 3개의 범위 내에서 브래지어 소지가 허용되는데, 경찰서 유치장 내 여성 수용자를 그와 달리 처우할 합리적인 이유가 없는 점, 브래지어를 이용한 자살이 물리적으로 불가능한 것은 아니더라도 유치인에게 피해가 덜 가는 수단을 강구하지 아니한 채 브래지어 탈의를 요구하는 것은 과잉금지의 원칙에 반한다고 보이는 점 등의 사정을 들어, 이 사건 조치는 원고들의 자살 예방을 위하여 필요한 최소한도의 범위 내에서 이루어지거나 원고들의 기본권이 부당하게 침해되는 일이 없도록 충분히 배려한 상당한 방법으로 이루어진 것이 못 되므로 위법하다고 판단하였다.

앞서 본 법리와 기록에 비추어 살펴보면 원심의 이러한 판단은 정당하고, 거기에 상고이유의 주장과 같이 국가배상법 제2조 제1항 소정의 위법성 등에 관한 법리를 오해하는 등의 위법이 없다.

2. 상고이유 제2점에 대하여

불법행위로 기본권을 침해당함으로써 입은 정신적 고통과 무형적 피해에 대한 위자료 액수에 관하여는 사실심법원이 변론에 나타난 제반 사정을 참작하여 그 직권에 속하는 재량에 의하여 이를 확정할 수 있다(대법원 2012. 4. 26. 선고 2011다53164 판결 등 참조).

이와 같은 법리와 기록에 비추어 살펴보면, 원심이 그 판시와 같이 변론에 나타난 제반 사정을 참작하여 피고가 지급할 위자료의 액수를 판시와 같은 금액으로 산정한 것은 정당하고, 거기에 상고이유의 주장과 같이 채증법칙을 위반하여 위자료 산정에 관한 사실을 오인하는 등의 위법이 없다.

3) 판례 3

대법원 2019. 9. 26. 선고 2019도8531 판결

【판시사항】

[1] 형사소송법 제33조의 취지 / 법원이 국선변호인을 반드시 선정해야 하는 사유로 형사소송법 제33조 제1항 제5호에서 정한 '피고인이 심신장애의 의심이 있는 때'의 의미 및 피고인의 의식상태나 사물에 대한 변별능력, 행위통제능력이 결여되거나 저하된 상태로 의심되어 피고인이 공판심리단계에서 효과적으로 방어권을 행사하지 못할 우려가 있다고 인정되는 경우가 이에 포함되는지 여부(적극)

[2] 제1심이 피고인에 대한 폭행, 상해, 재물손괴, 공연음란, 업무방해, 특수재물손괴의 각 공소사실을 모두 유죄로 인정하면서 일부 범행에 대해 심신미약 감경을 한 다음 벌금형을 선고하였고, 이에 대하여 검사만이 양형부당 등을 이유로 항소하였는데, 원심이 검사의 양형부당 주장을 받아들여 제1심판결을 파기하고 피고인에게 징역 10개월을 선고한 사안에서, 원심이 변호인이 선임되지 않은 피고인에 대하여 국선변호인을 선정하지 아니한 채 공판절차를 진행한 조치는 소송절차가 형사소송법에 어긋나 위법하고, 위와 같이 위법한 공판절차에서 이루어진 소송행위는 무효라고 한 사례

【판결요지】

[1] 형사소송법 제33조는 헌법 제12조에 의하여 피고인에게 보장된 변호인의 조력을 받을 권리가 공판심리절차에서 효과적으로 실현될 수 있도록 일정한 경우에 직권 또는 피고인의 청구에 의한 법원의 국선변호인 선정의무를 규정하는 한편(제1항, 제2항), 피고인의 연령·지능 및 교육 정도 등을 참작하여 권리 보호를 위하여 필요하다고 인정되는 때에도 피고인의 명시적 의사에 반하지 아니하는 범위 안에서 법원이 국선변호인을 선정하여야 한다고 규정하고 있다(제3항). 그리고 형사소송법 제282조는 제33조 제1항의 필요적 변호 사건과 제2항, 제3항에 따라 국선변호인이 선정된 사건에 관하여는 변호인 없이 개정하지 못한다고 규정하고 있다.

헌법상 변호인의 조력을 받을 권리와 형사소송법에 국선변호인 제도를 마련한 취지 등에 비추어 보면, 법원이 국선변호인을 반드시 선정해야 하는 사유로 형사소송법 제33조 제1항 제5호에서 정한 '피고인이 심신장애의 의심이 있는 때'란 진단서나 정신감정 등 객관적인 자료에 의하여 피고인의 심신장애 상태를 확신할 수 있거나 그러한 상태로 추단할 수 있는 근거가 있는 경우는 물론, 범행의 경위, 범행의 내용과 방법, 범행 전후 과정에서 보인 행동 등과 아울러 피고인의 연령·지능·교육 정도 등 소송기록과 소명자료에 드러난 제반 사정에 비추어 피고인의 의식상태나 사물에 대한 변별능력, 행위통제능력이 결여되거나 저하된 상태로 의심되어 피고인이 공판심리단계에서 효과적으로 방어권을 행사하지 못할 우려가 있다고 인정되는 경우를 포함한다.

[2] 제1심이 피고인에 대한 폭행, 상해, 재물손괴, 공연음란, 업무방해, 특수재물손괴의 각 공소사실을 모두 유죄로 인정하면서 일부 범행에 대해 심신미약 감경을 한 다음 벌금형을 선고하였고, 이에 대하여 검사만이 양형부당 등을 이유로 항소하였는데, 원심이 검사의 양형부당 주장을 받아들여 제1심판결을 파기하고 피고인에게 징역 10개월을 선고한 사안에서, 범행의 내용, 범행 전후에 나타난 피고인의 이상행동, 구속수감된 이후에도 계속된 피고인의 정신이상 증세, 정신과 전문의의 진단 결과와 약물 처방내역 등 제반 사정을 종합하면, 범행 당시 정신이상 증세로 인한 피고인의 심신장애 상태가 원심 공판심리단계에서도 계속되어 피고인이 공판심리단계에서 효과적으로 방어권을 행사하지 못할 우려가 있었을 가능성을 배제할 수 없고, 이는 형사소송법 제33조 제1항 제5호의 '심신장애의 의심이 있는 때'에 해당하여

형사소송법 제282조, 제33조 제1항 제5호에서 정한 필요적 변호 사건에 해당한다고 볼 여지가 충분할 뿐만 아니라, 같은 법 제33조 제3항에 따라 피고인의 명시적인 의사에 반하지 아니하는 범위 안에서 피고인의 권리 보호를 위해 직권으로 국선변호인을 선정하여야 할 필요성도 있다는 이유로, 원심이 변호인이 선임되지 않은 피고인에 대하여 국선변호인을 선정하지 아니한 채 공판절차를 진행한 조치는 소송절차가 형사소송법에 어긋나 위법하고, 위와 같이 위법한 공판절차에서 이루어진 소송행위는 무효라고 한 사례.

【이 유】

1. 형사소송법 제33조는 헌법 제12조에 의하여 피고인에게 보장된 변호인의 조력을 받을 권리가 공판심리절차에서 효과적으로 실현될 수 있도록 일정한 경우에 직권 또는 피고인의 청구에 의한 법원의 국선변호인 선정의무를 규정하는 한편(제1항, 제2항), 피고인의 연령·지능 및 교육 정도 등을 참작하여 권리 보호를 위하여 필요하다고 인정되는 때에도 피고인의 명시적 의사에 반하지 아니하는 범위 안에서 법원이 국선변호인을 선정하여야 한다고 규정하고 있다(제3항). 그리고 형사소송법 제282조는 제33조 제1항의 필요적 변호 사건과 제2항, 제3항에 따라 국선변호인이 선정된 사건에 관하여는 변호인 없이 개정하지 못한다고 규정하고 있다.

헌법상 변호인의 조력을 받을 권리와 형사소송법에 국선변호인 제도를 마련한 취지 등에 비추어 보면, 법원이 국선변호인을 반드시 선정해야 하는 사유로 형사소송법 제33조 제1항 제5호에서 정한 '피고인이 심신장애의 의심이 있는 때'라 함은 진단서나 정신감정 등 객관적인 자료에 의하여 피고인의 심신장애 상태를 확신할 수 있거나 그러한 상태로 추단할 수 있는 근거가 있는 경우는 물론, 범행의 경위, 범행의 내용과 방법, 범행 전후 과정에서 보인 행동 등과 아울러 피고인의 연령·지능·교육 정도 등 소송기록과 소명자료에 드러난 제반 사정에 비추어 피고인의 의식상태나 사물에 대한 변별능력, 행위통제능력이 결여되거나 저하된 상태로 의심되어 피고인이 공판심리단계에서 효과적으로 방어권을 행사하지 못할 우려가 있다고 인정되는 경우를 포함한다.

2. 가. 이 사건 공소사실의 요지는 다음과 같다.

1) 피고인은 2018. 7. 14. 01:50경 식당 앞에서 "누군가 나를 죽이려 한다."라고 말하며 위험한 물건인 알루미늄 밀대 막대로 그곳에 주차된 승용차 앞 유리와 조수석 백미러 등을 내리쳐 손괴하였다.

2) 피고인은 2018. 7. 14. 15:45경 ○○사에서 스님을 만나게 해 달라고 요청하다가 거절당하자 화가 나 일반인의 출입이 금지된 종각에 들어가 10여 분에 걸쳐 북을 강하게 치는 등 그곳에서 참선과 수양을 하던 피해자의 업무를 방해하였다.

3) 피고인은 2018. 7. 16. 02:56경 요양병원 3층에서 아무런 이유 없이 옷을 벗고 위 병원에서 근무하는 간호사에게 성기를 내보이며 발로 피해자의 몸을 걷어차 폭행하고, 다시 병원 305호 병실로 뛰어 들어가 요양간호사에게 성기를 내보이며 발로 피해자의 가슴과 옆구리, 팔 등을 수회 걷어차 피해자에게 약 14일간의 치료가 필요한 타박상 등을 가하고, 소화기를 분사하고 집어 던져 손괴하는 등 같은 날 03:20경까지 병원 근무자들의 진료업무 등을 위력으로써 방해하였다.

나. 원심판결 이유 및 기록에 의하면 다음과 같은 사실을 알 수 있다.

1) 피고인은 2018. 7. 11.부터 이 사건 범행 직전인 같은 달 13일까지 여러 차례 공중전화로 112에 신고하여 '경상남북경찰청 바꿔 달라', '마약 조직원으로부터 원치 않은 마약을 투여당했다', '누가 마약을 판매하고 있다. 몰래 마약을 먹이고 있다. 카카오톡으로 섹스를 나누자'는 등으로 횡설수설하였다. 당시 현장에 출동한 경찰관이 피고인과 함께 지낸 공소외 1에게 전화로 피고인의 상태를 문의한 결과 공소외 1은 '피고인이 정신적으로 이상증세를 보인다'는 취지의 진술을 하기도 하였다.

2) 피고인의 2018. 7. 16.자 범행을 현장에서 목격한 간호사는 경찰에서 '간호사의 입장에서 볼 때 정상적인 사람의 상태로 보이지 않았다'고 진술하였다.

3) 피고인은 2018. 7. 16.자 범행으로 현행범 체포되어 같은 날 △△△경찰서에서 조사를 받았는데, 조사를 받던 도중 바지를 벗어 성기를 꺼내 보이고 바닥에 있는 휴지를 주워 먹는가 하면 유치장에서 경찰관을 향해 소변을 보는 등 이상행동을 보여 조사가 중단되기도 하였다.

4) 피고인은 2018. 7. 16.자 범행으로 다음 날 구속되어 □□교도소에 수감되었다. 교도소 측이 2018. 7. 18.부터 같은 해 8. 16.까지 피고인에 대하여 작성한 동정관찰사항에 의하면, 피고인은 같은 기간 교도소 내에서도 '내 몸에 폭탄이 있다. 나는 예수다. 저놈을 체포하라'는 등으로 횡설수설하는가 하면, 벽면에 머리를 들이박는 등 자해를 하고, 변기통에 팔을 집어넣어 변기통 오물을 교도관에게 뿌리는 등 계속해서 정신이상 증세를 보였다.

5) ◇◇병원 정신과 전문의는 2018. 7. 19. 피고인에 대하여 환시, 피해망상, 관계망상을 보이는 '급성 및 일과성 정신병 장애'로 진단하고, 증상 조절을 위한 약물 처방을 하면서, 경과 관찰과 지속적인 약물 조정이 필요하다는 취지의 소견서를 작성하였다.

6) 제1심은 2018. 12. 13. 이 사건 공소사실을 모두 유죄로 인정하면서 2018. 7. 16.자 범행에 대하여 심신미약 감경을 한 다음 피고인을 벌금 1,000만 원에 처하는 판결을 선고하였다.

7) 제1심판결에 대하여 검사만 심신미약에 관한 법리오해와 양형부당을 이유로 항소하였다. 원심법원은 2019. 4. 18. 변호인이 선임되지 않은 피고인에 대하여 국선변호인을 선정하지 않은 채 제1회 공판기일을 진행하고 변론을 종결하였다. 원심법원은 2019. 5. 28. 검사의 법리오해 주장을 배척하여 2018. 7. 16.자 범행에 대한 피고인의 심신미약 상태를 인정하는 한편, 검사의 양형부당 주장은 받아들여 제1심판결을 파기하고 피고인을 징역 10개월에 처하는 판결을 선고한 직후 피고인을 법정구속하고, 같은 달 31일 변호사 공소외 2를 피고인의 국선변호인으로 선정하였다.

3. 위와 같은 사실관계에서 알 수 있는 이 사건 범행의 내용, 이 사건 범행 전후에 나타난 피고인의 이상행동, 구속수감된 이후에도 계속된 피고인의 정신이상 증세, 정신과 전문의의 진단 결과와 약물 처방내역 등 제반 사정을 앞서 본 법리에 비추어 살펴보면, 이 사건 범행 당시 정신이상 증세로 인한 피고인의 심신장애 상태가 원심 공판심리단계에서도 계속되어 피고인이 공판심리단계에서 효과적으로 방어권을 행사하지 못할 우려가 있었을 가능성을 배제할 수 없고, 이는 형사소송법 제33조 제1항 제5호의 '심신장애의 의심이 있는 때'에 해당한다고 볼 여지가 충분하다.

나아가 항소심에서의 국선변호인 선정과 관련하여 대법원은, 제1심에서 피고인의 청구 또는 직권으로 국선변호인이 선정되어 공판이 진행된 경우 항소법원은 특별한 사정변경이 없는 한 국선변호인을 선정하는 것이 바람직하고(대법원 2013. 7. 11. 선고 2013도351 판결 등 참조), 특히 이 사건과 같이 제1심법원이 피고인에 대하여 벌금형을 선고하였으나 검사만이 양형부당으로 항소한 사안에서 항소법원이 변호인이 선임되지 않은 피고인에 대하여 검사의 양형부당 항소를 받아들여 형을 선고하는 경우에는 판결 선고 후 피고인을 법정구속한 뒤에 비로소 국선변호인을 선정하는 것보다는 공판심리단계에서부터 국선변호인의 선정을 적극적으로 고려하여야 한다(대법원 2016. 11. 10. 선고 2016도7622 판결 등 참조)는 점을 누차 강조해 왔다.

따라서 형사소송법 제282조, 제33조 제1항 제5호에서 정한 필요적 변호 사건에 해당한다고 볼 여지가 충분할 뿐만 아니라, 같은 법 제33조 제3항에 따라 피고인의 명시적인 의사에 반하지 아니하는 범위 안에서 피고인의 권리 보호를 위해 직권으로 국선변호인을 선정하여야 할 필요성도 있는 이 사건에서, 변호인이 선임되지 않은 피고인에 대하여 국선변호인을 선정하지 아니한 채 공판절차를 진행한 원심의 조치는 그 소송절차가 형사소송법에 어긋나 위법하고, 위와 같이 위법한 공판절차에서 이루어진 소송행위는 무효로 보아야 한다. 원심판결은 그 소송절차가 법령을 위반하여 판결에 영향을 미친 잘못이 있고, 이 점을 지적하는 상고이유 주장은 이유 있다.

4) 판례 4

대법원 2013. 7. 25. 선고 2011도6380 판결

【판시사항】

[1] 재심이 개시된 사건에서 재심 심판에 관계된 법령을 해석하는 기준 시기(=재심판결 당시)

[2] 기록상 진술증거의 임의성에 관하여 의심할 만한 사정이 나타나 있는 경우, 법원이 취해야 할 조치

【이 유】

1. 재심이 개시된 사건에서 재심의 심판에 관계된 법령을 해석하는 경우, 그 해석의 기준은 재심대상판결 당시가 아니라 재심판결 당시를 기준으로 하여야 한다(대법원 2011. 10. 27. 선고 2009도1603 판결 등 참조). 한편 기록상 진술증거의 임의성에 관하여 의심할 만한 사정이 나타나 있는 경우에는 법원은 직권으로 그 임의성 여부에 관하여 조사를 하여야 하고, 검사가 그 임의성의 의문점을 없애는 증명을 하지 못한 경우에는 그 진술증거는 증거능력이 부정되며(대법원 2006. 11. 23. 선고 2004도7900 판결 등 참조), 검사 이전의 수사기관에서 고문 등 가혹행위로 인하여 임의성이 없는 진술을 하고 그 후 검사의 조사 단계에서도 임의성 없는 심리상태가 계속된 상태에서 같은 내용으로 진술하였다면 검사의 조사 단계에서 고문 등의 강요행위가 없었다고 하여도 검사 앞에서의 진술도 임의성 없는 진술이라고 보아야 한다(대법원 1992. 11. 24. 선고 92도2409 판결, 대법원 2011. 10. 27. 선고 2009도1603 판결 등 참조).

2. 원심은 기록에 의하여 피고인이 1978. 8. 31.부터 1978. 10. 5.까지 약 36일 동안 동대문경찰서 수사관들에 의하여 동대문경찰서 부근 여관방에 구속영장이 발부되지 않은 채 불법적으로 구금되었고, 구금기간 동안 수사관들이 피고인을 잠재우지 않거나 피고인의 성기를 잡아당기는 등의 가혹행위를 하였던 사정, 이 사건의 참고인이었던 공소외인도 1978. 9. 2.부터 1978. 9. 29.까지 구속영장의 발부 없이 위 경찰서 유치장에 불법적으로 구금되었고, 수사관들이 공소외인을 불고지죄로 처벌한다고 위협하였던 사정 등을 인정한 다음, 피고인과 공소외인의 경찰 진술은 장기간의 불법구금이나 수사관들의 폭행, 협박에 따른 심리적 압박감이나 정신적 강압상태에서 이루어졌으며, 이러한 심리상태는 검찰 조사 단계까지 계속된 것으로 의심되므로, 피고인에 대한 각 검찰 피의자신문조서, 공소외인에 대한 검찰 진술조서는 그 임의성이 인정되지 아니하여 증거능력이 없다고 판단하였다.

원심판결 이유를 위 법리와 기록에 비추어 살펴보면 원심의 위와 같은 판단은 정당한 것으로 수긍할 수 있고, 거기에 상고이유 주장과 같이 증거능력 판단에 관한 법리를 오해하거나 자유심증주의의 한계를 벗어나 사실을 잘못 인정하는 등의 위법이 없다.

한편 원심은 나아가 공소외인의 위와 같은 불법구금 등에 의한 심리적 압박감이나 정신적 강압상태가 재심대상판결의 증언 당시까지 계속된 상태에서 이루어졌으므로 그 법정증언도 증거로 쓸 수 없다고 판단하였다. 그러나 기록에 의하면 공소외인의 증언은 공소외인이 위와 같은 불법구금 상태에 있다가 석방된 때부터 약 2개월이 지난 이후에 법원의 증인소환장 송달에 의하여 법정에 출석하여 이루어진 것임을 알 수 있으므로, 원심이 그 판시와 같은 사정만으로 공소외인의 임의성 없는 심리상태가 법정에 이르기까지 계속되었다고 섣불리 단정한 것은 수긍하기 어렵다. 그러나 원심은 공소외인의 증언에 증거능력이 인정된다 하더라도 그 판시와 같은 사유를 들어 그 증명력 내지 신빙성을 인정할 수 없다고 판단하였고, 기록에 비추어 살펴보면 원심의 위와 같은 판단은 정당한 것으로 충분히 수긍할 수 있으므로, 결국 원심의 위와 같은 잘못은 판결 결과에 영향을 미치지 아니하였다고 할 것이다.

3. 원심은 이 사건 각 공소사실에 부합하는 듯한 증거들의 증거능력을 인정할 수 없거나 공소사실을 유죄로 할 만한 증명력을 인정할 수 없고, 특히 구 반공법(1980. 12. 31. 법률 제3318호로 폐지되기 전의 것으로, 이하 '구 반공법'이라고만 한다)에 규정된 각 이적행위의 점에 대하여는 그 판시와 같은 피고인의 발언만으로는 피고인에게 반국가단체인 북한을 이롭게 한다는 인식이 있었다고 볼 수 없다고 하여 이 사건 각 공소사실에 대하여 무죄를 선고하였다.

원심판결 이유를 위와 같은 법리와 기록에 비추어 살펴보면, 원심의 그와 같은 사실인정과 판단은 정당한 것으로 수긍할 수 있고, 거기에 상고이유 주장과 같은 재심제도의 의의·본질이나 구 반공법에 규정된 이적행위의 범위에 관한 법리를 오해하는 등의 위법이 없다.

XIII

제10조 경찰장비의 사용 등

XIII. 제10조 경찰장비의 사용 등

제10조(경찰장비의 사용 등) ① 경찰관은 직무수행 중 경찰장비를 사용할 수 있다. 다만, 사람의 생명이나 신체에 위해를 끼칠 수 있는 경찰장비(이하 이 조에서 "위해성 경찰장비"라 한다)를 사용할 때에는 필요한 안전교육과 안전검사를 받은 후 사용하여야 한다.

② 제1항 본문에서 "경찰장비"란 무기, 경찰장구(警察裝具), 경찰착용기록장치, 최루제(催淚劑)와 그 발사장치, 살수차, 감식기구(鑑識機具), 해안 감시기구, 통신기기, 차량 · 선박 · 항공기 등 경찰이 직무를 수행할 때 필요한 장치와 기구를 말한다. 〈개정 2024. 1. 30.〉

③ 경찰관은 경찰장비를 함부로 개조하거나 경찰장비에 임의의 장비를 부착하여 일반적인 사용법과 달리 사용함으로써 다른 사람의 생명 · 신체에 위해를 끼쳐서는 아니 된다.

④ 위해성 경찰장비는 필요한 최소한도에서 사용하여야 한다.

⑤ 경찰청장은 위해성 경찰장비를 새로 도입하려는 경우에는 대통령령으로 정하는 바에 따라 안전성 검사를 실시하여 그 안전성 검사의 결과보고서를 국회 소관 상임위원회에 제출하여야 한다. 이 경우 안전성 검사에는 외부 전문가를 참여시켜야 한다.

⑥ 위해성 경찰장비의 종류 및 그 사용기준, 안전교육 · 안전검사의 기준 등은 대통령령으로 정한다.

1. 경찰장비(위해성 경찰장비의 사용기준 등에 관한 규정 제2조 위해성 경찰장비의 종류)

사람의 생명이나 신체에 위해를 끼칠 수 있는 경찰장비(이하 "위해성 경찰장비"라 한다)의 종류는 다음 각 호와 같다.

1. 경찰장구 : 수갑 · 포승(捕繩) · 호송용포승 · 경찰봉 · 호신용경봉 · 전자충격기 · 방패 및 전자방패

2. 무기 : 권총 · 소총 · 기관총(기관단총을 포함한다. 이하 같다) · 산탄총 · 유탄발사기 · 박격포 · 3인치포 · 함포 · 크레모아 · 수류탄 · 폭약류 및 도검

3. 분사기 · 최루탄등 : 근접분사기 · 가스분사기 · 가스발사총(고무탄 발사겸용을 포함한다. 이하 같다) 및 최루탄(그 발사장치를 포함한다. 이하 같다)

4. 기타장비 : 가스차 · 살수차 · 특수진압차 · 물포 · 석궁 · 다목적발사기 및 도주차량차단장비

2. 판례

1) 판례 1

대법원 2022. 11. 30. 선고 2016다26662, 26679, 26686 판결

【판시사항】

[1] 경찰관이 불법적인 농성을 진압하는 과정에서 특정한 경찰장비를 필요한 최소한의 범위를 넘어 관계 법령에서 정한 통상의 용법과 달리 사용함으로써 타인의 생명·신체에 위해를 가한 경우, 그 직무수행은 위법하다고 보아야 하는지 여부(원칙적 적극) 및 이때 상대방이 그로 인한 생명·신체에 대한 위해를 면하기 위하여 직접적으로 대항하는 과정에서 경찰장비를 손상시킨 경우, 정당방위에 해당하는지 여부(적극)

[2] 산업별 노조인 갑 노동조합의 지부가 조합원들을 각 거점에 배치하고 새총, 볼트, 화염병 등을 소지한 채 공장 점거파업을 계속하자 경찰이 점거파업을 진압하기 위하여 헬기에서 조합원들이 있던 공장 옥상을 향하여 다량의 최루액을 살포하거나 공장 옥상으로부터 30~100m 고도로 제자리 비행을 하여 조합원들을 헬기 하강풍에 노출되게 하였고, 그 과정에서 헬기가 새총으로 발사된 볼트 등의 이물질에 맞아 손상된 사안에서, 헬기를 위와 같은 방법으로 사용하여 불법적인 농성을 진압하는 것은 경찰장비를 위법하게 사용함으로써 적법한 직무수행의 범위를 벗어났다고 볼 여지가 있는데도, 갑 노동조합 등에 대하여 헬기의 손상에 관한 손해배상책임이 성립한다고 본 원심판단에 심리미진 등의 잘못이 있다고 한 사례

[3] 불법행위로 인한 손해배상사건에서 피해자에게 손해의 발생이나 확대에 관하여 과실이 있거나 가해자의 책임을 제한할 사유가 있는 경우, 배상책임의 범위를 정할 때 이를 참작하여야 하는지 여부(적극) / 이때 책임제한에 관한 사실인정이나 비율

을 정하는 것이 사실심의 전권사항인지 여부(원칙적 적극) 및 그 한계

[4] 불법행위로 인한 손해배상책임을 지우기 위한 요건으로서 위법한 행위와 손해 사이에 상당인과관계가 있는지 판단하는 방법 / 민법 제393조에서 정한 '통상손해' 및 '특별한 사정으로 인한 손해'의 의미

[5] 영업용 물건이 손괴되어 수리를 위하여 필요한 기간 동안 그 물건에 의한 영업을 할 수 없었던 경우, 영업을 계속하였더라면 얻을 수 있었던 수익상실이 통상손해에 해당하는지 여부(원칙적 적극) 및 영업용 물건을 손괴함으로써 그 물건을 이용하여 얻을 수 있었던 영업수익이 상실될 수 있다는 사정을 가해자가 통상적으로 예견할 수 없었던 경우에도 위 손해가 통상손해에 해당하는지 여부(소극)

[6] 산업별 노조인 갑 노동조합의 지부가 조합원들을 각 거점에 배치하고 새총, 볼트, 화염병 등을 소지한 채 공장 점거파업을 계속하자 국가가 을 주식회사로부터 기중기를 임차하여 점거파업 진압 현장에 투입하였고, 진압작전 수행 중 기중기가 손상될 경우 이를 수리하고 운휴보상을 하기로 한다는 내용의 약정을 하였는데, 위 기중기는 경찰병력을 옥상으로 이동시키는 것뿐만 아니라 장애물 제거, 조합원들에 대한 위협 및 화력소모를 위한 목적으로 사용되었고, 그 과정에서 조합원들이 이에 대항하여 새총으로 볼트를 발사하거나 화염병을 투척하는 등으로 인하여 기중기가 손상된 사안에서, 원심이 기중기 손상으로 인한 수리비 상당액의 배상에 관한 갑 노동조합 등의 책임을 80%로 제한한 것은 형평의 원칙에 비추어 현저히 불합리하고, 기중기 손상으로 인한 휴업손해 상당의 손해가 통상손해에 해당한다거나 갑 노동조합 등이 그러한 손해의 발생을 예견할 수 있다고 보아 갑 노동조합 등이 위 손해를 배상하여야 한다고 본 원심판단에 법리오해의 잘못이 있다고 한 사례

【판결요지】

[1] 구 경찰관 직무집행법(2014. 5. 20. 법률 제12600호로 개정되기 전의 것, 이하 '구 경찰관 직무집행법'이라 한다) 제1조 제2항은 "이 법에 규정된 경찰관의 직권은 그 직무수행에 필요한 최소한도 내에서 행사되어야 하며 이를 남용하여서는 아니 된다."라고 규정하여 경찰비례의 원칙을 명시적으로 선언하고 있다. 이는 경찰

행정 영역에서의 헌법상 과잉금지원칙을 표현한 것으로서, 공공의 안녕과 질서유지라는 공익목적과 이를 실현하기 위하여 개인의 권리나 재산을 침해하는 수단 사이에는 합리적인 비례관계가 있어야 한다는 의미를 갖는다.

경찰관이 구체적 상황에 비추어 인적·물적 능력의 범위 내에서 적절한 조치라는 판단에 따라 범죄의 진압 및 수사에 관한 직무를 수행한 경우에는 그러한 직무수행이 객관적 정당성을 상실하여 현저하게 불합리한 것으로 인정되지 않는 한 이를 위법하다고 할 수는 없다. 한편 불법적인 농성 진압의 경우 진압의 필요성, 농성의 태양 및 장소의 상황 등에서 예측되는 피해 발생의 구체적 위험성의 내용 등에 비추어 볼 때 농성 진압을 계속 수행할 것인지 여부 및 그 방법 등이 현저히 합리성을 결하여 위법하다고 평가할 수 있는 때에 그 직무집행이 법령을 위반한 것이라고 할 수 있다.

구 경찰관 직무집행법 제10조 제3항은 "경찰장비를 임의로 개조하거나 임의의 장비를 부착하여 통상의 용법과 달리 사용함으로써 타인의 생명·신체에 위해를 주어서는 아니 된다."라고 정하고, 구 경찰장비의 사용기준 등에 관한 규정(2014. 11. 19. 대통령령 제25733호로 개정되기 전의 것) 제3조는 "경찰장비는 통상의 용법에 따라 필요한 최소한의 범위 안에서 사용하여야 한다."라고 정하고 있는바, 위 조항에서 말하는 경찰장비는 '인명 또는 신체에 위해를 가할 수 있는 경찰장비(이하 '위해성 경찰장비'라 한다)'를 뜻한다(위 규정 제2조 참조). 위 규정들은 경찰비례의 원칙에 따라 경찰관의 직무수행 중 경찰장비의 사용 여부, 용도, 방법 및 범위에 관하여 재량의 한계를 정한 것이라 할 수 있고, 특히 위해성 경찰장비는 그 사용의 위험성과 기본권 보호 필요성에 비추어 볼 때 본래의 사용방법에 따라 지정된 용도로 사용되어야 하며 다른 용도나 방법으로 사용하기 위해서는 반드시 법령에 근거가 있어야 한다.

위와 같은 경찰관의 직무수행 및 경찰장비의 사용과 관련한 재량의 범위 및 한계를 고려해 보면, 불법적인 농성을 진압하는 방법 및 그 과정에서 어떤 경찰장비를 사용할 것인지는 구체적 상황과 예측되는 피해 발생의 구체적 위험성의 내용 등에 비추어 경찰관이 재량의 범위 내에서 정할 수 있다. 그러나 그 직무수행 중 특정한 경찰장비를 필요한 최소한의 범위를 넘어 관계 법령에서 정한 통상의 용법과 달리 사용함으로써 타인의 생명·신체에 위해를 가하였다면, 불법적인 농성의 진압을 위하여 그러한 방법으로라도 해당 경찰장비를 사용할 필요가 있고 그로 인하여 발생할 우려가 있는 타인의 생명·신체에 대한 위해의 정도가 통상적으로 예견되는 범위 내에 있다는 등의 특별한 사정이 없는 한 그 직무수행은 위법하다고 보아야 한다. 나아가 경찰관이 농성 진압의 과정에서 경찰장비를 위법하게 사용함으로써 그 직무수행이 적법한 범위를 벗어난 것으로 볼 수밖에 없다면, 상대방이 그로 인한 생명·신체에 대한 위해를 면하기 위하여 직접적으로 대항하는 과정에서 경찰장비를 손상시켰더라도 이는 위법한 공무집행으로 인한 신체에 대한 현재의 부당한 침해에서 벗어나기 위한 행위로서 정당방위에 해당한다.

[2] 산업별 노조인 갑 노동조합의 지부가 조합원들을 각 거점에 배치하고 새총, 볼트, 화염병 등을 소지한 채 공장 점거파업을 계속하자 경찰이 점거파업을 진압하기 위하여 헬기에서 조합원들이 있던 공장 옥상을 향하여 다량의 최루액을 살포하거나 공장 옥상으로부터 30~100m 고도로 제자리 비행을 하여 조합원들을 헬기 하강풍에 노출되게 하였고, 그 과정에서 헬기가 새총으로 발사된 볼트 등의 이물질에 맞아 손상된 사안에서, 구 경찰항공 운영규칙(2010. 6. 30. 경찰청훈령 제595호로 개정되기 전의 것) 제18조와 경찰장비의 사용 여부, 용도, 방법 및 범위에 관한 구 경찰관 직무집행법(2014. 5. 20. 법률 제12600호로 개정되기 전의 것, 이하 '구 경찰관 직무집행법'이라 한다) 및 구 경찰장비의 사용기준 등에 관한 규정(2014. 11. 19. 대통령령 제25733호 위해성 경찰장비의 사용기준 등에 관한 규정으로 개정되기 전의 것, 이하 '구 경찰장비사용규정'이라 한다)의 내용을 종합해 보면, 의도적으로 헬기를 낮은 고도에서 제자리 비행하여 옥외에서 농성 중인 사람을 상대로 직접 하강풍에 노출시키는 것은 경찰장비를 통상의 용법과 달리 사용함으로써 타인의 생명·신체에 위해를 주는 행위라고 볼 수 있으며, 또한 위해성 경찰장비인 최루제는 관련 법령에서 정한 발사 장치를 통해 사용되어야 하고, 구 경찰관 직무집행법 및 구 경찰장비사용규정은 최루제를 헬기를 이용하여 공중에서 살포할 수 있다는 규정을 두고 있지 않으므로, 헬기를 위와 같은 방법으로 사용하여 불법적인 농성을 진압하는 것은 경찰장비를 위법하게 사용함으로써 적법한 직무수행의 범위를 벗어났다고 볼 여지가 있는데도, 갑 노동조합 등에 대하여 헬기의 손상에 관한 손해배상책임이 성립한다고 본 원심판단에 심리미진 등의 잘못이 있다고 한 사례.

[3] 불법행위로 인한 손해배상사건에서 피해자에게 손해의 발생이나 확대에 관하여 과실이 있거나 가해자의 책임을 제한할 사유가 있는 경우에는 배상책임의 범위를 정함에 있어서 당연히 이를 참작하여야 하고, 나아가 책임제한의 비율을 정할 때에는 손

해의 공평 부담이라는 제도의 취지에 비추어 손해 발생과 관련된 모든 상황이 충분히 고려되어야 하며, 책임제한에 관한 사실인정이나 비율을 정하는 것이 사실심의 전권사항이라고 하더라도 형평의 원칙에 비추어 현저히 불합리하여서는 안 된다.

[4] 불법행위로 인한 손해배상책임을 지우려면 위법한 행위와 원고가 입은 손해 사이에 상당인과관계가 있어야 하고, 상당인과관계의 유무는 결과 발생의 개연성, 위법행위의 태양 및 피침해이익의 성질 등을 종합적으로 고려하여 판단하여야 한다. 한편 민법 제763조에 따라 불법행위로 인한 손해배상에 준용되는 민법 제393조 제1항은 "채무불이행으로 인한 손해배상은 통상의 손해를 그 한도로 한다."라고 정하고, 제2항은 "특별한 사정으로 인한 손해는 채무자가 이를 알았거나 알 수 있었을 때에 한하여 배상의 책임이 있다."라고 정하고 있다. 제1항의 통상손해는 특별한 사정이 없는 한 그 종류의 채무불이행이 있으면 사회일반의 거래관념 또는 사회일반의 경험칙에 비추어 통상 발생하는 것으로 생각되는 범위의 손해를 말하고, 제2항의 특별한 사정으로 인한 손해는 당사자들의 개별적, 구체적 사정에 따른 손해를 말한다.

[5] 일반적으로 영업용 물건이 손괴된 경우 수리를 위하여 필요한 기간 동안 그 물건에 의한 영업을 할 수 없었던 경우에는 영업을 계속하였더라면 얻을 수 있었던 수익상실은 통상손해에 해당한다. 그러나 위법한 가해행위로 인하여 영업용 물건이 손괴되었더라도 위법행위의 태양, 물건이 사용 및 손괴된 경위 등에 비추어 볼 때 가해자가 그것이 영업용 물건으로서 이를 손괴함으로써 그 물건을 이용하여 얻을 수 있었던 영업수익이 상실될 수 있다는 사정을 통상적으로 예견할 수 없었다면 그러한 경우까지도 위 손해가 통상손해에 해당한다고 보기는 어렵다.

[6] 산업별 노조인 갑 노동조합의 지부가 조합원들을 각 거점에 배치하고 새총, 볼트, 화염병 등을 소지한 채 공장 점거파업을 계속하자 국가가 을 주식회사로부터 기중기를 임차하여 점거파업 진압 현장에 투입하였고, 진압작전 수행 중 기중기가 손상될 경우 이를 수리하고 운휴보상을 하기로 한다는 내용의 약정을 하였는데, 위 기중기는 경찰병력을 옥상으로 이동시키는 것뿐만 아니라 장애물 제거, 조합원들에 대한 위협 및 화력소모를 위한 목적으로 사용되었고, 그 과정에서 조합원들이 이에 대항하여 새총으로 볼트를 발사하거나 화염병을 투척하는 등으로 인하여 기중기가 손상된 사안에서, 국가가 진압작전 과정에서 조합원들의 기중기에 대한 공격을 적

극적으로 유도하였다고 볼 여지가 있고 그러한 대항행위로 인하여 기중기가 손상될 수 있음을 충분히 예상할 수 있었다고 볼 수 있으므로, 진압작전 중 기중기가 손상되는 것은 국가 스스로가 감수한 위험이라고 할 수 있고, 또한 기중기를 위와 같이 용법을 벗어난 방법으로 사용하였다면 그 손상에 관한 국가의 책임도 적지 않다고 볼 수 있는데도, 원심이 기중기 손상으로 인한 수리비 상당액의 배상에 관한 갑 노동조합 등의 책임을 80%로 제한한 것은 형평의 원칙에 비추어 현저히 불합리하고, 한편 시위진압을 위한 공권력의 행사는 국가작용이고, 시위에 참여하는 사람들로서는 시위진압에 사용되는 장비가 외관상 영업용 물건임이 명확하지 않는 한 통상적으로 국가가 보유하는 장비가 시위진압에 사용될 것으로 예견한다고 볼 수 있는데, 갑 노동조합 등으로서는 국가가 시위진압이라는 공권력을 행사하는 과정에서 사용한 기중기가 민간업체로부터 임차한 것이고, 기중기를 이용한 위와 같은 진압행위에 대항하여 이를 손상시킨 경우에 그 기중기가 영업용 물건에 해당하여 기중기 소유자인 민간업체가 이를 영업에 이용하여 얻을 수 있었던 수익을 상실하게 되는 손해가 발생하고 그러한 손해를 자신들이 부담하게 될 것을 예견하였으리라고 인정하기는 어려운데도, 기중기 손상으로 인한 휴업손해 상당의 손해가 통상손해에 해당한다거나 갑 노동조합 등이 그러한 손해의 발생을 예견할 수 있다고 보아 갑 노동조합 등이 위 손해를 배상하여야 한다고 본 원심판단에 법리오해의 잘못이 있다고 한 사례.

【이 유】

1. 피고 전국금속노동조합 쌍용자동차지부(이하 '피고 지부'라 한다)의 손해배상책임 부담 여부에 관하여(원고의 제1 상고이유)

원심은 그 판시와 같은 이유로 이 사건 점거파업을 주도한 전국금속노동조합 쌍용차지부(이하 '쌍용차지부'라 한다)는 산업별 노조인 피고 전국금속노동조합(이하 '피고 금속노조'라 한다)을 탈퇴하고 기업별 노조인 쌍용자동차 노동조합(이하 '쌍용차조합'이라 한다)으로 조직형태를 변경하기로 결의하였으므로 쌍용차지부와 조직적 동일성을 가진 노동조합은 쌍용차조합이고, 쌍용차지부와의 조직적 동일성을 상실한 피고 지부가 이 사건 점거파업에 따른 손해배상책임을 부담한다고 볼 수는 없다고 판단하였다.

원심판결 이유를 관련 법리와 기록에 비추어 살펴보면 원심판단에 상고이유 주장과 같이 피고 지부의 법적 지위에 관한 법리를 오해한 잘못이 없다.

2. 원심판결 중 공동불법행위에 기한 손해배상청구를 배척한 부분의 당부에 관하여(원고의 제2 상고이유)

원심은 그 판시와 같은 이유로 원고의 피고들에 대한 청구 중 일부 피고들에 대하여 손해배상책임을 인정한 부분을 제외한 나머지 청구 부분에 대하여 다음과 같이 그에 해당하는 원고의 청구를 배척하였다.

가. 원심 판결문 별지 2.목록 기재 A(피고 3부터 피고 37까지, 피고 63, 피고 97), A1(피고 64, 피고 66, 피고 74부터 피고 79까지), A2(피고 86), A3(피고 89) 분류 피고들(이하에서 원심 판결문 별지 2.목록 기재와 같이 피고들을 분류한다)과 피고 지부를 제외한 나머지 피고들이 이 사건 점거파업(이하에서 원고가 주장하는 이 사건 각 공동불법행위를 원심 판시와 같이 이 사건 점거파업, 이 사건 제1집회·시위, 제2집회·시위 및 개별행위로 분류한다)과 관련하여 직접적으로 실행행위를 분담하였다거나 직접적 실행행위자에게 영향을 미쳤다고 볼 수 없어 공동불법행위를 하였다고 인정하기에 부족하므로 그에 따른 손해배상책임 또는 사용자책임을 물을 수 없다.

나. A1, A2, A3 분류 피고들은 각 일부 공동불법행위책임이 인정되는 해당 개별행위로 인한 치료비 손해 외에 이 사건 점거파업과 관련한 나머지 손해와 관련하여 공동불법행위를 하였다고 인정하기에 부족하다.

다. 제1집회·시위 및 제2집회·시위, 피고 46의 개별행위와 관련하여 B(피고 2, 피고 92부터 피고 95까지), C(피고 3, 피고 98, 피고 99), D(피고 46) 분류 피고들을 제외한 나머지 피고들은 각 해당 손해에 관한 공동불법행위를 하였다고 인정하기에 부족하다.

라. 원고가 청구한 손해액 중 원심이 인정한 손해액을 초과하는 부분에 대하여는 각 해당 손해가 발생하였다는 사실을 인정하기에 부족하다.

원심판결 이유를 관련 법리와 기록에 비추어 살펴보면, 원심의 판단에 논리와 경험의 법칙을 위반하여 자유심증주의의 한계를 벗어나거나 그 주장하는 바와 같은 법리를 오해한 잘못이 없다.

3. 이 사건 점거파업 관련 치료비와 차량, 진압장비, 휴대용 무전기 손상에 관한 공동불법행위의 성립 및 손해배상책임의 범위에 관하여(피고들의 제4부터 6까지 상고이유)

원심은 그 판시와 같은 이유로 이 사건 점거파업과 관련하여 진압과정에서 부상당한 경찰관의 치료비와 차량, 진압장비, 휴대용 무전기 손상으로 인한 손해에 관하여, A 분류 피고들은 이 사건 점거파업 과정 중에 있었던 집단행동의 성격과 경위, 규모와 형태, 방법과 진행과정, 그 과정에서 위 피고들의 지위, 역할, 지휘계통을 통한 실행행위에 대한 지배 내지 장악력에 비추어 볼 때 공동불법행위자 또는 사용자로서의 책임을 부담하고, A1, A2, A3 분류 각 피고들은 직무수행 중인 경찰관을 폭행하여 상해를 가하였으므로 각 해당 부분에 관하여 A 분류 피고들과 공동하여 공동불법행위에 기한 손해배상책임을 부담한다고 판단하였다.

원심판결 이유를 기록에 비추어 살펴보면, 원심의 판단에 상고이유 주장과 같이 논리와 경험의 법칙을 위반하여 자유심증주의의 한계를 벗어나거나 공동불법행위의 성립, 손해배상의 범위와 부진정연대책임, 과실상계 및 책임제한에 관한 법리를 오해한 잘못이 없다.

4. 제1집회·시위 및 제2집회·시위 관련 공동불법행위, 피고 46의 불법행위 성립 및 각 손해배상책임의 범위에 관하여(피고들의 제4부터 6까지 상고이유)

원심은 그 판시와 같은 이유로 피고 전국민주노동조합총연맹은 제1집회·시위의 주최자로서, 피고 금속노조는 제2집회·시위의 주최자로서 각 그 집회에서 위법행위가 발생하지 않도록 할 주의의무가 있음에도 폭력행위 등의 발생을 방지하기 위한 적절한 조치를 취하지 않았으므로 그 집회참가자 중 일부의 폭력행위로 인하여 발생한 원고의 손해에 대하여 공동불법행위자로서 손해배상책임을 부담하고, 피고 46, 피고 92, 피고 93, 피고 94, 피고 95, 피고 98, 피고 99(B, C, D 분류 피고들이다)은 직무수행 중인 경찰관을 공동하여 또는 단독으로 폭행하여 상해를 가하였으므로 그로 인한 공동불법행위 또는 불법행위에 기한 손해배상책임을 부담한다고 판단하였다.

원심판결이 인정한 사실과 기록으로 알 수 있는 위 각 집회·시위의 목적 및 성격, 규모, 참여자의 구성, 그 개최 경위 및 진행과정과 관련 법리에 비추어 볼 때 원심의 판단에 상고이유 주장과 같이 논리와 경험의 법칙을 위반하여 자유심증주의의 한계를 벗어나거나 공동불법행위 또는 불법행위의 성립, 손해배상의 범위와 부진정연대책임, 과실상계 및 책임제한에 관한 법리를 오해한 잘못이 없다.

5. 헬기 손상에 관한 공동불법행위의 성립에 관하여(피고들의 제5 상고이유)

가. 관련 법리

구 「경찰관 직무집행법」(2014. 5. 20. 법률 제12600호로 개정되기 전의 것, 이하 '구 경찰관 직무집행법'이라 한다) 제1조 제2항은 "이 법에 규정된 경찰관의 직권은 그 직무수행에 필요한 최소한도 내에서 행사되어야 하며 이를 남용하여서는 아니 된다."라고 규정하여 경찰비례의 원칙을 명시적으로 선언하고 있다. 이는 경찰행정 영역에서의 헌법상 과잉금지원칙을 표현한 것으로서, 공공의 안녕과 질서유지라는 공익목적과 이를 실현하기 위하여 개인의 권리나 재산을 침해하는 수단 사이에는 합리적인 비례관계가 있어야 한다는 의미를 갖는다(대법원 2021. 11. 11. 선고 2018다288631 판결 참조).

경찰관이 구체적 상황에 비추어 그 인적·물적 능력의 범위 내에서 적절한 조치라는 판단에 따라 범죄의 진압 및 수사에 관한 직무를 수행한 경우에는 그러한 직무수행이 객관적 정당성을 상실하여 현저하게 불합리한 것으로 인정되지 않는 한 이를 위법하다고 할 수는 없다. 한편 불법적인 농성 진압의 경우 그 진압의 필요성, 농성의 태양 및 장소의 상황 등에서 예측되는 피해 발생의 구체적 위험성의 내용 등에 비추어 볼 때 농성 진압을 계속 수행할 것인지 여부 및 그 방법 등이 현저히 합리성을 결하여 위법하다고 평가할 수 있는 때에 그 직무집행이 법령을 위반한 것이라고 할 수 있다(대법원 2010. 11. 11. 선고 2010도7621 판결 참조).

구 경찰관 직무집행법 제10조 제3항은 "경찰장비를 임의로 개조하거나 임의의 장비를 부착하여 통상의 용법과 달리 사용함으로써 타인의 생명·신체에 위해를 주어서는 아니 된다."라고 정하고, 구 「경찰장비의 사용기준 등에 관한 규정」(2014. 11. 19. 대통령령 제25733호로 개정되기 전의 것, 이하 '구 경찰장비사용규정'이라 한다) 제3조는 "경찰장비는 통상의 용법에 따라 필요한 최소한의 범위 안에서 사용하여야 한다."라고 정하고 있는 바, 위 조항에서 말하는 경찰장비는 '인명 또는 신체에 위해를 가할 수 있는 경찰장비(이하 '위해성 경찰장비'라 한다)'를 뜻한다(위 규정 제2조 참조). 위 규정들은 경찰비례의 원칙에 따라 경찰관의 직무수행 중 경찰장비의 사용 여부, 용도, 방법 및 범위에 관하여 재량의 한계를 정한 것이라 할 수 있고, 특히 위해성 경찰장비는 그 사용의 위험성과 기본권 보호 필요성에 비추어 볼 때 본래의 사용방법에 따라 지정된 용도로 사용되어야 하며 다른 용도나 방법으로 사용하기 위해서는 반드시 법령에 근거가 있어야 한다(헌법재판소 2018. 5. 31. 선고 2015헌마476 전원재판부 결정 참조).

위와 같은 경찰관의 직무수행 및 경찰장비의 사용과 관련한 재량의 범위 및 한계를 고려해 보면, 불법적인 농성을 진압하는 방법 및 그 과정에서 어떤 경찰장비를 사용할 것인지는 구체적 상황과 예측되는 피해 발생의 구체적 위험성의 내용 등에 비추어 경찰관이 그 재량의 범위 내에서 정할 수 있다. 그러나 그 직무수행 중 특정한 경찰장비를 필요한 최소한의 범위를 넘어 관계 법령에서 정한 통상의 용법과 달리 사용함으로써 타인의 생명·신체에 위해를 가하였다면, 불법적인 농성의 진압을 위하여 그러한 방법으로라도 해당 경찰장비를 사용할 필요가 있고 그로 인하여 발생할 우려가 있는 타인의 생명·신체에 대한 위해의 정도가 통상적으로 예견되는 범위 내에 있다는 등의 특별한 사정이 없는 한 그 직무수행은 위법하다고 보아야 한다. 나아가 경찰관이 농성 진압의 과정에서 경찰장비를 위법하게 사용함으로써 그 직무수행이 적법한 범위를 벗어난 것으로 볼 수밖에 없다면, 상대방이 그로 인한 생명·신체에 대한 위해를 면하기 위하여 직접적으로 대항하는 과정에서 그 경찰장비를 손상시켰더라도 이는 위법한 공무집행으로 인한 신체에 대한 현재의 부당한 침해에서 벗어나기 위한 행위로서 정당방위에 해당한다.

나. 원심판결 이유와 기록에 따르면 다음과 같은 사실을 알 수 있다.

(1) 쌍용차지부는 2009. 5. 22. 쌍용자동차 정리해고 철폐를 주장하면서 총파업 출정식을 개최한 다음 이 사건 점거파업을 시작하였다.

(2) 쌍용차지부는 일정한 지휘체계를 구축하고 쌍용자동차의 임직원이나 경찰의 진입에 대비하기 위하여 조합원들을 각 거점에 배치하고 새총, 볼트, 화염병 등을 소지한 채 점거파업을 계속하였고, 2009. 7. 25.부터 2009. 8. 2.까지 회사 측과 교섭을

진행하였으나 협상이 결렬되었다.

(3) 경찰은 이 사건 점거파업을 진압하기 위하여 헬기에 물탱크를 부착하여 조합원들이 있던 공장 옥상을 향하여 다량의 최루액을 살포하였고, 비행 중인 헬기에서 최루액을 담은 비닐봉지를 공장 옥상에 직접 떨어뜨리기도 하였다.

(4) 또한 경찰은 헬기를 운행할 때 발생하는 강한 하강풍을 이용하여 진압작전을 수행하기로 하고 수회에 걸쳐 조합원들이 있던 공장 옥상으로부터 30~100m 고도로 제자리 비행을 하여 조합원들을 헬기 하강풍에 노출되게 하였다.

(5) 경찰은 2009. 8. 4. 및 2009. 8. 5. 헬기 및 기중기를 동원하여 대대적 진압작전을 실시하였고, 그 과정에서 2009. 8. 4. 진압에 투입된 헬기 3대가 새총으로 발사된 볼트 등의 이물질에 맞아 손상되었다.

다. 위와 같은 사실관계를 앞서 본 법리에 비추어 살펴본다.

(1) 헬기는 통상적으로 공중에서 지휘, 정찰, 인명 수색 및 구조 등의 임무를 수행하기 위하여 사용되는 경찰장비이다. 구 「경찰항공 운영규칙」(2010. 6. 30. 경찰청훈령 제595호로 개정되기 전의 것) 제18조는 항공장비의 안전고도에 관하여 "중요시설, 민가 밀집지역, 사람이 많이 모여 있는 지역 등을 비행할 때는 항공기를 중심으로 반경 600m 범위 내에 있는 가장 높은 장애물 상단으로부터 300m 이상의 고도를 유지해야 한다. 다만 경찰기본임무 수행에 필요한 경우와 지상의 사람이나 물건을 위태롭게 하지 않을 것으로 판단될 때는 그 이하의 고도로도 비행할 수 있다."라고 정하고 있었다. 위 규정과 경찰장비의 사용 여부, 용도, 방법 및 범위에 관한 구 경찰관 직무집행법 및 구 경찰장비사용규정의 내용을 종합해 보면, 의도적으로 헬기를 낮은 고도에서 제자리 비행하여 옥외에서 농성 중인 사람을 상대로 직접 그 하강풍에 노출시키는 것은 경찰장비를 통상의 용법과 달리 사용함으로써 타인의 생명·신체에 위해를 주는 행위라고 볼 수 있다. 또한 위해성 경찰장비인 최루제는 관련 법령에서 정한 발사 장치를 통해 사용되어야 하고, 구 경찰관 직무집행법 및 구 경찰장비사용규정은 최루제를 헬기를 이용하여 공중에서 살포할 수 있다는 규정을 두고 있지 않았다. 결국 헬기를 위와 같은 방법으로 사용하여 불법적인 농성을 진

압하는 것은 경찰장비를 위법하게 사용함으로써 적법한 직무수행의 범위를 벗어났다고 볼 여지가 있다.

(2) 그렇다면 원심으로서는 이 사건 점거파업 진압을 위하여 헬기를 이용하여 최루액을 직접 살포하거나 사람을 직접 하강풍에 노출시키는 직무수행이 경찰장비를 통상의 용법에 따라 필요한 최소한의 범위 내에서 사용한 것으로서 적법한 직무수행이라고 볼 수 있는지, 그로 인하여 조합원들의 생명·신체에 상당한 위험이 초래되었는지 및 경찰이 위와 같은 방법으로 진압작전을 펼친 데에 조합원들이 직접적으로 대항하는 과정에서 이루어진 가해행위로 인하여 헬기가 손상된 것인지에 관하여 심리해 보았어야 한다.

라. 그럼에도 원심은 위와 같은 사정에 관하여 심리하지 않은 채 A 분류 기재 피고들에 대하여 헬기의 손상에 관한 손해배상책임이 성립한다고 판단하였다. 이러한 원심판단에는 경찰장비의 사용에 관한 직무수행의 적법성 및 비례의 원칙 등에 관한 법리를 오해하여 필요한 심리를 다하지 않음으로써 판결 결과에 영향을 미친 잘못이 있다.

6. 기중기 손상에 관한 공동불법행위에 기한 손해배상책임 및 책임제한에 관하여(피고들의 제1, 2, 5 상고이유)

가. 수리비 상당의 손해배상청구 부분에 관하여

(1) 원심은 그 판시와 같은 이유로 원고는 주식회사 중앙크레인(이하 '중앙크레인'이라 한다)으로부터 임차한 기중기를 임차 당시의 상태대로 반환할 의무가 있는데 기중기가 손상되어 중앙크레인에 수리비 상당액을 지급하여야 하는 손해를 입게 되었으므로 기중기를 손상시킨 자를 상대로 그 손해배상을 구할 수 있고, 설령 원고가 위 손해배상채권을 직접 행사할 수 없다 하더라도 구상권을 행사할 수 있으므로 A 분류 피고들은 원고에게 기중기 수리비 상당액의 손해를 배상할 책임이 있다고 인정하는 한편, 원고의 지시에 따른 과다조작 역시 기중기의 손상 원인이 되었음을 인정할 수 있으므로 그 기여 정도를 참작하기로 하되 그 비율은 20%로 보는 것이 타당하다고 판단하였다.

원심판결 이유를 기록에 비추어 살펴보면, A 분류 피고들이 원고에 대하여 공동불법행위에 기한 손해배상으로 기중기 수리비 상당액을 지급할 의무가 인정된다고 한 원심의 판단에는 임차목적물에 대한 불법행위로 인한 손해배상책임의 성립에 관한 법리를 오해한 잘못이 없다.

(2) 그러나 다음과 같은 이유로 그 책임의 제한에 관한 원심의 판단은 받아들이기 어렵다.

(가) 불법행위로 인한 손해배상사건에서 피해자에게 손해의 발생이나 확대에 관하여 과실이 있거나 가해자의 책임을 제한할 사유가 있는 경우에는 배상책임의 범위를 정함에 있어서 당연히 이를 참작하여야 하고, 나아가 그 책임제한의 비율을 정할 때에는 손해의 공평 부담이라는 제도의 취지에 비추어 손해 발생과 관련된 모든 상황이 충분히 고려되어야 하며, 책임제한에 관한 사실인정이나 비율을 정하는 것이 사실심의 전권사항이라고 하더라도 형평의 원칙에 비추어 현저히 불합리하여서는 안 된다(대법원 2022. 4. 28. 선고 2019다224726 판결 등 참조).

(나) 원심판결 이유와 기록에 따르면 다음과 같은 사정을 알 수 있다.

① 원고는 중앙크레인으로부터 220t, 200t, 100t 규격의 독일제 기중기 3대(이하 '이 사건 기중기'라 한다)를 임차하여 이를 점거파업 진압 현장에 투입하였고, 진압작전 수행 중 기중기가 손상될 경우 이를 수리하고 운휴보상을 하기로 한다는 내용의 약정을 하였다.

② 이 사건 기중기의 조종기사들은 2009. 8. 5. 07:00경부터 각 기중기에 약 7t 무게의 빈 컨테이너 1개씩을 매달은 후 원고 소속 경찰들의 지시에 따라 약 1시간 동안 이 컨테이너들을 이용하여 조합원들이 자동차조립공장 옥상에 설치해 놓은 장애물들을 부수어 제거하고, 조합원들에게 겁을 주고 조합원들의 화력을 소모시키기 위하여 컨테이너들을 옥상에 내릴 것 같은 동작을 취하는 등으로 이 사건 기중기를 급조작하였다.

③ 중앙크레인이 원고를 상대로 제기한 약정금 청구 소송에서 원고는 '중앙크레인이 250t 기중기 3대를 대여하였다면 이 사건 기중기에 생긴 손상들 중 하중으로 인한 손상들은 발생하지 않았을 것'이라고 주장하였으나, 법원은 '기중기에 하중으로 인한 과부하가 발생하는 주된 원인은 작업반경의 거리와 붐 길이 그리고 작업환경인

데, 이 사건 진압작전에서 원고가 기중기를 경찰병력의 운반에만 사용한 것이 아니라 장애물의 제거, 시위대에 대한 위협 및 화력소모에 사용하도록 지시함에 따라 기중기가 무리하게 작동되도록 하였고, 그 과정에서 하중으로 인한 손상들이 발생하였음을 인정할 수 있다.'는 이유로 위 주장을 받아들이지 않았다.

(다) 사정이 이와 같다면, 원고로서는 진압작전 과정에서 조합원들의 기중기에 대한 공격을 적극적으로 유도하였다고 볼 여지가 있고 그러한 대항행위로 인하여 이 사건 기중기가 손상될 수 있음을 충분히 예상할 수 있었다고 볼 수 있으므로, 진압작전 중 기중기가 손상되는 것은 원고 스스로가 감수한 위험이라고 할 수 있다. 또한 통상적으로 무거운 짐을 들어 올려 느린 속도로 이동시키는 용도로 사용되는 고가의 장비인 기중기를 위와 같이 그 용법을 벗어난 방법으로 사용하였다면 그 손상에 관한 원고의 책임도 적지 않다고 볼 수 있다. 그렇다면 원심으로서는 위와 같은 원고 측의 책임과 아울러 이 사건 기중기가 손상된 구체적 경위와 부위, 손상 정도 등을 심리하여 이를 책임의 범위를 정하는 데 참작하였어야 하고, 나아가 손해분담의 공평이라는 손해배상제도의 이념에 비추어 볼 때 이러한 고가의 장비 손상은 불법 집회·시위에 통상 수반되는 것으로서 일반적으로 예견할 수 있는 범위를 넘어선다는 사정도 참작하여 그 책임을 제한함이 타당하다.

그럼에도 불구하고 이 사건 기중기 손상으로 인한 수리비 상당액의 배상에 관한 A 분류 피고들의 책임을 80%로 제한한 것은 형평의 원칙에 비추어 현저히 불합리하므로, 이러한 원심의 판단에는 과실상계 또는 책임제한 등에 관한 법리를 오해하여 판결에 영향을 미친 잘못이 있다.

나. 휴업손해 상당의 손해배상청구 부분에 관하여

(1) 원심은 각 기중기의 제원에 비추어 A 분류 피고들이 해당 기중기가 영업용이라는 점을 예견할 수 있었다는 전제에서, 이 사건 기중기 손상으로 인한 휴업손해 부분은 통상손해에 해당하거나 위 피고들이 알았거나 알 수 있었던 특별손해에 해당한다고 보아 위 피고들에게 원고가 중앙크레인에 지급한 휴업손해 상당의 손해배상책임을 인정하였다.

(2) 그러나 이러한 원심의 판단은 다음과 같은 이유로 그대로 받아들이기 어렵다.

(가) 불법행위로 인한 손해배상책임을 지우려면 그 위법한 행위와 원고가 입은 손해 사이에 상당인과관계가 있어야 하고, 그 상당인과관계의 유무는 결과 발생의 개연성, 위법행위의 태양 및 피침해이익의 성질 등을 종합적으로 고려하여 판단하여야 한다. 한편 민법 제763조에 따라 불법행위로 인한 손해배상에 준용되는 민법 제393조 제1항은 "채무불이행으로 인한 손해배상은 통상의 손해를 그 한도로 한다."라고 정하고, 제2항은 "특별한 사정으로 인한 손해는 채무자가 이를 알았거나 알 수 있었을 때에 한하여 배상의 책임이 있다."라고 정하고 있다. 제1항의 통상손해는 특별한 사정이 없는 한 그 종류의 채무불이행이 있으면 사회일반의 거래관념 또는 사회일반의 경험칙에 비추어 통상 발생하는 것으로 생각되는 범위의 손해를 말하고, 제2항의 특별한 사정으로 인한 손해는 당사자들의 개별적, 구체적 사정에 따른 손해를 말한다(대법원 2022. 5. 26. 선고 2021다300791 판결 등 참조).

일반적으로 영업용 물건이 손괴된 경우 수리를 위하여 필요한 기간 동안 그 물건에 의한 영업을 할 수 없었던 경우에는 영업을 계속하였더라면 얻을 수 있었던 수익상실은 통상손해에 해당한다. 그러나 위법한 가해행위로 인하여 영업용 물건이 손괴되었더라도 그 위법행위의 태양, 물건이 사용 및 손괴된 경위 등에 비추어 볼 때 가해자가 그것이 영업용 물건으로서 이를 손괴함으로써 그 물건을 이용하여 얻을 수 있었던 영업수익이 상실될 수 있다는 사정을 통상적으로 예견할 수 없었다면 그러한 경우까지도 위 손해가 통상손해에 해당한다고 보기는 어렵다.

(나) 시위진압을 위한 공권력의 행사는 국가작용이다. 시위에 참여하는 사람들로서는 시위진압에 사용되는 장비가 외관상 영업용 물건임이 명확하지 않는 한 통상적으로 국가가 보유하는 장비가 시위진압에 사용될 것으로 예견한다고 볼 수 있다. 이 사건에서 원고는 이 사건 점거파업을 진압하기 위하여 중앙크레인으로부터 이 사건 기중기를 임차한 다음 이를 경찰병력을 옥상으로 이동시키는 것뿐만 아니라 장애물 제거, 노조원들에 대한 위협 및 화력소모를 위한 목적으로 사용하였고, 그 과정에서 조합원들이 이에 대항하여 새총볼트를 발사하거나 화염병을 투척하는 등으로 인하여 기중기가 손상되었음은 앞서 본 바와 같다. 나아가 이 사건 기중기의 외관상 민간업체의 영업용 물건인지 여부도 분명해 보이지 않는다. 사정이 그렇다면

A 분류 피고들로서는 국가인 원고가 시위진압이라는 공권력을 행사하는 과정에서 사용한 이 사건 기중기가 국가 보유의 장비가 아니라 민간업체로부터 임차한 것이고, 기중기를 이용한 위와 같은 진압행위에 대항하여 이를 손상시킨 경우에 그 기중기가 영업용 물건에 해당하여 기중기 소유자인 민간업체가 이를 영업에 이용하여 얻을 수 있었던 수익을 상실하게 되는 손해가 발생하고 그러한 손해를 자신들이 부담하게 될 것을 예견하였으리라고 인정하기는 어렵다.

그럼에도 원심은 A 분류 피고들이 이 사건 기중기가 영업용임을 예견할 수 있었다는 전제에서 영업용 물건을 손상시켰으므로 그 휴업손해 상당의 손해는 통상손해에 해당한다거나 피고들이 그러한 손해의 발생을 예견할 수 있다고 보아 A 분류 피고들이 위 손해를 배상하여야 한다고 판단하였다. 이러한 원심판단에는 불법행위로 인한 손해배상의 범위에 있어서 통상손해 및 상당인과관계에 관한 법리를 오해한 잘못이 있다.

2) 판례 2

대법원 2019. 1. 17. 선고 2015다236196 판결

【판시사항】

위해성 경찰장비인 살수차와 물포의 사용 범위 및 방법 / 경찰관이 직사살수의 방법으로 집회나 시위 참가자들을 해산시키기 위해서 집회 및 시위에 관한 법률 제20조 제1항 각호에서 정한 해산 사유를 구체적으로 고지하는 적법한 절차에 따른 해산명령을 시행한 후에 직사살수의 방법을 사용할 수 있는지 여부(적극)

【판결요지】

위해성 경찰장비인 살수차와 물포는 필요한 최소한의 범위에서만 사용되어야 하고, 특히 인명 또는 신체에 위해를 가할 가능성이 더욱 커지는 직사살수는 타인의 법익이나 공공의 안녕질서에 직접적이고 명백한 위험이 현존하는 경우에 한해서만 사용이 가능하다고 보아야 한다.

또한 위해성 경찰장비인 살수차와 물포는 집회나 시위 참가자들을 해산하기 위한 목적

의 경찰장비이고 경찰관이 직사살수의 방법으로 집회나 시위 참가자들을 해산시키는 것은 집회의 자유나 신체의 자유를 침해할 우려가 있으므로 적법절차의 원칙을 준수하여야 한다. 따라서 경찰관이 직사살수의 방법으로 집회나 시위 참가자들을 해산시키려면, 먼저 집회 및 시위에 관한 법률 제20조 제1항 각호에서 정한 해산 사유를 구체적으로 고지하는 적법한 절차에 따른 해산명령을 시행한 후에 직사살수의 방법을 사용할 수 있다고 보아야 한다. 경찰청 훈령인 '물포운용지침'에서도 '직사살수'의 사용요건 중 하나로서 '도로 등을 무단점거하여 일반인의 통행 또는 교통소통을 방해하고 경찰의 해산명령에 따르지 아니하는 경우'라고 규정하여, 사전에 적법한 '해산명령'이 있어야 함을 요구하고 있다.

【이 유】

1. 경찰관의 직사살수행위와 위법성 판단

가. 구 경찰관 직무집행법(2014. 5. 20. 법률 제12600호로 개정되기 전의 것) 제10조는 경찰관은 직무수행 중 경찰장비를 사용할 수 있다고 하면서(제1항 본문), 인명 또는 신체에 위해를 가할 수 있는 경찰장비(이하 '위해성 경찰장비'라 한다)에 대하여는 필요한 안전교육과 안전검사를 실시하여야 하고, 위해성 경찰장비의 종류 및 사용기준 등에 대하여는 대통령령으로 정한다고(제1항 단서 및 제4항) 규정하고 있다. 구 경찰장비의 사용기준 등에 관한 규정(2014. 11. 19. 대통령령 제25733호로 개정되기 전의 것) 제2조는 '살수차'와 '물포'를 위해성 경찰장비의 하나로 규정하고 있고, 제3조는 경찰장비는 통상의 용법에 따라 필요한 최소한의 범위 안에서 사용하여야 한다고 규정하고 있으며, 제13조 제1항은 '경찰관은 불법집회·시위 또는 소요사태로 인하여 발생할 수 있는 타인 또는 경찰관의 생명·신체의 위해와 재산·공공시설의 위험을 억제하기 위하여 부득이한 경우에는 현장책임자의 판단에 의하여 필요한 최소한의 범위 안에서 가스차 또는 살수차를 사용할 수 있다'고 규정하고 있다.

나. 위와 같은 규정들의 내용 및 취지를 종합하여 보면, 위해성 경찰장비인 살수차와 물포는 필요한 최소한의 범위에서만 사용되어야 하고, 특히 인명 또는 신체에 위해를 가할 가능성이 더욱 커지는 직사살수는 타인의 법익이나 공공의 안녕질서에 직접적이고 명백한 위험이 현존하는 경우에 한해서만 사용이 가능하다고 보아야 한다.

또한 위해성 경찰장비인 살수차와 물포는 집회나 시위 참가자들을 해산하기 위한 목적의 경찰장비이고 경찰관이 직사살수의 방법으로 집회나 시위 참가자들을 해산시키는 것은 집회의 자유나 신체의 자유를 침해할 우려가 있으므로 적법절차의 원칙을 준수하여야 한다. 따라서 경찰관이 직사살수의 방법으로 집회나 시위 참가자들을 해산시키려면, 먼저 집회 및 시위에 관한 법률 제20조 제1항 각호에서 정한 해산 사유를 구체적으로 고지하는 적법한 절차에 따른 해산명령을 시행한 후에 직사살수의 방법을 사용할 수 있다고 보아야 한다. 경찰청 훈령인 '물포운용지침'에서도 '직사살수'의 사용요건 중 하나로서 '도로 등을 무단점거하여 일반인의 통행 또는 교통소통을 방해하고 경찰의 해산명령에 따르지 아니하는 경우'라고 규정하여, 사전에 적법한 '해산명령'이 있어야 함을 요구하고 있다.

2. 상고이유 제1점에 대하여

원심은 그 판시와 같은 이유로, 이 사건 직사살수가 적법한 해산명령절차를 거치지 아니한 채 이루어진 것으로서 위법하다는 취지로 판단하였다.

앞서 본 법리와 기록에 따라 살펴보면, 원심의 판단에 물포운용지침의 법적 성격, 해산명령절차 위반과 국가배상책임의 한계 등에 관한 법리를 오해하거나 논리와 경험칙을 위반하여 자유심증주의의 한계를 벗어나는 등의 잘못이 없다.

3. 상고이유 제2점에 대하여

원심은 그 판시와 같은 이유로 이 사건 물포발사행위를 하기 전에 타인의 법익이나 공공의 안녕질서에 대한 직접적인 위험이 명백하게 초래되었다고 볼 만한 사정이 없었고, 비록 이 사건 직사살수가 도로교통 방해행위를 방지하고 질서를 유지하기 위한 목적으로 행해졌다고 하더라도 집회시위 관리에 필요한 최소한의 범위를 넘어 이루어졌다고 판단하였다.

앞서 본 법리와 기록에 따라 살펴보면, 원심의 판단에 물포 사용의 상당성에 관한 법리를 오해하거나 논리와 경험칙을 위반하여 자유심증주의의 한계를 벗어나는 등의 잘못이 없다.

3) 판례 3

대법원 2010. 3. 25. 선고 2009다84424 판결

【판시사항】

경찰관들이 총기를 사용하여 피의자를 제압한 후 바로 119에 신고하고 그로부터 5분 후 119구급대가 사고현장에 도착하여 총상을 입은 피의자를 병원으로 후송하였으나 과다출혈로 사망한 사안에서, 경찰관들이 119에 신고를 마친 때로부터 119구급대가 사고현장에 도착할 때까지 지혈 등 기본적인 응급조치를 하지 않았다면 부상을 당한 피의자에 대한 구호 기타 필요한 긴급조치의무를 다하지 않은 과실이 있다고 볼 여지가 있음에도 그에 관한 구체적인 심리 없이 국가의 배상책임을 부정한 원심판결을 파기한 사례

【이 유】

1. 경찰관의 총기 사용의 요건에 관한 법리오해의 점에 대하여

원심판결 이유를 기록에 비추어 살펴보면, 원심이 그 채택 증거를 종합하여 그 판시 사실을 인정한 후 그 판시 사정에 비추어 경찰관 소외 1의 총기 사용 행위는 총기 사용의 요건을 충족하였다고 판단한 조치는 정당하고, 상고이유로 주장하는 바와 같은 경찰관의 총기 사용의 요건에 관한 법리오해 등의 위법이 없다.

상고이유에서 지적하고 있는 대법원판결들은 이 사건과 사안을 달리하는 것들로서 이 사건에 원용하기에 적절하지 아니하다.

2. 경찰관의 부상자에 대한 긴급조치의무에 관한 법리오해의 점에 대하여

원심판결 이유에 의하면, 원심은 그 채택 증거를 종합하여 경찰관 소외 1, 2가 소외 3을 제압한 후 바로 119에 신고를 하였고, 2007. 11. 6. 22:03경 신고를 받은 119구급대가 그로부터 5분 후인 같은 날 22:08경에 사고 현장에 도착하여 소외 3을 병원으로 후송하였으나, 소외 3은 지병인 간경화로 인한 혈액응고지연 등이 겹쳐 출혈이 지속되는 바람에, 2007. 11. 7. 15:30경 부산백병원에서 저혈량성 쇼크로 사망한 사실, 소외 3의 사망

후 실시한 부검결과 소외 3의 혈액 및 모발에서 메스암페타민(일명 '필로폰') 및 암페타민 염이 검출된 사실 등을 인정한 다음, 위 경찰관들이 소외 3을 제압한 후 바로 119에 신고하여 신속한 구조가 이루어지도록 조치하였던 점, 119구조대도 신고를 받고 5분 만에 신속히 출동하여 구호조치를 하는 등 소외 3의 생명을 지키기 위해 최선의 노력을 다하였던 점 등을 종합하면, 위 경찰관들의 행위에 소외 3의 사망과 관련한 어떠한 과실도 찾아볼 수 없다고 판단하였다.

그러나 원심의 위와 같은 판단은 다음과 같은 이유로 받아들이기 어렵다.

경찰장비의 사용기준 등에 관한 규정 제21조는 "경찰관은 경찰장비를 사용하여 부상자가 발생한 경우에는 즉시 구호 기타 필요한 긴급조치를 취하여야 한다."고 규정하고 있는바, 원심이 인정한 사실관계와 기록에 의하면, 경찰관 소외 1의 총기 사용으로 인하여 소외 3은 왼쪽 무릎의 약간 외측방 부위(발바닥에서 약 45㎝ 높이) 및 왼쪽 허벅지의 약간 내측방 부위(발바닥에서 약 60㎝ 높이)에 각각 1개소의 지름 약 0.8㎝ 정도되는 총창(사입구)을 입고, 왼쪽 허벅지의 뒤쪽에 2개소(발바닥에서 약 42㎝, 약 62㎝ 높이)의 총창(사출구)을 입었으며, 무릎 부위 총창에 의해 대퇴동맥 가지 및 대퇴정맥의 총창이 형성된 사실, 위 경찰관들은 소외 3을 제압한 후 119에 신고를 마친 2007. 11. 6. 22:03경부터 119구급대가 사고 현장에 도착한 같은 날 22:08경까지 약 5분 동안 소외 3의 왼쪽 무릎 및 허벅지의 총창에서 계속 피가 흐르고 있는데도 상처부위에 깨끗한 천이나 거즈를 댄 후 위·아래를 동시에 압박하여 주거나, 상처부위를 심장보다 높게 하여 상처부위로 피가 몰리지 않도록 하는 등의 지혈 등 응급조치를 전혀 취하지 않은 사실, 양산소방서의 상황실근무일지, 구급활동일지 및 구조·구급 증명서에는 소외 3이 119구급대가 사고 현장에 도착할 무렵 이미 과다출혈로 인한 쇼크 상태에 있었고, 119구급대가 처치를 완료하고 현장을 출발한 같은 날 22:15경에는 의식이 혼미한 상태였으며, 119구급대가 새양산병원에 도착한 같은 날 22:20경에는 호흡과 맥박이 없었고, 새양산병원에서 소외 3에 대해 기도삽입 등의 조치를 취한 후 119구급대가 부산백병원에 도착한 같은 날 22:55경까지 지속적으로 소외 3에 대해 심폐소생술이 실시되었다고 기재되어 있는 사실을 알 수 있는바, 이처럼 위 경찰관들이 소외 3을 제압한 후 119에 신고를 마친 때로부터 119구급대가 사고 현장에 도착할 때까지 약 5분 동안 왼쪽 무릎 및 대퇴부의 총창에서 다량의 출혈을 보이고 있는 소외 3에 대하여 지혈 등 기본적인 응급조치를 취하지 않았다면, 위 경찰관들에게는 소외 3에 대한 구호 기타 필요한 긴급조치의무를 다하지 않은 과실이 있다고 볼 여지가 있고, 이는 위 경찰관들이 소외 3을 제압한 후 바로 119에 신고를 하였다고 하더라도 마찬가지이다.

그렇다면, 원심으로서는 위 경찰관들의 소외 3에 대한 구호 기타 필요한 긴급조치의무 위반 여부 등을 구체적으로 심리하였어야 함에도 만연히 그 판시 사정만을 들어 피고의 책임을 부정하고 말았는바, 이러한 원심판단에는 경찰관의 부상자에 대한 긴급조치의무에 관한 심리미진 및 법리오해 등의 위법이 있다.

4) 판례 4

대구지법 2007. 4. 5. 선고 2007노43 판결

【판시사항】

[1] '공무'(공무)가 형법상 업무방해죄의 보호법익이 되는 '업무'에 포함될 수 있는지 여부(적극)

[2] 공무의 성질상 그 집행을 방해하는 자를 배제할 수 있는 강제력을 가지지 않은 공무원에 대해 행해진 폭행, 협박에 이르지 않는 위력 등에 의한 저항 행위가 업무방해죄를 구성하는지 여부(적극)

[3] 경찰관의 직무집행에 대한 폭행, 협박에 이르지 않는 위력 등에 의한 저항 행위가 업무방해죄를 구성하는지 여부(한정 적극)

[4] 경찰관의 처분에 대해 불만을 품고 경찰서 지구대 출입문 바로 앞에 이불을 깔고 2시간 30분 동안 누워 있었던 행위에 대하여, 그로 인하여 경찰관들의 업무 수행을 위한 일반적인 순찰업무 등이 방해받았고 이러한 경찰관의 일반적인 순찰업무 등은 업무방해죄의 '업무'에 해당한다는 이유로 업무방해죄의 성립을 인정한 사례

【판결요지】

[1] 형법상 업무방해죄의 보호법익이 되는 '업무'는 직업 또는 계속적으로 종사하는 사

무나 사업을 말하고, 여기서 '사무' 또는 '사업'은 단순히 사인의 경제적 활동만을 의미하는 것이 아니라 널리 사람이 그 사회생활상의 지위에서 계속적으로 행하는 일체의 사회적 행동을 의미하는 것으로 해석함이 타당하므로, 공무원의 사무, 즉 '공무'(공무)도 사람이 그 사회생활상의 지위에서 계속적으로 행하는 사무에 해당함이 명백하고, 달리 공무라는 이유만으로 이를 '업무'에서 제외시킬 합리적 근거를 찾아볼 수가 없다.

[2] 공무는 별도로 공무집행방해죄에 의하여 보호를 받고 있고, 다만 그 죄는 폭행, 협박에 이른 경우만을 처벌의 대상으로 삼고 있을 뿐, 폭행, 협박에 이르지 아니하는 위력 등에 의한 경우는 처벌의 대상으로 삼고 있지 않다. 이는 그 공무의 성질상 그 집행을 방해하는 자를 배제할 수 있는 강제력을 가진 공무원에 대한 폭행, 협박에 이르지 않는 위력 등에 의한 저항에 대해서는 그 공무원이 강제력을 행사하여 그 저항을 배제함으로써 공무를 현실적으로 집행하도록 하는 것으로 충분하다고 볼 것이어서 굳이 그러한 저항 행위에 대하여 달리 형벌을 부과할 필요성이 그만큼 줄어든다는 데에 근거하고 있다. 따라서 위와 같은 성격의 공무는 공무집행방해죄에 의하여 보호받는 데 그칠 뿐, 나아가 업무방해죄에 의하여 보호받아야 할 필요가 없다고 볼 여지가 있다. 한편, 공무의 성질상 그 집행을 방해하는 자를 배제할 수 있는 강제력을 가지지 않은 공무원에 대하여 행해진 폭행, 협박에 이르지 않는 위력 등에 의한 저항에 대해서는 그 공무원이 강제력을 동원하여 그 저항 행위를 배제하여 공무를 현실적으로 집행할 수 없을 것이므로, 그러한 저항 행위에 대하여는 따로 형벌을 부과할 필요성이 그만큼 많아진다고 볼 수 있다. 왜냐하면, 위와 같은 저항 행위는 폭행, 협박에 이르지 않는 한 공무집행방해죄로 처벌되지도 아니하고, 또한 현실적으로도 그 공무의 집행이 곤란하게 되는 상황을 그대로 두고 보고만 있을 수도 없을 것이기 때문이다. 따라서 위와 같은 공무에 대해서는 그 방해 행위가 폭행, 협박에 이르지 않아 공무집행방해죄의 보호를 받지 못한다고 하더라도, 업무방해죄의 업무에 해당한다고 보아 이에 대한 폭행, 협박에 이르지 않는 위력 등에 의한 저항 행위는 업무방해죄를 구성한다고 봄이 상당하다.

[3] 경찰관은 원칙적으로 그 직무의 성질상 그 집행을 방해하는 자를 배제할 수 있는 강제력을 가지므로, 폭행, 협박에 이르지 않는 위력 등에 의한 저항에 대해서는 경찰관직무집행법상의 요건과 절차에 따라 강제력을 행사하여 그 저항을 배제할 수

있을 뿐, 위와 같은 저항 행위가 공무집행방해죄에 해당하지 않는다고 하여 달리 업무방해죄에 해당한다고 단정하기도 어렵다. 한편, 경찰관이 경찰관직무집행법상의 요건과 절차에 따라 강제력을 행사할 수 없는 경우, 다시 말하자면 경찰관이 강제력을 행사할 수 있는 위 법규정의 요건과 절차를 갖추지 못한 경우라면 그 직무집행이 강제력 행사로 뒷받침된다고 볼 수 없고, 결국 이러한 강제력 행사가 뒷받침되지 않는 경찰관의 직무집행에 대한 폭행, 협박에 이르지 않는 위력 등에 의한 저항 행위는 업무방해죄를 구성한다.

[4] 경찰관의 처분에 대해 불만을 품고 경찰서 지구대 출입문 바로 앞에 이불을 깔고 2시간 30분 동안 누워 있었던 행위에 대하여, 그로 인하여 경찰관들의 업무 수행을 위한 일반적인 순찰업무 등이 방해받았고 이러한 경찰관의 일반적인 순찰업무 등은 업무방해죄의 '업무'에 해당한다는 이유로 업무방해죄의 성립을 인정한 사례.

【이 유】

1. 항소이유의 요지

피고인은 대구 서구 평리동 소재 대구서부경찰서 평산지구대 출입문 앞에 이불을 깔고 약 2시간 30분 동안 누워 있는 방법으로 위 지구대 소속 경찰관의 출입을 곤란하게 하여 위 지구대 소속 경찰관의 순찰업무 등을 방해하였다. 이러한 피고인의 행위는 폭행 또는 협박에 이르지 않아 형법 제136조에 규정된 공무집행방해죄에 해당하지는 않는다고 하더라도, 형법 제314조 제1항에 규정된 업무방해죄에 해당한다고 봄이 상당하다. 그럼에도 권력적 공무(공무)는 업무방해죄의 보호대상으로 삼기 어렵다는 전제하에 피고인에 대하여 무죄를 선고한 원심판결은 업무방해죄의 법리를 오해함으로써 판결에 영향을 미친 잘못이 있다.

2. 공소사실 및 원심의 판단

가. 공소사실

피고인은 2006. 6. 16. 19:00경 조카인 공소외 1이 천식을 앓고 있어 동네의 다른 아이들로부터 따돌림을 당한다는 이유로 동네 주민들과 말다툼을 하던 중 신고를 받고 출동한 대구서부경찰서 평산지구대 소속 경장 공소외 2가 이를 만류하자 화가 나 공용물건을 손상하였다는 등의 이유로 위 지구대에서 조사를 받게 된 것에 불만을 품고, 같은 날 22:10경부터 그 다음날 00:40경까지 약 2시간 30분 동안 위 평산지구대 출입문 앞에 이불을 깔고 누워 있는 방법으로 위 지구대 소속 경찰관들의 출입을 곤란하게 함으로써 위력으로 위 지구대 소속 경찰관들의 순찰업무 등을 방해한 것이다.

나. 원심의 판단

원심은 경찰관의 직무집행과 같이 강제력을 수반하는 권력적 공무까지 위력에 의한 업무방해죄의 보호대상으로 삼아야 할 것인지는 의문이고, 공무가 업무방해죄에서 말하는 업무에 포함된다고 하는 경우에는 위법한 공무집행에 대한 폭행, 협박은 처벌되지 아니하는 반면, 이를 위력으로써 방해하는 경우에는 업무방해죄로 처벌받는다는 이상한 결론에 이른 점 등에 비추어, 방해의 대상이 공무일지라도 공무원이 사인과 유사한 지위에서 계약을 체결하는 경우와 같은 비권력적 공무는 별론으로 하고, 적어도 강제력을 수반하는 경찰관의 직무집행과 같은 권력적 공무는 업무방해죄의 보호법익인 업무에 해당하지 않는다고 판단하고, 따라서 피고인이 위력으로써 경찰관인 피해자들의 순찰업무를 방해하였다는 취지의 이 사건 공소사실은 죄가 되지 않는다고 판단하여 피고인에 대하여 무죄를 선고하였다.

3. 쟁점 및 이 법원의 판단

가. 쟁 점

이 사건의 경우와 같이 피고인이 폭행, 협박에 이르지 않는 위력에 의하여 경찰관들의 공무를 방해함으로써 공무집행방해죄가 성립되지 않는 경우에는 업무방해죄도 역시 성립되지 않는지 여부, 즉 업무방해죄의 구성요건상 '업무'에 공무도 포함되느냐, 만약 포함된다면 그 공무의 성격이 권력적인가, 비권력적인가에 따라 달리 볼 것인지, 나아가 위 공소사실과 같이 피고인의 행위로 인하여 방해를 받게 된 경찰관들의 순찰업무 등은 권력적 공무인가, 비권력적 공무인가 여부 등이 이 사건의 쟁점이다.

나. 이 법원의 판단

(1) 무릇 형법상 업무방해죄의 보호법익이 되는 '업무'라 함은 직업 또는 계속적으로 종사하는 사무나 사업을 말하는 것이고, 여기서 '사무' 또는 '사업'은 단순히 사인의 경제적 활동만을 의미하는 것이 아니라 널리 사람이 그 사회생활상의 지위에서 계속적으로 행하는 일체의 사회적 행동을 의미하는 것으로 해석함이 타당하다. 따라서 공무원의 사무, 즉 '공무'(공무)도 사람이 그 사회생활상의 지위에서 계속적으로 행하는 사무에 해당함이 명백하고, 달리 공무라는 이유만으로 이를 '업무'에서 제외시킬 합리적 근거를 찾아볼 수가 없다.

그런데 공무는 별도로 공무집행방해죄에 의하여 보호를 받고 있고, 다만 그 죄는 폭행, 협박에 이른 경우만을 처벌의 대상으로 삼고 있을 뿐, 폭행, 협박에 이르지 아니하는 위력 등에 의한 경우는 처벌의 대상으로 삼고 있지 않다. 이는 그 공무의 성질상 그 집행을 방해하는 자를 배제할 수 있는 강제력을 가진 공무원에 대한 폭행, 협박에 이르지 않는 위력 등에 의한 저항에 대해서는 그 공무원이 강제력을 행사하여 그 저항을 배제함으로써 공무를 현실적으로 집행하도록 하는 것으로 충분하다고 볼 것이어서 굳이 그러한 저항 행위에 대하여 달리 형벌을 부과할 필요성이 그만큼 줄어든다는 데에 근거하고 있다. 따라서 위와 같은 성격의 공무는 공무집행방해죄에 의하여 보호받는 데 그칠 뿐, 나아가 업무방해죄에 의하여 보호받아야 할 필요가 없다고 볼 여지가 있다.

한편, 그 공무의 성질상 그 집행을 방해하는 자를 배제할 수 있는 강제력을 가지지 않은 공무원에 대한 폭행, 협박에 이르지 않는 위력 등에 의한 저항에 대해서는 그 공무원이 강제력을 동원하여 그 저항 행위를 배제하여 공무를 현실적으로 집행할 수 없을 것이므로, 그러한 저항 행위에 대하여는 따로 형벌을 부과할 필요성이 그만큼 많아진다고 볼 수 있다. 왜냐하면, 위와 같은 저항 행위는 폭행, 협박에 이르지 않는 한 공무집행방해죄로 처벌되지도 아니하고, 또한 현실적으로도 그 공무의 집행이 곤란하게 되는 상황을 그대로 두고 보고만 있을 수도 없을 것이기 때문이다. 따라서 위와 같은 공무에 대해서는 그 방해 행위가 폭행, 협박에 이르지 않아 공무집행방해죄의 보호를 받지 못한다고 하더라도, 업무방해죄의 업무에 해당한다고 보아 이에 대한 폭행, 협박에 이르지 않는 위력 등에 의한 저항 행위는 업무방해죄를 구성한다고 봄이 상당하다.

(2) 그런데 경찰관의 직무는 범죄의 예방 · 진압 및 수사, 경비 · 요인경호 및 대간첩작전수행, 치안정보의 수집 · 작성 및 배포, 교통의 단속과 위해의 방지, 기타 공공의 안녕과 질서유지이고(경찰관직무집행법 제2조), 경찰관은 위와 같은 직무를 수행하기 위하여 일정한 요건과 절차에 따라 경찰장비 등을 사용할 수 있다(동법 제10조 내지 제10조의4, 경찰장비의 사용기준 등에 관한 규정). 따라서 경찰관은 원칙적으로 그 직무의 성질상 그 집행을 방해하는 자를 배제할 수 있는 강제력을 가지므로, 폭행, 협박에 이르지 않는 위력 등에 의한 저항에 대해서는 위 법규정의 요건과 절차에 따라 강제력을 행사하여 그 저항을 배제할 수 있을 뿐, 위와 같은 저항행위가 공무집행방해죄에 해당되지 않는다고 하여 달리 업무방해죄에 해당한다고 단정하기도 어렵다.

한편, 경찰관이 위 법규정의 요건과 절차에 따라 강제력을 행사할 수 없는 경우, 다시 말하자면 경찰관이 강제력을 행사할 수 있는 위 법규정의 요건과 절차를 갖추지 않은 경우라면 그 직무집행이 강제력 행사로 뒷받침된다고 볼 수 없고, 결국 이러한 강제력 행사가 뒷받침되지 않는 경찰관의 직무집행에 대한 폭행, 협박에 이르지 않는 위력 등에 의한 저항 행위는 업무방해죄를 구성한다고 봄이 상당하다.

(3) 이 사건에 돌이켜 보면, 피고인이 위 지구대 출입문 바로 앞에 이불을 깔고 2시간 30분 동안 누워 있는 바람에 경찰관들의 범죄 예방·진압 및 수사, 교통의 단속과 위해의 방지 등 업무가 직접적으로 방해되었다기보다는 위와 같은 업무 수행을 위한 일반적인 순찰업무 등이 방해받았다고 보는 것이 더 합리적이다. 따라서 이러한 경우에는 위 경찰관직무집행법 등의 법규정에 따라 강제력을 동원하여 폭행, 협박에 이르지 않는 위력 등에 의한 그 방해 행위를 배제할 수는 없다고 할 것이다. 결국, 피고인의 위와 같은 행위로 인하여 방해받는 경찰관의 일반적인 순찰업무 등은 업무방해죄의 '업무'에 해당한다고 봄이 상당하므로, 피고인에 대한 이 사건 공소사실은 유죄로 판단되고, 이에 반하여 업무방해죄의 '업무'에 경찰관의 권력적 공무는 포함되지 않는다는 전제하에 피고인에 대하여 무죄를 선고한 원심판결은 업무방해죄의 법리를 오해함으로써 판결에 영향을 미친 잘못이 있다.

XIV

제10조의2 경찰장구의 사용

XIV. 제10조의2 경찰장구의 사용

제10조의2(경찰장구의 사용) ① 경찰관은 다음 각 호의 직무를 수행하기 위하여 필요하다고 인정되는 상당한 이유가 있을 때에는 그 사태를 합리적으로 판단하여 필요한 한도에서 경찰장구를 사용할 수 있다.

1. 현행범이나 사형 · 무기 또는 장기 3년 이상의 징역이나 금고에 해당하는 죄를 범한 범인의 체포 또는 도주 방지

2. 자신이나 다른 사람의 생명 · 신체의 방어 및 보호

3. 공무집행에 대한 항거(抗拒) 제지

② 제1항에서 "경찰장구"란 경찰관이 휴대하여 범인 검거와 범죄 진압 등의 직무 수행에 사용하는 수갑, 포승(捕繩), 경찰봉, 방패 등을 말한다.

1. 경찰장구

경찰은 공공의 안녕과 질서를 위해 경우에 따라서는 상대방을 물리적으로 제압해야 할 경우가 있다. 그러나 물론 그에게는 필요한 최소한도의 물리력 행사로서 제압하는 것이 필요하다. 또한 그 상황에서도 상대방을 보호해야 할 경찰의 기본적인 공적 의무는 계속 유지된다. 이러한 물리력 행사의 지본적인 도구가 경찰장구이다.

'경찰장구'란 경찰관이 직무를 수행하기 위ᄒ여 소지하여 사용할 수 있는 물건을 뜻한다. 범에서 수갑, 포승, 경찰봉, 방패를 예시하고 있으나 그 외에도 경찰관이 범인검거 및 범죄진압 등에 사용하는 호송용 포승, 호신용 경봉, 전자충격기, 전자방패 등을 포함한다(경찰청, 2013: 97).

2. 판례

1) 판례 1

대법원 2018. 7. 12. 선고 2018도6219 판결

【판시사항】

[1] '강제 채뇨'의 의미 / 수사기관이 범죄 증거를 수집할 목적으로 하는 강제 채뇨가 허용되기 위한 요건 및 채뇨의 방법

[2] 수사기관이 범죄 증거를 수집할 목적으로 피의자의 동의 없이 피의자의 소변을 채취하는 것을 '감정에 필요한 처분'으로 할 수 있는지 여부(적극) 및 이를 압수·수색의 방법으로도 할 수 있는지 여부(적극) / 압수·수색의 방법으로 소변을 채취하는 경우, 압수대상물인 피의자의 소변을 확보하기 위한 수사기관의 노력에도 불구하고 피의자가 소변 채취에 적합한 장소로 이동하는 것에 동의하지 않거나 저항하는 등 임의동행을 기대할 수 없는 사정이 있는 때에는 수사기관이 소변 채취에 적합한 장소로 피의자를 데려가기 위해서 필요 최소한의 유형력을 행사하는 것이 허용되는지 여부(적극) 및 이는 '압수·수색영장의 집행에 필요한 처분'에 해당하는지 여부(적극)

[3] 피고인이 메트암페타민(일명 '필로폰')을 투약하였다는 마약류 관리에 관한 법률 위반(향정) 혐의에 관하여, 피고인의 소변(30cc), 모발(약 80수), 마약류 불법사용 도구 등에 대한 압수·수색·검증영장을 발부받은 다음 경찰관이 피고인의 주거지를 수색하여 사용 흔적이 있는 주사기 4개를 압수하고, 위 영장에 따라 3시간가량 소변과 모발을 제출하도록 설득하였음에도 피고인이 계속 거부하면서 자해를 하자 이를 제압하고 수갑과 포승을 채운 뒤 강제로 병원 응급실로 데려고 가 응급구조사로 하여금 피고인의 신체에서 소변(30cc)을 채취하도록 하여 이를 압수한 사안에서, 피고인의 소변에 대한 압수영장 집행이 적법하다고 본 원심판단을 수긍한 사례

【판결요지】

[1] 강제 채뇨는 피의자가 임의로 소변을 제출하지 않는 경우 피의자에 대하여 강제력을 사용해서 도뇨관(catheter)을 요도를 통하여 방광에 삽입한 뒤 체내에 있는 소변을 배출시켜 소변을 취득·보관하는 행위이다. 수사기관이 범죄 증거를 수집할 목적으로 하는 강제 채뇨는 피의자의 신체에 직접적인 작용을 수반할 뿐만 아니라 피의자에게 신체적 고통이나 장애를 초래하거나 수치심이나 굴욕감을 줄 수 있다. 따라서 피의자에게 범죄 혐의가 있고 그 범죄가 중대한지, 소변성분 분석을 통해서

범죄 혐의를 밝힐 수 있는지, 범죄 증거를 수집하기 위하여 피의자의 신체에서 소변을 확보하는 것이 필요한 것인지, 채뇨가 아닌 다른 수단으로는 증명이 곤란한지 등을 고려하여 범죄 수사를 위해서 강제 채뇨가 부득이하다고 인정되는 경우에 최후의 수단으로 적법한 절차에 따라 허용된다고 보아야 한다. 이때 의사, 간호사, 그 밖의 숙련된 의료인 등으로 하여금 소변 채취에 적합한 의료장비와 시설을 갖춘 곳에서 피의자의 신체와 건강을 해칠 위험이 적고 피의자의 굴욕감 등을 최소화하는 방법으로 소변을 채취하여야 한다.

[2] 수사기관이 범죄 증거를 수집할 목적으로 피의자의 동의 없이 피의자의 소변을 채취하는 것은 법원으로부터 감정허가장을 받아 형사소송법 제221조의4 제1항, 제173조 제1항에서 정한 '감정에 필요한 처분'으로 할 수 있지만(피의자를 병원 등에 유치할 필요가 있는 경우에는 형사소송법 제221조의3에 따라 법원으로부터 감정유치장을 받아야 한다), 형사소송법 제219조, 제106조 제1항, 제109조에 따른 압수·수색의 방법으로도 할 수 있다. 이러한 압수·수색의 경우에도 수사기관은 원칙적으로 형사소송법 제215조에 따라 판사로부터 압수·수색영장을 적법하게 발부받아 집행해야 한다.

압수·수색의 방법으로 소변을 채취하는 경우 압수대상물인 피의자의 소변을 확보하기 위한 수사기관의 노력에도 불구하고, 피의자가 인근 병원 응급실 등 소변 채취에 적합한 장소로 이동하는 것에 동의하지 않거나 저항하는 등 임의동행을 기대할 수 없는 사정이 있는 때에는 수사기관으로서는 소변 채취에 적합한 장소로 피의자를 데려가기 위해서 필요 최소한의 유형력을 행사하는 것이 허용된다. 이는 형사소송법 제219조, 제120조 제1항에서 정한 '압수·수색영장의 집행에 필요한 처분'에 해당한다고 보아야 한다. 그렇지 않으면 피의자의 신체와 건강을 해칠 위험이 적고 피의자의 굴욕감을 최소화하기 위하여 마련된 절차에 따른 강제 채뇨가 불가능하여 압수영장의 목적을 달성할 방법이 없기 때문이다.

[3] 피고인이 메트암페타민(일명 '필로폰')을 투약하였다는 마약류 관리에 관한 법률 위반(향정) 혐의에 관하여, 피고인의 소변(30cc), 모발(약 80수), 마약류 불법사용 도구 등에 대한 압수·수색·검증영장을 발부받은 다음 경찰관이 피고인의 주거지를 수색하여 사용 흔적이 있는 주사기 4개를 압수하고, 위 영장에 따라 3시간가량 소변과 모발을 제출하도록 설득하였음에도 피고인이 계속 거부하면서 자해를 하자 이를

제압하고 수갑과 포승을 채운 뒤 강제로 병원 응급실로 데리고 가 응급구조사로 하여금 피고인의 신체에서 소변(30cc)을 채취하도록 하여 이를 압수한 사안에서, 피고인에 대한 피의사실이 중대하고 객관적 사실에 근거한 명백한 범죄 혐의가 있었다고 보이고, 경찰관의 장시간에 걸친 설득에도 피고인이 소변의 임의 제출을 거부하면서 판사가 적법하게 발부한 압수영장의 집행에 저항하자 경찰관이 다른 방법으로 수사 목적을 달성하기 곤란하다고 판단하여 강제로 피고인을 소변 채취에 적합한 장소인 인근 병원 응급실로 데리고 가 의사의 지시를 받은 응급구조사로 하여금 피고인의 신체에서 소변을 채취하도록 하였으며, 그 과정에서 피고인에 대한 강제력의 행사가 필요 최소한도를 벗어나지 않았으므로, 경찰관의 조치는 형사소송법 제219조, 제120조 제1항에서 정한 '압수영장의 집행에 필요한 처분'으로서 허용되고, 한편 경찰관이 압수영장을 집행하기 위하여 피고인을 병원 응급실로 데리고 가는 과정에서 공무집행에 항거하는 피고인을 제지하고 자해 위험을 방지하기 위해 수갑과 포승을 사용한 것은 경찰관 직무집행법에 따라 허용되는 경찰장구의 사용으로서 적법하다는 이유로, 같은 취지에서 피고인의 소변에 대한 압수영장 집행이 적법하다고 본 원심판단을 수긍한 사례.

[이 유]

1. 강제 채뇨는 피의자가 임의로 소변을 제출하지 않는 경우 피의자에 대하여 강제력을 사용해서 도뇨관(catheter)을 요도를 통하여 방광에 삽입한 뒤 체내에 있는 소변을 배출시켜 소변을 취득·보관하는 행위이다. 수사기관이 범죄 증거를 수집할 목적으로 하는 강제 채뇨는 피의자의 신체에 직접적인 작용을 수반할 뿐만 아니라 피의자에게 신체적 고통이나 장애를 초래하거나 수치심이나 굴욕감을 줄 수 있다. 따라서 피의자에게 범죄 혐의가 있고 그 범죄가 중대한지, 소변성분 분석을 통해서 범죄 혐의를 밝힐 수 있는지, 범죄 증거를 수집하기 위하여 피의자의 신체에서 소변을 확보하는 것이 필요한 것인지, 채뇨가 아닌 다른 수단으로는 증명이 곤란한지 등을 고려하여 범죄 수사를 위해서 강제 채뇨가 부득이하다고 인정되는 경우에 최후의 수단으로 적법한 절차에 따라 허용된다고 보아야 한다. 이때 의사, 간호사, 그 밖의 숙련된 의료인 등으로 하여금 소변 채취에 적합한 의료장비와 시설을 갖춘 곳에서 피의자의 신체와 건강을 해칠 위험이 적고 피의자의 굴욕감 등을 최소화하는 방법으로 소변을 채취하여야 한다.

수사기관이 범죄 증거를 수집할 목적으로 피의자의 동의 없이 피의자의 소변을 채취하는 것은 법원으로부터 감정허가장을 받아 형사소송법 제221조의4 제1항, 제173조 제1항에서 정한 '감정에 필요한 처분'으로 할 수 있지만(피의자를 병원 등에 유치할 필요가 있는 경우에는 형사소송법 제221조의3에 따라 법원으로부터 감정유치장을 받아야 한다), 형사소송법 제219조, 제106조 제1항, 제109조에 따른 압수·수색의 방법으로도 할 수 있다. 이러한 압수·수색의 경우에도 수사기관은 원칙적으로 형사소송법 제215조에 따라 판사로부터 압수·수색영장을 적법하게 발부받아 집행해야 한다.

압수·수색의 방법으로 소변을 채취하는 경우 압수대상물인 피의자의 소변을 확보하기 위한 수사기관의 노력에도 불구하고, 피의자가 인근 병원 응급실 등 소변 채취에 적합한 장소로 이동하는 것에 동의하지 않거나 저항하는 등 임의동행을 기대할 수 없는 사정이 있는 때에는 수사기관으로서는 소변 채취에 적합한 장소로 피의자를 데려가기 위해서 필요 최소한의 유형력을 행사하는 것이 허용된다. 이는 형사소송법 제219조, 제120조 제1항에서 정한 '압수·수색영장의 집행에 필요한 처분'에 해당한다고 보아야 한다. 그렇지 않으면 피의자의 신체와 건강을 해칠 위험이 적고 피의자의 굴욕감을 최소화하기 위하여 마련된 절차에 따른 강제 채뇨가 불가능하여 압수영장의 목적을 달성할 방법이 없기 때문이다.

2. 원심판결 이유와 적법하게 채택된 증거에 따르면, 다음과 같은 사실을 알 수 있다.

가. 부산지방검찰청 소속 검사는 부산지방경찰청 소속 경찰관의 신청에 따라 피고인이 2017. 8. 초순 메트암페타민(이하 '필로폰'이라 한다)을 투약했다는 제보를 바탕으로 부산지방법원에 압수·수색·검증영장을 청구하여 2017. 8. 10. 영장담당판사로부터 마약류 관리에 관한 법률 위반 혐의에 관하여 압수·수색·검증영장(이하 '이 사건 영장'이라 한다)을 발부받았다. 이 사건 영장의 '압수할 물건'란에는 '피의자의 소변 30cc, 모발 약 80수, 마약류 불법사용에 대한 도구' 등이, '수색·검증할 장소'란에는 '피의자의 실제 주거지[부산 해운대구 (주소 생략)]' 등이 포함되어 있다. 피고인은 필로폰 투약으로 인한 마약류 관리에 관한 법률 위반(향정)죄로 수차례 처벌받은 전력이 있다.

나. 경찰관은 2017. 8. 28. 11:10경 부산 해운대구 (주소 생략)에서 피고인에게 이 사건 영장을 제시하고 주거지를 수색하여 사용 흔적이 있는 주사기 4개를 증거물로

압수하였다.

다. 경찰관이 이 사건 영장에 따라 피고인에게 소변과 모발을 제출하도록 요구하였으나, 피고인은 욕설을 하며 완강하게 거부하였다. 경찰관은 피고인을 3시간가량 설득하였으나, 피고인이 계속 거부하면서 자해를 하자 이를 제압하고 피고인에게 수갑과 포승을 채운 뒤 강제로 ○○의료원 응급실로 데리고 갔다.

라. 피고인이 ○○의료원 응급실에서도 소변의 임의 제출을 거부하자, 경찰관은 같은 날 15:30경 응급구조사로 하여금 피고인의 신체에서 소변 30cc를 채취하도록 하여 이를 압수하였다. 압수한 소변을 간이시약(MET)으로 검사한 결과 필로폰 양성 반응이 나왔다.

3. 위와 같은 사실관계를 위에서 본 법리에 비추어 살펴본다.

피고인에 대한 피의사실이 중대하고 객관적 사실에 근거한 명백한 범죄 혐의가 있었다고 볼 수 있다. 경찰관의 장시간에 걸친 설득에도 불구하고 피고인은 소변의 임의 제출을 거부하면서 판사가 적법하게 발부한 압수영장의 집행에 저항하였다. 경찰관은 다른 방법으로 수사 목적을 달성하기 곤란하다고 판단하여 압수대상물인 피고인의 소변을 채취하기 위하여 강제로 피고인을 소변 채취에 적합한 장소인 인근 병원 응급실로 데리고 가 의사의 지시를 받은 응급구조사로 하여금 피고인의 신체에서 소변을 채취하도록 하였고, 그 과정에서 피고인에 대한 강제력의 행사가 필요 최소한도를 벗어나지 않았다. 경찰관의 이러한 조치는 형사소송법 제219조, 제120조 제1항에서 정한 '압수영장의 집행에 필요한 처분'으로서 허용된다고 보는 것이 타당하다.

경찰관 직무집행법 제10조 제1항, 제10조의2 제1항 제2호, 제3호, 제2항 등에 따르면, 경찰관은 직무수행 중 자신이나 다른 사람의 생명·신체의 방어와 보호, 공무집행에 대한 항거 제지를 위하여 필요하다고 인정되는 상당한 이유가 있을 때에는 그 사태를 합리적으로 판단하여 필요한 한도에서 수갑, 포승, 경찰봉, 방패 등 경찰장구를 사용할 수 있다. 이 사건에서 경찰관이 압수영장을 집행하기 위하여 피고인을 ○○의료원 응급실로 데리고 가는 과정에서 공무집행에 항거하는 피고인을 제지하고 자해 위험을 방지하기 위해 수갑과 포승을 사용한 것은 경찰관 직무집행법에 따라 허용되는 경찰장구의 사용으로서 적법하다.

2) 판례 2

대법원 2014. 5. 29. 선고 2013도5686 판결

【판시사항】

경찰관 갑이 자신에게 욕설을 하는 피고인을 모욕죄의 현행범으로 체포하여 순찰차에 태운 후 운전하려고 하자, 피고인이 갑에게 욕설과 폭행을 하여 공무집행을 방해하였다는 내용으로 기소된 사안에서, 갑이 피고인을 현행범인으로 체포하면서 적법절차를 제대로 지켰을 가능성 등에 관하여 깊이 심리하지 아니한 채 갑의 공무집행을 적법한 공무집행이라 할 수 없다고 보아 피고인에게 무죄를 인정한 원심판결에 심리미진 등의 잘못이 있다고 한 사례

【이 유】

1. 이 사건 공소사실은 '피고인이 2011. 11. 19. 01:40 서울 중랑구 신내동 449 앞길에서 경찰관 공소외 1에게 욕설을 하여, 공소외 1이 피고인을 모욕죄의 현행범으로 체포하여 순찰차 뒷자리에 태운 후 순찰차를 운전하려고 하자, 피고인이 공소외 1에게 욕설을 하며 주먹으로 공소외 1의 얼굴을 때려 현행범 체포에 관한 공소외 1의 정당한 직무집행을 방해하였다'는 것이다.

2. 원심판결 이유에 의하면, 원심은, 경찰관인 공소외 1이 피고인을 모욕죄의 현행범으로 체포하면서 범죄사실의 요지만 고지하였을 뿐 변호인을 선임할 수 있음은 말하지 아니하고 변명할 기회도 주지 않았으므로 이는 적법한 공무집행이라고 할 수 없고, 피고인을 순찰차에 태운 후 바로 운전하려 한 것으로 보았을 때 피고인을 제압한 후에 지체없이 구속의 이유와 변호인을 선임할 수 있음을 말하고 변명할 기회를 주었다고도 할 수 없으므로, 피고인이 이를 거부하는 방법으로 공소외 1에게 욕설과 폭행을 하였다고 하여 공무집행방해죄가 성립하는 것은 아니고, 달리 피고인의 행위가 공무집행방해죄에 해당한다고 인정할 만한 아무런 증거가 없다는 이유로 제1심의 무죄판결을 그대로 유지하였다.

그러나 제1심과 원심이 적법하게 채택한 증거에 의하여 알 수 있는 다음과 같은 사정,

즉 ① 이 사건 당시 피고인과 싸워 폭행 혐의로 입건된 공소외 2가 중랑경찰서에서 서명, 날인한 확인서(체포구속통지서의 첨부서류)에는 '폭행죄로 현행범인 체포되면서 피의사실 요지, 체포의 이유와 변호인을 선임할 수 있으며, 체포적부심을 청구할 수 있음을 고지받고 변명의 기회가 주어졌음을 확인한다'고 기재되어 있고, 반면 피고인에 대한 같은 내용의 확인서에는 피고인이 날인 거부한 것으로 되어 있는 점, ② 피고인에 대한 현행범인체포서에는 '피고인을 모욕죄로 현행범 체포한바 운전석에 있던 공소외 1을 폭행하여 공무집행방해, 모욕, 폭행한 것에 대하여 변호사 선임 등 피의자 권리 고지한 후 현행범 체포하였다'는 취지로 기재되어 있는데, 동일인에 대한 현행범인 체포가 시간상으로 근접하여 여러 차례 있게 되면 현행범인 체포마다 피의사실의 요지 등을 제대로 고지하였더라도 현행범인체포서 등에는 그 고지를 마지막에 한 차례만 한 것처럼 기재할 가능성이 있는 점, ③ 피고인이나 공소외 2 등 이 사건 체포 현장에 있던 사람들이 경찰에서 조사받을 때 공소외 1이 피고인에게 피의사실의 요지 등을 제대로 고지하지 않았다고 진술한 적이 없는 점, ④ 공소외 1은 경찰에서 피고인을 순찰차에 태우기 전에 모욕죄로 입건한다는 취지로 고지하였다고 진술한 점 등에 비추어 볼 때, 공소외 1이 피고인을 모욕죄의 현행범인으로 체포하면서 적법절차를 제대로 지켰을 가능성을 배제할 수 없다고 할 것이므로, 원심으로서는 그 점에 관하여 좀 더 깊이 심리해 볼 필요가 있었다고 보임에도 성급히 공소외 1이 피고인을 체포하면서 범죄사실의 요지만 고지하였을 뿐 변호인 선임 등을 고지하지 않고 변명할 기회도 주지 않았다고 인정한 것은 논리와 경험의 법칙에 반하여 자유심증주의의 한계를 벗어나거나 필요한 심리를 다하지 아니한 것이다.

나아가 같은 증거에 의하면, ① 피고인은 체포 당시 술에 취하여 공소외 2에게 휴대전화를 쓰게 해 달라고 했다가 거절당하자 욕설을 하며 멱살을 잡아 흔들고 밀어 넘어뜨리는 등 폭력적인 상태에 있었다고 보이는 점, ② 공소외 2는 경찰에서 '피고인이 경찰관에게 오랫동안 심한 욕설을 하며 난리를 피웠고, 피고인이 경찰관과 시비하여 나중에 경찰관이 두 명 더 현장에 출동하였으며, 지구대에 가서도 난동을 피웠다'고 진술한 점, ③ 경찰장구 사용보고서(수사기록 12면)에도 '피고인이 경찰관들에게 10여 분간 심한 욕설을 하였고, 순찰차에 태우자 경찰관을 주먹으로 때리는 등 폭력을 행사하여 부득이 수갑을 사용해 제압하였다'고 기재되어 있는 점, ④ 공소외 1은 경찰에서 '피고인에게 휴대전화를 안 빌려줄 수도 있다고 이야기하자 10여 분간 심하게 욕설을 하였고 너무 욕을 많이 들어 화가 나서 모욕죄로 입건한다고 고지하였으며, 순찰차 뒷좌석에 태우고 운전하려는 순간 갑자기 뒤에서 욕설하며 주먹으로 얼굴을 때렸고 지구대로 가서도 1시간 정도 계속해서 욕을 하였다'고 진술한 점 등을 알 수 있는바, 이러한 사정에 비추어 볼 때, 피고인을 모욕죄로 체포하면서 변호인 선임할 권리 등에 관하여 고지하거나 변명할 기회를 주기에 충분한 시간적 여유가 있는 상황이었는지에 관한 원심의 판단 역시 그대로 받아들이기 어려운 면이 있으므로, 이 점에 관하여도 좀 더 면밀하게 심리할 필요가 있다고 할 것이다.

3) 판례 3

서울중앙지법 2009. 10. 8. 선고 2008가합101525 판결

【판시사항】

[1] 불법시위를 진압하는 경찰관들의 직무집행이 법령을 위반한 것이라고 하기 위한 요건

[2] 미국산 쇠고기 수입 조치에 항의하는 이른바 '촛불집회'를 진압하는 과정에서 별다른 저항 없이 소극적으로 도로에 누워있던 집회참가자들을 경찰관들이 방패와 곤봉 등으로 폭행하여 상해를 입힌 사안에서, 국가배상책임을 인정하고 다만 피해자들이 시위진압을 방해한 점 등을 참작하여 그 책임을 60%로 제한한 사례

【판결요지】

[1] 국가배상책임은 공무원의 직무집행이 법령을 위반한 것임을 요건으로 하는 것으로서, 공무원의 직무집행이 법령이 정한 요건과 절차에 따라 이루어진 것이라면 특별한 사정이 없는 한 이는 법령에 적합한 것이고 그 과정에서 개인의 권리가 침해되는 일이 생긴다고 하여 그 법령 적합성이 곧바로 부정되는 것은 아니라고 할 것인바, 불법시위를 진압하는 경찰관들의 직무집행이 법령을 위반한 것이라고 하기 위하여는 그 시위진압이 불필요하거나 또는 불법시위의 태양 및 시위 장소의 상황 등에서 예측되는 피해 발생의 구체적 위험성의 내용에 비추어 시위진압의 계속 수행 내지 그 방법 등이 현저히 합리성을 결하여 이를 위법하다고 평가할 수 있는 경우이어야 한다.

[2] 미국산 쇠고기 수입 조치에 항의하는 이른바 '촛불집회'를 진압하는 과정에서 별다른 저항 없이 소극적으로 도로에 누워있던 집회참가자들을 경찰관들이 방패와 곤봉

등으로 폭행하여 상해를 입힌 사안에서, 국가배상책임을 인정하고 다만 피해자들이 시위진압을 방해한 점 등을 참작하여 그 책임을 60%로 제한한 사례.

【이 유】

1. 기초사실

가. 피고 대한민국 정부의 미국산 쇠고기 수입 조치에 항의하는 이른바 촛불집회는 2008. 5. 2.경부터 서울 종로구 청계광장 등에서 개최되어 2008. 6.경까지 서울 종로구 서울광장, 태평로, 을지로 등지에서 매일 밤 계속되었는데, 정부는 2008. 6. 26.경부터는 국무총리 대국민담화 등을 통하여 촛불집회에 대한 강경대응 방침을 발표하였다.

나. 원고 1은 한국기독교청년회(YMCA) 전국연맹(이하 'YMCA 연맹'이라 한다) 사무총장, 원고 2는 YMCA 연맹 지도력개발국장, 원고 3은 YMCA 연맹 정책팀장, 원고 4는 YMCA 연맹 인권복지팀간사, 원고 5는 남양주 YMCA 간사, 원고 6은 아산 YMCA 사무총장, 원고 7은 아하 성문화센터 간사로서, YMCA 연맹이 촛불집회에 대한 정부의 강경대응 방침에 대항하여 '시민불복종 촛불시민평화행동단 YMCA 눕자 행동단'(이하 '눕자 행동단'이라 한다)을 모집하자 위 눕자 행동단에 가입하였다.

다. 2008. 6. 29. 00:14경 서울 중구 태평로 부근의 촛불집회는 프레스센터 앞과 시의회 앞에서 경찰차량에 밧줄을 묶어 잡아당기고 경찰은 이에 대응하여 물대포를 쏘는 형태로 계속되었는데, 피고 소속의 경찰청 산하 시위진압 경찰들은 2008. 6. 29. 00:20경부터 진압작전을 개시하여 경찰 약 100여 명(이하 '선행 진압경찰'이라 한다)이 위 태평로에 설치되어 있는 약 1m 가량의 좁은 차벽 틈을 이용하여 시위대 3,000명이 모여 있는 곳으로 뛰어들었다.

이에 시위대들은 처음에 후퇴하였으나 위 100명의 선행 진압경찰을 따르는 경찰들이 없음을 알고는 선행 진압경찰 중 프레스센터 쪽으로 달려온 40~50명의 경찰들을 포위한 채 쇠파이프 등으로 약 3~4분 정도 이들에게 폭행을 가하였다.

라. 한편, 눕자 행동단은 2008. 6. 29. 00:20경 경찰의 진압작전이 시작되기 직전 경찰들이 서울 중구 성공회성당 앞 골목길에서 태평로 방향으로 진입하기 위하여 집

합하자 경찰들의 진입을 막기 위해 골목길에 모였다. 이어 경찰들이 대열을 갖추고 방패를 앞세워 진입을 시도하자 원고들을 포함한 높자 행동단원과 그곳에 있던 일반 시민들 약 100명은 골목길을 가득 메운 채 어깨동무를 하고 길에 누워 경찰들이 진입을 하지 못하도록 방해하였다.

경찰들은 도로에 누워있는 상태의 높자 행동단원들을 방패로 내리찍고 발로 밟아 태평로 방향으로의 진입을 시도하다가 여의치 않자 골목길 끝으로 통로를 만들기 위해 도로 가장자리의 높자 행동단원들을 상대로 곤봉을 휘두르고 발로 밟는 등 폭행하여 통로를 확보하였다.

그 후 골목길 가장자리의 통로로 경찰들이 태평로 쪽으로 진입하는 동시에 통로를 내어준 높자 행동단이 와해되어 해산하는 과정에서도 경찰들은 미처 일어나 도망하지 못하고 그대로 누워있던 일부 높자 행동단원들을 방패로 내리찍고 발로 밟는 등 폭행하였다.

마. 위와 같이 경찰들이 성공회성당 앞 골목길에서 태평로 방향으로 진입하기 위해 높자 행동단을 상대로 가한 폭행으로 인하여, 그곳에 누워있던 원고 1은 약 4주간의 치료를 요하는 다발성 좌상 및 염좌, 안면부 및 두부 찰과상 등의, 원고 2는 약 3주간의 치료를 요하는 다발성 좌상 및 염좌 및 안면부 좌상 및 안와골 골절 등의, 원고 3은 치료 일수 미상 타박상의, 원고 4는 약 2주간의 치료를 요하는 좌측 전완부 타박상 등의, 원고 5는 치료일수 미상의 우측 귀 열상의, 원고 6은 약 2주간의 치료를 요하는 다발성 염좌상의, 원고 7은 약 2주간의 치료를 요하는 좌측 견관절 염좌상 등의 상해를 각 입었다.

2. 손해배상책임의 발생

국가배상책임은 공무원의 직무집행이 법령에 위반한 것임을 요건으로 하는 것으로서, 공무원의 직무집행이 법령이 정한 요건과 절차에 따라 이루어진 것이라면 특별한 사정이 없는 한 이는 법령에 적합한 것이고 그 과정에서 개인의 권리가 침해되는 일이 생긴다고 하여 그 법령 적합성이 곧바로 부정되는 것은 아니라고 할 것인바, 불법시위를 진압하는 경찰관들의 직무집행이 법령에 위반한 것이라고 하기 위하여는 그 시위진압이 불필요하거나 또는 불법시위의 태양 및 시위 장소의 상황 등에서 예측되는 피해 발생의 구체적 위험성의 내용에 비추어 시위진압의 계속 수행 내지 그 방법 등이 현저히 합리성을 결하여 이를 위법하다고 평가할 수 있는 경우이어야 한다(대법원 1997. 7. 25. 선고 94다2480 판결 참조).

위 기초사실을 종합하면, 위 촛불집회가 불법집회 또는 시위로서 피고(경찰)가 진압해야 할 대상이고 원고들을 비롯한 눕자 행동단이 경찰의 진입시도를 방해하고 있었다 하더라도 경찰로서는 최대한 안전하고 평화로운 방법으로 시위진압을 하여 시위진압 과정에서 타인의 생명과 신체에 불필요한 위해를 가하는 사태가 발생하지 않도록 하여야 할 의무가 있고 또한 경찰장구의 사용은 공무집행에 대한 항거의 억제를 위하여 필요하다고 인정되는 상당한 이유가 있을 때에 필요한 한도 내에서 이루어져야 함에도 불구하고(경찰관직무집행법 제10조의2 제1항) 피고 소속의 경찰들은 별다른 저항 없이 소극적으로 도로에 누워있던 원고들을 비롯한 눕자 행동단을 상대로 방패로 내리찍고 곤봉을 휘두르며 발로 밟아 원고들에게 상해를 가하였는바 이는 예측되는 피해의 위험성에 비추어 시위진압의 방법이 현저하게 합리성을 결하였다고 할 것이어서 피고 소속의 경찰들은 직무집행 중의 위법한 행위로 인하여 원고들에게 손해를 입혔다고 인정되므로 피고는 원고들에게 그 손해를 배상할 책임이 있다.

XV

제10조의3 분사기 등의 사용

XV. 제10조의3 분사기 등의 사용

제10조의3(분사기 등의 사용) 경찰관은 다음 각 호의 직무를 수행하기 위하여 부득이한 경우에는 현장책임자가 판단하여 필요한 최소한의 범위에서 분사기(「총포 · 도검 · 화약류 등의 안전관리에 관한 법률」에 따른 분사기를 말하며, 그에 사용하는 최루 등의 작용제를 포함한다. 이하 같다) 또는 최루탄을 사용할 수 있다. 〈개정 2015. 1. 6.〉

1. 범인의 체포 또는 범인의 도주 방지
2. 불법집회 · 시위로 인한 자신이나 다른 사람의 생명 · 신체와 재산 및 공공시설 안전에 대한 현저한 위해의 발생 억제

1. 분사기

분사기 또는 최루탄은 근접분사기, 가스분사기, 가스발사총(고무발사겸용 포함) 및 최루탄과 그 발사장치이다. 총포·도검·화약류 등 단속법은 분사기를 '사람의 활동을 일시적으로 곤란하게 하는 최루 또는 질식 등의 작용제를 내장된 압축가스의 힘으로 분사하는 기기'로 정의하고 있다. 분사기에는 총포형 분사기, 막대형 분사기, 만년필형 분사기, 기타 휴대형 분사기로 구분한다. 다만, 살균, 살충용 및 산업용 분사기는 제외하도록 규정하고 있다(경찰청, 2013: 104-105).

2. 판례

1) 판례 1

대법원 1996. 7. 30. 선고 95도2408 판결

【판시사항】

[1] 경찰관이 허가 없이 개인적으로 총기 등을 소지할 수 있는지 여부(소극)

[2] 변호사법위반죄에 대하여 유죄를 인정한 원심판결을 채증법칙 위배를 이유로 파기한 사례

【판결요지】

[1] 경찰공무원법의 규정 취지는 경찰공무원이 직무수행을 위하여 필요하다고 인정되는 경우에 한하여 무기를 휴대할 수 있다는 것뿐이지, 경찰관이라 하여 허가 없이 개인적으로 총포 등을 구입하여 소지하는 것을 허용하는 것은 아니다.

[2] 국유하천부지 점용허가를 받아준다는 명목으로 금원을 교부받았다는 내용의 변호사법 위반의 공소사실을 유죄로 인정한 원심판결을 채증법칙 위배를 이유로 파기한 사례.

【이 유】

1. 총포·도검·화약류등단속법위반의 점에 대하여

가. 총포·도검·화약류등단속법(1995. 12. 6. 법률 제4989호로 개정되기 전의 것, 이하 총포등단속법이라 한다) 제10조는 "누구든지 다음 각호의 1에 해당하는 경우를 제외하고는 허가 없이 총포·도검·화약류·분사기·전자충격기를 소지하여서는 아니된다"고 규정하면서, 그 제1호에서 제외 사유의 하나로 "법령에 의하여 직무상 총포·도검·화약류·분사기·전자충격기를 소지하는 경우"를 들고 있고, 한편 경찰공무원법 제20조 제2항은 "경찰공무원은 직무수행을 위하여 필요한 때에는 무기를 휴대할 수 있다"고 규정하고 있다. 그런데, 위 경찰공무원법의 규정 취지는 경찰공무원이 직무수행을 위하여 필요하다고 인정되는 경우에 한하여 무기를 휴대할 수 있다는 것뿐이지, 경찰관이라 하여 허가 없이 개인적으로 총포 등을 구입하여 소지하는 것을 허용하는 것은 아니라 할 것이다. 그러므로, 원심이 피고인의 이 사건 분사기 소지는 개인적으로('개인적으로'라는 말이 무엇을 의미하는지는 분명하지 아니하다) 이루어진 것이라고 보고 경찰공무원법 등에 의하여 허가 없이 소지할 수 있는 경우에 해당되지 아니한다고 판단한 것은 정당하다.

나. 그리고 피고인이 ○○경찰서 수사과 소속 외근형사로서 조직폭력배 특별단속 전담업무를 맡아 오면서 무기를 휴대할 필요를 느껴 왔고, 그 무렵 마침 위 경찰서 구내방송에서 경찰청장이 권장하는 분사기를 구입하라고 하여 다른 동료들과 함께 이를 구입하게 되었으며, 제작회사에서 즉시 제작증을 발급해 주지 아니하여 허가를 받지 못하게 된 것이라는 등의 상고이유로 주장하는 바와 같은 사정만으로는 피고인

에게 이 사건 분사기 소지의 점에 대한 위법성의 인식이 없었다고 할 수도 없다.

다. 따라서 원심이 위 총포등단속법위반의 공소사실을 유죄로 인정한 조처는 정당하고, 거기에 상고이유로 주장하는 바와 같은 정당행위나 위법성 인식의 점에 관한 법리를 오해한 위법이 있다고 할 수 없다.

2. 변호사법위반의 점에 대하여

가. 원심은 그 채택증거를 종합하여 "피고인이 1993. 7. 10. 15:00경 ○○시 △△동 소재 □□세차장에서 피고인이 평소 알고 지내던 공소외 1이 민물고기 양식장 부지를 물색하고 있다는 사실을 알고 그에게 농수산부에 청탁하여 충남 (지명 생략) 소재 ◇◇교 부근의 국유하천부지 약 35,000평에 대한 점용허가를 받아주겠으니 금 500만 원을 달라고 요구하여 같은 달 15. 16:30경 같은 동 소재 ☆☆☆☆호텔 커피숍에서 위 공소외 1로부터 그 교제비 명목으로 금 500만 원을 교부받아 공무원이 취급하는 사무에 관하여 청탁한다는 명목으로 금품을 교부받았다."는 변호사법위반의 공소사실을 유죄로 인정하였다.

나. 그러나, 피고인이 농수산부에 청탁하여 위 국유하천부지 점용허가를 받아준다는 명목으로 금원을 교부받았다는 원심의 위 사실인정과 판단은 납득하기 어렵다.

(1) 원심은 위 공소사실에 부합하는 증거로 제1심 제1회 공판조서 중 피고인이 하천부지 점용허가를 받아주겠다는 명목으로 공소외 1로부터 금 500만 원을 교부받았다는 취지의 진술기재를 들고 있으나, 피고인이 위 공판기일에 위와 같은 취지의 진술을 한 사실을 발견할 수 없다(공판기록 제34 내지 40쪽 참조). 피고인은 수사개시 이후 원심 공판이 끝날 때까지 대체로 위 공소외 1이 양식장을 할 만한 저수지를 임대받을 수 있도록 평소 잘 알고 지내는 농지개량조합 과장인 위 공소외 2에게 부탁하여 달라고 하여 이를 부탁하고 서로 만나도록 해 주었다는 취지로 진술하였을 뿐이다.

(2) 다음 원심이 채택한 공소외 1의 검사 앞에서의 진술과 제1심 및 원심 법정에서의 각 증언을 살피기로 한다.

(가) 공소외 1은 당초 검찰에서 2회에 걸쳐 "피고인이 ○○ 농지개량조합 과장인 공소외 2에게 부탁하여 양어장 부지로 하천부지를 임대받게 해 주겠다고 하면서 위 금원을 교부받았다."는 취지로 진술하였는데(수사기록 제11, 12, 85쪽 참조), 변호인이 구속적부심사청구를 하면서 농지개량조합 직원은 공무원이 아니므로 피고인이 위 공소외 2에게 청탁한다는 명목으로 금원을 교부받았다 할지라도 변호사법위반죄가 되지 아니한다는 취지의 주장을 하고, 이에 검찰에서 수사를 계속하면서 공소외 1에게 농지개량조합은 관공서가 아니라는 점을 주지시킨 후 위 돈을 받아간 명목이 농수산부에 부탁을 한다는 것이었는지, 위 공소외 2에게 부탁을 한다는 것이었는지를 다시 묻게 되었으며(수사기록 제85, 114, 115쪽 참조), 이 때부터 공소외 1은 "피고인이 염려마라 어쨌든 임대하여 주면 될 것이 아니냐?"라고 하였다거나, "피고인이 농수산부에 부탁하든지 어디에 부탁하든지 간에 좌우간 임대받게 해 주겠다고 하였다, 피고인이 정말로 농수산부에 잘 아는 사람이 있어 하천부지를 임대받게 해 줄 수 있는 줄로 알고 더 이상 자세한 것을 물어보지는 않았다."는 취지로 진술을 번복하기 시작하여(수사기록 제85, 104, 115쪽 참조), 원심 변론종결에 이르기까지 같은 취지로(수사기록 제114, 115, 116쪽, 공판기록 제214, 215쪽 참조), 또는 한걸음 나아가 "▽▽군에서 안되면 농수산부 직원에게 부탁한다고 하였다."(공판기록 제57쪽 참조)고 하고, 한편, 위 공소외 2에 관하여도 "피고인이 잘 알고 있는 ○○ 농지개량조합 과장인 공소외 2에게 부탁하여 하천부지를 임대받아 주겠으니 돈을 달라고 요구하였고 위와 같이 돈을 건네줄 당시 위 공소외 2가 동석하였으므로 피고인의 말을 모두 사실로 믿게 된 것이다."(수사기록 제11, 12쪽 참조)거나, "공소외 2는 농지개량조합 직원인데 어떻게 국유하천부지를 임대받게 해 줄 수 있는지를 의심하고 피고인에게 하천부지를 어떻게 농지개량조합에서 임대받게 해 줄 수 있느냐고 물었더니, 피고인이 염려마라 어쨌든 해 주면 될 것 아니냐고 하였다."(수사기록 제85쪽 참조)고 하였고, 위 공소외 2도 "위 호텔 커피숍에서 처음 공소외 1을 만났을 때 농지개량조합에 근무한다고 소개하였다."(공판기록 제184쪽 참조)는 것인데, 그 후 공소외 1은 "위 호텔 커피숍에서 공소외 2를 처음 만났을 때 소개를 하지 않아 위 공소외 2가 농지개량조합에 근무하는지는 몰랐고 농수산부나 아니면 농수산부에 관련된 관공서에 근무하는 사람으로만 알았으며 1993. 9.경 ○○농지개량조합에 볼 일이 있어 들렀다가 거기서 보고 농지개량조합 직원인 줄 처음 알았다."(수사기록 제117쪽, 공판기록 제56, 57쪽 참조)거나, "위 공소외 2가 농수산부에 근무하는 직원으로 알았다."(공판기록 제211

쪽 참조), "피고인에게 돈을 줄 때 공소외 2가 구체적으로 어느 기관의 직원인 줄은 모르고 하천부지를 불하받게 해 줄 수 있는 기관의 직원인 줄 알았다."(공판기록 제214, 215쪽 참조)고 하는 등으로 그 내용에 일관성이 없는데다가 사건의 진행 상황에 맞추어 의도적으로 진술을 번복하고 있어 그 진술을 그대로 믿기가 어렵다.

(나) 그리고, 피고인이 농수산부에 청탁하여 국유하천부지점용허가를 받아주기로 하였다는 위 공소외 1의 진술은 다음과 같은 점에서도 선뜻 믿기가 어렵다.

① 피고인은 위에서 본 바와 같이 공소외 1이 양식장을 할 만한 저수지를 임대받을 수 있도록 평소 잘 알고 지내는 농지개량조합 직원인 위 공소외 2에게 부탁하여 달라고 하여 이를 부탁하고 서로 만나도록 해 주었다는 취지로 주장하였다.

② 위 공소외 1 스스로도 당초부터 하천부지를 물색하였던 것은 아니고 적당한 양어장 부지를 물색하였으며(공판기록 제56쪽 참조), 피고인이 농지개량조합 담당과장인 위 공소외 2와 잘 알고 지내고 있다고 하여 그 말을 믿었다고 하고 있다(수사기록 제12쪽 참조).

③ 한편 위 공소외 2는 자신이 근무하는 농지개량조합에서 국유하천부지를 관리하거나 임대한 적은 없으며 그 관리하는 저수지를 양식업자들에게 임대할 수 있다고 하고 있다(수사기록 제19, 110쪽, 공판기록 제187쪽 참조).

④ 또 위 공소외 1은 피고인에게 부탁하여 위 공소외 2를 불러내 위 판시 일시경 위 호텔 커피숍에서 3인이 만나 그 자리에서 양어장 부지 이야기를 꺼내 부탁하면서 위 공소외 2에게 위 돈 500만 원을 건네주었으나 위 공소외 2가 이를 받지 아니하고 나가버려 위 돈을 피고인에게 주었다는 것이다(수사기록 제11, 12, 20, 21, 33, 95, 108, 109쪽 참조).

⑤ 그리고 위 공소외 1은 종전에 저수지를 임대받아 양어장을 경영한 적이 있고, 위와 같이 이 사건 당초에도 적당한 양어장 부지를 물색하였을 뿐이고 국유하천부지를 물색한 것은 아니었으며, 위 부탁 후에 스스로 농지개량조합에 저수지를 파악하고 다녔으며(공판기록 제57쪽 참조), 그리하여 1993. 8.경부터 ◎◎저수지를, 같은 해 9.

경부터 ◁◁저수지를 각 농지개량조합으로부터 임대받아 양어장을 경영하였으며(수사기록 제118쪽, 공판기록 제58쪽 참조), 임대받은 저수지에서 가물치 등 잡어를 잡아 팔기만 하여도 1개 저수지에서 1,000만 원 정도의 수입이 생긴다는 것이다(공판기록 제58쪽 참조). 그 반면 위 공소외 1이 종전에 하천부지 점용허가를 받아 양어장을 경영해 본 경험이나, 이 사건 국유하천부지를 점용하여 양어장을 경영하는데 대한 구체적인 계획이 있었다고는 보이지 아니한다.

⑥ 이상과 같이 위 공소외 1이 당초 국유하천부지라고 특정한 것이 아니라 적당한 양어장 부지를 물색하였을 뿐이고 그 물색을 농지개량조합 직원인 위 공소외 2에게 부탁하였으며 그 스스로도 국유하천부지를 점용하여 양어장을 경영해 본 적은 없고 주로 농지개량조합으로부터 저수지를 임차하여 양어장을 경영하였으며 저수지를 임차할 경우 따로 양어를 하지 않고도 금 1,000만 원 정도의 수입이 보장되는 등의 위와 같은 여러 사정에 비추어 보면, 피고인이 위 공소외 2 등을 통하여 저수지를 임대받아 주겠다고 하여 위 공소외 1로부터 위 금 500만 원을 받았던 것이 아닌가 하는 합리적인 의심을 배제하고 위 공소사실과 같이 농수산부 등에 부탁하여 국유하천부지 점용허가를 받아주기로 하고 위 돈을 받아간 것이라고 단정하기는 어렵다 할 것이다.

(다) 결국 위 공소사실에 부합하는 취지의 위 공소외 1의 진술과 증언은 그 번복시기와 경위, 내용, 위와 같은 부탁과 함께 금원을 교부한 전후의 여러 사정 등에 비추어 믿을 만한 것이 못 된다고 봄이 경험칙에 합당하다 할 것이다.

(3) 다음 원심이 채택한 공소외 3, 공소외 2의 각 진술은 위 공소사실에 대한 유죄의 증거로 삼기에 부족하며, 그 밖에 달리 위 공소사실을 인정할 충분한 증거를 찾을 수 없다.

다. 형사재판에서의 유죄의 인정은 법관으로 하여금 의심할 여지가 없을 정도의 확신을 가지게 하는 엄격한 증거에 의하여야 하고, 이와 같은 증거가 없다면 설령 피고인에게 유죄의 의심이 간다 하더라도 피고인의 이익으로 판단할 수밖에 없는 것이다. 그럼에도 불구하고, 원심은 위에서 지적한 바와 같이 신빙성이 없거나 유죄의 증거로 삼기에 미흡한 증거들을 종합하여 피고인이 농수산부에 청탁하여 국유하천부지에 대한 점용허가를 받아주겠다는 명목으로 금원을 교부받았다고 인정하고 말았으니, 이는 채증법칙을 위반하여 사실을 잘못 인정하여 판결에 영향을 미친 위법을 저지른 것이라 아니할 수 없다.

3. 그러므로, 원심판결 중 변호사법위반의 공소사실을 유죄로 인정한 부분은 그대로 유지될 수 없음이 분명한바, 원심판결은 총포·도검·화약류등단속법위반죄와 변호사법위반죄를 형법 제37조 전단의 경합범으로 처단하여 하나의 형을 선고하였으므로, 원심판결 전부를 파기하고 사건을 원심법원에 환송하기로 하여 관여 법관의 일치된 의견으로 주문과 같이 판결한다.

2) 판례 2

대법원 2017. 12. 7. 선고 2017도10122 판결

【판시사항】

[1] 형벌법규의 해석 방법

[2] 구 총포·도검·화약류 등 단속법 제10조 제1호 및 같은 법 시행령 제15조 제4호에서 규정한 '법령'의 의미(=구 총포·도검·화약류 등 단속법이 아닌 다른 법령) / 구 총포·도검·화약류 등 단속법 제10조 제2호 내지 제9호에 의하여 허가 없이 화약류를 소지할 수 있는 경우가 같은 법 시행령 제15조 제4호에서 규정한 '법령에 의하여 직무상 화약류를 소지할 수 있는 사람'에 포함되는지 여부(소극)

【판결요지】

[1] 형벌법규는 문언에 따라 엄격하게 해석·적용하여야 하고 피고인에게 불리한 방향으로 지나치게 확장해석하거나 유추해석하여서는 안 된다. 그러나 형벌법규를 해석할 때에도 가능한 문언의 의미 내에서 해당 규정의 입법 취지와 목적 등을 고려한 법률체계적 연관성에 따라 그 문언의 논리적 의미를 분명히 밝히는 체계적·논리적 해석 방법은 그 규정의 본질적 내용에 가장 접근한 해석을 하기 위한 것으로 죄형법정주의의 원칙에 부합한다.

[2] 구 총포·도검·화약류 등 단속법(2015. 1. 6. 법률 제12960호로 개정되기 전의 것, 이하 '구 총검단속법'이라고 한다) 제10조는 허가 없이 화약류 등을 소지할 수 있는 경우로서 제1호에서 '법령에 의하여 직무상 화약류 등을 소지하는 경우'를 규정하고 그와 병렬적으로 제2호 내지 제9호에서 구 총검단속법이 정한 화약류 등의 제조업자, 판매업자, 수출입허가를 받은 사람 등과 그 종업원이 소지하는 경우를 들고 있다. 그런데 구 총검단속법 제10조 제1호가 규정한 '법령'에 구 총검단속법이 포함된다고 해석하면 제2호 내지 제9호에서 들고 있는 구 총검단속법의 각 규정에 의하여 화약류 등을 소지하는 경우는 모두 제1호에 의하여 '법령에 의하여 직무상 화약류 등을 소지하는 경우'에 해당하게 되므로 제2호 내지 제9호를 제1호와 별도로 규정한 의의가 없게 된다. 그러므로 구 총검단속법 제10조 제1호에서 규정하는 '법령'이란 구 총검단속법이 아닌 다른 법령에 의하여 화약류 소지를 허용하는 경우를 의미한다고 해석하는 것이 체계적·논리적 해석 방법이다.

원래 구 총포화약류단속법(1981. 1. 10. 법률 제3354호로 전부 개정되기 전의 것, 이하 같다) 제12조는 허가를 받지 아니하고 화약류를 소지할 수 있는 사람으로 제조업자, 판매업자, 수출입업자, 허가를 받을 필요가 없다고 대통령령으로 지정된 자 등을 규정하였다. 그리고 위 규정의 위임을 받은 같은 법 시행령(1970. 3. 4. 대통령령 제4702호로 전부 개정되기 전의 것) 제41조는 "법 제12조 제6호의 규정에 의하여 '허가를 받지 아니하고 화약류를 소지할 수 있는 자'라 함은 '법률의 규정에 의하여 직무상 화약류를 소지하는 자'를 말한다."라고 규정하였고, 제43조 제4호는 '제41조에 규정된 자가 그 소지한 화약류를 사용할 때'는 사용허가를 받지 아니하고 화약류를 사용할 수 있다고 규정하였다.

그런데 구 총포화약류단속법이 1981. 1. 10. 법률 제3354호로 총포·도검·화약류단속법으로 전부 개정되면서 위 시행령 제41조(1970. 3. 4. 전부 개정으로 제39조로 변경되었다) 중 '법률의 규정에 의하여 직무상 화약류를 소지하는 자' 부분이 위 총포·도검·화약류단속법 제10조 제1호에 '법령에 의하여 직무상 총포·도검·화약류를 소지하는 경우'로 직접 규정되었고, 구 총포·도검·화약류단속법 시행령(1981. 11. 6. 대통령령 제10618호로 전부 개정된 것) 제21조 제4호는 사용허가를 받지 아니하고 화약류를 사용할 수 있는 자로 '법령에 의하여 직무상 화약류를 소지하는 자'라는 규정을 두었다.

이러한 구 총포화약류단속법 및 시행령의 개정 연혁에 비추어 보면, 구 총검단속법 제

10조 제1호와 구 총포·도검·화약류 등 단속법 시행령(2016. 1. 6. 대통령령 제26858호로 개정되기 전의 것, 이하 '시행령'이라고 한다) 제15조 제4호는 원래 동일한 문언에서 비롯된 것임이 분명하므로, 시행령 제15조 제4호에서 규정한 '법령'은 구 총검단속법 제10조 제1호에서의 '법령'과 마찬가지로 구 총검단속법이 아닌 다른 법령으로 해석하는 것이 옳다.

이와 달리 시행령 제15조 제4호에서 규정한 '법령'에 구 총검단속법도 포함된다고 해석하게 되면 구 총검단속법 제10조에 의하여 허가 없이 화약류 소지가 가능한 제조업자(제2호), 판매업자(제4호), 수출입업자(제6호), 양수업자(제8호) 및 그 종업원(제9호) 등은 사용허가를 받지 아니하고 화약류를 발파·연소하더라도 언제나 처벌할 수 없게 되고, 특히 '제18조 제1항 단서에 의하여 사용허가를 받지 아니하여도 되는 사람'(제7호)은 허가 없이 화약류를 소지할 수 있고, 이러한 사람은 다시 시행령 제15조 제4호에 의하여 허가 없이 화약류를 사용할 수 있는 사람에 해당하게 되어 순환론의 오류에 빠지게 된다.

이와 같은 구 총검단속법 및 시행령 규정의 내용 및 체재, 개정 연혁과 각 규정의 입법 취지와 목적 등을 고려하여 시행령 제15조 제4호의 문언의 의미를 체계적·논리적으로 해석하면, 구 총검단속법 제10조 제2호 내지 제9호에 의하여 허가 없이 화약류를 소지할 수 있는 경우는 시행령 제15조 제4호에서 규정한 '법령에 의하여 직무상 화약류를 소지할 수 있는 사람'에 포함되지 않는다고 해석함이 타당하다.

【이 유】

1. 피고인 1, 피고인 2 주식회사, 피고인 4의 상고이유에 관하여

원심판결 이유를 적법하게 채택된 증거들에 비추어 살펴보면, 원심이 그 판시와 같은 이유를 들어 피고인 1, 피고인 2 주식회사, 피고인 4에 대한 이 사건 공소사실(피고인 1, 피고인 2 주식회사에 대한 무죄 부분 제외)이 유죄로 인정된다고 판단한 것은 정당하다. 거기에 상고이유 주장과 같이 논리와 경험의 법칙에 반하여 자유심증주의의 한계를 벗어나거나 구 총포·도검·화약류 등 단속법(2015. 1. 6. 법률 제12960호로 개정되기 전의 것, 이하 '구 총검단속법'이라고 한다) 제4조 제1항, 제24조 제1항, 제31조 제1항 등에 관한 법리를 오해하는 등의 잘못이 없다.

2. 검사의 상고이유에 관하여

가. 원심판결 중 무죄 부분 공소사실의 요지

피고인 1은 김해시 (주소 1 생략)에 있는 화학탄 제조 및 판매업을 목적으로 하는 피고인 2 주식회사(이하 '피고인 회사'라고 한다)의 대표이사이고, 피고인 3은 위 회사의 개발부장이다. 화약류를 발파하거나 연소시키려는 자는 화약류의 사용장소를 관할하는 경찰서장으로부터 화약류 사용허가를 받아야 함에도 피고인 1, 피고인 3은 사용허가를 받지 아니하였다.

(1) 피고인 1은, ① 2012. 1.경 김해시 (주소 2 생략) 야구장에서 피고인 회사가 생산한 최루탄을 가스발사총으로 발사하고, ② 2013. 5.경 문경시 (주소 3 생략) 부근 낙동강 둔치에서 피고인 회사가 생산한 최루탄 2종과 다연발탄을 가스발사총으로 발사하고, ③ 2013. 8. 13. 14:00경 양산시 (주소 4 생략) 축구장에서 다연발 최루탄인 DK-600 2세트(128발)를 발파하였다.

(2) 피고인 1, 피고인 3은 공모하여, ① 2012. 3. 중순경 문경시 (주소 5 생략)에 있는 낙동강 둔치에서 시위진압용 폭음탄인 DK-44(6Bang) 1발을 투척하여 발파하고, ② 2014. 6. 하순경 김해시 (주소 6 생략) 인근의 낙동강 둔치에서 시위진압용 최루탄 DK-38S 5발에 도화선을 연결시켜 불을 붙여 연소시켰다.

(3) 피고인 회사는 그 대표자인 피고인 1과 사용인인 피고인 3이 위 회사의 업무에 관하여 위와 같은 위반행위를 하였다.

나. 원심의 판단

원심은, ① 구 총검단속법 제18조 제1항 단서의 위임에 따라 같은 법 시행령(2016. 1. 6. 대통령령 제26858호로 개정되기 전의 것, 이하 '시행령'이라고 한다) 제15조 제4호는 사용허가를 받지 아니하고 화약류를 사용할 수 있는 사람에 '법령에 의하여 직무상 화약류를 소지할 수 있는 사람'을 규정하고 있는 점, ② 피고인 1, 피고인 3은 구 총검단속법 제10조 제2호 및 제9호에서 정한 제조업자 및 그의 종업원에 해당하여 직무상 화약류를 소지할 수 있는 사람에 해당하는 점, ③ 시행령 제15조 제4호의 '법령에 의하여 직무상 화약류를 소지할 수 있는 사람'을 구 총검단속법 제10조 제1호의 경우로 제한하여 해석할 아무런 근거가 없는 점 등에 비추어 볼 때, 위 제조업자 및 그의 종업원이 관할 경찰서장의 사용허가 없이 화약류를 발파·연소하더라도 구 총검단속법에 따라 처벌할 수 없다고 보아, 이를 유죄로 인정한 제1심판결을 파기하고 무죄로 판단하였다.

다. 대법원의 판단

(1) 형벌법규는 문언에 따라 엄격하게 해석·적용하여야 하고 피고인에게 불리한 방향으로 지나치게 확장해석하거나 유추해석하여서는 안 된다. 그러나 형벌법규를 해석할 때에도 가능한 문언의 의미 내에서 해당 규정의 입법 취지와 목적 등을 고려한 법률체계적 연관성에 따라 그 문언의 논리적 의미를 분명히 밝히는 체계적·논리적 해석 방법은 그 규정의 본질적 내용에 가장 접근한 해석을 하기 위한 것으로 죄형법정주의의 원칙에 부합한다(대법원 2007. 6. 14. 선고 2007도2162 판결 등 참조).

(2) 구 총검단속법 제18조 제1항은 "화약류를 발파 또는 연소시키려는 사람은 행정자치부령이 정하는 바에 의하여 화약류의 사용지를 관할하는 경찰서장의 화약류의 사용허가를 받아야 한다."라고 규정하면서 그 단서에서 "다만 광업법에 의하여 광물의 채굴을 하는 사람과 그 밖의 대통령령으로 정하는 사람은 그러하지 아니하다."라고 규정하고 있다. 이에 따라 시행령 제15조는 제4호에서 사용허가를 받지 아니하고 화약류를 사용할 수 있는 사람으로 '법령에 의하여 직무상 화약류를 소지할 수 있는 사람'을 들고 있다.

한편 구 총검단속법 제10조는 "누구든지 다음 각호의 1에 해당하는 경우를 제외하고는 허가 없이 총포·도검·화약류·분사기·전자충격기·석궁(이하 '화약류 등'이라고 한다)을 소지하여서는 아니 된다."라고 규정하여 화약류 등의 소지를 금지하고, 허가 없이 소지할 수 있는 경우로, '법령에 의하여 직무상 화약류 등을 소지하는 경우(제1호)', '제4조 제1항 또는 제2항의 규정에 의한 제조업자가 그가 제조한 화약류 등을 소지하는 경우(제2호)', '제6조 제1항의 규정에 의한 판매업자가 화약류 등을 소지하는 경우(제4호)', '제9조 제1항 또는 제2항의 규정에 의하여 수출입허가를 받은 사람이 그 화약류 등을 소지하는 경우(제6호)', '제18조 제1항의 규정에 의한 화약류의 사용허가를 받은 사람(제18조 제1항 단서의 규정에 의하여 사용허가를 받지 아니하여도 되는 사람을 포함한다)이 그 화약류를 소지하는 경우(제7호)', '제21조 제1항의 규정에 의한 화약류의 양수허가를 받은 사람(제21조 제1항 단서의 규정에 의하여 경찰서장의 양수허가를 받지 아니하여도 되는 사람을 포함한다)이 그 화약류를 소지하는 경우(제8호)', '제2호 내지 제8호의 1에 해당하는 사람의 종업원이 그 직무상 화약류 등을 소지하는 경우(제9호)' 등을 들고 있다.

(3) 먼저 구 총검단속법 및 시행령 각 규정의 체재를 살펴본다.

구 총검단속법 제10조는 허가 없이 화약류 등을 소지할 수 있는 경우로서 제1호에서 '법령에 의하여 직무상 화약류 등을 소지하는 경우'를 규정하고 그와 병렬적으로 제2호 내지 제9호에서 구 총검단속법이 정한 화약류 등의 제조업자, 판매업자, 수출입허가를 받은 사람 등과 그 종업원이 소지하는 경우를 들고 있다. 그런데 구 총검단속법 제10조 제1호가 규정한 '법령'에 구 총검단속법이 포함된다고 해석하면 제2호 내지 제9호에서 들고 있는 구 총검단속법의 각 규정에 의하여 화약류 등을 소지하는 경우는 모두 제1호에 의하여 '법령에 의하여 직무상 화약류 등을 소지하는 경우'에 해당하게 되므로 제2호 내지 제9호를 제1호와 별도로 규정한 의의가 없게 된다. 그러므로 구 총검단속법 제10조 제1호에서 규정하는 '법령'이라 함은 구 총검단속법이 아닌 다른 법령에 의하여 화약류 소지를 허용하는 경우를 의미한다고 해석하는 것이 체계적·논리적 해석 방법이다.

다음으로 구 총검단속법 및 시행령 각 규정의 개정 연혁을 살펴본다.

원래 구 총포화약류단속법(1981. 1. 10. 법률 제3354호로 전부 개정되기 전의 것, 이하 같다) 제12조는 허가를 받지 아니하고 화약류를 소지할 수 있는 사람으로 제조업자, 판매업자, 수출입업자, 허가를 받을 필요가 없다고 대통령령으로 지정된 자 등을 규정하였다. 그리고 위 규정의 위임을 받은 같은 법 시행령(1970. 3. 4. 대통령령 제4702호로 전부 개정되기 전의 것) 제41조는 "법 제12조 제6호의 규정에 의하여 '허가를 받지 아니하고 화약류를 소지할 수 있는 자'라 함은 '법률의 규정에 의하여 직무상 화약류를 소지하는 자'를 말한다."라고 규정하였고, 제43조 제4호는 '제41조에 규정된 자가 그 소지한 화약류를 사용할 때'는 사용허가를 받지 아니하고 화약류를 사용할 수 있다고 규정하였다.

그런데 구 총포화약류단속법이 1981. 1. 10. 법률 제3354호로 총포·도검·화약류단속법으로 전부 개정되면서 위 시행령 제41조(1970. 3. 4. 전부 개정으로 제39조로 변경되었다) 중 '법률의 규정에 의하여 직무상 화약류를 소지하는 자' 부분이 위 총포·도검·화약류단속법 제10조 제1호에 '법령에 의하여 직무상 총포·도검·화약류를 소지하는 경우'로 직접 규정되었고, 구 총포·도검·화약류단속법 시행령(1981. 11. 6. 대통령령 제10618호로 전부 개정된 것) 제21조 제4호는 사용허가를 받지 아니하고 화약류를 사용할 수 있는 자로 '법령에 의하여 직무상 화약류를 소지하는 자'라는 규정을 두었다.

이러한 구 총포화약류단속법 및 시행령의 개정 연혁에 비추어 보면, 구 총검단속법 제10조 제1호와 시행령 제15조 제4호는 원래 동일한 문언에서 비롯된 것임이 분명하므로, 시행령 제15조 제4호에서 규정한 '법령'은 구 총검단속법 제10조 제1호에서의 '법령'과 마찬가지로 구 총검단속법이 아닌 다른 법령으로 해석하는 것이 옳다.

이와 달리 시행령 제15조 제4호에서 규정한 '법령'에 구 총검단속법도 포함된다고 해석하게 되면 구 총검단속법 제10조에 의하여 허가 없이 화약류 소지가 가능한 제조업자(제2호), 판매업자(제4호), 수출입업자(제6호), 양수업자(제8호) 및 그 종업원(제9호) 등은 사용허가를 받지 아니하고 화약류를 발파·연소하더라도 언제나 처벌할 수 없게 되고, 특히 '제18조 제1항 단서에 의하여 사용허가를 받지 아니하여도 되는 사람'(제7호)은 허가 없이 화약류를 소지할 수 있고, 이러한 사람은 다시 시행령 제15조 제4호에 의하여 허가 없이 화약류를 사용할 수 있는 사람에 해당하게 되어 순환론의 오류에 빠지게 된다.

이와 같은 구 총검단속법 및 시행령 규정의 내용 및 체재, 개정 연혁과 각 규정의 입법 취지와 목적 등을 고려하여 시행령 제15조 제4호의 문언의 의미를 체계적·논리적으로 해석하면, 구 총검단속법 제10조 제2호 내지 제9호에 의하여 허가 없이 화약류를 소지할 수 있는 경우는 시행령 제15조 제4호에서 규정한 '법령에 의하여 직무상 화약류를 소지할 수 있는 사람'에 포함되지 않는다고 해석함이 타당하다.

(4) 그럼에도 원심이 그 판시와 같은 이유만으로 구 총검단속법 제10조 제2호 및 제9호에 의한 제조업자 및 그의 종업원이 제조한 화약류를 직무상 소지하는 경우가 시행령 제15조 제4호에서 규정한 '법령에 의하여 직무상 화약류를 소지할 수 있는 사람'에 해당한다고 해석하여 피고인 1, 피고인 2 주식회사, 피고인 3에 대한 무허가 화약류 사용으로 인한 구 총검단속법 위반죄에 대하여 무죄를 선고하였으니, 이러한 원심판결에는 시행령 제15조 제4호에서 규정한 '법령에 의하여 직무상 화약류

를 소지할 수 있는 사람'의 의미에 관한 법리를 오해하여 판결에 영향을 미친 잘못이 있다. 이를 지적하는 검사의 상고이유 주장은 이유 있다.

3. 파기의 범위

앞서 본 이유로 원심판결 중 피고인 1, 피고인 2 주식회사에 대한 무죄 부분 및 피고인 3에 대한 부분은 파기되어야 한다. 그런데 피고인 1, 피고인 2 주식회사에 대한 위 파기 부분은 원심이 위 피고인들에 대하여 유죄로 인정한 나머지 부분과 형법 제37조 전단의 경합범 관계에 있어 이들 전부에 대하여 하나의 형이 선고되어야 하므로, 결국 원심판결 중 피고인 1, 피고인 2 주식회사 부분은 전부 파기될 수밖에 없다.

3) 판례 3

서울중앙지방법원 2017. 2. 9. 선고 2016나49312 판결

【이 유】

1. 인정사실

가. 사안의 배경

1) ○○자동차 주식회사(이하, '○○차'라고 한다)는 1990년대 말부터 시작된 경제위기로 경영상의 어려움을 겪다가 2009. 2. 6.경 회생절차가 개시되었다. ○○차 법정관리인은 2009. 4. 8.경 인력구조조정 등이 포함된 경영정상화 방안을 발표하고 근로자들을 상대로 희망퇴직, 정리해고를 실시하려 하였으나 ○○차 노조는 이를 반대하며 공장 점거 및 파업 등을 벌였다. 이후 ○○차 노사는 2009. 8. 6.경 향후 경영상태가 호전되면 희망퇴직 등을 한 근로자들을 복귀, 재채용하기로 하고 생계안정 등에 필요한 조치를 적극 추진키로 하는 등의 협상을 타결함으로써 위 파업은 종료되었다.

2) 그러나 ○○차가 어느 정도 회복 조짐을 보임에도 복직 등의 조치가 이루어지지 않고, 일련의 ○○차 파업 사태의 진행 과정에서 병사하거나 자살한 노조원 또는 그

가족의 수가 22명에 이르게 되자, 2012. 4. 5.경 서울 중구 (주소 생략)에 있는 대한문 앞 인도 상에 망인들을 추모하는 분향소용 천막이 설치되었다.

3) 2012. 4. 13.경 민주노총, 불교평화연대, 민주사회를 위한 변호사 모임, 천주교정의구현전국연합, 학술단체협의회 등이 참여하는 ○○차 희생자 범국민 추모위원회가 구성되었다가, 2012. 5. 19.경 개최된 '5. 19. 범국민대회' 집회 후 ○○차 희생자 추모와 해고자 복직을 위한 범국민대책위원회(이하, '○○차 대책위'라고 한다)로 확대되었고, 이후 ○○차 대책위는 대한문 앞 인도 상에 분향소와 농성 천막을 설치하고 집회·시위를 개최하여 왔다.

4) 위와 같은 집회 및 시위가 계속되던 중, 서울중구청장은 위 천막 등이 도로점용 허가를 받지 아니한 것이라는 이유로 자진철거를 요청하였고 ○○차 대책위가 이에 응하지 않자, 2013. 4. 4.경 행정대집행 절차를 진행하여 위 천막 등을 철거한 후 그 자리에 마사토를 깔고 회양목 60여 그루를 심은 후 소형 화분 약 500개를 비치하고 보호용 울타리를 설치한 화단(이하, '이 사건 화단'이라고 한다)을 조성하였다.

5) 이후 ○○차 대책위 회원들은 이 사건 화단 앞에 임시분향소를 설치하였다.

나. 2013. 5. 29.자 대한문 집회

1) ○○차 대책위 등 여러 단체로 구성된 "집회시위 제대로 모임"은 2013. 5. 29. 19:30경 서울 덕수궁 대한문 앞 인도에서 '시민의 집회 시위 권리 찾기 프로젝트 - 꽃보다 집회'(이하, '2013. 5. 29.자 대한문 집회'라고 한다)를 개최하기로 하였다. 위 집회에 대하여 신고된 내용은 아래와 같다.

○ 집회 명칭 : ○○차 정리해고 희생자 추모문화제
○ 개최목적 : 정리해고 희생자 추모와 ○○차 정리해고 문제해결 촉구를 위한 문화제 개최
○ 개최일시 : 2013. 5. 28. 0시 ~ 2013. 5. 29. 23시 59분
○ 개최장소 : 덕수궁 대한문 앞(정문 앞 수문장교대식 행사기간 제외) ~ 우측 10번째 가로수까지
○ 주최자 · 주관자 · 주최단체 대표자 : ○○자동차 문제 해결을 위한 전국범국민대책

위원회

소외 1
○ 연락책임자 : 소외 2
○ 질서유지인 : 15명
○ 참가예정단체 : 민주노총, 사회운동단체, 시민
○ 참가예정인원 : 150명
○ 참고사항 : 평상시 70명이나 거리특강, 거리음악회 시 인원 150명, 낮에 상시 20명 대기

2) 원고 1은 천주교인권위원회 활동가, 원고 2는 불안정노동철폐연대의 활동가, 원고 3은 인권운동사랑방의 활동가, 원고 4는 인권운동공간 '△'의 활동가로서, 위 원고들은 당일 대한문 앞에서 집회를 준비하였다. 피고 2는 2011. 1. 14.경부터 ○○차 대책위 등이 ○○차 희생자 추모와 해고자 복직을 위하여 대한문 부근에서 개최하여 온 집회 및 시위의 현장에서 경비업무를 수행한 남대문 경찰서 경비과장이다.

3) 집회 주최측은 집회장소로 신고한 대한문 앞부터 우측 10번째 가로수 사이에 있는 이 사건 화단 앞에서 집회를 진행하기로 하고, 2013. 5. 29. 19:28경 이 사건 화단 앞에 마이크를 설치하여 무대를 마련하고 그 무대를 바라보는 방향으로 의자를 배치한 후 화단 나무 사이에 '시민의 집회 시위 권리찾기 프로젝트 - 꽃보다 집회'라고 적힌 현수막을 설치하였다.

4) 그러자 피고 2의 지시를 받은 경찰기동대 약 30명은 19:35경 이 사건 화단 앞으로 들어와 일렬로 화단을 둘러쌌다. 피고 2는 집회참가들에게 이 사건 화단은 집회신고장소에 포함되지 않으며 화단 나무에 현수막을 거는 것은 신고된 장소를 벗어난 불법집회라고 방송하였다.

5) 경찰들이 무대를 준비하던 공간을 점거함에 따라 뒤쪽으로 밀려난 집회참가자들은 집회를 시작하기도 전에 경찰이 집회장소를 점거하는 것은 집회방해로서 부당하고 항의하며 물러날 것을 요구하였으나 피고 2 등 경찰이 응하지 않으면서 화단을 뒤에 두고 경찰과 집회참가자들이 서로 대치하는 상황이 발생하였다.

6) 당시 현장에는 집회참석자 약 150명이 있었다. 일부 집회참가자는 산발적으로 이 사건 화단 앞의 경찰들을 밀고 당기는 등 유형력을 행사하였고 일부 집회참가자는 경찰들을 향해 물총을 쏘았으나, 대부분 집회참가자들은 상황을 지켜보며 이 사건 화단 앞에 줄지어 서 있는 경찰과 주변에서 경찰을 지휘, 감독하던 피고 2에게 집회 장소에서 나가라며 말로 항의하였다. 경찰은 20:09경 일부 집회참가자들이 밀고 당기거나 말로 항의하는 과정에서는 그 자리를 지키며 서 있는 정도로 소극적으로 대응하다가 일부 집회참가자가 경찰을 향해 물총을 쏘기 시작하자 물총을 쏘는 집회참가자를 향해 최루액을 분사하고, 물총 11개를 현장에서 압수하였다.

7) 피고 2는 20:07경 종결선언요청, 20:26경 자진해산요청, 20:35경 1차 해산명령, 20:42경 2차 해산명령, 20:57경 3차 해산명령을 방송하였다. 그 과정에서 집회참가자들은 이 사건 화단 부근에서 경찰의 대응을 비판하는 등의 발언 위주로 집회를 진행하다가 22:00경 집회를 종료하였다.

다. 2013. 5. 29.자 남대문경찰서 집회

1) 대한문 집회를 마친 원고 1, 원고 2, 원고 3, 원고 4 등 집회참가자 약 50명은 2013. 5. 20. 22:10경 대한문 집회에서의 경찰 대응에 항의하기 위한 집회를 남대문 경찰서 앞에서 개최하기로 하고, 22:25경 남대문경찰서 앞으로 이동하였다.

2) 집회참가자들은 대한문 집회에서 이용한 방송차량 1대를 경찰서의 비상통행로에 주차하고 경찰서 중앙계단 앞 인도에 모여 경찰의 집회방해행위를 규탄한다는 내용의 구호와 노래를 제창하며 집회를 진행하였다(이하, '2013. 5. 29.자 남대문 경찰서 집회'라고 한다). 당시 경찰은 비상통행로에 주차된 방송차량을 견인하려고 하였으나 집회참가자 2명은 방송차량 앞에 연좌하여 이를 제지하였다.

3) 피고 2는 22:27경 자진해산요청, 22:32경 1차 해산명령, 22:36경 2차 해산명령, 22:42경 3차 해산명령, 22:54경 4차 해산명령, 23:10경 5차 해산명령, 23:19경 6차 해산명령을 하였다.

4) 경찰이 해산명령 직후인 23:21경부터 23:50경까지 4차례에 걸쳐 집회현장에서 발생하는 소음을 측정한 결과, 집회 및 시위에 관한 법률 시행령 제14조, 별표 제2호

의 확성기 등의 소음기준 70dB를 초과한 78.4dB, 77.9dB, 72.4dB, 77dB 등으로 각 측정되었다.

5) 집회참가자들은 2013. 5. 30. 01:15경 집회를 종료하고 해산하였다.

라. 2013. 6. 10.자 대한문 기자회견 및 집회

1) 서울 중구청장은 2013. 5. 30.경, 같은 해 6. 3.경 ○○차 대책위에 이 사건 화단 앞 인도상에 설치된 임시분향소를 자진 철거할 것을 명하였다.

2) 이에 ○○차 대책위가 불응하자 서울 중구청장은 2013. 6. 10. 09:18경부터 09:42경까지 중구청 직원 약 50명을 동원하여 임시분향소를 철거하는 행정대집행을 하였고, ○○차 대책위 회원 약 30명이 현장에서 철거에 항의하였다.

3) 당시 현장에 있던 원고 5는 임시분향소 강제철거를 비판하는 기자회견을 11:00경 임시분향소가 있던 이 사건 화단 앞에서 개최한다고 예고하였다. 공익인권변호사모임 희망을 만드는 법 소속의 변호사인 원고 6도 위 기자회견을 듣기 위하여 11:00경 대한문 앞에 도착하였고, 연합뉴스 등 언론사 기자 30여명이 취재를 위해 참석하였다.

4) 피고 2는 원고 5가 이 사건 화단 앞에서 기자회견을 예정하고 있다는 정보를 취득하고 경찰 2개 중대를 이 사건 화단 앞 주변으로 집결시켜 대한문 앞부터 이 사건 화단 주변까지 여러 줄로 넓게 서 있도록 지시하며 ○○차 대책위 회원 등 참석자들의 접근을 차단할 것을 지시하였다.

5) 경찰은 10:18경 이 사건 화단 주변으로 앰프 1개가 담긴 여행용 가방을 옮기려는 것을 발견하고 이를 압수하였다가 현장에 있던 소외 3이 기자회견에 사용될 장비인데 압수의 근거가 무엇인지 항의하자, 10:25경 이를 반환하였다.

6) ○○차 대책위 회원 등 30여 명은 10:55경 피고 2에게 이 사건 화단 앞에서 기자회견을 할 예정이라고 하며 경찰들을 취재라인 밖으로 철수시킬 것을 요청하였으나 피고 2가 이에 응하지 않아 경찰과 밀고 당기는 상황이 발생하기도 하였다.

7) 기자회견을 듣기 위해 모인 참석자들은 피고 2에게 기자회견을 막는 것은 집회의 자유를 침해하는 것이니 기자회견 장소를 확보하여 달라는 요청과 항의를 계속하였으나 피고 2는 이에 응하지 않았다.

8) 원고 6을 포함한 참석자 약 30명은 이 사건 화단 앞에서 기자회견을 하는 것이 불가능하게 되자, 그 주변에서 피고 2 등 경찰들의 기자회견 방해행위와 임시분향소의 기습철거를 비판한다는 취지의 자유발언을 돌아가며 하는 항의집회를 시작하였다(이하, '2013. 6. 10.자 대한문 집회'라고 한다).

9) 그러자 피고 2는 11:00경 자진해산요청, 11:07경 1차 해산명령, 11:15경 2차 해산명령, 11:24경 3차 해산명령, 11:53경 4차 해산명령을 하였다.

[인정근거] 다툼 없는 사실, 갑 제1 내지 11호증, 을 제1 내지 22호증(가지번호 있는 것은 가지번호 포함)의 각 기재 내지 영상, 변론 전체의 취지

2. 2013. 5. 29.자 대한문 집회에 관한 판단

가. 당사자들의 주장

(1) 원고 1, 원고 2, 원고 3, 원고 4의 주장

피고 2의 지휘를 받은 경찰들은 법률적 근거 없이 집회장소인 이 사건 화단 앞 공간을 점거하고, 관련 법령의 요건을 갖추지 못한 상황에서 해산명령을 발하거나 최루액을 발사하는 등 물리력을 행사하여 집회의 자유를 침해하였으므로, 피고들은 이로 인하여 원고들이 입은 정신적 손해를 배상할 책임이 있다.

(2) 피고들의 주장

(가) 집회장소 점거에 대하여

○○차 대책위는 집회시위 제대로 모임의 구성단체로서 꽃보다 집회의 개최자는 ○○차 대책위 소외 1이므로, ○○차 대책위와 집회시위 제대로 모임은 상당히 밀접성이 있는 단

체이다. 그런데 ○○차 대책위는 2013. 4. 4. 대한문 앞에 설치된 천막이 강제철거된 후에도 5차례 이상 화단으로 침입하여 공유재산인 화단을 훼손한 전력이 있었다. 이와 같은 ○○차 대책위의 대한문 앞 농성과 화단 훼손의 전력 등에 비추어 이 사건 5. 29.자 대한문 집회에서도 집회참가자들의 화단 훼손이 예상되는 상황에서 경찰은 집회참가자들의 화단 접근을 제한하고, 공공의 질서를 유지하기 위하여 화단 앞에 일렬로 서서 질서유지선을 설정한 것이다. 이와 같은 경찰권의 행사는 경찰관 직무집행법(이하, '경직법'이라고 한다) 제6조, 제2조와 집회 및 시위에 관한 법률(이하, '집시법'이라고 한다) 제13조 제1항, 동법 시행령 제13조 제1항 제4호 라.목 및 제6호에 근거한 것이다.

(나) 해산명령에 대하여

당시 집회참가자들은 화단 진입을 시도하며 이를 막기 위하여 소극적으로 팔짱을 끼고 서 있는 경찰관들을 밀거나 넘어뜨리고 물총을 쏘는 등 폭력을 행사하고 모욕하여 타인의 법익이나 공공의 안녕질서에 대하여 직접적이고 명백한 위험이 초래된 상황이었으므로, 피고 2의 해산명령은 집시법 제20조 제1항 제5호, 제16조 제4항 제2호에 근거한 적법한 경찰권의 행사이다.

(다) 최루액 분사에 대하여

피고 2 등 경찰은 집회참가자들이 몸싸움을 벌이는 것에 그치지 않고 물총을 이용하여 최루액으로 의심되는 액체를 쏘아대자 경찰들의 신체와 공공시설 안전에 현저한 위해의 발생을 억제하기 위하여 최루액 사용을 사전 경고한 후 최루액을 분사한 것이므로, 이는 경직법 제10조의3에 따른 적법한 경찰권의 행사이다.

나. 화단 앞 집회장소의 점거에 관한 판단

1) 경직법 제6조에 근거한 적법한 조치인지

경직법(2014. 5. 20. 법률 제12600호로 개정되기 전의 것) 제6조 제1항은 "경찰관은 범죄행위가 목전에 행하여지려고 하고 있다고 인정될 때에는 이를 예방하기 위하여 관계인에게 필요한 경고를 발하고, 그 행위로 인하여 인명·신체에 위해를 미치거나 재산에 중대한 손해를 끼칠 우려가 있어 긴급을 요하는 경우에는 그 행위를 제지할 수 있다"고 규정하고 있다. 위 조항 중 경찰관의 제지에 관한 부분은 범죄의 예방을 위한 경찰 행정상 즉시강제 즉, 눈앞의 급박한 경찰상 장해를 제거하여야 할 필요가 있고 의무를 명할 시간적 여유가 없거나 의무를 명하는 방법으로는 그 목적을 달성하기 어려운 상황에서 의무불이행을 전제로 하지 아니하고 경찰이 직접 실력을 행사하여 경찰상 필요한 상태를 실현하는 권력적 사실행위에 관한 근거조항이다. 행정상 즉시강제는 그 본질상 행정 목적 달성을 위하여 불가피한 한도 내에서 예외적으로 허용되는 것이므로, 위 조항에 의한 경찰관의 제지 조치 역시 그러한 조치가 불가피한 최소한도 내에서만 행사되도록 그 발동·행사 요건을 신중하고 엄격하게 해석하여야 하고, 그러한 해석·적용의 범위 내에서만 우리 헌법상 신체의 자유 등 기본권 보장 조항과 그 정신 및 해석 원칙에 합치될 수 있다(대법원 2008. 11. 13. 선고 2007도9794 판결 참조).

앞서 인정한 사실을 위 법리에 비추어 보면, 다음과 같은 이유에서 집회장소인 이 사건 화단 앞을 점거한 경찰의 행위는 경직법 제6조의 즉시강제의 요건을 충족하지 못하고 그 범위를 명백히 넘어서는 것이어서 적법한 경찰권의 행사였다고 볼 수 없다.

가) 2013. 5. 29.자 대한문 집회는 ○○차 대책위 외에도 여러 단체가 참여한 "집회시위 제대로 모임"이 ○○차 정리해고와 관련된 사망자 등을 추모하고, 집회 및 시위의 자유보장을 촉구하기 위하여 개최한 집회였다. 당시 집회 주최측은 집회를 준비하는 과정에서 집회현수막을 설치하기 위하여 이 사건 화단 안으로 잠시 들어간 것일 뿐이고, 집회 주최측이나 집회참가자들이 이 사건 화단을 훼손하기 위한 조직적인 준비나 시도를 한 사실이 없다. 따라서 2013. 5. 29.자 대한문 집회로 인해 화단 훼손 등 중대한 재산상 손해가 발생할 수 있는 긴급한 상황이었다고 볼 수 없고, 피고 2가 화단 앞에 경찰들을 배치한 조치가 급박한 경찰상 장해를 제거하기 위한 것이었다고 볼 수도 없다.

나) 이 사건 화단이 위치한 곳이 과거 ○○차 대책위가 설치한 분향소가 철거된 장소였다거나 분향소 철거 이후 ○○차 대책위 일부 회원들이 몇 차례 화단에 진입한 전력이 있었다는 사정은 즉시강제의 적법 요건인 눈앞의 급박한 경찰상 장해를 제거하여야 할 필요에 해당하지 않는다.

다) 집회의 목적, 내용과 집회의 장소는 밀접한 연관관계가 있기 때문에 집회의 장소에

대한 선택이 집회를 성과를 결정짓는 경우가 적지 않다. 집회장소가 바로 집회의 목적과 효과에 대하여 중요한 의미를 가지기 때문에, 누구나 '어떤 장소에서' 자신이 계획한 집회를 할 것인가를 원칙적으로 자유롭게 결정할 수 있어야만 집회의 자유가 비로소 효과적으로 보장된다(헌법재판소 2003. 10. 30. 선고 2000헌바67 결정 참조). 따라서 집회참가자들은 집회의 장소를 자유롭게 선택, 결정할 수 있고, 집회 장소를 제한하는 것은 집회의 자유를 제한하는 집회의 조건부 허용에 해당하므로, 경찰 등 공권력은 다른 중요한 법익을 보호하기 위하여 반드시 필요한 경우가 아니라면 집회의 장소를 제한할 수 없다.

라) 이 사건 화단 앞 공간은 ○○차 파업 사태의 진행 과정에서 병사하거나 자살한 노조원 등을 추모하는 분향소가 오랫동안 설치되어 있다가 행정대집행으로 강제철거된 곳이어서 ○○차 정리해고와 관련된 사망자를 추모하기 위한 집회의 목적과 밀접한 관련이 있는 장소였고, 이에 따라 집회 주최측은 이 사건 화단 앞을 집회장소로 결정하고 마이크와 엠프를 설치하고 의자를 배치하는 등 집회를 개최하기 위한 준비를 한 것이므로, 피고 2가 집회의 가장 중요한 장소에 경찰들을 배치하여 이 사건 화단 앞 공간을 점거하여 집회의 자유를 제한한 것은 가사 그 목적이 화단의 훼손을 막기 위한 것이었다고 하더라도 불가피한 최소한도 내에서 예외적으로 행사되어야 하는 경직법 제6조 제1항의 즉시강제 요건을 갖추지 못한 것이다.

2) 경직법 제2조에 근거한 적법한 조치인지

가) 경직법 제2조는 경찰관에게 직무수행의무를 부과하는 전제로서 경찰관의 직무범위를 개괄적으로 한정하여 표시해 주는 조항인데, 이와 같은 조항을 이른바 '일반적 수권조항'이라 하여 국민의 기본권을 구체적으로 제한 또는 박탈하는 행위의 근거조항으로 삼을 수는 없다. 우선 우리 헌법은 국민의 자유와 권리를 제한하는 경우 반드시 '법률'에 근거하도록 하였는데, 이는 조직법적 규정을 가리키는 것이 아니고 개별적 또는 구체적 사안에 적용할 작용법적 조항을 의미하는 것으로 보아야 한다. 또한 일반적 수권조항이라 하여 개별적, 구체적 기본권제한의 근거가 될 수 있다고 보는 것은 경찰작용에 관한 개별적 수권조항을 자세히 규정한 입법자의 의도에도 어긋나는 해석이다. 나아가, 국가기관의 조직에 관한 다른 법률에서도 임무 또는 직무에 관한 조항을 둔 예는 무수히 찾아볼 수 있으나 이를 가지고 구체적 기본권 제

한의 근거로 삼는 사례는 찾아볼 수 없는데, 위와 같은 이유에도 불구하고 경직법 제2조가 기본권 제한의 일반적 수권조항에 해당한다고 보는 경우에는 명확성의 원칙 위반이라는 또 다른 위헌성을 피할 수 없으므로 결국 합헌적인 법률적 근거로 볼 수 없게 된다(헌법재판소 2011. 6. 30. 선고 2009헌마406 결정 등 참조). 따라서 경직법 제2조는 경찰들의 이 사건 화단 앞 점거행위에 대한 법률적 근거가 될 수 없다.

나) 가사 경직법 제2조를 경찰권 발동의 일반적 수권조항으로 보더라도, 일반적 수권조항은 개별적 수권조항이 없는 경우에만 보충적으로 적용된다고 봄이 타당하다고 할 것인바, 경직법은 제6조 등에서 범죄의 예방과 제지를 위하여 기본권을 제한할 수 있는 개별적 수권조항을 두고 있고, 나아가 집시법 제13조 등에서도 공공의 질서유지를 위하여 집회의 자유를 제한하는 개별적 수권조항을 두고 있으므로, 이와 같은 개별적 수권조항의 요건을 충족하지 못한 경찰권의 발동이 경직법 제2조에 따라 정당화된다고 보기 어렵다.

다) 또 앞서 본 바와 같이 이 사건 화단 앞은 ○○차 정리해고와 관련된 사망자를 추모하기 위한 집회의 목적과 상당한 관련성이 있고 매우 중요한 의미를 가지는 상징적 장소였던 점, 피고 2 등 경찰들로서는 화단의 훼손을 사전에 예방하기 위하여 집시법이 예정한 경계표지를 설치하는 등 집회의 자유를 최소한으로 제한하는 방법을 선택할 수 있었던 점 등을 고려하면, 집회참가자들이 선택한 집회장소를 점거한 경찰들의 행위는 그 목적이 화단의 훼손을 예방하기 위한 것에 있었다고 하더라도 경찰권행사에 요구되는 최소침해의 원칙과 법익균형성 등 경찰비례의 원칙을 위반한 것이다.

3) 집시법 제13조에 따른 적법한 질서유지선의 설정이었는지

가) 집시법 제13조 제1항은 관할 경찰관서장은 집회 및 시위의 보호와 공공의 질서유지를 위하여 필요하다고 인정하면 최소한의 범위를 정하여 질서유지선을 설정할 수 있다고 규정하고 있고, 제24조 제3호는 집시법 제13조에 따라 경찰관서장이 설정한 질서유지선을 경찰관의 경고에도 불구하고 정당한 사유 없이 상당 시간 침범하거나 손괴·은닉·이동 또는 제거하거나 그 밖의 방법으로 그 효용을 해친 자를 처벌

하도록 하고 있는데, 여기서 '질서유지선'이란 관할 경찰서장 등이 적법한 집회 및 시위를 보호하고 질서유지나 원활한 교통 소통을 위하여 집회 또는 시위의 장소나 행진 구간을 일정하게 구획하여 설정한 띠, 방책, 차선 등의 경계표지를 말한다(집시법 제2조 제5호).

나) 이와 같은 규정에 알 수 있는 바와 같이 질서유지선을 침해하는 범죄의 태양을 형법상 손괴죄에 준하여 규정하고 있는 점, 경찰관들을 줄지어 세우는 방법으로 설치된 폴리스라인에 대하여 유형력을 행사하는 행위에 관하여 공무집행방해죄 등으로 처벌이 가능한 점, 형벌법규의 해석은 엄격하여야 하고 형벌법규의 의미를 피고인에게 불리한 방향으로 지나치게 확장해석하거나 유추해석하는 것은 죄형법정주의의 원칙에 어긋나는 것으로 허용되지 않는 점 등에 비추어 보면, 집시법 제2조 제5항, 제13조, 제24조 제3호에서 각 규정하고 있는 '질서유지선'은 유형적인 물건에 의하여 설치된 경계표지를 의미하는 것이고, 경찰들을 줄지어 세우는 소위 '폴리스라인'은 집시법상의 질서유지선에 해당하지 아니하므로, 경찰들이 화단 앞을 점거한 행위가 집시법 제13조에 따른 적법한 경찰권행사라고 볼 수 없다.

4) 소결

따라서 피고 2 등 경찰이 집회장소인 이 사건 화단 앞을 점거한 행위는 법률적 근거와 적법 요건을 갖추지 못한 것이어서 위법하다.

다. 해산명령에 관한 판단

1) 집시법 제20조 제5호, 제16조 제4항 제2호는 폭행, 협박, 손괴, 방화 등의 행위로 질서를 유지할 수 없는 집회를 해산명령의 대상으로 규정하고 있는바, 집회의 자유가 가지는 헌법적 가치와 기능, 집회에 대한 허가 금지를 선언한 헌법 정신 등에 비추어 해산명령의 요건과 기준은 엄격하게 적용되어야 하므로, 일부 집회참가자가 폭행 등 불법행위를 하더라도 그 집회가 전체적으로는 평화롭게 진행되어 타인의 법익이나 공공의 안녕질서에 직접적인 위험이 명백하게 존재한다고 볼 수 없는 경우에는 그러한 불법행위를 개별적으로 처벌하거나 제지함은 별론으로 하고 일부 집회참가자의 개별적인 불법행위를 이유로 집회 전체를 해산할 수 없다.

2) 피고 2 등 경찰들이 집회장소에서 나가라는 집회참가자들의 요구에 응하지 않으며 이 사건 화단 앞을 일렬로 둘러싸고 서 있는 상황에서, 집회참가자 중 일부가 집회장소 점거에 항의하며 경찰을 밀거나 끌어당기며 몸싸움을 벌였고, 일부는 물총을 쏘기도 하였으며, 그 과정에서 경찰이 참가자 2명을 폭행 혐의로 체포하고 물총 11개를 압수한 점은 인정되나, 이와 같은 경찰과 집회참가자들의 대치 상황과 일부 참가자들의 충돌은 집회의 시작 단계에서 집회의 핵심적인 장소인 이 사건 화단 앞을 미리 점거한 경찰의 행위에 항의하는 과정에서 발생한 것이었다. 따라서 만약 경찰이 집회참가자들의 요구에 따라 이 사건 화단 앞 점거를 풀었다면 위와 같은 갈등과 대치상황은 쉽게 해소될 수 있었을 것으로 보이고, 더욱이 집회참가자 일부의 경찰에 대한 유형력의 행사에도 불구하고 대부분 집회참가자는 경찰의 집회장소 점거에 산발적으로 항의하며 구호를 외치는 정도에 그쳤으므로, 당시 집회가 공공의 안녕질서에 직접적인 위험이 명백하게 발생하여 질서를 유지할 수 없는 정도에 이르렀다고 볼 수 없다. 따라서 피고 2의 대한문 집회에 대한 해산명령은 그 요건을 갖추지 못한 위법한 경찰권의 행사에 해당한다.

라. 최루액 발사행위에 관한 판단

1) 경직법 제10조의3은 경찰관은 불법집회로 인하여 자기 또는 타인의 생명, 신체와 재산 및 공공시설안전에 대한 현저한 위해의 발생을 억제하기 위하여 부득이한 경우 현장책임자의 판단으로 필요한 최소한의 범위 안에서 분사기를 사용할 수 있다고 규정하고 있다.

2) 앞서 인정한 사실관계에 비추어 보면, 피고 2 등 경찰은 당시 집회참가자들이 밀고 당기는 유형력을 행사하는 과정에서는 최루액을 분사하지 않다가, 일부 집회참가자가 경찰에게 물총을 쏘자 물총을 쏘는 집회참가자를 상대로 최루액을 분사한 것으로 보이고, 원고 1, 원고 2, 원고 3, 원고 4 등 유형력을 행사하지 않은 일반의 집회참가자들에게 최루액을 무차별적으로 분사하였다고 인정할 증거는 없는 점, 당시 일부 집회참가자가 경찰에게 물총으로 분사한 액체의 성분이 신체에 위해를 가하는 것인지를 현장에서 즉각적으로 판단하기는 어려웠을 것으로 보이는 점 등을 고려하면, 당시 경찰의 최루액 분사가 경직법 제10조의3을 요건에서 벗어났다고 볼 수 없다.

3. 2013. 5. 29.자 남대문 경찰서 집회에 관한 판단

가. 당사자들의 주장

1) 원고 1, 원고 2, 원고 3, 원고 4의 주장

2013. 5. 29.자 남대문 경찰서 집회는 같은 날 대한문 집회에서의 피고 2 등 경찰의 위법한 직무집행에 항의하는 의사를 표시하기 위해 개최된 우발적 집회이므로 집시법 제6조 제1항의 신고를 요하는 집회에 해당하지 않아 해산명령의 대상이 되지 않는 것이었다. 설령 미신고 집회라 하더라도 폭력이나 협박 등 공공의 안녕질서에 대한 직접적인 위협이 명백히 존재하지 않고 일반인의 통행에 불편을 초래하는 상황이 아니었으므로, 피고 2의 집회 해산명령은 그 법적근거나 요건을 갖추지 못한 위법한 경찰권의 행사이다. 또 경찰은 당시 집회를 방해하기 위하여 집회참가자들의 방송 마이크 선을 절단하였는데, 이는 경직법 제6조의 즉시강제 요건을 갖추지 못한 위법한 행위이다.

2) 피고들의 주장

남대문 경찰서 집회는 미신고 집회 또는 신고된 대한문 집회를 일탈한 불법집회로서 당시 집회참가자들이 방송차량을 비상통행로에 주차한 후 소음기준을 초과하여 소음을 유발하였고, 소음의 중지를 하라는 경찰의 요구를 거절하였으며, 비상통행로에 주차한 방송차량을 옮기려는 경찰을 방해하고 이를 저지하는 경찰관에게 상해를 입히는 등 그 집회로 인하여 타인의 법익침해나 기타 공공의 안녕질서에 대한 직접적인 위험이 초래되었으므로, 이에 대한 피고 2의 해산명령은 적법하며, 당시 경찰이 집회참자가의 방송 마이크 선을 절단한 사실은 없다.

나. 판단

1) 해산명령에 관한 판단

가) 집시법 제6조 제1항은 옥외집회나 시위를 주최하려는 자는 옥외집회나 시위를 시작하기 48시간 전에 관할 경찰서장에게 신고할 것을 규정하므로, 그러한 신고를 하지 아니한 집회는 집시법상 미신고 집회에 해당한다. 다만 이 경우에도 48시간 이

내에 신고를 할 수 없는 긴급한 사정이 있고, 옥외집회나 시위가 평화롭게 진행되어 타인의 법익이나 공공의 안녕질서에 대한 직접적인 위험이 명백하게 초래된 바가 없다면, 사회상규에 위배되지 아니하는 행위로서 위법성이 조각될 수 있고, 나아가 사안에 따라서는 적법행위에 대한 기대가능성이 없어 책임이 조각되는 경우도 있을 수 있다(헌법재판소 2014. 1. 28. 선고 2011헌바174 결정 참조).

나) 원고 1, 원고 2, 원고 3, 원고 4를 비롯한 대한문 집회에 참여한 참가자 약 50명은 당일 체포된 집회참가자의 석방을 촉구하고 경찰의 대응에 항의하기 위하여 대한문 부근에서 남대문 경찰서 앞으로 이동하여 방송차량 1대를 비상차량 통행로에 주차하고 노래와 구호를 제창하는 등 집회를 개최한 것인바, 이와 같은 집회의 목적 및 개최의 경위 등에 비추어 보면, 2013. 5. 29.자 남대문 경찰서 집회는 우발적으로 개최된 것이었고 당시 48시간 이내에 신고를 할 수 없는 긴급한 사정이 있었다고 인정된다. 그러나 우발적인 긴급한 집회였다고 하더라도 그러한 사정으로 인해 집시법 제22조 제2항 위반죄 등의 위법성이나 책임이 조각될 수 있는지는 별론으로 하고 그 집회로 인하여 타인의 법익이나 공공의 안녕질서에 대한 직접적인 위험이 명백하게 초래된 경우에는 집시법상 미신고 집회 또는 신고 범위를 일탈한 집회와 마찬가지로 집시법 제20조가 규정한 해산명령의 대상이 된다고 보아야 한다.

다) 그런데 2013. 5. 29.자 남대문 경찰서 집회가 타인의 법익이나 공공의 안녕질서에 대한 직접적인 위험을 명백하게 초래하지 않았다는 점은 그러한 요건을 갖추지 못한 위법한 해산명령이 있었음을 이유로 손해배상을 청구하는 민사소송에서 원고들이 입증할 책임이 있다고 할 것인바, 2013. 5. 29.자 남대문 경찰서 집회가 타인의 법익이나 공공의 안녕질서를 침해하지 않고 평온하게 진행되었다고 인정할 증거가 부족하고, 오히려 앞서 인정한 사실관계에 의하면, 집회 주최측은 22:25경부터 6차 해산명령이 있은 23:19경까지 계속해서 남대문 경찰서의 비상차량 통행로에 방송차량을 주차하고 경찰의 요구에도 이를 이동시키지 않거나 경찰이 이동시키려는 것을 방해한 것으로 보이는 점, 집회참가자들은 남대문 경찰서 앞 인도에서 마이크와 스피커를 동원하여 노래와 구호를 반복하여 제창하였는데, 피고 2의 6차 해산명령 발령 직후 측정한 집회현장의 소음 정도는 집시법 등이 정한 확성기 등의 소음기준을 초과하였던 점, 2013. 5. 29.자 남대문 경찰서 집회는 10:25분경 시작되어 자정을 넘은 00:20경까지 약 50명의 참석자가 남대문 경찰서 앞 인도를 점거하며 계

속되었던 점 등이 인정될 뿐이므로, 원고들의 위 주장은 이유 없다.

2) 마이크 선 절단 여부

당시 피고 2 등 경찰이 집회참가자의 마이크 선을 절단하였다고 인정할 증거가 없으므로, 이를 전제로 한 원고들의 주장은 이유 없다.

4. 2013. 6. 10.자 기자회견 및 대한문 집회에 관한 판단

가. 당사자들의 주장

1) 원고 5, 원고 6의 주장

원고 5가 2013. 6. 10. 11:00경 예정한 기자회견은 집시법상 신고의무가 없는 단순한 기자회견에 불과했음에도 불구하고 피고 2는 2013. 6. 10.경 경찰권을 남용하여 기자회견 장소를 점거하고, 준비한 기자회견용 엠프를 빼앗는 등 기자회견을 방해하고, 이에 항의하는 집회에 대하여 위법한 해산명령을 반복하여 집회의 자유를 침해하였다.

2) 피고들의 주장

당시 이 사건 화단 앞에 경찰을 배치한 것은 적법한 행정대집행을 무시하고 공무집행을 방해한 전력이 있는 ○○차 대책위가 기자회견을 빙자하여 다시 도로를 무단점용하는 것을 예방하기 위한 즉시강제에 해당하므로 적법하다. 나아가 당시 기자회견의 실질은 집시법상의 규제를 받는 집회에 해당하고 그 후에 이루어진 항의집회는 위 기자회견과 실질적으로 동일성이 인정되는바, 2013. 6. 10.자 대한문 집회는 타인의 법익 침해나 기타 공공의 안녕질서에 대한 직접적인 위험을 초래한 미신고 집회이므로, 이에 대한 피고 2의 해산명령은 적법하다.

나. 기자회견 장소의 점거에 관한 판단

1) 집시법에 의하여 보장 및 규제의 대상이 되는 집회란 '특정 또는 불특정 다수인이 공동의 의견을 형성하여 이를 대외적으로 표명할 목적 아래 일시적으로 일정한 장

소에 모이는 것'을 말한다(대법원 2013. 10. 24. 선고 2012도11518 판결 참조). 일반적인 기자회견은 실내에서 진행되는 것이 보통이고 실내에서 이루어지는 기자회견은 제한 없이 허용되는 반면, 옥외에서 다수의 사람들이 참석한 상태에서 진행되는 기자회견의 경우 질서유지의 필요성이 있고, 일반 공중에 대하여 직접 자신들이 지닌 공동의 의견을 전달하고자 하는 집회로서 효과를 함께 기대하는 것으로 봄이 타당하므로, 원고 5가 2013. 6. 10. 예정한 기자회견은 비록 언론사 기자들이 취재하는 '기자회견'이라는 형식을 갖추고 있다고 하더라고 그 실질은 임시분향소 철거에 대한 공동의 의견을 형성하여 이를 대외적으로 표현하기 위한 목적에서 이 사건 화단 앞에서 모이기로 한 집시법상 '옥외집회'에 해당한다고 봄이 타당하다.

따라서 원고 5가 예정한 기자회견은 집회의 자유의 보호범위에 포함된다. 그런데 앞서 본 바와 같이 집회장소는 집회의 목적과 효과에 대하여 중요한 의미를 가지기 때문에 어떤 장소에서 계획한 집회를 할 것인가를 집회참석자들이 자유롭게 결정할 수 있고, 다른 중요한 법익의 보호를 위하여 정당화되지 않는 한 집회장소를 항의의 대상으로부터 분리할 수 없으므로, 원고 5 등 집회참석자들은 임시분향소의 철거를 비판하는 기자회견의 목적과 밀접한 관계가 있던 이 사건 화단 앞에서 기자회견 형식의 집회를 개최할 권리가 있다.

2) 피고들은 원고 5 등 ○○차 대책위 회원들이 임시분향소를 다시 설치하는 등 도로의 무단점용 등 범죄를 예방하기 위하여 이 사건 화단 앞을 점거한 것이라고 주장하나, 원고 5는 이 사건 화단 앞에 설치되어 있던 임시분향소의 철거 집행이 완료된 이후에 그에 대한 비판과 의견을 대외적으로 밝히기 위하여 기자회견을 준비한 것이었을 뿐, 당시 이 사건 화단 앞에 임시분향소 등을 다시 설치하여 도로를 점용하기 위한 어떠한 준비나 시도를 하지 않았으며, 그러한 사정을 현장에 있던 피고 2도 능히 알 수 있었을 것으로 보인다. 따라서 당시 기자회견으로 인해 화단의 훼손이나 도로의 무단점용 등 중대한 재산상 손해가 발생할 수 있는 긴급한 상황이었다고 볼 수 없고, 피고 2가 집회장소인 이 사건 화단 앞을 경찰들에게 점거하게 한 것이 급박한 경찰상 장해를 제거하기 위한 것이었다고 볼 수 없으므로, 피고 2 등 경찰이 이 사건 화단 앞을 점거한 행위는 경직법 제6조의 즉시강제로서 요건을 갖추지 못한 위법한 행위이다.

나. 엠프를 압수한 행위에 대한 판단

원고 5는 경찰이 다른 참석자가 준비한 엠프를 빼앗은 행위는 기자회견을 방해하기 위한 불법행위에 해당한다고 주장하나, 앞서 인정한 사실관계에 의하면, 피고 2는 경찰이 엠프를 압수한 직후 기자회견에 사용될 장비임을 확인하고 기자회견 개최 전에 곧바로 반환한 것으로 보이고 그로 인해 원고 5의 기자회견이 방해된 것이라고 보기 어려우며, 달리 이를 인정할 증거가 없으므로, 원고 5의 이 부분 주장은 이유 없다.

다. 해산명령에 관한 판단

1) 집회의 자유가 가지는 헌법적 가치와 기능, 집회에 대한 허가 금지를 선언한 헌법정신, 옥외집회 및 시위에 관한 사전신고제의 취지 등을 종합하여 보면, 신고는 행정관청에 집회에 관한 구체적인 정보를 제공함으로써 공공질서의 유지에 협력하도록 하는 데 의의가 있는 것으로 집회의 허가를 구하는 신청으로 변질되어서는 아니 되므로, 신고를 하지 아니하였다는 이유만으로 옥외집회 또는 시위를 헌법의 보호 범위를 벗어나 개최가 허용되지 않는 집회 내지 시위라고 단정할 수 없다. 따라서 집시법 제20조 제1항 제2호가 미신고 옥외집회 또는 시위를 해산명령 대상으로 하면서 별도의 해산 요건을 정하고 있지 않더라도, 그 옥외집회 또는 시위로 인하여 타인의 법익이나 공공의 안녕질서에 대한 직접적인 위험이 명백하게 초래된 경우에 한하여 위 조항에 기하여 해산을 명할 수 있다(대법원 2012. 4. 19. 선고 2010도6388 전원합의체 판결 참조).

2) 앞서 인정한 사실관계에 의하면, 피고 2는 원고 5 등이 11:00경 분향소가 설치되어 있던 이 사건 화단 앞에서 기자회견을 할 예정이라는 사실을 알고 있었던 점, 예정한 기자회견 시간이 임박하자 집회참석자 일부가 기자회견 장소에서 나갈 것을 요구하며 경찰과 가벼운 몸싸움을 벌이고 대치하는 상황이 발생하기도 하였으나, 이는 기자회견 장소를 점거한 경찰의 행위에 항의하는 과정에서 발생한 것이므로, 경찰이 원고 5 등 집회참석자들의 요구에 따랐다면 쉽게 해소될 수 있는 상황이었던 것으로 보이고, 그 직후 이루어진 2013. 6. 10.자 대한문 집회는 경찰들의 기자회견 방해와 임시분향소의 철거를 비판하는 자유발언을 하며 평화롭게 진행되었으므로, 피고 2가 최종 해산명령을 방송한 11:53경까지의 집회 상황이 타인의 법익이나 공공의 안

녕질서에 대한 직접적인 위험이 명백하게 초래된 상태였다고 볼 수 없다(피고 2 등 경찰이 소외 4 등 10명을 경찰에 대한 폭행 등 혐의로 체포한 것은 해산명령 이후인 12:10경 발생한 상황이었다). 따라서 피고 2의 2013. 6. 10.자 대한문 집회에 대한 해산명령은 그 요건을 갖추지 못한 위법한 경찰권의 행사이다.

5. 손해배상책임의 발생 및 범위

가. 손해배상책임의 발생

1) 앞서 본 바와 같이 2013. 5. 29.자 대한문 집회 및 2013. 6. 10.자 대한문 집회에서의 피고 2 등 경찰의 집회장소 점거와 피고 2의 해산명령은 그 법적 요건을 갖추지 못한 위법한 경찰력의 행사인바, 피고 2 등 경찰이 집회의 목적과 분리될 수 없고 밀접한 관련성이 있는 중요한 집회장소를 점거한 것은 집회참가자인 원고들이 자유롭게 집회장소를 선택하고 결정할 권리를 침해한 것이고, 피고 2가 위법한 해산명령의 방송을 여러 차례 반복한 것은 평화롭게 자신의 의견과 주장을 표명하여야 할 집회의 평온함을 방해하였을 뿐만 아니라, 장차 해산명령의 불응에 따라 처벌받을 수도 있다는 불안감을 조성하여 집회참가자인 원고들이 집회의 자유를 행사하는 것을 심리적으로 위축시키는 결과를 초래하였음이 경험칙상 명백하다.

2) 나아가 즉시강제와 해산명령 등 피고 2가 집회 현장에서 경찰권 행사의 근거로 내세운 법률요건은 경직법, 집시법 등 관련 법령의 문언 그 자체로 명백하고, 그와 더불어 공권력에 의한 집회의 자유에 대한 제한은 다른 중요한 법익의 보호를 위하여 반드시 필요한 경우에 한하여 정당화되고, 타인의 법익이나 공공의 안녕질서에 대한 직접적인 위험이 명백하게 초래된 경우에 한하여 허용된다는 것은 대법원과 헌법재판소가 여러 차례 밝혀온 확립된 법리인 점, 피고 2는 남대문 경찰서의 관할 구역에서 이루어지는 적법한 집회 및 시위의 자유를 최대한 보장하는 직무를 현장에서 책임지는 경비과장의 지위에 있었으므로, 집회의 자유의 보장과 제한에 관한 법률요건과 법리를 충분히 숙지할 직무상 무거운 주의의무가 있었음에도 이를 소홀히 하였고, 더욱이 위 각 위법행위 당시 해당 집회의 참석자들이 경찰들의 집회장소 점거와 해산명령이 법률상 근거나 요건을 갖추지 못한 것으로 집회의 자유를 침해하는 것임을 여러 차례 밝혔음에도 위법한 경찰력의 행사를 지속한 점, 2013. 5. 29.자 대한

문 집회 및 2013. 6. 10.자 대한문 집회로 인해 타인의 법익이나 공공질서에 대한 직접적인 위험이 명백하게 초래되지 않았고 그러한 위험도 명백하게 존재하지 않았다는 것은 현장에서 집회상황을 직접 지켜본 피고 2가 쉽게 판단할 수 있었다고 보이는 점 등에 비추어 보면, 피고 2는 단순히 법령의 해석이나 현장의 상황을 잘못 판단한 것이 아니라 직무집행을 하면서 약간의 주의만 하였더라도 쉽게 위법한 결과를 피할 수 있었음에도 거의 고의에 가까운 현저한 주의를 결여한 것이라고 봄이 타당하다.

3) 따라서 피고 대한민국은 국가배상법 제2조 제1항에 따라 공무원인 피고 2의 위법한 직무집행으로 인하여 원고들이 입은 정신적 손해를 배상할 책임이 있고, 나아가 피고 2는 집회현장의 경찰책임자에게 요구되는 직무상 주의의무를 현저히 결여한 중과실이 있으므로, 피고 2 개인도 자신의 위법한 직무집행으로 인하여 원고들이 입은 정신적 손해를 배상할 책임을 부담한다.

나. 손해배상의 범위

침해된 법익의 내용 및 중요성, 불법성 및 귀책사유의 정도, 나아가 이와 유사한 사건의 재발을 억제, 예방할 필요성 등 변론에 나타난 제반 사정을 고려하여 피고들이 배상하여야 할 위자료의 액수는 원고들에 대하여 각 200만 원으로 정하기로 한다.

XVI

제10조의4 무기의 사용

XVI. 제10조의4 무기의 사용

제10조의4(무기의 사용) ① 경찰관은 범인의 체포, 범인의 도주 방지, 자신이나 다른 사람의 생명 · 신체의 방어 및 보호, 공무집행에 대한 항거의 제지를 위하여 필요하다고 인정되는 상당한 이유가 있을 때에는 그 사태를 합리적으로 판단하여 필요한 한도에서 무기를 사용할 수 있다. 다만, 다음 각 호의 어느 하나에 해당할 때를 제외하고는 사람에게 위해를 끼쳐서는 아니 된다.

1. 「형법」에 규정된 정당방위와 긴급피난에 해당할 때

2. 다음 각 목의 어느 하나에 해당하는 때에 그 행위를 방지하거나 그 행위자를 체포하기 위하여 무기를 사용하지 아니하고는 다른 수단이 없다고 인정되는 상당한 이유가 있을 때

   가. 사형 · 무기 또는 장기 3년 이상의 징역이나 금고에 해당하는 죄를 범하거나 범하였다고 의심할 만한 충분한 이유가 있는 사람이 경찰관의 직무집행에 항거하거나 도주하려고 할 때

   나. 체포 · 구속영장과 압수 · 수색영장을 집행하는 과정에서 경찰관의 직무집행에 항거하거나 도주하려고 할 때

   다. 제3자가 가목 또는 나목에 해당하는 사람을 도주시키려고 경찰관에게 항거할 때

   라. 범인이나 소요를 일으킨 사람이 무기 · 흉기 등 위험한 물건을 지니고 경찰관으로부터 3회 이상 물건을 버리라는 명령이나 항복하라는 명령을 받고도 따르지 아니하면서 계속 항거할 때

3. 대간첩 작전 수행 과정에서 무장간첩이 항복하라는 경찰관의 명령을 받고도 따르지 아니할 때

② 제1항에서 "무기"란 사람의 생명이나 신체에 위해를 끼칠 수 있도록 제작된 권총 · 소총 · 도검 등을 말한다.

③ 대간첩 · 대테러 작전 등 국가안전에 관련되는 작전을 수행할 때에는 개인화기(個人火器) 외에 공용화기(共用火器)를 사용할 수 있다.

1. 무기

경찰관이 직무를 행하는 때에는 경우에 따라서 실력을 행사하여야 하는 상황에 부딪칠 수도 있다. 이러한 경우 어느 정도까지의 실력행사가 가능한지에 대하여 경찰비례의 원칙

이 그 기준을 제시하고 있다. 특히, 무기를 본래의 용법에 따라 사용할 경우 사람의 생명까지도 앗아갈 수 있는 가능성이 매우 크므로 그 한계에 관하여 법률로 정하고 있다. 즉 이 조항은 경찰관이 무기를 사용함에 있어서 사용한계를 정하는데 그 목적이 있는 것이다.

'무기'라 함은 사람을 살상할 목적으로 만들어진 기구를 말하는 것이다. 무기의 범위에 대하여는 경찰관직무집행법 제10조, 제10조의2. 제10조의3에서 각각 장비, 장구, 분사기 등에 관하여 규정하고 있다. 따라서 여기서는 권총, 소총 등의 개인화기와 기관총 등 공용화기만을 포함하는 것으로 이해함이 옳을 것이다. 경찰관직무집행법 제10조의4 제2항에서는 '무기'를 '인명 또는 신체에 위해를 가할 수 있도록 제작된 권총, 소총, 도검 등'이라고 규정하고 있다. 경찰장비의 사용 기준등에 관한 규정에서는 무기의 종류를 '권총, 소총, 기관총(기관단총을 포함한다), 산탄총, 유탄발사기, 박격포, 3인치포, 함포, 크레모아. 수류탄, 폭약류 및 도검'으로 규정하고 있다(경찰청, 2013: 111-112).

2. 판례

1) 판례 1

대법원 2008. 2. 1. 선고 2006다6713 판결

【판시사항】

[1] 경찰관의 무기 사용이 경찰관직무집행법 제10조의4에 정한 요건을 충족하는지 여부의 판단 기준

[2] 형사상 범죄를 구성하지 아니하는 침해행위가 민사상 불법행위를 구성할 수 있는지 여부(적극)

[3] 경찰관이 범인을 제압하는 과정에서 총기를 사용하여 범인을 사망에 이르게 한 사안에서, 총기사용행위에 대한 무죄판결이 확정된 것과 무관하게 민사상 불법행위책임을 인정한 사례

【판결요지】

[1] 경찰관은 범인의 체포, 도주의 방지, 자기 또는 타인의 생명·신체에 대한 방호, 공무집행에 대한 항거의 억제를 위하여 무기를 사용할 수 있으나, 이 경우에도 무기는 목적 달성에 필요하다고 인정되는 상당한 이유가 있을 때 그 사태를 합리적으로 판단하여 필요한 한도 내에서 사용하여야 하는바(경찰관직무집행법 제10조의4), 경찰관의 무기 사용이 이러한 요건을 충족하는지 여부는 범죄의 종류, 죄질, 피해법익의 경중, 위해의 급박성, 저항의 강약, 범인과 경찰관의 수, 무기의 종류, 무기 사용의 태양, 주변의 상황 등을 고려하여 사회통념상 상당하다고 평가되는지 여부에 따라 판단하여야 하고, 특히 사람에게 위해를 가할 위험성이 큰 권총의 사용에 있어서는 그 요건을 더욱 엄격하게 판단하여야 한다.

[2] 불법행위에 따른 형사책임은 사회의 법질서를 위반한 행위에 대한 책임을 묻는 것으로서 행위자에 대한 공적인 제재(형벌)를 그 내용으로 함에 비하여, 민사책임은 타인의 법익을 침해한 데 대하여 행위자의 개인적 책임을 묻는 것으로서 피해자에게 발생한 손해의 전보를 그 내용으로 하는 것이고, 손해배상제도는 손해의 공평·타당한 부담을 그 지도원리로 하는 것이므로, 형사상 범죄를 구성하지 아니하는 침해행위라고 하더라도 그것이 민사상 불법행위를 구성하는지 여부는 형사책임과 별개의 관점에서 검토하여야 한다.

[3] 경찰관이 범인을 제압하는 과정에서 총기를 사용하여 범인을 사망에 이르게 한 사안에서, 경찰관이 총기사용에 이르게 된 동기나 목적, 경위 등을 고려하여 형사사건에서 무죄판결이 확정되었더라도 당해 경찰관의 과실의 내용과 그로 인하여 발생한 결과의 중대함에 비추어 민사상 불법행위책임을 인정한 사례.

【이 유】

상고이유를 판단한다.

1. 손해배상책임의 발생 및 위법성조각사유 등에 관한 주장에 대하여

경찰관은 범인의 체포, 도주의 방지, 자기 또는 타인의 생명·신체에 대한 방호, 공무집

행에 대한 항거의 억제를 위하여 무기를 사용할 수 있으나, 이 경우에도 무기는 목적 달성에 필요하다고 인정되는 상당한 이유가 있을 때 그 사태를 합리적으로 판단하여 필요한 한도 내에서 사용하여야 하는바(경찰관직무집행법 제10조의4), 경찰관의 무기 사용이 이러한 요건을 충족하는지 여부는 범죄의 종류, 죄질, 피해법익의 경중, 위해의 급박성, 저항의 강약, 범인과 경찰관의 수, 무기의 종류, 무기 사용의 태양, 주변의 상황 등을 고려하여 사회통념상 상당하다고 평가되는지 여부에 따라 판단하여야 하고, 특히 사람에게 위해를 가할 위험성이 큰 권총의 사용에 있어서는 그 요건을 더욱 엄격하게 판단하여야 한다 (대법원 2004. 5. 13. 선고 2003다57956 판결 등 참조). 그리고 불법행위에 따른 형사책임은 사회의 법질서를 위반한 행위에 대한 책임을 묻는 것으로서 행위자에 대한 공적인 제재(형벌)를 그 내용으로 함에 비하여, 민사책임은 타인의 법익을 침해한 데 대하여 행위자의 개인적 책임을 묻는 것으로서 피해자에게 발생된 손해의 전보를 그 내용으로 하는 것이고 따라서 손해배상제도는 손해의 공평·타당한 부담을 그 지도원리로 하는 것이므로, 형사상 범죄를 구성하지 아니하는 침해행위라고 하더라도 그것이 민사상 불법행위를 구성하는지 여부는 형사책임과 별개의 관점에서 검토되어야 할 것이다(대법원 1971. 11. 15. 선고 71다1985 판결, 대법원 1999. 10. 22. 선고 99다35799 판결 등 참조).

원심은, 관련 증거들을 종합하여 그 판시 사실을 인정한 다음, 이 사건 사고 발생 당시 경찰관인 소외 1로서는 망 소외 2가 칼이나 다른 흉기를 소지하고 있는지 여부를 신중히 관찰한 뒤 과연 소외 2에 대하여 권총을 사용하여야 될 만큼의 급박한 위험성이 있는지 여부를 판단하였어야 옳고, 만약 소외 1이 위와 같이 신중하게 판단하였다면 굳이 아무런 흉기도 소지하고 있지 않던 소외 2에 대하여 권총을 사용하지 않더라도 함께 출동한 경찰관 소외 3 및 그 자리에 있던 소외 4나 원고 1 등과 협력하여 소외 2의 소외 3에 대한 폭력을 저지할 수 있었을 터인데도 선불리 소외 2에 대하여 실탄을 발사하였으며, 또 설령 부득이 실탄을 발사할 수밖에 없는 상황이었다고 하더라도 소외 2의 하체 부분을 향하여 발사하는 등의 방법으로 그 위해를 최소한으로 줄일 여지도 있었음에도 불구하고 우측 흉부를 향해 실탄을 발사하여 소외 2로 하여금 사망에까지 이르게 한 과실이 있으며, 한편 소외 1의 위 총기사용은, 그 동기나 목적, 경위, 상황에 참작할 만한 사정이 있고 그 때문에 형사사건에서는 무죄판결이 선고, 확정되었다고 하더라도, 위와 같은 과실의 내용 및 총기사용의 구체적인 태양이 사람에게 결정적인 위해를 가할 수 있는 것이었고 실제로 소외 2의 사망이라는 중대한 결과를 초래한 점에다가 이 사건 사고로 발생한 손해의 공평한 분담이라는 측면까지 종합하여 고찰하면, 민사상 불법행위를 구성한다고 판단하였다.

앞서 본 법리와 관련 증거들을 기록에 비추어 살펴보면, 원심의 이러한 사실인정과 판단은 정당한 것으로 수긍이 가고, 거기에 상고이유의 주장과 같은 채증법칙 위배, 이유모순, 위법성조각사유 및 과실, 형사판결의 증명력에 관한 법리오해 등의 위법이 있다고 볼 수 없다.

2. 손해배상책임의 범위에 관한 주장에 대하여

불법행위로 인한 손해배상사건에서 피해자에게 손해의 발생이나 확대에 관하여 과실이 있는 경우에는 배상책임의 범위를 정함에 있어서 당연히 이를 참작하여야 할 것이나, 과실상계사유에 관한 사실인정이나 그 비율을 정하는 것은 그것이 형평의 원칙에 비추어 현저히 불합리하다고 인정되지 않는 한 사실심의 전권사항에 속한다고 할 것이다(대법원 2002. 11. 26. 선고 2002다43165 판결 등 참조).

관련 증거들을 기록에 비추어 살펴보면, 원심의 과실상계사유에 관한 사실인정은 정당하고 또 그 비율판단도 수긍할 수 있는 범위 내로서 형평의 원칙에 비추어 현저히 불합리하다고 볼 수 없고, 거기에 상고이유의 주장과 같은 채증법칙 위배, 과실상계에 관한 법리오해 등의 위법이 있다고 할 수 없다.

2) 판례 2

대법원 1999. 3. 23. 선고 98다63445 판결

【판시사항】

[1] 경찰관의 총기 사용 요건의 판단 방법

[2] 경찰관이 길이 40cm 가량의 칼로 반복적으로 위협하며 도주하는 차량 절도 혐의자를 추적하던 중, 도주하기 위하여 등을 돌린 혐의자의 몸 쪽을 향하여 약 2m 거리에서 실탄을 발사하여 혐의자를 복부관통상으로 사망케 한 경우, 경찰관의 총기사용은 사회통념상 허용범위를 벗어난 위법행위라고 본 사례

【판결요지】

[1] 경찰관은 범인의 체포, 도주의 방지, 자기 또는 타인의 생명·신체에 대한 방호, 공무집행에 대한 항거의 억제를 위하여 무기를 사용할 수 있으나, 이 경우에도 무기는 목적달성에 필요하다고 인정되는 상당한 이유가 있을 때 그 사태를 합리적으로 판단하여 필요한 한도 내에서 사용하여야 하는바, 경찰관의 무기사용이 이러한 요건을 충족하는지 여부는 범죄의 종류, 죄질, 피해법익의 경중, 위해의 급박성, 저항의 강약, 범인과 경찰관의 수, 무기의 종류, 무기 사용의 태양, 주변의 상황 등을 고려하여 사회통념상 상당하다고 평가되는지 여부에 따라 판단하여야 하고, 특히 사람에게 위해를 가할 위험성이 큰 총기의 사용에 있어서는 그 요건을 더욱 엄격하게 판단하여야 한다.

[2] 경찰관이 길이 40cm 가량의 칼로 반복적으로 위협하며 도주하는 차량 절도 혐의자를 추적하던 중, 도주하기 위하여 등을 돌린 혐의자의 몸 쪽을 향하여 약 2m 거리에서 실탄을 발사하여 혐의자를 복부관통상으로 사망케 한 경우, 경찰관의 총기사용은 사회통념상 허용범위를 벗어난 위법행위라고 본 사례.

【이 유】

경찰관은 범인의 체포, 도주의 방지, 자기 또는 타인의 생명·신체에 대한 방호, 공무집행에 대한 항거의 억제를 위하여 무기를 사용할 수 있으나, 이 경우에도 무기는 목적달성에 필요하다고 인정되는 상당한 이유가 있을 때 그 사태를 합리적으로 판단하여 필요한 한도 내에서 사용하여야 하는바(경찰관직무집행법 제11조), 경찰관의 무기사용이 이러한 요건을 충족하는지 여부는 범죄의 종류, 죄질, 피해법익의 경중, 위해의 급박성, 저항의 강약, 범인과 경찰관의 수, 무기의 종류, 무기 사용의 태양, 주변의 상황 등을 고려하여 사회통념상 상당하다고 평가되는지 여부에 따라 판단하여야 하고, 특히 사람에게 위해를 가할 위험성이 큰 총기의 사용에 있어서는 그 요건을 더욱 엄격하게 판단하여야 한다.

원심은, 마포경찰서 소속 경장 소외 1이 1997. 3. 18. 19:50경 소외 2로부터 서울 마포구 망원 1동 57의 102 앞길에 승용차가 불법주차되어 있다는 신고를 받고, 같은 날 20:00경 위 장소에 와 무선으로 그 승용차의 차적을 조회한 끝에 차량번호판과 차종이

다르고 부착되어 있는 번호판은 원래 다른 승용차에 부착되었던 것으로 현재 도난신고가 되어 있다는 연락을 받은 사실, 위 승용차는 소외 3이 절취하여 절취한 다른 차량번호판을 부착하여 운행하다가 그 곳에 주차하여 둔 것인데, 소외 1이 파출소로 돌아 간 직후 소외 3이 그 곳에 와 이를 운전하여 가려고 하자, 소외 2가 다시 파출소에 연락하여 같은 날 20:25경 소외 1이 순경 소외 4와 함께 위 장소로 출동한 사실, 소외 1은 도망가는 소외 3을 노폭 약 2.5m의 골목에서 마주치게 되었고, 소외 3이 길이 약 40cm 가량의 칼을 휘두르며 접근하자 약 10m 정도 뒷걸음치다 뒤로 넘어지게 된 사실, 소외 3이 넘어진 소외 1에게 칼을 휘두르고 소외 1이 이를 피하려는 긴박한 상황이 전개되자 소외 3을 뒤쫓아 왔던 소외 2가 쓰레기통과 벽돌을 소외 3에게 집어던졌고, 이에 소외 3이 다시 도망을 가기 시작하였으며, 소외 3이 도망가자 소외 1은 휴대하고 있던 권총을 뽑아 들어 소외 3을 향해 겨누면서 "칼을 버려라, 그렇지 않으면 쏘겠다."고 경고하였으나, 소외 3은 이에 응하지 아니하고 칼을 휘두르면서 소외 1에게 접근하였다가 다시 돌아서 도망가는 행위를 반복한 사실, 소외 1은 소외 3을 제압하기 위하여 약 2m 떨어진 소외 3의 하복부를 향해 공포탄을 발사하려고 하였으나 권총의 실린더가 열려 있어 격발이 되지 않자 실린더를 닫은 다음 도주하기 위하여 등을 돌린 소외 3의 몸쪽을 향하여 권총을 다시 발사하였고, 실린더를 닫을 때의 회전으로 실탄이 장전되어 공포탄 아닌 실탄이 격발되면서 소외 3의 복부를 관통하여 소외 3은 같은 날 21:05경 사망한 사실 등을 인정하였다.

살펴보니, 이러한 원심의 사실인정은 옳고, 거기에 상고이유의 주장과 같은 사실오인 등의 위법이 없다.

사실관계가 이와 같다면, 소외 1이 근접한 거리에서 뒤돌아서 도망가는 소외 3의 몸쪽으로 실탄을 발사한 것은 사회통념상 총기사용의 허용범위를 벗어난 위법행위라고 판단되므로, 같은 취지의 원심 판단은 옳고, 거기에 상고이유의 주장과 같은 정당행위에 관한 법리오해의 위법이 없으며, 피고의 손해배상 범위를 정하면서 소외 3의 과실비율을 60%로 본 원심의 조치도 불합리하다고 보이지 않으므로, 거기에 상고이유의 주장과 같은 과실상계에 관한 법리오해의 위법도 없다.

3) 판례 3

대법원 2004. 3. 25. 선고 2003도3842 판결

【판시사항】

[1] 경찰관 무기사용의 요건 및 그 판단 방법

[2] 경찰관의 권총 사용이 허용범위를 벗어난 위법행위로서 정당방위에 해당하지 않는다고 판단한 원심판결을 파기한 사례

【이유】

진주경찰서 동부파출소 소속 경찰관인 피고인은, 2001. 11. 27. 밤 동료 경찰관인 김종하와 함께 순찰차를 타고 동부파출소 관내를 순찰하던 중 진주경찰서 상황실로부터 공소외 1이 술병으로 타인을 찌른 사건이 상대파출소 관내에서 발생하였으니 이와 관련하여 상대파출소를 지원하라는 무선지령을 받고 상대파출소로 순찰차를 운전하여 가 공소외 1의 처인 공소외 2로부터 공소외 1이 현재 그의 주거인 진주시 상대동 소재 꽃집에 있다는 말을 듣고, 23:50경 공소외 2과 함께 위 꽃집 앞에 도착하여 김종하는 꽃집 주위에 있는 막대기를 들고 앞장 서고 피고인은 권총을 꺼내어 안전장치를 풀고 김종하의 뒤에 서서 따라 위 꽃집 안으로 걸어 들어가, 그 곳에 미리 와 있던 이웃 주민 심경보에게 " 공소외 1이 어디에 있느냐?"고 묻는 순간, 공소외 1이 세면장에서 나오면서 피고인과 김종하에게 "당신들 뭐야, 이 밤에 왜 왔어? 빨리 가!"라고 소리를 지르며 피고인과 김종하가 서 있는 곳으로 나오다가 이를 말리는 심경보와 몸싸움을 하므로, 그만둘 것을 종용하였음에도, 공소외 1이 계속하여 심경보와 몸싸움을 하다가 심경보를 바닥에 넘어뜨리고 출입문 쪽으로 달려나오며 김종하와 피고인을 밀어 넘어뜨리고 넘어진 김종하의 몸 위에 올라 타 김종하와 몸싸움을 하자, 피고인이 넘어져 있는 상태에서 소지하고 있던 권총으로 공포탄 1발을 발사하였음에도 공소외 1이 이에 굴복하지 아니하고 계속 김종하의 몸 위에서 김종하의 목을 누르는 등 김종하를 일어나지 못하게 하고 있는 것을 목격하였는바, 이러한 경우 총기를 소지한 경찰관으로서는 구체적인 사태를 합리적으로 판단하여 가급적 총기사용을 자제하여야 할 뿐만 아니라 가사 총기를 사용하더라도 그 상대방의 대퇴부 이하를 조준하여 발사하여야 할 업무상 주의의무가 있는데, 당시는 피고인과 김종하

2인이 현장에 출동하여 1명의 범인을 검거하는 상황이라 2인이 힘을 합하면 총기를 사용하지 않고도 공소외 1을 제압할 수 있고, 그렇지 않다고 하더라도 최소한 경찰관 2인의 힘이면 김종하가 권중헌의 몸 밑에 깔린 상황을 해소하고 함께 공소외 1에게 대항할 수 있으므로 총기를 사용하기 전에 먼저 권중헌에게 달려 들어 김종하가 일어날 수 있도록 도와 함께 공소외 1에게 대항할 궁리를 하여야 함에도, 공소외 1이 김종하의 몸 위에서 몸싸움하던 과정에 김종하의 허리춤에 손을 대는 것을 보고는 공소외 1이 김종하의 총을 꺼낼지도 모른다고 성급하게 생각하고 당황하여 위와 같은 조치를 먼저 취하지 아니하고 바로 공소외 1을 향하여 대퇴부 이하를 제대로 조준하지 못하고 권총을 발사한 과실로 인하여 탄환이 공소외 1의 흉부를 관통하게 하여 공소외 1으로 하여금 같은 해 12. 3. 08:55경 진주시 칠암동 90 소재 경상대학교병원에서 패혈증 등으로 사망하게 하였다.

2. 피고인의 주장

피해자 공소외 1은 진주시내 일반부 씨름대회에서 우승할 정도로 힘이 센 사람이어서 김종하나 피고인이 몸싸움을 통하여 공소외 1을 제압할 수 없었고, 공소외 1이 김종하를 넘어뜨린 상태에서 위에서 누르면서 김종하의 권총을 잡으려고 하고 있어서 피고인이 공소외 1에게 달려들어 김종하가 일어날 수 있도록 도와줄 수도 없는 위협적이고 급박한 상황이었기 때문에 권총을 발사할 수밖에 없었으며, 공소외 1이 김종하의 몸 위에 올라앉은 채로 위에서 누른 상태에서 몸을 움직이고 있었으므로 공소외 1의 대퇴부 이하를 조준하여 총을 발사하기도 어려운 상황이었는바, 피고인의 행위는 당시 상황으로 보아 정당방위에 해당한다.

3. 원심의 판단

원심은, 피고인이 현장으로 가기 전에 상대파출소에서 그 곳에 근무하는 경찰관 김재웅으로부터, '상대파출소장이 현장으로 오고 있으니 총기는 사용하지 말고 대치만 하고 있으라.'는 당부를 들은 사실, 당시 공소외 1은 공소외 2의 신고와는 달리 칼로 아들을 위협하는 등 인질극을 벌이고 있지 않았던 사실, 피해자가 아무런 무기나 흉기를 휴대하고 있지 않았던 사실, 현장에는 피고인과 김종하 등 경찰관 2명이 있는 데다가 공소외 2와 그녀의 연락을 받고 미리 와 있던 심경보가 있어 유사시 어느 정도의 도움을 줄 수 있었던 사실을 인정하였다.

이어서 원심은 피고인의 주장, 즉 공소외 1이 김종하가 허리 부위에 차고 있는 권총을 빼앗으려고 하였다는 주장에 대하여, 김종하는 공소외 1의 몸 밑에 깔린 상태에서 공소외 1과 몸싸움을 벌였으므로 공소외 1이 자신의 권총을 빼앗으려 하였는지에 관하여 가장 잘 알 수 있음에도 불구하고, 최초 경찰 진술시에는 권중헌의 손이 자신의 허리 부분에 닿으려고 했다는 등의 진술을 하지 않았고, 2회 조사시 그러한 내용을 피고인으로부터 들었다고 진술하였으며, 그 이후부터 공소외 1의 손이 권총을 차고 있는 허리 부위에 닿는 것을 느꼈다고 진술하는 등 진술에 일관성이 없으므로, 공소외 1이 김종하의 총기를 꺼내려 하였다는 피고인의 진술 및 김종하의 일부 진술은 그대로 믿기 어렵다는 이유로 이를 배척한 다음, 사정이 위와 같다면, 경찰관인 피고인이 공포탄 발사에서 나아가 근접한 거리에서 피해자의 몸을 향한 실탄 발사로 나아간 것은 사회통념상 총기 사용의 허용범위를 벗어난 것으로서 상당성을 결하였다고 봄이 상당하므로 정당방위에 해당하지 아니한다고 판단하여 이 사건 공소사실을 유죄로 인정한 제1심판결을 그대로 유지하였다.

4. 이 법원의 판단

그러나 원심의 위와 같은 판단은 수긍하기 어렵다.

경찰관직무집행법 제10조의4 제1항 에 의하면, 경찰관은 범인의 체포, 도주의 방지, 자기 또는 타인의 생명·신체에 대한 방호, 공무집행에 대한 항거의 억제를 위하여 필요하다고 인정되는 상당한 이유가 있을 때 그 사태를 합리적으로 판단하여 필요한 한도 내에서 무기를 사용할 수 있되, 다만 형법에 규정한 정당방위나 긴급피난에 해당하는 때, 사형·무기 또는 장기 3년 이상의 징역이나 금고에 해당하는 죄를 범하거나 범하였다고 의심할 만한 충분한 이유가 있는 자가 경찰관의 직무집행에 대하여 항거하거나 도주하려고 할 때 또는 체포, 도주의 방지나 항거의 억제를 위하여 다른 수단이 없다고 인정되는 상당한 이유가 있는 때를 제외하고는 무기 사용으로 인하여 사람에게 위해를 주어서는 안된다고 규정하고 있고, 경찰관의 무기 사용이 위와 같은 요건을 충족하는지 여부는 범죄의 종류, 죄질, 피해법익의 경중, 위해의 급박성, 저항의 강약, 범인과 경찰관의 수, 무기의 종류, 무기 사용의 태양, 주변의 상황 등을 고려하여 사회통념상 상당하다고 평가되는지 여부에 따라 판단하여야 하고, 특히 사람에게 위해를 가할 위험성이 큰 권총의 사용에 있어서는 그 요건을 더욱 엄격하게 판단하여야 할 것임은 원심이 판시하고 있는 바와 같다.

그런데 기록에 의하면, 공소외 1의 처인 공소외 2은 진주경찰서 상대파출소에 찾아가 실내 근무자인 김재웅에게 "남편이 집에서 칼로 아들을 위협하고 있다."고 신고하면서 경찰관의 출동을 요청하여 피고인과 김종하 등 경찰관 2명과 함께 자신의 집인 위 꽃집으로 왔고, 한편 공소외 1은 피고인과 김종하가 위 꽃집으로 출동하기 직전인 2001. 11. 27. 23:20경 진주시 상대동 소재 '한잔드시게' 주점에서 후배인 정정교와 술을 마시던 중 공소외 1이 자신의 처인 공소외 2과 이혼해야 하겠다는 등의 말을 하고 위 정정교가 이혼을 만류하는 등 서로 이야기를 나누다가 공소외 1이 갑자기 맥주병을 깨뜨려 위 정정교의 목을 찔렀고, 신고를 받고 출동한 위 상대파출소 소속 경찰관인 강기수, 유용기가 위 정정교를 병원으로 후송하는 사이에 공소외 1은 위 주점 인근에 있는 자신의 집인 위 꽃집으로 도주한 사실, 그 후 공소외 2은 상대파출소에 찾아와 위에서 본 바와 같은 위급한 상황을 신고하면서 경찰관의 출동을 요청하였고, 본서 상황실의 지원지령에 따라 상대파출소에 도착한 인근 동부파출소 소속 경찰관 피고인과 김종하는 그 곳 근무자인 김재웅으로부터 공소외 1이 술집에서 맥주병을 깨 다른 사람의 목을 찌르고 현재 집으로 도주하여 칼로 아들을 위협하고 있으니 신속하게 출동하여 총은 쏘지 말고 대치만 하고 있으라고 당부하였고, 이에 피고인과 김종하는 순찰차에 공소외 2를 태워 위 꽃집으로 출동한 사실, 한편 공소외 1 가족과 평소 친하게 지내는 소외 심경보는 위 공소외 2가 휴대폰으로 "경보씨, 집에 한번 와 보세요."라는 말을 하고 전화를 끊어버리자 부부싸움을 하는 것으로 생각하고 즉시 위 꽃집으로 달려갔으나 전화를 한 위 공소외 2는 집에 없고 위 공소외 1 혼자서 꽃집 안쪽 끝의 세면장에서 양치질을 하고 있는 것을 보고 그대로 돌아오려고 할 때 피고인과 김종하가 같은 날 23:59경 위 꽃집에 도착한 사실, 이 때 김종하는 권총을 허리에 찬 채 나무막대기를 들고 먼저 들어가고 피고인은 권총을 빼어들고 그 뒤를 따라 꽃집 안으로 들어갔고, 김종하가 꽃집 안으로 들어가면서 위 심경보에게 "어떻게 된 겁니까?"라고 묻는 순간 공소외 1이 위 꽃집 안쪽 세면장에서 나오면서 "당신들 뭐야? 이 밤에 왜 왔어? 빨리 가!"라고 소리를 지르며 김종하와 피고인 쪽으로 달려들었고 위 심경보가 이를 제지하려고 하자 심경보를 간단히 넘어뜨린 후 위 김종하와 몸싸움을 하게 되었는데, 진주시 씨름대회에서 우승할 만큼 건장한 체구의 소유자였던 공소외 1은 이내 김종하로부터 나무막대기를 빼앗고 그를 뒤로 밀어붙여 피고인과 김종하가 거의 동시에 뒤로 넘어진 사실, 이어서 공소외 1은 김종하의 배 위에 올라탄 자세에서 그를 공격하였고 김종하는 공소외 1으로부터 빠져나오기 위하여 발버둥치고 있었으며, 피고인은 뒤로 넘어져 있다가 정신을 차리는 순간 공소외 1이 손으로 김종하의 목을 조이는 등 폭행하고 있는 것을 발견하고 이를 제지하기 위하여 넘어졌다가 일어나 앉은 자세로 공포탄 1발을 발사하여 공소외 1에게 경고를 하였지만 공소외 1은 김종하를 풀어주지 아니한 채 동일한 자세로 몸싸움을 계속한 사실, 이에 피고인은 공소외 1을 향하여 실탄 1발을 발사하였고 그 실탄은 공소외 1의 우측 흉부 하단 제9번 늑간 부위를 관통한 사실, 공소외 1은 총에 맞은 다음 김종하에 대한 압박을 풀고 꽃집 밖으로 나와 복부통증을 호소하면서 쓰러졌는데 나중에 확인하여 보니 공소외 1은 김종하 등과 격투를 할 당시 칼을 소지하지 않고 있었던 사실, 공소외 1은 즉시 병원에 후송되어 입원치료를 받았으나 간파열 등으로 인한 패혈증으로 2001. 12. 3. 사망한 사실을 알 수 있다.

사실관계가 위와 같다면, 상대파출소 근무자인 김재웅으로부터 ' 공소외 1이 술집에서 맥주병을 깨 다른 사람의 목을 찌르고 현재 자기집으로 도주하여 칼로 아들을 위협하고 있다.'는 상황을 고지받고 현장에 도착한 피고인으로서는, 공소외 1이 칼을 소지하고 있는 것으로 믿었고 또 그렇게 믿은 데에 정당한 이유가 있었다고 할 것이므로, 피고인과 김종하가 공소외 1과의 몸싸움에 밀려 함께 넘어진 상태에서 칼을 소지한 것으로 믿고 있었던 공소외 1과 다시 몸싸움을 벌인다는 것은 피고인 자신의 생명 또는 신체에 위해를 가져올 수도 있는 위험한 행동이라고 판단할 수밖에 없을 것이고, 따라서 피고인이 공포탄 1발을 발사하여 경고를 하였음에도 불구하고 공소외 1이 김종하의 몸 위에 올라탄 채 계속하여 김종하를 폭행하고 있었고, 또 그가 언제 소지하고 있었을 칼을 꺼내어 김종하나 피고인을 공격할지 알 수 없다고 피고인이 생각하고 있던 급박한 상황에서 김종하를 구출하기 위하여 공소외 1을 향하여 권총을 발사한 것이므로, 이러한 피고인의 권총 사용이, 경찰관직무집행법 제10조의4 제1항의 허용범위를 벗어난 위법한 행위라거나 피고인에게 업무상과실치사의 죄책을 지울만한 행위라고 선뜻 단정할 수는 없다(다만 민사상으로 공무원인 피고인의 위와 같은 행위에 관하여 국가가 국가배상책임을 질 것인지 여부는 이와 별도의 관점에서 검토되어야 할 것이며, 이 점은 별론으로 한다).

그럼에도 불구하고, 원심은 이와 달리 피고인이 공소외 1을 향하여 실탄을 발사한 행위가 경찰관의 무기 사용의 허용범위를 벗어난 위법행위라고 판단하였으니, 거기에는 경찰관직무집행법 제10조의4 제1항 소정의 경찰관 무기 사용의 허용범위 및 정당방위 등에 관한 법리를 오해하여 판결에 영향을 미친 위법이 있다.

4) 판례 4

서울고법 2006. 11. 16. 선고 2006나43790 판결

【판시사항】

경찰관이 도난번호판 부착차량의 운전자에게 수차례의 정지명령과 경고사격을 하였으나 운전자가 도주하므로 그를 검거하기 위하여 실탄을 발사하여 허벅지 부위에 부상을 입힌 사안에서, 경찰관의 총기 사용이 적법하다고 본 사례

【판결요지】

경찰관이 도난번호판 부착차량의 운전자에게 수차례의 정지명령과 경고사격을 하였으나 운전자가 도주하므로 그를 검거하기 위하여 실탄을 발사하여 허벅지 부위에 부상을 입힌 사안에서, 그 운전자가 흉악범이나 강력범이 아닌 절도범에 불과하더라도 도난번호판을 부착한 차를 운행하는 것은 계획적·조직적 범행의 결과로서 다른 중한 범죄의 범행수단 또는 그러한 범행 후의 도피수단으로 사용되는 것이 일반적이며, 나아가 위 운전자가 도심 간선도로의 중앙선을 넘어 역주행하며 도주하고 경고사격에 불구하고 필사적으로 도주하였으므로 경찰관이 위 운전자가 강도 등 다른 강력범죄까지 범하였고 그를 검거하지 않으면 다시 다른 사람에게 중대한 위해를 가할 수 있다고 판단한 것은 합리적이라는 등의 이유로 경찰관의 총기 사용이 적법하다고 본 사례.

【이 유】

1. 기초 사실

다음 각 사실은 당사자 사이에 다툼이 없거나, 갑 제1 내지 3호증, 갑 제5호증, 을 제1 내지 5호증, 을 제6호증의 1 내지 3, 을 제7호증의 1, 2, 을 제8호증, 을 제9호증의 1, 2, 을 제10호증의 각 기재, 갑 제6호증의 1 내지 13의 각 영상, 제1심법원의 중앙대학교 병원장에 대한 신체감정촉탁 결과에 변론 전체의 취지를 종합하여 인정할 수 있다.

가. 선정자 1은 2002. 5. 18. 서울 서초구 반포동 소재 한신아파트 4차 205동 앞 주차

장에서 그곳에 주차되어 있던 서울 (자동차등록번호 생략) 마티즈 승용차의 앞뒤 번호판을 절취하고, 2002. 5. 23. 광주 서구 양동 420-5 동산아파트 에이동 지하주차장에서 자신의 누나의 시어머니인 소외인 소유의 광주 (자동차등록번호 생략) 그랜져 엑스지 승용차를 절취한 다음, 그 무렵 위 그랜져 엑스지 승용차의 번호판을 위 서울 (자동차등록번호 생략) 번호판으로 교체한 채 운행하여 왔다.

나. 강남경찰서 한양파출소 소속 경찰관 경사 김영문, 순경 국상옥은 2002. 9. 12. 21:50경 서울 강남구 신사동 660 소재 하나은행 앞 노상에서 112 순찰근무를 하던 중 선정자 1이 운전하는 위 승용차의 번호를 조회하여 도난번호판 부착차량임을 확인하고는 국상옥이 순찰차에서 내려 검문을 위해 선정자 1에게 차량을 도로 우측에 정차시킬 것을 지시하였다.

다. 그런데 선정자 1이 검문에 불응하고 갑자기 인도로 돌진하여 진행하자 국상옥이 소지하고 있던 후레쉬를 위 승용차 뒷유리에 던져 차량 유리가 파손되었으나 선정자 1은 정지하지 아니한 채 신호를 위반하여 좌회전하여 도주하였다. 이에 김영문은 사이렌을 울리며 순찰차로 위 승용차를 약 500m 가량 추격하여 압구정2동사무소 앞에 이르렀는데, 선정자 1은 진행차도가 신호대기로 정체되자 중앙선을 침범하여 역방향으로 운전하여 서울 강남구 압구정동 현대아파트 95동 방향으로 도주하였고, 김영문은 계속하여 확성기를 이용하여 차를 세우라고 방송하면서 선정자 1을 추격하였다.

라. 그러던 중 선정자 1은 위 현대아파트 막다른 길에 이르러 그곳에 설치되어 있는 바리케이드와 쇠사슬 기둥, 유류드럼통을 발견하고 승용차를 정차한 다음 후진하였다가 다시 앞으로 질주하려 하였고, 이에 김영문이 순찰차에서 내려 소지하고 있던 3·8권총 공포탄 1발을 공중에 발사하였음에도, 계속하여 승용차를 운전하여 앞으로 진행하려 하였으나, 쇠사슬 기둥에 차량 앞부분이 걸려 더 이상 차량을 진행할 수 없자 차에서 내렸다.

마. 그 순간 김영문이 선정자 1쪽으로 다가가며 “꼼짝마! 손들어, 손들어, 손들어”라고 소리치며 지시에 따를 것을 명하였으나 선정자 1은 이에 불응하였고, 이에 김영문이 다시 “그 자리에 엎드려”라고 3회 반복하자 선정자 1은 바닥에 엎드리는 척 하

면서 갑자기 위 현대아파트 95동 뒤 노상으로 뛰어 도주하기 시작했다.

바. 김용문은 선정자 1을 뒤쫓으며 "거기 서"라고 소리쳤으나, 선정자 1이 이를 무시하고 계속하여 도주하자 경고사격으로 공중에 실탄 1발을 발사하였고, 그래도 정지하지 아니하는 선정자 1을 향하여 "도망하면 쏜다"라고 2~3회 반복하여 경고하였으나 선정자 1이 계속 도주하자 선정자 1의 왼쪽 대퇴부를 향하여 실탄 1발을 발사하여 그 실탄에 왼쪽 대퇴부를 맞고 쓰러지는 선정자 1을 검거하였다.

사. 선정자 1은 위와 같이 실탄을 맞아 좌측대퇴부 골절상을 입었고, 그로 인한 후유장해로 왼쪽 발등의 영양장해를 동반한 작열통과 왼쪽발의 운동장해가 남아 26%의 노동능력을 상실하였다.

아. 원고는 선정자 1의 아버지, 선정자 2는 선정자 1의 어머니이다.

2. 주장에 대한 판단

가. 원고 및 나머지 선정자들의 주장

원고 및 선정자들은, 경찰관 김영문이 무기도 소지하지 아니하고 경찰관에게 격렬히 항거하지도 아니한 채 단지 계속하여 도주만 하는 선정자 1을 향하여 실탄을 발사하여, 선정자 1이 실탄에 왼쪽 허벅지를 맞고 그로 인한 후유장해로 26%의 노동능력을 상실하였는바, 김영문의 이와 같은 실탄발사행위는 경찰관직무집행법 제10조의4 소정의 총기사용의 허용범위를 벗어난 위법행위라고 할 것이므로, 피고는 김영문의 위와 같은 직무상의 불법행위로 인하여 선정자 1과 선정자 1의 가족들인 원고 및 선정자 2가 입은 손해를 배상할 책임이 있다고 주장하면서, 피고에 대하여 선정자 1에게 97,567,160원(일실수입손해 77,567,160원 + 위자료 20,000,000원), 원고에게 23,001,969원(치료비지출손해 18,001,969원 + 위자료 5,000,000원), 선정자 2에게 5,000,000원(위자료) 및 이에 대한 지연손해금을 지급할 것을 구한다.

나. 판 단

(1) 구 경찰관직무집행법(2004. 12. 23. 법률 제7247호로 개정되기 전의 것)은 경찰관

의 무기사용의 요건에 대하여 제10조의4 제1항에서 다음과 같이 규정하고 있다.

경찰관은 범인의 체포·도주의 방지, 자기 또는 타인의 생명·신체에 대한 방호, 공무집행에 대한 항거의 억제를 위하여 필요하다고 인정되는 상당한 이유가 있을 때에는 그 사태를 합리적으로 판단하여 필요한 한도 내에서 무기를 사용할 수 있다. 다만, 형법에 규정한 정당방위와 긴급피난에 해당하는 때 또는 다음 각 호의 1에 해당하는 때를 제외하고는 사람에게 위해를 주어서는 아니 된다.

1. 사형·무기 또는 장기 3년 이상의 징역이나 금고에 해당하는 죄를 범하거나 범하였다고 의심할 만한 충분한 이유가 있는 자가 경찰관의 직무집행에 대하여 항거하거나 도주하려고 할 때 또는 제3자가 그를 도주시키려고 경찰관에게 항거할 때에 이를 방지 또는 체포하기 위하여 무기를 사용하지 아니하고는 다른 수단이 없다고 인정되는 상당한 이유가 있을 때

2. 체포·구속영장과 압수·수색영장을 집행할 때에 본인이 경찰관의 직무집행에 대하여 항거하거나 도주하려고 할 때 또는 제3자가 그를 도주시키려고 경찰관에게 항거할 때 이를 방지 또는 체포하기 위하여 무기를 사용하지 아니하고는 다른 수단이 없다고 인정되는 상당한 이유가 있을 때

3. 범인 또는 소요행위자가 무기·흉기 등 위험한 물건을 소지하고 경찰관으로부터 3회 이상의 투기명령 또는 투항명령을 받고도 이에 부응하면서 계속 항거하여 이를 방지 또는 체포하기 위하여 무기를 사용하지 아니하고는 다른 수단이 없다고 인정되는 상당한 이유가 있을 때

4. 대간첩작전수행에 있어 무장간첩이 경찰관의 투항명령을 받고도 이에 불응하는 경우

(2) 즉, 경찰관은 범인의 체포·도주의 방지, 자기 또는 타인의 생명·신체에 대한 방호, 공무집행에 대한 항거의 억제를 위하여 무기를 사용할 수 있으나, 이 경우에도 무기는 목적달성을 위하여 필요하다고 인정되는 상당한 이유가 있을 때 그 사태를 합리적으로 판단하여 필요한 한도 내에서 사용하여야 하는바, 경찰관의 무기 사용이 이러한 요건을 충족하는지 여부는 범죄의 종류, 죄질, 피해법익의 경중, 위해의 급박성, 저항의 강약, 범인과 경찰의 수, 무기의 종류, 무기 사용의 태양, 주변의 상황 등

을 고려하여 사회통념상 상당하다고 평가되는지 여부에 따라 판단하여야 하고, 특히 사람에게 위해를 가할 위험성이 큰 권총의 사용에 있어서는 그 요건을 더욱 엄격하게 판단하여야 한다(대법원 2004. 5. 13. 선고 2003다57956 판결 등 참조).

(3) 위와 같은 기준에 따라 이 사건에 있어 김영문이 선정자 1을 향하여 실탄을 발사한 행위가 과연 경찰관의 무기사용의 허용범위를 벗어난 위법한 행위인지에 관하여 본다.

① 경찰관 김영문은 선정자 1이 운전중인 차량이 도난번호판 부착차량(그와 같은 경우 차량 자체도 절취차량인 경우가 대부분이다)이라는 것을 알고 정지명령을 하였는데 선정자 1이 이를 무시하고 도주하였는바, 절도죄는 6년 이하의 징역 또는 1,000만원 이하의 벌금에 처하도록 되어 있으므로 위 경찰관직무집행법 제10조의4 제1항 제1호에 기하여 위와 같은 경우 범인이라고 의심되는 자를 체포하기 위하여 일응 필요·상당한 범위 내에서 무기를 사용할 수 있다고 할 것이다.

② 선정자 1은 김영문이 계속적으로 차 세우라는 방송을 하면서 추격하는데도 이를 무시하고 도주하면서 그 과정에서 야간에 인도로 진입하고, 신호를 위반하였을 뿐만 아니라 혼잡한 도심 간선도로를 중앙선을 침범하여 역방향으로 주행하기까지 하였으며, 바리케이드와 쇠사슬 기둥으로 막힌 막다른 길에 이르러서는 공포탄 경고사격에도 불구하고 후진하였다가 다시 세게 진행하는 방법으로 장애물을 넘어 진행하려 하였고, 차에서 내려서도 수차례의 정지명령과 2번째의 경고사격에도 이를 무시하고 계속 도주하였는바, 당시 김영문으로서는 수차례의 정지명령과 경고사격에도 불구하고 도주하는 차량절도범을 체포하여야만 하였고, 나아가 위와 같이 필사적으로 도주하는 범인이라면 일반 시민의 생명·신체에 심각한 위해를 끼치는 행위를 할 우려가 있다고 예상할 수밖에 없어 타인의 생명·신체에 대한 방호를 위해서라도 긴급하게 선정자 1을 검거해야만 했던 상황이었던 것으로 보인다.

③ 한편, 김영문과 조를 이루어 순찰근무를 하던 순경 국상옥이 선정자 1을 검문하기 위하여 순찰차에서 내려 선정자 1에게 차량이동을 지시하던 중에 선정자 1이 이에 불응하고 차를 인도로 돌진하여 도주하는 바람에 김영문은 국상옥을 순찰차에 태울 새도 없이 혼자 곧바로 순찰차로 선정자 1을 추격하게 되었고, 그 과정에서 선정자 1이 위와 같이 인도침범, 신호위반, 중앙선침범 및 역주행 등을 하여 이를 따라잡기

위하여 잠시라도 주의를 돌릴 수 없는 급박한 상황이었으므로 다른 경찰관에게 무전연락을 하여 지원요청을 하거나 국상옥을 기다려 함께 선정자 1을 검거할 수 있는 상황은 아니었으며, 당시는 밤늦은데다 인적이 드문 아파트단지 내이어서 다른 주변 사람들이 선정자 1을 검거하는 데 도움을 주리라고 기대할 수도 없는 상황이었다.

④ 또한, 선정자 1이 위 승용차로 더 이상 진행할 수 없어 차에서 내리기는 하였으나 쉽게 투항하지 아니하고 엎드리는 척 하다가 도주하였고, 이에 김영문은 선정자 1을 추격하며 공포탄에 이어 실탄까지 발사하였음에도 선정자 1이 불응하자 그 순간 나이가 젊은 선정자 1(당시 선정자 1은 22세였고, 김영문은 48세였다)을 따라 잡는 것이 사실상 불가능하고 선정자 1을 검거하기 위하여는 선정자 1의 신체 중 생명에 지장이 위험이 없는 부분을 겨냥하여 실탄을 발사하는 방법밖에는 도주를 막을 방법이 없다고 판단하여 선정자 1의 다리 부분을 조준하여 실탄을 발사한 것으로 보이고, 그 실탄이 빗나가지 아니하고 정확하게 선정자 1의 왼쪽 허벅지를 맞추었다.

위와 같은 사정을 종합하여 볼 때, 김영문으로서는 절도죄를 범하였다고 의심이 되는 선정자 1이 수차례의 정지명령과 경고사격에도 불구하고 도주하는 상황에서 선정자 1을 검거하기 위하여 무기, 즉 총기를 사용하지 아니하고는 다른 수단이 없었다고 인정되는 상당한 이유가 있었다고 보아야 할 뿐만 아니라(선정자 1이 흉악범이나 강력범이 아닌 절도범에 불과하다는 점은 위와 같은 판단에 영향을 준다고 볼 수 없고, 오히려 도난번호판을 부착한 차를 타고 다니는 것은 우발적인 절도범행이라기보다 계획적·조직적 범행의 소산으로서 다른 중한 범죄의 범행수단 또는 그러한 범행 이후의 도피수단으로 사용되는 것이 일반적이며, 나아가 선정자 1이 도심 간선도로의 중앙선을 넘어 역주행하며 도주하고 경고사격에도 불구하고 필사적으로 도주하는 것으로 보아 강도 등 다른 강력범죄까지 범하였고 그를 검거하지 않으면 다시 다른 사람에게 중대한 위해를 가할 수 있다고 판단하는 것이 비합리적이라고는 할 수 없다), 그 목적달성을 위하여 필요한 한도 내에서 무기를 사용한 것이라고 볼 수밖에 없다(대법원 2003. 9. 23. 선고 2003다27146 판결 참조).

따라서 김영문의 행위가 앞서 본 경찰관직무집행법이나 대법원판례 등에서 정한 권총 등 총기사용의 기준들, 즉 경찰관의 권총 사용의 허용범위를 벗어난 위법행위라고 할 수는 없으므로 김영문이 직무상 불법행위를 하였음을 전제로 하는 원고 및 나머지 선정자들의 주장은 나머지 점에 나아가 살필 필요 없이 이유 없다

XVII

제10조의5 경찰착용 기록장치의 사용

XVII. 제10조의5 경찰착용 기록장치의 사용

제10조의5(경찰착용기록장치의 사용) ① 경찰관은 다음 각 호의 어느 하나에 해당하는 직무 수행을 위하여 필요한 경우에는 필요한 최소한의 범위에서 경찰착용 기록장치를 사용할 수 있다.

1. 경찰관이 「형사소송법」 제200조의2, 제200조의3, 제201조 또는 제212조에 따라 피의자를 체포 또는 구속하는 경우

2. 범죄 수사를 위하여 필요한 경우로서 다음 각 목의 요건을 모두 갖춘 경우

 가. 범행 중이거나 범행 직전 또는 직후일 것
 나. 증거보전의 필요성 및 긴급성이 있을 것

3. 제5조제1항에 따른 인공구조물의 파손이나 붕괴 등의 위험한 사태가 발생한 경우

4. 경찰착용 기록장치에 기록되는 대상자(이하 이 조에서 "기록대상자"라 한다)로부터 그 기록의 요청 또는 동의를 받은 경우

5. 제4조제1항 각 호에 해당하는 것이 명백하고 응급구호가 필요하다고 믿을 만한 상당한 이유가 있는 경우

6. 제6조에 따라 사람의 생명·신체에 위해를 끼치거나 재산에 중대한 손해를 끼칠 우려가 있는 범죄행위를 긴급하게 예방 및 제지하는 경우

7. 경찰관이 「해양경비법」 제12조 또는 제13조에 따라 해상검문검색 또는 추적·나포하는 경우

8. 경찰관이 「수상에서의 수색·구조 등에 관한 법률」에 따라 같은 법 제2조제4호의 수난구호 업무 시 수색 또는 구조를 하는 경우

9. 그 밖에 제1호부터 제8호까지에 준하는 경우로서 대통령령으로 정하는 경우

② 이 법에서 "경찰착용 기록장치"란 경찰관이 신체에 착용 또는 휴대하여 직무수행 과정을 근거리에서 영상·음성으로 기록할 수 있는 기록장치 또는 그 밖에 이와 유사한 기능을 갖춘 기계장치를 말한다.

1. 기록장치

경찰착용 기록장치"란 경찰관이 신체에 착용 또는 휴대하여 직무수행 과정을 근거리에서 영상·음성으로 기록할 수 있는 기록장치 또는 그 밖에 이와 유사한 기능을 갖춘 기계장치를 말한다.

2. 판례

1) 판례 1

광주지방법원 2011. 11. 25. 선고 2011노2629 판결

【이 유】

1. 항소이유의 요지

피고인은 진행방향의 차량 신호등이 적색 등화임에도 횡단보도 앞 정지선에 정차하지 아니한 채 시속 약 61km 내지 약 57km의 속도로 위 횡단보도를 통과하였는바, 피고인의 신호위반 행위는 이 사건 교통사고의 직접적인 원인이 되었다.

그럼에도 불구하고 피고인의 신호위반 행위는 이 사건 교통사고 발생에 직접적인 원인이 되지 아니하였고, 피고인의 택시가 교통사고처리특례법 제4조 소정의 공제에 가입되어 있다는 이유로 피고인에 대한 공소를 기각한 원심판결에는 법리를 오해하여 판결에 영향을 미친 위법이 있다.

2. 판 단

가. 이 사건 공소사실의 요지

피고인은 (차량번호 1 생략) 쏘나타 택시의 운전 업무에 종사하는 사람이다.

피고인은 2011. 5. 21. 02:27경 위 택시를 운전하여 광주 동구 금남로5가에 있는 광남4거리 교차로를 북동 방면에서 문화전당 방면을 향하여 편도 3차로 중 3차로를 따라 시속 약 60km의 속도로 진행하였다. 그곳 전방에는 신호등이 설치되어 있으므로 이러한 경우 자동차의 운전업무에 종사하는 피고인으로서는 전방을 잘 살펴 교차로를 통행하는 차량이 있는지 여부를 확인하는 한편 교통신호에 따라 안전하게 운전하여 사고를 미리 방지하여야 할 업무상 주의의무가 있었다.

그럼에도 불구하고 피고인은 이를 게을리 한 채 신호를 위반하여 진행한 과실로, 신호를 위반하여 교차로에 진입한 피해자 공소외 1(대법원판결의 공소외인)(여, 54세)이 운전하는 (차량번호 2 생략) SM5 자동차의 오른쪽 뒤 문짝 부분을 위 택시의 앞 범퍼 부분으로 충격하였고, 이로 인하여 위 자동차가 왼쪽으로 회전되면서 뒤 범퍼 왼쪽 부분으로 맞은편 1차로에 신호대기 중이던 피해자 공소외 2가 운전하는 (차량번호 3 생략) 택시를 충돌하게 하였다.

결국 피고인은 위와 같은 업무상 과실로 피해자 공소외 1에게 통원 일수 약 2일간의 치료가 필요한 경추부 동통 등의 상해를, 피해자 공소외 3, 4, 2, 5에게 각 약 2주간의 치료를 요하는 경추의 염좌 및 긴장 등의 상해를 각각 입게 하였다.

나. 원심의 판단

원심은 적법하게 채택하여 조사한 증거들에 의하여 인정되는 다음과 같은 사실관계 및 사정들을 인정하고, 이를 종합하여 보면, 피고인의 신호위반 행위는 이 사건 교통사고 발생에 직접적인 원인이 되지 아니하였고, 피고인의 택시가 교통사고처리특례법 제4조 소정의 공제에 가입되어 있다는 이유로, 피고인에 대한 공소를 기각하였다.

1) 이 사건 공소사실에 부합하는 증거로는 피해자 공소외 1의 원심 법정 및 경찰에서의 각 진술, 교통사고보고(1)(2) 및 교통사고현장사진, 각 택시영상기록장치녹화장면, 각 진단서, 통원사실확인서 등이 있고, 이에 의하면 피고인은 공소사실 기재 일시, 장소에서 자신의 진행방향 차량 신호등이 적색 등화임에도 불구하고 횡단보도 앞의 정지선 직전에 정지하지 아니한 채 계속하여 택시를 진행한 사실(도로교통법시행규칙 별표2는 적색 등화의 뜻에 관하여 '차마는 정지선, 횡단보도 및 교차로의 직전에서 정지하여야 한다. 다만, 신호에 따라 진행하는 다른 차마의 교통을 방해하지 아니하고 우회전할 수 있다'고 규정하고 있다), 위 택시가 정지선을 넘어 횡단보도 위를 진행

하는 순간 차량 신호등이 적색 등화에서 녹색 등화로 바뀌자 그대로 교차로 안으로 진행하다가 공소사실 기재와 같이 공소외 1의 차량과 충돌한 사실 등은 인정된다.

2) 그러나 다른 한편, 교통사고처리특례법 제3조 제2항 단서 제1호 소정의 '신호위반 사고'라 함은 신호위반 행위가 교통사고 발생의 직접적인 원인이 된 경우를 말하는 것으로서, 교통사고가 신호위반 운행 중에 일어났다고 하여 모두 이에 포함되는 것은 아니라 할 것이다.

이 사건에서 보건대, 원심이 적법하게 채택하여 조사한 증거들에 의하여 인정되는 다음과 같은 사실관계 및 사정, 즉 ① 피고인의 택시는 이 사건 교차로를 향하여 시속 약 77km의 속도로 2차로를 따라 진행하다가, 이 사건 교통사고 6초 전인 02:27:11경 우회전 차로인 3차로로 진로를 변경한 후, 사고 3초 전인 02:27:14경 시속 약 61km의 속도로 진행방향의 횡단보도 앞 정지선 직전에 이른 점, ② 피고인의 택시가 이 사건 교통사고 2초 전인 02:27:15경 시속 약 57km의 속도로 위 횡단보도 위를 지나는 순간, 피고인 진행방향의 차량 신호등이 적색 등화에서 녹색 등화로 바뀌었고, 그와 동시에 피해자 공소외 1 차량의 진행방향의 차량 신호등 또한 황색 등화에서 적색 등화로 바뀐 점(피고인 택시의 영상기록장치화면에 의하면 위 신호변경 시점에 피고인의 택시는 횡단보도 중간지점에 약간 못 미친 지점을 진행하고 있었던 것으로 보이고, 피고인 택시의 영상기록장치화면 시각보다 약 19초 빠르게 설정되어 있는 피해자 공소외 2 택시의 영상기록장치화면에 의하면 그 순간 공소외 1의 차량은 아직 교차로에 진입하지 못한 채 자신의 진행방향 횡단보도 앞 정지선 직전을 진행하고 있었던 것으로 보인다), ③ 일반적으로 황색 등화의 지속시간이 약 3초임을 고려할 때, 공소외 1의 차량은 자신의 진행방향 차량 신호등이 녹색 등화에서 황색 등화로 바뀐 시점에는 정지선에 한참 못 미친 지점을 진행하고 있었을 것으로 보이는 점, ④ 이후 피고인 택시는 사고 1초 전인 02:27:16경 시속 약 51km의 속도로 감속되었다가, 사고 시각인 02:27:17경 시속 약 46km의 속도로 공소외 1 차량의 오른쪽 뒤 문짝 부분을 충격한 점 등에 비추어 보면, 앞서 본 부합증거들 및 인정사실들만으로는, 이 사건 교통사고가 피고인의 신호위반 운행 중에 발생한 사고로서 피고인 또한 교차로에 신호위반으로 진입하기 직전이던 공소외 1의 차량을 세심히 살피지 아니한 채 만연히 진행함으로써 이 사건 교통사고의 발생에 일부 기여하였다고 볼 수 있음은 별론으로 하고, 피고인의 신호위반 행위가 이 사건 교통사고 발생의 직접적 원인이 된 것이라고 단정하기는 어려우므로, 이 사건 교통사고를 위 법조 소정의 신호위반 사고, 즉

'신호위반 행위로 인한 사고'에 해당한다고 할 수는 없다.

3) 따라서 피고인에 대한 공소사실은 피고인 운전의 택시가 교통사고처리특례법 제4조 소정의 공제에 가입되어 있는 때에는 공소를 제기할 수 없는 경우에 해당하는바, 기록에 편철된 공제계약증명서(수사기록 95쪽)의 기재에 의하면 위 피고인 운전의 위 택시가 위 공제에 가입된 사실이 인정되므로, 형사소송법 제327조 제2호를 적용하여 위 피고인에 대한 공소를 기각한다.

다. 당심의 판단

원심이 적법하게 채택하여 조사한 증거들에 의하여 인정되는 원심 판시와 같은 사실관계 및 사정들을 종합하여 보면, 비록 피고인이 신호를 위반하여 교차로에 진입하기는 하였지만, 피고인 진행방향의 차량 신호등이 이 사건 교통사고 2초 전에 적색 등화에서 녹색 등화로 바뀌었고, 그 순간 피고인 차량은 횡단보도 상에, 피해자 공소외 1의 차량은 정지선에 미치지 못한 지점에 있었으므로, 이 사건 교통사고는 피고인 차량이 신호를 위반하여 교차로에 진입한 후 바뀐 신호인 녹색 등화에 따라 교차로를 진행하던 중에 공소외 1의 차량이 신호를 위반하여 교차로에 진입함으로써 발생한 것으로서, 피고인의 신호위반 행위가 이 사건 발생의 직접적인 원인이 되었다고 단정할 수 없다

2) 판례 2

대전고등법원(청주) 2019. 10. 2. **선고** 2019누1211 **판결**

【이 유】

1. 처분의 경위

이 법원이 이 부분에 관하여 설시할 이유는 제1심판결의 이유 제1항 기재와 같으므로, 행정소송법 제8조 제2항, 민사소송법 제420조 본문에 의하여 이를 그대로 인용한다.

2. 이 사건 처분의 적법 여부

가. 원고의 주장 및 관계 법령

이 법원이 이 부분에 관하여 설시할 이유는 제1심판결의 이유 제2의 가.항 및 나.항 기재와 같으므로, 행정소송법 제8조 제2항, 민사소송법 제420조 본문에 의하여 이를 그대로 인용한다.

나. 판단

1) 택시운송사업의 발전에 관한 법률 제12조 제2항(이하 '이 사건 규정'이라 한다)은 "택시운송사업자는 소속 택시운수종사자가 아닌 사람(형식상의 근로계약에도 불구하고 실질적으로는 소속 택시운수종사자가 아닌 사람을 포함한다)에게 택시를 제공하여서는 아니된다."라고 규정하고 있다. 이 사건 규정의 내용 및 입법취지에 비추어 볼 때, 이 사건 규정의 '소속 택시운수종사자'에 해당하기 위해서는 운수종사자가 해당 택시운송사업자로부터 실질적으로 지휘, 감독을 받으면서 근로를 제공하고 있음이 인정되어야 한다. 구체적으로는 운수종사자가 차량을 이용하게 된 경위와 이용에 수반된 약정의 내용이 어떠한지, 운수종사자들에 대한 차량 배차나 운행, 휴무, 교육, 납입할 운송수입금의 액수 등에 관한 지휘·감독권한을 누가 실질적으로 행사하는지, 운수종사자들에 대한 임금과 4대 보험료나 유류비·수리비 등 차량 운행비용을 누가 실질적으로 부담하는지 등이 중요한 판단 기준이 된다(대법원 2016. 3. 24. 선고 2015두48235 판결 등 참조).

2) 을 제3호증의 1, 2, 제4호증의 1, 2의 각 기재에 변론 전체의 취지를 종합하면, 피고는 원고 직원이었던 소외 2의 고발에 따라 이 사건 처분에 앞서 원고 소속 근로자가 아닌 자로 추정되는 155명의 명단을 첨부하여 청주청원경찰서에 수사를 의뢰하였고, 청주청원경찰서는 이 사건 운전자들 주1) 137명이 원고 소속 택시운수종사자가 아니라고 판단한 사실이 인정된다. 그러나 한편 갑 제3, 4, 5, 9, 11, 15, 16, 22, 24 내지 27호증(가지번호 있는 증거는 가지번호 포함)의 각 기재, 당심 증인 소외 3의 증언에 변론 전체의 취지를 종합하여 인정되는 아래와 같은 사정을 위 법리에 비추어 볼 때, 위와 같은 사실만으로는 이 사건 운전자들 137명을 원고 소속 택시운수종사자가 아닌 사람들로 단정하기 어렵고, 오히려 이 사건 운전자들 중 대부분은 원고에 대한 종속적인 관계에서 원고의 일반적인 지휘, 감독을 받고 있었다고

봄이 타당하므로 원고 소속 택시운수종사자에 해당한다.

가) 원고는 직접 이 사건 운전자들을 모집하였는데, 인력난이 심한 상황에서 운수종사자들이 일급제를 선호할 경우 일급제 방식으로 근로계약을 체결한 것으로 보인다. 원고는 일급제 운전자들과 근로계약을 체결하면서 운전경력증명서, 운전적성정밀검사 판정표, 이력서 등을 제출받았고, 일급제 근로자들로부터도 취업규칙과 단체협약을 준수하고, 차량의 휴조일에 운행하지 않을 것이며, 운전면허의 자격정지·취소 등의 처분을 받는 경우 원고에게 보고한다는 내용 등이 기재된 서약서를 작성받았다.

나) 원고는 일급제 운전자와 월급제 운전자를 구별하지 아니하고 동일한 프로그램을 통해 차량을 배차하고 매출을 관리하였고, 일급제 운전자들로부터도 운전일보와 신용카드 매출내역을 제출 받아 이를 토대로 운전자별 월계표를 작성하였다.

다) 원고는 모든 차량에 디지털운행기록장치(태코미터)를 장착하여 차량 입·출고 시각, 영업 및 대기시간, 운행시간 및 거리, 수입금, 영업 내역 등을 파악하는 방법으로 일급제 운전자의 운행 내역 및 시간 등도 확인하였다.

라) 원고 소속 월급제 운전자들의 기준운송수입금과 이 사건 운전자들의 기준운송수입금 사이에 차이가 존재하나, 원고는 일급제 운자자의 기준운송수입금에 관해서도 노동조합과 협의를 하면서 일급제 운전자가 월급제 운전자와 달리 매월 기본급, 상여금 등 고정급여를 지급받지 않는 점 등을 이유로 일급제 운전자의 기준운송수입금을 월급제 운전자의 기준운송수입금보다 낮은 금액으로 정한 것으로 보인다. 원고는 이 사건 운전자들로부터 직접 기준운송수입금을 납입 받았으며, 기준운송수입금 외에 임차료 등을 지급받은 적은 없다.

마) 원고는 2016. 9.경부터 2017. 9.경까지 총 6차례에 걸쳐 원고 소속 운수종사자들을 상대로 교통사고 예방, 승차거부 근절, 휴차영업 근절, 성희롱 예방 등을 내용으로 하는 교육을 실시하였다.

바) 원고는 이 사건 운전자들 중 적어도 53명에 대하여 4대 보험에 가입하였는데, 원심이 원고와 근로계약서를 작성하였다고 인정한 이 사건 운전자들 주3) 15명 중 주4)

6명은 위 53명에 포함되지 않는다. 이는 일신상의 이유로 4대 보험 미가입을 전제로 입사를 요구하는 운전자들을 채용할 수밖에 없다는 원고의 주장에 부합하는 사정이다.

사) 원고는 이 사건 운전자들 중 1년 이상 근무한 6명(소외 10, 소외 21, 소외 11, 소외 3, 소외 27, 소외 28)에게 근속일수에 따른 퇴직금을 산정하여 지급하기도 하였는데, 그 중 2명(소외 27, 소외 28)은 근로계약서를 작성하지 아니하고 4대 보험에도 가입하지 아니한 운전자들이다.

아) 원고가 원고 소유의 차량의 유지·관리에 필요한 수리비 등을 부담한 것으로 보이고, 달리 이 사건 운전자들이 유류비, 차량의 유지·관리에 필요한 수리비 등을 부담하였다는 점을 인정할 증거가 없으며, 오히려 이 사건 운전자들 중 상당수는 '원고로부터 유류카드를 제공받아 사용하였고, 차량의 점검·정비·수리비용은 원고가 부담하였다'는 취지의 진술서를 제출하였다.

자) 일급제 근로자들도 원고의 노동조합에 가입할 수 있고, 실제로 이 사건 운전자들 중에서 위 노동조합에 가입한 조합원들도 있다.

3) 따라서 이 사건 처분에는 그 근거가 되는 위반사실 인정을 잘못한 하자가 있고, 위와 같은 하자는 처분사유 또는 감경사유 해당 여부 판단에 영향을 미칠 수 있는 중대한 것이므로, 이 사건 처분은 위법하여 취소되어야 한다.

3) 판례 3

대법원 2015. 7. 9. 선고 2013도7787 판결

【판시사항】

구 아동복지법상 금지되는 '성적 학대행위'의 의미와 판단 기준 / 피해 아동이 성적 자기결정권을 행사하거나 자신을 보호할 능력이 부족한 경우, 행위자의 요구에 명시적인 반대 의사를 표시하지 아니하였거나 행위자의 행위로 인해 현실적으로 육체적 또는 정신적 고통을 느끼지 아니하는 등의 사정만으로 성적 학대행위에 해당하지 않는다고 단정할 수

있는지 여부(소극)

【판결요지】

구 아동복지법(2011. 8. 4. 법률 제11002호로 전부 개정되기 전의 것, 이하 같다)의 입법목적(제1조), 기본이념(제3조 제2항, 제3항) 및 같은 법 제2조 제4호, 제29조 제2호의 내용 등을 종합하면, 구 아동복지법상 금지되는 성적 학대행위란 아동에게 성적 수치심을 주는 성희롱, 성폭행 등의 행위로서 아동의 건강·복지를 해치거나 정상적 발달을 저해할 수 있는 성적 폭력 또는 가혹행위를 말하고, 이에 해당하는지 여부는 행위자 및 피해 아동의 의사·성별·연령, 피해 아동이 성적 자기결정권을 제대로 행사할 수 있을 정도의 성적 가치관과 판단능력을 갖추었는지 여부, 행위자와 피해 아동의 관계, 행위에 이르게 된 경위, 구체적인 행위 태양, 행위가 피해 아동의 인격 발달과 정신 건강에 미칠 수 있는 영향 등의 구체적인 사정을 종합적으로 고려하여 시대의 건전한 사회통념에 따라 객관적으로 판단하여야 한다.

한편 피해 아동이 성적 가치관과 판단능력이 충분히 형성되지 아니하여 성적 자기결정권을 행사하거나 자신을 보호할 능력이 상당히 부족한 경우라면 자신의 성적 행위에 관한 자기결정권을 자발적이고 진지하게 행사할 것이라 기대하기는 어려우므로, 행위자의 요구에 피해 아동이 명시적인 반대 의사를 표시하지 아니하였거나 행위자의 행위로 인해 피해 아동이 현실적으로 육체적 또는 정신적 고통을 느끼지 아니하는 등의 사정이 있다 하더라도, 이러한 사정만으로 행위자의 피해 아동에 대한 성희롱 등의 행위가 구 아동복지법 제29조 제2호의 '성적 학대행위'에 해당하지 아니한다고 단정할 것은 아니다.

【이 유】

1. '아동에게 음행을 시키는 행위'로 인한 구 아동복지법 위반의 점에 관하여

원심판결 이유를 관련 법리와 기록에 비추어 살펴보면, 원심이 그 판시와 같은 이유로 이 사건 공소사실 중 '아동에게 음행을 시키는 행위'로 인한 각 구 아동복지법(2011. 8. 4. 법률 제11002호로 전부 개정되어 2012. 8. 5. 시행되기 전의 것, 이하 같다) 위반의 점을 무죄로 판단한 것은 정당하고, 거기에 상고이유 주장과 같이 구 아동복지법 제29조 제6호의 해석 및 적용에 관한 법리를 오해한 위법이 없다.

2. '아동에게 성적 수치심을 주는 성희롱 등의 학대행위'로 인한 구 아동복지법 위반의 점에 관하여

가. 구 아동복지법은 제1조에서 "이 법은 아동이 건강하게 출생하여 행복하고 안전하게 자라나도록 그 복지를 보장함을 목적으로 한다."고 규정하여 그 입법목적을 밝히면서 제3조에서 "아동은 완전하고 조화로운 인격발달을 위하여 안정된 가정환경에서 행복하게 자라나야 한다(제2항). 아동에 관한 모든 활동에 있어서 아동의 이익이 최우선적으로 고려되어야 한다(제3항)."고 규정하여 그 기본이념을 밝히고 있다. 한편 제2조 제4호에서는 "아동학대라 함은 보호자를 포함한 성인에 의하여 아동의 건강·복지를 해치거나 정상적 발달을 저해할 수 있는 신체적·정신적·성적 폭력 또는 가혹행위 및 아동의 보호자에 의하여 이루어지는 유기와 방임을 말한다."고 규정하고, 제29조 제2호에서는 "누구든지 아동에게 성적 수치심을 주는 성희롱, 성폭행 등의 학대행위를 하여서는 아니된다."고 규정하고 있다.

위와 같은 구 아동복지법의 입법목적, 기본이념 및 관련 조항들의 내용 등을 종합하면, 구 아동복지법상 금지되는 성적 학대행위라 함은 아동에게 성적 수치심을 주는 성희롱, 성폭행 등의 행위로서 아동의 건강·복지를 해치거나 정상적 발달을 저해할 수 있는 성적 폭력 또는 가혹행위를 말하고, 이에 해당하는지 여부는 행위자 및 피해 아동의 의사·성별·연령, 피해 아동이 성적 자기결정권을 제대로 행사할 수 있을 정도의 성적 가치관과 판단능력을 갖추었는지 여부, 행위자와 피해 아동의 관계, 행위에 이르게 된 경위, 구체적인 행위 태양, 그 행위가 피해 아동의 인격 발달과 정신 건강에 미칠 수 있는 영향 등의 구체적인 사정을 종합적으로 고려하여 그 시대의 건전한 사회통념에 따라 객관적으로 판단하여야 할 것이다. 한편 피해 아동이 성적 가치관과 판단능력이 충분히 형성되지 아니하여 성적 자기결정권을 행사하거나 자신을 보호할 능력이 상당히 부족한 경우라면 자신의 성적 행위에 관한 자기결정권을 자발적이고 진지하게 행사할 것이라 기대하기는 어려우므로, 설령 행위자의 요구에 피해 아동이 명시적인 반대 의사를 표시하지 아니하였거나 행위자의 행위로 인해 피해 아동이 현실적으로 육체적 또는 정신적 고통을 느끼지 아니하는 등의 사정이 있다 하더라도, 이러한 사정만으로 행위자의 피해 아동에 대한 성희롱 등의 행위가 구 아동복지법 제29조 제2호의 '성적 학대행위'에 해당하지 아니한다고 쉽사리 단정할 것은 아니다.

나. 원심판결 이유와 원심이 적법하게 채택하여 조사한 증거들에 비추어 살펴보면, 육군 이병이던 피고인은 인터넷 게임을 통하여 알게 된 초등학교 4학년의 피해자(여, 10세)와 휴대폰을 이용하여 영상통화를 하던 중 '화장실에 가서 배 밑에 있는 부분을 보여달라'고 요구하였고, 이에 피해자는 영상통화를 하면서 피고인에게 바지와 팬티를 벗고 음부를 보여주거나 아예 옷을 전부 다 벗고 음부를 보여주기도 한 사실, 피고인은 2012. 7. 21. 피해자와 처음으로 전화통화를 한 이후 2012. 7. 25.까지 약 50여 회 이상 음성통화 또는 SMS를 통해 피해자와의 연락을 시도하였고, 그 과정에서 피해자는 2012. 7. 21., 2012. 7. 22., 2012. 7. 24. 3일 동안 3회에 걸쳐 영상통화를 통해 피고인에게 음부를 보여준 사실, 그러다가 위와 같은 영상통화 사실을 알게 된 피해자의 모친이 피고인에게 전화를 하여 경찰에 신고를 하겠다는 등의 의사를 전달하자 그제야 피고인도 피해자에 대한 위와 같은 요구나 피해자와의 전화통화를 중단한 사실, 한편 위 각 영상통화 과정에서 피해자는 음부를 보여주는 행동을 그만하겠다거나 못하겠다는 의사를 표시하기도 한 사실을 알 수 있다.

위 사실관계를 앞서 본 법리에 비추어 살펴보면, 만 10세에 불과한 피해자는 성적 가치관과 판단능력이 충분히 형성되지 아니하여 성적 자기결정권을 제대로 행사하기 어렵고 자신을 보호할 능력도 상당히 미약하다고 볼 수 있는데, 피고인은 위와 같은 피해자의 성적 무지와 타인의 부탁을 쉽게 거절하지 못하는 피해자의 성향을 이용하여 자신의 성적 만족을 얻기 위한 의도로 영상통화를 하면서 음부를 보여 달라는 요구를 반복하였던바, 피고인의 이러한 행위는 일반인의 선량한 성적 도덕관념을 기준으로 볼 때 피해자에게 성적 수치심을 주는 성희롱으로서 피해자의 건강·복지를 해치거나 정상적 발달을 저해할 수 있는 가혹행위, 즉 성적 학대행위에 해당한다고 보아야 할 것이고, 설령 피해자가 피고인의 위와 같은 요구에 특별한 저항 없이 응하였다거나 이 때문에 현실적으로 육체적 또는 정신적 고통을 느끼지 아니한 사정이 있다 하더라도 당시 피해자가 자신의 성적 행위에 관한 자기결정권을 자발적이고 진지하게 행사한 것으로 보기는 어려우므로, 위와 같은 사정 때문에 피고인의 피해자에 대한 위와 같은 행위가 성적 학대행위에 해당하지 아니한다고 볼 수는 없다.

다. 그럼에도 원심은 이와 달리 피고인이 피해자에게 물리적 내지 정신적 위해를 가하기 어려웠고 피해자가 피고인의 요구를 거부하지 아니한 사정에만 주목하여 피고인의 행위가 성적 학대행위에 해당하지 아니한다고 판단하였으니, 이러한 원심판결에는 구 아동복지법 제29조 제2호에서 정한 '성적 학대행위'의 의미와 해석에 대한 법리를 오해하여 판결 결과에 영향을 미친 위법이 있다.

XⅧ

제10조의6 경찰착용기록장치의 사용고지 등

XVIII. 제10조의6 경찰착용기록장치의 사용고지 등

제10조의6(경찰착용기록장치의 사용 고지 등) ① 경찰관이 경찰착용기록장치를 사용하여 기록하는 경우로서 이동형 영상정보처리기기로 사람 또는 그 사람과 관련된 사물의 영상을 촬영하는 때에는 불빛, 소리, 안내판 등 대통령령으로 정하는 바에 따라 촬영 사실을 표시하고 알려야 한다.

② 제1항에도 불구하고 제10조의5제1항 각 호에 따른 경우로서 불가피하게 고지가 곤란한 경우에는 제3항에 따라 영상음성기록을 전송 · 저장하는 때에 그 고지를 못한 사유를 기록하는 것으로 대체할 수 있다.

③ 경찰착용기록장치로 기록을 마친 영상음성기록은 지체 없이 제10조의7에 따른 영상음성기록정보 관리체계를 이용하여 영상음성기록정보 데이터베이스에 전송 · 저장하도록 하여야 하며, 영상음성기록을 임의로 편집 · 복사하거나 삭제하여서는 아니 된다.

④ 그 밖에 경찰착용기록장치의 사용기준 및 관리 등에 필요한 사항은 대통령령으로 정한다.

1. 사용고지

경찰관이 경찰착용기록장치를 사용하여 기록하는 경우로서 이동형 영상정보처리기기로 사람 또는 그 사람과 관련된 사물의 영상을 촬영하는 때에는 불빛, 소리, 안내판 등 대통령령으로 정하는 바에 따라 촬영 사실을 표시하고 알려야 한다.

2. 판례

1) 판례 1

광주지방법원 2011. 2. 24. 선고 2010노2684 판결

【이 유】

1. 항소이유의 요지

가. 사실오인

원심은 이 사건 공소사실 중 공소외 2에 대한 금전제공으로 인한 농업협동조합법위반의 점에 대하여 위법수집증거배제법칙 등을 내세워 무죄를 선고하였으나, ① 판례는 사인이 대화 일방당사자로 그 상대방의 대화내용을 녹음한 경우 그에 따라 창출된 증거의 증거능력을 인정하고 있는바, 공소외 2의 대화내용을 녹음한 선거관리위원회 직원 공소외 3, 4는 특별사법경찰관리가 아니라 선거관리업무에 종사하는 공무원에 불과하여 '수사기관'이 아닌 '사인'인 점, 공소외 2에 대한 녹음은 공소외 2의 진술에 임의성이 인정되고 그 진술을 녹음한 것은 목적의 정당성·수단의 상당성·법익균형성이 인정될 뿐만 아니라 공소외 2의 사생활의 비밀과 자유와 관련된 본질적인 기본권 침해행위에도 해당하지 아니하여 헌법상 비례의 원칙에 반하지 않으므로, 공소외 2에 대한 녹취록은 위법수집증거배제법칙이 적용될 여지가 없어 증거능력이 인정되고, ② 공소외 2에 대한 녹취록에 기초한 공소외 2에 대한 검찰 진술조서 등 2차적 증거들도 모두 증거능력이 인정됨에도 불구하고, 원심이 위 증거들의 증거능력을 모두 부정한 결과 피고인에 대하여 무죄를 선고한 것은 사실을 오인하여 판결에 영향을 미친 위법을 범하였다.XⅦ

나. 양형부당

① 위와 같이 피고인에 대한 이 사건 공소사실 중 일부에 대하여 무죄를 선고함으로써 양형에도 영향을 미친 위법이 있고, ② 원심이 유죄로 인정한 부분 즉, 피고인이 조합원 4명에게 합계 현금 40만 원을 제공한 행위만으로도 원심이 피고인에게 선고한 형(벌금 80만 원)은 너무 가벼워서 부당하다.

2. 판 단

가. 사실오인 주장에 대한 판단

(1) 원심 무죄 부분의 공소사실의 요지

피고인은 2009. 9. 16. 실시된 전남 무안군 (이하 생략) 소재 ○○농업협동조합의 조합장 선거에 출마하여 당선된 사람이고, 공소외 1(1심 공동피고인)은 피고인의 처이다.

누구든지 자기 또는 특정인을 지역농협의 임원으로 당선되거나 당선되게 할 목적으로 조합원 등에게 금전, 물품, 향응 기타 재산상의 이익 등을 제공하여서는 아니된다.

피고인과 공소외 1은 2009. 9. 11.부터 같은 달 15. 사이의 일자불상 06:00경 전남 무안군 (주소 생략)에 있는 위 조합의 조합원인 공소외 2의 집 부근에서 공소외 2에게 “할머니 이 돈으로 고기가 사 잡수시고, 사정 좀 봐 주세요”라고 말하는 등 위 조합장 선거에서 피고인에 대한 지지를 부탁하고, 공소외 1은 공소외 2에게 현금 20만 원을 제공하였다.

결국 피고인은 공소외 1과 공모하여 위와 같이 위 조합장 선거에서 피고인을 당선되게 할 목적으로 위 조합원 1명에게 현금 20만 원을 제공하였다.

(2) 위 무죄 부분에 대한 원심의 판단요지

원심은, 검사가 제출한 증거 중 ① 공소외 2에 대한 녹취록(증거목록 순번 50)은 위법수집증거이고, ② 공소외 2에 대한 검찰 진술조서 중 공소외 2 진술 부분(순번 53) 및 공소외 2에 대한 검찰 진술조서(순번 76), 수사보고(대화 내용의 ‘갑촌’이라는 지역명 확인, 순번 67)는 위법수집증거인 위 녹취록을 기초로 하여 획득한 2차적 증거이므로 각 형사소송법 제308조의 2에 의하여, ③ 농업협동조합법 위반행위에 대한 수사의뢰(순번 46)와 공소외 3에 대한 검찰 진술조서(순번 75) 중 공소외 2의 진술을 기재한 부분은 전문증거로서 형사소송법 제310조의2, 제316조 제2항에 의하여, 모두 그 증거능력이 없고, ④ 나머지 위 농업협동조합법 위반행위에 대한 수사의뢰 기재와 공소외 3에 대한 검찰 진술조서의 진술 기재만으로는 위 공소사실을 인정하기에 부족하며, 달리 이를 인정할 만한 증거가 없으므로, 위 공소사실은 범죄의 증명이 없는 경우에 해당한다는 이유로 형사소송법 제325조 후단에 의하여 피고인에게 무죄를 선고하였다.

(3) 당심의 판단

가) 위법수집증거의 배제

형사소송법 제308조의2는 '적법한 절차에 따르지 아니하고 수집한 증거는 증거로 할 수 없다'고 규정하고 있는바, 수사기관이 헌법과 형사소송법이 정한 절차에 따르지 아니하고 수집한 증거는 물론, 이를 기초로 하여 획득한 2차적 증거 역시 유죄 인정의 증거로 삼을 수 없는 것이 원칙이다.

다만, 수사기관의 절차 위반 행위가 적법절차의 실질적인 내용을 침해하는 경우에 해당하지 아니하고, 오히려 그 증거의 증거능력을 배제하는 것이 헌법과 형사소송법이 형사소송에 관한 절차 조항을 마련하여 적법절차의 원칙과 실체적 진실 규명의 조화를 도모하고, 이를 통하여 형사 사법 정의를 실현하려 한 취지에 반하는 결과를 초래하는 것으로 평가되는 예외적인 경우라면, 법원은 그 증거를 유죄 인정의 증거로 사용할 수 있다. 따라서 법원이 2차적 증거의 증거능력 인정 여부를 최종적으로 판단할 때에는 먼저 절차에 따르지 아니한 1차적 증거 수집과 관련된 모든 사정들, 즉 절차 조항의 취지와 그 위반의 내용 및 정도, 구체적인 위반 경위와 회피가능성, 절차 조항이 보호하고자 하는 권리 또는 법익의 성질과 침해 정도 및 피고인과의 관련성, 절차 위반행위와 증거수집 사이의 인과관계 등 관련성의 정도, 수사기관의 인식과 의도 등을 살피는 것은 물론, 나아가 1차적 증거를 기초로 하여 다시 2차적 증거를 수집하는 과정에서 추가로 발생한 모든 사정들까지 구체적인 사안에 따라 주로 인과관계 희석 또는 단절 여부를 중심으로 전체적·종합적으로 고려하여야 할 것이다(대법원 2009. 4. 23. 선고 2009도526 판결 참조).

나) 공소외 2에 대한 녹취록의 증거능력

① 먼저 공소외 2와의 질문·답변 대화내용을 녹음한 위 공소외 3, 4를 사인으로 볼 수 있는지에 관하여 보기로 한다.

사법경찰관리의 직무를 수행할 자와 그 직무범위에 관한 법률이 선거관리위원회 직원을 형사소송법 등 관계법령에서 정하고 있는 수사기관으로 규정하고 있지 아니하기는 하다.

그러나 농협협동조합법 제51조는 지역농협은 조합장 선거를 구·시·군선거관리위원회에 위탁하여야 하고 그 경우 구·시·군선거관리위원회의 위반행위 단속과 조사에 대하여는 공직선거법 제272조의2를 준용하도록 하고 있고, 위 공직선거법 제272조의2 제1항, 제3항 및 같은 조 제7항에 의하여 위임을 받은 공직선거관리규칙 제146조의3 제3항은 영장주의 원칙의 예외로서 일정한 경우 선거관리위원회 직원에게 관계인의 의사에 상관없이 선거범죄 관련 장소에 출입하여 선거범죄를 조사할 수 있는 권한을 부여하고 그 범죄 관련 장소에 출입하여 관계인에 대하여 질문·조사하고(관계인은 이에 응하여야 한다) 질문·답변 내용을 녹음할 수 있도록 하고 있으므로, 선거범죄 등에 대한 조사를 담당하는 선거관리위원회의 직원을 사인과 동등한 지위에 있다고 볼 수는 없고 수사기관에 준하는 국가기관에 해당한다 할 것이다.

따라서 선거관리위원회 직원 공소외 3, 4가 사인임을 전제로 공소외 2에 대한 녹취록이 증거능력이 있다는 검사의 이 부분 주장은 이유 없다.

② 다음으로 이처럼 수사기관에 준하는 국가기관에 해당하는 위 선거관리위원회 직원 공소외 3, 4가 녹음한 공소외 2의 대화내용이 기재된 녹취록의 증거능력을 인정할 수 있는지에 관하여 본다.

수사기관은 피의자의 진술을 영상 녹화할 수 있으나 이 경우 영상녹화 사실을 미리 고지하도록 규정하고 있는 형사소송법 제244조의2 제1항은 적법절차의 원칙에 비추어 볼 때 수사기관에 준하는 지위를 가지고 있는 선거관리위원회 직원이 선거범죄의 조사에 관한 질문·답변 내용을 녹음하는 경우에도 준용된다고 하여야 할 것이다. 따라서 선거관리위원회의 직원이 선거범죄를 조사하기 위하여 관계인과의 대화내용을 녹음하면서 미리 그 녹음 사실을 고지하지 아니하였다면 그 녹음파일은 적법한 절차에 따르지 아니하고 수집한 증거로서 원칙적으로 증거능력이 없고, 다만 위와 같은 절차 위반 행위가 적법절차의 실질적인 내용을 침해하는 경우에 해당하지 아니하고 오히려 그 증거의 증거능력을 배제하는 것이 형사 사법 정의를 실현하려 한 취지에 반하는 결과를 초래하는 것으로 평가되는 예외적인 경우라면 그 증거능력이 있다 할 것이다.

이 사건으로 돌아와서, 우선 공소외 2에 대한 녹취록이 적법한 절차에 따르지 아니한 증거인지에 관하여 보건대, ㉠ 위 녹취록에 위 공소외 3, 4가 질문·답변내용을 녹음한다는 사실을 고지하였다고 인정할 만한 내용이 전혀 나타나 있지 않은 점, ㉡ 공소외 2는 원심 법정에서 "위 공소외 3과 공소외 4가 찾아왔을 당시 녹음기를 들고 있다는 소리는 안 했다"는 취지로 진술한 점 등에 비추어, 증인 공소외 3의 원심 법정 진술만으로는 녹음 사실의 고지를 인정하기에 부족하고 달리 이를 인정할 자료가 없으므로 위 녹취록은 미리 녹음 사실을 고지하여야 하는 적법한 절차에 따르지 아니하고 수집한 증거라 할 것이다. 다음으로 공소외 2에 대한 녹취록의 증거능력을 인정할 만한 예외적인 경우에 해당하는지에 관하여 보건대, ㉠ 만약 사전 고지 없이 질문·답변 내용을 녹음할 수 있다고 하면 사실상 수사기관에 의한 비밀녹음을 허용하게 되는 것으로서 적법절차의 실질적인 내용을 침해하는 것으로 보아야 하는 점, ㉡ 위 녹취록의 증거능력을 배제하는 것이 형사사법 정의를 실현하려 한 취지에 반하는 결과를 초래하는 것으로 평가될 만한 사정도 달리 찾기 어려운 점 등에서 위 녹취록은 증거능력을 인정할 만한 예외적인 경우에 해당한다고 할 수 없다.

결국 공소외 2에 대한 녹취록은 적법한 절차에 의하지 아니하고 수집한 증거로서 그 증거능력이 없다고 보아야 하므로, 이와 결론을 같이 한 원심의 판단은 정당하고 이와 다른 전제에서 위 녹취록의 증거능력이 있다는 검사의 주장은 이유 없다.

다) 공소외 2에 대한 검찰 진술조서, 수사보고(대화 내용의 '갑촌'이라는 지역명 확인)의 증거능력

먼저, 공소외 2에 대한 검찰 진술조서에 관하여 보건대, 위법하게 수집된 녹취록에 의하여 수사가 개시되어 녹취록상의 참고인에 대한 진술조서가 작성되었다는 이유로 그 진술조서가 당연히 위법하게 수집된 증거에 해당된다고 할 수는 없으나, 진술조서의 작성과정에서 녹취록의 존재 암시, 녹음 CD의 재생 등을 통하여 녹음의 내용을 토대로 작성된 진술 조서는 녹취록을 기초로 하여 획득한 2차적 증거라고 할 것이다.

그런데 ① 선거관리위원회 직원의 조사행위와 관련하여 영장주의 원칙의 예외를 인정하는 만큼 법치국가 원리에 비추어 그와 관련하여 규정하고 있는 적법절차가 반드시 준수되어야 함에도 위 공소외 3, 4가 공소외 2와의 대화내용을 녹음하면서 녹음 사실을 미리 고지하지 않은 것은 그 위반의 내용과 정도가 매우 중대한 점, ② 녹취록의 내용 및 공소외 2의 원심 법정 진술에 의하면 당시 위 공소외 3, 4는 야간인 2009. 9. 24. 19:00경에 혼자 사는 여성으로서 고령(당시 75세)인 공소외 2의 집을 방문하여 공소외 2에게 "받은 돈의 50배에 해당하는 과태료를 내야 한다"는 식으로 질문을 던졌고, 공소외 2는 "위 공소외 3, 4가 누구인지도 모르고 겁이 나서 돈만 줘버렸다"고 진술하고 있는 점에 비추어 공소외 2에게 대화내용이 녹음되는지 여부는 진술내용과 관련하여 상당히 중요한 사항이었을 것으로 보이는 점, ③ 위 공소외 2에 대한 검찰 진술조서는 수사기관이 공소외 2에게 녹취록이 작성되어 있다는 점을 고지하거나, 녹음 파일 등의 재생 등을 통하여 녹취록의 내용을 확인하면서 작성되었다고 보이므로 녹취록을 수집하는 과정에서의 위법상태가 위 공소외 2에 대한 검찰 진술조서에도 그대로 유지되었을 것으로 보이는 점 등을 종합하면, 공소외 2에 대한 검찰 진술조서는 적법한 절차를 따르지 아니하고 수집한 녹취록을

기초로 하여 수집한 2차적 증거로서 인과관계가 희석 또는 단절되었다고 할 수 없으므로 적법한 절차에 따르지 아니하고 수집한 증거로서 증거능력이 없다 할 것이다.

다음으로, 위 수사보고는 녹취된 CD의 대화 내용 중 나오는 "(?)촌각시"라는 단어의 내용을 확인하는 것이므로 위에서 본 바와 마찬가지로 녹취록을 기초로 하여 획득한 2차적 증거로서 증거능력이 없다 할 것이다.

따라서 공소외 2에 대한 검찰 진술조서, 수사보고(대화 내용의 '갑촌'이라는 지역명 확인)의 증거능력을 부정한 원심의 판단은 정당하므로 녹취록을 기초로 한 2차적 증거들도 모두 증거능력이 있다는 검사의 이 부분 주장도 이유 없다.

라) 농업협동조합법 위반행위에 대한 수사의뢰와 공소외 3에 대한 검찰 진술조서 중 각 공소외 2의 진술을 기재한 부분의 증거능력

원심은, 이는 전문진술로서 공소외 2가 원심 제7회 공판기일의 법정에서 진술한 이상 형사소송법 제310조의2, 제316조 제2항에 의하여 증거능력이 없다고 판단하였는바, 이러한 원심의 판단은 정당하다.

마) 소결론

위에서 살펴본 바와 같이 증거능력이 없는 증거를 제외하고, 공소외 3에 대한 검찰 진술조서의 진술기재(위와 같이 증거능력이 없는 공소외 2 진술을 기재한 부분 제외), 농업협동조합법 위반행위에 대한 수사의뢰의 기재(위와 같이 증거능력이 없는 공소외 2 진술을 기재한 부분 제외)만으로는 공소외 3이 피고인과 관련된 선거범죄에 대하여 익명의 제보를 받고 공소외 2의 집을 방문하여 조사한 사실을 인정할 수 있을 뿐이어서 위 공소사실을 인정하기에 부족하며, 달리 이를 인정할 만한 증거가 없으므로(오히려 공소외 2는 원심 법정에서 "피고인의 처인 공소외 1이 혼자 와서 돈을 주었던 것 같고 피고인은 기억나지 않는다"라고 진술하여 피고인의 변소와 부합한다), 위 공소사실은 범죄의 증명이 없는 경우에 해당한다.

따라서 원심이 위와 같이 이 부분 공소사실을 형사소송법 제325조 후단에 의하여 무죄라고 판단한 조치는 정당하고, 원심판결에 검사가 주장하는 바와 같이 사실을 오인한 위

법이 있다고 할 수 없으므로, 검사의 위 주장은 이유 없다.

나. 양형부당 주장에 대한 판단

(1) 먼저, 원심이 피고인에 대한 이 사건 공소사실 중 일부에 대하여 무죄를 선고함으로써 양형에도 영향을 미친 위법이 있다는 검사의 주장은 위에서 살펴본 바와 같이 원심의 무죄판단이 정당하므로 이유 없다.

(2) 다음으로, 원심이 유죄로 인정한 부분 즉, 피고인이 조합원 4명에게 합계 현금 40만 원을 제공한 행위만으로도 원심이 피고인에게 선고한 형은 너무 가벼워서 부당하다는 주장에 관하여 보건대, 이 사건 범행은 농업협동조합 조합장 선거의 입후보자인 피고인이 그 선거전에 선거권자인 조합원 공소외 5에게 10만 원, 공소외 6에게 5만 원, 공소외 7에게 5만 원, 공소외 8에게 20만 원을 제공하는 불법 선거운동을 함으로써 선거의 공정성을 해한 것으로서 공정한 선거문화의 정착을 위하여 피고인에 대하여 엄히 처벌함이 마땅하다.

그러나, 위 공소외 5, 6, 7에게 제공한 금원은 직전 피고인의 부친상 당시 위 공소외 5, 6, 7이 피고인에게 한 부의금과 동일한 금액을 결혼식 축의금 명목으로 제공한 것이고, 위 공소외 8에게 제공한 금원은 피고인이 운영하던 □□□유통에 직원으로 근무한 바 있는 위 공소외 8이 이사를 가자 청소기 구입 등 필요한 비용에 보태라는 취지로 제공한 것으로 보이는 등 피고인이 이 사건 범행에 이르게 된 경위에 다소 참작할 만한 사정이 있는 점, 이 사건 범행의 결과가 선거에 미친 영향이 크다고 보이지는 않는 점, 피고인이 이 사건 범행을 자백하면서 그 잘못을 인정하고 있는 점, 피고인에게 동종 전과가 없는 점, 그 밖에 피고인의 연령, 성행, 환경 등 이 사건 기록 및 변론에 나타난 제반 양형조건들을 종합하여 보면, 원심이 피고인에게 선고한 형이 지나치게 가벼워서 부당한 것으로는 보이지 아니하므로, 검사의 위 주장은 이유 없다.

2) 판례 2

대법원 2022. 7. 14. 선고 2020도13957 판결

【판시사항】

[1] 검사가 작성한 피의자신문조서의 실질적 진정성립을 증명할 수 있는 방법으로서 구 형사소송법 제312조 제2항에 예시된 '영상녹화물'의 의미

[2] 형사소송법 및 형사소송규칙에서 영상녹화물에 대한 봉인절차를 둔 취지 / 검사가 작성한 피고인이 된 피의자의 진술을 기재한 조서의 실질적 진정성립을 증명하려면 봉인되어 피의자가 기명날인 또는 서명한 영상녹화물을 조사하는 방법으로 하여야 하는지 여부(원칙적 적극) 및 예외적으로 영상녹화물을 법정 등에서 재생·시청하는 방법으로 조사하여 영상녹화물의 조작 여부를 확인함과 동시에 위 조서에 대한 실질적 진정성립의 인정 여부를 판단할 수 있는 경우

[3] 피의자의 진술을 영상녹화하는 경우, 형사소송법 및 형사소송규칙에서 조사 전 과정이 영상녹화되는 것을 요구하는 취지 / 수회의 조사가 이루어진 경우, 최초의 조사부터 모든 조사 과정을 빠짐없이 영상녹화하여야 하는지 여부(소극) 및 같은 날 수회의 조사가 이루어진 경우, 조사 과정 전부를 영상녹화하여야 하는지 여부(원칙적 소극)

【판결요지】

[1] 헌법 제12조 제1항이 규정한 적법절차의 원칙과 헌법 제27조에 의하여 보장된 공정한 재판을 받을 권리를 구현하기 위하여 형사소송법은 공판중심주의와 구두변론주의 및 직접심리주의를 기본원칙으로 하고 있다. 따라서 형사소송법이 수사기관에서 작성된 조서 등 서면증거에 대하여 일정한 요건을 충족하는 경우에 증거능력을 인정하는 것은 실체적 진실발견의 이념과 소송경제의 요청을 고려하여 예외적으로 허용하는 것일 뿐이므로 증거능력 인정 요건에 관한 규정은 엄격하게 해석·적용하여야 한다.

구 형사소송법(2020. 2. 4. 법률 제16924호로 개정되기 전의 것, 이하 '구 형사소송법'이라 한다) 제312조는 제1항에서 "검사가 피고인이 된 피의자의 진술을 기재한 조서는 적법한 절차와 방식에 따라 작성된 것으로서 피고인이 진술한 내용과 동일하게 기재되어 있음이 공판준비 또는 공판기일에서의 피고인의 진술에 의하여 인정되고, 그 조서에 기재된 진술이 특히 신빙할 수 있는 상태하에서 행하여졌음이 증명된 때에 한하여 증거로 할 수 있다."라고 규정한다. 제2항은 "제1항에도 불구하고 피고인이 그 조서의 성립의 진정을 부인하는 경우에는 그 조서에 기재된 진술이 피고인이 진술한 내용과 동일하게 기재되어 있음이 영상녹화물이나 그 밖의 객관적인 방법에 의하여 증명되고, 그 조서에 기재된 진술이 특히 신빙할 수 있는 상태하에서 행하여졌음이 증명된 때에 한하여 증거로 할 수 있다."라고 규정한다.

그런데 형사소송법 및 형사소송규칙은 피의자진술의 영상녹화에 관하여 그 영상녹화의 과정, 방식 및 절차 등을 엄격하게 규정하고 있으므로(형사소송법 제244조의2, 형사소송규칙 제134조의2 제3항, 제4항, 제5항, 제134조의4), 검사가 작성한 피의자신문조서의 실질적 진정성립을 증명할 수 있는 방법으로서 구 형사소송법 제312조 제2항에 예시된 영상녹화물은 위와 같은 형사소송법 등에 규정된 방식과 절차에 따라 제작되어 조사 신청된 영상녹화물을 의미한다고 보아야 한다.

[2] 형사소송법은 제244조의2 제2항에서 "영상녹화가 완료된 때에는 피의자 또는 변호인 앞에서 지체 없이 그 원본을 봉인하고 피의자로 하여금 기명날인 또는 서명하게 하여야 한다."라고 규정한다. 형사소송규칙은 제134조의4에서 "법원은 검사가 영상녹화물의 조사를 신청한 경우 이에 관한 결정을 함에 있어 피고인 또는 변호인으로 하여금 그 영상녹화물이 적법한 절차와 방식에 따라 작성되어 봉인된 것인지에 관한 의견을 진술하게 하여야 하고(제1항)", "공판준비 또는 공판기일에서 봉인을 해체하고 영상녹화물의 전부 또는 일부를 재생하는 방법으로 조사하여야 하며(제3항 전문)", "재판장은 조사를 마친 후 지체 없이 법원사무관 등으로 하여금 다시 원본을 봉인하도록 하고, 원진술자와 함께 피고인 또는 변호인에게 기명날인 또는 서명하도록 하여 검사에게 반환한다(제4항 본문)."라고 규정한다. 형사소송법 및 형사소송규칙에서 영상녹화물에 대한 봉인절차를 둔 취지는 영상녹화물의 조작가능성을 원천적으로 봉쇄하여 영상녹화물 원본과의 동일성과 무결성을 담보하기 위한 것이다.

이러한 형사소송법 등의 규정 내용과 취지에 비추어 보면, 검사가 작성한 피고인이 된 피의자의 진술을 기재한 조서의 실질적 진정성립을 증명하려면 원칙적으로 봉인되어 피의자가 기명날인 또는 서명한 영상녹화물을 조사하는 방법으로 하여야 하고 특별한 사정이 없는 한 봉인절차를 위반한 영상녹화물로는 이를 증명할 수 없다.

다만 형사소송법 등이 정한 봉인절차를 제대로 지키지 못했더라도 영상녹화물 자체에 원본으로서 동일성과 무결성을 담보할 수 있는 수단이나 장치가 있어 조작가능성에 대한 합리적 의심을 배제할 수 있는 경우에는 그 영상녹화물을 법정 등에서 재생·시청하는 방법으로 조사하여 영상녹화물의 조작 여부를 확인함과 동시에 위 조서에 대한 실질적 진정성립의 인정 여부를 판단할 수 있다고 보아야 한다. 그와 같은 예외적인 경우라면 형사소송법 등이 봉인절차를 마련하여 둔 취지와 구 형사소송법(2020. 2. 4. 법률 제16924호로 개정되기 전의 것) 제312조 제2항에서 '영상녹화물이나 그 밖의 객관적인 방법'에 의하여 실질적 진정성립을 증명할 수 있도록 한 취지에 부합하기 때문이다.

[3] 형사소송법은 제244조의2 제1항에서 피의자의 진술을 영상녹화하는 경우 조사의 개시부터 종료까지의 전 과정 및 객관적 정황을 영상녹화하여야 한다고 규정하고 있고, 형사소송규칙은 제134조의2 제3항에서 영상녹화물은 조사가 개시된 시점부터 조사가 종료되어 피의자가 조서에 기명날인 또는 서명을 마치는 시점까지 전 과정이 영상녹화된 것으로서 피의자의 신문이 영상녹화되고 있다는 취지의 고지, 영상녹화를 시작하고 마친 시각 및 장소의 고지, 신문하는 검사와 참여한 자의 성명과 직급의 고지, 진술거부권·변호인의 참여를 요청할 수 있다는 점 등의 고지, 조사를 중단·재개하는 경우 중단 이유와 중단 시각, 중단 후 재개하는 시각, 조사를 종료하는 시각의 내용을 포함하는 것이어야 한다고 규정한다. 형사소송법 등에서 조사가 개시된 시점부터 조사가 종료되어 조서에 기명날인 또는 서명을 마치는 시점까지 조사 전 과정이 영상녹화되는 것을 요구하는 취지는 진술 과정에서 연출이나 조작을 방지하고자 하는 데 있다. 여기서 조사가 개시된 시점부터 조사가 종료되어 조서에 기명날인 또는 서명을 마치는 시점까지라 함은 기명날인 또는 서명의 대상인 조서가 작성된 개별 조사에서의 시점을 의미하므로 수회의 조사가 이루어진 경우에도 최초의 조사부터 모든 조사 과정을 빠짐없이 영상녹화하여야 한다고 볼 수 없고, 같은 날 이루어진 수회의 조사라 하더라도 특별한 사정이 없는 한 조사 과정 전부를 영상녹화하여야 하는 것도 아니다.

【이 유】

상고이유(상고이유서 제출기간이 지난 다음 제출된 상고이유보충서의 기재는 이를 보충하는 범위에서)를 판단한다.

1. 피고인 2, 피고인 3의 상고이유에 대한 판단

원심은 판시와 같은 이유로 피고인들에 대한 공소사실(무죄 부분 제외)을 유죄로 판단하였다. 원심판결 이유를 관련 법리와 적법하게 채택된 증거에 비추어 살펴보면, 원심의 판단에 논리와 경험의 법칙을 위반하여 자유심증주의의 한계를 벗어나거나 '정치자금 부정용도 지출'로 인한 정치자금법 위반죄의 성립에 관한 법리를 오해하는 등으로 판결에 영향을 미친 잘못이 없다.

2. 피고인 1, 피고인 4, 피고인 5의 상고이유에 대한 판단

가. 공소사실의 요지

피고인 1은 마치 피고인 5가 피고인 4에게 급여 명목으로 돈을 지급한 것과 같은 외관을 만드는 방법으로 피고인 5로부터 정치자금을 받기 위해 공소외 1을 통해 피고인 5에게 부탁하고 피고인 5는 이를 수락하였다. 피고인 4는 2013. 7. 17. 인천 남구에 있는 농협 ○○○○○지부에서 △△△△ 주식회사(이하 '△△△△'이라 한다)로부터 급여를 받을 통장을 개설한 다음 피고인 1에게 통장 사본 등을 전달하였고, 피고인 5는 피고인 1로부터 통장 사본 등을 전달받은 다음 피고인 4를 △△△△의 직원으로 등재하였다.

피고인 5는 2013. 9. 16.경 △△△△ 사무실에서 피고인 4 명의의 농협 통장에 급여 명목으로 200만 원을 입금한 것을 비롯하여 그 무렵부터 2014. 6. 20.경까지 합계 19,847,670원을 입금하였다. 이로써 피고인 5는 정치자금법에 정하지 아니한 방법으로 19,847,670원 상당을 피고인 1에게 기부하였다.

피고인 1, 피고인 4는 공모하여 정치자금법에 정하지 아니한 방법으로 피고인 5로부터 19,847,670원 상당을 기부받았다.

나. 영상녹화물에 관한 주장에 대한 판단

1) 원심판단

원심은 아래와 같이 판단하면서 피고인들에 대한 공소사실을 유죄로 인정한 제1심판결을 그대로 유지하였다.

가) 피고인 5에 대한 검찰 제2회 피의자신문조서(이하 '이 사건 피의자신문조서'라 한다)에 관한 영상녹화 CD(이하 '이 사건 영상녹화물'이라 한다)가 형사소송법 제244조의2 제2항을 위반하여 봉인되지 않은 사실은 인정된다. 그러나 이 사건 영상녹화물에 부착된 라벨지 및 이를 담은 봉투에 있는 '조사자 검사 공소외 2의 날인'과 '피조사자 피고인 5의 서명 및 무인', 그리고 이 사건 영상녹화물에 부착된 라벨지에 표시된 해시 값 등을 통하여 이 사건 영상녹화물이 변개, 교환, 훼손 등 인위적 개작이 되지 않았음이 증명된다. 따라서 수사기관이 형사소송법이 정한 봉인절차를 위반하였더라도 이는 적법절차의 실질적인 내용을 침해하는 경우에 해당하지 않고, 이 사건 영상녹화물의 활용을 배제하는 것이 오히려 적법절차의 원칙과 실체적 진실 규명의 조화를 통하여 형사사법 정의를 실현하고자 하는 헌법과 형사소송법의 취지에 반하므로, 이 사건 영상녹화물을 이 사건 피의자신문조서의 실질적 진정성립을 증명할 수 있는 수단으로 사용할 수 있다. 이 사건 영상녹화물에 의하면 이 사건 피의자신문조서에 기재된 진술이 피고인 5가 진술한 내용과 동일하게 기재되어 있음이 증명되었으므로 이 사건 피의자신문조서는 증거능력이 있다.

나) 형사소송법 제244조의2 제1항에서 '조사 개시부터 종료 시까지의 전 과정'을 영상녹화하도록 한 취지는 당해 조사에 의도적으로 조사 과정의 일부만을 선별하여 영상녹화하는 것을 허용하지 않겠다는 것이므로 여러 차례의 조사가 이루어진 경우 최초의 조사부터 모든 조사 과정을 영상녹화하여야 한다고 볼 수는 없다. 피고인 5에 대한 검찰 제1회 피의자신문과 제2회 피의자신문이 같은 날 같은 장소에서 동일한 피의사실에 대하여 이루어졌더라도 위 각 피의자신문이 객관적으로 구분되어 있는 이상 제1회 피의자신문에 대한 조사 개시부터 영상녹화했어야 한다고 볼 수 없다.

2) 대법원의 판단

가) 이 사건 영상녹화물이 봉인되지 않아 증명방법이 될 수 없는지 여부

(1) 헌법 제12조 제1항이 규정한 적법절차의 원칙과 헌법 제27조에 의하여 보장된 공정한 재판을 받을 권리를 구현하기 위하여 형사소송법은 공판중심주의와 구두변론주의 및 직접심리주의를 기본원칙으로 하고 있다. 따라서 형사소송법이 수사기관에서 작성된 조서 등 서면증거에 대하여 일정한 요건을 충족하는 경우에 증거능력을 인정하는 것은 실체적 진실발견의 이념과 소송경제의 요청을 고려하여 예외적으로 허용하는 것일 뿐이므로 증거능력 인정 요건에 관한 규정은 엄격하게 해석·적용하여야 한다(대법원 2013. 3. 14. 선고 2011도8325 판결 등 참조).

구 형사소송법(2020. 2. 4. 법률 제16924호로 개정되기 전의 것, 이하 '구 형사소송법'이라 한다) 제312조는 제1항에서 "검사가 피고인이 된 피의자의 진술을 기재한 조서는 적법한 절차와 방식에 따라 작성된 것으로서 피고인이 진술한 내용과 동일하게 기재되어 있음이 공판준비 또는 공판기일에서의 피고인의 진술에 의하여 인정되고, 그 조서에 기재된 진술이 특히 신빙할 수 있는 상태하에서 행하여졌음이 증명된 때에 한하여 증거로 할 수 있다."라고 규정한다. 제2항은 "제1항에도 불구하고 피고인이 그 조서의 성립의 진정을 부인하는 경우에는 그 조서에 기재된 진술이 피고인이 진술한 내용과 동일하게 기재되어 있음이 영상녹화물이나 그 밖의 객관적인 방법에 의하여 증명되고, 그 조서에 기재된 진술이 특히 신빙할 수 있는 상태하에서 행하여졌음이 증명된 때에 한하여 증거로 할 수 있다."라고 규정한다.

그런데 형사소송법 및 형사소송규칙은 피의자진술의 영상녹화에 관하여 그 영상녹화의 과정, 방식 및 절차 등을 엄격하게 규정하고 있으므로(형사소송법 제244조의2, 형사소송규칙 제134조의2 제3항, 제4항, 제5항, 제134조의4), 검사가 작성한 피의자신문조서의 실질적 진정성립을 증명할 수 있는 방법으로서 구 형사소송법 제312조 제2항에 예시된 영상녹화물은 위와 같은 형사소송법 등에 규정된 방식과 절차에 따라 제작되어 조사 신청된 영상녹화물을 의미한다고 보아야 한다(대법원 2016. 2. 18. 선고 2015도16586 판결 참조).

(2) 형사소송법은 제244조의2 제2항에서 "영상녹화가 완료된 때에는 피의자 또는 변호인 앞에서 지체 없이 그 원본을 봉인하고 피의자로 하여금 기명날인 또는 서명하게

하여야 한다."라고 규정한다. 형사소송규칙은 제134조의4에서 "법원은 검사가 영상녹화물의 조사를 신청한 경우 이에 관한 결정을 함에 있어 피고인 또는 변호인으로 하여금 그 영상녹화물이 적법한 절차와 방식에 따라 작성되어 봉인된 것인지에 관한 의견을 진술하게 하여야 하고(제1항)", "공판준비 또는 공판기일에서 봉인을 해체하고 영상녹화물의 전부 또는 일부를 재생하는 방법으로 조사하여야 하며(제3항 전문)", "재판장은 조사를 마친 후 지체 없이 법원사무관 등으로 하여금 다시 원본을 봉인하도록 하고, 원진술자와 함께 피고인 또는 변호인에게 기명날인 또는 서명하도록 하여 검사에게 반환한다(제4항 본문)."라고 규정한다. 형사소송법 및 형사소송규칙에서 영상녹화물에 대한 봉인절차를 둔 취지는 영상녹화물의 조작가능성을 원천적으로 봉쇄하여 영상녹화물 원본과의 동일성과 무결성을 담보하기 위한 것이다.

이러한 형사소송법 등의 규정 내용과 취지에 비추어 보면, 검사가 작성한 피고인이 된 피의자의 진술을 기재한 조서의 실질적 진정성립을 증명하려면 원칙적으로 봉인되어 피의자가 기명날인 또는 서명한 영상녹화물을 조사하는 방법으로 하여야 하고 특별한 사정이 없는 한 봉인절차를 위반한 영상녹화물로는 이를 증명할 수 없다.

다만 형사소송법 등이 정한 봉인절차를 제대로 지키지 못했더라도 영상녹화물 자체에 원본으로서 동일성과 무결성을 담보할 수 있는 수단이나 장치가 있어 조작가능성에 대한 합리적 의심을 배제할 수 있는 경우에는 그 영상녹화물을 법정 등에서 재생·시청하는 방법으로 조사하여 영상녹화물의 조작 여부를 확인함과 동시에 위 조서에 대한 실질적 진정성립의 인정 여부를 판단할 수 있다고 보아야 한다. 그와 같은 예외적인 경우라면 형사소송법 등이 봉인절차를 마련하여 둔 취지와 구 형사소송법 제312조 제2항에서 '영상녹화물이나 그 밖의 객관적인 방법'에 의하여 실질적 진정성립을 증명할 수 있도록 한 취지에 부합하기 때문이다.

(3) 이 사건 기록과 원심판결 이유에 따르면 아래의 사실 내지 사정을 알 수 있다.

① 이 사건 영상녹화물을 담은 봉투는 봉인되지 않았다.

② 이 사건 영상녹화물이 제작된 과정을 보면, 피의자신문 과정을 영상녹화한 파일이 영상녹화용 컴퓨터에 저장되고 같은 영상녹화파일은 다시 대검찰청 영상물통합관리 서

버에 전송되어 저장되었는데, 그 과정에서 이 사건 영상녹화물도 함께 제작되었다.

③ 이 사건 영상녹화물에 부착된 라벨지와 이를 담은 봉투에 조사자인 검사의 날인과 피조사자인 피고인 5의 서명과 무인이 있고, 그 라벨지에 영상녹화파일의 해시 값이 인쇄되어 있다. 라벨지가 손상된 흔적은 없다.

(4) 이러한 사실과 사정을 위에서 본 법리에 비추어 살펴보면, 이 사건 영상녹화물은 봉인되지는 않았지만 부착된 라벨지에 있는 피조사자의 서명, 무인과 인쇄된 해시 값 등으로 볼 때 이 사건 영상녹화물 자체에 원본으로서 동일성과 무결성을 담보할 수 있는 수단이나 장치가 있어 조작가능성에 대한 의심을 배제할 수 있는 경우에 해당한다고 볼 수 있다. 그러므로 이 사건 영상녹화물을 법정 등에서 재생·시청하는 방법으로 조사하여 영상녹화물의 조작 여부를 확인함과 동시에 이 사건 피의자신문조서의 실질적 진정성립 여부를 판단할 수 있다.

이 부분 원심판결의 이유 설시에 다소 적절하지 않은 부분이 있기는 하나 이 사건 영상녹화물을 법정에서 재생·시청하는 방법으로 조사하여 이 사건 피의자신문조서의 실질적 진정성립을 인정한 원심판단에 상고이유 주장과 같은 영상녹화물에 의한 실질적 진정성립의 증명에 관한 법리를 오해하여 판결에 영향을 미친 잘못이 있다고 할 수 없다.

나) 조사 전 과정을 영상녹화하지 않은 잘못이 있는지 여부

형사소송법은 제244조의2 제1항에서 피의자의 진술을 영상녹화하는 경우 조사의 개시부터 종료까지의 전 과정 및 객관적 정황을 영상녹화하여야 한다고 규정하고 있고, 형사소송규칙은 제134조의2 제3항에서 영상녹화물은 조사가 개시된 시점부터 조사가 종료되어 피의자가 조서에 기명날인 또는 서명을 마치는 시점까지 전 과정이 영상녹화된 것으로서 피의자의 신문이 영상녹화되고 있다는 취지의 고지, 영상녹화를 시작하고 마친 시각 및 장소의 고지, 신문하는 검사와 참여한 자의 성명과 직급의 고지, 진술거부권·변호인의 참여를 요청할 수 있다는 점 등의 고지, 조사를 중단·재개하는 경우 중단 이유와 중단 시각, 중단 후 재개하는 시각, 조사를 종료하는 시각의 내용을 포함하는 것이어야 한다고 규정한다. 형사소송법 등에서 조사가 개시된 시점부터 조사가 종료되어 조서에 기명날인 또는 서명을 마치는 시점까지 조사 전 과정이 영상녹화되는 것을 요구하는 취지는 진술

과정에서 연출이나 조작을 방지하고자 하는 데 있다. 여기서 조사가 개시된 시점부터 조사가 종료되어 조서에 기명날인 또는 서명을 마치는 시점까지라 함은 기명날인 또는 서명의 대상인 조서가 작성된 개별 조사에서의 시점을 의미하므로 수회의 조사가 이루어진 경우에도 최초의 조사부터 모든 조사 과정을 빠짐없이 영상녹화하여야 한다고 볼 수 없고, 같은 날 이루어진 수회의 조사라 하더라도 특별한 사정이 없는 한 조사 과정 전부를 영상녹화하여야 하는 것도 아니다.

피고인들의 주장과 같이 피고인 5에 대한 제1회 검찰 조사와 제2회 검찰 조사가 같은 날 이루어졌는데 제1회 검찰 조사부터 영상녹화되지 않고 제2회 검찰 조사부터 영상녹화되었더라도 실질적으로 하나의 조사임에도 수회로 나누고 회유와 협박 등을 통해 자백을 유도한 후 자백하는 조사에 대해서만 영상녹화를 하는 등의 특별한 사정이 나타나지 않으므로 형사소송법 등이 정한 영상녹화의 방식과 절차를 위반하였다고 볼 수 없다. 피고인 5에 대한 제2회 검찰 피의자신문을 영상녹화한 이 사건 영상녹화물에 의하여 이 사건 피의자신문조서의 실질적 진정성립을 인정한 원심판단은 정당한 것으로 수긍이 가고, 거기에 상고이유 주장과 같이 영상녹화물에 의한 실질적 진정성립의 증명에 관한 법리를 오해하는 등으로 판결에 영향을 미친 잘못이 없다.

다. 나머지 주장에 관한 판단

원심은 판시와 같은 이유로 피고인들에 대한 공소사실(피고인 1에 대한 무죄 부분 제외)을 유죄로 판단한 제1심판결을 그대로 유지하였다. 원심판결 이유를 관련 법리와 적법하게 채택된 증거에 비추어 살펴보면, 원심의 판단에 논리와 경험의 법칙을 위반하여 자유심증주의의 한계를 벗어나거나 검사 작성 피의자신문조서의 증거능력, 전문진술의 증거능력, '정치자금 부정수수'로 인한 정치자금법 위반죄의 성립에 관한 법리를 오해하는 등으로 판결에 영향을 미친 잘못이 없다.

3) 판례 3

대법원 2022. 6. 16. 선고 2022도364 판결

【판시사항】

수사기관이 작성한 피고인 아닌 자의 진술을 기재한 조서에 대한 실질적 진정성립을 증명할 수 있는 수단으로서 형사소송법 제312조 제4항에 규정된 '영상녹화물'의 의미 / 형사소송규칙 제134조의3의 입법 취지 / 형사소송법 및 형사소송규칙에 규정된 방식과 절차를 위반한 영상녹화물에 의하여 피고인 아닌 자의 진술을 기재한 조서의 실질적 진정성립을 증명할 수 있는지 여부(원칙적 소극)

【판결요지】

형사소송법 제312조 제4항은 "검사 또는 사법경찰관이 피고인이 아닌 자의 진술을 기재한 조서는 적법한 절차와 방식에 따라 작성된 것으로서 그 조서가 검사 또는 사법경찰관 앞에서 진술한 내용과 동일하게 기재되어 있음이 원진술자의 공판준비 또는 공판기일에서의 진술이나 영상녹화물 또는 그 밖의 객관적인 방법에 의하여 증명되고, 피고인 또는 변호인이 공판준비 또는 공판기일에 그 기재 내용에 관하여 원진술자를 신문할 수 있었던 때에는 증거로 할 수 있다. 다만 그 조서에 기재된 진술이 특히 신빙할 수 있는 상태하에서 행하여졌음이 증명된 때에 한한다."라고 규정하여 수사기관이 작성한 피고인이 아닌 자에 대한 진술조서의 실질적 진정성립은 공판준비 또는 공판기일에서의 원진술자의 진술 외에 영상녹화물 또는 그 밖의 객관적인 방법에 의하여 인정할 수 있도록 하고 있다.

형사소송법 제312조 제4항이 실질적 진정성립을 증명할 수 있는 방법으로 규정하는 영상녹화물에 대하여는 형사소송법 및 형사소송규칙에서 영상녹화의 과정, 방식 및 절차 등을 엄격하게 규정하고 있으므로(형사소송법 제221조 제1항 후문, 형사소송규칙 제134조의2, 제134조의3) 수사기관이 작성한 피고인 아닌 자의 진술을 기재한 조서에 대한 실질적 진정성립을 증명할 수 있는 수단으로서 형사소송법 제312조 제4항에 규정된 '영상녹화물'이라 함은 형사소송법 및 형사소송규칙에 규정된 방식과 절차에 따라 제작되어 조사 신청된 영상녹화물을 의미한다고 봄이 타당하다.

형사소송법은 제221조 제1항 후문에서 "검사 또는 사법경찰관은 피의자가 아닌 자의 출석을 요구하여 진술을 들을 경우 그의 동의를 받아 영상녹화할 수 있다."라고 규정하고 있고, 형사소송규칙은 제134조의3에서 검사는 피의자가 아닌 자가 공판준비 또는 공판기일에서 조서가 자신이 검사 또는 사법경찰관 앞에서 진술한 내용과 동일하게 기재되어 있음을 인정하지 아니하는 경우 그 부분의 성립의 진정을 증명하기 위하여 영상녹화물의 조사를 신청할 수 있고(제1항), 검사가 이에 따라 영상녹화물의 조사를 신청하는 때에는 피의자가 아닌 자가 영상녹화에 동의하였다는 취지로 기재하고 기명날인 또는 서명한 서면을 첨부하여야 하며(제2항), 조사 신청한 영상녹화물은 조사가 개시된 시점부터 조사가 종료되어 피의자 아닌 자가 조서에 기명날인 또는 서명을 마치는 시점까지 전 과정이 영상녹화된 것으로서 피의자 아닌 자의 진술이 영상녹화되고 있다는 취지의 고지, 영상녹화를 시작하고 마친 시각 및 장소의 고지, 신문하는 검사 또는 사법경찰관과 참여한 자의 성명과 직급의 고지, 조사를 중단·재개하는 경우 중단 이유와 중단 시각, 중단 후 재개하는 시각, 조사를 종료하는 시각의 내용을 포함하는 것이어야 한다고 규정하고 있다(제3항에 의하여 제134조의2 제3항 제1호부터 제3호, 제5호, 제6호를 준용한다). 형사소송규칙에서 피의자 아닌 자가 기명날인 또는 서명한 영상녹화 동의서를 첨부하도록 한 취지는 피의자 아닌 자의 영상녹화에 대한 진정한 동의를 받아 영상녹화를 시작했는지를 확인하기 위한 것이고, 조사가 개시된 시점부터 조사가 종료되어 조서에 기명날인 또는 서명을 마치는 시점까지 조사 전 과정이 영상녹화된 것을 요구하는 취지는 진술 과정에서 연출이나 조작을 방지하여야 할 필요성이 인정되기 때문이다.

이러한 형사소송법과 형사소송규칙의 규정 내용과 취지에 비추어 보면, 수사기관이 작성한 피고인이 아닌 자의 진술을 기재한 조서에 대하여 실질적 진정성립을 증명하기 위해 영상녹화물의 조사를 신청하려면 영상녹화를 시작하기 전에 피고인 아닌 자의 동의를 받고 그에 관해서 피고인 아닌 자가 기명날인 또는 서명한 영상녹화 동의서를 첨부하여야 하고, 조사가 개시된 시점부터 조사가 종료되어 참고인이 조서에 기명날인 또는 서명을 마치는 시점까지 조사 전 과정이 영상녹화되어야 하므로 이를 위반한 영상녹화물에 의하여는 특별한 사정이 없는 한 피고인 아닌 자의 진술을 기재한 조서의 실질적 진정성립을 증명할 수 없다.

【이 유】

상고이유(상고이유서 제출기간이 지난 다음 제출된 각 상고이유보충서의 기재는 상고이유를 보충하는 범위에서)를 판단한다.

1. 피고인 1의 상고이유에 대한 판단

가. 무죄 부분 및 제1심의 공소기각판결에 대한 검사의 항소기각 부분에 관하여

피고인을 위한 상소는 하급심법원의 재판에 대한 불복으로서 피고인에게 불이익한 재판을 시정하여 유리한 재판을 청구하는 것이 본질이므로 하급심법원의 재판이 피고인에게 불이익하지 않으면 이에 대하여 피고인은 상소권이 없다(대법원 2005. 9. 15. 선고 2005도4866 판결 등 참조). 피고인에게 가장 유리한 판결인 무죄판결에 대한 피고인의 상고는 부적법하다(대법원 1994. 7. 29. 선고 93도1091 판결 등 참조).

이 사건 기록에 의하면, 피고인 1에 대한 공소사실 중 협박의 점을 공소기각한 제1심판결에 대하여 피고인 1은 항소하지 않았고 검사가 사실오인 및 법리오해를 이유로 항소하였으나 원심은 검사의 항소를 기각하였고, 공갈의 점에 대하여는 원심이 무죄를 선고한 사실을 알 수 있다. 앞서 본 법리에 비추어 보면, 이 부분 원심판결이 피고인 1에게 불이익한 재판이라고 할 수 없으므로 피고인 1은 이 부분 원심판결에 대하여 상고할 수 없다. 따라서 원심판결 중 제1심의 공소기각판결에 대하여 검사의 항소를 기각한 부분(피고인 1의 협박의 점)과 원심이 무죄로 판단한 부분(피고인 1의 공갈의 점)에 대한 피고인 1의 상고는 부적법하다.

나. 유죄 부분에 관하여

상고법원은 상고이유에 의하여 불복신청한 한도 내에서만 조사·판단할 수 있으므로 상고이유서에는 상고이유를 특정하여 원심판결의 구체적인 법령위반 사유를 명시적으로 설시하여야 한다. 따라서 상고이유서에 이와 같은 구체적이고 명시적인 상고이유의 설시가 없다면 적법한 상고이유서가 제출되었다고 볼 수 없다(대법원 2000. 4. 21. 선고 99도5513 판결 등 참조).

피고인 1은 상고이유서에 이 사건 공소사실 중 공갈의 점에 대해서만 다투는 취지로 기재하였고 원심이 유죄로 인정한 부분에 대하여는 구체적인 법령위반 사유를 명시적으로 설시하지 않았으므로, 원심판결 중 유죄 부분에 관하여는 적법한 상고이유서가 제출되었다고 볼 수 없다.

2. 피고인 2의 상고이유에 대한 판단

가. 공소외 1, 공소외 2, 공소외 3, 공소외 4에 대한 경찰 진술조서 중 공소외 1, 공소외 2, 공소외 4 진술 부분의 증거능력에 대한 판단

1) 헌법 제12조 제1항이 규정한 적법절차의 원칙과 헌법 제27조에 의하여 보장된 공정한 재판을 받을 권리를 구현하기 위하여 형사소송법은 공판중심주의와 구두변론주의 및 직접심리주의를 기본원칙으로 하고 있다. 따라서 형사소송법이 수사기관에서 작성된 조서 등 서면증거에 대하여 일정한 요건을 충족하는 경우에 증거능력을 인정하는 것은 실체적 진실발견의 이념과 소송경제의 요청을 고려하여 예외적으로 허용하는 것일 뿐이므로 증거능력 인정 요건에 관한 규정은 엄격하게 해석·적용하여야 한다(대법원 2013. 3. 14. 선고 2011도8325 판결 등 참조).

형사소송법 제312조 제4항은 "검사 또는 사법경찰관이 피고인이 아닌 자의 진술을 기재한 조서는 적법한 절차와 방식에 따라 작성된 것으로서 그 조서가 검사 또는 사법경찰관 앞에서 진술한 내용과 동일하게 기재되어 있음이 원진술자의 공판준비 또는 공판기일에서의 진술이나 영상녹화물 또는 그 밖의 객관적인 방법에 의하여 증명되고, 피고인 또는 변호인이 공판준비 또는 공판기일에 그 기재 내용에 관하여 원진술자를 신문할 수 있었던 때에는 증거로 할 수 있다. 다만 그 조서에 기재된 진술이 특히 신빙할 수 있는 상태하에서 행하여졌음이 증명된 때에 한한다."라고 규정하여 수사기관이 작성한 피고인이 아닌 자에 대한 진술조서의 실질적 진정성립은 공판준비 또는 공판기일에서의 원진술자의 진술 외에 영상녹화물 또는 그 밖의 객관적인 방법에 의하여 인정할 수 있도록 하고 있다.

형사소송법 제312조 제4항이 실질적 진정성립을 증명할 수 있는 방법으로 규정하는 영상녹화물에 대하여는 형사소송법 및 형사소송규칙에서 영상녹화의 과정, 방식 및 절차 등을 엄격하게 규정하고 있으므로(형사소송법 제221조 제1항 후문, 형사소송규칙 제134조의2, 제134조의3) 수사기관이 작성한 피고인 아닌 자의 진술을 기재한 조서에 대한 실질적 진정성립을 증명할 수 있는 수단으로서 형사소송법 제312조 제4항에 규정된 '영상녹화물'이라 함은 형사소송법 및 형사소송규칙에 규정된 방식과 절차에 따라 제작되어 조사 신청된 영상녹화물을 의미한다고 봄이 타당하다(대법원 2016. 2. 18. 선고 2015도16586 판결 참조).

형사소송법은 제221조 제1항 후문에서 “검사 또는 사법경찰관은 피의자가 아닌 자의 출석을 요구하여 진술을 들을 경우 그의 동의를 받아 영상녹화할 수 있다.”라고 규정하고 있고, 형사소송규칙은 제134조의3에서 검사는 피의자가 아닌 자가 공판준비 또는 공판기일에서 조서가 자신이 검사 또는 사법경찰관 앞에서 진술한 내용과 동일하게 기재되어 있음을 인정하지 아니하는 경우 그 부분의 성립의 진정을 증명하기 위하여 영상녹화물의 조사를 신청할 수 있고(제1항), 검사가 이에 따라 영상녹화물의 조사를 신청하는 때에는 피의자가 아닌 자가 영상녹화에 동의하였다는 취지로 기재하고 기명날인 또는 서명한 서면을 첨부하여야 하며(제2항), 조사 신청한 영상녹화물은 조사가 개시된 시점부터 조사가 종료되어 피의자 아닌 자가 조서에 기명날인 또는 서명을 마치는 시점까지 전 과정이 영상녹화된 것으로서 피의자 아닌 자의 진술이 영상녹화되고 있다는 취지의 고지, 영상녹화를 시작하고 마친 시각 및 장소의 고지, 신문하는 검사 또는 사법경찰관과 참여한 자의 성명과 직급의 고지, 조사를 중단·재개하는 경우 중단 이유와 중단 시각, 중단 후 재개하는 시각, 조사를 종료하는 시각의 내용을 포함하는 것이어야 한다고 규정하고 있다(제3항에 의하여 제134조의2 제3항 제1호부터 제3호, 제5호, 제6호를 준용한다). 형사소송규칙에서 피의자 아닌 자가 기명날인 또는 서명한 영상녹화 동의서를 첨부하도록 한 취지는 피의자 아닌 자의 영상녹화에 대한 진정한 동의를 받아 영상녹화를 시작했는지를 확인하기 위한 것이고, 조사가 개시된 시점부터 조사가 종료되어 조서에 기명날인 또는 서명을 마치는 시점까지 조사 전 과정이 영상녹화된 것을 요구하는 취지는 진술 과정에서 연출이나 조작을 방지하여야 할 필요성이 인정되기 때문이다.

이러한 형사소송법과 형사소송규칙의 규정 내용과 취지에 비추어 보면, 수사기관이 작성한 피고인이 아닌 자의 진술을 기재한 조서에 대하여 실질적 진정성립을 증명하기 위해 영상녹화물의 조사를 신청하려면 영상녹화를 시작하기 전에 피고인 아닌 자의 동의를 받고 그에 관해서 피고인 아닌 자가 기명날인 또는 서명한 영상녹화 동의서를 첨부하여야 하고, 조사가 개시된 시점부터 조사가 종료되어 참고인이 조서에 기명날인 또는 서명을 마치는 시점까지 조사 전 과정이 영상녹화되어야 하므로 이를 위반한 영상녹화물에 의하여는 특별한 사정이 없는 한 피고인 아닌 자의 진술을 기재한 조서의 실질적 진정성립을 증명할 수 없다.

2) 이 사건 기록과 원심판결 이유에 따르면 아래의 사실 내지 사정을 알 수 있다.

가) 피해자 공소외 1, 공소외 2, 공소외 4는 제1심 공판기일에서 2020. 6. 13. 자 경찰 진술조서 중 각 진술 부분(이하 '이 사건 진술조서 중 피해자들의 진술 부분'이라 한다)에 대하여 명시적인 진술에 의하여 실질적 진정성립을 인정하지 않았다.

나) 사법경찰관은 피해자들의 진술을 영상녹화하기 전에 그들로부터 기명날인 또는 서명한 영상녹화 동의서를 받지 않았다.

다) 피해자들의 진술에 대한 영상녹화물(이하 '이 사건 영상녹화물'이라 한다)은 위 피해자들이 조서를 열람하는 도중 중단되어 피해자들의 조서 열람과정 중 일부와 조서에 기명날인 또는 서명을 마치는 과정이 영상녹화되지 않았다.

3) 이러한 사실과 다음 사정을 앞서 본 법리에 비추어 살펴보면, 이 사건 영상녹화물에 의해서는 이 사건 진술조서 중 피해자들의 진술 부분의 실질적 진정성립을 증명할 수 없다.

검사는 이 사건 영상녹화물에 대하여 조사를 신청할 때 영상녹화를 시작하기 전에 피해자들의 동의를 받고 그에 관해서 피해자들이 기명날인 또는 서명한 영상녹화 동의서를 첨부하지 않았다. 피해자들이 조사가 진행된 이후에 조사과정을 영상녹화하겠다는 사법경찰관의 설명에 이의를 하지 않았다는 사정만으로 달리 보기도 어렵다.

이 사건 영상녹화물은 조사가 종료되어 피해자들이 조서에 기명날인 또는 서명을 마치는 시점까지의 조사 전 과정이 영상녹화되지 않았다. 조서 열람과정이나 기명날인 또는 서명 과정은 조서의 진정성과 형식적 진정성립을 포함하여 적법한 절차와 방식에 따라 조서가 작성되었는지 판단할 수 있는 중요한 부분이므로 녹화되지 않은 부분이 조사시간에 비추어 짧다거나 조서 열람 및 기명날인 또는 서명 과정에서 진술번복 등이 없었다는 사정만으로 달리 보기 어렵다.

그런데도 원심은 판시와 같은 이유로 이 사건 영상녹화물에 의하여 이 사건 진술조서 중 피해자들의 진술 부분의 실질적 진정성립이 인정된다고 판단하였다. 이러한 원심판단에는 형사소송법 제312조 제4항이 정한 영상녹화물에 의한 실질적 진정성립 증명에 관한 법리를 오해한 잘못이 있다.

4) 다만 원심은 공소장 변경 없이 직권으로 피고인 2가 판시와 같이 공갈 범행을 하였다고 인정하였다. 원심이 이 사건 진술조서 중 피해자들의 진술 부분의 증거능력을 인정한 것은 잘못이나, 위 증거를 제외한 원심이 유죄의 증거로 삼은 나머지 증거만으로도 피고인 2가 피해자들에게 상납금을 제대로 지급하지 않을 경우 유흥접객원 알선 영업을 하지 못하도록 피해자들을 위협하며 돈을 요구하여 피해자들로부터 돈을 받았다고 인정할 수 있으므로 원심의 위와 같은 잘못이 판결에 영향을 미쳤다고 할 수 없다.

나. 나머지 주장에 관한 판단

원심판결 이유를 관련 법리와 적법하게 채택된 증거에 비추어 살펴보면, 원심의 판단에 필요한 심리를 다하지 않은 채 논리와 경험의 법칙을 위반하여 자유심증주의의 한계를 벗어나거나 메신저 대화내용과 돈 봉투 사진의 증거능력, 공갈죄 성립에 관한 법리를 오해한 잘못이 없다.

형사소송법 제383조 제4호에 의하여 사형, 무기 또는 10년 이상의 징역이나 금고가 선고된 사건에서만 양형부당을 사유로 한 상고가 허용된다. 피고인 2에 대하여 그보다 가벼운 형이 선고된 이 사건에서 형이 너무 무거워 부당하다는 취지의 주장은 적법한 상고이유가 되지 못한다.

3. 검사의 상고이유에 대한 판단

원심은 판시와 같은 이유로 피고인 1에 대한 공소사실 중 공갈 부분에 대하여 범죄의 증명이 없다고 보아 이를 무죄로 판단하였다. 원심판결 이유를 관련 법리와 기록에 비추어 살펴보면, 원심의 판단에 논리와 경험의 법칙을 위반하여 자유심증주의의 한계를 벗어나거나 증거의 증명력에 관한 법리오해, 이유모순 등의 잘못이 없다

XIX

제10조의7 영상음성기록정보 관리체계의 구축·운영

XIX. 제10조의7 영상음성기록정보 관리체계의 구축·운영

> 제10조의7(영상음성기록정보 관리체계의 구축 · 운영) 경찰청장 및 해양경찰청장은 경찰착용기록장치로 기록한 영상 · 음성을 저장하고 데이터베이스로 관리하는 영상음성기록정보 관리체계를 구축 · 운영하여야 한다.

1. 관리체계의 구축

경찰장비의 종류에 경찰착용 기록장치를 추가하고, 경찰관이 필요한 최소한의 범위에서 경찰착용 기록장치를 사용할 수 있는 직무를 규정하였다. 그리고 경찰관이 경찰착용 기록장치를 사용하여 기록하는 경우로서 이동형 영상정보처리기기로 사람 또는 그 사람과 관련된 사물의 영상을 촬영하는 때에는 불빛, 소리, 안내판 등의 방법으로 촬영 사실을 표시하고 알리도록 하였다. 경찰청장 등이 경찰착용 기록장치로 기록한 영상 · 음성을 저장하고 데이터베이스로 관리하는 영상음성기록정보 관리체계를 구축 · 운영하도록 하는 등 현행 제도의 운영상 나타난 일부 미비점을 개선 · 보완하도록 하였다.

2. 판례

1) 판례 1

대법원 2017. 11. 9. 선고 2017두47472 판결

【판시사항】

[1] 국가공무원법 제56조에서 정한 성실의무의 내용

[2] 국가공무원법 제63조에서 정한 '품위' 및 품위유지의무의 의미 / 구체적으로 어떠한 행위가 품위손상행위에 해당하는지 판단하는 방법

[3] 공무원인 피징계자에게 징계권자가 재량권을 행사하여 한 징계처분이 위법한 경우 및 공무원에 대한 징계처분이 사회통념상 현저하게 타당성을 잃었는지 판단하는 방법

【판결요지】

[1] 국가공무원법 제56조는 “모든 공무원은 법령을 준수하며 성실히 직무를 수행하여야 한다.”라고 규정하고 있다. 이러한 성실의무는 공무원의 가장 기본적이고 중요한 의무로서 최대한으로 공공의 이익을 도모하고 그 불이익을 방지하기 위하여 전 인격과 양심을 바쳐서 성실히 직무를 수행하여야 하는 것을 내용으로 한다.

[2] 국가공무원법 제63조는 “공무원은 직무의 내외를 불문하고 그 품위가 손상되는 행위를 하여서는 아니 된다.”라고 규정하고 있다. 국민으로부터 널리 공무를 수탁받아 국민 전체를 위해 근무하는 공무원의 지위를 고려할 때 공무원의 품위손상행위는 본인은 물론 공직사회에 대한 국민의 신뢰를 실추시킬 우려가 있으므로, 모든 공무원은 국가공무원법 제63조에 따라 직무의 내외를 불문하고 품위를 손상하는 행위를 하여서는 아니 된다. 여기서 ‘품위’는 공직의 체면, 위신, 신용을 유지하고, 주권자인 국민의 수임을 받은 국민 전체의 봉사자로서의 직책을 다함에 손색이 없는 몸가짐을 뜻하는 것으로서, 직무의 내외를 불문하고, 국민의 수임자로서의 직책을 맡아 수행해 나가기에 손색이 없는 인품을 말한다. 이와 같은 국가공무원법 제63조의 규정 내용과 의미, 입법 취지 등을 종합하면, 국가공무원법 제63조에 규정된 품위유지의무란 공무원이 직무의 내외를 불문하고, 국민의 수임자로서의 직책을 맡아 수행해 나가기에 손색이 없는 인품에 걸맞게 본인은 물론 공직사회에 대한 국민의 신뢰를 실추시킬 우려가 있는 행위를 하지 않아야 할 의무라고 해석할 수 있다. 구체적으로 어떠한 행위가 품위손상행위에 해당하는가는 수범자인 평균적인 공무원을 기준으로 구체적 상황에 따라 건전한 사회통념에 따라 판단하여야 한다.

[3] 공무원인 피징계자에게 징계사유가 있어서 징계처분을 하는 경우 어떠한 처분을 할 것인가는 징계권자의 재량에 맡겨져 있다. 그러므로 징계권자가 재량권을 행사하여 한 징계처분이 사회통념상 현저하게 타당성을 잃어 징계권자에게 맡겨진 재량권을 남용하였다고 인정되는 경우에 한하여 그 처분을 위법하다고 할 수 있다.

공무원에 대한 징계처분이 사회통념상 현저하게 타당성을 잃었는지는 구체적인 사례에 따라 직무의 특성, 징계의 원인이 된 비위사실의 내용과 성질, 징계에 의하여 달성하려고 하는 행정목적, 징계양정의 기준 등 여러 요소를 종합하여 판단할 때 징계내용이 객관적으로 명백히 부당하다고 인정할 수 있는 경우라야 한다. 징계권자가 내부적인 징계양정기준을 정하고 그에 따라 징계처분을 하였을 경우 정해진 징계양정기준이 합리성이 없다는 등의 특별한 사정이 없는 한 당해 징계처분이 사회통념상 현저하게 타당성을 잃었다고 할 수 없다.

【이 유】

1. 이 사건 제4 비위행위에 관한 상고이유에 대하여

가. 국가공무원법 제56조는 "모든 공무원은 법령을 준수하며 성실히 직무를 수행하여야 한다."라고 규정하고 있다. 이러한 성실의무는 공무원의 가장 기본적이고 중요한 의무로서 최대한으로 공공의 이익을 도모하고 그 불이익을 방지하기 위하여 전 인격과 양심을 바쳐서 성실히 직무를 수행하여야 하는 것을 그 내용으로 한다(대법원 1989. 5. 23. 선고 88누3161 판결 등 참조).

한편 국가공무원법 제63조는 "공무원은 직무의 내외를 불문하고 그 품위가 손상되는 행위를 하여서는 아니 된다."라고 규정하고 있다. 국민으로부터 널리 공무를 수탁받아 국민 전체를 위해 근무하는 공무원의 지위를 고려할 때 공무원의 품위손상행위는 본인은 물론 공직사회에 대한 국민의 신뢰를 실추시킬 우려가 있으므로, 모든 공무원은 국가공무원법 제63조에 따라 직무의 내외를 불문하고 그 품위를 손상하는 행위를 하여서는 아니 된다. 여기서 '품위'는 공직의 체면, 위신, 신용을 유지하고, 주권자인 국민의 수임을 받은 국민 전체의 봉사자로서의 직책을 다함에 손색이 없는 몸가짐을 뜻하는 것으로서, 직무의 내외를 불문하고, 국민의 수임자로서의 직책을 맡아 수행해 나가기에 손색이 없는 인품을 말한다(대법원 2013. 9. 12. 선고 2011두20079 판결 참조). 이와 같은 국가공무원법 제63조의 규정 내용과 의미, 그 입법 취지 등을 종합하여 보면, 국가공무원법 제63조에 규정된 품위유지의무란 공무원이 직무의 내외를 불문하고, 국민의 수임자로서의 직책을 맡아 수행해 나가기에 손색이 없는 인품에 걸맞게 본인은 물론 공직사회에 대한 국민의 신뢰를 실추시킬 우려가 있는 행위를 하지 않아야 할 의무라고 해석할 수 있다(대법원 2017. 4. 13. 선고 2014두8469 판결 참조). 구체적으로 어떠한 행위가 품위손상행위에 해당하는가는 그 수범자인 평균적인 공무원을 기준으로 구체적 상황에 따라 건전한 사회통념에 의하여 판단하여야 한다.

나. 관련 법령 및 원심판결 이유와 기록에 의하면 다음과 같은 사실관계 등을 알 수 있다.

(1) 원고는 2011. 4. 18.부터 해양경찰청 서해지방해양경찰청 경비안전과 진도 연안 해상교통관제센터(Coastal Vessel Traffic Service Center, 이하 '진도 VTS'라 한다)의 센터장으로 근무하였다. 당시 해양경찰청장의 지시에 의하면 진도 VTS는 관제 구역을 2개 섹터로 분할하여 섹터별로 관제요원을 지정하여 근무하였어야 한다. 그런데 진도 VTS의 근무자들은 2011. 4.경부터 야간에 1명의 관제요원이 1, 2섹터를 모두 관제하고 다른 관제요원 등 3명은 휴식하거나 수면을 취하는 등 변칙근무를 해 왔고, 센터장인 원고는 이러한 변칙근무 실태를 알았거나 알 수 있었다.

(2) 개인정보 보호법령에 의하면, 공개된 장소에는 일정한 사유가 있어야 영상정보처리기기를 설치·운영할 수 있고(법 제25조 제1항), 영상정보처리기기 운영자는 '영상정보의 촬영시간, 보관기간, 보관장소 및 처리방법' 등이 포함된 영상정보처리기기 운영·관리 방침을 마련하여야 한다(법 제25조 제7항, 시행령 제25조 제1항 제4호). 이에 따라 마련된 해양경찰청 훈령인 구「해양경찰청 영상정보처리기기 관리규칙」(2015. 7. 31. 국민안전처훈령 제94호로 폐지되기 전의 것, 이하 '이 사건 관리규칙'이라 한다)에 의하면, 영상정보의 보존기간은 설치목적에 따라 최소기간을 설정하되, 최소한의 기간을 산정하기 곤란한 때에는 최대 30일로 하며, 보유기간이 만료된 영상정보는 자동으로 삭제하도록 되어 있다(제16조 제1항, 제3항). 이러한 법령 및 관리규칙에 따라 진도 VTS 관제실 내부에 영상정보처리기기인 CCTV(이하 '이 사건 CCTV'라 한다)가 설치되어 있었는데, 그 보존기간은 '미보존'으로 되어 있었다.

(3) 2014. 4. 16. 인천에서 제주로 향하던 여객선 세월호가 진도 VTS의 관제 구역인 진도 앞바다에서 침몰하여 300여 명의 사망자가 발생하였다(이하 '세월호 사고'라 한다). 국회는 2014. 5. 중순경 사고 당일인 2014. 4. 16.자 이 사건 CCTV 녹화물 자료제출을 요청하고 있었다. 그런데 원고는 이 사건 CCTV 영상자료 파일에 사고 전 3개월분의 영상자료가 저장되어 있고, 여기에 야간에 1명의 관제요원만 근무하는 장면 등이 촬영되어 있음을 확인한 후, 2014. 5. 22. 부하 직원에게 삭제를 지시하여 2014. 1. 18.부터 2014. 4. 18.까지 녹화된 CCTV 영상자료 원본 파일을 삭제하도록 하였다.

(4) 피고는 2015. 4. 6. 원고에 대하여, ① 사고 당일 세월호와 직접 교신하면서 파악된 정보를 현장출동 함정 등에 전파하지 않은 점, ② 진도 VTS의 야간 변칙근무 실태를 제대로 감독하지 않은 점, ③ 사고 이후 이 사건 CCTV 카메라를 벽에서 떼어내게 한 점, ④ 위와 같이 국회가 사고 당일의 CCTV 녹화물 자료를 요청하는 상황에서 3개월분의 영상자료 원본 파일을 삭제하도록 한 점(이하 차례로 '이 사건 제1 내지 제4 비위행위'라 한다)을 들어, 원고가 국가공무원법 제56조(성실 의무), 제57조(복종의 의무), 제63조(품위유지의 의무)를 위반하였다는 이유로 강등의 징계처분을 하였다(이후 소청심사에서 정직 3개월로 감경되었다. 이하 '이 사건 처분'이라 한다).

(5) 원고는 제2, 3, 4 비위행위에 관한 직무유기, 공용물건손상, 공용전자기록등손상 혐의로 기소되었으나, 항소심에서 모두 무죄판결을 받았고, 대법원의 상고기각으로 그대로 확정되었다(대법원 2015. 11. 27. 선고 2015도10460 판결, 이하 '이 사건 형사판결'이라 한다).

다. 이러한 사실관계 등을 앞서 본 법리와 아래의 사정에 비추어 살펴보면, 원고가 이 사건 CCTV의 영상자료 원본 파일을 삭제하도록 한 행위는, 공무원으로서 최대한으로 공공의 이익을 도모하고 그 불이익을 방지하기 위하여 전인격과 양심을 바쳐서 성실히 직무를 수행하도록 한 성실의무 규정에 부합한다고 볼 수 없을 뿐 아니라, 국민의 수임자로서의 직책을 맡아 수행해 나가기에 손색이 없는 인품에 걸맞은 행위라고도 볼 수 없고, 오히려 본인은 물론 공직사회에 대한 국민의 신뢰를 실추시킬 우려가 있는 행위에 해당한다고 보아야 한다.

(1) 진도 VTS의 관제실 내에 설치된 이 사건 CCTV는 개인정보 보호법령 및 이 사건 관리규칙 규정에 의하면 최대 보존기간을 30일로 볼 수 있고, 보존기간 만료 시에는 자동으로 삭제하도록 되어 있었다. 그러나 원고는 세월호 사고 이전에는 위와 같이 이 사건 CCTV의 보존기간을 명시적으로 설정하거나, 30일이 지난 영상자료 파일을 삭제하도록 조치한 적이 없었고, 그 결과 세월호 사고 당시의 영상자료 원본 파일이 보존되고 있었다.

(2) 온 국민이 TV 중계로 지켜보는 가운데 수백 명의 여객을 태운 채로 그대로 배가 침몰하는 미증유의 대참사인 세월호 사고가 발생한 후인 2014. 5.경 국민들의 관심사인 사고원인 규명과 관련자들에 대한 형사처벌 등을 위하여 수사가 이루어지고 있었고, 국회도 관련 자료 제출을 요구하고 있었다. 이러한 비상상황(비상상황)에서 주권자인 국민은, 비록 행정청의 내부지침인 훈령에 의하면 보존기간이 경과하여 바로 삭제해야 하는 CCTV 영상자료라 하더라도, 그것이 일단 보존되어 있고 세월호 사고의 원인규명 및 수습에 조금이라도 관련성이 있다고 여겨지는 이상, 담당 공무원이 마땅히 이를 수사기관 등에 제출할 것이라고 기대하였을 것이다. 이 사건 관리규칙 제13조 제1항도 기관의 장은 일정한 경우 영상정보를 보유목적 외로 제공할 수 있다고 하면서, 그 예로 '범죄의 수사와 공소의 제기 및 유지를 위하여 필요한 경우(제7호)', '법원의 재판업무 수행을 위하여 필요한 경우(제8호)'를 들고 있다. 따라서 국가공무원법의 수범자인 평균적인 공무원으로서는 세월호 사고와 직접적인 업무관련성이 있는 진도 VTS에 대한 수사 및 재판이 개시될 수 있고, 그 경우 진도 VTS에 보관되어 있던 이 사건 CCTV 영상자료 원본 파일이 증거자료로 쓰일 가능성이 있음을 충분히 예상할 수 있었다.

(3) 이러한 상황에서 원고는 지휘계통상의 아무런 보고나 지시를 받지 아니한 채 독단적으로 이 사건 CCTV의 영상자료 원본 파일을 삭제하도록 하였다. 이는 단순히 이 사건 관리규칙에 정해진 보존기간을 뒤늦게 준수하기 위한 것이라기보다는 오히려 앞서 본 바와 같은 비상상황에서 자신들에게 미칠 수 있는 처벌이나 제재를 피하기 위해 진도 VTS 근무자들의 변칙근무 행태를 은폐하기 위한 것이라고 볼 여지가 크다. 그 결과 당시 세월호 사고의 원인을 규명하고, 사고 발생 직후 구조활동이 적절하게 이루어졌는지를 확인할 수 있는 단서 중 하나로 여겨지던 CCTV 영상자료 원본 파일을 삭제한 행위가 언론을 통하여 보도됨으로써 세월호 사고 조사과정 및 결과에 대한 국민의 혼란과 불신을 초래하였고, 이로써 해양경찰 전체의 명예가 크게 훼손되었다.

(4) 한편 원고는 제4 비위행위에 대한 공용전자기록등손상 등의 공소사실에 대하여 모두 무죄판결을 받았다. 그러나 이는 성실의무 위반 또는 품위유지의무 위반에 대한 판단이 아니라 형사법적 관점에서 공용전자기록등손상 등의 구성요건에 해당하지 않거나 위법성이 조각된다는 판단에 그치는 것이다. 따라서 국가공무원법상의 성실

의무 위반 또는 품위손상행위에 해당되는지는 별도로 판단할 수 있다.

라. 그럼에도 원심은 원고의 이 사건 CCTV 영상자료 원본 파일 삭제행위가, 형법상 공용전자기록등손상죄 등의 구성요건에 해당하지 아니하거나 형법 제20조에서 정하는 정당행위로서 위법성이 조각된다는 이유만을 들어 국가공무원법 제56조, 제63조 등을 위반한 징계사유에는 해당하지 않는다고 판단하였다. 이러한 원심의 판단에는 국가공무원법상 성실의무 위반 및 품위유지의무 위반에 관한 법리를 오해함으로써 판결에 영향을 미친 잘못이 있다. 이를 지적하는 상고이유 주장은 이유 있다.

2. 징계양정의 적정성에 관한 상고이유에 대하여

가. 공무원인 피징계자에게 징계사유가 있어서 징계처분을 하는 경우 어떠한 처분을 할 것인가는 징계권자의 재량에 맡겨져 있다. 그러므로 징계권자가 재량권을 행사하여 한 징계처분이 사회통념상 현저하게 타당성을 잃어 징계권자에게 맡겨진 재량권을 남용하였다고 인정되는 경우에 한하여 그 처분을 위법하다고 할 수 있다.

공무원에 대한 징계처분이 사회통념상 현저하게 타당성을 잃었는지는 구체적인 사례에 따라 직무의 특성, 징계의 원인이 된 비위사실의 내용과 성질, 징계에 의하여 달성하려고 하는 행정목적, 징계양정의 기준 등 여러 요소를 종합하여 판단할 때 그 징계내용이 객관적으로 명백히 부당하다고 인정할 수 있는 경우라야 한다. 징계권자가 내부적인 징계양정기준을 정하고 그에 따라 징계처분을 하였을 경우 정해진 징계양정기준이 합리성이 없다는 등의 특별한 사정이 없는 한 당해 징계처분이 사회통념상 현저하게 타당성을 잃었다고 할 수 없다(대법원 2008. 6. 26. 선고 2008두6387 판결, 대법원 2011. 11. 10. 선고 2011두13767 판결 등 참조).

나. 원심은, 징계사유가 인정되는 제1, 2 비위행위가 그 판시와 같은 사정을 종합하면 의도적 행위이거나 중과실에 따른 행위라고 볼 수 없고, 위 각 행위가 해양경찰공무원 징계양정 등에 관한 규칙 제9조에서 정하는 징계사유의 경합이 있는 경우에 해당하기는 하지만, 원고에게는 원심 판시와 같은 감경사유가 있으므로 원고에 대하여 징계사유의 경합 규정이 아닌 징계의 감경 규정을 적용함이 타당하고, 그에 따르면 징계기준이 '정직, 감봉'에 해당하는데 그중 가장 무거운 정직 3월을 한 이

사건 처분은 재량권 일탈·남용의 위법이 있다고 보았다.

다. 그러나 앞에서 본 법리에 비추어 보면, 원심의 이러한 판단은 그대로 수긍하기 어렵다.

(1) 먼저 원심이 인정한 이 사건 제1, 2 비위행위에 관한 처분사유만으로도 이 사건 처분에 재량권 일탈·남용이 인정된다고 단정하기 어렵다.

① 원심의 판단과 같이, 구 「해양경찰공무원 징계양정 등에 관한 규칙」(해양경찰청 예규 제493호, 이하 '징계양정규칙'이라 한다) 제4조 제1항 [별표 1]에 따른 징계기준에 의하면 제1 비위행위는 '강등·정직', 제2 비위행위는 '감봉·견책'에 해당한다고 하더라도, 위 규칙 제9조 제1항의 징계사유 경합에 따른 가중규정을 적용하면 징계양정 범위는 '해임·강등'이 되고, 여기서 위 규칙 제8조 제1항 제2호 단서의 감경규정을 적용하면 최종적인 징계양정 범위는 '강등·정직'이 된다. 따라서 피고의 원고에 대한 당초 징계처분인 '강등'은 위 징계양정 범위 내에 있고, 소청심사위원회의 변경 결정에 따른 정직 3개월의 이 사건 처분도 그 범위 내에 있다. 그리고 위 [별표 1]이 정한 징계양정의 기준이 비례의 원칙에 어긋나거나 합리성을 갖추지 못하였다고 볼 수 없다.

② 원고에게 적용될 수 있는 가중·감경사유는 모두 임의적 가중·감경사유인데, 징계권자가 징계기준에 따른 가중·감경 규정을 모두 적용하여 이 사건 처분을 한 것에 징계양정규칙의 해석을 그르치거나 평등원칙 위반 등의 사정이 있다고 볼 특별한 사정이 없는 이상, 원심으로서는 이 사건 처분이 그 징계기준의 범위 내에 있는지, 그 범위를 일탈한 경우 정당성이 있는지의 여부만을 심리하면 충분하고, 그 징계기준의 임의적인 적용까지 새로 할 것은 아니라고 할 것이다.

③ 나아가 이 사건 사안의 중대성에 비추어 제1, 2 비위행위의 비위 정도가 가볍지 아니하다.

(2) 이에 더하여 앞에서 본 바와 같이 이 사건 제4 비위행위에 관한 징계사유까지 인정될 수 있고, 그 비위의 정도가 중하다고 볼 수 있다. 따라서 이 사건 처분이 사회통념상 현저하게 타당성을 잃어 징계권자에게 맡겨진 재량권을 일탈·남용하였다고 볼

수 없고, 이 사건 제1, 2 비위행위만을 전제로 한 원심의 판단은 그대로 유지될 수 없다.

라. 그럼에도 원심은 이와 달리 이 사건 처분이 재량권을 일탈·남용한 것으로서 위법하다고 판단하였다. 이러한 원심판결에는 징계처분에서의 재량권 일탈·남용 등에 관한 법리를 오해하여 판결에 영향을 미친 잘못이 있다. 이를 지적하는 상고이유 주장은 이유 있다.

2) 판례 2

대법원 2016. 2. 18. 선고 2015도16586 판결

【판시사항】

검사 작성의 피의자신문조서에 대한 실질적 진정성립을 증명할 수 있는 수단으로서 형사소송법 제312조 제2항에 규정된 '영상녹화물이나 그 밖의 객관적인 방법'의 의미 및 조사관 또는 조사 과정에 참여한 통역인 등의 증언이 이에 해당하는지 여부(소극)

【판결요지】

실질적 진정성립을 증명할 수 있는 방법으로서 형사소송법 제312조 제2항에 예시되어 있는 영상녹화물의 경우 형사소송법 및 형사소송규칙에 의하여 영상녹화의 과정, 방식 및 절차 등이 엄격하게 규정되어 있는데다(형사소송법 제244조의2, 형사소송규칙 제134조의2 제3항, 제4항, 제5항 등) 피의자의 진술을 비롯하여 검사의 신문 방식 및 피의자의 답변 태도 등 조사의 전 과정이 모두 담겨 있어 피고인이 된 피의자의 진술 내용 및 취지를 과학적·기계적으로 재현해 낼 수 있으므로 조서의 내용과 검사 앞에서의 진술 내용을 대조할 수 있는 수단으로서의 객관성이 보장되어 있다고 볼 수 있으나, 피고인을 피의자로 조사하였거나 조사에 참여하였던 자들의 증언은 오로지 증언자의 주관적 기억 능력에 의존할 수밖에 없어 객관성이 보장되어 있다고 보기 어렵다. 결국 검사 작성의 피의자신문조서에 대한 실질적 진정성립을 증명할 수 있는 수단으로서 형사소송법 제312조 제2항에 규정된 '영상녹화물이나 그 밖의 객관적인 방법'이란 형사소송법 및 형사소송규칙에 규정된 방식과 절차에 따라 제작된 영상녹화물 또는 그러한 영상녹화물에 준할 정도로 피

고인의 진술을 과학적·기계적·객관적으로 재현해 낼 수 있는 방법만을 의미하고, 그 외에 조사관 또는 조사 과정에 참여한 통역인 등의 증언은 이에 해당한다고 볼 수 없다.

【이 유】

1. 검사의 상고이유에 대하여

가. 검사 작성의 피의자신문조서에 대한 증거능력 인정 방법에 관한 법리오해 주장에 대하여

1) 형사소송법 제312조는 제1항에서 "검사가 피고인이 된 피의자의 진술을 기재한 조서는 적법한 절차와 방식에 따라 작성된 것으로서 피고인이 진술한 내용과 동일하게 기재되어 있음이 공판준비 또는 공판기일에서의 피고인의 진술에 의하여 인정되고, 그 조서에 기재된 진술이 특히 신빙할 수 있는 상태하에서 행하여졌음이 증명된 때에 한하여 증거로 할 수 있다."고 하여 조서의 내용이 원진술자인 피고인이 진술한 대로 기재된 것이라는 실질적 진정성립이 인정되어야 증거로 할 수 있다고 하면서 이러한 실질적 진정성립은 공판준비 또는 공판기일에서의 피고인의 진술에 의해서만 인정된다고 규정하고 있다. 다만 그 제2항은 "제1항에도 불구하고 피고인이 그 조서의 성립의 진정을 부인하는 경우에는 그 조서에 기재된 진술이 피고인이 진술한 내용과 동일하게 기재되어 있음이 영상녹화물이나 그 밖의 객관적인 방법에 의하여 증명되고, 그 조서에 기재된 진술이 특히 신빙할 수 있는 상태 하에서 행하여졌음이 증명된 때에 한하여 증거로 할 수 있다."고 하여 피고인의 진술 외에 영상녹화물이나 그 밖의 객관적인 방법에 의해서도 실질적 진정성립을 인정할 수 있는 여지를 열어 두고 있다.

실질적 진정성립을 증명할 수 있는 방법으로서 형사소송법 제312조 제2항에 예시되어 있는 영상녹화물의 경우 형사소송법 및 형사소송규칙에 의하여 영상녹화의 과정, 방식 및 절차 등이 엄격하게 규정되어 있는데다(형사소송법 제244조의2, 형사소송규칙 제134조의2 제3항, 제4항, 제5항 등) 피의자의 진술을 비롯하여 검사의 신문 방식 및 피의자의 답변 태도 등 조사의 전 과정이 모두 담겨 있어 피고인이 된 피의자의 진술 내용 및 그 취지를 과학적·기계적으로 재현해 낼 수 있으므로 조서의 내용과 검사 앞에서의 진술 내

용을 대조할 수 있는 수단으로서의 객관성이 보장되어 있다고 볼 수 있으나, 피고인을 피의자로 조사하였거나 그 조사에 참여하였던 자들의 증언은 오로지 해당 증언자의 주관적 기억 능력에 의존할 수밖에 없어 객관성이 보장되어 있다고 보기 어렵다. 결국 검사 작성의 피의자신문조서에 대한 실질적 진정성립을 증명할 수 있는 수단으로서 형사소송법 제312조 제2항에 규정된 '영상녹화물이나 그 밖의 객관적인 방법'이라 함은 형사소송법 및 형사소송규칙에 규정된 방식과 절차에 따라 제작된 영상녹화물 또는 그러한 영상녹화물에 준할 정도로 피고인의 진술을 과학적·기계적·객관적으로 재현해 낼 수 있는 방법만을 의미한다고 봄이 타당하고, 그 외에 조사관 또는 조사 과정에 참여한 통역인 등의 증언은 이에 해당한다고 볼 수 없다.

2) 원심판결 이유를 앞서 본 법리에 비추어 살펴보면, 원심이 형사소송법 제312조 제2항의 '객관적 방법'은 영상녹화물에 필적할 만큼 강력한 증명력을 갖춘 것이어야 하므로 검사의 피고인 2에 대한 피의자신문 당시 피고인 2의 진술을 통역한 통역인의 증언은 객관적인 방법에 해당한다고 볼 수 없다고 판단한 것은 정당하고, 거기에 상고이유 주장과 같이 형사소송법 제312조 제2항의 '그 밖의 객관적인 방법'에 대한 해석을 잘못하여 검사 작성의 피의자신문조서에 대한 증거능력을 오해한 위법이 없다.

나. 나머지 상고이유에 대하여

원심판결 이유를 기록에 비추어 살펴보면, 원심이 증거능력이 없는 피고인 2에 대한 경찰 및 검사 작성의 각 피의자신문조서를 제외한 나머지 증거들만으로는 이 사건 공소사실 중 피고인 2의 야바 소지로 인한 마약류 관리에 관한 법률 위반의 점을 유죄로 인정하기 부족하다는 이유로 이 부분 공소사실을 무죄로 판단한 제1심판결을 그대로 유지한 것은 정당하고, 거기에 상고이유 주장과 같이 논리와 경험의 법칙을 위반하여 자유심증주의의 한계를 벗어난 위법이 없다.

그리고 증거신청의 채택 여부는 법원의 재량으로서 법원이 필요하지 않다고 인정할 때에는 이를 조사하지 않을 수 있는 것이므로(대법원 2011. 1. 27. 선고 2010도7947 판결 등 참조), 원심이 검사의 증인신청을 받아들이지 않았다고 하더라도 이를 두고 위법하다고 할 수도 없다.

XX

제11조 사용기록의 보관

XX. 제11조 사용기록의 보관

제11조(사용기록의 보관) 제10조제2항에 따른 살수차, 제10조의3에 따른 분사기, 최루탄 또는 제10조의4에 따른 무기를 사용하는 경우 그 책임자는 사용 일시 · 장소 · 대상, 현장책임자, 종류, 수량 등을 기록하여 보관하여야 한다.

1. 사용기록

경찰관 직무집행을 위하여 사용중인 경찰장구·무기등을 포괄한 장비정의규정을 신설하여 이들 개념을 보다 명확히 하고, 경찰장비의 사용과 관련하여 안전성을 확보하기 위하여 인명 또는 신체에 위해를 가할 수 있는 경찰장비에 대하여는 장비의 종류, 사용기준, 안전교육, 안전검사의 기준을 대통령령으로 정하도록하며, 분사기 또는 최루탄 및 무기의 사용기록 보관, 경찰장비의 임의개조금지규정을 마련하려는 것이다.

2. 판례

1) 판례 1

대법원 1999. 6. 22. 선고 98다61470 판결

【판시사항】

[1] 경찰관직무집행법 제11조에서 정하는 '무기 사용'의 요건과 한계

[2] 경찰관이 신호위반을 이유로 한 정지명령에 불응하고 도주하던 차량에 탑승한 동승자를 추격하던 중 수차례에 걸쳐 경고하고 공포탄을 발사했음에도 불구하고 계속 도주하자 실탄을 발사하여 사망케 한 경우, 위 총기 사용 행위는 허용 범위를 벗어난 위법행위라고 본 사례

【판결요지】

[1] 경찰관직무집행법 제11조의 규정에 비추어 보면 경찰관은 범인의 체포, 도주의 방지, 자기 또는 타인의 생명, 신체에 대한 방호, 공무집행에 대한 항거의 억제를 위

하여 상당한 이유가 있을 때에는 필요한 한도 내에서 무기를 사용할 수 있으나, 형법이 정하는 정당방위와 긴급피난에 해당할 때 또는 체포, 도주의 방지나 항거의 억제를 위하여 다른 수단이 없다고 인정되는 상당한 이유가 있는 때에 한하여 필요한 한도 내에서만 무기를 사용하여 사람에게 위해를 가할 수 있음이 명백하다.

[2] 경찰관이 신호위반을 이유로 한 정지명령에 불응하고 도주하던 차량에 탑승한 동승자를 추격하던 중 몸에 지닌 각종 장비 때문에 거리가 점점 멀어져 추격이 힘들게 되자 수차례에 걸쳐 경고하고 공포탄을 발사했음에도 불구하고 계속 도주하자 실탄을 발사하여 사망케 한 경우, 위 사망자가 아무런 흉기를 휴대하지 아니한 상태에서 경찰관을 공격하거나 위협하는 등 거칠게 항거하지 않고 단지 계속하여 도주하였다면 그러한 상황은 형법에 규정된 정당방위나 긴급피난의 요건에 해당한다고 보기 어렵고, 위 사망자가 경찰관의 정지명령에 응하지 아니하고 계속 도주하였다는 사실만으로 경찰관직무집행법 제11조에서 규정하는 범죄를 범하였거나 범하였다고 의심할 충분한 이유가 있다고 보기도 어려우며, 동료 경찰관이 총기를 사용하지 않고도 함께 도주하던 다른 일행을 계속 추격하여 체포한 점에 비추어 볼 때, 경찰관이 추격에 불필요한 장비를 일단 놓아둔 채 계속 추격을 하거나 공포탄을 다시 발사하는 방법으로 충분히 위 사망자를 제압할 여지가 있었다고 보이므로, 경찰관이 그러한 방법을 택하지 아니하고 실탄을 발사한 행위는 경찰관직무집행법 제11조에 정해진 총기 사용의 허용 범위를 벗어난 위법행위라고 본 사례.

【이 유】

경찰관직무집행법 제11조의 규정에 비추어 보면 경찰관은 범인의 체포, 도주의 방지, 자기 또는 타인의 생명, 신체에 대한 방호, 공무집행에 대한 항거의 억제를 위하여 상당한 이유가 있을 때에는 필요한 한도 내에서 무기를 사용할 수 있으나, 형법이 정하는 정당방위와 긴급피난에 해당할 때 또는 체포, 도주의 방지나 항거의 억제를 위하여 다른 수단이 없다고 인정되는 상당한 이유가 있는 때에 한하여 필요한 한도 내에서만 무기를 사용하여 사람에게 위해를 가할 수 있음이 명백하다(대법원 1994. 11. 8. 선고 94다25896 판결, 1993. 7. 27. 선고 93다9163 판결, 1991. 9. 10. 선고 91다19913 판결 등 참조).

원심판결 이유에 의하면, 원심은 판시 증거들을 종합하여 ① 망 소외 1이 1996. 11.

21. 07:05경 소외 2, 소외 3, 소외 4와 함께, 소외 2가 운전하는 (차량등록번호 1 생략) 소나타 승용차를 타고 인천 남부경찰서 정문 앞길을 진행하던 중 교통신호를 위반하여, 그 곳에 대기 중인 교통경찰관 소외 5가 신호위반 범칙금납부고지서를 발부하기 위하여 정지명령을 하였으나, 소외 2는 정지명령을 무시한 채 위 승용차를 운전하여 도주하기 시작하였고, ② 소외 5가 운전하는 순찰차가 비상등을 켜고 위 승용차를 추격하였으나 위 승용차는 수차례 신호를 위반하고, 중앙선을 침범하면서 도주를 계속하였고, 이 때 그 부근에서 순찰근무 중이던 인천 경찰서 소속 경찰관인 소외 6, 소외 7이 소외 5로부터 지원요청을 받고 그들도 또한 위 승용차를 함께 추격하였고, ③ 위 승용차는 약 3.5km 정도를 도주하다가 도림삼거리 부근에서 차량 정체로 정차하고 있던 (차량등록번호 2 생략) 승용차를 들이받아 더 이상 진행할 수 없게 되자, 망 소외 1과 소외 2가 차에서 뛰어내려 도로 옆에 있는 약 2m 높이의 야산진입로를 뛰어올라 인천 남동구 (주소 생략) 야산 배밭으로 도주하기 시작하였고, 소외 6과 소외 7은 계속하여 추격하였고, ④ 망 소외 1과 소외 2가 약 30m 가량을 함께 도주하다가 각기 다른 방향으로 갈라지자, 소외 7은 소외 2를 맡고, 소외 6은 망 소외 1을 맡아 약 150m를 추격하였고, 소외 6이 정복에 각종 장비(기록에 의하면 무전기와 권총)를 지니고 있었기 때문에 소외 1과의 거리가 점점 멀어져 추격이 힘들게 되자 "거기 서, 서지 않으면 총을 쏘겠다."고 수차례 경고하고 하늘을 향하여 공포탄 2발을 발사하였고, 그럼에도 불구하고 소외 1이 약 25m 거리를 두고 계속 도주하자 07:45경 "서지 않으면 실탄을 쏘겠다."고 경고한 후, 소외 1의 좌측 대퇴부를 향하여 38구경 리볼버 권총을 격발하여, 소외 1이 좌측 대퇴부에 관통상을 입고 쓰러졌으며, ⑤ 이무렵 소외 2은 소외 7에게 체포되었고, 소외 5, 소외 6, 소외 7, 소외 8은 소외 1과 소외 2를 경찰차에 태우고, 인천 소재 ○병원으로 후송하였으나 소외 1은 다음날 08:40경 좌측 대퇴부 관통상, 대퇴동맥파열로 인한 저혈량성 쇼크, 무산소성 뇌손상, 범발성 혈관 내 혈액응고장애로 사망한 사실을 인정한 후, 그 인정 사실에 비추어 보면, 소외 1이 아무런 흉기를 휴대하지 아니한 상태에서, 경찰관을 공격하거나 위협하는 등 거칠게 항거하지 아니하고, 단지 계속하여 도주한 위와 같은 상황은 형법에 규정된 정당방위나 긴급피난의 요건에 해당한다고 보기 어렵고, 소외 1이 경찰관의 정지명령에 응하지 아니하고 계속 도주하였다는 사실만으로 경찰관직무집행법 제11조에서 규정하는 범죄를 범하였거나, 범하였다고 의심할 충분한 이유가 있다고 보기도 어려우며, 소외 7이 총기를 사용하지 아니하고도 소외 2을 계속 추격하여 체포한 점에 비추어 보면 소외 6으로서도 추격에 불필요한 장비를 일단 놓아둔 채 계속 추격을 하거나 공포탄을 다시 발사하는 방법으로 충분히 소외 1을 제압할 여지가 있었다고 보이므로, 소외 6이 그러한 방법을 택하

지 아니하고 실탄을 발사한 행위는 경찰관직무집행법 제11조에 정하여진 총기 사용의 허용 범위를 벗어난 위법행위라고 판단하였는바, 앞서 본 법리에 비추어 관련 증거들을 기록과 대조하여 검토하여 보면 원심의 위와 같은 판단은 정당하고, 여기에 논하는 바와 같은 경찰관직무집행법 제11조에서 정한 경찰관 무기사용의 한계에 대한 법리오해, 채증법칙 위반 등의 위법이 있다고 할 수 없다.

2) 판례 2

대법원 2004. 3. 25. 선고 2003도3842 판결

【판시사항】

[1] 경찰관 무기사용의 요건 및 그 판단 방법

[2] 경찰관의 권총 사용이 허용범위를 벗어난 위법행위로서 정당방위에 해당하지 않는다고 판단한 원심판결을 파기한 사례

【이유】

1. 이 사건 공소사실의 요지

진주경찰서 동부파출소 소속 경찰관인 피고인은, 2001. 11. 27. 밤 동료 경찰관인 김종하와 함께 순찰차를 타고 동부파출소 관내를 순찰하던 중 진주경찰서 상황실로부터 공소외 1이 술병으로 타인을 찌른 사건이 상대파출소 관내에서 발생하였으니 이와 관련하여 상대파출소를 지원하라는 무선지령을 받고 상대파출소로 순찰차를 운전하여 가 공소외 1의 처인 공소외 2로부터 공소외 1이 현재 그의 주거인 진주시 상대동 소재 꽃집에 있다는 말을 듣고, 23:50경 공소외 2과 함께 위 꽃집 앞에 도착하여 김종하는 꽃집 주위에 있는 막대기를 들고 앞장 서고 피고인은 권총을 꺼내어 안전장치를 풀고 김종하의 뒤에 서서 따라 위 꽃집 안으로 걸어 들어가, 그 곳에 미리 와 있던 이웃 주민 심경보에게 " 공소외 1이 어디에 있느냐?"고 묻는 순간, 공소외 1이 세면장에서 나오면서 피고인과 김종하에게 "당신들 뭐야, 이 밤에 왜 왔어? 빨리 가!"라고 소리를 지르며 피고인과 김종하가 서 있는 곳으로 나오다가 이를 말리는 심경보와 몸싸움을 하므로, 그만둘 것을 종용

하였음에도, 공소외 1이 계속하여 심경보와 몸싸움을 하다가 심경보를 바닥에 넘어뜨리고 출입문 쪽으로 달려나오며 김종하와 피고인을 밀어 넘어뜨리고 넘어진 김종하의 몸 위에 올라 타 김종하와 몸싸움을 하자, 피고인이 넘어져 있는 상태에서 소지하고 있던 권총으로 공포탄 1발을 발사하였음에도 공소외 1이 이에 굴복하지 아니하고 계속 김종하의 몸 위에서 김종하의 목을 누르는 등 김종하를 일어나지 못하게 하고 있는 것을 목격하였는바, 이러한 경우 총기를 소지한 경찰관으로서는 구체적인 사태를 합리적으로 판단하여 가급적 총기사용을 자제하여야 할 뿐만 아니라 가사 총기를 사용하더라도 그 상대방의 대퇴부 이하를 조준하여 발사하여야 할 업무상 주의의무가 있는데, 당시는 피고인과 김종하 2인이 현장에 출동하여 1명의 범인을 검거하는 상황이라 2인이 힘을 합하면 총기를 사용하지 않고도 공소외 1을 제압할 수 있고, 그렇지 않다고 하더라도 최소한 경찰관 2인의 힘이면 김종하가 권중헌의 몸 밑에 깔린 상황을 해소하고 함께 공소외 1에게 대항할 수 있으므로 총기를 사용하기 전에 먼저 권중헌에게 달려 들어 김종하가 일어날 수 있도록 도와 함께 공소외 1에게 대항할 궁리를 하여야 함에도, 공소외 1이 김종하의 몸 위에서 몸싸움하던 과정에 김종하의 허리춤에 손을 대는 것을 보고는 공소외 1이 김종하의 총을 꺼낼지도 모른다고 성급하게 생각하고 당황하여 위와 같은 조치를 먼저 취하지 아니하고 바로 공소외 1을 향하여 대퇴부 이하를 제대로 조준하지 못하고 권총을 발사한 과실로 인하여 탄환이 공소외 1의 흉부를 관통하게 하여 공소외 1으로 하여금 같은 해 12. 3. 08:55경 진주시 칠암동 90 소재 경상대학교병원에서 패혈증 등으로 사망하게 하였다.

2. 피고인의 주장

피해자 공소외 1은 진주시내 일반부 씨름대회에서 우승할 정도로 힘이 센 사람이어서 김종하나 피고인이 몸싸움을 통하여 공소외 1을 제압할 수 없었고, 공소외 1이 김종하를 넘어뜨린 상태에서 위에서 누르면서 김종하의 권총을 잡으려고 하고 있어서 피고인이 공소외 1에게 달려들어 김종하가 일어날 수 있도록 도와줄 수도 없는 위협적이고 급박한 상황이었기 때문에 권총을 발사할 수밖에 없었으며, 공소외 1이 김종하의 몸 위에 올라앉은 채로 위에서 누른 상태에서 몸을 움직이고 있었으므로 공소외 1의 대퇴부 이하를 조준하여 총을 발사하기도 어려운 상황이었는바, 피고인의 행위는 당시 상황으로 보아 정당방위에 해당한다.

3. 원심의 판단

원심은, 피고인이 현장으로 가기 전에 상대파출소에서 그 곳에 근무하는 경찰관 김재웅으로부터, '상대파출소장이 현장으로 오고 있으니 총기는 사용하지 말고 대치만 하고 있으라.'는 당부를 들은 사실, 당시 공소외 1은 공소외 2의 신고와는 달리 칼로 아들을 위협하는 등 인질극을 벌이고 있지 않았던 사실, 피해자가 아무런 무기나 흉기를 휴대하고 있지 않았던 사실, 현장에는 피고인과 김종하 등 경찰관 2명이 있는 데다가 공소외 2와 그녀의 연락을 받고 미리 와 있던 심경보가 있어 유사시 어느 정도의 도움을 줄 수 있었던 사실을 인정하였다.

이어서 원심은 피고인의 주장, 즉 공소외 1이 김종하가 허리 부위에 차고 있는 권총을 빼앗으려고 하였다는 주장에 대하여, 김종하는 공소외 1의 몸 밑에 깔린 상태에서 공소외 1과 몸싸움을 벌였으므로 공소외 1이 자신의 권총을 빼앗으려 하였는지에 관하여 가장 잘 알 수 있음에도 불구하고, 최초 경찰 진술시에는 권중헌의 손이 자신의 허리 부분에 닿으려고 했다는 등의 진술을 하지 않았고, 2회 조사시 그러한 내용을 피고인으로부터 들었다고 진술하였으며, 그 이후부터 공소외 1의 손이 권총을 차고 있는 허리 부위에 닿는 것을 느꼈다고 진술하는 등 진술에 일관성이 없으므로, 공소외 1이 김종하의 총기를 꺼내려 하였다는 피고인의 진술 및 김종하의 일부 진술은 그대로 믿기 어렵다는 이유로 이를 배척한 다음, 사정이 위와 같다면, 경찰관인 피고인이 공포탄 발사에서 나아가 근접한 거리에서 피해자의 몸을 향한 실탄 발사로 나아간 것은 사회통념상 총기 사용의 허용범위를 벗어난 것으로서 상당성을 결하였다고 봄이 상당하므로 정당방위에 해당하지 아니한다고 판단하여 이 사건 공소사실을 유죄로 인정한 제1심판결을 그대로 유지하였다.

4. 이 법원의 판단

그러나 원심의 위와 같은 판단은 수긍하기 어렵다.

경찰관직무집행법 제10조의4 제1항 에 의하면, 경찰관은 범인의 체포, 도주의 방지, 자기 또는 타인의 생명·신체에 대한 방호, 공무집행에 대한 항거의 억제를 위하여 필요하다고 인정되는 상당한 이유가 있을 때 그 사태를 합리적으로 판단하여 필요한 한도 내에서 무기를 사용할 수 있되, 다만 형법에 규정한 정당방위나 긴급피난에 해당하는 때, 사형·

무기 또는 장기 3년 이상의 징역이나 금고에 해당하는 죄를 범하거나 범하였다고 의심할 만한 충분한 이유가 있는 자가 경찰관의 직무집행에 대하여 항거하거나 도주하려고 할 때 또는 체포, 도주의 방지나 항거의 억제를 위하여 다른 수단이 없다고 인정되는 상당한 이유가 있는 때를 제외하고는 무기 사용으로 인하여 사람에게 위해를 주어서는 안된다고 규정하고 있고, 경찰관의 무기 사용이 위와 같은 요건을 충족하는지 여부는 범죄의 종류, 죄질, 피해법익의 경중, 위해의 급박성, 저항의 강약, 범인과 경찰관의 수, 무기의 종류, 무기 사용의 태양, 주변의 상황 등을 고려하여 사회통념상 상당하다고 평가되는지 여부에 따라 판단하여야 하고, 특히 사람에게 위해를 가할 위험성이 큰 권총의 사용에 있어서는 그 요건을 더욱 엄격하게 판단하여야 할 것임은 원심이 판시하고 있는 바와 같다.

그런데 기록에 의하면, 공소외 1의 처인 공소외 2은 진주경찰서 상대파출소에 찾아가 실내 근무자인 김재웅에게 "남편이 집에서 칼로 아들을 위협하고 있다."고 신고하면서 경찰관의 출동을 요청하여 피고인과 김종하 등 경찰관 2명과 함께 자신의 집인 위 꽃집으로 왔고, 한편 공소외 1은 피고인과 김종하가 위 꽃집으로 출동하기 직전인 2001. 11. 27. 23:20경 진주시 상대동 소재 '한잔드시게' 주점에서 후배인 정정교와 술을 마시던 중 공소외 1이 자신의 처인 공소외 2과 이혼해야 하겠다는 등의 말을 하고 위 정정교가 이혼을 만류하는 등 서로 이야기를 나누다가 공소외 1이 갑자기 맥주병을 깨뜨려 위 정정교의 목을 찔렀고, 신고를 받고 출동한 위 상대파출소 소속 경찰관인 강기수, 유용기가 위 정정교를 병원으로 후송하는 사이에 공소외 1은 위 주점 인근에 있는 자신의 집인 위 꽃집으로 도주한 사실, 그 후 공소외 2은 상대파출소에 찾아와 위에서 본 바와 같은 위급한 상황을 신고하면서 경찰관의 출동을 요청하였고, 본서 상황실의 지원지령에 따라 상대파출소에 도착한 인근 동부파출소 소속 경찰관 피고인과 김종하는 그 곳 근무자인 김재웅으로부터 공소외 1이 술집에서 맥주병을 깨 다른 사람의 목을 찌르고 현재 집으로 도주하여 칼로 아들을 위협하고 있으니 신속하게 출동하여 총은 쏘지 말고 대치만 하고 있으라고 당부하였고, 이에 피고인과 김종하는 순찰차에 공소외 2를 태워 위 꽃집으로 출동한 사실, 한편 공소외 1 가족과 평소 친하게 지내는 소외 심경보는 위 공소외 2가 휴대폰으로 "경보씨, 집에 한번 와 보세요."라는 말을 하고 전화를 끊어버리자 부부싸움을 하는 것으로 생각하고 즉시 위 꽃집으로 달려갔으나 전화를 한 위 공소외 2는 집에 없고 위 공소외 1 혼자서 꽃집 안쪽 끝의 세면장에서 양치질을 하고 있는 것을 보고 그대로 돌아오려고 할 때 피고인과 김종하가 같은 날 23:59경 위 꽃집에 도착한 사실, 이 때 김종하는 권총을 허리에 찬 채 나무막대기를 들고 먼저 들어가고 피고인은 권총을 빼어들고 그 뒤를 따라 꽃집 안으로 들어갔고, 김종하가 꽃집 안으로 들어가면서 위 심경보에게 "어떻게 된 겁니까?"라고 묻는 순간 공소외 1이 위 꽃집 안쪽 세면장에서 나오면서 "당신들 뭐야? 이 밤에 왜 왔어? 빨리 가!"라고 소리를 지르며 김종하와 피고인 쪽으로 달려들었고 위 심경보가 이를 제지하려고 하자 심경보를 간단히 넘어뜨린 후 위 김종하와 몸싸움을 하게 되었는데, 진주시 씨름대회에서 우승할 만큼 건장한 체구의 소유자였던 공소외 1은 이내 김종하로부터 나무막대기를 빼앗고 그를 뒤로 밀어붙여 피고인과 김종하가 거의 동시에 뒤로 넘어진 사실, 이어서 공소외 1은 김종하의 배 위에 올라탄 자세에서 그를 공격하였고 김종하는 공소외 1으로부터 빠져나오기 위하여 발버둥치고 있었으며, 피고인은 뒤로 넘어져 있다가 정신을 차리는 순간 공소외 1이 손으로 김종하의 목을 조이는 등 폭행하고 있는 것을 발견하고 이를 제지하기 위하여 넘어졌다가 일어나 앉은 자세로 공포탄 1발을 발사하여 공소외 1에게 경고를 하였지만 공소외 1은 김종하를 풀어주지 아니한 채 동일한 자세로 몸싸움을 계속한 사실, 이에 피고인은 공소외 1을 향하여 실탄 1발을 발사하였고 그 실탄은 공소외 1의 우측 흉부 하단 제9번 늑간 부위를 관통한 사실, 공소외 1은 총에 맞은 다음 김종하에 대한 압박을 풀고 꽃집 밖으로 나와 복부통증을 호소하면서 쓰러졌는데 나중에 확인하여 보니 공소외 1은 김종하 등과 격투를 할 당시 칼을 소지하지 않고 있었던 사실, 공소외 1은 즉시 병원에 후송되어 입원치료를 받았으나 간파열 등으로 인한 패혈증으로 2001. 12. 3. 사망한 사실을 알 수 있다.

사실관계가 위와 같다면, 상대파출소 근무자인 김재웅으로부터 ' 공소외 1이 술집에서 맥주병을 깨 다른 사람의 목을 찌르고 현재 자기집으로 도주하여 칼로 아들을 위협하고 있다.'는 상황을 고지받고 현장에 도착한 피고인으로서는, 공소외 1이 칼을 소지하고 있는 것으로 믿었고 또 그렇게 믿은 데에 정당한 이유가 있었다고 할 것이므로, 피고인과 김종하가 공소외 1과의 몸싸움에 밀려 함께 넘어진 상태에서 칼을 소지한 것으로 믿고 있었던 공소외 1과 다시 몸싸움을 벌인다는 것은 피고인 자신의 생명 또는 신체에 위해를 가져올 수도 있는 위험한 행동이라고 판단할 수밖에 없을 것이고, 따라서 피고인이 공포탄 1발을 발사하여 경고를 하였음에도 불구하고 공소외 1이 김종하의 몸 위에 올라탄 채 계속하여 김종하를 폭행하고 있었고, 또 그가 언제 소지하고 있었을 칼을 꺼내어 김종하나 피고인을 공격할지 알 수 없다고 피고인이 생각하고 있던 급박한 상황에서 김종하를 구출하기 위하여 공소외 1을 향하여 권총을 발사한 것이므로, 이러한 피고인의 권총 사용이, 경찰관직무집행법 제10조의4 제1항의 허용범위를 벗어난 위법한 행위라거나 피고인에게 업무상과실치사의 죄책을 지울만한 행위라고 선뜻 단정할 수는 없다(다만 민사상으로 공무원인 피고인의 위와 같은 행위에 관하여 국가가 국가배상책임을 질 것인지 여부는 이와 별도의 관점에서 검토되어야 할 것이며, 이 점은 별론으로 한다).

그럼에도 불구하고, 원심은 이와 달리 피고인이 공소외 1을 향하여 실탄을 발사한 행위가 경찰관의 무기 사용의 허용범위를 벗어난 위법행위라고 판단하였으니, 거기에는 경찰관직무집행법 제10조의4 제1항 소정의 경찰관 무기 사용의 허용범위 및 정당방위 등에 관한 법리를 오해하여 판결에 영향을 미친 위법이 있다.

XXI

제11조의2 손실보상

XXI. 제11조의2 손실보상

제11조의2(손실보상) ① 국가는 경찰관의 적법한 직무집행으로 인하여 다음 각 호의 어느 하나에 해당하는 손실을 입은 자에 대하여 정당한 보상을 하여야 한다. 〈개정 2018. 12. 24.〉

1. 손실발생의 원인에 대하여 책임이 없는 자가 생명 · 신체 또는 재산상의 손실을 입은 경우(손실발생의 원인에 대하여 책임이 없는 자가 경찰관의 직무집행에 자발적으로 협조하거나 물건을 제공하여 생명 · 신체 또는 재산상의 손실을 입은 경우를 포함한다)

2. 손실발생의 원인에 대하여 책임이 있는 자가 자신의 책임에 상응하는 정도를 초과하는 생명 · 신체 또는 재산상의 손실을 입은 경우

② 제1항에 따른 보상을 청구할 수 있는 권리는 손실이 있음을 안 날부터 3년, 손실이 발생한 날부터 5년간 행사하지 아니하면 시효의 완성으로 소멸한다.

③ 제1항에 따른 손실보상신청 사건을 심의하기 위하여 손실보상심의위원회를 둔다.

④ 경찰청장, 해양경찰청장, 시 · 도경찰청장 또는 지방해양경찰청장은 제3항의 손실보상심의위원회의 심의 · 의결에 따라 보상금을 지급하고, 거짓 또는 부정한 방법으로 보상금을 받은 사람에 대하여는 해당 보상금을 환수하여야 한다. 〈개정 2018. 12. 24., 2020. 12. 22., 2024. 3. 19.〉

⑤ 보상금이 지급된 경우 손실보상심의위원회는 대통령령으로 정하는 바에 따라 국가경찰위원회 또는 해양경찰위원회에 심사자료와 결과를 보고하여야 한다. 이 경우 국가경찰위원회 또는 해양경찰위원회는 손실보상의 적법성 및 적정성 확인을 위하여 필요한 자료의 제출을 요구할 수 있다. 〈신설 2018. 12. 24., 2020. 12. 22., 2024. 3. 19.〉

⑥ 경찰청장, 해양경찰청장, 시 · 도경찰청장 또는 지방해양경찰청장은 제4항에 따라 보상금을 반환하여야 할 사람이 대통령령으로 정한 기한까지 그 금액을 납부하지 아니한 때에는 국세강제징수의 예에 따라 징수할 수 있다. 〈신설 2018. 12. 24., 2020. 12. 22., 2024. 3. 19.〉

⑦ 제1항에 따른 손실보상의 기준, 보상금액, 지급 절차 및 방법, 제3항에 따른 손실보상심의위원회의 구성 및 운영, 제4항 및 제6항에 따른 환수절차, 그 밖에 손실보상에 관하여 필요한 사항은 대통령령으로 정한다.

1. 손실보상

현행법은 경찰관의 적법한 직무집행으로 인하여 국민이 재산상 손실을 입은 경우 국가가 그 손실을 보상하도록 규정하고 있다. 그런데 생명 또는 신체상 손실을 입은 경우에는 보상의 근거가 없어 국민들이 피해보상을 받는 데 한계가 있다는 지적이 있어 왔고, 손실을 입은 국민은 위법·적법을 가리지 않고 손해배상을 청구할 수밖에 없어 경찰관은 적법한 직무집행을 하고도 사비를 들여 손실을 보상하거나 이에 따른 직무집행에 대한 심리적 위축으로까지 이어지는 사례가 발생하여 이에 대한 보완이 필요하다는 주장이 있어 왔음. 또 보상금 지급절차의 투명성을 보장하기 위한 방안도 필요한 상황이다.

이에 국가가 경찰관의 적법한 직무집행 과정에서 발생한 재산상 손실 외에 생명 또는 신체상의 손실에 대하여도 보상을 하도록 하되, 거짓 또는 부정한 방법으로 보상금을 받은 사람에 대하여는 해당 보상금을 환수하도록 하고, 손실보상심의위원회는 보상금 지급 후 경찰위원회에 정기적으로 보고하게 하며, 경찰청장 또는 지방경찰청장은 보상금을 반환하여야 할 사람이 대통령령으로 정한 기한까지 그 금액을 납부하지 아니한 때에는 국세체납처분의 예에 따라 징수할 수 있도록 함으로써 해당 손실에 대한 국민의 권리구제를 강화함과 동시에 경찰관의 충실한 직무수행 및 투명한 보상금 지급절차가 되도록 하려는 것이다

2. 판례

1) 판례 1

대법원 2017. 11. 9. 선고 2017다228083 판결

【판시사항】

[1] 경찰관에게 부여된 권한의 불행사가 현저하게 불합리하다고 인정되는 경우, 직무상의 의무를 위반한 것으로서 위법한지 여부(적극)

[2] 공무원의 직무상 의무 위반으로 국가 또는 지방자치단체가 배상책임을 지는 경우의 직무상 의무의 내용 및 이때 상당인과관계 유무를 판단하는 기준

[3] 국가가 소속 경찰관의 직무집행상의 과실로 피해자에게 손해를 배상할 책임이 있는 경우, 손해배상의 범위를 판단하는 방법 및 이때 책임감경사유에 관한 사실인정이나 비율을 정하는 것이 사실심의 전권사항인지 여부(원칙적 적극)

[4] 불법행위로 입은 정신적 고통에 대한 위자료 액수 결정이 사실심 법원의 재량사항인지 여부(적극)

[5] 범죄피해자 보호법 제17조 제2항에 규정한 유족구조금의 법적 성격 / 범죄피해자 보호법 제20조, 같은 법 시행령 제16조의 규정 취지 및 국가배상법에 따른 손해배상 급여와 범죄피해자 보호법에서 정한 유족구조금과의 관계

【판결요지】

[1] 경찰은 범죄의 예방, 진압 및 수사와 함께 국민의 생명, 신체 및 재산의 보호 기타 공공의 안녕과 질서유지를 직무로 하고 있고, 직무의 원활한 수행을 위하여 경찰관 직무집행법, 형사소송법 등 관계 법령에 의하여 여러 가지 권한이 부여되어 있으므로, 구체적인 직무를 수행하는 경찰관으로서는 제반 상황에 대응하여 자신에게 부여된 여러 가지 권한을 적절하게 행사하여 필요한 조치를 취할 수 있는 것이고, 그러한 권한은 일반적으로 경찰관의 전문적 판단에 기한 합리적인 재량에 위임되어 있는 것이나, 경찰관에게 권한을 부여한 취지와 목적에 비추어 볼 때 구체적인 사정에 따라 경찰관이 권한을 행사하여 필요한 조치를 취하지 아니하는 것이 현저하게 불합리하다고 인정되는 경우에는 그러한 권한의 불행사는 직무상의 의무를 위반한 것이 되어 위법하게 된다.

[2] 공무원에게 부과된 직무상 의무의 내용이 단순히 공공 일반의 이익을 위한 것이거나 행정기관 내부의 질서를 규율하기 위한 것이 아니고 전적으로 또는 부수적으로 사회구성원 개인의 안전과 이익을 보호하기 위하여 설정된 것이라면, 공무원이 그와 같은 직무상 의무를 위반함으로 인하여 피해자가 입은 손해에 대하여는 상당인과관계가 인정되는 범위 내에서 국가가 배상책임을 진다. 상당인과관계의 유무를 판단할 때에는 일반적인 결과 발생의 개연성은 물론 직무상 의무를 부과하는 법령 기타 행동규범의 목적이나 가해행위의 태양 및 피해의 정도 등을 종합적으로 고려

하여야 한다.

[3] 국가가 소속 경찰관의 직무집행상의 과실로 말미암아 피해자에게 손해를 배상할 책임이 있는 경우에 손해배상의 범위를 정함에 있어서는, 당해 직무집행에서 요구되는 경찰관의 주의의무의 내용과 성격, 당해 경찰관의 주의의무 위반의 경위 및 주의의무 위반행위의 태양, 피해자의 손해 발생 및 확대에 관여된 객관적인 사정이나 정도 등 제반 사정을 참작하여 손해분담의 공평이라는 손해배상제도의 이념에 비추어 손해배상액을 제한할 수 있다. 나아가 책임감경사유에 관한 사실인정이나 비율을 정하는 것은 그것이 형평의 원칙에 비추어 현저히 불합리하다고 인정되지 않는 한 사실심의 전권사항에 속한다.

[4] 불법행위로 입은 정신적 고통에 대한 위자료 액수에 관하여는 사실심 법원이 제반 사정을 참작하여 직권에 속하는 재량에 의하여 이를 확정할 수 있다.

[5] 범죄피해자 보호법에 의한 범죄피해 구조금 중 위 법 제17조 제2항의 유족구조금은 사람의 생명 또는 신체를 해치는 죄에 해당하는 행위로 인하여 사망한 피해자 또는 그 유족들에 대한 손실보상을 목적으로 하는 것으로서, 위 범죄행위로 인한 손실 또는 손해를 전보하기 위하여 지급된다는 점에서 불법행위로 인한 소극적 손해의 배상과 같은 종류의 금원이라고 봄이 타당하다.

한편 범죄피해자 보호법 제20조는 "구조피해자나 유족이 해당 구조대상 범죄피해를 원인으로 하여 국가배상법이나 그 밖의 법령에 따른 급여 등을 받을 수 있는 경우에는 대통령령으로 정하는 바에 따라 구조금을 지급하지 아니한다."라고 규정하고, 범죄피해자 보호법 시행령 제16조는 "법 제16조에 따른 구조피해자(이하 '구조피해자'라 한다) 또는 그 유족이 다음 각 호의 어느 하나에 해당하는 보상 또는 급여 등을 받을 수 있을 때에는 법 제20조에 따라 그 받을 금액의 범위에서 법 제16조에 따른 구조금(이하 '구조금'이라 한다)을 지급하지 아니한다."라고 규정하면서 제1호에서 "국가배상법 제2조 제1항에 따른 손해배상 급여"를 규정하고 있다. 이는 수급권자가 동일한 범죄로 범죄피해자 보호법 소정의 구조금과 국가배상법에 의하여 국가 또는 지방자치단체의 부담으로 되는 같은 종류의 급여를 모두 지급받음으로써 급여가 중복하여 지급되는 것을 방지하기 위한 조정조항이라 할 것이다.

따라서 구조대상 범죄피해를 받은 구조피해자가 사망한 경우, 사망한 구조피해자의 유족들이 국가배상법에 의하여 국가 또는 지방자치단체로부터 사망한 구조피해자의 소극적 손해에 대한 손해배상금을 지급받았다면 지구심의회는 유족들에게 같은 종류의 급여인 유족구조금에서 그 상당액을 공제한 잔액만을 지급하면 되고, 유족들이 지구심의회로부터 범죄피해자 보호법 소정의 유족구조금을 지급받았다면 국가 또는 지방자치단체는 유족들에게 사망한 구조피해자의 소극적 손해액에서 유족들이 지급받은 유족구조금 상당액을 공제한 잔액만을 지급하면 된다고 봄이 타당하다.

【이 유】

1. 상고이유 제1점에 대하여

가. 손해배상책임의 인정 여부에 관한 상고이유 주장에 대한 판단

1) 경찰은 범죄의 예방, 진압 및 수사와 함께 국민의 생명, 신체 및 재산의 보호 기타 공공의 안녕과 질서유지를 직무로 하고 있고, 그 직무의 원활한 수행을 위하여 경찰관 직무집행법, 형사소송법 등 관계 법령에 의하여 여러 가지 권한이 부여되어 있으므로, 구체적인 직무를 수행하는 경찰관으로서는 제반 상황에 대응하여 자신에게 부여된 여러 가지 권한을 적절하게 행사하여 필요한 조치를 취할 수 있는 것이고, 그러한 권한은 일반적으로 경찰관의 전문적 판단에 기한 합리적인 재량에 위임되어 있는 것이나, 경찰관에게 권한을 부여한 취지와 목적에 비추어 볼 때 구체적인 사정에 따라 경찰관이 그 권한을 행사하여 필요한 조치를 취하지 아니하는 것이 현저하게 불합리하다고 인정되는 경우에는 그러한 권한의 불행사는 직무상의 의무를 위반한 것이 되어 위법하게 된다(대법원 1998. 5. 8. 선고 97다54482 판결 등 참조).

공무원에게 부과된 직무상 의무의 내용이 단순히 공공 일반의 이익을 위한 것이거나 행정기관 내부의 질서를 규율하기 위한 것이 아니고 전적으로 또는 부수적으로 사회구성원 개인의 안전과 이익을 보호하기 위하여 설정된 것이라면, 공무원이 그와 같은 직무상 의무를 위반함으로 인하여 피해자가 입은 손해에 대하여는 상당인과관계가 인정되는 범위 내에서 국가가 배상책임을 진다. 상당인과관계의 유무를 판단할 때에는 일반적인 결과 발생의 개연성은 물론 직무상 의무를 부과하는 법령 기타 행동규범의 목적이나 가해행위의

태양 및 피해의 정도 등을 종합적으로 고려하여야 한다(대법원 1993. 2. 12. 선고 91다43466 판결, 대법원 2007. 11. 15. 선고 2007다38618 판결 등 참조).

2) 원심은 제1심판결 이유를 인용하여 판시와 같은 사실을 인정한 다음, 그 판시와 같은 사정에 비추어 보면, 피고 소속 경찰공무원들이 이 사건 신고를 이전의 다른 신고와 동일한 것으로 오인하여 이 사건 신고 시각으로부터 24분이 지나도록 아무런 조치를 취하지 아니한 것은 과실로 인하여 현저히 불합리하게 공무를 처리함으로써 직무상의 의무를 위반한 경우에 해당하고, 이와 같은 직무상의 의무 위반과 피해자에 대한 살인사건 사이에는 상당인과관계가 인정되며, 해당 경찰공무원들에게는 살인사건 발생에 관한 예견가능성도 있었다고 판단하였다.

원심이 인용한 제1심판결 이유를 기록에 비추어 살펴보면 그 이유 설시에 다소 미흡한 면이 있으나, 피고에 대하여 손해배상책임을 인정한 원심의 결론은 앞서 본 법리에 기한 것으로서 정당하고, 거기에 상고이유 주장과 같이 국가배상책임에 있어 과실로 인한 직무상 의무 위반, 상당인과관계 및 예견가능성에 관한 법리를 오해하고 필요한 심리를 다하지 아니하거나 판단을 누락하는 등의 위법이 없다.

나. 책임의 제한과 위자료 산정에 관한 상고이유 주장에 대한 판단

1) 국가가 그 소속 경찰관의 직무집행상의 과실로 말미암아 피해자에게 손해를 배상할 책임이 있는 경우에 그 손해배상의 범위를 정함에 있어서는, 당해 직무집행에서 요구되는 경찰관의 주의의무의 내용과 성격, 당해 경찰관의 주의의무 위반의 경위 및 주의의무 위반행위의 태양, 피해자의 손해 발생 및 확대에 관여된 객관적인 사정이나 그 정도 등 제반 사정을 참작하여 손해분담의 공평이라는 손해배상제도의 이념에 비추어 그 손해배상액을 제한할 수 있다. 나아가 책임감경사유에 관한 사실인정이나 그 비율을 정하는 것은 그것이 형평의 원칙에 비추어 현저히 불합리하다고 인정되지 않는 한 사실심의 전권사항에 속한다(대법원 2016. 4. 15. 선고 2013다20427 판결 등 참조).

위 법리와 기록에 비추어 살펴보면, 피고의 책임감경사유에 관한 원심이 인용한 제1심의 사실인정이나 피고의 책임감경비율에 관한 원심의 판단이 형평의 원칙에 비추어 현저

히 불합리하다고 볼 수 없으므로, 거기에 상고이유 주장과 같이 책임 제한에 관한 법리를 오해하거나 필요한 심리를 다하지 아니하고 판단을 누락하는 등의 위법이 없다.

2) 나아가 불법행위로 입은 정신적 고통에 대한 위자료 액수에 관하여는 사실심 법원이 제반 사정을 참작하여 그 직권에 속하는 재량에 의하여 이를 확정할 수 있다(대법원 1999. 4. 23. 선고 98다41377 판결 등 참조).

원심은 제1심판결을 인용하여, 살인사건의 발생 경위, 원고들의 신분 관계, 그 밖에 이 사건에 나타난 제반 사정을 참작하여 위자료 액수를 확정하고 있는바, 기록에 비추어 살펴보면 원심이 산정한 위자료 액수는 타당하고, 거기에 상고이유 주장과 같이 위자료 산정에 관한 법리를 오해하거나 필요한 심리를 다하지 아니하는 등의 위법이 없다.

2. 상고이유 제2점에 대하여

가. 범죄피해자 보호법에 의한 범죄피해 구조금 중 위 법 제17조 제2항의 유족구조금은 사람의 생명 또는 신체를 해치는 죄에 해당하는 행위로 인하여 사망한 피해자 또는 그 유족들에 대한 손실보상을 목적으로 하는 것으로서, 위 범죄행위로 인한 손실 또는 손해를 전보하기 위하여 지급된다는 점에서 불법행위로 인한 소극적 손해의 배상과 같은 종류의 금원이라고 봄이 타당하다.

한편 범죄피해자 보호법 제20조는 "구조피해자나 유족이 해당 구조대상 범죄피해를 원인으로 하여 국가배상법이나 그 밖의 법령에 따른 급여 등을 받을 수 있는 경우에는 대통령령으로 정하는 바에 따라 구조금을 지급하지 아니한다."라고 규정하고, 범죄피해자 보호법 시행령 제16조는 "법 제16조에 따른 구조피해자(이하 '구조피해자'라 한다) 또는 그 유족이 다음 각 호의 어느 하나에 해당하는 보상 또는 급여 등을 받을 수 있을 때에는 법 제20조에 따라 그 받을 금액의 범위에서 법 제16조에 따른 구조금(이하 '구조금'이라 한다)을 지급하지 아니한다."라고 규정하면서 제1호에서 "국가배상법 제2조 제1항에 따른 손해배상 급여"를 규정하고 있다. 이는 수급권자가 동일한 범죄로 범죄피해자 보호법 소정의 구조금과 국가배상법에 의하여 국가 또는 지방자치단체의 부담으로 되는 같은 종류의 급여를 모두 지급받음으로써 급여가 중복하여 지급되는 것을 방지하기 위한 조정조항이라 할 것이다.

따라서 구조대상 범죄피해를 받은 구조피해자가 사망한 경우, 사망한 구조피해자의 유족들이 국가배상법에 의하여 국가 또는 지방자치단체로부터 사망한 구조피해자의 소극적 손해에 대한 손해배상금을 지급받았다면 지구심의회는 그 유족들에게 같은 종류의 급여인 유족구조금에서 그 상당액을 공제한 잔액만을 지급하면 되고, 그 유족들이 지구심의회로부터 범죄피해자 보호법 소정의 유족구조금을 지급받았다면 국가 또는 지방자치단체는 그 유족들에게 사망한 구조피해자의 소극적 손해액에서 유족들이 지급받은 유족구조금 상당액을 공제한 잔액만을 지급하면 된다고 봄이 타당하다.

나. 원심이 적법하게 채택하여 조사한 증거에 의하면, 피고는 피해자가 사망한 이후인 2015. 12. 2. 피해자의 자녀들인 원고 3, 원고 4에게 범죄피해자 보호법 제17조의 유족구조금으로 52,545,380원을 지급한 사실을 알 수 있다.

이러한 사실관계를 앞서 본 법리에 비추어 살펴보면, 피해자의 사망으로 인하여 피고가 위 원고들에게 지급하여야 할 손해배상액을 산정함에 있어 위 원고들이 지급받은 유족구조금은 피해자의 소극적 손해액에서 이를 공제하여야 할 것이다.

그럼에도 이와 달리 위 원고들이 지급받은 유족구조금을 손해배상액에서 공제하여야 한다는 피고의 주장을 배척한 원심의 판단에는 범죄피해자 보호법 소정의 유족구조금과 손해배상청구권과의 관계 및 범죄피해자 보호법 제20조, 같은 법 시행령 제16조에 관한 법리를 오해하여 판결 결과에 영향을 미친 위법이 있다

XXII

제11조의3 범인검거 등 공로자보상

XXⅡ. 제11조의3 범인검거 등 공로자보상

제11조의3(범인검거 등 공로자 보상) ① 경찰청장, 해양경찰청장, 시 · 도경찰청장, 지방해양경찰청장, 경찰서장 또는 해양경찰서장(이하 이 조에서 "경찰청장등"이라 한다)은 다음 각 호의 어느 하나에 해당하는 사람에게 보상금을 지급할 수 있다.

1. 범인 또는 범인의 소재를 신고하여 검거하게 한 사람

2. 범인을 검거하여 경찰공무원에게 인도한 사람

3. 테러범죄의 예방활동에 현저한 공로가 있는 사람

4. 그 밖에 제1호부터 제3호까지의 규정에 준하는 사람으로서 대통령령으로 정하는 사람

② 경찰청장등은 제1항에 따른 보상금 지급의 심사를 위하여 대통령령으로 정하는 바에 따라 각각 보상금심사위원회를 설치 · 운영하여야 한다. 〈개정 2020. 12. 22., 2024. 3. 19.〉

③ 제2항에 따른 보상금심사위원회는 위원장 1명을 포함한 5명 이내의 위원으로 구성한다.

④ 제2항에 따른 보상금심사위원회의 위원은 소속 경찰공무원 중에서 경찰청장등이 임명한다. 〈개정 2020. 12. 22., 2024. 3. 19.〉

⑤ 경찰청장등은 제2항에 따른 보상금심사위원회의 심사 · 의결에 따라 보상금을 지급하고, 거짓 또는 부정한 방법으로 보상금을 받은 사람에 대하여는 해당 보상금을 환수한다. 〈개정 2020. 12. 22., 2024. 3. 19.〉

⑥ 경찰청장등은 제5항에 따라 보상금을 반환하여야 할 사람이 대통령령으로 정한 기한까지 그 금액을 납부하지 아니한 때에는 국세강제징수의 예에 따라 징수할 수 있다. 〈개정 2018. 12. 24., 2020. 12. 22., 2024. 3. 19.〉

⑦ 제1항에 따른 보상 대상, 보상금의 지급 기준 및 절차, 제2항 및 제3항에 따른 보상금심사위원회의 구성 및 심사사항, 제5항 및 제6항에 따른 환수절차, 그 밖에 보상금 지급에 관하여 필요한 사항은 대통령령으로 정한다.

1. 보상금

현행법은 경찰관의 적법한 직무집행으로 인하여 국민이 재산상 손실을 입은 경우 국가가 그 손실을 보상하도록 규정하고 있다.

그런데 생명 또는 신체상 손실을 입은 경우에는 보상의 근거가 없어 국민들이 피해보상을 받는 데 한계가 있다는 지적이 있어 왔고, 손실을 입은 국민은 위법·적법을 가리지 않고 손해배상을 청구할 수밖에 없어 경찰관은 적법한 직무집행을 하고도 사비를 들여 손실을 보상하거나 이에 따른 직무집행에 대한 심리적 위축으로까지 이어지는 사례가 발생하여 이에 대한 보완이 필요하다는 주장이 있어 왔다. 또 보상금 지급절차의 투명성을 보장하기 위한 방안도 필요한 상황이다.

이에 국가가 경찰관의 적법한 직무집행 과정에서 발생한 재산상 손실 외에 생명 또는 신체상의 손실에 대하여도 보상을 하도록 하되, 거짓 또는 부정한 방법으로 보상금을 받은 사람에 대하여는 해당 보상금을 환수하도록 하고, 손실보상심의위원회는 보상금 지급 후 경찰위원회에 정기적으로 보고하게 하며, 경찰청장 또는 지방경찰청장은 보상금을 반환하여야 할 사람이 대통령령으로 정한 기한까지 그 금액을 납부하지 아니한 때에는 국세 체납처분의 예에 따라 징수할 수 있도록 함으로써 해당 손실에 대한 국민의 권리구제를 강화함과 동시에 경찰관의 충실한 직무수행 및 투명한 보상금 지급절차가 되도록 하려는 것이다.

2. 판례

1) 판례 1

대법원 2014. 5. 29. 선고 2012도14295 판결

【판시사항】

[1] 금품수수 여부가 쟁점인 사건에서 금품수수자로 지목된 피고인이 수수사실을 부인하고 있고 이를 뒷받침할 객관적 물증이 없는 경우, 금품제공자의 진술만으로 유죄를 인정하기 위한 요건 및 금품제공자로 지목된 피고인이 제공사실을 부인하고 있고 이를 뒷받침할 객관적 물증이 없는 경우, 금품수수자의 진술만으로 유죄를 인정하는 경우에도 같은 법리가 적용되는지 여부(적극)

[2] 자백의 신빙성 유무를 판단하는 기준

【이 유】

상고이유(상고이유서 제출기간이 지난 후에 제출된 서면의 기재는 상고이유를 보충하는 범위 내에서)를 판단한다.

1. 원심판결 이유를 본다.

이 사건 공소사실 중 유죄가 된 부분(이하 '이 부분 공소사실'이라고 한다)의 요지는 "피고인이 공소외 1 농업협동조합(이하 '공소외 1 조합'이라고 한다) 조합장으로 당선될 목적으로, 2010. 2. 초순경 충남 금산군 (주소 1 생략)에 있는 공소외 1 조합 조합원 공소외 2의 집에서 공소외 2에게 '조합장 한 번 더 하려고 하니 좀 도와 달라'고 말하면서 40만 원을 교부하고, 기부행위 금지기간인 2010. 9. 중순경 충남 금산군 (주소 2 생략)에 있는 피고인 사업장 사무실에서 공소외 2에게 '나 좀 도와줘'라고 말하면서 30만 원을 교부하였다"는 것이다.

원심은 그 판시와 같은 이유로, 공소외 2의 진술이 핵심적인 점에서 일관되고, 공소외 2가 피고인으로부터 금품을 제공받은 일자에 관하여 정확히 기억하지 못하였다고 하더라도 시간의 경과와 공소외 2의 기억력 수준 등을 감안하면 공소외 2가 특정한 날짜를 전후하여 피고인으로부터 돈을 교부받았다고 봄이 자연스러워 그 진술의 신빙성을 인정할 수 있다고 전제한 다음, 여기에 피고인이 이 부분 공소사실과 관련하여 처음으로 조사를 받은 날 저녁에 공소외 2를 만나 이 사건에 관한 대화를 시도한 점, 피고인이 제1심에서 보석청구를 하면서 자백하였던 점을 더하면, 이 부분 공소사실이 충분히 입증되었다고 판단하였다.

이에 따라 원심은 이 부분 공소사실을 유죄로 인정한 제1심판결을 유지하였다.

2. 원심의 위와 같은 판단은 받아들일 수 없다.

(1) 원심과 제1심이 이 부분 공소사실을 유죄로 인정한 주된 증거는 공소외 2의 진술과 피고인이 제1심에서 보석청구를 하면서 이 부분 공소사실을 인정한 후 제1회 공판

기일에서 한 자백이다.

(2) 기록에 의하면, 공소외 2의 진술 및 피고인의 자백과 관련하여 다음과 같은 사실을 알 수 있다.

즉, ① 공소외 2는 2010. 11. 8. 공소외 1 조합 조합장 선거의 관리를 위탁받은 ○○군 선거관리위원회에 피고인으로부터 2회에 걸쳐 70만 원을 제공받았다고 제보하면서, '2010. 2. 설을 4~5일 앞두고 피고인으로부터 집에 있느냐는 확인 전화를 받은 다음 자신의 집에서 매제이자 공소외 1 조합 조합원인 공소외 3과 20만 원씩 나눠 쓰라는 취지로 40만 원을 받았고, 추석 4일 전인 2010. 9. 18. 12:00경 처와 함께 점심식사를 하려는데 피고인 사무실로 오라는 전화를 받고 피고인 사무실로 가니 피고인이 주머니에서 5만 원권 6장을 꺼내 봉투에 담지 않은 채로 자신에게 주면서, 공소외 3 및 자신과 같은 마을에 사는 공소외 1 조합 조합원인 공소외 4와 10만 원씩 나눠 쓰라고 말하였는데, 선거문화 정착을 위해 피고인으로부터 받은 돈을 사용하지 않고 보관하였다가 제보하는 것'이라고 진술하면서 위 선거관리위원회에 5만 원권 14장을 증거로 제출하였다. ② 공소외 2는 제보 다음날인 2010. 11. 9. 위 선거관리위원회를 찾아가 전날 증거로 제출한 70만 원이 가지를 팔아 번 돈이라며 반환을 요구하였다. ③ 공소외 2는 그 후 경찰에서 조사받으면서는 40만 원을 받은 날을 2010. 2. 9. 또는 10일로, 30만 원을 받은 날을 2010. 9. 17.로 바꾸고, '피고인이 40만 원은 바지 아랫주머니에서, 30만 원은 지갑에서 꺼내어 주었다'고 진술하였다. ④ 그 후 검찰에서 조사를 받으면서 공소외 2는, '피고인이 2010. 2.에는 주머니에서 5만 원권 뭉치를 꺼내어 8장을 세어서, 2010. 9.에는 주머니에서 5만 원권을 많이 꺼내더니 6장을 세어서 주었고, 부정한 돈이라 선거관리위원회에 제보해야겠다는 마음을 먹고 있어 피고인으로부터 받은 돈을 공소외 3이나 공소외 4에 전달하지 않고 보관하다가, 급한 일에 쓰고는 선거관리위원회에 신고할 때에 계좌에서 현금을 인출하여 70만 원을 제출하였다'고 진술을 번복하였는데, 공소외 2가 자신의 계좌에서 2010. 11. 5. 30만 원을, 제보 당일인 2010. 11. 8. 40만 원을 인출한 사실이 확인되었고, 2010. 11. 5.은 공소외 1 조합 조합장 후보자등록이 시작된 날이다. ⑤ 피고인이 사용하는 집 전화, 사무실 전화, 피고인 명의 및 공소외 5 명의의 휴대전화 통화내역을 조회한 결과, 피고인이 2010년 설 무렵에는 2. 4.에, 2010년 추석 무렵에는 9. 14.에 각 2회씩 공소외 2와 통화하였고, 9. 14. 통화시각은 17:05과 17:26이며, 그 외에는 2010년 설과 추석을 전후하여 공소외 2와 통화한 사실이 없는 것으로 확인되었다. ⑥ 피고인은 수사기관에서 공소외 2에게 금품을 제공한 것을 일관되게 부인하고 공소외 2의 진술을 일일이 다투다가, 2011. 5. 3. 이 부분 공소사실 등으로 구속되고 2011. 6. 7. 보석허가청구서를 제출하면서 사실관계에 대한 구체적인 해명 없이 이 부분 공소사실 및 2010. 9. 중순경 충남 금산군 금산읍에 있는 을지병원에서 공소외 1 조합 조합원 공소외 6에게 20만원을 교부하였다는 공소사실(이하 '공소외 6 관련 공소사실'이라고 한다)을 인정한다고 하였고, 2011. 6. 10. 제1심 제1회 공판기일에서 위 각 공소사실을 전부 인정하였다. ⑦ 피고인은 보석이 허가되어 석방된 이후 구속으로 인한 공황상태에 빠져 허위 자백을 하였던 것이라고 주장하면서 다시 위 각 공소사실을 모두 부인하고, 검사가 제출한 증거들의 증거능력과 증명력을 다투었다. ⑧ 공소외 6 관련 공소사실은 2010. 9. 중순경 공소외 6의 시어머니가 을지병원에 입원해 있던 중에 피고인이 위 병원으로 병문안을 와 20만 원을 주고 갔다는 공소외 6의 진술에 터잡은 것인데, 제1심법원의 을지병원에 대한 사실조회 결과 공소외 6의 시어머니가 2010. 9. 28.에 비로소 위 병원에 입원한 사실이 확인되었고, 그 후 공소외 6이 제1심법원에 증인으로 출석하여 2010. 7월 또는 8월경에 피고인의 집에서 피고인으로부터 20만 원을 받았다고 진술을 번복하자, 검사는 공소외 6 관련 공소사실을 피고인이 2010. 8.경 피고인의 집에서 공소외 6에게 20만 원을 주었다는 것으로 변경하였다. ⑨ 제1심법원은 위와 같이 변경된 공소외 6 관련 공소사실에 대하여 무죄를 선고하였고, 이에 대한 검사의 항소가 기각되어 무죄판결이 확정되었다. ⑩ 공소외 2는 제1심법원에서 피고인이 40만 원은 아랫주머니에서 꺼내어 세어서, 30만 원은 지갑에서 돈을 꺼내어 세어서 주었고, 위 40만 원과 30만 원을 언제, 어떤 용도로 썼는지는 기억이 나지 않는다고 증언하였고, 2010. 11. 17. 조합장 선거에서 아예 투표를 하지 않았다고 증언하였다가 투표에 참가하여 피고인의 경쟁후보인 공소외 7에게 투표하였다고 번복하였다. ⑪ 공소외 1 조합은 2010. 6. 18. 이사회를 개최하여 2010. 11. 17. 실시 예정인 조합장 선거에서 선거범죄를 신고하여 선거관리위원회에서 조사·확인한 경우 지급기준에 따라 1,000만 원의 범위 내에서 포상금을 지급하기로 의결하였고, 공소외 2는 이 사건 제보 전에 이 사실을 알고 있었다.

(3) 금품수수 여부가 쟁점이 된 사건에서 금품수수자로 지목된 피고인이 수수사실을 부인하고 있고 이를 뒷받침할 금융자료 등 객관적 물증이 없는 경우 금품을 제공하였다는 사람의 진술만으로 유죄를 인정하기 위해서는 그 진술이 증거능력이 있어야 하는 것은 물론 합리적인 의심을 배제할 만한 신빙성이 있어야 하고, 신빙성이 있는지 여부를 판단할 때에는 진술 내용 자체의 합리성, 객관적 상당성, 전후의 일관

성뿐만 아니라 그의 인간됨, 그 진술로 얻게 되는 이해관계 유무 등도 아울러 살펴보아야 한다(대법원 2011. 4. 28. 선고 2010도14487 판결 참조). 그리고 이러한 이치는 피고인의 금품제공 여부가 쟁점이 된 사건에서 금품제공자로 지목된 피고인이 제공사실을 부인하고 있고 이를 뒷받침할 금융자료 등 객관적 물증이 없는 경우 금품을 제공받았다는 사람의 진술만으로 유죄를 인정하는 경우에도 마찬가지로 적용된다.

앞서 본 사실관계와 기록에 의하면 다음과 같은 사정을 알 수 있다.

즉, ① 금품을 제공받은 일시에 관하여, 공소외 2가 특정한 일자는 피고인과의 통화내역이 확인되어 금품 제공이 이루어졌을 가능성이 있는 일자인 2010. 2. 4. 및 2010. 9. 14.과 2010. 2.의 경우 5일 내지 6일, 2010. 9.의 경우 3일 내지 5일의 차이가 있고, 2010. 9. 14. 통화가 이루어진 시각도 공소외 2가 피고인의 전화를 받았다는 12:00경과는 상당한 차이가 있는 17:00 이후로 밝혀졌는데, 공소외 2가 피고인으로부터 받았다는 돈을 공소외 3이나 공소외 4에 전달하지 않은 이유가 '부정한 돈이라 선거관리위원회에 제보해야겠다는 마음을 먹고 있었기 때문'이라고 하면서도 이처럼 금품을 제공받았다는 일시를 제대로 기억하지 못하는 것은 납득하기 어렵다. 특히 2010. 9. 중순은 공소외 2가 이 사건에 관하여 처음으로 진술한 2010. 11. 8.로부터 두 달이 채 안 되어 앞서 본 일시의 오류가 시간의 경과에 따른 기억력의 한계에서 비롯된 것이라고 보기도 어렵다. ② 금품을 제공받은 방법에 관하여, 우연히 마주친 피고인으로부터 받았다는 것이 아니라 일부러 공소외 2의 집을 찾아오거나, 그의 사무실로 불러낸 피고인으로부터 받았다면서도 피고인이 아무런 사전 준비 없이 바지 주머니나 지갑에서 돈을 꺼내어 센 다음 봉투에 담지도 않고 내주었다는 것은 조합장 선거에서 지지를 부탁하며 40만 원 또는 30만 원에 이르는 현금을 제공하는 방법으로는 이례적일 뿐 아니라, 공소외 2가 진술할 때마다 피고인이 돈을 지갑에서 꺼낸 것인지 주머니에서 꺼낸 것인지에 관한 진술을 번복하는 등 이 부분 관련 진술에 일관성도 없다. ③ 피고인으로부터 받았다는 돈의 보관 또는 사용 여부에 관하여, 공소외 2가 당초에는 이를 보관하였다가 선거관리위원회에 제출하는 것이라고 허위 진술을 하였을 뿐 아니라, 피고인으로부터 돈을 받아 사용하였다고 진술을 번복한 후에는 그 사용시기와 사용처에 관하여 기억이 나지 않는다고 진술하였는데, 공소외 3, 4 등 다른 조합원에게 전달하도록 부탁받았다는 돈까지 사용하였다면서 그 사용처마저 기억하지 못하는 것도 쉽사리 납득하기 어렵다. ④ 공소외 2는 법정에 나와 위증의 벌을 경고받고 선서를 한 후에 증언하면서도 2010. 11. 17. 조합장 선거 투표 참여 여부와 같이 쉽게 확인이 가능한 사항에 대하여 허위 진술을 하는 등 신뢰할 수 없는 모습을 보였다. ⑤ 공소외 1 조합이 선거범죄를 제보한 자에게 포상금을 지급하기로 하였고, 공소외 2가 이를 알고 있는 상황에서 이 사건 조합장 선거 관리 일정에 맞추어 자신의 계좌에서 70만 원을 인출하여 증거로 제출하고, 그 다음날 증거물로 제출한 돈의 반환을 구한 것을 보면, 공소외 2가 선거관리위원회에 제보한 주목적은 포상금을 받는 데 있을 개연성이 있고, 이를 위하여 허위 진술을 하였을 가능성을 배제할 수 없다.

이러한 사정과 앞서 본 법리에 의하여 살펴보면, 공소외 2의 진술은 신빙성을 인정하기 어렵다.

(4) 자백의 신빙성 유무를 판단할 때에는 자백의 진술내용 자체가 객관적으로 합리성을 띠고 있는지, 자백의 동기나 이유는 무엇이며, 자백에 이르게 된 경위는 어떠한지, 그리고 자백 외의 정황증거 중 자백과 저촉되거나 모순되는 것은 없는지 등 여러 사정을 고려하여 판단하여야 한다(대법원 2013. 11. 14. 선고 2013도10277 판결 참조).

그런데 기록에 의하면 다음과 같은 사정을 알 수 있다.

즉, ① 이 부분 공소사실을 부인하며 공소외 2의 진술 내용을 일일이 다투던 피고인이 구속된 상태에서 제1심 제1회 공판기일을 앞두고 2011. 6. 7. 보석청구서에서 돌연 범행을 인정하고, 이어 2011. 6. 10. 제1심 제1회 공판기일과 동시에 이루어진 보석심문기일에서 범행을 자백하여, 위 심문 당일 보석이 허가되었는데, 보석 허가 후 다시 공소사실을 하나하나 다툰 것으로 보아 피고인의 위 자백에는 자백할 경우 보석이 허가될 것이라는 기대가 크게 작용하였다고 볼 수밖에 없다. ② 피고인의 위 자백에는 2010. 9. 초순에 당시 피고인이나 공소외 6이 가 있을 이유조차 없는 을지병원에서 공소외 6에게 20만 원을 제공하였다는 취지까지 포함되어 있고, 그 후 변경된 공소외 6 관련 공소사실에 대하여 무죄판결이 확정되었다. ③ 피고인은 위와 같이 일시적으로 자백을 하면서 공소외 2에게 금품을 제공한 구체적인 경위에 대하여는 전혀 밝히지 아니하였다.

이러한 사정과 앞서 본 법리에 의하여 살펴보면, 피고인이 제1심 제1회 공판기일에서

한 자백은 신빙성을 인정할 수 없다.

(5) 형사재판에서 공소가 제기된 범죄사실을 증명할 책임은 검사에게 있고, 범죄사실의 인정은 법관이 합리적인 의심을 할 여지가 없을 정도로 진실한 것이라는 확신을 가지게 하는 증명력을 가진 증거에 의하여야 하므로(형사소송법 제307조 제2항), 그와 같은 증거가 없다면 설령 피고인에게 범죄의 의심이 간다고 하더라도 피고인의 이익으로 판단할 수밖에 없다(대법원 1991. 8. 13. 선고 91도1385 판결 참조).

앞서 본 대로 원심과 제1심이 이 부분 공소사실을 유죄로 인정한 주된 증거인 공소외 2의 진술과 피고인의 자백은 신빙할 수 없고, 나머지 증거들은 이 부분 공소사실이 합리적인 의심 없이 진실한 것이라는 확신을 가지게 하기에 부족하므로, 설령 공소외 1 조합 조합장 선거 출마를 준비 중이던 피고인이 명절을 앞두고 조합원인 공소외 2를 만나 조합장 선거에서 지지해 줄 것을 부탁하며 공소외 2에게 금품을 제공하였다는 의심이 간다고 하더라도, 앞서 본 법리에 따라 피고인의 이익으로 판단하여야 한다.

(6) 따라서, 원심판결에는 경험과 논리의 법칙을 위반하여 자유심증주의의 한계를 벗어나 사실을 인정하고, 형사재판에서 증명 정도와 증명책임에 관한 법리를 오해하여 판결에 영향을 미친 위법이 있다.

2) 판례 2

서울고법 2005. 5. 13. 선고 2004노2238 판결

【판시사항】

교통업무를 담당하는 경찰관이, 자신의 처가 가입한 인터넷 다단계 판매회사가 부도난 후 그 비상대책위원회에서 회사공금을 횡령하고 도주한 사람에 대한 소재파악에 도움을 주면 포상금을 지급하겠다는 공고를 하자, 자신의 경찰관 근무경험과 동료 경찰관으로부터 지득한 정보를 활용하여 도주자의 체포에 조력함으로써 위 비상대책위원회로부터 포상금을 지급받은 행위가 뇌물죄를 구성하지 않는다고 한 사례

【판결요지】

교통업무를 담당하는 경찰관이, 자신의 처가 가입한 인터넷 다단계 판매회사가 부도난 후 그 비상대책위원회에서 회사공금을 횡령하고 도주한 사람에 대한 소재파악에 도움을 주면 포상금을 지급하겠다는 공고를 하자, 자신의 경찰관 근무경험과 동료 경찰관으로부터 지득한 정보를 활용하여 도주자의 체포에 조력함으로써 위 비상대책위원회로부터 포상금을 지급받은 경우, 피고인의 조력행위는 포상금을 타기 위한 순수한 사적 행위로서 피고인의 직무행위로서의 외관조차 갖추었다고 볼 수 없다 할 것이고, 따라서 피고인이 이러한 직무상 지득하게 된 정보와 경험, 지식을 부당하게 사용하여 직무 외에서 공무와 관계없는 업무수행 대가로 돈을 지급받았다 하여 그로써 피고인의 공무수행에 대한 사회적 신뢰나 직무행위의 공정성을 해할 우려가 있는 뇌물성의 금품을 수수하였다고 할 수는 없다고 보아 뇌물죄의 성립을 부정한 사례.

【이 유】

1. 항소이유의 요지

가. 사실오인 내지 법리오해

(1) 공동체포미수의 점

피고인은 2003. 3. 12. 13:00경 영주시에 있는 동산아파트 부근 초등학교 앞에서 공소외 1을 만나 피해자의 아들을 찾아내어 뒤를 따라가 14:00경 위 아파트 106동으로 들어가는 것을 확인한 후 인근 중국음식점에서 자장면 2그릇을 포장하여 돌아 왔는데, 그 때 공소외 1과 피해자가 카니발 승용차 앞에서 승강이를 벌이고 있었으며, 피고인은 그 후 출동한 영주경찰서 남부파출소 경찰관들과 함께 순찰차를 타고 파출소로 갔다가 다시 서울로 올라왔을 뿐이고 공소외 1의 행위에 가담하여 카니발 승용차 안에서 피해자의 팔을 잡아당겨 그를 체포하려고 한 사실이 없음에도, 원심은 사실을 오인하여 이 부분 공소사실을 유죄로 인정하는 위법을 범하였다.

(2) 특정범죄가중처벌등에관한법률위반(뇌물)의 점

피고인이 공소외 2 주식회사의 비상대책위원회로부터 받은 2,000만 원은 경찰관의 직무집행에 관하여 제공된 뇌물이 아니라 단순한 사적 행위에 대한 대가라고 해야 함에도 원심은 사실을 오인하거나 뇌물에 관한 법리를 오해하여 이 부분 공소사실을 유죄로 인정하는 위법을 범하였다.

나. 양형부당

이 사건 여러 양형조건에 비추어 보면 피고인에 대한 원심판결의 선고형량은 너무 무거워서 부당하다.

2. 판 단

가. 공동체포미수의 점

(1) 원심의 판단

피해자는 경찰에서 최초 진술시 공소외 1과 공소외 3이 자신을 카니발 승용차에 강제로 태우려고 하였고(수사기록 136쪽), 이어서 공소외 3이 차 안에서 공소외 1과 합세하여 자신을 강제로 태우려고 하였다(수사기록 143쪽)는 취지로 진술하였다가, 공소외 1과 대질조사를 받으면서 공소외 1의 일행인 사람은 소극적으로 행동하였기 때문에 자신에게 피해를 준 바가 없다는 취지로 진술하였으나(수사기록 190 ~ 191쪽), 다시 이 법정에서 피고인이 차 안에서 자신의 팔을 잡아당겼다고 진술하였는바, 공소외 3이 같은 날 17:00 경에야 영주시에 도착하였다는 취지의 공소외 3의 수사기관에서의 진술(수사기록 37쪽 및 222쪽)에 비추어 피해자는 최초 진술시 피고인을 공소외 3으로 착각하여 진술한 것으로 보이고, 피해자의 진술이 다소 엇갈리기는 하나 피고인이 당시 그 현장에서 공소외 1을 도와 자신을 체포하려 하였다는 취지로 일관되게 진술하고 있고, 범행 직후에 이루어진 피해자의 최초 진술들이 비교적 상세하고 구체적인 점 등에 비추어 피고인이 공소외 1의 행위에 가담하여 카니발 승용차 안에서 승용차에 타지 않으려는 위 피해자의 팔을 수회 잡아당겼던 사실을 인정할 수 있다.

(2) 당심의 판단

폭력행위등처벌에관한법률 제2조 제2항의 '2인 이상이 공동하여 제1항의 죄를 범한 때'라고 함은 그 수인 간에 소위 공범관계가 존재하는 것을 요건으로 하고, 수인이 동일 장소에서 동일 기회에 상호 다른 자의 범행을 인식하고 이를 이용하여 범행을 한 경우임을 요한다(대법원 2000. 2. 25. 선고 99도4305 판결).

원심이 적법하게 채택하여 조사한 증거에 의하면, 피고인의 처는 인터넷 다단계 판매회사인 공소외 2 주식회사에 자신과 피고인, 그리고 두 아이들 이름으로 회원으로 가입하였으나 위 회사가 부도나 버렸고, 이를 수습하기 위해 결성된 제1차 비상대책위원회 운영위원들마저 회사 돈을 횡령하여 도망가는 사태가 벌어져 피고인은 5,000만 원을 잃게 된 사실, 이에 피고인은 하루라도 빨리 회사자금을 횡령한 사람들을 찾으려는 생각을 하고 있던 중 제3차 비상대책위원회 위원인 공소외 1에게 피해자의 아들이 영주에서 학교에 다니고 있으니 그 아들을 찾아 뒤따라 가면 피해자의 행방을 알 수 있을 것이라고 조언하였고, 이어 2003. 3. 12. 10:00경 공소외 1로부터 위 피해자의 아들을 찾았으니 도와 달라는 전화연락을 받고 영주시로 공소외 1과 같이 내려간 사실, 영주시에서 피고인은 피해자의 아들을 뒤쫓아 피해자의 소재를 파악한 뒤 그의 거주지인 동산아파트 부근에서 기다리고 있다가 피해자를 붙잡아 강제로 카니발 승용차에 태우려는 공소외 1을 옆에서 도와주었으나 피해자의 신고를 받고 출동한 경찰관들로 인해 위 승용차에 태우지 못하게 된 사실을 인정할 수 있는바, 위 인정 사실과 같이 피고인이 공소외 1과 상호의사 연락하에 피해자를 붙잡기로 하고 피해자의 거주지인 동산아파트 부근에서 공소외 1이 피해자를 강제로 승용차에 태우려는 것을 인식하고 이를 도와준 이상 위 공소외 1과 공동하여 피해자를 체포하려다 미수에 그쳤다고 할 것이다. 따라서 위와 결론을 같이 한 원심 판단에 사실오인의 위법이 있다고 할 수 없으므로 이 부분에 관한 피고인의 주장은 이유 없다.

나. 특정범죄가중처벌등에관한법률위반(뇌물)의 점

공무원이 직무와 관계없이 개인적 노력에 대한 대가로 보수를 받았다면 비록 직무집행 중 획득한 지식과 기능을 악용하여 권한을 남용하였다고 하더라도 그 보수는 공무수행의 대가가 아니므로 뇌물이 될 수 없다고 할 것이다(예컨대, 대법원 1980. 2. 26. 선고 79도31 판결, 1984. 4. 10. 선고 82도766 판결 등 참조).

원심이 적법하게 채택하여 조사한 증거 및 당심 증인 공소외 3, 공소외 4, 공소외 5의 각 진술에 의하면, 피고인은 광명경찰서 소속 경사로 2002. 7.경부터 2004. 1.경까지 위 경찰서 경비교통과 (이하 부서 생략)에 근무한 사실, 피고인의 처 공소외 6은 인터넷 다단계 판매회사인 공소외 2 주식회사의 분당지사장으로 있던 오빠 공소외 1의 소개로 자신과 피고인 그리고 두 아이들 이름으로 위 회사에 회원으로 가입하여 위 회사로부터 많은 전자제품과 생필품을 구입하였고 피고인의 형과 여동생 등에게도 소개해 회원으로 가입하게 했으나 2003. 1.경 위 회사가 부도나는 바람에 공소외 6과 피고인은 5,000만 원의 신용카드 빚을 지게 되고 나머지 형제자매들도 손해를 보게 된 사실, 그에 따라 신용카드 회사로부터 매월 180만 원 정도의 신용카드이용 대금을 청구받게 된 피고인은 생활비조차 부족한 형편에 적금을 해약하고 보유하고 있던 승용차를 팔아 신용카드 이용대금을 변제하거나 퇴직금을 담보로 대출을 받아 다시 신용카드 빚을 변제하는 등으로 경제적으로 매우 어려운 상황에 처하게 된 사실, 그런데 위 회사가 부도나면서 그 수습을 위해 결성된 제1차 비상대책위원회의 운영위원 일부가 회사 공금을 횡령하여 도주하자 다시 그 지사장 및 회원들이 제2차 비상대책위원회를 구성한 후, 이어 구성된 제3차 비상대책위원회는 2003. 2. 중순경 피해자 등 공금을 횡령한 운영위원들을 붙잡아다가 회사 돈을 회수해서 지사장 및 회원들에게 나누어 주어야 한다며 "도망간 사람들의 소재를 파악하는데 도움을 준 사람에게 금 2,000만 원과 회수한 돈의 10%를 포상금으로 지급하자."고 결의하고 이러한 포상금 지급 결의사항을 위 회사 인터넷 홈페이지에 게시한 사실, 피고인은 위 비상대책위원회 위원인 처남 공소외 1로부터 위와 같은 포상금지급에 관한 이야기를 듣고 공소외 1의 안내를 받아 제3차 비상대책위원회 운영위원인 공소외 7로부터 회사 공금을 횡령한 사람들에 대한 인적사항이 기록된 문서를 받아 피해자 등이 수배되어 있는지를 확인하기 위하여 광명경찰서 수사과 내 종합조회처리실에 근무하는 의경 공소외 8를 통하여 피해자 등 도망간 운영위원들에 대한 주민등록전산자료와 지명수배조회자료를 수회 출력한 사실, 피고인은 피해자가 회원으로 가입시킨 사람들의 명단에 의해 그의 친인척 여러 명이 경북 영주시에 거주하고 있는 것을 확인하고 그에 의해 피해자의 아들이 경북 영주시에 있는 초등학교로 전학 갔을지도 모르니 그 아들을 찾아 뒤따라 가면 피해자의 행방을 알 수 있을 것이라고 공소외 1에게 조언해준 사실, 이어 피고인은 2003. 3. 12. 10:00경 공소외 1로부터 피해자의 아들을 찾았으니 도와 달라는 전화연락을 받고 위 비상대책위원회 위원장 공소외 4, 운영위원 공소외 1, 공소외 3, 공소외 5 등과 함께 경북 영주시에서 피해자를 붙잡아 서울로 데려 온 사실, 당시 공소외 1은 위 비상대책위원회 운영위원들에게 피고인이 피해자의 소재를 파악해 주어서 피해자를 붙잡게 되었다고 그 경위를 설명해 준 사실, 그로부터 이틀 후쯤 위 비상대책위원회는 피해자를 붙잡아 회사 돈 2억 8,000만 원을 회수할 수 있도록 공헌한 피고인에게 이미 결의한 바대로 포상금을 지급하기로 결정하여 피고인의 처인 공소외 6의 예금계좌로 같은 달 14. 2,000만 원을 송금하고 같은 달 17. 피해자로부터 회수한 돈의 10% 가량인 2,080만 원을 송금한 사실을 인정할 수 있다.

위 인정 사실과 같이 광명경찰서 경비교통과에 근무하는 피고인이 위 경찰서 수사과내 종합조회처리실에 근무하는 의경 공소외 8 등에게 부탁하여 피해자에 대한 주민등록 전산조회나 지명수배조회를 하여 알게 된 사실과 그 간의 수사경험에 의해 피해자의 아들 소재지를 찾아 피해자를 추적하도록 공소외 2 주식회사 비상대책위원이자 자신의 처남인 공소외 1에게 조언하고 그 대가로 금품을 지급받았다고 하더라도, 피고인은 광명경찰서 교통업무담당자로서 직무상 개인정보를 취급하는 지위에 있지 않았던 점, 단지 경찰관으로 근무한 경험과 같은 경찰서 근무 의경 등으로부터 지득한 정보를 활용하여 공소외 1에게 피해자의 소재를 추적하는 방법을 조언하고 나아가 피해자를 체포하도록 도와 비상대책위원회가 회사자금을 회수할 수 있도록 한 점 등에 비추어 피고인의 피해자 체포에의 조력행위는 포상금을 타기 위한 순수한 사적행위로서 피고인의 직무행위로서의 외관조차 갖추었다고 볼 수 없다 할 것이고, 따라서 피고인이 이러한 직무상 지득하게 된 정보와 경험, 지식을 부당하게 사용하여 직무 외에서 공무와 관계없는 업무수행 대가로 위 비상대책위원회로부터 2,000만 원을 지급받았다 하여 그로써 피고인의 공무수행에 대한 사회적 신뢰나 직무행위의 공정성을 해할 우려가 있는 뇌물성의 금품을 수수하였다고 할 수는 없다 할 것이다.

그러므로 피고인이 위 돈 2,000만 원을 지급받아 직무에 관하여 뇌물을 수수하였다고 인정한 원심은 사실을 오인하거나 뇌물 내지 뇌물죄에 있어서의 직무관련성에 관한 법리를 오해한 위법을 범하였다고 할 것이다. 따라서 이 부분에 관한 피고인의 주장은 이유 있다.

3) 판례 3

대구지법 2007. 7. 11. 선고 2007고합229 판결

【판시사항】

[1] 공직선거법 제113조 제1항에 의하여 금지되는 후보자 등의 기부행위가 선거관련성을 요하는지 여부(소극)

[2] 지방자치단체장이 장차 실시될 지방의회 의원 재선거 등을 의식하여 선거에 영향력을 가지는 전·현직 당직자들의 과태료를 대납한 행위 및 대납받은 행위가 공직선거법 위반죄에 해당한다고 한 사례

【판결요지】

[1] 공직선거법 전체가 부정선거를 방지하기 위한 목적으로 만들어진 것이기는 하나(공직선거법 제1조), 공직선거법 제113조 제1항은 국회의원, 지방의회의원, 지방자치단체의 장, 정당의 대표자, 후보자와 그 배우자의 경우에는 그 신분 자체가 정치인이거나 정치와 밀접한 관계가 있는 사람으로서 모든 기부행위에 대해서 선거관련성이 있다고 보아 일체의 기부행위를 금지하고 있으므로, 그에 따라 문언과 같이 선거관련성을 요구하지 않고 있는 것으로 봄이 상당하다.

[2] 지방자치단체장이 장차 실시될 지방의회 의원 재선거 등을 의식하여 선거에 영향력을 가지는 전·현직 당직자들의 과태료를 대납한 행위 및 대납받은 행위가 공직선거법 위반죄에 해당한다고 한 사례.

【이 유】

1. 쟁 점

검사의 기소요지는, 대구광역시 서구청장인 피고인 1은 피고인 2와 공모하여 기부행위를 하고(법정형 : 5년 이하의 징역 또는 1천만 원 이하의 벌금), 피고인 2는 피고인 1에게

위 기부행위를 권유하는 행위(법정형 : 5년 이하의 징역 또는 1천만 원 이하의 벌금) 및 피고인 1과 공모하여 선거에 관하여 후보자를 위하여 기부행위(법정형 : 5년 이하의 징역 또는 1천만 원 이하의 벌금)를 하고, 피고인 3, 5는 대구광역시 서구청장인 피고인 1로부터 기부를 받고(법정형 : 3년 이하의 징역 또는 500만 원 이하의 벌금), 피고인 4, 6, 7, 8은 피고인 2로부터 기부를 받았다(법정형 : 3년 이하의 징역 또는 500만 원 이하의 벌금)는 것이다.

이에 대하여 피고인 1은 과태료 대납이 선거와 아무런 관련성이 없고 공무원의 선거중립의무에 위반되지 않으므로 처벌될 수 없다, 피고인 2는 피고인 1에게 과태료 대납을 권유한 적이 없으며, 이 사건 과태료 대납이 선거와는 무관하다, 피고인 3은 과태료 대납을 누가 한 것인지 몰랐다, 피고인 5는 과태료 대납을 요구한 적이 없다, 피고인 4, 6, 7, 8은 피고인 1이 과태료를 대납한 사실을 몰랐고(피고인 4 제외), 선거관련성도 없다고 각 주장하면서 다투고 있다.

따라서 이 사건의 쟁점은 피고인 1의 기부행위가 공직선거법 위반인지 여부, 피고인 2가 피고인 1에게 기부행위를 권유했는지, 그 기부행위가 선거관련성이 있는지 여부, 피고인 3이 피고인 1의 과태료 대납 사실을 알고 있었는지 여부, 피고인 5가 피고인 1에게 과태료 대납을 요구한 적이 있는지 여부, 피고인 4, 6, 7, 8이 기부받은 행위가 선거관련성이 있는지 여부 등을 밝힌 후, 공소사실이 유죄로 증명된 경우 법정형의 범위 내에서 적정하게 선고형을 정하는 것이다.

2. 엄격하게 증명된 범죄사실 등

가. 피고인들의 자격 등

(1) 피고인 1은 1981.경 민주정의당 대구광역시 중·서구 지구당 운영위원으로 정치활동을 시작하여 1990. 2.경부터 민주자유당 대구광역시 서구 비산5동 협의회장을 맡았다가 1991년 및 1995년 각 실시된 지방선거에서 대구광역시 서구의원에 각 당선되었고, 2002. 6. 13. 실시된 제3회 전국동시지방선거 및 2006. 5. 31. 실시된 제4회 전국동시지방선거에서 한나라당 후보로 출마하여 대구광역시 서구청장에 각 당선된 후 현재까지 근무하고 있으며, 1995.경부터 2004. 3.경까지 신한국당

및 한나라당 대구광역시 서구 지구당 수석부위원장을 역임한 후 현재 한나라당 대구광역시 서구 당원협의회 운영위원을 맡고 있다.

(2) 피고인 2는 한나라당 대구광역시 서구 당원협의회 사무국장으로서 평소 서구 내 동별로 임명한 협의회장·총무·여성회장·청년회장 등 당직자들과 연락을 유지하면서 직급별 회의를 주재하는 등의 방법으로 당원 조직을 관리하고, 각종 선거에 임하여서는 당직자들로 하여금 한나라당 후보의 유세에 많은 인원을 동원하도록 지시하고 주변 선거구민들에게 한나라당 후보를 홍보하도록 교육하는 등 적극적인 선거운동을 독려하는 역할을 담당하고 있다.

(3) 피고인 3은 1990년대 초부터 2002. 6. 13. 실시된 지방선거 직후까지 10여 년 동안 민주자유당, 신한국당, 한나라당으로 당명이 변경되는 가운데 대구광역시 서구 평리1동 당원협의회 총무로 활동하였고 현재 한국자유총연맹 대구시지회 서구지부 평리1동 지도위원장이다.

(4) 피고인 4는 1995.경부터 2006. 3.경까지 약 11년 동안 신한국당 및 한나라당 대구광역시 서구 비산7동 당원협의회 총무로 활동하였다.

(5) 피고인 5는 1992. 3. 24. 실시된 제14대 국회의원 선거 직전 민주자유당 대구광역시 서구을 지구당에 입당하여 대구광역시 서구 평리1동 관리장을 맡은 이래 지역장을 거쳐 2002. 6. 13. 실시된 제3회 전국동시지방선거 직후부터 2006. 7.경까지 약 4년 동안 같은 동 한나라당 당원협의회 총무로 활동하였다.

(6) 피고인 6은 1997.경 한나라당에 입당한 후 2003년경부터 현재까지 대구광역시 서구 비산1동 당원협의회 총무로 활동하였다.

(7) 피고인 7은 1998.경부터 2002.경까지 같은 구 평리3동 한나라당 당원협의회 총무로 활동하였고 2006. 5. 31. 실시된 제4회 전국 동시지방선거에서 한나라당 후보로 출마하여 대구광역시 서구의원에 당선된 공소외 1의 선거사무장을 맡았다.

(8) 피고인 8은 1988.경 민주정의당에 입당하여 같은 구 비산6동 당원협의회 총무를 14년 동안 맡았다가 2002년부터 현재까지 같은 동 한나라당 당원협의회 회장으로

활동하고 있다.

나. 범죄사실

(1) 피고인 1, 2는, 2006. 5. 31. 실시된 제4회 전국동시지방선거에서 대구광역시 서구청장 한나라당 후보 공천을 희망한 공소외 2가 공천절차인 당내경선에서의 지지도를 높이고자 2005. 9.경 추석선물을 빙자하여 참치 세트 및 김 세트를 서구 지역 한나라당 전·현직 당직자 57명에게 제공한 사실과 관련하여, 당시 공소외 2와 서구청장 공천을 경쟁하고 있던 피고인 1의 비서실장인 공소외 3이 2005. 12. 초순경 위와 같은 물품 제공을 대구시 선거관리위원회(이하 '대구 선관위'라고 한다.)에 신고하여, 공소외 2는 2006. 11. 9. 공직선거법 위반죄로 벌금 2,000,000원의 판결이 확정됨으로써 대구광역시 의원직을 상실하고, 위와 같이 물품을 제공받은 당직자들은 2005. 12.경부터 대구 선관위 또는 대구지방검찰청에 소환되어 그 공직선거법 위반 혐의에 관하여 조사받고, 그 중 18명에게 2006. 5. 23.경 대구 선관위로부터 최고 10,000,000원에서 최저 550,000원의 과태료가 각 부과되자, 그 무렵부터 과태료를 부과받은 당직자들은 피고인 1도 위 신고에 관여한 것으로 간주하면서 그로 하여금 과태료를 대납하게 하는 등의 방법으로 당 차원에서 해결하여야 한다고 주장하여 왔고, 위 18명은 물론, 그 밖의 당직자들까지도 같은 당원을 신고한 사실에 실망하고 서로 불신한 나머지 당직을 그만두는 등 당 조직을 이탈하려는 움직임을 보였으며, 특히 그와 같은 사유로 위 5. 31. 지방선거에서 당직자들의 선거운동이 종전의 선거에 비하여 뚜렷이 저조하였고, 이로 인하여 피고인 1 등 한나라당 후보들이 대구·경북의 다른 지역에 비하여 낮은 득표율을 기록하는 등 대구광역시 서구 지역의 한나라당 조직이 급속히 약화되어 가던 중, 공소외 2의 시의원직 상실에 따라 2007. 4. 25. 대구광역시 서구 제2선거구(비산 1 내지 7동, 평리 1·3동, 원대동)에서 실시되는 대구시의원 재선거는 2007. 12. 19. 실시되는 제17대 대통령 선거와 2008. 4. 9. 실시되는 제18대 국회의원 선거가 임박하여 그 중요성이 매우 큼에도 불구하고 2007. 2. 말경 한나라당 후보로 공천이 내정된 공소외 4보다 무소속 후보인 공소외 5의 인지도가 앞서 공소외 4의 당선이 불투명한 상황에서, 과태료를 부과받은 당직자 중 13명에게 2007. 3. 중순경 대구지방검찰청으로부터 과태료 납부명령서가 송달되기에 이르자, 이를 당직자 개인으로 하여금 납부하도록 내버려둘 경우 당직자 전체가 한나라당과 피고인 1에 대하여 반감을 품은

채 공소외 4 후보를 위한 선거운동에 동참하지 않음은 물론, 곧이어 치러질 대통령 선거 및 국회의원 선거에서도 협조를 기대할 수 없고, 피고인 1로서는 위와 같은 당직자들의 원성 속에 당 조직 분열에 가장 큰 원인을 제공한 자로 지목받고 있어 재선거에서 공소외 4가 낙선할 경우 당내에서 비난의 표적이 될 뿐만 아니라 앞으로 여타 선거에서도 당원들의 지지를 기대하기 어려운 입장에 있었으며, 무소속 후보가 당선될 경우 한나라당 소속 구청장과의 협력관계를 기대하기 어려워 구정에 지장을 가져올 것으로 걱정하던 중, 그 과태료를 대납하여 줌으로써 당직자들의 불만을 무마하기로 마음먹고,

(가) 피고인 2는, 누구든지 지방자치단체장에게 기부행위를 권유할 수 없음에도 불구하고, 2007. 3. 중순경 대구 서구 평리1동에 있는 국회의원 공소외 6 사무소에서, 과태료 납부명령서를 송달받은 당직자 13명에게 각 납부명령서를 가져오라고 연락하여 이를 취합한 다음, 대구광역시 서구청장 비서실장인 공소외 7을 통하여 위와 같이 과태료 납부명령서가 송달된 사실을 알리면서 "청장님께서 내주시면 좋겠다."라고 과태료를 대납할 자금을 달라는 취지의 말을 피고인 1에게 전하도록 함으로써 지방자치단체장에게 기부행위(금전·물품 기타 재산상 이익의 제공, 이익제공의 의사표시 또는 그 제공을 약속하는 행위)를 권유하고,

(나) 대구광역시 서구청장인 피고인 1은, 피고인 2와 순차 공모하여, 지방자치단체장은 기부행위를 할 수 없음에도 불구하고, 피고인 2로부터 위와 같이 과태료 대납을 위한 자금의 제공을 부탁받자, 2007. 3. 26.경 대구광역시 서구청 내 구청장실에서, 비서실장인 공소외 7로 하여금 처형인 공소외 8 및 공소외 3에게 부탁하여 마련한 현금 3,550만 원을 피고인 2에게 전달하도록 지시하고, 피고인 2는 위 돈을 전달받아 같은 날 대구지방검찰청 민원실에서, 피고인 3에게 과태료 대납금 명목으로 현금 1,000만 원을 제공한 것을 비롯하여 별지 범죄일람표 기재와 같이 당해 선거구 안에 있는 한나라당 대구광역시 서구 지역 전·현직 당직자 12명에게 같은 명목으로 합계 3,540만 원을 각 교부하고, 한나라당 소속 대구광역시 서구 의원으로서 현재 평리3동 협의회장인 공소외 1에게 부과된 과태료 가액에 해당하는 90만 원을 추후 지급하기로 공소외 1과 약속함으로써, 지방자치단체장으로서 각 금전·물품 기타 재산상 이익의 제공, 이익제공의 의사표시 또는 그 제공을 약속하는 행위인 기부행위를 하고,

(다) 피고인 2는, 누구든지 선거에 관하여 후보자 또는 그 소속 정당을 위하여 기부행위를 할 수 없음에도 불구하고, 위 '(1)의 (나)' 기재 일시, 장소에서, 위 2007. 4. 25. 대구광역시 의원 재선거에 관하여 공소외 4를 위하여 위 '(1)의 (나)'와 같이 각 금전·물품 기타 재산상 이익의 제공, 이익제공의 의사표시 또는 그 제공을 약속하는 행위인 기부행위를 하였다.

(2) 피고인 3은, 누구든지 지방자치단체장으로부터 기부를 받을 수 없음에도 불구하고, 2005. 9. 15.경 대구 서구 평리1동 806-55에 있는 자신의 주거지에서 공소외 2로부터 김 세트 10개 시가 180,000원 상당을 교부받은 다음, 그러한 공직선거법 위반 혐의에 관하여 조사를 시작한 대구 선관위로부터 2005. 12. 13.경부터 2006. 1. 4.경까지 4회에 걸친 출석요구를 받고도 이에 불응하였고, 2006. 5. 말경 대구 선관위로부터 공직선거법 위반 행위에 대한 과태료 9,000,000원과 출석 불응에 대한 과태료 1,000,000원, 합계 10,000,000원의 과태료고지서를 송달받자, 2006. 6. 초순경 불상지에서 대구광역시 서구청장 비서실에서 근무하고 있던 공소외 3에게 전화하여 피고인 1로 하여금 과태료를 대납하도록 하라는 취지로 "과태료는 당신네가 해결하라."라고 말하여 지방자치단체장인 피고인 1에게 공소외 3을 통하여 기부행위를 요구하고, 2007. 3. 중순경 대구지방검찰청으로부터 과태료 합계 10,000,000원의 납부명령서를 송달받은 후, 같은 달 26.경 대구지방검찰청 주차장에서 피고인 2를 통하여 피고인 1로부터 10,000,000원을 수수함으로써 기부받았다.

(3) 피고인 5는, 누구든지 지방자치단체장으로부터 기부를 받을 수 없음에도 불구하고, 2005. 9. 15.경 대구 서구 평리1동 1048-2에 있는 자신의 주거지에서 공소외 2로부터 김 세트 8개 시가 144,000원 상당을 교부받은 다음, 그러한 공직선거법 위반행위와 관련하여 대구 선관위로부터 2006. 5. 말경 과태료 7,200,000원의 고지서를 송달받자, 2006. 6. 초순경 불상지에서 공소외 3에게 전화하여 피고인 1로 하여금 과태료를 대납하도록 하라는 취지로 "과태료는 윤 청장이 해결해야 안 되겠나." 라고 말하여 지방자치단체장인 피고인 1에게 공소외 3을 통하여 기부행위를 요구하고, 2007. 3. 중순경 대구지방검찰청으로부터 과태료 7,200,000원의 납부명령서를 송달받은 후, 같은 달 20.경 국회의원 공소외 6 사무소에서 피고인 2에게 납부명령서를 전달하고, 같은 달 26.경 대구 서구 평리1동에 있는 평상새마을금고에서 피고인 2를 통하여 피고인 1로부터 받은 7,200,000원으로 자신의 과태료를 납

부함으로써 지방자치단체장으로부터 같은 액수 상당의 돈을 기부받았다.

(4) 피고인 4, 6, 7, 8은, 2005. 9. 15.경 자신들의 각 주거지에서, 공소외 2로부터 김 세트(1개당 시가 18,000원 상당)를 피고인 4가 9개, 피고인 6이 3개, 피고인 7이 2개, 피고인 8이 1개씩 각 교부받았고, 그러한 공직선거법 위반행위에 관하여는 대구 선관위로부터 2006. 5. 말경 피고인 4는 과태료 8,100,000원, 피고인 6은 과태료 2,700,000원, 피고인 7은 과태료 1,800,000원, 피고인 8은 과태료 900,000원을 각 부과받자, 위와 같은 선관위 신고와 과태료부과에 따른 불만으로 대구광역시 서구 지역 한나라당 당직자들의 조직력이 급격히 약화된 사실, 그 영향으로 제4회 전국동시지방선거 당시 당직자들의 선거운동이 종전 선거에 비하여 뚜렷이 저조하였던 사실, 위 대구광역시 의원 재선거에서 위와 같은 사유로 한나라당 후보 공소외 4의 당선이 불투명한 사실, 위 재선거의 중요성이 매우 크다는 사실, 피고인 2로서는 위와 같이 과태료를 부과받은 당직자들의 불만을 무마하지 않고는 위 재선거에서 당직자들의 협조를 기대하기 어렵다는 사실을 잘 알고 있던 중, 누구든지 선거에 관하여 기부를 받을 수 없음에도 불구하고,

(가) 피고인 4는, 2007. 3. 중순경 대구 서구 비산7동 1274-3에 있는 자신의 주거지에서, 대구지방검찰청으로부터 과태료 납부명령서를 송달받자, 그 과태료를 대납하여 달라는 취지로 납부명령서를 국회의원 공소외 6 사무소에서 피고인 2에게 전달한 다음, 같은 달 26.경 비산7동 새마을금고에서, 그 무렵 피고인 4에게 수회에 걸쳐 "이번에 비산7동에 일할 사람이 없으니 좀 도와 달라."라고 재선거에서 공소외 4의 당선을 위하여 선거운동을 도와달라고 부탁한 피고인 2로 하여금 자신에게 부과된 과태료 8,100,000원을 대납하게 함으로써 선거에 관하여 같은 액수만큼의 돈을 기부받고,

(나) 피고인 6은, 2007. 3. 중순경 대구 서구 비산1동 588-24에 있는 자신의 주거지에서, 대구지방검찰청으로부터 과태료 납부명령서를 송달받자, 그 과태료를 대납하여 달라는 취지로 납부명령서를 국회의원 공소외 6 사무소에서 피고인 2에게 전달한 다음, 같은 달 26.경 대구 서구 비산6동 서대구새마을금고에서, 그 무렵 피고인 6에게 수회에 걸쳐 재선거에서 공소외 4의 당선을 위하여 선거운동을 도와달라고 부탁한 피고인 2로 하여금 자신에게 부과된 과태료 2,700,000원을 대납하게 함으

로써 선거에 관하여 같은 액수만큼의 돈을 기부받고,

(다) 피고인 7은, 2007. 3. 중순경 대구 서구 평리3동 1041-19에 있는 자신의 주거지에서, 대구지방검찰청으로부터 과태료 납부명령서를 송달받자, 그 과태료를 대납하여 달라는 취지로 납부명령서를 국회의원 공소외 6 사무소에서 피고인 2에게 전달한 다음, 같은 달 26.경 같은 동에 있는 대구은행 대평리지점에서, 그 무렵 피고인 7에게 수회에 걸쳐 재선거에서 공소외 4의 당선을 위하여 선거운동을 도와달라고 부탁한 피고인 2로 하여금 자신에게 부과된 과태료 1,800,000원을 대납하게 함으로써 선거에 관하여 같은 액수만큼의 돈을 기부받고,

(라) 피고인 8은, 2007. 3. 중순경 대구 서구 비산6동 448-4에 있는 자신의 직장에서, 대구지방검찰청으로부터 과태료 납부명령서를 송달받자, 그 과태료를 대납하여 달라는 취지로 납부명령서를 국회의원 공소외 6 사무소에서 피고인 2에게 전달한 다음, 2007. 3. 26.경 위 서대구새마을금고에서, 그 무렵 피고인 8에게 수회에 걸쳐 재선거에서 공소외 4의 당선을 위하여 선거운동을 도와달라고 부탁한 피고인 2로 하여금 자신에게 부과된 과태료 900,000원을 대납하게 함으로써 선거에 관하여 같은 액수만큼의 돈을 기부받았다.

다. 피고인들의 주장에 관한 판단

(1) 피고인 1 및 그 변호인은 공직선거법 제113조 제1항은 그 제정취지가 부정선거를 방지하기 위한 목적으로 만들어진 것이고 조문 내에도 기부금지대상을 당해 선거구안에 있는 사람으로 제한한 점 등을 들어 공무원의 선거중립의무 위반을 요건으로 하는데, 피고인 1의 과태료 대납행위는 선거와 무관하므로 처벌할 수 없다는 취지로 주장한다.

살피건대, 공직선거법 전체가 부정선거를 방지하기 위한 목적으로 만들어진 것이기는 하나(공직선거법 제1조), 공직선거법 제113조 제1항의 취지는 국회의원, 지방의회의원, 지방자치단체의 장, 정당의 대표자, 후보자와 그 배우자의 경우에는 그 신분 자체가 정치인이거나 정치와 밀접한 관계가 있는 사람이므로 모든 기부행위에 대해서 선거관련성이 있다고 보아 일체의 기부행위를 금지하고 있으며, 그에 따라 문언과 같이 선거관련성을

요구하지 않고 있는 것으로 봄이 상당하다.

따라서 피고인 1의 이 사건 과태료 대납행위가 선거와 관련이 있는지 여부나 선거중립 의무에 위반되었는지 여부는 이 사건 범행의 성립에 영향을 주지 않으므로 더 나아가 살필 필요 없이 위 주장은 받아들이지 아니한다.

(2) 피고인 2, 4, 6, 7, 8 및 그 변호인들은 위 피고인들의 기부행위 또는 기부를 받은 행위가 선거와 관련이 없다고 주장한다.

살피건대, 공직선거법 제113조에서 규정하는 '선거에 관하여'라 함은 '선거운동을 위하여', '선거운동을 목적으로', '선거에 영향을 미치기 위하여'와는 달리 당해 선거를 위한 선거운동이 되지 아니하더라도 당해 선거를 동기로 하거나 빌미로 하는 등 당해 선거와 관련이 있으면 족한바(대법원 1996. 6. 14. 선고 96도405 판결, 2005. 3. 25. 선고 2004도5298 판결 등 참조), '제3항' 기재 증거에 의하면, 다음의 간접사실을 인정할 수 있고, 이러한 간접사실에 비추어 보면 위 피고인들이 이 사건 과태료 대납으로 기부행위를 하거나 기부를 받은 행위가 2007. 4. 25. 대구광역시 서구 제2선거구(비산 1 내지 7동, 평리 1·3동, 원대동)에서 실시된 대구시의원 재선거와 관련이 있다는 점을 인정할 수 있다.

XXⅢ

제11조의4 소송지원

XXⅢ. 제11조의4 소송지원

제11조의4(소송 지원) 경찰청장과 해양경찰청장은 경찰관이 제2조 각 호에 따른 직무의 수행으로 인하여 민·형사상 책임과 관련된 소송을 수행할 경우 변호인 선임 등 소송 수행에 필요한 지원을 할 수 있다.

1. 소송지원

경찰관과 소방관은 직무 특성상 국민의 생명·신체 및 재산을 보호하기 위해 불가피하게 물리력을 사용하게 되고, 그 과정에서 사상이나 재산상 손해가 발생하여 해당 경찰관 또는 소방관이 민·형사상 소송에 휘말리는 경우가 있다. 그러나 소방관은 「소방기본법」에 소송지원의 법적 근거가 있는 반면, 경찰관의 경우 법률에 소송지원 근거 규정이 없다. 이에 경찰관이 직무를 안정적으로 수행할 수 있도록 직무수행으로 인하여 민·형사상 책임과 관련된 소송을 수행할 경우 경찰청장과 해양경찰청장이 소송수행에 필요한 지원을 할 수 있도록 법적 근거를 마련하려는 것이다.

2. 판례

1) 판례 1

대법원 2012. 1. 27. 선고 2010두16028 판결

【판시사항】

군 입대 전 별다른 정신질환이 없었던 갑이 군복무 중 정신분열증이 발병한 사안에서, 갑의 정신분열증은 군복무 중 새로운 환경에 제대로 적응하지 못한 상태에서 받은 감내하지 못할 정도의 스트레스로 정신질환적 소인이 악화되어 비로소 발병하였다고 추단함이 상당하다는 이유로, 이와 달리 본 원심판결에 갑의 질병과 교육훈련 또는 직무수행 사이의 상당인과관계에 관한 법리를 오해한 위법이 있다고 한 사례

【이 유】

상고이유를 판단한다.

1. 국가유공자 등 예우 및 지원에 관한 법률 제4조 제1항 제6호(공상군경)에서 말하는 '교육훈련 또는 직무수행 중 상이(공무상의 질병을 포함한다)'라 함은 군인 또는 경찰공무원이 교육훈련 또는 직무수행 중 부상하거나 질병에 걸리는 것을 뜻한다. 그러므로 위 규정이 정한 상이가 되기 위하여서는 교육훈련 또는 직무수행과 그 부상·질병 사이에 상당인과관계가 있어야 하고, 그 직무수행 등과 부상 등 사이의 인과관계에 관하여는 이를 주장하는 측에서 증명을 하여야 한다(대법원 2003. 9. 23. 선고 2003두5617 판결 등 참조). 그러나 그 인과관계는 반드시 의학적·자연과학적으로 명백히 증명하여야 하는 것은 아니고 제반사정을 고려할 때 교육훈련 또는 직무수행과 그 부상·질병 사이에 상당인과관계가 있다고 추단되는 경우에도 그 증명이 있다고 보아야 하고, 또한 평소에 정상적인 근무가 가능한 기초질병이나 기존질병이 훈련 또는 직무의 과중 등이 원인이 되어 자연적인 진행속도 이상으로 급격하게 악화된 때에도 그 증명이 있는 경우에 포함되는 것이며, 교육훈련 또는 직무수행과 그 부상·질병과의 인과관계의 유무는 보통의 평균인이 아니라 당해 군인 등의 건강과 신체조건을 기준으로 판단하여야 한다(대법원 2001. 7. 27. 선고 2000두4538 판결 등 참조).

2. 원심은, 그 채택 증거들에 의하여 판시와 같은 사실을 인정한 다음, 원고의 정신분열증은 원고의 체질적·유전적 소인 등으로 인하여 발병하거나 악화된 것으로 보일 뿐 원고의 정신분열증이 군복무 중 공무와 관련하여 발병되었거나 자연적 경과 이상으로 악화되었다고 추단하기 어려워 원고의 군 복무와 정신분열증 사이의 상당인과관계를 인정할 수 없다고 판단하였다.

그런데 원심이 적법하게 확정한 사실 및 기록에 의하면, 원고는 1963. 6. 21.생으로서 고교 졸업 후 신체검사를 받고 정신과적으로 아무런 문제가 없어 현역입영대상자로 분류되어 1984. 3. 19. 군에 입대한 사실, 원고는 1984. 7. 19. 제2공병여단 1505 중대에 배치되어 운전병으로 근무하였는데 1984. 11.경 근무시간을 잘못 알고 늦게 들어왔다는 이유 등으로 선임병에게 구타를 당한 후 1984. 12. 17. 국군춘천병원에 '신경증'으로 입원하였고 당시 간호기록지에는 '약간 횡설수설하고 바보같은 웃음을 보인다'는 기록이 남아 있는 사실, 국군춘천병원에서는 원고의 증세를 '불안장애'로 추정하면서 보다 전문적이고 장기적인 치료를 위해 국군원주병원 정신과로 호송하였고, 당시 간호기록지에는 "훈련 중 머리가 아프고 흐려졌으며, 근무시간을 잘못 알아 고참이 제대할 때 나가서 술 먹고 연병장에 있던 차에서 잠을 잤다는 이유로 고참들에게 맞았다. 술 먹고 집에 전화하여 부모님이 와서 입원시켜 주었다. 군기가 세서 불안하다."는 원고의 진술내용과 약간 횡설수설하며 질문에 대답을 기피하는 원고의 태도가 관찰된 내용이 기재되어 있는 사실, 국군원주병원에서는 원고가 신경정신과적으로 별다른 문제가 없다고 판단하여 1985. 2. 11. 원고를 퇴원시켰으나, 원고는 부대로 돌아간 뒤에도 자대 의무실에 2주간 있다가 다시 '불안, 초조 증상'으로 1985. 3. 7. 국군춘천병원을 거쳐 1985. 3. 15. 국군원주병원 정신과에 입원한 사실, 당시 원고가 작성한 진술서를 보면 최초 입원 당시와는 달리 전후 문맥이 맞지 않고 논리가 없을 뿐만 아니라 횡설수설하여 이해하기 어려운 내용이 많아졌으며, 간호기록지에도 원고와 거의 대화가 되지 않고 매우 불안해 하며 병실생활을 힘들어 하고 두통을 호소하고 있음이 관찰되었는데, 국군원주병원은 불과 약 10일만인 1985. 3. 25. 별다른 치료도 없이 원고의 증상을 꾀병으로 판단하여 퇴원조치를 내린 사실, 원고는 이후 특별한 정신과적 치료를 받지 못한 채 군복무를 계속하다가 1986. 1. 초순경부터 교육시간에 갑자기 손을 들고 집에 가야겠다는 등 이상행동을 보이자 다시 1986. 3. 10.부터 7. 2.까지 국군춘천병원과 국군원주병원을 거쳐 국군진해병원에서 정신분열증으로 입원치료를 받은 후 1986. 9. 25. 만기 제대한 사실, 원고는 전역 후인 1987. 6. 17.경부터 현재까지 정신분열증 등으로 입원 및 통원치료를 받아오고 있으며, 현재 괴이한 망상과 환청 증상을 보이는 중등도 내지 고도의 정신분열증 증세를 보이고 있는 사실, 원고는 군 입대 전 정신질환증세를 보인 적이 없고 원고의 가족 중에도 과거에 정신질환을 앓았거나 현재 앓고 있는 자가 없는 사실 등을 알 수 있다.

이를 앞서 본 법리에 비추어 살펴보면, 우선 군 입대 전 건강상태가 양호하고 별다른 정신질환 증세가 없었던 원고가 입대 후 일반 사회와 달리 엄격한 규율과 통제가 행하여지는 폐쇄적인 병영생활에 제대로 적응하지 못하여 비교적 내성적인 성격의 원고로서는 감내하지 못할 정도의 스트레스를 받은 것으로 보이고, 여기에 원고의 가족 중에 정신질환자가 없었고, 군복무 중에 받은 스트레스 외에 정신분열증의 발병원인이 될 만한 특별한 사정이 보이지 않는 점, 정신분열증은 심리학적 요인이나 사회문화적 요인에 의하여서도 발병할 수 있고 특히 정신적으로 취약한 개인이 환경적 스트레스를 받는 경우에도 발병할 수 있는 질병인 점, 원고가 정신분열증의 증상을 보일 당시 적절한 치료를 받았더라면 적어도 현재와 같이 심각한 상태로 악화되지는 않았을 것으로 보이는 점 등을 더하여 보면, 결국 원고의 정신분열증은 군복무 중 새로운 환경에 제대로 적응하지 못한 상태에서 받은 감내하지 못할 정도의 스트레스로 인하여 그 정신질환적 소인이 악화되어 비로소 발병하였다고 추단함이 상당하다.

그럼에도 원심은 그 판시와 같은 이유만으로 원고의 정신분열증이 군인으로서의 교육훈련 또는 직무수행으로 인하여 발병하였거나 자연적인 경과 이상으로 악화되었다고 인정되지 아니한다고 판단하였으니, 이러한 원심판결에는 원고의 질병과 교육훈련 또는 직무수행 사이의 상당인과관계에 관한 법리를 오해하여 판결에 영향을 미친 위법이 있다. 이 점을 지적하는 상고이유의 주장은 이유 있다.

2) 판례 2

대법원 2021. 9. 9. 선고 2017다259445 판결

【판시사항】

[1] 헌법재판소가 구 형사소송법 제216조 제1항 제1호 중 제200조의2에 관한 부분('구법 조항')에 대해 헌법불합치결정을 하면서 일정 시한까지 계속 적용을 명한 부분의 효력이 '수색영장 없이 타인의 주거 등을 수색하여 피의자를 체포할 긴급한 필요가 없는 경우'에까지 미치는지 여부(소극) / 입법자가 위 헌법불합치결정에 따라 구법 조항을 개정하면서 부칙에 '개정 조항'의 소급적용에 관한 경과조치를 두고 있지 않은 경우, 위 헌법불합치결정을 하게 된 당해 사건 및 위 헌법불합치결정 당시 구법 조항의 위헌 여부가 쟁점이 되어 법원에 계속 중인 사건에 대하여 위 헌법불합치결정의 소급효가 미치는지 여부(적극) 및 이들 사건에 대하여는 위헌성이 제거된 개정 조항을 적용하여야 하는지 여부(적극)

[2] 전국단위 노동조합인 갑 노동조합이 경찰이 압수 수색 영장을 발부받지 못한 상태에서 조합원들에 대한 체포영장을 집행하기 위하여 조합 사무실이 소재한 건물에 진입한 직무집행이 위법하다고 주장하며 국가를 상대로 손해배상을 구한 사안에서, 현행 형사소송법의 관련 조항이 아닌 구법 조항을 적용하여 위 경찰의 직무집행이

위법하다고 보기 어렵다고 단정한 원심판단에 법리오해의 잘못이 있다고 한 사례

【이 유】

1. 헌법불합치결정과 잠정적용의 범위

구 형사소송법(2019. 12. 31. 법률 제16850호로 개정되기 전의 것) 제216조 제1항은 "검사 또는 사법경찰관은 제200조의2(영장에 의한 체포)·제200조의3(긴급체포)·제201조(구속) 또는 제212조(현행범인의 체포)의 규정에 의하여 피의자를 체포 또는 구속하는 경우에 필요한 때에는 영장없이 다음 처분을 할 수 있다."라고 규정하면서 제1호에서 "타인의 주거나 타인이 간수하는 가옥, 건조물, 항공기, 선차 내에서의 피의자 수사"를 규정하고 있었다.

헌법재판소는 2018. 4. 26. 선고 2015헌바370, 2016헌가7(병합) 전원재판부 결정에서, 위 제216조 제1항 제1호 중 제200조의2에 관한 부분(이하 '구법 조항'이라고 한다)은 체포영장이 발부된 피의자가 타인의 주거 등에 소재할 개연성은 소명되나, 수색에 앞서 영장을 발부받기 어려운 긴급한 사정이 인정되지 않는 경우에도 영장 없이 피의자 수색을 할 수 있다는 것이므로, 헌법 제16조의 영장주의 예외 요건을 벗어나는 것으로서 영장주의에 위반된다고 판단하였다. 나아가 구법 조항에 대하여 단순위헌결정을 하여 그 효력을 즉시 상실시킨다면, 수색영장 없이 타인의 주거 등을 수색하여 피의자를 체포할 긴급한 필요가 있는 경우에도 이를 허용할 법률적 근거가 사라지게 되는 법적 공백상태가 발생하게 된다는 이유로 헌법불합치를 선언하면서, 구법 조항은 2020. 3. 31.을 시한으로 입법자가 개정할 때까지 계속 적용된다고 결정하였다(이하 '이 사건 헌법불합치결정'이라고 한다).

이 사건 헌법불합치결정에 나타나는 구법 조항의 위헌성, 구법 조항에 대한 헌법불합치결정의 잠정적용의 이유 등에 의하면, 헌법재판소가 구법 조항의 위헌성을 확인하였음에도 불구하고 일정 시한까지 계속 적용을 명한 것은 구법 조항에 근거하여 수색영장 없이 타인의 주거 등을 수색하여 피의자를 체포할 긴급한 필요가 있는 경우에는 이를 허용할 필요성이 있었기 때문이다. 따라서 구법 조항 가운데 그 해석상 '수색영장 없이 타인의 주거 등을 수색하여 피의자를 체포할 긴급한 필요가 없는 경우' 부분은 영장주의에 위반

되는 것으로서 개선입법 시행 전까지 적용중지 상태에 있었다고 보아야 한다.

2. 형사소송법의 개정과 헌법불합치결정의 소급효

가. 이 사건 헌법불합치결정에 따라 개정된 형사소송법은 제216조 제1항 제1호 중 '피의자 수사'를 '피의자 수색'으로 개정하면서 단서에 "제200조의2 또는 제201조에 따라 피의자를 체포 또는 구속하는 경우의 피의자 수색은 미리 수색영장을 발부받기 어려운 긴급한 사정이 있는 때에 한정한다."라는 부분을 추가하였으나, 부칙은 소급적용에 관하여 아무런 규정을 두고 있지 않다.

나. 어떤 법률조항에 대하여 헌법재판소가 헌법불합치결정을 하여 입법자에게 그 법률조항을 합헌적으로 개정 또는 폐지하는 임무를 입법자의 형성 재량에 맡긴 이상, 개선입법의 소급적용 여부와 소급적용 범위는 원칙적으로 입법자의 재량에 달린 것이다. 그러나 구법 조항에 대한 이 사건 헌법불합치결정의 취지나 위헌심판의 구체적 규범통제 실효성 보장이라는 측면을 고려할 때, 적어도 이 사건 헌법불합치결정을 하게 된 당해 사건 및 이 사건 헌법불합치결정 당시에 구법 조항의 위헌 여부가 쟁점이 되어 법원에 계속 중인 사건에 대하여는 이 사건 헌법불합치결정의 소급효가 미친다고 해야 하므로, 비록 현행 형사소송법 부칙에 소급적용에 관한 경과조치를 두고 있지 않더라도 이들 사건에 대하여는 구법 조항을 그대로 적용할 수는 없고, 위헌성이 제거된 현행 형사소송법의 규정을 적용하여야 한다(대법원 2021. 5. 27. 선고 2018도13458 판결 참조).

3. 기록에 의하면, 원고가 '경찰이 2013. 12. 22. 수색영장 없이 이 사건 건물에 진입한 직무집행이 위법하다.'고 주장하면서 피고를 상대로 국가배상법에 따른 손해배상을 구하는 이 사건에서, 원고는 위 경찰의 직무집행의 근거가 된 구법 조항이 위헌이라는 취지의 주장도 하고 있는 것으로 보이므로 이 사건은 이 사건 헌법불합치결정 당시에 구법 조항의 위헌 여부가 쟁점이 되어 법원에 계속 중인 사건으로서 현행 형사소송법의 관련 조항이 적용된다고 봄이 상당하다.

4. 원심은 현행 형사소송법의 관련 조항이 아닌 구법 조항을 적용하여 위 경찰의 직무집행이 위법하다고 보기 어렵다고 단정하고 국가배상법상 손해배상책임의 요건 등

에 관하여 더 나아가 심리·판단하지 아니한 채 원고의 청구를 배척하였다. 이러한 원심 판단은 체포영장 집행을 위한 피의자 수색, 헌법불합치결정의 소급효와 범위 등에 관한 법리를 오해하고 필요한 심리를 다하지 아니한 잘못이 있다.

3) 판례 3

대법원 2021. 10. 28. 선고 2017다219218 판결

[손해배상(기)][공2021하,2237]

【판시사항】

[1] 공무원의 행위가 국가배상책임을 인정할 수 있을 정도로 객관적 정당성을 잃었는지 판단하는 기준

[2] 집회 및 시위에 관한 법률 제20조 제1항 제5호에 따른 집회 또는 시위에 대한 해산명령이 객관적 정당성을 잃은 것인지 판단할 때 고려할 사항

[3] 구 경찰관 직무집행법 제6조 제1항에 따른 경찰관의 제지 조치가 범죄의 예방을 위한 경찰 행정상 즉시강제에 해당하는지 여부(적극)

[4] 갑 등이 그들이 속한 단체가 개최한 집회와 기자회견에서 있었던 을 등 경찰의 집회 장소 점거 행위와 을의 해산명령이 위법한 공무집행에 해당하고 이로 인해 집회의 자유가 침해되었다며 국가와 을을 상대로 손해배상을 구한 사안에서, 제반 사정에 비추어 위 점거 행위와 해산명령이 객관적 정당성을 잃은 것이라고 볼 수 없는데도, 이를 법적 요건을 갖추지 못한 위법한 경찰력의 행사로 보아 국가와 을의 손해배상책임을 인정한 원심판단에는 법리오해 등 잘못이 있다고 한 사례

【판결요지】

[1] 공무원의 행위를 원인으로 한 국가배상책임을 인정하려면 '공무원이 직무를 집행하면서 고의 또는 과실로 법령을 위반하여 타인에게 손해를 입힌 때'라고 하는 국가

배상법 제2조 제1항의 요건이 충족되어야 한다. 보통 일반의 공무원을 표준으로 공무원이 객관적 주의의무를 소홀히 하고 그로 말미암아 객관적 정당성을 잃었다고 볼 수 있으면 국가배상법 제2조가 정한 국가배상책임이 성립할 수 있다. 객관적 정당성을 잃었는지는 행위의 양태와 목적, 피해자의 관여 여부와 정도, 침해된 이익의 종류와 손해의 정도 등 여러 사정을 종합하여 판단하되, 손해의 전보책임을 국가가 부담할 만한 실질적 이유가 있는지도 살펴보아야 한다.

[2] 집회 및 시위에 관한 법률 제20조 제1항 제5호, 제16조 제4항 제2호는 폭행, 협박, 손괴, 방화 등으로 질서를 유지할 수 없는 집회 또는 시위의 경우에는 해산을 명할 수 있도록 정하고 있다. 집회·시위의 경우 많은 사람이 관련되고 시위 장소 주변의 사람이나 시설에 적지 않은 영향을 줄 수 있으므로 집회 장소에서 예상치 못한 행동이 발생했을 때 경찰공무원이 집회를 허용할 것인지는 많은 시간을 두고 심사숙고하여 결정할 수 있는 것이 아니고, 현장에서 즉시 허용 여부를 결정하여 이에 따른 조치를 신속하게 취해야 할 사항이다.

[3] 구 경찰관 직무집행법(2014. 5. 20. 법률 제12600호로 개정되기 전의 것) 제6조 제1항은 "경찰관은 범죄행위가 목전에 행하여지려고 하고 있다고 인정될 때에는 이를 예방하기 위하여 관계인에게 필요한 경고를 발하고, 그 행위로 인하여 인명·신체에 위해를 미치거나 재산에 중대한 손해를 끼칠 우려가 있어 긴급을 요하는 경우에는 그 행위를 제지할 수 있다."라고 정하고 있다. 위 조항 중 경찰관의 제지에 관한 부분은 범죄의 예방을 위한 경찰 행정상 즉시강제, 즉 눈앞의 급박한 경찰상 장해를 제거해야 할 필요가 있고 의무를 명할 시간적 여유가 없거나 의무를 명하는 방법으로는 그 목적을 달성하기 어려운 상황에서 의무불이행을 전제로 하지 않고 경찰이 직접 실력을 행사하여 경찰상 필요한 상태를 실현하는 권력적 사실행위에 관한 근거조항이다.

[4] 갑 등이 그들이 속한 단체가 개최한 집회와 기자회견에서 있었던 을 등 경찰의 집회 장소 점거 행위와 을의 해산명령이 위법한 공무집행에 해당하고 이로 인해 집회의 자유가 침해되었다며 국가와 을을 상대로 손해배상을 구한 사안에서, 사건 당일 발생한 상황뿐만 아니라 위 집회 장소에서 점거와 농성이 시작된 이후 천막 등 철거의 행정대집행에 이르기까지 다수의 공무집행방해와 손괴행위가 발생하였고 장

기간 불법적으로 물건이 설치되었던 일련의 과정을 고려하여 보면, 을 등 경찰의 집회 장소 점거 행위는 불법적인 사태가 반복되는 것을 막기 위한 필요 최소한도의 조치로 볼 수 있고, 경찰이 집회참가자들을 향하여 유형력을 행사하지 않고 소극적으로 자리를 지키고 서 있었을 뿐인데도 일부 집회참가자들이 경찰을 밀치는 행위를 하는 등 당시의 현장 상황에 비추어 보면, 을로서는 집회참가자들이 경찰에 대항하여 공공의 질서유지를 해치는 행위를 하는 것으로 판단할 수 있는 상황이었으므로, 당시 해산명령이 객관적 정당성을 잃은 것이라고 단정할 수 없는데도, 위 집회 장소 점거 행위와 해산명령을 법적 요건을 갖추지 못한 위법한 경찰력의 행사로 보아 국가와 을의 손해배상책임을 인정한 원심판단에는 국가배상책임의 성립 요건과 위법성 여부에 관한 법리오해 등 잘못이 있다고 사례.

【이 유】

1. 사실관계

원심판결 이유에 따르면 다음 사실을 알 수 있다.

가. 사건 배경

○○자동차 주식회사(이하 '○○차'라 한다)는 2009. 2. 6.경 회생절차가 개시되었다. ○○차 법정관리인은 2009. 4. 8.경 인력구조조정이 포함된 경영정상화 방안을 발표하고 근로자를 상대로 희망퇴직이나 정리해고를 실시하려 하였으나, ○○차 노동조합이 반대하며 공장을 점거하고 파업을 하였다.

2012. 4. 5.경 서울 중구 (주소 생략)에 있는 덕수궁 대한문 앞 인도에는 ○○차 파업 사태 중 사망한 노조원과 그 가족을 추모하는 분향소용 천막이 설치되었다. '○○차 희생자 추모와 해고자 복직을 위한 범국민대책위원회'(이하 '○○차 대책위'라 한다)는 그 무렵부터 대한문 앞 인도에 분향소와 농성 천막을 설치하고 집회 · 시위를 개최하였다. ○○차 대책위는 2012. 5. 24.경 행정대집행 절차를 통해 천막 등이 철거되었는데도 다시 천막을 설치하는 등 상당 기간 동안 대한문 앞 인도에서 점거와 농성을 계속하면서 이를 철거하려는 서울 중구청 직원과 물리적으로 충돌하였고, 대한문 앞 인도에서 집단적인 폭행 · 손괴 등이 반복적으로 발생하였다.

2013. 3. 3. 노숙자의 방화로 천막이 불에 타고 덕수궁 돌담과 서까래 일부가 훼손되자 서울 중구청은 2013. 4. 4.경 행정대집행으로 천막 등을 철거하였고, 그 자리에 마사토를 깔고 회양목 60여 그루를 심은 다음 소형 화분 약 500개를 비치하고 보호용 울타리를 설치한 화단(이하 '이 사건 화단'이라 한다)을 조성하였다. 이후 ○○차 대책위 회원은 이 사건 화단 앞에 임시분향소를 설치하고 농성을 계속하였다.

나. 2013. 5. 29. 자 대한문 집회

○○차 대책위 등 여러 단체로 구성된 '집회시위 제대로 모임'은 2013. 5. 29. 19:30경 서울 덕수궁 대한문 앞 인도에서 '시민의 집회 시위 권리 찾기 프로젝트-꽃보다 집회'(이하 '2013. 5. 29. 자 대한문 집회'라 한다)를 개최하기로 하고 이를 신고하였다.

원고 1, 원고 2, 원고 3, 원고 4는 2013. 5. 29. 대한문 앞에서 집회를 준비하였고, 피고 2는 남대문경찰서 경비과장으로서 2011. 1. 14.경부터 ○○차 대책위 등이 대한문 부근에서 개최하던 집회ㆍ시위의 현장의 경비업무를 수행하였다.

집회 주최 측은 2013. 5. 29. 19:28경 이 사건 화단 앞에 마이크를 설치하여 무대를 마련하고 무대를 바라보는 방향으로 의자를 배치한 다음 이 사건 화단 안 나무 사이에 '시민의 집회 시위 권리찾기 프로젝트 - 꽃보다 집회'라고 적힌 현수막을 설치하였다.

피고 2의 지시를 받은 경찰기동대 약 30명은 19:35경 이 사건 화단 앞으로 들어와 일렬로 화단을 둘러쌌다. 당시 현장에 있던 집회참석자 약 150명 중 일부는 경찰에게 위 행동이 집회 방해로서 부당하다고 항의하며 물러날 것을 요구하였다. 집회참가자들이 경찰과 대치하던 중 일부 집회참가자들은 이 사건 화단 앞의 경찰을 밀고 당겼다. 경찰은 그 자리를 지키며 서 있는 정도의 소극적 대응을 하다가 집회참가자들이 물총을 쏘기 시작하자 물총을 쏘는 집회참가자들을 향해 최루액을 분사하고 물총 11개를 현장에서 압수하였다.

피고 2는 20:07경 종결선언 요청, 20:26경 자진해산 요청, 20:35경 1차 해산명령, 20:42경 2차 해산명령, 20:57경 3차 해산명령을 방송하였다. 집회참가자들은 이 사건 화단 부근에서 경찰의 대응을 비판하는 발언 위주로 집회를 진행하다가 22:00경 집회를 마쳤다.

다. 2013. 5. 29. 자 남대문경찰서 집회

대한문 집회를 마친 원고 1, 원고 2, 원고 3, 원고 4 등 집회참가자 약 50명은 2013. 5. 29. 22:10경 대한문 집회에 대한 경찰 대응에 항의하고자 집회를 남대문경찰서 앞에서 개최하기로 하고 22:25경 남대문경찰서 앞으로 이동하였다. 집회참가자들은 대한문 집회에서 이용한 방송차량 1대를 경찰서의 비상통행로에 주차하고 경찰서 중앙계단 앞 인도에 모여 경찰의 집회 방해 행위를 규탄한다는 구호와 노래를 제창하며 집회를 진행하였다(이하 '2013. 5. 29. 자 남대문경찰서 집회'라 한다).

피고 2는 22:27경 자진해산 요청을 한 후 22:32경부터 23:19경 사이에 6차례 해산명령을 하였다. 경찰이 해산명령 직후인 23:21경부터 23:50경까지 4차례에 걸쳐 집회현장에서 발생하는 소음을 측정한 결과 구「집회 및 시위에 관한 법률 시행령」(2014. 7. 21. 대통령령 제25488호로 개정되기 전의 것) 제14조 [별표 2]에 정해진 확성기 등의 소음기준 70dB을 초과한 78.4dB, 77.9dB, 72.4dB, 77dB 등으로 측정되었다.

라. 2013. 6. 10. 자 기자회견과 대한문 집회

서울 중구청은 2013. 6. 10. 09:18경부터 09:42경까지 직원 약 50명을 동원하여 임시분향소를 철거하는 행정대집행을 하였고, ○○차 대책위 회원 약 30명이 현장에서 철거에 항의하였다. 당시 현장에 있던 원고 5는 임시분향소 강제철거를 비판하는 기자회견을 11:00경 임시분향소가 있던 이 사건 화단 앞에서 개최한다고 예고하였다. 원고 6도 위 기자회견을 듣기 위해 11:00경 대한문 앞에 도착하였고, 연합뉴스 등 언론사 기자 30여 명이 취재를 위해 참석하였다.

피고 2는 원고 5가 이 사건 화단 앞에서 기자회견을 예정하고 있다는 정보를 입수하고 경찰 2개 중대를 이 사건 화단 앞 주변으로 집결시켜 대한문 앞부터 이 사건 화단 주변까지 여러 줄로 넓게 서 있도록 하였고, ○○차 대책위 회원 등의 접근을 차단할 것을 지시하였다.

○○차 대책위 회원 등 30여 명은 10:55경 피고 2에게 이 사건 화단 앞에서 기자회견을 할 예정이라고 하며 경찰을 취재라인 밖으로 철수시킬 것을 요청하였으나, 피고 2가 이에 응하지 않자 경찰을 밀고 당기는 상황이 발생하였다. 원고 6을 포함한 참석자 약 30

명은 이 사건 화단 앞에서 기자회견을 할 수 없게 되자, 그 주변에서 피고 2 등 경찰의 기자회견 방해행위와 임시분향소의 기습철거를 비판하는 자유발언을 돌아가며 하는 항의 집회를 시작하였다(이하 '2013. 6. 10. 자 대한문 집회'라 한다).

피고 2는 11:00경 자진해산 요청을 한 후 11:07경부터 11:53경 사이에 4차례 해산명령을 하였다.

2. 원고들의 상고이유에 대한 판단

원심은 2013. 5. 29. 자 남대문경찰서 집회가 타인의 법익이나 공공의 안녕질서에 대한 직접적인 위험이 명백하게 초래된 집회로 해산명령의 대상이 된다고 판단하였다.

관련 법리에 비추어 기록을 살펴보면, 원심의 이러한 판단에 상고이유 주장과 같이 해산경령의 요건과 위법성에 관한 법리를 오해하거나 필요한 심리를 다하지 않은 채 논리와 경험의 법칙에 반하여 자유심증주의의 한계를 벗어난 잘못이 없다.

3. 피고들의 상고이유에 대한 판단

가. 원심판단

원심은 다음과 같은 이유로 원고들의 손해배상 주장을 일부 받아들여 피고들은 각자 원고들에게 각 위자료 200만 원과 지연손해금을 지급할 의무가 있다고 판단하였다.

경찰이 2013. 5. 29. 자 대한문 집회에서 집회 장소인 이 사건 화단 앞을 점거한 행위와 2013. 6. 10. 자 기자회견과 대한문 집회에서 기자회견 장소를 점거한 행위는 구「경찰관 직무집행법」(2014. 5. 20. 법률 제12600호로 개정되기 전의 것, 이하 '구 경찰관 직무집행법'이라 한다) 제6조 제1항의 즉시강제 요건을 충족하지 못하였다. 구 경찰관 직무집행법 제2조와 같은 '일반적 수권조항'은 국민의 기본권을 구체적으로 제한하거나 박탈하는 행위의 근거조항이 될 수 없고 개별적 수권조항의 요건을 충족하지 못한 경찰권 발동은 구 경찰관 직무집행법 제2조에 따라 정당화된다고 보기 어렵다.

위 각 집회가 공공의 안녕질서에 직접적인 위험이 명백하게 발생하여 질서를 유지할 수 없는 정도에 이르지 않았는데도 피고 2가 각 집회에 대해 해산명령을 한 것은 그 요건을 갖추지 못하여 위법한 경찰권 행사이다.

피고 대한민국 소속 공무원인 피고 2의 위법한 직무집행으로 원고들의 집회 자유가 침해되었으므로 피고 대한민국은 국가배상법 제2조 제1항에 따라 원고들이 입은 정신적 손해를 배상할 책임이 있다. 피고 2도 직무상 주의의무를 현저히 결여한 중과실이 있으므로 손해배상책임을 진다.

나. 대법원 판단

공무원의 행위를 원인으로 한 국가배상책임을 인정하려면 '공무원이 직무를 집행하면서 고의 또는 과실로 법령을 위반하여 타인에게 손해를 입힌 때'라고 하는 국가배상법 제2조 제1항의 요건이 충족되어야 한다. 보통 일반의 공무원을 표준으로 공무원이 객관적 주의의무를 소홀히 하고 그로 말미암아 객관적 정당성을 잃었다고 볼 수 있으면 국가배상법 제2조가 정한 국가배상책임이 성립할 수 있다. 객관적 정당성을 잃었는지는 행위의 양태와 목적, 피해자의 관여 여부와 정도, 침해된 이익의 종류와 손해의 정도 등 여러 사정을 종합하여 판단하되, 손해의 전보책임을 국가가 부담할 만한 실질적 이유가 있는지도 살펴보아야 한다(대법원 2000. 5. 12. 선고 99다70600 판결, 대법원 2004. 12. 9. 선고 2003다50184 판결, 대법원 2021. 6. 30. 선고 2017다249219 판결 참조).

원심판결 이유와 기록을 이러한 법리에 비추어 살펴보면, 2013. 5. 29. 자 대한문 집회, 2013. 6. 10. 자 기자회견과 대한문 집회에서 있었던 피고 2 등 경찰의 집회 장소 점거 행위와 피고 2의 해산명령은 국가배상책임을 질 만큼 객관적 정당성을 잃을 정도에 이른 위법한 행위로 볼 수 없다. 구체적인 이유는 다음과 같다.

(1) 2013. 5. 29. 자 대한문 집회에서 이 사건 화단 앞 점거 행위

2013. 5. 29. 자 대한문 집회에서 있었던 경찰의 이 사건 화단 앞 점거 행위의 위법 여부는 단지 사건 당일 발생한 상황에 국한하여 단편적으로 살펴볼 것이 아니고 2012. 4. 5. ○○차 대책위가 대한문 앞에서 점거와 농성을 시작한 이후 다수의 공무집행방해와 손괴 행위가 발생했고 장기간 불법적으로 물건을 비치하였던 일련의 과정을 고려하여 평가할 필요가 있다.

○○차 대책위는 2012. 4. 5.경부터 이 사건 당일까지 대한문 앞을 점거한 뒤 천막과 분향소를 설치하여 농성을 하였고 그 기간 동안 화재가 발생하기도 하였다. ○○차 대책위가 마련한 분향소와 농성 천막 등이 2013. 4. 4.경 행정대집행으로 철거된 다음 그 자리에 이 사건 화단이 조성되었고 경찰은 ○○차 대책위 등이 이 사건 화단을 훼손하고 다시 농성 천막 등을 설치하는 것을 막을 필요가 있었다. 이 사건 화단 조성 이후에도 ○○차 대책위 관계자들이 위 화단을 훼손하거나 천막을 설치하려는 시도를 반복하였다.

원고 2를 비롯한 집회참석자들은 2013. 5. 29. 자 대한문 집회를 시작하기 바로 직전에 이 사건 화단 안에 있는 나무에 '꽃보다 집회'라고 적힌 현수막을 걸기 위하여 이 사건 화단 안으로 들어갔다. 집회참석자들이 실제로는 화단을 훼손할 의도가 없었더라도 당시 현장에 질서유지를 위해 동원된 경찰로서는 기존의 상황과 경험에 비추어 집회참가자들에게 이 사건 화단을 훼손하거나 점거하려는 의도가 있다고 판단할 수 있었다.

경찰의 화단 앞 점거로 집회 장소가 좁아졌으나 집회를 할 수 있는 공간이 있었고, 경찰이 이 사건 화단 앞을 점거하는 방법으로 소극적으로 화단 침입 행위를 제지한 것은 ○○차 대책위가 이 사건 화단을 다시 점거하고 불법적인 사태가 반복되는 것을 막기 위한 필요 최소한도의 조치로 볼 수 있다.

(2) 2013. 5. 29. 자 대한문 집회 해산명령

(가) 「집회 및 시위에 관한 법률」제20조 제1항 제5호, 제16조 제4항 제2호는 폭행, 협박, 손괴, 방화 등으로 질서를 유지할 수 없는 집회 또는 시위의 경우에는 해산을 명할 수 있도록 정하고 있다. 집회·시위의 경우 많은 사람이 관련되고 시위 장소 주변의 사람이나 시설에 적지 않은 영향을 줄 수 있으므로 집회 장소에서 예상치 못한 행동이 발생했을 때 경찰공무원이 집회를 허용할 것인지는 많은 시간을 두고 심사숙고하여 결정할 수 있는 것이 아니고, 현장에서 즉시 허용 여부를 결정하여 이에 따른 조치를 신속하게 취해야 할 사항이다(대법원 2001. 10. 9. 선고 98다20929 판결 참조).

(나) 2013. 5. 29. 자 대한문 집회 당시 경찰이 이 사건 화단 주변을 둘러싼 다음에도 집회를 개최할 수 있는 공간이 있었다. 그런데도 집회참가자들은 경찰을 점거 장

소에서 끌어내기 위해 밀고 당기는 등의 행위를 하였고 경찰을 향해 물총을 쏘기도 하였다. 이러한 상황에서 피고 2는 이를 제지하기 위하여 관련 법령에 따라 최루액을 쏘도록 하였다. 피고 2로서는 현장 상황에 비추어 집회참가자들이 경찰에 대항하여 공공의 질서유지를 해치는 행위를 하는 것으로 판단할 수 있는 상황이었고, 당시 해산명령이 객관적 정당성을 잃은 것이라고 단정할 수 없다.

(3) 2013. 6. 10. 자 기자회견과 대한문 집회 장소 점거 행위

(가) 구 경찰관 직무집행법 제6조 제1항은 “경찰관은 범죄행위가 목전에 행하여지려고 하고 있다고 인정될 때에는 이를 예방하기 위하여 관계인에게 필요한 경고를 발하고, 그 행위로 인하여 인명·신체에 위해를 미치거나 재산에 중대한 손해를 끼칠 우려가 있어 긴급을 요하는 경우에는 그 행위를 제지할 수 있다.”라고 정하고 있다. 위 조항 중 경찰관의 제지에 관한 부분은 범죄의 예방을 위한 경찰 행정상 즉시강제, 즉 눈앞의 급박한 경찰상 장해를 제거해야 할 필요가 있고 의무를 명할 시간적 여유가 없거나 의무를 명하는 방법으로는 그 목적을 달성하기 어려운 상황에서 의무불이행을 전제로 하지 않고 경찰이 직접 실력을 행사하여 경찰상 필요한 상태를 실현하는 권력적 사실행위에 관한 근거조항이다(대법원 2021. 9. 30. 선고 2014도17900 판결 참조).

(나) 위에서 보았듯이, 경찰이 2013. 6. 10. 자 기자회견과 대한문 집회 장소를 점거한 행위의 위법 여부는 사건 당일 발생한 상황에 국한하여 단편적으로 살펴볼 것이 아니고 2012. 4. 5. ○○차 대책위가 대한문 앞 점거와 농성을 시작한 이후 2013. 6. 10. 행정대집행에 이르기까지 다수의 공무집행방해와 손괴 행위가 발생하고 장기간 불법적으로 물건을 설치하였던 일련의 과정을 고려하여 평가할 필요가 있다.

○○차 대책위는 2012. 4. 5.경부터 이 사건 당일까지 대한문 앞을 점거한 뒤 천막과 분향소 등을 설치하여 농성을 하였고 그 기간 동안 화재가 발생하기도 하였다. 위 기자회견 장소는 대한문에 인접하고 있어 문화재 보호 필요성이 크고 그 부근에 지하철역, 서울광장, 관공서와 상업용 건물이 밀집하여 사람의 통행이 빈번한 곳이다.

서울 중구청 직원이 행정대집행으로 불법 시설물을 철거하려고 하면 ○○차 대책위 관

계자들은 이를 방해하면서 중구청 직원과 물리적으로 충돌하기도 하였고, 철거 후에도 다시 같은 장소를 점거하고 물건을 비치하기를 반복하였다. 이 사건 당일인 2013. 6. 10. 09:15경 서울 중구청의 임시분향소 등 철거 행정대집행 과정에서 ○○차 대책위 관계자들이 격렬하게 저항하여 몇 명이 공무집행방해죄로 체포되었다. 이후에도 ○○차 대책위 관계자들이 대한문 주변에 머물면서 항의를 계속하고 있었으므로 인도 점거와 물건 비치가 반복될 것이 우려되는 상황이었다.

원고 5는 이에 대한 항의 과정에서 긴급하게 같은 날 11:00경 기자회견을 개최하기로 하였고, 집회의 형태나 규모를 예상할 수 없는 상황에서 공공의 질서유지를 위하여 다수의 경찰이 현장에 투입될 수밖에 없었다. 경찰이 이 사건 기자회견 장소를 점거한 것은 ○○차 대책위 관계자들에 의한 인도 점거와 물건 비치, 화단 등 주변시설 훼손 등의 범죄행위를 예방하기 위한 것이었다고 볼 수 있다.

경찰은 기자회견 장소 주변을 둘러싸고 서 있으면서 ○○차 대책위 관계자들이 기자회견 장소에 진입하려는 것을 소극적으로 제지하였을 뿐이고, 이는 불법적인 사태가 반복되는 것을 막기 위해 필요한 최소한도의 조치로 볼 수 있다.

(4) 2013. 6. 10. 자 기자회견과 대한문 집회 해산명령

(가) 위에서 보았듯이 집회 장소에서 예상치 못한 행동이 발생했을 때 경찰공무원이 집회를 허용할 것인지는 현장에서 즉시 허용 여부를 결정하여 이에 따른 조치를 신속하게 취해야 할 사항이다.

(나) 2013. 6. 10. 자 기자회견과 대한문 집회 당시 경찰은 행정대집행 이후 천막 등의 설치를 미리 방지하는 업무를 수행하고자 인도에 줄지어 서 있었고 집회참가자들을 향하여 유형력을 행사하지는 않았다. 당시 경찰은 소극적으로 자리를 지키고 서 있었을 뿐이어서 집회참가자들이 자유롭게 발언할 수 있는 상황이었는데도 일부 집회참가자들이 경찰을 밀치는 행위를 하였다. 피고 2로서는 현장 상황에 비추어 집회참가자들이 경찰에 대항하여 공공의 질서유지를 해치는 행위를 하는 것으로 판단할 수 있는 상황이었고, 당시 해산명령이 객관적 정당성을 잃은 것이라고 단정할 수 없다.

(5) 그런데도 원심은 위 가.에서 보았듯이 2013. 5. 29. 자 대한문 집회, 2013. 6. 10. 자 기자회견과 대한문 집회에서 있었던 피고 2 등 경찰의 집회 장소 점거와 피고 2의 해산명령을 그 법적 요건을 갖추지 못한 위법한 경찰력의 행사로 보고 피고들이 손해배상책임을 진다고 판단하였다.

XXIV

제11조의5 직무수행으로 인한 형의 감면

XXIV. 제11조의5 직무수행으로 인한 형의 감면

제11조의5(직무 수행으로 인한 형의 감면) 다음 각 호의 범죄가 행하여지려고 하거나 행하여지고 있어 타인의 생명 · 신체에 대한 위해 발생의 우려가 명백하고 긴급한 상황에서, 경찰관이 그 위해를 예방하거나 진압하기 위한 행위 또는 범인의 검거 과정에서 경찰관을 향한 직접적인 유형력 행사에 대응하는 행위를 하여 그로 인하여 타인에게 피해가 발생한 경우, 그 경찰관의 직무수행이 불가피한 것이고 필요한 최소한의 범위에서 이루어졌으며 해당 경찰관에게 고의 또는 중대한 과실이 없는 때에는 그 정상을 참작하여 형을 감경하거나 면제할 수 있다.

1. 「형법」 제2편제24장 살인의 죄, 제25장 상해와 폭행의 죄, 제32장 강간과 추행의 죄 중 강간에 관한 범죄, 제38장 절도와 강도의 죄 중 강도에 관한 범죄 및 이에 대하여 다른 법률에 따라 가중처벌하는 범죄

2. 「가정폭력범죄의 처벌 등에 관한 특례법」에 따른 가정폭력범죄, 「아동학대범죄의 처벌 등에 관한 특례법」에 따른 아동학대범죄

1. 형의 감면

현행법상 경찰공무원의 직무 수행 과정에서 경과실로 인해 발생한 사고에 대하여 형을 감면할 수 있는 근거가 미비하여 경찰관이 직무 집행에 소극적으로 임하고 있다. 따라서 살인 또는 상해 · 폭행의 죄, 아동학대범죄 등으로 타인의 생명 · 신체에 대한 위해 발생의 우려가 명백하고 긴급한 상황에서 경찰관이 그 위해를 예방 · 진압하는 등의 과정에서 타인에게 피해가 발생한 경우, 그 경찰관의 직무수행이 불가피하고 필요한 최소한의 범위에서 이루어졌으며 고의 또는 중대한 과실이 없는 경우에는 그 정상을 참작하여 형을 감경하거나 면제할 수 있도록 하려는 것이다.

2. 판례

1) 판례 1

대법원 2022. 11. 30. 선고 2016다26662, 26679, 26686 판결

【판시사항】

[1] 경찰관이 불법적인 농성을 진압하는 과정에서 특정한 경찰장비를 필요한 최소한의 범위를 넘어 관계 법령에서 정한 통상의 용법과 달리 사용함으로써 타인의 생명·신체에 위해를 가한 경우, 그 직무수행은 위법하다고 보아야 하는지 여부(원칙적 적극) 및 이때 상대방이 그로 인한 생명·신체에 대한 위해를 면하기 위하여 직접적으로 대항하는 과정에서 경찰장비를 손상시킨 경우, 정당방위에 해당하는지 여부(적극)

[2] 산업별 노조인 갑 노동조합의 지부가 조합원들을 각 거점에 배치하고 새총, 볼트, 화염병 등을 소지한 채 공장 점거파업을 계속하자 경찰이 점거파업을 진압하기 위하여 헬기에서 조합원들이 있던 공장 옥상을 향하여 다량의 최루액을 살포하거나 공장 옥상으로부터 30~100m 고도로 제자리 비행을 하여 조합원들을 헬기 하강풍에 노출되게 하였고, 그 과정에서 헬기가 새총으로 발사된 볼트 등의 이물질에 맞아 손상된 사안에서, 헬기를 위와 같은 방법으로 사용하여 불법적인 농성을 진압하는 것은 경찰장비를 위법하게 사용함으로써 적법한 직무수행의 범위를 벗어났다고 볼 여지가 있는데도, 갑 노동조합 등에 대하여 헬기의 손상에 관한 손해배상책임이 성립한다고 본 원심판단에 심리미진 등의 잘못이 있다고 한 사례

[3] 불법행위로 인한 손해배상사건에서 피해자에게 손해의 발생이나 확대에 관하여 과실이 있거나 가해자의 책임을 제한할 사유가 있는 경우, 배상책임의 범위를 정할 때 이를 참작하여야 하는지 여부(적극) / 이때 책임제한에 관한 사실인정이나 비율을 정하는 것이 사실심의 전권사항인지 여부(원칙적 적극) 및 그 한계

[4] 불법행위로 인한 손해배상책임을 지우기 위한 요건으로서 위법한 행위와 손해 사이에 상당인과관계가 있는지 판단하는 방법 / 민법 제393조에서 정한 '통상손해' 및 '특별한 사정으로 인한 손해'의 의미

[5] 영업용 물건이 손괴되어 수리를 위하여 필요한 기간 동안 그 물건에 의한 영업을 할 수 없었던 경우, 영업을 계속하였더라면 얻을 수 있었던 수익상실이 통상손해에 해당하는지 여부(원칙적 적극) 및 영업용 물건을 손괴함으로써 그 물건을 이용하여 얻을 수 있었던 영업수익이 상실될 수 있다는 사정을 가해자가 통상적으로 예견할 수 없었던 경우에도 위 손해가 통상손해에 해당하는지 여부(소극)

[6] 산업별 노조인 갑 노동조합의 지부가 조합원들을 각 거점에 배치하고 새총, 볼트, 화염병 등을 소지한 채 공장 점거파업을 계속하자 국가가 을 주식회사로부터 기중기를 임차하여 점거파업 진압 현장에 투입하였고, 진압작전 수행 중 기중기가 손상될 경우 이를 수리하고 운휴보상을 하기로 한다는 내용의 약정을 하였는데, 위 기중기는 경찰병력을 옥상으로 이동시키는 것뿐만 아니라 장애물 제거, 조합원들에 대한 위협 및 화력소모를 위한 목적으로 사용되었고, 그 과정에서 조합원들이 이에 대항하여 새총으로 볼트를 발사하거나 화염병을 투척하는 등으로 인하여 기중기가 손상된 사안에서, 원심이 기중기 손상으로 인한 수리비 상당액의 배상에 관한 갑 노동조합 등의 책임을 80%로 제한한 것은 형평의 원칙에 비추어 현저히 불합리하고, 기중기 손상으로 인한 휴업손해 상당의 손해가 통상손해에 해당한다거나 갑 노동조합 등이 그러한 손해의 발생을 예견할 수 있다고 보아 갑 노동조합 등이 위 손해를 배상하여야 한다고 본 원심판단에 법리오해의 잘못이 있다고 한 사례

【판결요지】

[1] 구 경찰관 직무집행법(2014. 5. 20. 법률 제12600호로 개정되기 전의 것, 이하 '구 경찰관 직무집행법'이라 한다) 제1조 제2항은 "이 법에 규정된 경찰관의 직권은 그 직무수행에 필요한 최소한도 내에서 행사되어야 하며 이를 남용하여서는 아니 된다." 라고 규정하여 경찰비례의 원칙을 명시적으로 선언하고 있다. 이는 경찰행정 영역에서의 헌법상 과잉금지원칙을 표현한 것으로서, 공공의 안녕과 질서유지라는 공익목적과 이를 실현하기 위하여 개인의 권리나 재산을 침해하는 수단 사이에는 합리적인 비례관계가 있어야 한다는 의미를 갖는다.

경찰관이 구체적 상황에 비추어 인적·물적 능력의 범위 내에서 적절한 조치라는 판단에 따라 범죄의 진압 및 수사에 관한 직무를 수행한 경우에는 그러한 직무수행이 객관적 정당성을 상실하여 현저하게 불합리한 것으로 인정되지 않는 한 이를 위법하다고 할 수는 없다. 한편 불법적인 농성 진압의 경우 진압의 필요성, 농성의 태양 및 장소의 상황 등에서 예측되는 피해 발생의 구체적 위험성의 내용 등에 비추어 볼 때 농성 진압을 계속 수행할 것인지 여부 및 그 방법 등이 현저히 합리성을 결하여 위법하다고 평가할 수 있는 때에 그 직무집행이 법령을 위반한 것이라고 할 수 있다.

구 경찰관 직무집행법 제10조 제3항은 "경찰장비를 임의로 개조하거나 임의의 장비를 부착하여 통상의 용법과 달리 사용함으로써 타인의 생명·신체에 위해를 주어서는 아니 된다."라고 정하고, 구 경찰장비의 사용기준 등에 관한 규정(2014. 11. 19. 대통령령 제25733호로 개정되기 전의 것) 제3조는 "경찰장비는 통상의 용법에 따라 필요한 최소한의 범위 안에서 사용하여야 한다."라고 정하고 있는바, 위 조항에서 말하는 경찰장비는 '인명 또는 신체에 위해를 가할 수 있는 경찰장비(이하 '위해성 경찰장비'라 한다)'를 뜻한다(위 규정 제2조 참조). 위 규정들은 경찰비례의 원칙에 따라 경찰관의 직무수행 중 경찰장비의 사용 여부, 용도, 방법 및 범위에 관하여 재량의 한계를 정한 것이라 할 수 있고, 특히 위해성 경찰장비는 그 사용의 위험성과 기본권 보호 필요성에 비추어 볼 때 본래의 사용방법에 따라 지정된 용도로 사용되어야 하며 다른 용도나 방법으로 사용하기 위해서는 반드시 법령에 근거가 있어야 한다.

위와 같은 경찰관의 직무수행 및 경찰장비의 사용과 관련한 재량의 범위 및 한계를 고려해 보면, 불법적인 농성을 진압하는 방법 및 그 과정에서 어떤 경찰장비를 사용할 것인지는 구체적 상황과 예측되는 피해 발생의 구체적 위험성의 내용 등에 비추어 경찰관이 재량의 범위 내에서 정할 수 있다. 그러나 그 직무수행 중 특정한 경찰장비를 필요한 최소한의 범위를 넘어 관계 법령에서 정한 통상의 용법과 달리 사용함으로써 타인의 생명·신체에 위해를 가하였다면, 불법적인 농성의 진압을 위하여 그러한 방법으로라도 해당 경찰장비를 사용할 필요가 있고 그로 인하여 발생할 우려가 있는 타인의 생명·신체에 대한 위해의 정도가 통상적으로 예견되는 범위 내에 있다는 등의 특별한 사정이 없는 한 그 직무수행은 위법하다고 보아야 한다. 나아가 경찰관이 농성 진압의 과정에서 경찰장비를 위법하게 사용함으로써 그 직무수행이 적법한 범위를 벗어난 것으로 볼 수밖에 없다면, 상대방이 그로 인한 생명·신체에 대한 위해를 면하기 위하여 직접적으로 대항하는 과정에서 경찰장비를 손상시켰더라도 이는 위법한 공무집행으로 인한 신체에 대한 현재의 부당한 침해에서 벗어나기 위한 행위로서 정당방위에 해당한다.

[2] 산업별 노조인 갑 노동조합의 지부가 조합원들을 각 거점에 배치하고 새총, 볼트, 화염병 등을 소지한 채 공장 점거파업을 계속하자 경찰이 점거파업을 진압하기 위하여 헬기에서 조합원들이 있던 공장 옥상을 향하여 다량의 최루액을 살포하거나 공장 옥상으로부터 30~100m 고도로 제자리 비행을 하여 조합원들을 헬기 하강풍에 노출되게 하였고, 그 과정에서 헬기가 새총으로 발사된 볼트 등의 이물질에 맞

아 손상된 사안에서, 구 경찰항공 운영규칙(2010. 6. 30. 경찰청훈령 제595호로 개정되기 전의 것) 제18조와 경찰장비의 사용 여부, 용도, 방법 및 범위에 관한 구 경찰관 직무집행법(2014. 5. 20. 법률 제12600호로 개정되기 전의 것, 이하 '구 경찰관 직무집행법'이라 한다) 및 구 경찰장비의 사용기준 등에 관한 규정(2014. 11. 19. 대통령령 제25733호 위해성 경찰장비의 사용기준 등에 관한 규정으로 개정되기 전의 것, 이하 '구 경찰장비사용규정'이라 한다)의 내용을 종합해 보면, 의도적으로 헬기를 낮은 고도에서 제자리 비행하여 옥외에서 농성 중인 사람을 상대로 직접 하강풍에 노출시키는 것은 경찰장비를 통상의 용법과 달리 사용함으로써 타인의 생명·신체에 위해를 주는 행위라고 볼 수 있으며, 또한 위해성 경찰장비인 최루제는 관련 법령에서 정한 발사 장치를 통해 사용되어야 하고, 구 경찰관 직무집행법 및 구 경찰장비사용규정은 최루제를 헬기를 이용하여 공중에서 살포할 수 있다는 규정을 두고 있지 않으므로, 헬기를 위와 같은 방법으로 사용하여 불법적인 농성을 진압하는 것은 경찰장비를 위법하게 사용함으로써 적법한 직무수행의 범위를 벗어났다고 볼 여지가 있는데도, 갑 노동조합 등에 대하여 헬기의 손상에 관한 손해배상책임이 성립한다고 본 원심판단에 심리미진 등의 잘못이 있다고 한 사례.

[3] 불법행위로 인한 손해배상사건에서 피해자에게 손해의 발생이나 확대에 관하여 과실이 있거나 가해자의 책임을 제한할 사유가 있는 경우에는 배상책임의 범위를 정함에 있어서 당연히 이를 참작하여야 하고, 나아가 책임제한의 비율을 정할 때에는 손해의 공평 부담이라는 제도의 취지에 비추어 손해 발생과 관련된 모든 상황이 충분히 고려되어야 하며, 책임제한에 관한 사실인정이나 비율을 정하는 것이 사실심의 전권사항이라고 하더라도 형평의 원칙에 비추어 현저히 불합리하여서는 안 된다.

[4] 불법행위로 인한 손해배상책임을 지우려면 위법한 행위와 원고가 입은 손해 사이에 상당인과관계가 있어야 하고, 상당인과관계의 유무는 결과 발생의 개연성, 위법행위의 태양 및 피침해이익의 성질 등을 종합적으로 고려하여 판단하여야 한다. 한편 민법 제763조에 따라 불법행위로 인한 손해배상에 준용되는 민법 제393조 제1항은 "채무불이행으로 인한 손해배상은 통상의 손해를 그 한도로 한다."라고 정하고, 제2항은 "특별한 사정으로 인한 손해는 채무자가 이를 알았거나 알 수 있었을 때에 한하여 배상의 책임이 있다."라고 정하고 있다. 제1항의 통상손해는 특별한 사정이 없는 한 그 종류의 채무불이행이 있으면 사회일반의 거래관념 또는 사회일반의 경

험칙에 비추어 통상 발생하는 것으로 생각되는 범위의 손해를 말하고, 제2항의 특별한 사정으로 인한 손해는 당사자들의 개별적, 구체적 사정에 따른 손해를 말한다.

[5] 일반적으로 영업용 물건이 손괴된 경우 수리를 위하여 필요한 기간 동안 그 물건에 의한 영업을 할 수 없었던 경우에는 영업을 계속하였더라면 얻을 수 있었던 수익상실은 통상손해에 해당한다. 그러나 위법한 가해행위로 인하여 영업용 물건이 손괴되었더라도 위법행위의 태양, 물건이 사용 및 손괴된 경위 등에 비추어 볼 때 가해자가 그것이 영업용 물건으로서 이를 손괴함으로써 그 물건을 이용하여 얻을 수 있었던 영업수익이 상실될 수 있다는 사정을 통상적으로 예견할 수 없었다면 그러한 경우까지도 위 손해가 통상손해에 해당한다고 보기는 어렵다.

[6] 산업별 노조인 갑 노동조합의 지부가 조합원들을 각 거점에 배치하고 새총, 볼트, 화염병 등을 소지한 채 공장 점거파업을 계속하자 국가가 을 주식회사로부터 기중기를 임차하여 점거파업 진압 현장에 투입하였고, 진압작전 수행 중 기중기가 손상될 경우 이를 수리하고 운휴보상을 하기로 한다는 내용의 약정을 하였는데, 위 기중기는 경찰병력을 옥상으로 이동시키는 것뿐만 아니라 장애물 제거, 조합원들에 대한 위협 및 화력소모를 위한 목적으로 사용되었고, 그 과정에서 조합원들이 이에 대항하여 새총으로 볼트를 발사하거나 화염병을 투척하는 등으로 인하여 기중기가 손상된 사안에서, 국가가 진압작전 과정에서 조합원들의 기중기에 대한 공격을 적극적으로 유도하였다고 볼 여지가 있고 그러한 대항행위로 인하여 기중기가 손상될 수 있음을 충분히 예상할 수 있었다고 볼 수 있으므로, 진압작전 중 기중기가 손상되는 것은 국가 스스로가 감수한 위험이라고 할 수 있고, 또한 기중기를 위와 같이 용법을 벗어난 방법으로 사용하였다면 그 손상에 관한 국가의 책임도 적지 않다고 볼 수 있는데도, 원심이 기중기 손상으로 인한 수리비 상당액의 배상에 관한 갑 노동조합 등의 책임을 80%로 제한한 것은 형평의 원칙에 비추어 현저히 불합리하고, 한편 시위진압을 위한 공권력의 행사는 국가작용이고, 시위에 참여하는 사람들로서는 시위진압에 사용되는 장비가 외관상 영업용 물건임이 명확하지 않는 한 통상적으로 국가가 보유하는 장비가 시위진압에 사용될 것으로 예견한다고 볼 수 있는데, 갑 노동조합 등으로서는 국가가 시위진압이라는 공권력을 행사하는 과정에서 사용한 기중기가 민간업체로부터 임차한 것이고, 기중기를 이용한 위와 같은 진압행위에 대항하여 이를 손상시킨 경우에 그 기중기가 영업용 물건에 해당하여 기중기 소

유자인 민간업체가 이를 영업에 이용하여 얻을 수 있었던 수익을 상실하게 되는 손해가 발생하고 그러한 손해를 자신들이 부담하게 될 것을 예견하였으리라고 인정하기는 어려운데도, 기중기 손상으로 인한 휴업손해 상당의 손해가 통상손해에 해당한다거나 갑 노동조합 등이 그러한 손해의 발생을 예견할 수 있다고 보아 갑 노동조합 등이 위 손해를 배상하여야 한다고 본 원심판단에 법리오해의 잘못이 있다고 한 사례.

【이 유】

1. 피고 전국금속노동조합 쌍용자동차지부(이하 '피고 지부'라 한다)의 손해배상책임 부담 여부에 관하여(원고의 제1 상고이유)

원심은 그 판시와 같은 이유로 이 사건 점거파업을 주도한 전국금속노동조합 쌍용차지부(이하 '쌍용차지부'라 한다)는 산업별 노조인 피고 전국금속노동조합(이하 '피고 금속노조'라 한다)을 탈퇴하고 기업별 노조인 쌍용자동차 노동조합(이하 '쌍용차조합'이라 한다)으로 조직형태를 변경하기로 결의하였으므로 쌍용차지부와 조직적 동일성을 가진 노동조합은 쌍용차조합이고, 쌍용차지부와의 조직적 동일성을 상실한 피고 지부가 이 사건 점거파업에 따른 손해배상책임을 부담한다고 볼 수는 없다고 판단하였다.

원심판결 이유를 관련 법리와 기록에 비추어 살펴보면 원심판단에 상고이유 주장과 같이 피고 지부의 법적 지위에 관한 법리를 오해한 잘못이 없다.

2. 원심판결 중 공동불법행위에 기한 손해배상청구를 배척한 부분의 당부에 관하여(원고의 제2 상고이유)

원심은 그 판시와 같은 이유로 원고의 피고들에 대한 청구 중 일부 피고들에 대하여 손해배상책임을 인정한 부분을 제외한 나머지 청구 부분에 대하여 다음과 같이 그에 해당하는 원고의 청구를 배척하였다.

가. 원심 판결문 별지 2.목록 기재 A(피고 3부터 피고 37까지, 피고 63, 피고 97), A1(피고 64, 피고 66, 피고 74부터 피고 79까지), A2(피고 86), A3(피고 89) 분류 피고들(이하에서 원심 판결문 별지 2.목록 기재와 같이 피고들을 분류한다)과 피고 지

부를 제외한 나머지 피고들이 이 사건 점거파업(이하에서 원고가 주장하는 이 사건 각 공동불법행위를 원심 판시와 같이 이 사건 점거파업, 이 사건 제1집회·시위, 제2집회·시위 및 개별행위로 분류한다)과 관련하여 직접적으로 실행행위를 분담하였다거나 직접적 실행행위자에게 영향을 미쳤다고 볼 수 없어 공동불법행위를 하였다고 인정하기에 부족하므로 그에 따른 손해배상책임 또는 사용자책임을 물을 수 없다.

나. A1, A2, A3 분류 피고들은 각 일부 공동불법행위책임이 인정되는 해당 개별행위로 인한 치료비 손해 외에 이 사건 점거파업과 관련한 나머지 손해와 관련하여 공동불법행위를 하였다고 인정하기에 부족하다.

다. 제1집회·시위 및 제2집회·시위, 피고 46의 개별행위와 관련하여 B(피고 2, 피고 92부터 피고 95까지), C(피고 3, 피고 98, 피고 99), D(피고 46) 분류 피고들을 제외한 나머지 피고들은 각 해당 손해에 관한 공동불법행위를 하였다고 인정하기에 부족하다.

라. 원고가 청구한 손해액 중 원심이 인정한 손해액을 초과하는 부분에 대하여는 각 해당 손해가 발생하였다는 사실을 인정하기에 부족하다.

원심판결 이유를 관련 법리와 기록에 비추어 살펴보면, 원심의 판단에 논리와 경험의 법칙을 위반하여 자유심증주의의 한계를 벗어나거나 그 주장하는 바와 같은 법리를 오해한 잘못이 없다.

3. 이 사건 점거파업 관련 치료비와 차량, 진압장비, 휴대용 무전기 손상에 관한 공동불법행위의 성립 및 손해배상책임의 범위에 관하여(피고들의 제4부터 6까지 상고이유)

원심은 그 판시와 같은 이유로 이 사건 점거파업과 관련하여 진압과정에서 부상당한 경찰관의 치료비와 차량, 진압장비, 휴대용 무전기 손상으로 인한 손해에 관하여, A 분류 피고들은 이 사건 점거파업 과정 중에 있었던 집단행동의 성격과 경위, 규모와 형태, 방법과 진행과정, 그 과정에서 위 피고들의 지위, 역할, 지휘계통을 통한 실행행위에 대한 지배 내지 장악력에 비추어 볼 때 공동불법행위자 또는 사용자로서의 책임을 부담하고, A1, A2, A3 분류 각 피고들은 직무수행 중인 경찰관을 폭행하여 상해를 가하였으므로 각 해당 부분에 관하여 A 분류 피고들과 공동하여 공동불법행위에 기한 손해배상책임을 부담한다고 판단하였다.

원심판결 이유를 기록에 비추어 살펴보면, 원심의 판단에 상고이유 주장과 같이 논리와 경험의 법칙을 위반하여 자유심증주의의 한계를 벗어나거나 공동불법행위의 성립, 손해배상의 범위와 부진정연대책임, 과실상계 및 책임제한에 관한 법리를 오해한 잘못이 없다.

4. 제1집회·시위 및 제2집회·시위 관련 공동불법행위, 피고 46의 불법행위 성립 및 각 손해배상책임의 범위에 관하여(피고들의 제4부터 6까지 상고이유)

원심은 그 판시와 같은 이유로 피고 전국민주노동조합총연맹은 제1집회·시위의 주최자로서, 피고 금속노조는 제2집회·시위의 주최자로서 각 그 집회에서 위법행위가 발생하지 않도록 할 주의의무가 있음에도 폭력행위 등의 발생을 방지하기 위한 적절한 조치를 취하지 않았으므로 그 집회참가자 중 일부의 폭력행위로 인하여 발생한 원고의 손해에 대하여 공동불법행위자로서 손해배상책임을 부담하고, 피고 46, 피고 92, 피고 93, 피고 94, 피고 95, 피고 98, 피고 99(B, C, D 분류 피고들이다)은 직무수행 중인 경찰관을 공동하여 또는 단독으로 폭행하여 상해를 가하였으므로 그로 인한 공동불법행위 또는 불법행위에 기한 손해배상책임을 부담한다고 판단하였다.

원심판결이 인정한 사실과 기록으로 알 수 있는 위 각 집회·시위의 목적 및 성격, 규모, 참여자의 구성, 그 개최 경위 및 진행과정과 관련 법리에 비추어 볼 때 원심의 판단에 상고이유 주장과 같이 논리와 경험의 법칙을 위반하여 자유심증주의의 한계를 벗어나거나 공동불법행위 또는 불법행위의 성립, 손해배상의 범위와 부진정연대책임, 과실상계 및 책임제한에 관한 법리를 오해한 잘못이 없다.

5. 헬기 손상에 관한 공동불법행위의 성립에 관하여(피고들의 제5 상고이유)

가. 관련 법리

구 「경찰관 직무집행법」(2014. 5. 20. 법률 제12600호로 개정되기 전의 것, 이하 '구 경찰관 직무집행법'이라 한다) 제1조 제2항은 "이 법에 규정된 경찰관의 직권은 그 직무수행에 필요한 최소한도 내에서 행사되어야 하며 이를 남용하여서는 아니 된다."라고 규정하여 경찰비례의 원칙을 명시적으로 선언하고 있다. 이는 경찰행정 영역에서의 헌법상 과잉금지원칙을 표현한 것으로서, 공공의 안녕과 질서유지라는 공익목적과 이를 실현하기 위하여 개인의 권리나 재산을 침해하는 수단 사이에는 합리적인 비례관계가 있어야 한다는 의미를 갖는다(대법원 2021. 11. 11. 선고 2018다288631 판결 참조).

경찰관이 구체적 상황에 비추어 그 인적·물적 능력의 범위 내에서 적절한 조치라는 판단에 따라 범죄의 진압 및 수사에 관한 직무를 수행한 경우에는 그러한 직무수행이 객관적 정당성을 상실하여 현저하게 불합리한 것으로 인정되지 않는 한 이를 위법하다고 할 수는 없다. 한편 불법적인 농성 진압의 경우 그 진압의 필요성, 농성의 태양 및 장소의 상황 등에서 예측되는 피해 발생의 구체적 위험성의 내용 등에 비추어 볼 때 농성 진압을 계속 수행할 것인지 여부 및 그 방법 등이 현저히 합리성을 결하여 위법하다고 평가할 수 있는 때에 그 직무집행이 법령을 위반한 것이라고 할 수 있다(대법원 2010. 11. 11. 선고 2010도7621 판결 참조).

구 경찰관 직무집행법 제10조 제3항은 "경찰장비를 임의로 개조하거나 임의의 장비를 부착하여 통상의 용법과 달리 사용함으로써 타인의 생명·신체에 위해를 주어서는 아니 된다."라고 정하고, 구 「경찰장비의 사용기준 등에 관한 규정」(2014. 11. 19. 대통령령 제25733호로 개정되기 전의 것, 이하 '구 경찰장비사용규정'이라 한다) 제3조는 "경찰장비는 통상의 용법에 따라 필요한 최소한의 범위 안에서 사용하여야 한다."라고 정하고 있는바, 위 조항에서 말하는 경찰장비는 '인명 또는 신체에 위해를 가할 수 있는 경찰장비(이하 '위해성 경찰장비'라 한다)'를 뜻한다(위 규정 제2조 참조). 위 규정들은 경찰비례의 원칙에 따라 경찰관의 직무수행 중 경찰장비의 사용 여부, 용도, 방법 및 범위에 관하여 재량의 한계를 정한 것이라 할 수 있고, 특히 위해성 경찰장비는 그 사용의 위험성과 기본권 보호 필요성에 비추어 볼 때 본래의 사용방법에 따라 지정된 용도로 사용되어야 하며 다른 용도나 방법으로 사용하기 위해서는 반드시 법령에 근거가 있어야 한다(헌법재판소 2018. 5. 31. 선고 2015헌마476 전원재판부 결정 참조).

위와 같은 경찰관의 직무수행 및 경찰장비의 사용과 관련한 재량의 범위 및 한계를 고려해 보면, 불법적인 농성을 진압하는 방법 및 그 과정에서 어떤 경찰장비를 사용할 것인지는 구체적 상황과 예측되는 피해 발생의 구체적 위험성의 내용 등에 비추어 경찰관이 그 재량의 범위 내에서 정할 수 있다. 그러나 그 직무수행 중 특정한 경찰장비를 필요한 최소한의 범위를 넘어 관계 법령에서 정한 통상의 용법과 달리 사용함으로써 타인의 생명·신체에 위해를 가하였다면, 불법적인 농성의 진압을 위하여 그러한 방법으로라도 해당 경찰장비를 사용할 필요가 있고 그로 인하여 발생할 우려가 있는 타인의 생명·신체에 대한 위해의 정도가 통상적으로 예견되는 범위 내에 있다는 등의 특별한 사정이 없는 한 그 직무수행은 위법하다고 보아야 한다. 나아가 경찰관이 농성 진압의 과정에서 경찰장비를 위법하게 사용함으로써 그 직무수행이 적법한 범위를 벗어난 것으로 볼 수밖에 없다면, 상대방이 그로 인한 생명·신체에 대한 위해를 면하기 위하여 직접적으로 대항하는 과정에서 그 경찰장비를 손상시켰더라도 이는 위법한 공무집행으로 인한 신체에 대한 현재의 부당한 침해에서 벗어나기 위한 행위로서 정당방위에 해당한다.

나. 원심판결 이유와 기록에 따르면 다음과 같은 사실을 알 수 있다.

(1) 쌍용차지부는 2009. 5. 22. 쌍용자동차 정리해고 철폐를 주장하면서 총파업 출정식을 개최한 다음 이 사건 점거파업을 시작하였다.

(2) 쌍용차지부는 일정한 지휘체계를 구축하고 쌍용자동차의 임직원이나 경찰의 진입에 대비하기 위하여 조합원들을 각 거점에 배치하고 새총, 볼트, 화염병 등을 소지한 채 점거파업을 계속하였고, 2009. 7. 25.부터 2009. 8. 2.까지 회사 측과 교섭을 진행하였으나 협상이 결렬되었다.

(3) 경찰은 이 사건 점거파업을 진압하기 위하여 헬기에 물탱크를 부착하여 조합원들이 있던 공장 옥상을 향하여 다량의 최루액을 살포하였고, 비행 중인 헬기에서 최루액을 담은 비닐봉지를 공장 옥상에 직접 떨어뜨리기도 하였다.

(4) 또한 경찰은 헬기를 운행할 때 발생하는 강한 하강풍을 이용하여 진압작전을 수행하기로 하고 수회에 걸쳐 조합원들이 있던 공장 옥상으로부터 30~100m 고도로 제자리 비행을 하여 조합원들을 헬기 하강풍에 노출되게 하였다.

(5) 경찰은 2009. 8. 4. 및 2009. 8. 5. 헬기 및 기중기를 동원하여 대대적 진압작전을 실시하였고, 그 과정에서 2009. 8. 4. 진압에 투입된 헬기 3대가 새총으로 발사된 볼트 등의 이물질에 맞아 손상되었다.

다. 위와 같은 사실관계를 앞서 본 법리에 비추어 살펴본다.

(1) 헬기는 통상적으로 공중에서 지휘, 정찰, 인명 수색 및 구조 등의 임무를 수행하기 위하여 사용되는 경찰장비이다. 구 「경찰항공 운영규칙」(2010. 6. 30. 경찰청훈령 제595호로 개정되기 전의 것) 제18조는 항공장비의 안전고도에 관하여 "중요시설, 민가 밀집지역, 사람이 많이 모여 있는 지역 등을 비행할 때는 항공기를 중심으로 반경 600m 범위 내에 있는 가장 높은 장애물 상단으로부터 300m 이상의 고도를 유지해야 한다. 다만 경찰기본임무 수행에 필요한 경우와 지상의 사람이나 물건을 위태롭게 하지 않을 것으로 판단될 때는 그 이하의 고도로도 비행할 수 있다."라고 정하고 있었다. 위 규정과 경찰장비의 사용 여부, 용도, 방법 및 범위에 관한 구 경찰관 직무집행법 및 구 경찰장비사용규정의 내용을 종합해 보면, 의도적으로 헬기를 낮은 고도에서 제자리 비행하여 옥외에서 농성 중인 사람을 상대로 직접 그 하강풍에 노출시키는 것은 경찰장비를 통상의 용법과 달리 사용함으로써 타인의 생명·신체에 위해를 주는 행위라고 볼 수 있다. 또한 위해성 경찰장비인 최루제는 관련 법령에서 정한 발사 장치를 통해 사용되어야 하고, 구 경찰관 직무집행법 및 구 경찰장비사용규정은 최루제를 헬기를 이용하여 공중에서 살포할 수 있다는 규정을 두고 있지 않았다. 결국 헬기를 위와 같은 방법으로 사용하여 불법적인 농성을 진압하는 것은 경찰장비를 위법하게 사용함으로써 적법한 직무수행의 범위를 벗어났다고 볼 여지가 있다.

(2) 그렇다면 원심으로서는 이 사건 점거파업 진압을 위하여 헬기를 이용하여 최루액을 직접 살포하거나 사람을 직접 하강풍에 노출시키는 직무수행이 경찰장비를 통상의 용법에 따라 필요한 최소한의 범위 내에서 사용한 것으로서 적법한 직무수행이라고 볼 수 있는지, 그로 인하여 조합원들의 생명·신체에 상당한 위험이 초래되었는지 및 경찰이 위와 같은 방법으로 진압작전을 펼친 데에 조합원들이 직접적으로 대항하는 과정에서 이루어진 가해행위로 인하여 헬기가 손상된 것인지에 관하여 심리해 보았어야 한다.

라. 그럼에도 원심은 위와 같은 사정에 관하여 심리하지 않은 채 A 분류 기재 피고들에 대하여 헬기의 손상에 관한 손해배상책임이 성립한다고 판단하였다. 이러한 원심판단에는 경찰장비의 사용에 관한 직무수행의 적법성 및 비례의 원칙 등에 관한 법리를

오해하여 필요한 심리를 다하지 않음으로써 판결 결과에 영향을 미친 잘못이 있다.

6. 기중기 손상에 관한 공동불법행위에 기한 손해배상책임 및 책임제한에 관하여(피고들의 제1, 2, 5 상고이유)

가. 수리비 상당의 손해배상청구 부분에 관하여

(1) 원심은 그 판시와 같은 이유로 원고는 주식회사 중앙크레인(이하 '중앙크레인'이라 한다)으로부터 임차한 기중기를 임차 당시의 상태대로 반환할 의무가 있는데 기중기가 손상되어 중앙크레인에 수리비 상당액을 지급하여야 하는 손해를 입게 되었으므로 기중기를 손상시킨 자를 상대로 그 손해배상을 구할 수 있고, 설령 원고가 위 손해배상채권을 직접 행사할 수 없다 하더라도 구상권을 행사할 수 있으므로 A 분류 피고들은 원고에게 기중기 수리비 상당액의 손해를 배상할 책임이 있다고 인정하는 한편, 원고의 지시에 따른 과다조작 역시 기중기의 손상 원인이 되었음을 인정할 수 있으므로 그 기여 정도를 참작하기로 하되 그 비율은 20%로 보는 것이 타당하다고 판단하였다.

원심판결 이유를 기록에 비추어 살펴보면, A 분류 피고들이 원고에 대하여 공동불법행위에 기한 손해배상으로 기중기 수리비 상당액을 지급할 의무가 인정된다고 한 원심의 판단에는 임차목적물에 대한 불법행위로 인한 손해배상책임의 성립에 관한 법리를 오해한 잘못이 없다.

(2) 그러나 다음과 같은 이유로 그 책임의 제한에 관한 원심의 판단은 받아들이기 어렵다.

(가) 불법행위로 인한 손해배상사건에서 피해자에게 손해의 발생이나 확대에 관하여 과실이 있거나 가해자의 책임을 제한할 사유가 있는 경우에는 배상책임의 범위를 정함에 있어서 당연히 이를 참작하여야 하고, 나아가 그 책임제한의 비율을 정할 때에는 손해의 공평 부담이라는 제도의 취지에 비추어 손해 발생과 관련된 모든 상황이 충분히 고려되어야 하며, 책임제한에 관한 사실인정이나 비율을 정하는 것이 사실심의 전권사항이라고 하더라도 형평의 원칙에 비추어 현저히 불합리하여서는 안 된다(대법원 2022. 4. 28. 선고 2019다224726 판결 등 참조).

(나) 원심판결 이유와 기록에 따르면 다음과 같은 사정을 알 수 있다.

① 원고는 중앙크레인으로부터 220t, 200t, 100t 규격의 독일제 기중기 3대(이하 '이 사건 기중기'라 한다)를 임차하여 이를 점거파업 진압 현장에 투입하였고, 진압작전 수행 중 기중기가 손상될 경우 이를 수리하고 운휴보상을 하기로 한다는 내용의 약정을 하였다.

② 이 사건 기중기의 조종기사들은 2009. 8. 5. 07:00경부터 각 기중기에 약 7t 무게의 빈 컨테이너 1개씩을 매달은 후 원고 소속 경찰들의 지시에 따라 약 1시간 동안 이 컨테이너들을 이용하여 조합원들이 자동차조립공장 옥상에 설치해 놓은 장애물들을 부수어 제거하고, 조합원들에게 겁을 주고 조합원들의 화력을 소모시키기 위하여 컨테이너들을 옥상에 내릴 것 같은 동작을 취하는 등으로 이 사건 기중기를 급조작하였다.

③ 중앙크레인이 원고를 상대로 제기한 약정금 청구 소송에서 원고는 '중앙크레인이 250t 기중기 3대를 대여하였다면 이 사건 기중기에 생긴 손상들 중 하중으로 인한 손상들은 발생하지 않았을 것'이라고 주장하였으나, 법원은 '기중기에 하중으로 인한 과부하가 발생하는 주된 원인은 작업반경의 거리와 붐 길이 그리고 작업환경인데, 이 사건 진압작전에서 원고가 기중기를 경찰병력의 운반에만 사용한 것이 아니라 장애물의 제거, 시위대에 대한 위협 및 화력소모에 사용하도록 지시함에 따라 기중기가 무리하게 작동되도록 하였고, 그 과정에서 하중으로 인한 손상들이 발생하였음을 인정할 수 있다.'는 이유로 위 주장을 받아들이지 않았다.

(다) 사정이 이와 같다면, 원고로서는 진압작전 과정에서 조합원들의 기중기에 대한 공격을 적극적으로 유도하였다고 볼 여지가 있고 그러한 대항행위로 인하여 이 사건 기중기가 손상될 수 있음을 충분히 예상할 수 있었다고 볼 수 있으므로, 진압작전 중 기중기가 손상되는 것은 원고 스스로가 감수한 위험이라고 할 수 있다. 또한 통상적으로 무거운 짐을 들어 올려 느린 속도로 이동시키는 용도로 사용되는 고가의 장비인 기중기를 위와 같이 그 용법을 벗어난 방법으로 사용하였다면 그 손상에 관한 원고의 책임도 적지 않다고 볼 수 있다. 그렇다면 원심으로서는 위와 같은 원고 측의 책임과 아울러 이 사건 기중기가 손상된 구체적 경위와 부위, 손상 정도

등을 심리하여 이를 책임의 범위를 정하는 데 참작하였어야 하고, 나아가 손해분담의 공평이라는 손해배상제도의 이념에 비추어 볼 때 이러한 고가의 장비 손상은 불법 집회·시위에 통상 수반되는 것으로서 일반적으로 예견할 수 있는 범위를 넘어선다는 사정도 참작하여 그 책임을 제한함이 타당하다.

그럼에도 불구하고 이 사건 기중기 손상으로 인한 수리비 상당액의 배상에 관한 A 분류 피고들의 책임을 80%로 제한한 것은 형평의 원칙에 비추어 현저히 불합리하므로, 이러한 원심의 판단에는 과실상계 또는 책임제한 등에 관한 법리를 오해하여 판결에 영향을 미친 잘못이 있다.

나. 휴업손해 상당의 손해배상청구 부분에 관하여

(1) 원심은 각 기중기의 제원에 비추어 A 분류 피고들이 해당 기중기가 영업용이라는 점을 예견할 수 있었다는 전제에서, 이 사건 기중기 손상으로 인한 휴업손해 부분은 통상손해에 해당하거나 위 피고들이 알았거나 알 수 있었던 특별손해에 해당한다고 보아 위 피고들에게 원고가 중앙크레인에 지급한 휴업손해 상당의 손해배상책임을 인정하였다.

(2) 그러나 이러한 원심의 판단은 다음과 같은 이유로 그대로 받아들이기 어렵다.

(가) 불법행위로 인한 손해배상책임을 지우려면 그 위법한 행위와 원고가 입은 손해 사이에 상당인과관계가 있어야 하고, 그 상당인과관계의 유무는 결과 발생의 개연성, 위법행위의 태양 및 피침해이익의 성질 등을 종합적으로 고려하여 판단하여야 한다. 한편 민법 제763조에 따라 불법행위로 인한 손해배상에 준용되는 민법 제393조 제1항은 "채무불이행으로 인한 손해배상은 통상의 손해를 그 한도로 한다."라고 정하고, 제2항은 "특별한 사정으로 인한 손해는 채무자가 이를 알았거나 알 수 있었을 때에 한하여 배상의 책임이 있다."라고 정하고 있다. 제1항의 통상손해는 특별한 사정이 없는 한 그 종류의 채무불이행이 있으면 사회일반의 거래관념 또는 사회일반의 경험칙에 비추어 통상 발생하는 것으로 생각되는 범위의 손해를 말하고, 제2항의 특별한 사정으로 인한 손해는 당사자들의 개별적, 구체적 사정에 따른 손해를 말한다(대법원 2022. 5. 26. 선고 2021다300791 판결 등 참조).

일반적으로 영업용 물건이 손괴된 경우 수리를 위하여 필요한 기간 동안 그 물건에 의한 영업을 할 수 없었던 경우에는 영업을 계속하였더라면 얻을 수 있었던 수익상실은 통상손해에 해당한다. 그러나 위법한 가해행위로 인하여 영업용 물건이 손괴되었더라도 그 위법행위의 태양, 물건이 사용 및 손괴된 경위 등에 비추어 볼 때 가해자가 그것이 영업용 물건으로서 이를 손괴함으로써 그 물건을 이용하여 얻을 수 있었던 영업수익이 상실될 수 있다는 사정을 통상적으로 예견할 수 없었다면 그러한 경우까지도 위 손해가 통상손해에 해당한다고 보기는 어렵다.

2) 판례 2

대법원 2007. 10. 25. 선고 2005다23438 판결

【판시사항】

[1] 경찰관이 구체적 상황하에서 그 인적·물적 능력의 범위 내에서의 적절한 조치라는 판단에 따라 범죄의 진압 및 수사에 관한 직무를 수행한 경우, 그와 다른 조치를 취하지 아니한 부작위를 이유로 국가배상책임을 인정하기 위한 기준

[2] 경찰관들이 인질의 구출 및 납치범의 검거 직무를 수행하는 과정에서 범인에게 돈을 전달하기로 한 인질의 아버지가 피살된 사안에서, 경찰관의 직무수행이 합리성 내지 상당성을 현저히 결여하였다거나 합리적인 판단 기준에서 현저히 잘못된 것이라고 볼 수 없다는 이유로 국가배상책임을 부정한 사례

【이 유】

1. 공무원이 그 직무를 집행함에 당하여 고의 또는 과실로 법령에 위반하여 타인에게 손해를 가한 때에는 국가가 이를 배상할 책임을 진다. 범죄의 예방·진압 및 수사는 경찰관의 직무에 해당하며(경찰관직무집행법 제2조 제1호 참조), 그 직무행위의 구체적 내용이나 방법 등이 경찰관의 전문적 판단에 기한 합리적인 재량에 위임되어 있으므로, 경찰관이 구체적 상황하에서 그 인적·물적 능력의 범위 내에서의 적절한 조치라는 판단에 따라 범죄의 진압 및 수사에 관한 직무를 수행한 경우, 경찰관에게 그와 같은 권한을 부여한 취지와 목적, 경찰관이 다른 조치를 취하지 아니함으로 인

하여 침해된 국민의 법익 또는 국민에게 발생한 손해의 심각성 내지 그 절박한 정도, 경찰관이 그와 같은 결과를 예견하여 그 결과를 회피하기 위한 조치를 취할 수 있는 가능성이 있는지 여부 등을 종합적으로 고려하여 볼 때, 그것이 객관적 정당성을 상실하여 현저하게 불합리하다고 인정되지 않는다면 그와 다른 조치를 취하지 아니한 부작위를 내세워 국가배상책임의 요건인 법령 위반에 해당한다고 할 수 없다(대법원 1996. 10. 25. 선고 95다45927 판결, 대법원 1998. 10. 13. 선고 98다18520 판결, 대법원 2001. 3. 9. 선고 99다64278 판결, 대법원 2001. 4. 24. 선고 2000다57856 판결 등 참조).

2. 가. 원심판결 이유에 의하면, 원심은 그 채용 증거들을 종합하여 판시 각 사실을 인정한 다음, (1) 경찰의 초기 대응 과정과 관련하여, 소외 1(이하 '범인'이라고 함)이 소외 2 소유의 레조 승합차를 절취함으로써 이루어진 도난차량 수배 40분 후 범인이 원고 2를 납치하여 목포시 대양동 소재 대양검문소 앞을 통과하였는데, 이는 경찰이 수배상황을 정상적으로 전파하지 않은 과실로 검문소 검색이 제대로 실시되지 않았던 것이고, 또한 경찰은 차량 도난신고와 여학생 납치신고의 관련가능성을 인지하여 도난차량을 용의차량으로 고지하여 우선적 검색을 실시하였어야 함에도 적절한 조치를 취하지 못한 과실이 있으며, (2) 경찰은 최소 두 팀 이상의 차량 추적조를 출동시켜 원고 2의 아버지로서 범인에게 돈을 전달하기로 한 소외 3(이하 '망인'이라고 함)의 승용차를 은밀히 추적하는 한편 망인과 범인이 만나는 현장의 상황 파악 및 현장에의 접근을 용이하게 하였어야 하고, 소외 4 등 차량 추적조는 망인이 정차한 장소를 관찰할 수 없는 먼 거리에서 대기할 것이 아니라 현장에 근접, 이동하였어야 하며, (3) 현금 440만 원과 신문지를 잘라 만든 다발을 섞어 범인이 요구한 3,000만 원으로 위장한 이 사건에서, 범인이 현금 3,000만 원으로 위장한 돈 보자기의 내용을 확인할 경우 인질인 원고 2에게 위해를 가할 수 있으므로, 경찰로서는 망인이 범인을 직접 만나지 않고 특정 장소에 돈을 두고 떠나게 되는 상황을 가정하여 범인이 돈 보자기를 갖고 현장을 이탈하기 전에 인질의 안전을 확보하는 작전을 수립하였어야 함에도 아무 대책을 세우지 않았으며, (4) 소외 5, 소외 6 등 망인의 승용차에 동승하였던 경찰관들은 범인과의 통화 내용이나 전개되는 상황을 지휘부나 부근 경찰관들에게 알렸어야 할 것인데 승용차에서 내린 이후에도 핸드폰이나 무전기를 이용한 연락을 취하지 않았고, 현장은 핸드폰 난청지역으로 보이지 않을 뿐 아니라 난청지역이었다 하더라도 다른 경찰관들로서는 소외 5 등의 전화에 대하여

우선 통화를 하였어야 함에도 연락을 하지 아니하는 등 현장에서의 상호 연락이 제대로 이루어지지 아니하였으며, (5) 망인이 돈 보자기를 내려놓은 곳으로부터 약 311.9m 떨어진 상덕치마을 입구에서 승용차에 탑승한 채 대기하던 소외 7, 소외 8 두 경찰관은 망인의 승용차 번호조차 모르고 있었고, 면밀히 관찰하였으면 망인의 승용차가 정지하고 망인이 돈 보자기를 내려놓는 것을 볼 수 있었을 것임에도 이를 보지 못하였으며, 소외 5, 소외 6이 위 대기장소 약 31m 건너편에서 망인의 승용차로부터 하차하였을 때 당연히 이를 목격하여 함께 이동하는 등 대처를 하였어야 함에도 그러한 협조가 이루어지지 않았고, (6) 범인이 무장한 것으로 파악되었으므로 범인과의 조우에 대비하여 망인에게 안전을 위한 보호장구를 착용시켰어야 함에도 이를 하지 아니한 과실 등이 있다고 전제한 후, 목포경찰서 소속 경찰관들의 위와 같은 상황판단 미숙과 안이한 상황대처, 허술한 작전, 현장상황의 신속한 보고나 전파의 부재와 그로 인한 늦장 대응 등의 과실로 인하여 망인이 사망에 이르게 되었으므로, 피고는 망인과 원고들이 입은 손해를 배상할 책임이 있다고 판단하였다.

나. 그러나 원심판결 이유를 그 채택 증거와 대조하여 살펴보면, (1) 대도시에서의 도난 차량 수배 건수는 적지 않을 것으로 쉽게 예상할 수 있어 그와 같은 단순 차량 도난 신고와 여학생 납치신고의 관련가능성을 인지한다는 것은 어렵다고 보아야 할 뿐 아니라, 납치는 도난신고 40분 후 이루어졌으므로 그 도난차량 수배가 하달된 시점과의 선후관계를 명확히 확인할 수 없다는 사정 등을 고려하면 경찰이 수배상황을 정상적으로 전파하지 않았다거나 검문소 검색이 제대로 이루어지지 않았다고 보기는 어렵고, (2) 소외 4 등의 차량 추적조 외에 소외 7, 8이 탑승한 승용차 매복·대기조가 한 팀 더 있었고 소외 5 등 망인의 승용차에 동승한 경찰관들도 2명이 있었던 점, 한편 현장은 시야에 막힘이 없는 지역으로 노출의 위험 때문에 차량에 의하여 망인이 정차한 장소에 근접할 수 없었던 점, 범인이 접선장소를 자주 변경하고 마지막 순간까지 범죄현장이 특정되지 못하였던 점 등의 사정을 참작하면, 차량 추적조의 구성이나 운용에 잘못이 있는 등의 과실을 인정하기는 어려우며, (3) 경찰은 발생 가능한 모든 상황에 대비하여 경찰관 11명을 망인과 범인 사이의 통화 내용과 핸드폰 발신지 통보에 근거하여 범인이 있을 것으로 추정되는 세 지역에 나누어 배치하는 한편 소외 7 등 차량 매복·대기조까지 배치하였던 것이고, 한편 범인이 돈을 놓아두는 장소를 계속 변경하던 상황이었을 뿐 아니라 망인과 범인이 격투한 현장은 시야가 트인 광활한 농촌지역으로서 미리 현장에 경찰관을 배치하거나 출동할

수는 없었던 점, 망인이 돈 보자기를 내려놓은 때부터 범인이 격투를 하고 도주할 때까지는 극히 짧은 시간이었다는 점 등의 사정에 비추어 보면, 경찰이 수행한 각 대비책 외에 추가 작전이나 대책을 요구하기는 어려웠다고 보아야 하며, (4) 소외 5, 6이 망인의 승용차에서 내린 직후 차량 충돌 소리를 듣고 현장으로 뛰어갔으며 그 전체 시간은 1분 남짓이었므로 두 경찰관이 지휘부나 부근 경찰관에게 상황을 알릴 겨를이 있었다고 보기는 어려울 뿐 아니라, 승용차에 탑승하고 있는 동안에는 망인이 범인과 계속 통화하고 있었던 관계로 상부와의 통화 내지 교신이 어려웠으므로, 위와 같은 연락상 문제점이 경찰관들의 과실이라고 볼 수는 없고, (5) 당시는 달도 없는 어두운 밤으로 현장 도로변에 가로등마저 없어 60m가 채 되지 못하는 거리에서도 사람 얼굴의 구체적인 모습을 알아볼 수 없고 대략적인 형체만 보이는 정도인 상황이었으므로, 돈 보자기가 놓인 곳으로부터 약 311.9m 떨어진 곳에서 대기하던 소외 7, 8 두 경찰관으로서는 망인이 돈 보자기를 내려놓는 것을 보기가 어렵다고 할 것이며, 또한 위 두 경찰관이 소외 5 등이 승용차에서 내리는 것을 목격하였다고 하더라도 반드시 그 상황을 알아보고 함께 이동하여야 하는 것은 아니라는 점에서 서로 협조하여 행동하지 아니하였다는 잘못이 있다고는 할 수 없으며, (6) 한편, 경찰이 망인에게 보호장구를 착용시키지 아니하였다고 하더라도 뒤에서 살펴보는 바와 같이 망인이 위험을 자초하여 범인과 싸우게 되었던 이상 망인의 사망이라는 결과에 대하여 경찰에게 책임을 묻기는 어렵다고 할 것이다.

나아가 원심판결 이유를 기록과 대조하여 살펴보면, 경찰이 원고 2의 어머니인 원고 1이 납치신고를 한 이후 대응조치를 소홀히 하였거나 적절히 대처하지 못하였다고 볼 만한 사정은 찾아볼 수 없고, 오히려 순찰차 및 형사기동대의 현장 출동, 수사과 형사계 전원의 비상소집, 전남지방경찰청 등 상부에 대한 사건 및 상황 보고, 원고 2의 핸드폰 발신지 추적을 위한 실시간 위치확인등록 요청, 인근 경찰서 등지에 사건을 통보하여 주요 길목을 차단하고 검문·검색을 실시하도록 한 조치 등 인질 구출 및 납치범 검거에 관한 초기 대응 및 이후의 작전 과정에서 적절히 대처하였고 거기에 어떠한 잘못이 있었다고는 볼 수 없으며, 특히 도난차량과 관련하여서도 차량수배의 전산처리 등 직무 처리에 잘못이 있었다고 볼 수 없다.

이상 살핀 내용을 앞서 본 법리에 비추어 살펴보면, 사건의 발생 및 전개가 급박하고 가변적인 인질강도 사건의 특성과 그와 같은 범죄의 태양 및 수법, 경위 등에서 예측되는 피해 발생의 구체적 위험성의 내용 등에 비추어, 목포경찰서 소속 경찰관들은 구체적·개별적 상황하에서 인질 구출 및 납치범 검거를 위한 최선의 조치를 취하였다고 볼 수 있으며, 그 추적의 개시 및 방법 등 직무의 수행이 합리성 내지 상당성을 현저히 결여하였다거나 합리적인 판단 기준에서 현저히 잘못된 것이라고 볼 수 없으므로, 경찰권의 행사가 부적절하였다거나 완벽한 조치를 취하지 아니한 부작위가 있다는 등의 이유를 내세워 이 사건 인질 구출 및 납치범 검거에 관한 직무수행 행위가 법령에 위반하는 행위에 해당한다고 할 수 없다.

다. 뿐만 아니라, 이 사건은 인질 구출 및 납치범 검거 과정에서 망인이 피살된 것에 대하여 국가배상책임을 구하는 것이므로, 목포경찰서 소속 경찰관들이 위 과정에서 망인에 대한 보호의무를 위반하였고 그것이 객관적 정당성을 상실하여 현저하게 불합리하다고 인정될 수 있어야 법령에 위반되는 행위라고 할 수 있다.

그런데 망인이 이 사건에 관여하게 된 것은 망인이 원고 2의 핸드폰으로 연락한 안부전화를 받게 된 범인이 망인에게 현금을 직접 가지고 나오라고 요구하였기 때문인바, 범인이 원고 2로 하여금 망인이 아버지가 맞는지 여부를 미리 확인시킬 수도 있었던 만큼 경찰이 망인에게 승용차를 운전하여 현장에 직접 가도록 한 것에 어떠한 잘못이 있다고 볼 수 없으며, 또한 망인이 범인을 만나러 가는 과정에서 경찰관 두 명을 망인 운전의 승용차 뒷좌석에 동승시켜 안전을 확보하였고, 경찰관들이 범인 검거를 위하여 승용차에서 하차하게 되었을 때에는 망인에게 목포로 돌아가라고 지시하여 현장에서 벗어나도록 함으로써 망인이 범인과 직접 대면하지 않도록 한 이상, 목포경찰서 소속 경찰관들로서는 이 사건 인질 구출 및 납치범 검거 과정에서 망인이 피해를 입게 될 위험한 상황에 처하지 않도록 최대한 노력을 한 것으로 인정된다.

그리고 범인 검거는 경찰의 업무이지 망인의 업무는 아닐 뿐 아니라 작전 개시 전 경찰은 망인에게 사건에 개입하지 말고 경찰이 지시한 대로 따르라고 당부하였음에도 망인은 범인이 요구한 바에 따라 돈 보자기를 내려놓고 현장을 떠난 후에 목포로 돌아가라는 경찰의 지시에 반하여 돌발적으로 차를 몰고 다시 현장으로 돌아가 범인의 승합차를 충격하였고, 원고 2가 승합차에서 내려 도주한 후에도 범인 체포를 위하여 격투를 계속하면서 승합차 운전석 문을 잡고 따라가기까지 하였으며, 비록 범인이 전달된 돈이 위장된 것임을 확인하면 원고 2에게 위해를 가할 것으로 우려하였기 때문이라는 아버지로서의 행위

동기는 이해할 수 있으나, 범죄 진압에 전문적 경험과 지식을 보유한 경찰을 제쳐두고 자신의 처인 원고 1이 건네준 가스총을 사용하지도 않은 채 엽총 등 흉기를 소지하고 있을 것으로 예상되던 범인과 격투를 벌이는 무모한 행동을 함으로써 자신의 생명·신체에 대한 침해를 자초한 점 등에 비추어 보면, 망인이 돈 보자기를 내려놓고 현장을 벗어난 후에는 경찰이 망인의 피살과 관련하여 망인에게 어떠한 위험이 발생하리라고 예견할 수 있는 가능성도 없었다고 보인다.

따라서 망인이 돈 보자기를 내려놓고 현장을 벗어난 후에는 더 이상 망인이 범인과 싸우게 될 경우에 대비하여 망인을 보호하는 조치를 취하여야 할 직무상 주의의무가 있다고 보기 어렵고, 그 후 망인이 위험을 자초하면서까지 범인과 싸우게 되어 발생한 결과에 대하여 경찰에게 책임을 지울 수는 없는 것이므로, 비록 경찰이 망인에게 보호장구를 착용시키지 아니하였다고 하더라도 그와 같은 사정이 국가에 대하여 법적인 책임을 물을 수 있는 사유가 될 수는 없다고 할 것이다.

라. 그렇다면 이상 살펴본 바와 달리, 목포경찰서 소속 경찰관들이 인질의 구출 및 납치범의 검거라는 이 사건 직무를 수행하는 과정에 과실이 있어 망인이 사망에 이르게 되었다고 판단한 원심에는 경찰관의 직무상 행위에 관한 법리를 오해하여 망인에 대한 보호의무 위반으로 인한 국가배상책임 유무의 판단을 그르친 위법이 있고, 이 점을 지적하는 상고이유는 이유 있다 할 것이다.

XXV

제12조 벌칙

XXV. 제12조 벌칙

제12조(벌칙) 이 법에 규정된 경찰관의 의무를 위반하거나 직권을 남용하여 다른 사람에게 해를 끼친 사람은 1년 이하의 징역이나 금고 또는 300만원 이하의 벌금에 처한다.

1. 직권남용

경찰관이 의무에 위반하거나 직권을 남용하여 다른 사람에게 해를 끼치는 행위를 범죄행위로 규정하여 형벌을 부과하고 있다. 이는 형법 제123조에서 125조까지의 규정과 거의 중복되어 있다. 따라서 구성요건이 구체적이고 1차적인 형법이 우선 적용되고, 이 조항은 이에 보충하여 적용될 수 있는 규정이다. 경찰관직무집행법에 의하지 않더라도 경찰관이 직권을 남용한 경우에는 형법상 직권남용죄, 상해, 폭행 등의 벌을 받는 것이므로, 동 규정은 위와 같은 형법상의 범죄에 해당하지 않는 경우에 보충적으로 적용되는 것이라고 할 것이다.

2. 판례

1) 판례 1

서울고법 1998. 10. 29.자 88초39 결정 : 일부항고

【판시사항】

[1] 직권남용에 의한 불법감금죄의 성립 요건

[2] 형법상 부작위범의 성립 요건

[3] 1987.경 직권을 남용하여 신청인외 1을 불법감금한 범죄사실에 관하여, 직접 가택봉쇄 및 출입통제조치를 한 관할 경찰서장에 대한 재정신청은 이를 인용하고, 행정체계상 지휘·감독자인 서울특별시 경찰국장에 대한 재정신청은 이를 기각한 사례

【결정요지】

[1] 직권남용에 의한 불법감금죄에 있어서의 '직권남용'이란 재판, 검찰, 경찰 기타 인신구속에 관한 직무를 행하거나 이를 보조하는 자가 그의 일반적 권한에 속하는 사항에 관하여 그것을 불법하게 행사하는 것, 즉 형식적, 외형적으로는 직무집행으로 보이나 그 실질은 정당한 권한 이외의 행위를 하는 경우를 의미하고, 감금죄는 사람의 행동의 자유를 그 보호법익으로 하여 사람이 특정한 구역에서 벗어나는 것을 불가능하게 하거나 또는 매우 곤란하게 하는 죄로서 그 본질이 사람의 행동의 자유를 구속하는 데에 있고, 이와 같이 행동의 자유를 구속하는 수단과 방법에는 아무런 제한이 없으며, 사람이 특정한 구역에서 벗어나는 것을 불가능하게 하거나 매우 곤란하게 하는 장애는 물리적·유형적 장애뿐만 아니라 심리적·무형적 장애에 의하여서도 가능하므로 감금죄의 수단과 방법은 유형적인 것이거나 무형적인 것이거나를 가리지 아니하고, 또한 감금죄가 성립하기 위하여 반드시 사람의 행동의 자유를 전면적으로 박탈할 필요는 없고, 감금된 특정한 구역 범위 안에서 일정한 생활의 자유가 허용되어 있었다고 하더라도 유형적이거나 무형적인 수단과 방법에 의하여 사람이 특정한 구역에서 벗어나는 것을 불가능하게 하거나 매우 곤란하게 한 이상 감금죄의 성립에는 아무런 지장이 없다.

[2] 형법상 부작위범이 인정되기 위하여는 형법이 금지하고 있는 법익침해의 결과 발생을 방지할 법적인 작위의무를 지고 있는 자가 그 의무를 이행함으로써 결과발생을 쉽게 방지할 수 있었음에도 불구하고 그 결과의 발생을 용인하고 이를 방관한 채 그 의무를 이행하지 아니한 경우에, 그 부작위가 작위에 의한 법익침해와 동등한 형법적 가치가 있는 것이어서 그 범죄의 실행행위로 평가될 만한 것이라면, 작위에 의한 실행행위와 동일하게 부작위범으로 처벌할 수 있다.

[3] 1987.경 직권을 남용하여 신청인외 1을 불법감금한 범죄사실에 관하여, 직접 가택봉쇄 및 출입통제조치를 한 관할 경찰서장에 대한 재정신청은 이를 인용하고, 행정체계상 지휘·감독자인 서울특별시 경찰국장에 대한 재정신청은 이를 기각한 사례.

【이 유】

1. 신청인들의 고발사실의 요지

피의자 2는 1987. 1. 21.부터 1987. 5. 25.까지 서울특별시경찰국장으로, 피해자 1은 1987. 1. 16.부터 1988. 6. 30.까지 서울마포경찰서장으로, 피의자 3은 1987. 1. 15.부터 1988. 6. 1.까지 서울북부경찰서장으로, 피의자 4는 1986. 1. 28.부터 1988. 6. 30.까지 서울서부경찰서장으로 각 재직한 자들인바,

가. 피의자 2, 피의자 1은 직무상 지휘명령계통에 따라 지시 공모하여,

1987. 4. 10. 18:30경부터 같은 해 6. 24.까지 서울 마포구 (주소 1 생략) 소재 민주화추진협의회 공동의장인 피해자 신청인외 1의 집 주위에 수백명의 전투경찰관 및 사복경찰관을 배치하여 동인의 외부출입을 강제로 봉쇄하는 등 그 직권을 남용하여 다중의 위력을 보임으로써 위 피해자를 감금하고,

나. 피의자 2, 피의자 3은 위 1.항과 같이 공모하여

1987. 5. 16.부터 같은 달 22.까지 서울 도봉구 (주소 2 생략) 소재 민통련부의장인 피해자 신청인외 2의 집 주위에 수백명의 전투경찰관을 배치하여 동인의 출입을 강제로 봉쇄하는 등 그 직권을 남용하여 다중의 위력을 보임으로써 위 피해자를 감금하고,

다. 피의자 2, 피의자 4는 위 1.항과 같이 공모하여

1987. 5. 15.부터 같은 달 22.까지 서울 은평구 (주소 3 생략) 소재 민언협의장인 신청인외 3의 집 주위에 수백명의 전투경찰관을 배치하여 동인의 출입을 강제로 봉쇄하는 등 그 직권을 남용하여 다중의 위력을 보임으로써 위 피해자를 감금한 것이다.

2. 검사의 불기소처분의 요지

서울지방검찰청 검사 신청인외 4는 위 고발사건을 수사한 후 1988. 2. 29. 다음과 같은 이유로 피의자들에 대하여 각 혐의 없음의 불기소결정을 하였다.

가. 피해자 신청인외 1에 관한 피의사실에 대하여

피의자 1은 피해자 신청인외 1이 당시 형집행정지자인 관계로 형집행정지자관찰규정 등에 기하여 그 동향을 관찰한 결과 정당법 제42조의2(이 조항은 1989. 3. 25. 법률 제4087호로 개정되면서 삭제되었다. 이하 같다)에 의하여 정치활동을 할 수 없는 신분임에도 민추협공동의장에 취임하고 특정정당의 지원활동을 하는 불법적인 집회에 참가하는 등 정치활동을 계속하여 동인과 그 지지자들이 정치활동에 깊이 관여할 우려가 있음을 알게 되어 신청인외 1에게 형집행정지자의 신분으로 정당활동에 영향을 미치는 행위를 하는 것은 불법이라는 사실을 고지하고 자숙하여 줄 것을 당부하였으나 동인이 이를 묵살하고 심지어 동인의 많은 추종자들도 동인의 집에 출입하면서 불법적인 집회시위를 할 태세를 보이므로, 신청인외 1의 거주지 관할경찰서장으로서 이와 같은 사태를 방관할 수 없어 독자적인 판단과 책임하에 사회혼란과 범죄를 예방하고 신병치료를 이유로 형집행정지중인 신청인외 1의 신변을 보호하는 차원에서 신청인외 1의 자택을 직접 방문하여 일상적인 사생활에 따른 출입은 얼마든지 자유롭게 해도 좋으나 형집행정지자의 신분에 어긋나는 불법적인 정치활동은 자제해 줄 것을 동인에게 경고하고 아울러 동인을 초종하는 자들이 집단내방하여 불법시위로 발전할 것에 대비하여 경찰병력을 동인의 집 주변에 배치하였던 것으로서 결코 동인의 출입을 강제로 봉쇄하기 위한 목적으로 경찰병력을 동원한 것이 아닐 뿐만 아니라 단 한번이라도 동인이 외출하려는 것을 경찰관들이 강제로 저지한 사실이 없고, 위와 같은 경고 후에는 동인이 스스로 출입을 삼가한 것이며, 위와 같은 조치는 독자적인 판단과 책임하에 취한 것이지 피의자 2 등 상부의 지시에 따른 것이 아니었다고 변명하는바, 고발인들이 제출한 신청인외 1의 비서 신청인외 5, 신청인외 6 작성의 유인물 내용 기재도 신청인외 1 자신이 직접 그의 집 밖으로 외출하려 하는데도 경찰관들이 이를 강제로 저지한 사실은 전혀 없고 피의자 1이 신청인외 1에게 낭독한 경고장은 형집행정지자는 정당법 제42조의2에 따라 정당활동을 할 수 없기 때문에 앞으로 정치활동을 해서는 안된다는 요지의 경고였다는 것으로 피의자 1의 변명에 부합하고, 고발인들의 추상적인 주장 이외에 피의자들의 피의사실을 인정할 아무런 증거가 없으므로 모두 그 범죄 혐의 없고,

나. 피해자 신청인외 2에 관한 피의사실에 대하여

피의자 3은 피해자 신청인외 2가 이른바 민통련부의장직에 취임한 후 각종 불법시위

및 집회에 참가하여 이를 주도하다가 구속되기까지 하는 등의 사정이 있어 범죄예방 및 사회혼란방지 등의 차원에서 신청인외 2의 거주지를 관할하는 경찰서장으로서 독자적 판단에 따라 1987. 5. 16. 10:00경 정보과 형사인 신청인외 7을 통하여 신청인외 2에게 1987. 5. 18. 열릴 예정인 광주사태 7주년 행사는 당국에 의하여 원천봉쇄된 불법집회이니 참석을 자제해 줄 것을 권유하여 동인이 스스로 위 행사에 불참한 사실은 있으나 피의자 2 등 상부의 지시에 따라 경찰병력을 동원해 강제로 자택에 감금한 사실이 없다고 변명하는바, 참고인 신청인외 7의 진술도 위 피의자 3의 변명에 부합하고 신청인외 2에 대한 서울지방검찰청 87형 제44084호 등 사건기록등본을 종합해 보면 피의자 3의 위와 같은 지시는 범죄예방 및 사회혼란방지 등의 의도에서 비롯된 것으로서 위 변명이 사실로 인정되며 신청인외 2는 참고인 진술을 위한 출석요구에 불응하였고, 고발인들의 추상적인 주장 이외에 피의자들의 피의사실을 인정할 아무런 증거가 없으므로 모두 그 범죄 혐의 없고,

다. 피해자 신청인외 3에 관한 피의사실에 대하여

피의자 4는 1987. 5.부터 같은 해 8.까지 사이에는 피해자 신청인외 3이 각종 재야단체에서 주최하는 집회에 임의로 참석하는 데 대해 아무런 간섭을 하지 않았고, 다만 같은 해 9. 하순경부터 전국 각 대학에서 대학생들이 축제강연에 동인을 강사로 초청한 데 대해 위 강연회 등은 대학교 당국에서 불허하는 것이며 대학생들이 동인의 강연으로 자극을 받아 소요사태를 유발할까 우려되어 신청인외 3의 거주지를 관할하는 경찰서장으로서 독자적 판단에 따라, 정보과 형사 신청인외 8을 통하여 그러한 사정을 말하고 대학교 강연회 등에는 참가를 자제해 줄 것을 권유하도록 지시한 사실이 있을 뿐 피의자 2 등 상부의 지시에 따라 경찰병력을 동원하여 동인을 강제로 자택에 감금한 사실이 없다고 변명하는바, 참고인 신청인외 8의 진술도 위 피의자 4의 변명에 부합하고, 신청인외 3은 참고인 진술을 위한 출석요구에 불응하였고, 고발인들의 추상적인 주장 이외에 피의자들의 피의사실을 인정할 아무런 증거가 없으므로 모두 그 범죄 혐의 없다.

3. 재정신청과 그 이유의 요지

신청인들은 1988. 3. 9. 피의자들에 대한 위 불기소처분결과통지를 받고 같은 달 15. 다음과 같은 사유를 들어 직권남용에 의한 불법감금의 피의사실에 대하여 위 불기소처분

의 당부에 관한 재정신청을 하였다.

피의자 1, 피의자 3, 피의자 4는 관할 경찰서장으로서, 피의자 2는 그 직속상관인 서울시경찰국장으로서 피의자 2의 지시 또는 공모에 의하여 이른바 가택연금이라는 이름 아래 1주일 내지 2개월여간에 걸쳐 당시 재야인사인 피해자 신청인외 1, 신청인외 2, 신청인외 3의 집 주위에 수백명의 경찰병력을 배치하여 가택을 봉쇄하고 해당인들의 외부출입 및 외부인들의 출입을 금지·통제한 것으로, 이는 경찰관직무집행법상의 정당한 직무집행의 한계를 벗어난 위법한 직무집행으로서 각 그 직권을 남용하여 위 피해자들을 감금한 것에 해당하고 설사 위와 같은 불법감금행위가 피의자 2의 지시 없이 관할 경찰서장들의 독자적인 판단에 의하여 이루어진 일이라 하더라도 피의자 2가 이를 알면서 제지하지 아니하였음이 충분히 인정되므로 위 피해자 2는 부작위에 의한 직권남용감금죄의 책임을 면할 수 없는 것인바, 이와 같은 내용은 그 당시 각 일간신문에 자세히 보도된 공지의 사실일 뿐 아니라 피해자들이나 그 가족들을 통하여 쉽게 확인할 수 있는 사실임에도, 검사는 피의자측의 일방적인 진술만을 토대로 피의자들의 행위가 사회혼란과 범죄를 예방하고 피해자들의 신변보호를 위하여 행하여진 정당한 직무집행에 해당하거나 신청인들 주장과 같은 불법감금 사실 자체나 지시·공모사실을 인정할 증거가 없다는 이유로 피의자들에 대하여 그 혐의가 없다고 단정하고 각 무혐의 불기소처분을 하였으니 부당하다는 것이다.

4. 판 단

가. 피해자 신청인외 1에 대한 불법감금의 피의사실

(1) 피의자 2, 피의자 1의 변명

피의자 1은 피해자 신청인외 1이 당시 형집행정지자로서 정당법 제42조의2에 따라 정당관여가 금지되어 있음에도 정당활동에 관여하거나 관여할 염려가 있어 경찰관직무집행법에 따라 사회혼란과 범죄를 예방하고 신변보호 차원에서 정당활동에 관여하는 행위를 자제할 것을 요청하고 경찰병력을 동원하여 외부 정치인들의 출입을 통제한 것인데, 위 피해자가 그 요청에 따라 스스로 출입을 삼가한 것이지 위 피해자가 외출하려는 것을 강제로 저지한 사실이 없고, 피의자 2는 피의자 1에게 당시의 조치와 관련한 어떠한 지시를 하거나 공모한 사실이 없다는 취지로 변명한다.

(2) 인정되는 기초 사실

그러나 피의자 2, 피의자 1의 이 법원에서의 일부 진술, 참고인 신청인외 6의 이 법원에서의 진술과 동인이 집필한 저작물인 '○○○교도소 78일', 1987. 4. 11.과 1987. 4. 16. 및 1987. 5. 16.자 동아일보, 1987. 4. 11.자 조선일보, 서울지방검찰청 검찰주사 작성의 수사보고서를 종합하면, 다음과 같은 사실이 인정된다.

(가) 피해자 신청인외 1은 1980. 9. 7. 계엄사 보통군법회의에서 국가보안법 및 내란음모죄 등으로 사형선고를 받고 1982. 1. 23. 위 형이 확정되었는데, 같은 날 무기징역형으로, 1982. 3. 3.자로 징역 20년으로 각 감형처분을 받아 복역중 1982. 12. 23. 형집행정지로 출소함과 동시에 미국으로 출국하였다가 1985. 2. 8. 귀국하여 서울 마포구 (주소 1 생략)에서 거주하던 중 1987. 7. 10. 사면되었다. 한편 신청인외 1은 1980. 11. 5.부터 시행중이던 구 정치풍토쇄신을위한특별조치법에 의하여 1980. 11. 12. 정치활동금지 대상자로 공고되었다가 1985. 3. 6. 위 정치활동금지가 해제되었고, 1985. 3. 18.부터 민주화추진협의회(약칭 민추협) 공동의장으로 활동하였다.

(나) 피의자 1은 1987. 1. 16.부터 1988. 6. 30.까지 마포경찰서장으로 재직하였는데, 1987. 4. 10. 18:30경 신청인외 1의 자택을 방문하여 "형집행정지자는 정당법 제42조의2(정당관여금지)에 따라 정당활동을 할 수 없으므로 앞으로 정당활동은 물론 민추협이나 민권회 등 정치단체나 정치인과의 접촉을 금해 주기 바란다."는 내용의 경고장을 낭독한 후 기동경찰병력 3개중대 360여 명과 다수의 사복경찰관을 집 주위에 배치하고 대문 양편에 바리케이트를 설치하며 경찰버스와 봉고차 등을 가택 정문과 차고 및 골목길에 배치하는 등의 방법으로 신청인외 1의 집으로 통하는 모든 진입로를 봉쇄하였다.

(다) 위 봉쇄조치가 있은 후 처음에는 운전사, 가정부, 내외신기자, 가족을 제외한 일체의 외부인의 출입을 통제하였으나 1987. 4. 13.부터는 신청인외 1의 장남인 신청인외 9 등 비동거가족과 내외신기자의 출입도 통제하다가 1987. 4. 26.부터는 형제, 며느리, 손녀에 대하여 일부 출입이 허용되었고, 그 외 봉쇄조치가 해제될 때까지의 기간 동안 미하원의원, 주한 미대사관 외교관 등 일부 외국인의 방문은 허

용이 되었으나 내국인의 방문은 일체 허용이 되지 아니하였다.

(라) 1987. 4. 11.자 신문에 "경찰은 신청인외 1씨가 교회나 병원에 가거나 나들이 등의 순수한 외출 등 개인 사생활에 대하여는 일체 관여하지 않겠다."는 내용의 익명의 경찰 관계자의 말을 인용한 기사가 실리자, 신청인외 1은 일요일인 1987. 4. 12. 09:00경 미사 참석을 위해 집안에 같이 있던 비서 신청인외 5, 신청인외 6을 대동하고 성당에 가려고 시도하였으나 비서를 대동한 미사참석은 안 된다는 이유로 거절당하였고, 부활절 일요일인 1987. 4. 19. 다시 위 신청인외 5, 신청인외 6을 대동하고 부활절 미사에 참석코자 시도하였으나 역시 비서를 대동한 미사참석은 안 되고, 밖에서 가족들이 수행하는 것도 안 되며, 성당 내에서도 누구와도 접촉하여서는 안 된다는 이유로 거절당하였으며, 이후 자택봉쇄조치가 해제될 때까지 수회에 걸쳐 자유로운 성당출입을 허용하지 않는 것은 사생활에 대한 간섭이라는 신청인외 5 등의 항의가 있었으나 허용되지 아니하여 미사참석을 포기하게 되었다.

(마) 1987. 5. 10.은 신청인외 1의 망모(망모)의 기일인 관계로 그 전날 위 신청인외 5가 담장 안에서 현장 경비 책임자에게 성묘를 다녀올 수 있게 하여 달라고 하였으나 거절당하여 가지 못하였고, 또 그 날은 신청인외 1 부부의 결혼기념일인 관계로 신청인외 9 등 가족이 결혼기념일을 축하하고자 자택에 들어가고자 하였으나 신청인외 9는 출입이 통제되어 들어가지 못하고 며느리와 손녀들만 출입이 허용되었다.

(바) 1987. 6. 8. 17:00경 주한 영국대사 명의의 '영국여왕 탄신축하 리셉션' 초청장이 비서실로 접수되어 운전기사가 그 초청장을 가지러 갔는데 성명불상의 경찰관이 따라 다니면서 운전기사가 집에 도착하자 대문 앞에서 이를 압수하여 전달하지 못하도록 하고 있다가, 위 신청인외 5, 신청인외 6 및 외부 비서진들의 전화통보로 그와 같은 사실이 외신기자 및 영국대사관 등에 알려지게 되자 다음날인 1987. 6. 9. 11:00경에서야 초청장이 전달되도록 하였고, 초청장을 전달받은 신청인외 1이 리셉션 참석을 위하여 신청인외 5 등을 통하여 현장 경비책임자에게 그 의향을 전달하였으나, 참석 허용 여부를 통보하여 주겠다고 하고서는 참석 허용 여부에 대한 통보가 없어 참석을 포기하게 되었다.

(사) 1987. 4. 10. 가택봉쇄조치가 있을 당시 신청인외 1의 집 안에는 신청인외 1 내외를 포함하여 18명이 있었는데, 신청인외 1 내외와 운전기사 및 가정부를 제외한 사람들은 일단 집 밖으로 나가면 집 안으로의 재진입이 허용되지 아니한 상태인 탓에, 결국 1987. 6. 24. 가택봉쇄조치가 해제될 때까지 사이에 자의로 집 밖으로 나간 9명과 출입이 허용된 운전기사와 가정부 및 피해자의 처를 제외한 나머지 사람들은 한번도 집 밖으로 나간 사실이 없었다.

(3) 직권남용감금죄의 성립요건

직권남용에 의한 불법감금죄에 있어서의 '직권남용'이란 재판, 검찰, 경찰 기타 인신구속에 관한 직무를 행하거나 이를 보조하는 자가 그의 일반적 권한에 속하는 사항에 관하여 그것을 불법하게 행사하는 것, 즉 형식적, 외형적으로는 직무집행으로 보이나 그 실질은 정당한 권한 이외의 행위를 하는 경우를 의미하고,

감금죄는 사람의 행동의 자유를 그 보호법익으로 하여 사람이 특정한 구역에서 벗어나는 것을 불가능하게 하거나 또는 매우 곤란하게 하는 죄로서 그 본질이 사람의 행동의 자유를 구속하는 데에 있고, 이와 같이 행동의 자유를 구속하는 수단과 방법에는 아무런 제한이 없으며, 사람이 특정한 구역에서 벗어나는 것을 불가능하게 하거나 매우 곤란하게 하는 장애는 물리적·유형적 장애뿐만 아니라 심리적·무형적 장애에 의하여서도 가능하므로 감금죄의 수단과 방법은 유형적인 것이거나 무형적인 것이거나를 가리지 아니한다. 또한 감금죄가 성립하기 위하여 반드시 사람의 행동의 자유를 전면적으로 박탈할 필요는 없고, 감금된 특정한 구역 범위 안에서 일정한 생활의 자유가 허용되어 있었다고 하더라도 유형적이거나 무형적인 수단과 방법에 의하여 사람이 특정한 구역에서 벗어나는 것을 불가능하게 하거나 매우 곤란하게 한 이상 감금죄의 성립에는 아무런 지장이 없다 할 것이다.

(4) 피의자 1에 대한 혐의 인정 여부

피의자 1의 혐의 인정 여부에 대하여 살피건대, 위에서 인정한 사실관계를 종합하면, 위 (2)에서 본 바와 같은 각 행위는 피해자 신청인외 1의 집 주위에 수백명의 경찰병력을 배치하여 가택을 봉쇄하고 외부인들의 출입을 금지·통제하는 등의 물리적·유형적 장애뿐만 아니라 개인적인 사생활을 위한 피해자 본인의 외부출입에 대하여마저 비서나 가족을

동행하지 못하도록 하는 등의 심리적·무형적 장애를 가하는 등의 방법으로 위 피해자가 그 자택 밖으로 벗어나는 것을 불가능하게 하거나 또는 매우 곤란하게 하는 것으로 위 피해자를 감금한 것에 해당할 여지가 있다고 보이고, 설사 피해자 신청인외 1이 1987. 4. 10.~6. 24. 및 그 전의 기간 동안 형집행정지자의 신분으로서 구 국회의원선거법(1994. 3. 16. 법률 제4739호로 폐지) 제11조 제2호에 의하여 선거권이 인정되지 아니한 탓에 정당법(1980. 11. 25. 법률 제3263호로 개정된 것) 제17조, 제42조의2에 따라 정당의 간부, 고문 기타 이에 준하는 직위 또는 정당결성의 발기나 준비를 위한 직위에 취임하거나 정당활동에 영향을 미치는 행위가 금지되어 있음에도 민추협공동의장으로 활동하며 신당창당 작업에 관여하는 등 위반행위를 행하였거나 행하여지려고 하는 사정이 있었고, 경찰관직무집행법 제6조에 의하여 경찰관은 범죄행위가 목전에 행하여지려고 하고 있다고 인정될 때에는 이를 예방하기 위하여 필요한 경고를 발하고 그 행위로 인하여 인명, 신체에 위해를 미치거나 재산에 중대한 손해를 끼칠 우려가 있어 긴급을 요하는 경우에는 그 행위를 제지할 수 있다 하더라도, 이 사건에 있어 위와 같은 사정만으로 범죄예방과 사회혼란방지를 내세워 형법이 금지하는 감금행위를 하는 것은 경찰관의 일반적인 권한에 속하는 사항에 관하여 이를 불법하게 행사하는 것으로서 경찰관직무집행법상의 정당한 직무집행의 한계를 벗어난 위법한 직무집행으로 그 직권을 남용한 경우에 해당한다고 보이므로, 결국 피의자 1에 대하여는 직권남용에 의한 불법감금의 행위를 한 혐의가 있는 것으로 충분히 인정되므로 이 점에서 피의자 1에 대한 검사의 무혐의 불기소처분은 위법하다 할 것이다.

따라서 피의자 1의 [별지] 범죄사실에 관하여는 상당한 혐의가 있는 것으로 보여지고 또한 그 죄질 및 범정에 비추어 보면 이를 기소함이 상당하다고 인정되므로, 이에 관하여 부심판을 구하는 신청인들의 재정신청은 이유 있다.

(5) 피의자 2에 대한 혐의 인정 여부

피의자 2의 혐의 인정 여부에 대하여 살피건대, 피의자 2는 피해자 신청인외 1에 대한 불법감금행위가 이루어질 무렵 서울특별시 경찰국장으로서 행정체계상 피의자 1을 지휘, 감독할 수 있는 지위에 있었음은 인정되나, 피의자 2에 대하여 위 불법감금행위에 관한 혐의가 인정되려면 단순히 그와 같은 지위에 있었다는 사실만을 가지고는 부족하고, 피의자 2가 그와 같은 행위를 하도록 지시 또는 공모를 하였다거나 또는 형법상의 부작위범으로 인정될 만한 요건이 갖추어져야 할 것이다.

그런데 지시 또는 공모 여부에 대하여 피의자 2가 이를 부인하고 있음은 위에서 본 바와 같고, 피의자 1도 피의자 2로부터는 어떠한 지시를 받거나 협의를 한 사실도 없다며 피해자 2와 동일한 취지의 진술을 하고 있고, 고발인들의 추측주장 외에는 달리 이를 인정할 아무런 증거도 없다.

다음으로 부작위에 의한 직권남용감금죄의 성립 가능성에 대하여 보건대, 형법상 부작위범이 인정되기 위하여는 형법이 금지하고 있는 법익침해의 결과발생을 방지할 법적인 작위의무를 지고 있는 자가 그 의무를 이행함으로써 결과발생을 쉽게 방지할 수 있었음에도 불구하고 그 결과의 발생을 용인하고 이를 방관한 채 그 의무를 이행하지 아니한 경우에, 그 부작위가 작위에 의한 법익침해와 동등한 형법적 가치가 있는 것이어서 그 범죄의 실행행위로 평가될 만한 것이라면, 작위에 의한 실행행위와 동일하게 부작위범으로 처벌할 수 있다.

이 점에 대하여 피의자 2는 당시 이 사건과 관련하여 피의자 2 자신은 지휘계통 자체에 있지 않았으며, 가택봉쇄 및 출입통제 지시는 국가안전기획부의 조정 및 통제하에 피해자 2 자신을 거치지 않고 바로 시경 정보과를 통하여 관할 경찰서에 지시가 하달되고 그 역순으로 정보보고가 이루어진 것으로 알고 있으며, 자신은 일반적인 정보보고 수준의 사후보고를 받았을 뿐이라고 주장하고 있고, 피의자 1도 같은 취지로 진술하면서 이 사건 가택봉쇄 및 출입통제조치의 실시와 해제 모두 자신이 독자적으로 결정하여 한 것이 아니고 그 지시에 따라서 업무집행을 하였을 뿐이며 심지어는 자신이 낭독한 경고장마저도 국가안전기획부에서 작성하여 보내온 것으로 알고 있다고 진술하고 있으며, 참고인 신청인 외 6이 집필한 저작물인 '○○○교도소 78일'에도 이에 일부 부합하는 듯한 기재가 있다.

위와 같은 사정에 비추어 보면, 피의자 2는 피의자 1의 상관으로서 사후보고를 통하여 불법감금행위가 행하여지는 것을 알고 있었다고 보여지므로 일응은 형법이 금지하고 있는 법익침해의 결과발생을 방지할 법적인 작위의무를 지고 있는 자에 해당한다고 할 것이나, 위와 같은 상황하에서 뚜렷한 증거도 없이 사후보고를 통하여 내용을 알고 있었다는 사정만으로 피의자 2가 그 의무를 이행함으로써 결과발생을 쉽게 방지할 수 있었다거나, 그 부작위가 작위에 의한 법익침해와 동등한 형법적 가치가 있는 것이라고 인정할 수는 없다고 봄이 상당하다고 보이는바, 이 점에 대하여도 고발인들의 추측주장 외에는 달리 이를 인정할 아무런 증거도 없다.

따라서 피해자 신청인외 1 직권남용감금과 관련된 피의자 2에 대한 위 피의사실에 대하여 검사가 무혐의처리를 한 데에 잘못이 있다고 할 수는 없으니, 이에 대하여 부심판을 구하는 신청인들의 재정신청 부분은 이유 없다.

나. 피해자 신청인외 2에 대한 불법감금의 피의사실

피의자 3은 1987. 5. 16. 10:00경 북부경찰서 정보과 소속형사인 신청인외 7을 통하여 신청인외 2에 대하여 1987. 5. 18. 열릴 예정인 광주사태 7주년 행사 참석을 자제해 줄 것을 권유한 사실이 있을 뿐 경찰병력을 배치하여 신청인외 2 본인이나 외부인의 출입을 통제한 사실이 전혀 없고 피의자 2 등 상부로부터 지시를 받은 사실도 없다고 변명하고 있는바, 검사 작성의 신청인외 7에 대한 진술조서에 의하면 신청인외 7도 위 피의자 3과 같은 취지의 진술을 하고 있고, 1987. 5. 16.자 조선일보만 가지고는 1987. 5. 16.부터 같은 달 22.까지 사이에 신청인외 2의 가택 주위에 경찰병력이 배치되었다거나 기타의 방법으로 신청인외 2가 감금상태에 있었다고 인정하기에 부족하고, 고발인들의 추측주장 외에는 달리 이를 인정할 아무런 증거도 없다.

따라서 신청인외 2 직권남용감금과 관련된 피의자 2, 피의자 3의 피의사실에 대하여 검사가 무혐의처리를 한 데에 잘못이 있다고 할 수는 없으니, 이에 대하여 부심판을 구하는 신청인들의 재정신청 부분은 이유 없다.

다. 피해자 신청인외 3에 대한 불법감금의 피의사실

피의자 4는 1987. 5.부터 같은 해 8.까지 사이에는 피해자 신청인외 3이 각종 재야 단체에서 주최하는 집회에 임의로 참석하는 데 대해 아무런 간섭을 하지 않았고, 경찰병력을 집 주위에 배치하여 신청인외 2 본인이나 외부인의 출입을 통제한 사실이 전혀 없고 피의자 2 등 상부로부터 지시를 받은 사실도 없다고 변명하고 있는바, 참고인 신청인외 8의 이 법원에서의 진술, 검사 작성의 신청인외 8에 대한 진술조서에 의하면 신청인외 8도 위 피의자 4와 같은 취지의 진술을 하고 있고, 1987. 5. 16.자 조선일보만 가지고는 1987. 5. 16.부터 같은 달 22.까지 사이에 신청인외 3의 가택 주위에 경찰병력이 배치되었다거나 기타의 방법으로 신청인외 3이 감금상태에 있었다고 인정하기에 부족하고, 고발인들의 추측주장 외에는 달리 이를 인정할 아무런 증거도 없다.

따라서 신청인외 3 직권남용감금과 관련된 피의자 2, 피의자 4의 피의사실에 대하여 검사가 무혐의처리를 한 데에 잘못이 있다고 할 수는 없으니, 이에 대하여 부심판을 구하는 신청인들의 재정신청 부분은 이유 없다.

저자약력

박형식

경찰대학교 행정학과 학사

경희대학교 행정대학원 석사

광운대학교 대학원 행정학과 박사

경찰채용시험 출제위원

자치경찰채용시험 출제위원

경찰간부후보생, 경찰공채 면접심사위원

한국범죄심리학회 부회장

현 중부대학교 경찰행정학과 교수